常德市金融志

（1989—2010）

常德市地方志编纂委员会
常德市金融志编纂委员会　编

方志出版社
Publishing House of Local Records

图书在版编目（CIP）数据

常德市金融志：1989—2010 / 常德市地方志编纂委员会，常德市金融志编纂委员会编．-- 北京：方志出版社，2017.7
ISBN 978-7-5144-2465-2

Ⅰ．①常… Ⅱ．①常… ②常… Ⅲ．①地方金融事业—概况—常德—1988-2010 Ⅳ．①F832.764.3

中国版本图书馆CIP数据核字(2017)第176766号

常德市金融志（1989—2010）

编　　者：常德市地方志编纂委员会、常德市金融志编纂委员会
责任编辑：朱　姝

出 版 人：冀祥德
出 版 者：方志出版社
地址　北京市朝阳区潘家园东里9号（国家方志馆 4层）
邮编　100021
网址　http://www.fzph.org
发　　行：方志出版社图书经销中心
电话（010）67110500
经　　销：各地新华书店
印　　刷：常德市湘北彩印厂　　0736-7187272

开　　本：787×1092　　1/16
印　　张：43.75
字　　数：956千字
版　　次：2017 年 7月第 1 版　2017年7月第 1 次印刷
印　　数：0001～1500册

ISBN 978-7-5144-2465-2　　**定价**：280.00元

常德市地方志编纂委员会

常德市金融志编纂委员会

常德市金融志编辑部

常德市金融志审查验收人员

金融系统营业办公大楼

1993年3月动工兴建，1996年9月竣工并投入使用，位于朗州路666号的中国人民银行常德市中心支行办公大楼

2005年12月动工兴建，2007年6月竣工并投入使用，位于柳叶大道1077号的中国银行业监督管理委员会常德监管分局办公大楼

▲ 2005年1月动工兴建，2006年4月竣工，是年10月投入使用，位于朗州路968号的中国农业发展银行常德市分行营业办公大楼

▲ 1993年1月动工兴建，1996年8月竣工并投入使用，位于人民路1888号的中国工商银行常德分行营业办公大楼

▲ 1996年动工兴建，1998年7月竣工并投入使用，位于武陵大道南段37号的中国农业银行常德市分行营业办公大楼

▲ 1993年动工兴建，1996年11月竣工并投入使用，位于洞庭大道1588号的中国银行常德分行营业办公大楼

▲ 1990年动工兴建，1992年12月竣工并投入使用，位于洞庭大道1158号的中国建设银行常德分行营业办公大楼

▲ 交通银行常德分行营业办公地址位于武陵大道1266号

▲ 中国邮政储蓄银行常德市分行营业办公地址位于武陵大道301号

▲ 兴业银行常德分行营业办公地址位于滨湖路666号

▲ 长沙银行常德分行营业办公地址位于柳叶大道2711号

▲ 湖南省农村信用联社常德办事处办公地址位于武陵大道北段491号

▲ 常德市保险行业协会办公地址位于常德大道1538号

▲ 1987年 7月 动 工 ，1989年12月竣工并投入使用，位于青年路345号的中国人民财产保险公司常德市分公司营业办公大楼

▶ 1999年动工，2001年竣工并投入使用，位于武陵大道777号的中国人寿保险公司常德分公司营业办公大楼

▲ 太平洋财产保险公司常德分公司营业办公地址位于朗州路666号

▲ 中国平安财产保险公司常德中心支公司营业办公地址位于滨湖路648号

各级领导到常德金融系统考察调研

▲ 1995年3月21日，中国人民银行副行长殷介炎(左四)到常德人行考察，省人行副行长蒋民生（右二）陪同

▲ 2007年12月，中国人民银行副行长苏宁(左五)到常德人行考察，人行长沙中支行长缪曼聪（左四）陪同

▲ 2002年1月23日，中国人民银行行长助理蒋超良(前排左六)到常德人行考察

▲ 2006年5月29日，中国农业银行副行长罗熹（左二）在省农行行长陈接宪（右一）的陪同下到常德农行调研脱困工作

▲ 2004年3月16日，中国人民银行武汉分行行长徐联初（前排左四）到常德人行考察

▲ 2010年8月12日，中国人民银行武汉分行行长殷兴山（前排左二）到国家金库常德市中心支库考察

▲ 2004年9月14日，湖南银监局局长蒋民生(左二)、局长助理李赛飞（左三）到常德银监分局检查指导工作

▲ 2009年11月，湖南银监局局长施爱萍（左二）到常德银监分局检查指导工作

▲ 2010年12月30日，常德市市委书记卿渐伟（左二）、市人大常委会主任曹儒国（左三）、市长陈文浩（左一）、市政协主席刘春林（左四）到常德人行指导工作

▲ 2004年9月23日，湖南省工行行长白涛（左五）到常德工行检查指导工作

▲ 2008年10月，湖南省中行行长赵濛（左二）到常德中行检查指导工作

▲ 2009年7月，湖南省邮储银行行长肖天星（中）到常德邮储银行检查指导工作

▲ 2010年6月28日，长沙银行董事长张智勇（右一）、行长朱玉国（左一）出席长沙银行常德分行开业仪式

金融系统业务活动

▲ 1989年3月，常德市政府召开金融工作会议，辖内各金融机构及市政府相关部门负责人参加，副市长李江（左三）到会并讲话

▲ 2007年8月，常德市政府召开全市金融工作联席会议，引导银行业机构执行宏观调控政策，支持地方经济发展

▲ 2008年5月，常德市市委、市政府在长沙潇湘华天大酒店召开金融工作汇报会

▲ 1997年1月，常德人行召开全市金融系统“青年文明号”“青年岗位能手”总结表彰大会

▲ 2001年11月20日，常德人行召开金融系统弘扬“三铁”精神教育活动总结表彰大会

▲ 2007年5月，常德银监分局与银行业金融机构进行监管会谈

▲ 2007年4月，常德市金融学会在市电视台举办全市金融系统金融知识电视大赛

▲ 2010年7月11日，常德市金融学会举办“金融宣传一条街”活动

▲ 2001年8月，常德农发行开展“三铁”教育活动

▲ 2002年6月，常德工行开展“反人民币制假贩假”宣传活动

▲ 1999年7月31日，常德农行在城区组织大型储蓄业务宣传活动

▲ 2010年3月，常德农行开展“春天行动”之“体验金e顺”营销宣传大联动活动

▲ 2008年5月，常德中行开展“四送”金融知识下乡活动

▲ 2008年8月，常德中行开展“奥运服务年”活动

▲ 2009年10月，常德建行深入信贷企业调研

▲ 2010年6月28日，长沙银行与常德市政府签订战略框架协议

▲ 1994年5月，鼎城区农信联社开展职工岗位培训

▲ 1994年8月，安乡县农信联社支持国家商品粮、棉、油收购

▲ 1999年5月8日，常德中保人寿开展金融法律法规宣传活动

▲ 2008年7月，常德人保财险开展农业保险服务上门活动

金融系统精神文明建设活动

▲ 2001年11月20日，常德人行举办全市金融系统“清风赞”文艺汇演

▲ 2007年3月，常德人行举行中支机关第一届第一次职工代表大会

▲ 2008年9月，常德银监分局开展朗读、演讲比赛活动

▲ 2009年12月18日，常德银监分局举办成立五周年文艺晚会

▲ 2001年6月，常德农发行举办庆祝建党80周年文艺晚会

▲ 2008年5月，常德农发行开展“庆奥运、迎五四”登山活动

▲ 2005年1月，常德工行举办“希望之光”迎春文艺晚会

▲ 2006年7月，常德工行武陵支行营业部荣获全国“青年文明号”称号

▲ 2006年6月,常德农行组织党员开展“两优一先”和重温入党誓词活动

◀ 2010年11月，常德农行志愿者到安乡县特殊教育学校开展爱心助残慰问活动

▶ 2009年9月，常德中行开展庆祝建国60周年体育活动

◀ 2010年9月，常德建行举办“成长之星”风采大赛活动

▶ 2010年，常德交行开展“安全支付 乐享生活”活动

▲ 2010年5月，常德邮储银行开展业务技能练功比武大赛

▲ 2010年12月23日，常德兴业银行简化开业庆典活动，将节省的20万元费用捐赠给社会福利院和100名贫困学生

▲ 2010年8月，长沙银行常德分行组织员工开展社区服务活动

▲ 1994年8月，鼎城区灌溪信用社办理储蓄业务，以优质服务赢得客户

▲ 2008年5月，常德人保财险服务团队为客户提供优质文明服务

凡　例

一、《常德市金融志》(以下简称本志),以马克思列宁主义、毛泽东思想、邓小平理论、“三个代表”重要思想和科学发展观为指导,深入贯彻习近平总书记系列重要讲话精神,坚持辩证唯物主义和历史唯物主义的立场、观点和方法,以实事求是为原则,力争客观记述常德市金融业发展的历史与状况,提供金融活动的历史借鉴,为促进社会主义物质文明建设和精神文明建设服务。

二、本志编纂出版涉及国家法律、法规和政策等内容的,以现行法律、法规和政策规定为准。

三、本志记述时限为1989—2010年,根据需要少数地方有上溯和下延。

四、本志采取以事分类,以时叙事,横排竖写,纵横结合的编写方法,设篇、章、节、目四个层次。体裁以志为主,根据内容和编写需要,适当运用记、传、图、表、录等体。

五、本志中全市性金融统计数据均使用中国人民银行常德市中心支行提供的数据,没有列入金融统计数据的,则采用部门提供的数据汇总而成。

六、本志中相关资料均由各相关金融机构提供。

七、本志货币未交待币种的均为人民币。

八、本志采用语体文、记述体。坚持详今略古、详异略同、总揽全市。

九、本志采取以事系人的方法，将有影响的人物记入事物发展过程中，或列表入志。

十、政区、地名、职务等，均依历史正称。市内金融机构名称首次用全称，第二次使用均用简称。

目　录

第二篇　银行业务

第三篇　证券与期货

第四篇　保险业务

第五篇　金融市场与社会信用

第六篇　金融业务监管与服务

第七篇 金融系统内部管理

第八篇 金融系统党群组织

第九篇　金融系统精神文明建设

附　录

Contents

Volume Ⅱ banking business

Volume Ⅲ Securities and Futures

Volume Ⅳ Insurance Business

Volume Ⅴ Financial market and social credit

Volume Ⅵ financial Supervision management and services

Volume Ⅶ Financial System Internal Management

Volume Ⅷ The Communist Party of China and the mass organization of Financial System

Volume Ⅸ Spiritual civilization construction of Financial System

Appendix

概　述

常德地处湘西北，怀拥沅澧两水，因其独特的地理位置，自古以来就是交通要道，商品贸易繁华，金融文化历史悠久。中华人民共和国成立后，常德金融业历经创业、发展、改革，在支持地方经济建设的同时，金融业自身也得到了极大发展。特别是1988年撤地建市后，常德市金融系统贯彻落实中国共产党和国家的路线、方针、政策，推动和促进常德市社会事业和经济建设持续、快速、健康发展。

1989—2010年，常德市金融业随着全国金融体制改革的深入而不断发展和完善，初步建成以行使中央银行职能的中国人民银行常德市中心支行为核心，以银行机构、证券机构、保险机构为主体，以信托投资、金融担保机构为补充，以银监分局实施银行业监管、上级保险和证券监督机构监管为保障的多元化金融体系。

1989—2010年的22年，常德市金融业的发展可以大致划分为三个阶段。

一、传统金融模式向商业化金融模式转型阶段（1989—1993年）

随着经济和金融体制改革的不断深入，国家金融体系框架初步确立，常德市金融机构进入扩张期，银行业金融机构数量快速增加，证券、保险、信托投资等金融机构多元化的金融体系框架得以建立，竞争性格局逐渐形成，各类金融业务在较快发展的同时，金融风险也逐渐显现。

金融机构数量较快增加，多元化金融格局基本形成。20世纪80年代后期和90年代初，我国金融体制改革主要是建立金融机构的框架体系，逐步形成多元金融机构并存局面。常德市金融体系中，中国人民银行常德分行（以下简称常德人行）履行央行职能，银行业金融机构包括中国工商银行常德市中心支行、中国农业银行湖南省常德市中心支行、中国银行常德支行、中国人民建设银行常德市中心支行四大国有专业银行，4家城市信用社、9家县级农村信用联社、9家联社营业部、283家乡镇信用社。非银行金融机构主要有证券代理机构、保险公司和信托投资公司等。在国家计划经济体制转向社会主义市场经济体制的过程中，常德市金融机构主要采取外延式扩张经营策略，积极增设营业网点。1993年年末，银行业分支机构1292个，证券业务机构5家，信托投资公司4家，保险公司1家。

银行业金融机构业务较快发展，外汇和银行卡等新业务进入市场。1989—1993年，本外币各项存款由1988年年末的15.7亿元增加到55.31亿元，增长252.29%。本外币各项贷款由1988年的43.81亿元增加至1993年年末的93亿元，增长112.28%。资产负债比例关系开始优化，贷存比由1988年的232.51%下降到1993年年末的168.14%，下降64.37个百分点。1988年5月湖南省外汇调剂中心常德交易所成立，外汇业务逐渐活跃。1989-1993年全市共调剂外汇868笔，成交总额4847万美元，主要用于以进养出企业进口生产用原材料需求、出口企业用汇需求，做到以进养出，使外汇增值。1989年，常德中行受省中行委托，开始受理信用证、单据托收及票据托收等业务，对外开办国际结算业务。1990年，常德中行独立开办国际结算业务，直接受理国外来证、出口托收和票据托收业务，为进出口企业叙作信用证项下打包贷款、出口押汇、外币票据贴现业务。是年，常德中行国际贸易结算量24.3万美元，港币89万元。1993年，全市国际结算总量增至1861万美元。1989年，常德中行在常德首发信用卡——长城卡，常德建行、常德工行、常德农行也相继发行龙卡、牡丹信用卡和金穗信用卡。1993年年末，全市银行卡总量1.79万张，银行卡年消费总量1556万元。

银行业务快速增长的同时，风险逐渐显露，效益不升反降。1993年年末，全辖银行业金融机构呆滞呆账贷款总量由1988年年末的5.64亿元增至47.67亿元。常德工行本外币呆滞、呆账贷款17.41亿元，占同期信贷资产总额的50%，应收未收利息超过1亿元；常德农行呆滞、呆账贷款24.79亿元，占同期信贷资产总额的60.25%。常德中行的不良贷款率也升至54.91%。常德农信社的呆滞、呆账贷款也增至2.52亿元，不良贷款率也升至38.95%.。经营效益也出现明显下滑，全市银行业金融机构的经营利润由1988年年末的盈利2762万元转为1993年年末亏损1268万元。其中，常德农行亏损2189万元，常德中行亏损258万元，常德建行亏损168万元。常德工行虽然体现905万元的盈利，但较1989年下降了80.88%。

证券机构进入常德金融市场，证券业务开始起步。1989-1993年，常德证券代理处、常德工行信托公司证券营业部、常德农行信托公司证券营业部、常德建行信托公司证券营业部、常德市信托公司证券营业部5家证券机构从事证券业务，主要从事国库券、保值公债、国家基本建设债券买卖、办理大额定期存单转让、代理发行企业债券等业务。1990年，随着上海、深圳两个证券交易所成立，常德市证券交易市场步入规范发展阶段。1992年7月，常德工行信托投资公司证券营业部率先在常德市开通深圳、上海及北京STAQ法人股股票交易，增加新的投资渠道。是年，累计办理股票委托买卖业务4741笔，成交3713笔，成交金额4792万元。1993年7月，常德市证券公司受湖南省证券登记公司委托办理证券登记业务，是年共有开户股民284人，营业收入168.37万元，利润2.5万元。

保险业务稳定发展，业务范围拓宽。1989-1993年，常德市仍然仅有1984年6月成立的中国人民保险公司常德分公司(以下简称常德人保)一家，主营财险和人身险两类业务。常德人保依托城乡市场加快代办网络建设，在全市乡镇、城市主要街道和大中型企业设立保险代办站800个，从业人员3500多人。常德人保在稳定拓展传统保险业务的同时，积极开发机器设备损坏保险、汽车玻璃破碎保险、楠竹保险、烟叶保险等首创险种和产品，配合各县(市)政府开办农村联合共保业务，按照“政府组织推动、保险公司具体办理、风险共担、利益均沾”的原则，条块结合建立农村灾害风险基金体系。1989-1993 年，为全市 600 家集体企业共 7 万多名职工办理退休职工社会养老统筹，筹集集体企业社会养老统筹金 1.74 亿元，支付集体企业统筹养老金 1.5 亿元，年平均拨付额 3000 多万元。在人身保险业务上，主推各类养老医疗保险，全市 87 万人参加常德人保开办的各类养老医疗保险，保费收入 5145 万元。1993 年，保费收入 1.95 亿元，赔(给)付 1.49 亿元。

债券市场相对灵活，非法集资和无力按期承兑企业债券问题显现。1989—1993 年，常德市累计发售国库券、国家建设债券、保值公债等多种形式的国债 1.6 亿元，发行企业债券(单位内部集资)1.38 亿元。常德人行加强社会融资管理，有计划地批准发行企业债券，支持企业拓宽融资渠道。1992 年，批准 29 家企业发行各类债券 9943.5 万元，其中企业债券 5495 万元，短期融资券 2700 万元，内部集资 1748.5 万元。1993 年，社会上出现“乱集资”现象，企业发行债券减少。从下半年起，各种企业债券陆续进入兑付高峰期，部分企业无力按期承兑。有的向银行增加贷款用于兑付债券，有的成为遗留问题。

同业拆借市场活跃，违规拆借开始整顿。1992 年 7 月 1 日，湖南省常德资金市场营业。是年，资金市场通过同业拆借、调剂资金余缺、提供融资信息等操作，引导资金流向，推动横向融资，促进常德金融市场壮大，累计融资 5.2 亿元。此后，部分金融机构把融资目光转向市场，纷纷走上有形或无形市场筹措和融通资金。至 1993 年 5 月月末，全市参与拆借的金融机构 49 家，其中银行业金融机构 36 家，中介机构 11 家，信托机构 2 家。1992 年 1 月至 1993 年 5 月月末，全市金融系统累计拆入资金 43.08 亿元，拆出资金 46.83 亿元。由于非法集资与违规拆借现象增加，1993 年 7 月，常德人行开展同业拆借清理整顿，至年末收回违章拆出资金 1.02 亿元，占全部违章拆出资金的 78.5%。

常德人行金融管理职能得到强化，无序竞争有所好转。随着各类金融机构陆续成立，新业务不断涌现，竞争局面逐渐形成。为适应市场竞争格局，常德人行管理金融业的职能不断强化和完善，管理内容相继扩展，管理手段日趋增强。常德人行着力健全监管职能，防范和化解金融风险，确保金融平稳运行。1989 年，在国家放松银根、价格放开因素的大背景下，常德市货币、信贷迅速增长，形成改革开放以来前所未有的经济过热。市场物价上涨，部分居民挤提存款，有的金融机构出现支付困难，压票和占用汇差现象一度比较严重。常德人行贯彻执行“控制总量、调整结构、保证重点、压缩一般、适时调节、提高效益”的方针，组织全市金融机构扩大信贷资金来源，改善金融环境，以确保支持全市经济的稳定和发展。组织专业银行开展“六清”(即：清超储积压、清挤占挪用、清相互拖欠、清私人借款、清挤占税款、清利率)和“支、帮、促”活动，帮助企业盘活占压资金 8.63 亿元，注入信贷资金 3922 万元清理“三角债”，解决企业间相互拖欠资金 3.3 亿元。同时，对各银行间恶性竞争中引起的“储蓄乱、利率乱、结算乱、规模乱”进行治理整顿，对各种违反结算纪律和利率政策行为加以纠正，一度混乱的金融秩序开始好转。1989—1990 年，常德工行对 129 家停产半停产企业发放 4022 万元贷款，对无法恢复生产、职工生活特别困难企业发放 115 万元生活贷款，发放 5778 万元“三角债”清欠贷款,为700多家企业解开债务链1.8亿元。1989—1993年,常德市银行信贷资金管理坚持“统一计划,划分资金,实存实贷,相互融通”的原则,将信贷计划与资金分开,各家银行通过组织资金来实现计划,贯彻先存后贷、以存定贷的原则。常德工行先后对680户工商企业20.4亿元贷款办理和补办贷款抵押手续,占全部贷款总额的69.5%。对6个支行、166户企业共10亿元贷款实行风险管理试点。开展依法收贷,先后促成24家企业兼并重组,转化风险贷款1460万元。常德农行采取“以投促活、以投促收、连环启动”措施,从工商一般流动资金贷款规模中抽出一块,救活一批关停企业,工业贷款年增长20%。常德中行发挥外币业务优势,先后为邮电局程控电话和移动电话项目、常德卷烟厂等单位发放外汇和人民币技术改造贷款及美元特种贷款。常德建行逐步转换经营模式,执行“五优先、五从严、八不贷”信贷政策,(“五优先”即一是种养业、农业科技开发项目以及粮棉油主要农副产品的收购;二是符合国家产业政策、产品适销对路、经营管理和经济效益好的企业特别是国有大中型企业;三是国家“双保”企业指令性计划产品;四是增加适销对路商品储备资金;五是国家计划内换汇成本低,不亏损的出口商品收购和国家计划内出口商品的资金需要。“五从严”即一是产品质次价高、不适销对路、产大于销,且库存过大的企业;二是经营性亏损没有按期弥补的企业和产品、潜在性亏损没有消化且未落实有效措施的企业;三是未按国家规定进行自补流动资金的企业;四是换汇成本偏高的出口商品收购;五是国家产业政策限制发展的产业和产品。“八不贷”即一是产品因不适销对路或质次价高已严重积压仍然生产的轻工、纺织和一般加工机械行业的企业;二是经营性亏损严重,又未提出切实可行的扭亏措施,近期内扭亏无望的企业;三是管理混乱、弄虚作假、虚盈实亏严重,资不抵债的企业;四是违反国家规定,挤占流动资金搞基本建设和挪作他用的企业;五是今年新发生亏损,在限制内未予弥补保扭亏的外贸企业;六是对国家和地方定价产品调价,没有按规定将库存商品和物资升值部分调增国拨流动资金的企业;七是用贷款垫支固定资产投资项目的资金缺口或计划外工程投资的建筑施工企业;八是国家产业政策禁止生产的产品和无证生产国家实行许可证的新产品,生产性能落后,已明令淘汰的产品及国家限制生产量的产品)优先支持常德市芙蓉化纤厂等一批工业企业生产资金需要,为市场化、商业化运作奠定基础。

二、商业化金融模式全方位运作阶段(1994—2003年)

从1994年至2003年,国家金融体制改革主要是对金融机构进行商业化改造,并形成分业经营分业监管格局。金融法制化和规范化进程不断加快,先后出台《中华人民共和国银行管理暂行条例》《中华人民共和国中国人民银行法》《中华人民共和国商业银行法》《中华人民共和国保险法》《中华人民共和国票据法》《中华人民共和国证券法》等一系列法律法规。经营转型、化解风险、规范经营、依法管理成为这一时期的主旋律。

银行业金融机构在该期间经历经营思路转变、发展模式转换和业务发展阵痛的过程。

1994 年,按照国务院和人总行统一部署,常德市完成向农业发展银行划转信贷资产与负债工作,在农发行省级以下机构未成立的情况下,业务暂由农业银行分支机构代理。1996 年 12 月 28 日,中国农业发展银行常德市分行成立,原由常德农行代理的所有业务全部划转至常德农发行。2001 年,常德市 11 家城市信用社有 10 家并入农村信用联社管理,1 家退出市场。10 年中,常德市银行业机构数量冲顶再回落,1994 年银行业机构营业网点总量增至 1065 个的历史最高位,尔后变外延式发展为内涵式发展,从 1995 年开始,营业机构总量逐渐开始回落,2003 年年末银行业机构营业网点总量降至 584 个,净减少 442 个,下降 43.08%。在管理模式上逐渐改层级管理为扁平化管理,银行业专业化经营的壁垒被打破,同质化特征逐渐明显,以效益为中心成为共识。本外币各项存款增至 304.12 亿元,较 1993 年增长 4.5 倍,本外币各项贷款增至 255.98 亿元,较 1993 年增长 1.75 倍。为适应金融体制改革的需要,常德工行、常德农行、常德中行和常德建行 10 年之中共核销剥离不良贷款 210.23 亿元,其中核销 162.43 亿元,剥离 47.8 亿元。贷款不良率从 1993 年年末的 51.26%降至 30%,下降 21.26 个百分点。受大额度不良贷款核销和剥离的影响,经营效益由 1993 年的亏损 1268 万元增加至 2003 年的亏损 5.2 亿元,10 年累计亏损 56.66 亿元。各行从风险防范的角度建立专司风险管控的内部机构和系统的规章制度,上收基层机构的贷款投放和财务管理权,全面实施相对集权的风险管控内部秩序。

化解金融风险是该时期金融监管的重中之重。常德人行将工作重点转移到金融监管、经济监测和金融服务上来,尤其以防范金融风险为主。从 1994 年开始,对全市金融机构实行资产负债比例管理和风险管理,监管工作从内容到方式发生改变,金融监管从单一行政手段监管转变为综合运用经济、行政、法律手段实施全面监管。1994—1997 年,常德人行防止资金违规拆借和外流,指导银行机构收回账外经营资金 2724 万元,其他违规资金 941 万元。对全市各家银行“三部一卡”(房地产信贷部、信托业务部、国际业务部、银行卡)进行清理整顿和规范,纠正超范围吸收存款 1.8 亿元,补缴存款准备金 8117.6 万元,纠正绕规模发放贷款 5.99 亿元、信用卡透支 6112 万元。针对金融机构不良贷款占比大,农村合作基金会和地方性金融机构风险大的问题,常德人行会同政府部门撤销农村“两会”(农村合作基金会、农村互助储金会)7 家,取缔非法典当行、基金会等社会乱办的金融机构 22 家。累计向出现支付困难的农村信用社发放再贷款 3.2 亿元,向省人行申请动用存款准备金 3790 万元,避免农村信用社发生挤兑风波,及时化解支付风险。针对 1998 年逃废银行债务成风、银行普遍“拒贷”现象,常德人行多次成功化解信用社挤兑风波,平息群众围攻信用社事件,完成 21 家农村合作基金会并入农村信用社。常德工行抓好企业破产受偿、存量保全和注资解链等工作。1998 年落实 44 户企业破产受偿财产 1.15 亿元,落实 37 户改制企业债权 2.57 亿元。2003 年,常德人行组织开展金融创安工作,清收党政干部欠贷,督促落实改制企业的金融债务,维护金融债权。随着金融创安工作的深入开展,金融环境持续好转,银企、银政关系得到改善。

支持地方经济发展是本时期金融机构的主要任务。1994 年起,人民银行对银行机构实行“总量控制,比例管理,分类指导,市场融通”,逐步取消对银行贷款规模限制,缩小信贷规模控制范围,强化金融机构自我约束机制,保障信贷资金安全,维护金融业的稳定。1998—2003年,取消对国有商业银行贷款限额的控制,在逐步推行资产负债比例管理和风险管理的基础上,对商业银行不再下达指令性信贷计划,改为按年(季)下达指导性计划。1994—1997年,常德人行在全省率先开展公开市场业务操作。实施贷款企业信贷规范化管理,在全市首次全面推出贷款证制度。1996年,常德人行推行商业票据承兑、贴现、再贴现业务,为专业银行办理贴现2.3亿元,解决80家企业的资金困难。2002年,向8家农村信用社联社发放支农再贷款40笔,金额7.75亿元。农村信用社累放支农贷款23.36亿元,支持全市农业产业结构调整。1994年,常德工行集中资金对常德卷烟厂、常德烟草机械厂、湘澧盐矿等35家国有大中型企业发放贷款10亿元,对湖南车桥厂等23个项目发放1.02亿元技改贷款。对常德棉纺厂和桃源棉纺厂投入8000万元资金,帮助企业恢复生产。常德农发行成立后加强粮棉油资金封闭管理,1997年净投放农副产品贷款22亿元,帮助粮棉企业收购粮食10.5亿公斤,棉花168万担。1998年,常德农发行对粮棉油资金实行“库贷挂钩、钱随粮走、购贷销还、封闭运行”管理,投放贷款13亿元,收购粮食4亿多公斤,棉花125万担。常德农行实施“扶优扶强”和“集约经营”战略,信贷投放侧重于基础农业以及种子、蔬菜、饲料工业、糖料、烟叶,畜牧和水果产业,为重点“龙头型”企业投放贷款。常德中行逐渐淡化外汇外贸专业银行经营模式,积极拓展生存空间,为常德卷烟厂等企业技术改造提供本外汇贷款支持。常德建行按照集约化战略实施经营,朝面向市场、面向客户、面向“双大”(大行业、大企业)的方向转变,经营规模、管理水平、防范风险能力和资源配置效率都大大提高。

证券业机构得到规范,证券交易市场起伏波动。1994-2003年期间,常德市证券业机构由5家减少至3家。1994年,常德证券交易营业部申请上海、深圳证券交易席位,成为湖南证券交易中心的会员。1996年,常德证券交易营业部设立常德市首家股票交易厅,主营证券经纪和证券自营业务,代理、自营买卖上海、深圳证券交易所的上市股票等。1996年全市新开户股民1001名,股民开户数1676户,证券交易量4.3亿元。1997—1999年,沪深股市进入“牛市”行情。证券公司加强开户管理,实行最低5万元保证金的准入制度,限制散户入市。各证券公司实行大中户下单分流制度,开通“点对点”业务,保证客户及时委托,提高交易效率。常德证券营业部开通“天亿”网上股票交易业务,加快股票买卖速度。1997年,全市开户8949户,达到15234户,比上年增长142.39%,新增股民3464名。1998年,常德君安证券对网络交易系统进行升级,将电话委托系统升级到“7188999”,中继线由1997年的24对扩大到60对,还相继与四家国有商业银行合作,开办“储蓄卡划转君安证券股民保证金”即银证转账业务,加快资金周转。1998年4月15日,常德农行代理上海证券交易所发行常德市第一支股票“金健米业”,发行量5000万股,发行价每股5.3元,三个工作日共吸收申购资金743亿元,为该企业新增股本金2.66亿元。5月6日,“金健米业”(代号600127)在上交所挂牌上市。常德华融证券前身的恒信证券2003年成交量8.84亿元,总开户数4107户,客户资产达

1.8 亿元。2001—2003 年，沪、深股市进入漫长的“熊市”，常德全市证券交易量 123.56 亿元，年均 41.19 亿元，比 2000 年减少 18.71 亿元，减幅达 31.24%。

保险机构入驻增加，保险业抗灾防险作用明显增强。1994—2003 年，中保财险与寿险分设，平安财险与平安寿险分设，太平洋财险与寿险、新华人寿和泰康人寿也先后入驻常德，保险机构增至 8 家。10 年累计保费收入 34.83 亿元，理赔支出 14.78 亿元。至 2003 年，全市保费收入由 1993 年的 1.95 亿元增加至 7.27 亿元，增长 2.73 倍，理赔支出由 1993 年的 1.49 亿元增加至 1.79 亿元，增长 20.13%。1994 年，平安保险常德中心支公司（以下简称常德平保）成立，成为常德的第二家保险公司，常德保险市场业务竞争态势呈现。1994—1998 年，常德市保险行业依托城乡市场加快代办网络建设，设立城乡保险代办站，从业人员迅速增加。1995 年，常德人保公司将社保统筹业务移交当地劳动和社会保障部门。1996 年 6 月，常德中保财险与寿险分设，常德平安财险与寿险分设。1996—2001 年，财险公司不断拓展企业和家庭财险市场，保费收入 24611 万元。寿险公司将人身保险拓展为人寿保险、健康保险、意外伤害保险 3 大类、50 多个险种。常德中保寿险适应市场需求，开发新险种新业务，开办外出打工人员意外伤害保险、居民用电安全保险等新业务。常德平安寿险推出“平安组歌”，建立立体、双向式的多媒体网络。1995 年、1996 年、1998 年，常德市连续发生 3 次特大洪灾，人民生命财产蒙受重大损失。常德市保险机构积极参加抗灾，常德人保组成 20 个查勘定损小组进驻灾区，打破常规，简化程序，及时对企业进行预付赔款，为灾后补损赢得主动。常德中保财险和中保寿险协助保户单位转移财产 6 万吨，价值 5.3 亿元。常德平安财险组织人员奋战在澧县、石门、安乡的抗洪救灾第一线。平安财险省公司抽调 50 人增援常德，及时送去救灾物资，预付救灾款助企业自救，安顿职工生活。2003 年全国“非典”疫情发生后，保险行业积极抗击疫情，常德中保寿险推出放宽 49 个险种疾病观察期等 10 项服务举措，为医务人员捐赠总保额达 1270 万元的“非典”保险。常德市保险业积极救灾补损，在帮助参保企业和居民恢复生产、重建家园和社会稳定中起到重要作用。

外汇业务一家独大的局面被打破，多家银行竞争发展的格局基本形成。1994 年以后，常德市四家国有商业银行积极发展国际结算业务，呈现多家银行共同发展的竞争格局。是年，国家外汇汇率体制实行重大改革，由过去的计划经济体制下的外汇汇率双轨制改为与国际惯例接轨的单轨制。国家实行经常项目下可自由兑换，停止外汇券发行，常德市外汇调剂量锐减。常德中行先后增加非贸易票据托收、出口押汇等国际结算新品种，国际结算业务持续增长，叙作贸易项下结算总额 1108 万美元，首次突破千万美元大关。1998—2000 年，面对东南亚金融危机、贸易出口受挫的形势，全市银行机构不断创新，帮助企业提高市场竞争力，通过开办国际卡收单业务、开通国际业务电脑综合处理系统、推动“环球汇兑一日通”，提高结算速度，服务一批新兴的三资企业和民营企业，助力恒安纸业、杰新纺织成为进出口业务主力军。2000 年，全市国际结算总量 4283 万美元，其中贸易项下 2775 万美元，非贸易项下 1508 万美元。2001—2003 年，常德中行开办远期结售汇和代客外汇买卖业务，首次为岩下荣祺公司开立税款保付保函,创新推出个人实盘外汇买卖业务,开办居民个人因私购汇,为华南光电公司办理129万元人民币国内保理业务,成为常德市金融系统保理业务"第一单"。常德农行调整客户结构,为湘北工贸、亚马逊木业等提供国际结算服务。2003年,全市国际结算总量增至1.66亿美元,增长18.85%。

1996年,常德市信托、证券业务与银行脱钩,常德人行将证券监管职能移交湖南省证监局。1998年,中国保监会成立,常德人行将对辖内保险业监管职能移交湖南省保监局。2003年12月,中国银行业监督管理委员会常德监管分局(以下简称常德银监分局)成立,此后对全市银行业金融机构的监管主要由银监分局承担。至此,常德市初步形成分业监管体制,对于规范银行、证券、保险市场,防范金融风险起到重要作用。

三、市场化金融模式运作深化完善阶段(2004—2010年)

2004–2010年,金融体制改革继续深化,四大国有商业银行全面完成股份制改造,一些新的银行金融机构先后入驻常德,证券、保险等机构快速发展,金融机构的现代公司治理机制逐渐形成。随着常态化金融监管秩序的建立,金融风险基本得到控制,各种新的金融产品、衍生产品不断创新,金融服务范围不断扩大。

银行业金融机构改革继续推进,新机构的入驻壮大了银行业队伍。2004年常德建行和常德中行、2006年常德工行、2008年常德农行在其总行统一部署下先后完成股份制改造。2008—2010年,中国邮政储蓄银行有限责任公司常德市分行、交通银行常德分行、长沙银行常德分行、兴业银行常德分行、先后成立。至此,常德市共有1家政策性银行,6家全国性大型银行,1家全国性中小银行,1家省内中小金融机构 和1家合作金融机构。银行业机构营业网点638个。股份制改革后的四大全国性大型银行全面建立现代公司治理机制,常德城区网点基本上实行扁平化管理,市场营销机制更加灵活,业务出现加速发展态势。7年中,全市银行业金融机构本外币各项存款净增673.22亿元,增长2.21倍,余额增至977.34亿元。本外币各项贷款净增224.73亿元,增长87.79%,余额增至480.71亿元。2010年年末综合贷存比降至49.19%,较2003年回落34.98个百分点。不良贷款率降至5.05%,较2003年年末下降24.95个百分点。2006年,银行业务金融机构总体实现扭亏,是年实现盈利3.53亿元,结束了连续13年亏损的历史,2006—2010年的5年累计实现盈利35.18亿元,2010年实现盈利11.91亿元。

金融管理稳健有序,金融运行环境日益优化。2004—2010年,是金融机构股份制改革时期。面对加入WTO后外资金融机构竞争,国家开始对金融机构进行企业化改造,使其成为自负盈亏、自担风险的市场主体。根据2003年12月全国人大常委会对《中国人民银行法》的修订,人民银行职能调整为三大职能,即实施货币政策、维护金融稳定、提供金融服务。2004—2010年,常德人行转换工作方式,更加注重把握宏观调控意图,更加注重因地制宜、因势而为传导货币政策，引导金融机构优化信贷结构，合理掌握贷款重点和节奏，推动地方经济金融协调发展。牵头建立银行、证券、保险联席会议制度，突出系统性金融风险的防范。协助市政府搞好农村信用社改革试点，审查批准 14 家农村信用社动用存款准备金 1000 万元，化解支付风险。推进金融生态建设，建立与财税、司法机关、海关、银监部门的反洗钱协调机制。2005 年，累计向农村信用社发放支农再贷款 5.4 亿元，指导农村信用社累放支农贷款22 亿元，惠及全市 70 万农户。2006 年，采取信用“社区创建 + 就业培训 + 小额担保贷款”三联动，发放小额担保贷款 1591 万元，支持 3848 名下岗失业人员再就业。2008 年，常德人行在全国率先启动国库直接发放养老金和城市居民低保资金业务，为弱势群体开辟资金直达高速通道。2009 年，推出各区、县（市）推荐、市财鑫担保公司担保方式，指导银行业金融机构对 78 家企业发放贷款 2.6 亿元。突出银企联姻创新，组织银企融资洽谈会 9 次，签约项目244 个、金额 128.71 亿元。改善农村支付环境，加大银行本票、农民工银行卡业务在县域拓展力度，业务量居全省前列。2010 年，常德人行率先在全省启动农村信用体系建设试点，开展中小企业信用评级，拓展社会信用体系建设新领域。2004—2010 年，常德银监分局专司银行业监管职能，按照“管法人，管风险，管内控，提高透明度”的理念，采取非现场监管、现场检查、谈话考试、年度考核等方法，对银行业金融机构进行准入监管、合规监管、风险监管，进行窗口指导和服务以及法律事务管理。

拓展金融产品，创新金融服务，金融业服务地方经济的力度大幅提升。常德农发行开始投放商业性贷款，贷款业务从传统的粮棉油业务扩大到糖、水果、蚕丝、水产养殖及化肥等领域。以产业化龙头企业为重点支持对象，支持农产品精深加工，2007 年向以粮棉加工、纺织印染、果蔬、生猪及水禽深加工等业务为主的 70 多家龙头企业、地方特色食品加工企业累计投放各类贷款 15.3 亿元，促进企业扩规提质，增创利税近亿元。常德农发行先后对鼎城区沅江南岸防洪大堤改造、柳叶湖退田还湖二期工程等项目，累放农村基础设施、农业综合开发等新农村建设投放 5.4 亿元贷款，对有规模、有品牌、有实力的一批龙头企业进行技术改造，累放产业化龙头企业贷款 23.4 亿元，推动农业产业规模化、集团化生产经营。2004－2010 年，常德工行以柜台业务向离柜业务转变，工作重点由业务管理向市场营销转变，存款业务强化存款归集、实施“抓大促重，龙头带动”存款增长战略。贷款业务紧盯地方重点工程和重点招商引资项目，主动退出风险客户贷款，优化信贷结构。7 年内，本外币各项存款净增 93.21 亿元，年均净增 15.54 亿元，本外币各项贷款净增 7.9 亿元，年均净增 1.32 亿元，2010 年，实现利润 2.76 亿元，是 2004 年的 16.68 倍。常德农行注重对集团性、系统性以及重点建设项目地投入，坚持重点客户和重点项目以及“大中选强、小中选优”的发展策略。常德中行坚持“资本配置优先”，优先发展收益好、风险低的中长期贷款，压缩收益低的短期贷款。常德建行在做大做强资产业务上做文章，全面推进行业拓展，促进区域协调发展，做透优质存量客户，对目标市场和目标客户群体进行定位，资产业务经营逐年上台阶。2006—2010 年，省农村信用联社常德办事处围绕“农业增产、农民增收和农村稳定”目标，指导农村信用社发放凭证贷款、农户小额信用贷款、农户联保贷款、助学贷款,引导和支持农民按市场需求调整产业结构,推动农业产业化发展。全市农村信用社累计发放贷款296.15亿元,发挥农村金融主力军的作用。2008年,中国邮政储蓄银行常德市分行挂牌成立,努力拓展零售类信贷业务和公司业务,依托和发挥邮政网络优势,以零售业务和中间业务为主,逐步完善城乡金融服务功能。2009—2010年,交通银行、长沙银行、兴业银行相继入驻常德,按照"扎根本土,服务地方经济发展"的经营战略发展贷款业务,在涉农信贷、重点企业、惠民产业、经济技术开发区、中小企业和个体私营经济等方面均有涉及。2010年,长沙银行、兴业银行在市政府、金融管理部门的支持下,举办"全民创业、非公有制经济暨工业企业银企洽谈会",促成签约项目265个、金额117.9亿元,履约率达70%。2008—2010年,常德财鑫担保公司为中小企业、农业产业化龙头企业、民办教育和城建项目提供融资服务,累计完成担保总量15.68亿元。

小额贷款金融机构陆续建立,为解决中小微企业发展和"三农"融资难问题起到积极作用。2009年,首家小额贷款金融机构—常德市武陵区双鑫小额贷款股份有限公司成立,至2010年末,鼎城区信和小额贷款有限公司、澧县银鑫小额贷款有限公司和津市市金源小额贷款有限公司先后成立。是年末,四家小额贷款金融机构投放贷款余额1.13亿元。

投资担保机构应运而生,支持现代农业、教育和中小微企业发展。先后成立常德农欣融资担保公司、湖南芷兰教育融资担保公司和常德市中小企业信用担保中心。2008年4月,经湖南省金融办批准,整合上述三家担保机构,由常德市国资委注资设立政策性非盈利担保机构,组建成立常德财鑫担保有限公司。2008—2010年年末,常德财鑫担保有限公司实现担保业务量17.03亿元,期末在保余额7.96亿元,公司总资产4.4亿元。

金融风险得到有效控制,银行机构走上良性运转轨道。从20世纪90年代末开始,常德市银行机构抓住国家调整经济结构的有利时机,清收、转化、剥离不良贷款,加大不良贷款核销力度。为化解风险和适应股份制改革,7年中累计核销和剥离本外币不良贷款45亿元,其中核销4.15亿元,剥离40.85亿元。常德农行7年累计核销和剥离29.8亿元,占全市总额的66.22%。2010年年末,全市商业性银行不良贷款率降至5.05%,较2003年年末下降24.95个百分点。常德农发行在2006—2009年核销不良贷款12.64亿元,剥离不良贷款5.36亿元。

外汇业务新产品不断推出,助力企业走出国门。2004年,常德中行突出个性化营销,提货担保业务实现常德金融市场零的突破,所辖3个支行开始开办实盘外汇买卖业务。2007—2008年,常德工行、农行先后开办代客外汇买卖、远期结售汇、代客外汇理财、汇出汇款融资、进口双保理、出口双保理等多个外汇业务新品种,常德中行抓住华油集团外资并购契机,为其办理2.1亿元港币的远期结售汇业务。2010年,常德中行积极拓展进口开证、付款汇利达等国际结算业务,为金芙蓉叙作融易达,为金丝鸟和广源麻业叙作进口开证业务。常德建行向交单企业推荐出口押汇、福费廷、赊销企业投保出口信用保险,与鸿鹰祥公司签订远期结算协议。全市国际结算业务随着经济企稳而略有回升,国际结算业务总量2.82亿美元,其中贸易项下2.34亿美元,非贸易项下4741万美元。

证券机构继续增加，投资渠道更加丰富。2004–2010年，常德市先后增设海通证券、财富证券、民族证券、山西证券和德盛期货5家证券机构，证券机构总数增加至8家。2004—2007年，股市回升走暖并进入牛市，投资者交易频繁踊跃，全市证券机构累计代理交易1014.49亿元，2007年交易金额达790.19亿元，是2003年的19.6倍。2008年12月5日，常德德盛期货成立并开始经营期货业务。2008年下半年开始，受国际大经济环境急剧衰退的影响，沪深股市回调走软。在股市大环境处于低迷的状况下，各证券公司创新举措，规范经纪交易，加快网上业务发展。常德国泰君安全面推行“个性化”服务，即分别对大户、中户、散户股民和长线、中线、短线客户群给予针对性和差别化服务。常德方正证券树立“让客户资产增值”的经营理念，以价值服务为核心，开展服务产品化工作，将以往非标准化的、弹性的、无形的、没有价格的服务，转化成标准化、可量化、有形和有价的产品。2010年年末，常德新开户股民有1.56万名，股民开户数12.07万户。是年证券交易量691.13亿元。期货客户679户，是年共成交38.39万手，成交金额280.81亿元。

保险机构蜂拥而至，保险业务快速发展。2004—2010年，常德市新增保险机构22家，保险机构总数增至30家。其中财险公司15家，寿险公司14家，保险代理公司1家。7年累计保费收入156.43亿元，理赔支出38.97亿元。2010年，全市保费收入由2003年的7.27亿元增加到39.9亿元，增长4.49倍，理赔支出由2003年的1.79亿元增加至8.39亿元，增长3.69倍。为促进和规范保险业的发展，2004年4月，常德市保险行业协会成立，结合本地实际，制定行业自律公约，维护会员与被保险人合法权益，规范行业经营秩序。2004—2010年，常德人保财险积极参与农业保险试点，结合实际推进农业保险承保理赔两进村、两到户，探索以市、县、乡、村四级服务网络为支撑，以乡镇农业保险办公室为平台，以乡镇农业保险专（兼）干和村级协保员队伍为依托的农业保险基层服务体系。2004年，常德桥南市场发生特大火灾，常德人保财险第一时间赶到现场开展查勘定损理赔，一周内将2896万元赔款发放到受灾保户手中，累计赔款达到7500万元。2008年，受南方省份普遭冰雪灾害影响，常德电力部门受灾严重，常德平安财险及时将400万元理赔款送到电力部门，解决企业恢复生产的燃眉之急。2008年，各保险公司恢复开办政策性农业保险业务，全市农业险保费收入1.81亿元，比1993年增加1.6亿元，增长7.5倍。2010年，全市农业险保费收入1.8亿元，承保品种扩大到水稻、棉花、油菜、能繁母猪、育肥猪、奶牛、森林等险种。14家人寿保险公司2010年保费收入31.91亿元，是1989年的117.7倍，年均增长26.9%；赔（给）付4.68亿元，是1989年的28倍，年均增长18.12%。2011年，全国人保系统在常德召开现场会，大力推广常德开展“三农”保险业务的经验 。

1989—2010年，常德市金融业认真贯彻执行中国共产党和国家各项大政方针，在支持全市经济发展的同时，金融自身也得到了极大的发展，金融体量不断壮大，金融结构不断优化，经营效益不断提高。2010年年末，全市金融机构677家，其中银行业分支机构647家，证券类机构8家，保险机构30家。各项存款977.34亿元，各项贷款480.71亿元.分别较1988

年年末增长62.25倍和10.97倍。银行业经营利润由1988年年末的2762万元增长至2010年年末的11.91亿元,增长42.12倍。各类保险业务收入39.9亿元,增长83.3倍。2010年年末,共有股民户数12.1万户,证券交易量691.13亿元。期货客户679户,年成交金额280.81亿元。

大　事　记

1989年

1月　湖南省新设立大庸市(后更名为张家界市),常德市所辖慈利县各金融机构划归大庸市管辖。

3月13—14日　召开常德市金融工作会议,辖内各金融机构主要负责人、市政府相关职能部门负责人参加会议,副市长李江在会上作重要讲话。

3月13日　中国农业银行行长马永伟在中国农业银行湖南省分行行长王德振的陪同下,对常德农村金融工作进行为期5天的实地考察,就农村资金等问题开展调研。

4月20日　中国银行常德支行发行长城卡,在常德首先开办信用卡业务。

4月　中国人民银行常德分行(以下简称常德人行)组织辖内区、县(市)政府职能部门,对企事业单位在银行多头开户情况开展清理整顿。通过对全市13259家企事业单位开立的18722个账户进行逐个登记造册,查明并处理多头开户的账户3130个,对各行间需相互划转的2.71亿元存款、贷款落实划转。

9月下旬至12月中旬　常德人行对未经人民银行批准设立的各类金融机构进行清理整顿,查出未经批准设立的各类金融机构87个,均按有关规定处理。

1990年

1月　中国人民保险公司湖南省分公司调整常德人保领导班子,宋炳文任常德人保党组书记兼总经理。

4月11日　贯彻国务院关于清理企业"三角债"精神,按照省政府统一部署,由常德人行组织市、县两级政府有关部门和53家县级支行以上银行机构300余人投入清欠工作中。全市注入清欠资金2993万元(其中,常德人行注入清欠资金2284万元),累计收回清付拖欠款1.52亿元。

4月21日　常德人行批复同意常德市农村信用社贷款利率上浮30%~50%。

5月21日　中国银行湖南省分行任命吴学法任中国银行常德支行行长。

7月20日　中国工商银行常德分行常德融资市场成立。

7月27—30日　武汉经济协作区及湘鄂赣八城市金融横向联系网络第二次会议在常

德市召开。参加会议的有南昌、武汉、长沙、上饶、沙市、岳阳等18个地、市人民银行，交通银行武汉分行，荆门市农行的负责人和有关人员共51人。

9月27日 省人行任命涂能进为中国人民银行常德分行行长兼国家外汇管理局常德分局局长。

11月6—10日 中南地区人民银行第三次调查统计工作协作会议在常德市召开，广东、广西、海南、湖北、河南、湖南、广州、武汉、深圳等11个省、市分行调统处(办公室、研究所)的代表出席会议。

11月 中国人民建设银行湖南省分行对常德建行领导进行调整，并报经市委同意，谢秉勋连任常德建行党组书记、行长。

12月1日和3日 中国人民银行桃源支行、临澧支行相继成立。

12月19日 常德农行成立中国农业银行常德市中心支行经济民警大队。随即各区、县(市)支行、办事处也建立经济民警分队。

1991年

1月15日 中国银行常德支行经济民警中队成立。

4月7日 人民银行国库司司长王玉华到常德人行检查指导工作，并指示在澧县人行进行国库机构单设试点。

5月 按照中国人民银行湖南省分行、湖南省民政厅《关于对基金会进行清理的通知》精神，常德人行对全市基金会进行清理整理。共查出未经人民银行批准、未在民政部门登记注册的县以上基金会，或冠以“基金会”名称的其他机构及组织9个。对符合设置条件的2个基金会责令其按程序申报注册，对存在问题的6个基金会限期整改，对不符合条件的1个基金会责令限期解散。

8月8日 常德市农村信用社第一个电脑储蓄所—汉寿县围堤信用社围堤电脑储蓄所开业。

8月 常德遭遇历史罕见的洪涝灾害，全市金融机构紧急行动全力以赴投入抗灾救灾。

9月20日 常德市根据国务院部署，开展以“资金注入、连环清理”为内容的清理固定资产投资项目拖欠工作。市县两级政府有关部门、53家县支行以上金融机构共三百余人参加此项工作。是年11月30日，全市固定资产项目拖欠清理工作结束。常德人行注入清欠资金4122万元，企业自筹资金331万元，累计收回清付资金15593万元。

10月4日 监察部驻金融系统监察局副局长赵凤祥到常德调研纪检监察工作。

1992 年

1 月 20 日 常德工行行长向建国调省工行任职。

1 月 中国人民保险公司湖南省分公司任命邓定渝为常德人保公司总经理。

3 月 12 日 常德人行主持召开全市储蓄优质文明竞赛先进单位表彰大会,中国工商银行常德市第一支行等 11 个先进集体,中国工商银行津市支行澹津路储蓄所等 64 个最佳储蓄所受到表彰,常德市人民政府副市长李江出席大会并讲话。

3 月 26 日 经省人民银行批准,同意成立常德市老年基金会。

3 月 省工行任命周光武为常德工行行长。

3 月 常德建行设立石门电力支行,其主要职能是为石门火电厂的建设及其附属澧水大桥等工程提供金融服务。

5 月 20 日 中国人民银行湖南省分行以湘银金管〔1992〕105 号函,批准成立常德市教师奖励基金会。

6 月 9 日 蒙面歹徒黄某手持杀猪刀、斧头、钢钎等作案工具,凌晨翻墙潜入临澧县杉板信用社观山分社,图谋抢劫库款,对正在值班的朱法林进行突然袭击。朱法林身上被歹头砍伤 31 处,右手腕桡骨及动、静脉被砍断,头部、面部多处被砍伤。朱法林竭尽全力与歹徒搏斗,被歹徒拖出 50 多米远,终因伤势过重、流血过多,昏倒在血泊中。歹徒仓皇逃窜,后被公安机关抓获。朱法林用鲜血保卫了库款安全。

8 月 7 日 常德人行以常人银(1992)111 号文件,决定恢复中国人民银行常德支行。原常德人行营业部的所有业务划归常德支行办理,同时对武陵区、鼎城区、西湖农场、西洞庭农场金融机构实行领导、管理、协调、监督和稽核。

9 月 中国人民银行召开全国人民银行系统档案工作经验交流会,常德人行在会上介绍自主开发的"文书与档案工作一体化系统"。该系统实现文书与档案收登、检索、著录、立卷、借阅、统计等过程的微机处理,实现总目录、分目录、内目录三级目录管理。

9 月 人民银行总行、湖南省分行在常德市澧县人行召开保卫工作现场会,澧县人行现场进行军事训练和表演。

10 月 8 日 湖南省工行常德融资市场成立大会召开,全国 14 个省、市、自治区 65 家成员行共 252 名代表与会。

12 月 常德建行机关办公营业综合大楼竣工交付使用,大楼建筑面积 6053.4 平方米,投资 880 万元。

12 月 《常德地区志·金融志》历经 5 年的编写,经中国社会科学出版社出版,全书 38 万字,反映常德货币、信用 1840—1988 年的历史。

是年 常德人行先后批准常德教育工业公司等 10 家企业内部集资 1748.5 万元,批准澧县艳洲水电站等11家企业发行企业债券5495万元，批准常德市洞庭制药厂等8家企业发行短期融资券2700万元。

1993年

2月16日 省中行任命杨松枝为中国银行常德支行行长。

2月 常德人行以湖南省证券公司常德代理处为基础,组建常德市证券公司,并在常德市工商局登记注册,具备独立法人资格,成为自主经营的非银行金融机构,仍由常德人行主管。

4月2日 中国工商银行在常德召开中南、华东片区宣传报道工作会议。

4月8—16日 中国人民银行国库司司长王玉华,省人行国库处处长童志强到常德,先后对桃源、临澧、澧县、津市、石门5个支行的国库基础工作进行检查指导。

4月17日 国务院副总理兼人民银行行长朱镕基、人民银行行长助理朱元梁一行到常德考察经济金融工作,并召集市委、市政府领导和驻常各银行行长汇报情况。

8月1日 中国农业银行在常德市主持召开南方6省1市收购资金供应管理工作座谈会,农业银行副行长何林祥主持会议,对常德农行实行的粮食收购贷款"一条鞭"管理(县以下粮棉油收购、加工、销售等企业,在农行一家开户管理)给予充分肯定,并在全国进行推广。

8月 中国建设银行副行长苏文川、省建行行长易良友一行八人专程到常德调研灾情,慰问常德建行干部职工。

8月 桃源县浯溪河信用社主任张田香被中国人民银行授予"全国金融劳模"称号。

9月17日 常德市委、市政府在工人文化宫召开"农村金融卫士"朱法林命名表彰大会。中共常德市委书记庞道沐、省农行副行长朱世强在大会上讲话,号召全市、全行向朱法林学习。此前,朱法林被中共中央宣传部、中华人民共和国公安部授予"全国见义勇为先进分子"、被中国农业银行授予"全国农村金融卫士" 称号。

11月8日 中国银行常德支行更名为中国银行常德分行。12月1日,开始使用中国银行常德分行新印章。

1994年

6月 武陵区东江信用社职工彭德华被湖南省人民政府授予"最佳储蓄员"称号。

7月3日 中国农业银行湖南省常德市中心支行更名为中国农业银行常德市分行。

12月1日 常德人行在全市全面实施"贷款证"制度管理,是年,发放贷款证4090本。

12月29日 中国平安保险股份有限公司常德中心支公司成立，是常德市第一家股份制保险企业,隶属于中国平安保险(集团)股份有限公司湖南分公司。毕文汉任常德平安财险总经理。

12 月 30 日 省人行以湘银金管〔1994〕48 号文件批复，同意成立常德市丁玲文学创作奖励基金会。

是年 常德农行鼎城区支行率先在常德配置第一台自动提款柜员机。

1995 年

2 月 8 日 常德人行、常德中行和公安部门共同配合，成功堵截一起伪造 1.2 亿元港币资信证明的假引资案。

3 月 21 日 中国人民银行副行长殷介炎、国库司司长黄挹卿及省人行副行长蒋民生等，到常德人行调研指导工作。

3 月 21 日 汉寿县周文庙信用社出纳兼守库员曾庆梅，面对抢劫库款的歹徒，不畏强暴，与歹徒展开殊死搏斗，保护集体财产安全。省农行授予曾庆梅"湖南省农村金融卫士"荣誉称号。

5 月 30 日 常德工行在常德城区的常德、鼎城、德山支行首次实行会计联行与全国联网，会计清算实现电子汇兑。

7 月 常德遭遇洪涝灾害。省建行行长彭茂吾一行赴常德调研灾情，并到桃源建行慰问受灾干部职工。

10 月 省建行对常德建行领导班子进行调整，朱献军任党组书记、行长，原行长谢秉勋退休。

1996 年

3 月 中国人民建设银行常德市中心支行更名为中国建设银行常德市分行。

6 月 中国人民保险公司常德中心支公司分设中保寿险有限公司常德市分公司(员工、财产按财险 65∶寿险 35 的比例分割，乡镇保险站和保险营销业务员均移交中保人寿保险有限公司常德市分公司)。6 月 21 日，常德中保寿险挂牌成立，是全市唯一专营寿险业务的国有保险公司，蒯同文任总经理。

6 月 中国平安保险公司常德中心支公司实行产险、寿险分业经营，同时成立人身保险部，11 月升格为中国平安人寿保险公司常德支公司，胡启桃任总经理。中国平安保险公司常德支公司更名为中国平安财产保险股份有限公司常德中心支公司。

7 月 30 日 汉寿县围堤信用社被中国人民银行授予"全国金融先进单位"称号。

7 月 中国人民保险公司常德中心支公司更名为中国财产保险公司常德分公司，下设武陵、鼎城、津市、安乡、临澧、澧县、石门、桃源、汉寿 9 个支公司。

9 月 9 日 常德人行机关从市城区青年南路迁至朗州北路 4 号新建办公大楼办公，新大楼总投资2558.8万元,建筑面积9997平方米。

9月 成立常德市农村金融体制改革领导小组，常务副市长钦时中任组长。下设办公室,常德人行副行长余德中任主任。负责全市农村信用社管理,办公地点设常德农行院内。

11月8日 常德中行新建办公营业用房竣工并投入使用。该大楼位于洞庭大道1588号,总投资4671.99万元,建筑面积13920.07平方米。

12月9日 常德市农村信用社系统与常德农行脱钩。常德农行27名原从事信用合作管理人员调入市、县两级农村信用社管理部门。

12月28日 中国农业发展银行常德市分行成立，农业银行代理的农发行业务全部划出,农业银行调入农发行人员224人。谭永清任行长、党组书记,办公地址在武陵大道南段24号。

12月 常德市证券交易营业部与常德人行脱钩,划归湖南证券股份有限公司领导,更名为湖南证券股份有限公司常德证券营业部(以下简称湖南证券常德营业部),王勇任总经理。

1997年

1月1日 农发行常德市分行辖属8个支行挂牌成立,各项业务开始自营。

3月5日 常德建行所属证券业务部全面移交给君安证券有限公司，聂刚任君安证券常德证券交易营业部总经理。

5月8日 省建行决定,将湖南电力专业支行常德办事处划归常德建行管理。

5月26日 常德建行所属德山支行计划部门在资金调拨中发现该行吸收的几笔大额存款去向存在问题并向市分行报告,市分行组织专人查账,发现万琦公司总经理张某、德山建行行长程某相互勾结,先后向省内外35家单位和7名个人开出大额存单非法集资44次,计人民币4.337亿元,至发案时止尚有2.67亿元未能返还给出资单位,形成极大风险。经常德市中级人民法院审理,相关人员均受到法律制裁。常德建行与此案相关的32名责任人受到党纪、政纪处分。

6月上旬 常德人行联合市公安局、工商局、税务局等部门,对全市金银饰品加工翻新市场进行清理整顿,取缔39家非法营业网点,没收加工工具89件。

6月17日 农发行常德市分行组建经济民警大队。

6月21日 共青团中央、中国人民银行授予人行临澧支行全国“青年文明号”先进集体称号。

6月21日 根据人民银行湖南省分行《关于全省人民银行内设农村合作金融管理机构的通知》精神,常德人行成立农村合作金融管理科,负责对农村信用合作社的监督、改革和日常业务管理,防范农村金融风险。是年9月,常德市农村金融体制改革领导小组办公室6人(原常德农行信用合作科管理人员)成建制划转到常德人行,与人行农金科合署办公,实行一个机构、两块牌子。

7 月 4 日 常德农行江北支行成立，原常德农行所属的湖南银星金融股份有限公司所有债权债务由江北支行承接，并接管市分行营业部城东分理处(原中国农业银行湖南省信托投资公司常德办事处)。

7 月 常德中行按照中国银行统一部署，在全辖范围内推行全员劳动合同制，全体正式在编的干部、工人(含原合同制工人)均改为合同制员工。

1998 年

2 月 7 日 省人行行长谢平率省农村金融体制改革领导小组办公室专职副主任罗良杰等到常德考察，先后来到桃源县联社、桃源县浯溪河信用社、汉寿县联社等地调查了解情况。

3 月 19 日 常德农行从美国 IBM 公司引进 RS—6 型小型机系统组装上网运行，实现全市范围内居民储蓄存款通存通兑。

4 月 15 日 常德农行代理上海证券交易所发行常德市第一支股票“金健米业”(代码 600127)，发行量 5000 万股，发行价每股 5.3 元，为该企业新增股本金 2.66 亿元。5 月 6 日，“金健米业”在上交所挂牌上市。

4 月 石门县九伙坪信用社荣获“全国农村信用社支农先进集体”称号。

7 月 28 日 常德农行营业办公地址迁至武陵大道南段 37 号新办公大楼，该大楼总投资 5250 万元，建筑面积 13000 平方米。

6 月下旬至 8 月 常德市遭受长时间严重洪涝灾害。省人行主持全面工作的副行长蒋民生、副行长徐联初到常德市金融系统检查指导支灾救灾工作，并深入重灾区安乡查看，代表省人行捐款 10 万元。中国农业银行副行长郑晖到常德农行慰问，对全市农行抗洪抢险工作给予肯定。中国平安财险公司副总经理宋连坤、省分公司总经理王永中到安乡指挥查勘，了解灾情，慰问受灾企业。10 月，人总行合作金融机构监督管理司司长张功平一行三人在省人行副行长徐联初陪同下考察常德市农村信用社，并深入受灾严重的安乡、澧县部分基层农村信用社了解情况，指导农村信用社支灾救灾、恢复生产。

11 月 19 日 省建行对常德建行领导班子进行调整，李应龙任常德建行党委书记、行长。

11 月 常德人行根据保险机构管理体制改革要求，停止行使对保险机构监管职能，并向湖南省保监局移交监管资料。

12 月 12 日 人民银行武汉分行成立，开始实施大区分行管理体制，常德分行行长涂能进参加人民银行武汉分行揭牌仪式和成立大会。

12 月 25 日 省农行对常德农行领导班子进行调整，原党委书记、行长陈章任调省农行任职，杨家金任常德农行党委书记、行长。

是年 常德农行小型计算机中心机房建成，开通全市农行小型电子计算机网络，实现全市农行范围内通存通兑。

1999 年

1 月 1 日　中国人民银行湖南省常德分行更名为中国人民银行常德市中心支行，原国家外汇管理局常德分局更名为国家外汇管理局常德市中心支局。机构更名后，其原有职能、内设机构、人员编制及机构级别不变。

1 月　常德中行开始受理欧元结算业务。

5 月　中保人寿保险有限公司常德分公司更名为中国人寿保险公司常德分公司。

7 月 13 日　常德市信托投资公司证券交易营业部成立，地址位于武陵大道南段证券大厦二楼、三楼。

8 月　深圳君安证券股份有限责任公司与上海国泰证券股份有限公司合并，君安证券股份有限责任公司常德证券交易营业部更名为国泰君安证券股份有限公司常德人民中路证券营业部。

11 月 16 日　中国农业银行安全保卫工作现场会在常德农行召开，推广常德农行创新开展的"三连环"(联人、联岗、联责)安全工作模式。

12 月　常德建行经总行审批同意，向中国信达资产管理公司剥离第一期不良资产本金 5.86 亿元。

是年　平安财险常德中心支公司精简机构，撤销安乡、桃源、石门支公司。

2000 年

1 月 26 日　常德农行党委书记、行长杨家金调省农行任职，党委副书记、副行长金平主持全面工作。4 月任党委书记、行长。

4 月 1 日　常德市金融机构按照人民银行的规定，个人存款账户开始施行实名制。

4 月 5 日　湖南省档案局组织各市(州)档案局局长到常德人行现场观摩档案管理。

5 月 22 日　刘时华任工行常德市分行党委书记、行长。

6 月　常德中行向东方资产管理公司剥离人民币不良贷款 26180.78 万元、外汇不良贷款 127.26 万美元(折合人民币 1056.26 万元)、应收利息 346.7 万元以及 9838.2 万元的催收利息。剥离总额为 37421.84 万元。

7 月 10 日　常德农行全面完成常规业务不良贷款剥离任务，共向长城资产管理公司剥离贷款户 38118 户，表内贷款本息 226619 万元。

7 月　常德中行撤销安乡支行以及下属的营业机构，其存款性业务一次性移交给安乡工行，人员实行分流。

8 月 2 日 农行湖南省分行二级分行行长会议在常德农行举行流动现场会。参加会议的有省农行行长朱世强，副行长何文斌、左垂冕、李德义，以及各市（州）分行行长。常德农行介绍开展星级服务经验。

8 月 9 日 人行武汉分行监管专员黄代坤一行深入常德、桃源、临澧、石门调查中小金融机构风险状况及工会工作。

8 月 31 日 常德工行撤销汉寿县支行及下属机构，存款划转汉寿中行，贷款划转市分行营业部。

9 月 1 日 下午 6 时许，常德农行江北支行一辆接收营业款的头寸车在北站分理处遭 4 名蒙面歹徒持枪抢劫，5 名银行工作人员因公殉职，1 名群众被杀害，2 支 79 式冲锋枪被歹徒抢走，头寸未受损失。该案震惊全国，公安部门迅速组织破案，犯罪分子受到法律严惩。

9 月 28 日 根据国务院办公厅下发的《国务院办公厅转发中国人民银行关于整顿信托投资公司方案的通知》精神，常德市信托投资公司将下辖的常德市信托投资公司证券交易营业部转让给湖南省长沙证券公司。

10 月 25 日 湖南省金融安全保卫工作会议在常德市召开，参加会议的有各市（州）公安局主管金融安全保卫工作的副局长、人民银行主管安全保卫工作的副行长等共计 120 余人。常德人行等 10 个单位介绍金融安全保卫工作经验。副省长周时昌、省公安厅副厅长唐中元、人民银行长沙中心支行副行长童志强到会并讲话。

10 月 27 日 刘泽湘出任常德中行行长，原行长杨松枝退休。

11 月 6 日 全国人行系统划密、定密规定修订工作座谈会在常德召开，各分行、营业管理部办公室主任，总行各司局综合处长出席会议、总行办公厅副主任林铁钢到会讲话。

12 月 常德中行共核销人民币不良贷款 1205 万元和 487 万元的对应利息、外币不良贷款 36.5 万美元和 2.94 万美元对应利息。

12 月 常德建行向中国信达资产管理公司剥离第二期不良资产本金 2616 万元。

是年 根据上级行要求，常德建行进行精简机构、网点，裁减人员改革。全行撤并网点 11 个，调整网点 6 个，机构网点由 96 个减至 85 个。

2001 年

1 月 19 日 中国农业银行追授在“9·1”大案中因公殉职的常德农行员工李敬、肖卫东、王建国、周军、王平为“中国农业银行金融卫士”荣誉称号。

1 月 桃源县、安乡县、石门县、汉寿县、澧县、津市市、常德市金城、武陵、忠心、鼎城共 10 家城市信用社纳入农村信用合作联社管理，分别更名为桃源县城南、安乡县城东、石门县楚江、汉寿县龙阳、澧县澧城、津市市城中、武陵区金城、武陵区武陵、武陵区中心、武陵区城北农村信用合作社。

1月 人民银行信贷登记系统实现全省联网，常德人行于上年年末向长沙上报数据一次成功，成为全省第一个上报数据成功的中心支行。

1月 刘长君任常德人保财险公司总经理。

4月4日 人民银行武汉分行对常德市中心支行领导班子进行调整，盛铭任党委书记、行长。

5月29日 外汇管理局常德市中心支局会同当地公安、工商部门，一举捣毁常年私自从事外汇交易的常德市中医院门前外汇交易点和梦巴黎照相馆门前外汇交易点，当场抓获私自买卖外汇人员3人。搜缴美元5441元，港币2450元，台币100元，人民币30450元，国库券235元。

5月 高敏星任中国人寿保险公司常德分公司总经理。

7月2日 常德市信托投资公司证券交易营业部更名为湖南省长沙证券公司常德营业部。

7月 德山人寿保险营业部与武陵区人寿保险支公司合并，合并后新机构名称为中国人寿保险公司武陵区支公司。

7月 宋兴明任中国平安人寿保险股份有限公司常德中心支公司总经理。

8月1日 常德工行党委书记、行长刘时华调省工行任职，副行长李勤主持工作。

8月9日 常德建行党委书记、行长李应龙调省建行工作，金翌任常德建行党委书记、行长。

8月10日至11日 人行武汉分行行长彭志坚一行到常德，听取人行常德市中心支行工作汇报，深入到职工家中了解情况。到武陵区南坪信用社听取汇报，查看有关报表和资料，要求常德人行加强监管，做好金融维权，争取地方领导重视与支持。

9月 湖南证券常德营业部注册登记变更为泰阳证券有限责任公司常德青年路证券营业部。

12月25日 湖南省长沙证券公司常德营业部更名为恒信证券有限责任公司常德武陵大道证券营业部。

2002年

1月23日 中国人民银行行长助理蒋超良一行到常德人行调研，并深入到常德市几家国有商业银行和农业银行汉寿县支行、太子庙营业所、城关镇营业所，对基层行经营状况进行专题调研。监管二司副司长南京明、监管一司农行处处长张德海以及长沙金融监管特派办特派员蒋民生等参加调研。

1月25日 经湖南省人民政府报请人民银行武汉分行批准，桃源县渔父城市信用社实施停业整顿。桃源县政府成立以县委书记为组长，分管财贸工作的副县长为副组长，财政、审计、劳动、公检法和桃源人行等部门主要负责人为成员的停业整顿工作领导小组，确保居民储蓄存款如期如数兑付，金融机构秩序稳定、社会安定。

3月1日 湖南省农发行调整常德农发行领导班子，党委书记、行长谭永清调入省农发行任职，党委副书记、副行长梁刚主持工作。

3月6日 湖南省工行任命李勤为常德工行党委书记、行长。

4月8日 中国农业银行2002年资产负债管理工作座谈会（湖南片会）在常德农行召开。总行资产负债管理部总经理张金鳌、湖南省分行副行长何文斌以及河南、湖北、湖南、广东、深圳、福建、厦门7个分行资产负债管理处处长等22人参加会议。

5月 经湖南保监局批准，中国太平洋人寿保险股份有限公司常德中心支公司成立，成辉旗任总经理。办公营业地点设常德市洞庭大道138号。

7月29日 常德农发行机关由武陵大道南段24号迁至朗州路968号新办公大楼办公。

8月16日 经湖南保监局批准，中国太平洋财产保险股份有限公司常德中心支公司成立，罗耀平任总经理。办公地址位于洞庭大道138号1楼和14楼。

10月 常德农行建成常德市首家含存款机、取款机、自助终端、夜间金库、“95599”热线电话等多功能高标准24小时自助银行。

是年 中保人寿保险有限公司常德市分公司被中保人寿总公司授予“全国系统先进单位”称号。

是年 常德农行统一全辖所有营业网点的标识标牌，新装修11个营业网点，并推行营业网点内务标准化建设。

2003年

3月27日 人民银行武汉分行决定，撤销常德市桃源县渔父城市信用社及其分支机构，收缴该城市信用社的“金融机构法人许可证”和“金融机构营业许可证”，停止其一切金融业务活动。

3月31日 常德农行党委书记、行长金平调省农行任职。

4月7日 经湖南保监局批准，新华人寿保险股份有限公司常德中心支公司成立，经营涵盖人寿保险、健康保险、意外伤害保险、分红保险、年金保险等业务。办公地址位于武陵大道中段88号4楼。

6月10日 经湖南保监局批准，泰康人寿保险股份有限公司常德中心支公司成立，办公营业地址为朗州北路101号。

6月 李凯任中国太平洋人寿保险股份有限公司常德中心支公司总经理。

6月 中国人寿保险公司常德市分公司更名为中国人寿保险股份有限公司常德分公司，下设分支机构相应更名。

7月 中国人民保险公司常德分公司更名为中国人民财产保险股份有限公司常德分公司，主营财产保险业务，获准重新进入人身保险业务领域，经办各种短期人身意外伤害保险和健康险业务。

8月4日 史开卷任常德农行党委书记、行长。

8月27日至9月1日 桃源县深水港、桃源县兴隆街、鼎城区镇德桥3家农村信用社发生群众挤兑存款事件，储户从3家信用社共挤兑储蓄存款2569笔，金额1164.09万元，其中提前支取定期存款1589笔710.21万元，活期储蓄销户1300笔、127.18万元。挤兑事件发生后，常德人行迅速成立稳定工作组，一方面加强与地方党政协调，做好宣传解释工作；另一方面抓好资金调度，确保存款支付。由于措施得当，至9月5日挤兑事件基本平息。

8月 刘云平任中国人民财产保险股份有限公司常德分公司总经理。

9月21日至22日 中国人民银行宏观经济形势分析会在常德市华天大酒店召开。总行统计司司长杜金富、巡视员张新泽、副司长车黎明，武汉分行副行长时文朝、长沙中支行长缪曼聪及全国各大区分行、省会城市中心支行的调查统计处处长共80多人参加会议。

10月 李明任中国平安人寿保险股份有限公司常德中心支公司总经理。

12月2日 常德人行党委书记、行长盛铭调岳阳银监局工作。

12月18日 中国银行业监督管理委员会常德监管分局挂牌成立。副市长龚建明、常德分局筹备组负责人陈斌共同揭牌。常德人行向常德银监分局成建制划转银行管理科、合作金融机构监管科、信用合作管理办公室以及纪委内设的其他金融机构纪检监察科4个科室和所辖7个支行的内设金融机构监管股，划转人员64人，其中中支35人，支行26人，行领导3人。

12月 常德中行核销本外币不良贷款本息10158.6万元，其中本金5909.92万元和176万美元。

2004年

1月17日 省中行任命宋定辉任常德中行行长，原行长刘泽湘调省中行任职。

1月25日 人行武汉分行徐联初行长到临澧人行检查指导工作并慰问支行员工。

2月 常德建行行长金翌调省建行工作，朱献军任常德建行党委书记、行长。

3月10日 余德中任常德人行党委书记、行长，兼任国家外汇管理局常德市中心支局局长。

3月16日 人民银行武汉分行行长徐联初到常德人行检查指导工作，对基层央行履职情况开展调研。

3月16日 天安财险常德营销部挂牌开业，营业办公场所位于武陵大道402号。

3月26日 中国人民银行条法司法律事务处副处长、国务院银行“三法”（即中国人民银行法、商业银行法、银行业监督管理法)起草修改小组成员陶玲到常德授课。参加听课的有市政府法制办、金融证券办、市银监分局、常德人行机关全体员工、辖内各支行代表、市级金融机构领导和职工代表共200余人。

3月30日 陈斌任常德银监分局党委书记、局长。

4月27日 省建行行长孙建成率公司部、个人部负责人到常德建行调研,听取抓户增存工作汇报,深入武陵、石门、澧县部分网点考察。

4月 经湖南保监局批准,华安保险股份有限公司常德中心支公司开始筹建,7月6日成立开业,营业办公场所位于人民路1298号。

6月27日至29日 《中国金融》杂志宣传工作研讨会在常德召开,《中国金融》杂志社社长、主编林铁钢、人行武汉分行副行长马天禄、人民银行各大区分行及部分中心支行办公室主任参加。

6月30日 常德建行向中国信达资产管理公司剥离第三期不良资产本金12854万元,至此,常德建行不良资产剥离工作结束。

6月 潘峰任中国太平洋人寿保险股份有限公司常德中心支公司总经理。

7月5日 常德中行桥南分理处被中国银行授予中国银行系统“青年文明号”集体荣誉称号。

8月2日 常德市政府牵头,常德人行、市财政局配合,在市直单位推行财政国库集中支付改革试点,建立全省首个国库集中支付网络系统,实现国库集中支付全过程网上运行。

9月14日至15日 湖南银监局局长蒋民生、局长助理李赛辉等一行四人到常德市开展“县域经济的金融支持问题”调研。

9月23日 湖南省工行行长白涛到常德工行检查指导工作。

9月 中国建设银行常德分行更名为中国建设银行股份有限公司常德分行。

11月22日 市政府召开全市农村信用社改革动员大会,会议由副市长龚建明主持,市长陈君文作重要讲话。

12月7日至10日 省建行行长孙建成一行18人,在常德开展“走遍湖南、走近客户、优化服务、联动营销”活动。

12月21日 鼎城区桥南大市场发生重大火灾,火灾造成数亿元的财产损失,导致数千户个体工商户失业,震惊全国。火灾发生后,人保常德分公司在灾后一周内将2896万元赔款发放到受灾保户的手中。累计赔款达到7500万元。

12月23日至24日 省银监局在常德华都大酒店召开常德、益阳、株洲、湘潭、岳阳、张家界等分局局长座谈会,省银监局局长蒋民生,副局长施爱萍、李赛辉到会。

2005年

3月 经湖南保监局批准,太平财产保险有限公司常德中心支公司成立,经营地址位于武陵大道487号10楼。

5月16日 受国家体育总局的委托,常德市体育局负责人向常德人行颁发全国"全民健身周活动先进单位"奖牌。

6月8日 常德人行截获两份金额均为500万元的大额虚假商业承兑汇票及两份伪造的银行担保函,并于6月10日协助公安机关抓获一名犯罪嫌疑人,为山东警方破获该案件起到重要作用。

6月 经湖南保监局批准,中国大地财产保险股份有限公司常德中心支公司成立,经营各种财产保险和短期人身险业务,营业办公地址位于洞庭大道中段193号。

7月1日 常德人行召开庆祝《国家金库条例》颁布20周年座谈会,市政府常务副市长陈文浩、市人大副主任李学林出席,全市财政、税务、海关等单位及4家国有商业银行、农村信用联社负责人共40人参会。

7月10日 桃源人行、县公安局联合破获一起假警察使用假人民币案件,抓获案犯3人,收缴假人民币2400元。

8月12日 常德人行牵头举办全市金融系统"改善金融生态,打造诚信常德"主题演讲比赛,市委、市人大、市政府、市政协有关领导现场观摩。

9月1日 经常德市农村信用社改革试点专项票据考核评审委员会审核,报经人民银行总行批准,9家农村信用联社全部获得中央银行票据置换,额度为108599万元,其中置换呆账贷款90249万元,呆滞贷款251万元,亏损挂账18099万元。

9月8日 根据中国人民银行《关于调整撤并部分县级发行支库的通知》精神,长沙中心支行批复,撤销桃源人行和临澧人行发行库。

9月16日 湖南省农村信用社联合社常德办事处挂牌,为全省首家挂牌成立的市级办事处,省联社理事长张明久,市人民政府市长陈君文,副市长李爱国等领导出席挂牌典礼。办事处设在常德市武陵大道北段48号。

10月20日 桃源人行协助县公安局侦破桃源县黄艳琴违法吸收公众存款1100余万元的案件,该犯罪嫌疑人被检察机关批准逮捕。

12月19日 常德市金融学会、钱币学会撰写的《学会发展重在学术创新》一文荣获省社科联第四次理论研讨会一等奖。

12月22日 省建行行长龚蜀雄一行到常德建行督导两节营销工作,并深入营业部、澧县支行慰问员工。

12月28日 经湖南保监局批准,中华联合财产保险常德中心支公司成立,经办各种财产保险和短期人身险业务，营业办公地址位于紫缘路 323 号。

12 月 29 日 常德市 2360 个农村信用代办站全部撤销，清退信用站代办员 2271 人。

12 月 安邦财产保险股份有限公司常德中心支公司筹建成立，经办各种财产保险和短期人身保险业务，营业办公地址位于洞庭大道东段东信大厦 2 楼。

12 月 经湖南保监局批准，常德市宏鑫保险代理有限公司成立，营业地址位于朗州路 1723 号。

2006 年

1 月 18 日 湖南省农村信用社联合社党委书记、理事长张明久一行到常德慰问常德市农村信用社系统 3 位全国劳动模范和 1 名特困员工，并与武陵区联社班子成员和部分干部职工座谈。

2 月 1 日 中国银监会副主席唐双宁到石门县考察。

2 月 14 日 湖南省人民银行业务工作暨外汇管理工作会议在常德市召开。会议由人行长沙中支副行长雷家政主持，行长缪曼聪讲话。

2 月 17 日 省信用联社主任王一兵到常德基层信用社检查指导工作。

2 月 18 日 湖南省副省长徐宪平在人行长沙中支副行长张瑞怀等人陪同下到常德市金融部门调研金融支农和金融业发展情况。常德人行行长余德中汇报，常德市市长陈君文、副市长李爱国、市部分金融机构负责人参加调研和座谈。

2 月 21 日 常德市被国务院部际协调小组确定为 2006 年下岗、失业人员小额担保贷款信用社区创建试点城市。

5 月 12 日 常德人行受人总行国库局委托派员赴云南指导小额支付系统上线工作。

5 月 19 日 由常德市政府主办，市金融证券办、常德人行、常德银监局承办的常德市金融支持中小企业发展论坛暨第二届银企合作融资洽谈会召开。会议由市委常委、常务副市长陈文浩主持，市委书记武吉海、市长陈君文出席，人行长沙中支副行长张瑞怀、省地方金融证券办、湖南银监局、省级各金融机构负责人，常德市县金融机构负责人及全市近 200 多家企业代表参加论坛暨洽谈会。洽谈会达成银企贷款合作关系项目 342 个，66 亿元。达成意向项目 160 个，意向贷款 33 亿元。

5 月 29 日 中国农业银行副行长罗熹率研究室、信贷管理部、资产风险管理部、计划财务部负责人一行，在省农行行长陈接宪陪同下到常德农行调研脱困工作。

7 月 1 日 《机动车交通事故责任强制保险条例》施行，这是我国首个由国家法律规定实行的强制保险制度。机动车辆强制保险保费开始成为常德市保险公司保费收入的重要组成部分。中国财保常德分公司是年交强险保费收入 2016 万元，支付赔款 118 万元。

7 月 12 日 人民银行汉寿支行、安乡支行发行库撤销。

7 月 28 日　常德人行召开全市金融工作座谈会,会议由陈君文市长主持,常德各银行业机构主要负责人参加会议,市委书记武吉海出席会议并讲话。

7 月 31 日　副省长徐宪平到常德调研金融经济工作,省工行行长吴宏波陪同。

8 月 14 日　省建行行长龚蜀雄参加常德建行党委民主生活会。

11 月 8 日　省工行任命匡一先为常德市工行党委书记、行长,原行长李勤调省工行工作。

12 月　杨运国任中国人寿保险公司常德分公司总经理。

2007 年

1 月 19 日　常德农行党委书记、行长史开卷调省农行工作,党委副书记、副行长孙权主持工作。

1 月 30 日　常德人行截获一张千元面值机制版假国库券,这是常德市首次发现千元版假券。

1 月　经湖南保监局批准,中国人民人寿保险股份有限公司常德营销服务部成立 ,营业地址位于常德市柳叶大道 191 号。

是月　杨军任中国人民财产保险股份有限公司常德分公司总经理。

3 月 12 日　常德人行在临澧县城关镇清水村举行市级信用村授牌大会,长沙中支金融稳定处处长李建安及常德人行副行长刘新华、县政府副县长郭祖福、市新农村办、市信合办有关负责人参加大会。

3 月 27 日　省农行行长陈接宪率专题调研组到常德农行调研,对农行优秀信贷企业进行考察。

5 月 10 日　经湖南保监局批准, 合众人寿保险股份有限公司常德中心支公司成立,营业地址位于常德武陵区朗州路 666 号。

5 月 17 日　常德人行实现个人征信系统与市住房公积金管理中心联网运行, 运行当日查询个人信用报告 593 笔,并依据个人信用报告不良纪录拒绝发放贷款 6 笔,金额 100 万元。

6 月 26 日　安乡人行、县公安局和县工商局采取联合行动,查处并关闭非法从事外汇保证金交易和恒生指数股指期货交易的安乡县时信信息咨询服务部,至查处时,该非法机构已接受客户下单炒买炒卖恒生指数期货 36 笔,交易金额 36000 元,收取佣金 3600 元。

6 月 27 日　由常德市政府主办,市金融证券办、常德人行、常德银监局、市经委承办的常德市第三届银企融资洽谈会,在常德市华天大酒店隆重召开。会议由副市长李爱国主持,市委书记武吉海、代市长卿建伟等市领导出席并作重要讲话。市、县金融机构负责人及全市近 300 家企业代表参加洽谈会。共签约项目 350 个、达成贷款协议 82 亿元。

6 月　经湖南保监局批准,中英人寿保险有限公司湖南分公司常德营销服务部成立,营业地址位于人民路1670号A栋6楼。

6月 肖恩军任中国平安人寿保险股份有限公司常德中心支公司总经理。

7月2日 常德银监分局从常德人行办公大楼搬迁至柳叶大道1077号新址办公。

7月16日 常德人行联手市工商局查处一起假借人民银行发行纪念币名义，在常德市图书馆一楼大厅内销售假奥运纪念币的案件，当场没收伪造的奥运纪念币38枚、奥运银币4枚、奥运金币2枚、五福娃银币1枚、第29届奥运会会徽纪念币1枚。

8月6日 常德人行通过反洗钱监测发现线索，与人行长沙中支联合进行反洗钱调查，协助公安机关破获一起涉案金额高达3700多万元的特大虚开增值税发票案，4名犯罪嫌疑人被常德市公安局抓获。

9月10日 常德人行组织全市金融机构开通支票圈存业务。

10月 胡兰任国泰君安证券股份有限公司常德育才路证券营业部总经理。

11月8日 共青团中央授予中国银行常德桥南支行“全国青年文明号”称号，中国银行群工部副总经理钟向群和省中行、共青团常德市委领导为桥南支行授牌。

12月 中国人民银行副行长苏宁到常德人行调研工作，人行长沙中支行长缪曼聪陪同。

12月 中国人民银行授予常德人行“全国人民银行系统政务公开示范点”称号。

2008年

1月22日 经湖南保监局批准，生命人寿保险股份有限公司常德中心支公司成立，营业地址位于洞庭大道1143号4楼。

1月 经湖南保监局批准，中国人寿财产保险股份有限公司常德市中心支公司成立，公司地址位于常德市武陵区武陵大道北段777号。

2月18日 陈松任湖南省农村信用社联合社常德办事处副主任（主持工作）。

2月28日 常德人行政务公开工作网站在互联网上开通，成为湖南省人行系统首家政务公开工作网站。

2月 经湖南保监局批准，都邦财产保险股份有限公司常德中心支公司成立，经营地址位于常德市洞庭大道东段229号。

3月24日 人行石门支行协助石门农村信用合作联社成功堵截常德市大华煤业有限责任公司一张票面金额500万元的假银行承兑汇票。

3月26日 中国邮政储蓄银行有限责任公司常德市分行挂牌成立，常德市人民政府副市长李爱国、湖南省邮政公司副总经理陈乐国、中国邮政储蓄银行湖南省分行行长肖天星出席。

5月4日 曹丕铭任常德人行党委书记、行长，兼任国家外汇管理局常德市中心支局局长。原党委书记、行长余德中改任非领导职务。

5月8日 市委、市政府在长沙潇湘华天大酒店召开金融工作汇报会,向各省级金融机构汇报常德市经济金融相关情况,常德市委、市政府主要领导及各金融机构主要负责人参加。

5月12日 四川省汶川县发生8级强烈地震后,常德市金融系统干部职工心系灾区人民的生命安全,时刻关注救灾进展,主动捐款200.23万元,其中有168人交1000元以上特别党费共计17.03万元。

6月10日 经湖南证监局批准,恒信证券有限责任公司常德武陵大道证券营业部更名为华融证券股份有限公司常德武陵大道证券营业部。

6月17日 经湖南保监局批准,渤海财产保险股份有限公司常德中心支公司成立,营业地址在常德育才东路迅华大厦8楼。

7月2日 省银监局对常德银监分局主要负责人进行调整,原局长陈斌调任益阳银监分局,唐圣奇任常德银监分局局长。

7月31日 省建行行长龚蜀雄到常德建行检查指导工作。

7月 吴振跃任泰阳证券常德营业部总经理。

8月 津市李家铺信用社原主任刘玉民被湖南省人民政府追授"湖南省劳动模范"荣誉称号。

9月 经湖南保监局批准,中国人民健康保险股份有限公司常德中心支公司成立,营业地址在常德市武陵区人民路2547号。

9月 经湖南省证监局批准,泰阳证券常德营业部更名为方正证券有限责任公司常德武陵大道证券营业部。

10月17日 中国银行湖南省分行行长赵濛到常德中行检查指导工作。

11月8日 胡云水任常德农行党委书记、行长。

11月11日 常德人行在全国率先开展由国库直接发放养老金试点,当日成功实现由国库直接发放养老金。这项国库资金直拨业务,较好地实现养老金"零退回",100%直接发放到户,为弱势群体开辟资金直达高速通道,减少手续费等额外费用支出。《金融时报》以《"制度"创新搭建惠民"金桥"》为题进行报道。

11月13日 汪明炎任常德农发行行长、党委书记。原行长梁刚调任省农发行工作。

12月6日 经湖南保监局批准,阳光人寿保险股份有限公司常德中心支公司成立,营业地址位于武陵大道100号。

12月 经湖南省证监局批准,德盛期货常德营业部成立,是常德市首家期货公司,营业办公地点位于常德市武陵区人民中路1617号。

2009 年

1 月 5 日　经湖南保监局批准，太平人寿保险有限公司常德中心支公司成立，营业地址位于武陵大道 103 号。

1 月 16 日　中国农业银行常德分行更名为中国农业银行股份有限公司常德分行。

1 月 22 日　经湖南保监局批准，长安责任保险股份有限公司常德中心支公司成立，营业地址位于洞庭大道 100 号。

1 月　陈松任湖南省农村信用社联合社常德办事处党组书记、主任。

1 月　刘双平任国泰君安证券常德武陵大道证券营业部总经理。

2 月　津市李家铺农村信用社原主任刘玉民被市委宣传部、市新闻学会评为 2008 年度“常德市十大新闻人物”。

2 月 10 日　罗鹿鸣任常德建行党委书记，3 月 18 日聘任为行长。原行长孟小平调省建行工作。

5 月 27 日　经湖南保监局批准，永诚财产保险股份有限公司常德中心支公司成立，经营办公场所位于武陵大道北段 48 号。

5 月　蒋德平任太平洋财产保险公司常德中心支公司总经理。

6 月　经湖南保监局批准，阳光财产保险股份有限公司常德中心支公司成立，营业地址在常德市武陵大道 100 号。

7 月　龙勇任泰阳证券常德营业部总经理。

7 月　黄薇任国泰君安证券常德武陵大道证券营业部总经理。

8 月 24 日　省建行行长龚蜀雄到常德建行调研，并深入德山支行和鼎城支行桥南分理处，慰问一线员工。

11 月 6 日　省政府金融证券办、人行长沙中心支行、省银监局联合考察组在常德人行领导陪同下，对临澧县创建省级金融安全区现场进行考核。临澧县于 12 月被省政府授予“湖南省金融安全区创建工作达标单位”称号。

12 月 10 日　湖南省银监局局长施爱萍到常德检查指导工作。

11 月 20 日　人行长沙中支行长周晓强到常德人行检查指导工作。

12 月 18 日　人行武汉分行行长张静到常德人行检查指导工作。

12 月　交通银行常德分行开业。12 月 21 日，交通银行省分行聘任向辉为常德分行行长。

2010年

1月11日 戴云华任常德农行党委书记、行长。原党委书记、行长胡云水调省农行工作。

1月14日 常德人行配合常德市警方破获一起特大非法经营金融业务案(常德市公安部门定性为非法经营地下钱庄案),涉案金额达1.38亿元,3名犯罪嫌疑人以涉嫌非法经营罪被逮捕。

2月3日 常德交行举办开业庆典,中国交通银行副行长于亚利、省交行行长唐玲、常德市委书记卿渐伟等参加。

3月18日 经湖南保监局批准,幸福人寿保险股份有限公司常德中心支公司成立,公司地址常德市洞庭大道638号。

3月 经湖南保监局批准,民生人寿保险股份有限公司常德中心支公司成立,公司地址常德市武陵区建设路886号。

4月 经湖南省证监局批准,海通证券常德朗州路营业部成立,营业地址位于武陵区朗州路137号。

6月28日 经湖南省银监局批准,长沙银行常德分行开业,营业地址位于柳叶大道2711号。长沙银行董事长张智勇、行长朱玉国一行出席开业仪式。

7月13日 受全国总工会委托,常德市总工会在常德人行举行授牌仪式,授予常德人行"全国模范职工之家"牌匾。

8月12日 人民银行武汉分行在常德市共和酒店召开中心支行行长座谈会暨人才工作会,武汉分行行领导、赣鄂湘三省会中支及市(州)中心支行行长和办公室主任共126名代表参加会议。

11月8日 徐万军任常德中行党委书记、行长,原党委书记、行长杨灏调省中行工作。

11月8日 省建行行长龚蜀雄到常德建行检查指导工作。

11月19日 人行长沙中心支行行长周晓强到常德人行检查指导工作。

11月26日 经湖南省证监局批准,中国民族证券有限责任公司湘西龙山新建路营业部迁至常德市,并更名为中国民族证券有限责任公司常德朗州路证券营业部,地址位于常德市朗州路中段水榭花城西城1A栋三层,12月10日试营业。

12月23日 经湖南省银监局批准,兴业银行常德分行成立并试营业。营业地址位于武陵区滨湖路666号。

12月30日 常德市委书记卿渐伟、市人大常委会主任曹儒国、市政府市长陈文浩、市政协主席刘春林到常德人行及各金融机构调研年度财政、金融业务完成情况,慰问加班人员,协调解决相关问题。

第一篇《

金融体系

第一篇　金融体系

常德市金融体系由履行中央银行职能的中国人民银行常德市中心支行，履行银行业监管职能的中国银行业监督管理委员会常德分局，履行政策性银行职能的中国农业发展银行常德市分行，按照商业化模式运作的6家全国性大型银行、1家全国性中小银行、1家省内中小金融机构和地方合作金融机构，8家证券类金融机构，30家保险机构，2家金融行业自律组织，以及1家其他类金融机构、5家其他金融组织构成。同时，证券业和保险业机构直接接受省级专业监管机构的监管。

第一章　中央银行与金融监管部门

第一节　中央银行

中国人民银行常德市中心支行是中国人民银行驻常德市的分支机构，在当地履行中央银行职能。

一、机构及人员

1985年1月1日，根据国务院1983年9月17日发布的《关于中国人民银行专门行使中央银行职能的决定》精神，原中国人民银行常德地区中心支行分设为中国人民银行湖南省常德分行和中国工商银行常德地区中心支行。常德人行负责在辖区内组织贯彻执行国家的金融方针政策、法令和规章制度；编制辖区综合信贷计划经上级行批准后组织实施；管理存款、贷款利率；管理货币发行和金银、外汇；管理金融机构和金融市场；经理国库；领导、管理、协调、监督、稽核专业银行和其他金融机构的业务，不再对企业、个人直接办理业务。常德人行保留干部职工74人（含离退休干部6人），其中分行机关37人（含离休干部6人），支行37人，分行机关设办公室、人事科、计划科、会计稽核科、货币发行科、保卫科6个科室。根据国务院“中国人民银行分支机构原则上按经济区划设置”的精神，设置常德、津市、石门、汉寿、安乡5个支行。其他人民银行各支行及人员成建制划归常德工行。人行常德支行负责办理常德市、常德县、桃源县、临澧县的有关业务;人行津市支行负责办理本市和澧县的有关业务;人行石门支行负责办理该县和慈利县的有关业务;人行安乡支行、人行汉寿支行分别办理该县有关业务。1985年3月,成立中国人民银行常德分行工会委员会。6月21日,成立国家外汇管理局常德分局,与中国人民银行湖南省常德分行合署办公。10月,经省人行批准,成立稽核科、金融管理科,原会计稽核科改为会计科。1986年9月6日,中共常德地区纪委在常德人行设立驻金融系统纪律检查组,机构和人员均为常德人行辖属。

1988年12月,慈利县由常德市划归大庸市(1993年,更名为张家界市)管辖。1989年1月1日,慈利人行成建制划归中国人民银行大庸分行。

1989年9月25日,根据中国人民银行湖南省分行关于加强国库工作的精神,常德人行将国库业务从会计科分离出来,设立国库科,负责对国库经收处的监督检查,对下级国库检查指导,管理国债发行及兑付。1989年,人行常德支行更名为人行常德分行营业部。1990年6月11日,成立宣教科。7月20日,恢复湖南省证券公司常德代理处(原人民银行的内设机构)。恢复设立中国人民银行桃源支行、临澧支行,并相继于1990年12月1日、12月3日营业。是年末,下辖7个支行固定资产总值575.18万元,其中建筑物14839平方米、金额391.72万元,运输工具11辆、金额90.18万元,电子机具12台件、金额32.13万元。1991年4月增设调研统计科。

1992年7月,常德人行内部机构增设金融体制改革办公室、常德资金市场、劳动服务公司。1992年8月7日,常德人行以常人银〔1992〕111号文件,决定恢复中国人民银行常德支行,撤销常德人行营业部,将营业部所有业务划归人行常德支行办理,人行常德支行对武陵区、鼎城区、西湖农场、西洞庭农场金融机构实行领导、管理、协调、监督和稽核。8月22日,人行常德支行挂牌。1994年4月7日,常德人行撤销常德资金市场、常德证券公司。1994年9月12日,常德人行撤销金融体制改革办公室、中国人民银行常德支行,并恢复常德人行营业部。

1996年,常德人行位于朗州北路4号(后改为朗州路666号)的新办公大楼竣工并投入使用。新建办公大楼及食堂等附属设施总建筑面积14378平方米,总投资3945万元,其中办公大楼建筑面积9997平方米,总投资2558.8万元。1996年9月9日,常德人行机关从市城区青年南路迁至新建办公大楼办公。2001年,常德人行机关获得"湖南省园林式单位"称号。

1997年6月,常德人行设立农村合作金融管理科。

1998年12月,根据国务院批转人民银行省级机构改革实施方案通知精神,中国人民银行决定,原中国人民银行湖南省常德分行更名为中国人民银行常德市中心支行,从1999年1月1日起启用新印章。

1999年2月,常德人行撤销稽核监督科,5月设立常德人行内审科。2000年4月,根据武汉人行有关精神,撤销常德人行货币信贷管理科、调查统计科、思想政治工作办公室,设立常德人行货币信贷与统计科、后勤服务中心;设立常德人行纪委综合科、纪委人民银行纪检监察科、纪委其他金融机构纪检监察科。2000年12月，根据武汉人行《关于规范农村信用合作管理机构名称的通知》精神，设立常德人行信用合作管理办公室。2003年12月18日，中国银行业监管委员会常德监管分局挂牌成立，常德人行的银行管理科、合作金融机构监管科、信用合作管理办公室、纪委内设的其他金融机构纪检监察科4个科室成建制划归常德银监分局，共划转干部职工64人，其中，中支机关38人，支行26人。

2004年5月，根据武汉人行武银复〔2004〕9号文件批复，常德人行对内部机构设置调整，职能科室设立办公室、货币信贷管理科、调查统计科、会计财务科、科技科、货币金银科、国库科、内审科、外汇管理科、事后监督中心、保卫科。党群工作机构设立党委办公室（与行政办公室合署办公）、组织部（与人事科合署办公）、纪委监察室、宣传群工部（机关党委、工会办、团委合署办公）。直属单位设营业室、后勤中心。2010年10月，为切实履行基层央行职能，维护辖内金融稳定，促进辖内经济社会健康发展，将征信管理和支付结算与反洗钱职能分别从调查统计科、会计财务科分离，单设征信管理办公室和支付结算反洗钱办公室。征信管理办公室负责实施对辖内信贷征信机构的监督管理、对企业和个人信贷征信系统维护和运行管理、推进全市社会信用体系建设各项工作、承办征信有关金融知识宣传普及工作。支付结算反洗钱办公室负责组织辖内支付结算、银行账户管理等法规制度的实施，开展支付清算检查，维护支付清算秩序，组织辖内人民银行系统会计集中核算和中国现代化支付系统建设，维护会计集中核算系统和支付系统正常运行，承担辖内反洗钱工作的组织协调和监督管理职责，承办常德市反洗钱工作联席会议办公室的具体工作。

2010年年末，常德人行辖内机构8个，其中，中支机关1个，津市、桃源、石门、临澧、澧县、安乡、汉寿7个支行。中支机关内设办公室、货币信贷科、调查统计科、征信管理办公室、会计财务科、支付结算反洗钱办公室、科技科、货币金银科、国库科、内审科、人事科、外汇管理科、事后监督中心、保卫科、纪委监察室、宣传部、工会办、营业室、后勤服务中心。年末，有干部职工335人，其中，中支机关161人，硕士研究生学历7人，占总人数的2.09%；大学学历162人，占总人数的48.36%；大专学历96人，占总人数的28.65%。取得专业技术职称资格人员271人，占总人数的80.9%，其中，高级职称2人，中级职称143人，初级职称126人，分别占总人数的0.6%、42.69%、37.61%。干部职工中51周岁以上人员占职工总数的30.15%，35周岁以下员工占职工总数的13.73%，36～50周岁之间的人员占职工总数的56.12%。

二、领导班子

1985—2010年，常德人行领导班子经历4次换届更替和多次人员调整。领导班子成员配备均由上级行任命。1993年起，中层骨干开始实行竞聘上岗制。

1989-2010 年常德人行历届领导班子成员一览表

表 1-1

行　长	任职时间（年·月）	副职（副行长、监察室主任、纪委书记、稽核长、工会主席）
胡炳春	1984.11—1989.8	熊汉之、吴明忠、张宝荣、涂能进、蒋希柏
涂能进	1989.8—1990.9 （副行长主持工作） 1990.9—2001.4	熊汉之、吴明忠、张宝荣、蒋希柏、彭培成、龚飞林、徐永清、黄敦科、余德中、冉祖国、曹丕铭、陈斌
盛　铭	2001.4—2003.12	彭培成、余德中、龚飞林、曹丕铭、陈斌、聂先明
余德中	2003.12—2004.2 （副行长主持工作） 2004.3—2008.4	曹丕铭、龚飞林、刘新华、吕北回、陈义友、李章林、向际忠
曹丕铭	2008.5—	刘新华、吕北回、陈义友、李章林、向际忠

三、履行职能情况

1989—2010 年，常德人行履行中央银行职能工作情况可大致分为履行信贷规模控制、强化金融监管、突出宏观调控、促进金融稳定四个阶段。

1989—1993 年（信贷规模控制阶段）。1988 年，常德市遭受严重的春夏连旱和秋汛灾害，市场物价上涨，部分居民挤提存款。年末，全市各项存款余额 14.96 亿元，比年初减少 5768 万元。不少金融机构出现支付困难，压票、压税、占汇差现象严重。金融秩序混乱，银行信誉受损。常德人行在上级行和各级政府的领导和支持下，贯彻执行“控制总量、调整结构、保证重点、压缩一般、适时调节、提高效益”的方针，组织全市金融机构开展储蓄优质文明竞赛活动，千方百计抓存款，扩大信贷资金来源，改善金融环境，支持全市经济的稳定和发展。1993 年年末，全市信贷资金自给率由 1988 年的 33.8%上升至 50.52%，人行再贷款余额 41.04 亿元，比 1988 年增长 87.32 %。其间，常德人行还组织专业银行开展“六清”（即清超储积压、清挤占挪用、清相互拖欠、清私人借款、清挤占税款、清利率）和“支、帮、促”活动，帮助企业盘活占压资金 8.63 亿元，注入信贷资金 3922 万元清理“三角债”，解决企业间相互拖欠 3.3 亿元。针对金融机构受通货膨胀影响所出现的资金紧张，支付难保的局面，将非银行金融机构的贷款规模管理和专业银行的贷款规模管理的监控作为重中之重，对各银行间恶性竞争中引起的“储蓄乱、利率乱、结算乱、规模乱”进行治理整顿。1989 年，根据省政府《关于清理整顿企事业单位在银行多头开户通知》精神，全市共清理在银行开户的账户 18722 户，注销多头开户账户 3130 户，对各行间需相互划转的 2.71 亿元存贷款落实划转。1991 年 1 月至 3 月，先后抽查 39 个营业单位的结算业务和利率政策执行情况，查处违规存、贷款金额 1.58 亿元，对各种违反结算纪律和利率政策行为加以纠正、通报、并依法做出处罚，使一度混乱的金融秩序得以好转。1989 年，少数专业银行擅自设立金融机构，常德人行组织有关部门从 9—12 月对全市各类金融机构进行清理整顿，查出未经批准设立的各类金融机构 87 个，其中银行机构 51 个，农村信用社分支机构 36 个。对其中 55 个机构处以罚款 3.39 万元，对符合机构设置条件，且有发展前途的 18 个银行机构和 22 个农村信用社分支机构，责令写出书面检查并处以罚款后，按金融机构设置撤并有关规定，重新办理申报审批手续。对 42 个经济效益较差、布局不合理，属于滥设的机构给予撤销处理。1992 年，批准发行企业债券 5495 万元，发行短期融资券 2700 万元。1989—1993 年，常德人行调剂外汇 3944.76 万美元、调拨发行基金 48.93 亿元，销毁损伤券 3.75 亿元。1991 年，常德人行被省政府授予“支持购销先进单位”称号，是年 10 月，被人民银行授予“安全保卫工作先进单位”称号。1991 年，发行科干部杨合葵被评为“全国金融系统劳动模范”；1993 年 3 月 8 日，中华全国总工会授予办公室档案员李雅玲“全国先进女职工”称号，继之，市政府认定为“常德市劳动模范”。

1994—1998 年（强化金融监管阶段）。1996 年和 1998 年，证券业和保险业监管职能先后从人民银行划分出来，常德人行工作重点转移到金融监管、经济监测和金融服务上来，尤其以防范金融风险为主。1994 年，常德人行在全省率先开展公开市场业务操作。12 月，为专业银行办理再贴现票据 7330 万元。是年，实施贷款企业信贷规范化管理工作，在全市范围内首次全面推出“贷款证”制度。强化对金融机构的清理整顿和审批管理，对工商银行常德市信托投资公司、常德市城市信用合作社中心社和常德证券公司进行清理，并结合实际情况完成其摘牌、更名等项工作，清理撤销 4 家擅自设立的金融机构和违规对外挂牌营业的储蓄代办所。1995 年，常德人行突出金融监管，在资金运用监管上防止资金的违规拆借和外流。全市各行收回账外经营资金 2724 万元，收回其他违规资金 941 万元。开展对全市 1452 个已发放“经营金融业务许可证”的金融机构全面年检，对全市 83 家银行的“三部一卡”（信托业务部、房产信贷部、证券业务部、银行卡）进行清理整顿和规范。查出擅自脱离母体财务不并账的“三部一卡”109 个，超范围吸收存款 1.8 亿元，漏缴存款准备金 8117.6 万元，绕规模发放贷款 5.99 亿元，信用卡透支 6112 万元。依照政策进行整改，将其中 16 家“三部”改为其主管行的分支机构，将 70 家“三部”实行职能回归。根据上级精神，撤销辖内工行、农行、建行的信托办事处。1996 年，《中华人民共和国票据法》施行，常德人行组织专业银行业务骨干参加省人行举办的贴现业务知识培训学习，大力推行商业票据承兑、贴现、再贴现业务，为专业银行办理贴现业务 2.3 亿元，解决 80 家企业的资金困难。适应农村金融改革，对农村信用社与农行的人、财、物及资金、历史问题进行清理，指导农村信用社与农行脱钩。根据上级精神，撤销辖内工行、农行所属的证券交易营业部,协助常德建行将所属的证券交易营业部转让给深圳君安股份有限公司。对各金融机构高管人员任职资格审查,对17家金融机构的51名高管人员的任职资格参与考察认定。1997年6月月末,金融机构账面不良贷款(含逾期、呆滞、呆账贷款)余额109.45亿元,不良贷款比例高达58%,高出全省16个百分点,其中4家国有商业银行不良贷款比例为62.9%。全市247个农村信用社,高风险社204个,占84.6%。社会办金融的农村合作基金会和地方性金融机构风险此起彼伏。针对该情况,常德人行把防范金融机构特别是城乡信用社支付风险放在各项工作的重中之重,全市从上到下层层建立支付风险责任制,强化对支付风险的监测。出台《常德市农村信用社法定代表人及主要负责人任职资格考核办法》《城市信用社法人代表管理办法》,对全市38名不称职的农村信用社主任或副主任给予警告或就地免职处理,对2名不称职的城市信用社经理就地免职,其中1人调出城市信用社。采取"人盯人,人盯机构"的办法强化对重点风险社监管,对102家特别风险社派出短期工作组进行规范整顿。会同有关部门依法查处农村"两会"(农村合作基金会,农村互助储金会)机构8家,撤销7家,取缔非法典当行,基金会等社会乱办金融机构22家。

1998年,常德市发生特大洪涝灾害,农业减产减收,农村信用社存款下滑,部分农村信用社出现支付困难。常德人行累计向农村信用社发放再贷款3.2亿元,向省人行申请动用存款准备金3790万元,及时化解支付风险。在查处金融机构违法违规方面,年内共组织利率检查208次,查处违规机构22家,罚款155万元,受理结算举报31起,涉及金额3732万元。加强国库监督,共查实金融机构延压税票101笔,金额3973万元,处以罚款4.75万元。1998年,全市国库工作围绕促进财税改革思路,致力加快乡镇金库建设,在全市230个乡镇中建立乡镇金库90个,占全市乡镇的39.13%。

1999—2003年(突出宏观调控阶段)。1999年,人民银行实行大区分行体制改革,常德人行由人行武汉分行管辖,职能明确为宏观调控、金融监管和金融服务。金融机构风险突出,社会上逃废银行债务成风,银行普遍存在"惜贷"倾向。常德人行建立分级负责、职责明确、各司其职的监管体制,成功化解信用社挤兑风波,化解两起群众围攻信用社事件。顺利完成21家农村合作基金会并入农村信用社。运用积极的信贷政策,支持地方经济发展,全年累计向国有商业银行发放短期再贷款7.4亿元,累计办理再贴现1335万元,解决金融机构短期"头寸"不足问题。针对社会上逃废银行债务的现象,组织成立常德市金融债权管理办公室,建立常德市金融债权管理行长联席会议制度,定期召开联席会议,对全市26家恶意逃债企业,在常德日报、常德电视台等新闻媒体予以曝光。2000年,强化银行高级管理人员任职资格管理,制定《常德市金融机构高级管理人员任职资格档案管理暂行办法》,完善高级管理人员任职资格考核体系。是年,对四家商业银行送审的34名高级管理人员任职资格进行审查,对其中一名不符合任职资格条件的予以否决,对51名在近三年来存在严重违规违纪的高级管理人员取消任职资格。继续加强利率、现金管理工作。全年开展利率、现金检查75次,检查金融机构477家,查处违规金融机构15家,处以罚款15万元。2000—2001年,会同有关部门将汉寿、澧县、津市、安乡、桃源、石门、常德市忠心、武陵、鼎城、金城共10家城市信用社并入当地农村信用社管理。2001年,针对常德辖区内金融机构不良资产占比高于武汉分行全辖的实际,常德人行提出“澄清底子、加强力量、确定指标、重点监控”的工作思路,压缩不良贷款,年末不良贷款比年初减少2.63亿元,不良贷款率下降5.73个百分点。查堵临澧县湘北庙山陵园、石门县人民医院、石门东山峰水泥有限公司、石门县新关教育办四起非法集资案和桃源县储金会乱办金融业务的行为,五案共涉金额8940.6万元。针对桃源县渔父城市信用社资不抵债1200万元问题,报经县、市、省政府并经人行武汉分行同意,于2002年1月25日停业整顿,兑付储蓄存款后,2003年3月27日撤销。2002年8月19日,常德人行印发《关于在全市金融系统深入开展创建金融安全区活动的指导意见》的通知,号召全市各级金融机构维护金融债权,提高资产质量,改善金融服务,增加有效投入,贯彻落实金融法律法规和各项方针政策,营造良好的金融运行环境。加大支农再贷款的发放,全年向全市8家农村信用社联社发放支农再贷款40笔,金额7.75亿元。农村信用社累放支农贷款23.36亿元,比上年增加9.13亿元。2003年,常德人行推动市政府把金融创安工作列为政府责任考核目标,将“金融创安办”设在市政府办公,组织协调各金融机构安排专人和专项资金投入金融创安工作,清收党政干部欠贷,落实改制企业的金融债务。参与市精神文明建设指导委员会组织的诚信企业评选活动。7月,首批认定的32家诚信企业名单在《常德日报》公布。随着金融创安工作深入开展,创建金融安全区意识加强,金融环境持续好转,银企 、银政关系进一步改善,促进经济金融共同发展。年末,全市金融业各项存款余额305亿元,比年初增加38.9亿元。增长14.6%,本外币各项贷款余额257亿元,比年初增加13.5亿元,增长5.5%。市委、市政府对此予以肯定,市政府拿出90万元专项资金重奖金融机构。

2004—2010年(促进金融稳定阶段)。常德银监分局分设后,常德人行贯彻实施市政府《常德金融安全区创建方案》,协助农村信用社改革试点工作,做好资金支持准备工作,中支和支行均成立资金支持工作领导小组,选派人员开展资不抵债情况审查审核工作,审查核定全市农村信用社改革试点资金额度为10.8亿元。审查批准安乡等9家农村信用社联社动用存款准备金1000万元,用于化解支付风险。在推进金融生态建设上,成立反洗钱工作协调领导小组,制定《反洗钱工作操作规程》,建立与财税、司法机关、海关、银监部门的反洗钱协调机制。研究区域金融稳定的监测和预警指标,实施社会征信管理。2005年,常德人行制定《常德市银行业2005年支持地方经济发展信贷指导意见》,贯彻中央1号文件精神,重点服务“三农”。全年累计向农村信用社发放支农再贷款5.4亿元,指导农村信用社累放支农贷款22亿元,惠及全市70万农户。各金融机构发放下岗失业人员担保贷款1472万元,全市涌现出15个“最充分就业社区”和30个“充分就业社区”,发放国家助学贷款585万元,解决1232名学生上学难的问题。实行整体联动,打造金融生态建设系统工程,举办有市委、市政府、市人大、市政协、军分区领导、22个单位参加的“改善金融生态,打造诚信常德”演讲赛;联合市教育局,在全市中小学开展信用意识教育,举办2场“大学生征信与金融知识宣传报告会”,传播金融生态概念。组织有司法机关参与的清欠活动,清收国家公职人员和行政事业单位逾期贷款6035万元,生态建设取得成效,被市政府授予“支持地方经济发展先进单位”,获得各级各类集体荣誉奖项48项。2006年,常德人行把握贷款重点和节奏,推动地方经济金融协调发展。率先在全省开展生源地助学贷款县级试点。调整支农再贷款的管理方式,引导农村信用社的信贷投向,实行支农再贷款与农业产业结构、信用社支农任务、信用社效益“三挂钩”,增强再贷款支持新农村建设的导向作用。全年累计再贷款7.1亿元,引导信用社累放支农贷款24.6亿元。采取“信用社区创建+就业培训+小额担保贷款”三联动,扩大小额担保贷款工作成效,联合有关部门制定《常德市下岗失业人员小额担保贷款实施细则》,规范小额担保贷款工作,全市培训下岗失业人员875人次,授牌市级信用社区5个,累计发放小额担保贷款1591万元,支持3848名下岗失业人员顺利再就业。创新金融服务,提升基层央行服务水平,常德人行在机关临街面设立金融服务窗口,集中办理账户管理、贷款卡核准发放、假货币鉴定及收缴、残损券鉴定及咨询等业务。采取全面深化与专项整治并重,日常监测与指导管理并重,票据考核与推动改革并重,行政执法与风险预警并重,优化金融生态,维护金融安全稳健运行。全年获得各级各类荣誉58项,常德人行获总行“模范职工之家”称号,国库工作评为全国先进,纪检监察工作、老干党支部工作获武汉人行先进,参加上级行组织的7项竞赛,6项取得前三名。2007年,常德人行结合实际,制定《常德市信贷工作指导意见》,重点支持新型工业、新农村建设、中小企业和弱势群体,限制对高污染、高能耗资源性行业、产能过剩企业的信贷投放。按照信贷政策产品化、信贷产品标准化的思路,指导金融机构创新金融产品和防范金融风险, 在全省率先办理第一笔200万元应收账款质押贷款登记业务。发放生源地助学贷款187万元,支持468名贫困学子圆求学梦。按照人行长沙中支开展金融服务创新工作试点要求,完成人民币结算账户管理、支票影像交换、联网核查居民身份信息、支票圈存、农民工银行卡特色服务、通存通兑、定期借记七大业务系统的推广应用。是年,荣获武汉人行学习型组织标兵单位等17项省级以上集体荣誉,15项工作在武汉人行辖内及全省人行系统介绍经验或被转发推介。

2008年,常德人行执行从紧的货币政策,推动金融改革,指导督促金融机构进一步拓展支付结算业务,启动银行卡联合营销活动。定期借记业务开办单位从6家扩大至12家,办理农民工银行卡特色服务业务6.4万笔、7900万元,并延伸到邮政储蓄银行,支票影像业务占全省同类业务的23%。指导全市94个银行网点累计办理银行本票业务1252笔,5279万元。在全省率先推行银行客户身份识别系统试点,率先将ABS电子对账系统推广到邮政储蓄银行和相关部门,率先启动国库直接发放养老金试点,为解决排长队和异地支取养老金的难题进行探索。指导信贷产品创新,全面启动应收账款质押登记业务,共办理业务6848万元。指导农村信用社办理全省首笔商业承兑汇票质押贷款, 开办水面承包经营权质押贷款业务,《人民日报》予以报道。开展农户贷款“一证通”柜面试点,发放贷款460万元,经验被人总行推介。是年,常德人行先后获得18项省级以上集体荣誉,22项工作在武汉人行及人行长沙中支交流经验，其中金融服务创新工作在武汉人行年度工作会议上作经验发言，湖南省外汇综合业务知识竞赛获得团体第一名，湖南省人行系统软件开发竞赛获得三等奖，所辖临澧人行被评为人总行级文明单位，常德人行在人总行四年一度评比中荣获先进单位。

2009年，常德人行创新信贷产品，制定《常德市农村金融产品和服务方式创新试点方案》，在安乡县全面推广"一证通"小额贷款，在石门县推出外出务工小额贷款，在津市推行"企业信用联盟"贷款，经验做法被《中国财经报》《湖南日报》刊登，形成"一县一品"的良好局面。创新贷款担保方式，多次组织召开中小企业融资座谈会，推出各区、县（市）推荐、市财鑫担保公司担保方式，落实推荐企业116家，为78家企业发放贷款2.6亿元。结合产业分布特点，举办银企融资洽谈会9次，签约项目244个、金额128.71亿元，实现银企资金对接。改善农村支付环境，加大银行本票、农民工银行卡业务在县域拓展力度，业务量居全省前列。澧县率先在全省试点开办"新农合一卡通"业务，做法被总行《支付结算工作简报》采用。集中支付取得新突破。辖内一级预算单位改革试点面达100%，开办国库直接发放养老金和城市居民低保资金业务，为弱势群体开辟资金直达高速通道，《金融时报》进行专题报道。加强反假货币力度，净化流通环境，收缴假货币15128张，金额132.5万元。推广运行中央银行会计核算电子对账系统、"会计核算登记簿"系统，提高会计风险防范能力，督促银行业金融机构安装身份认证终端97台，核查个人身份证24万张，提高联网核查速度。开展送国债下乡活动，指导金融机构拓展农村国债市场，农村国债发行额同比增长3.7倍。人总行、财政部、农总行领导两次赴常德考察农村国债发行情况，给予高度评价，做法被人总行《国库情况反映》推介。加强金融生态建设。制定《2009—2010年常德市金融生态建设规划》，计划2年内把常德市创建成省级金融生态良好城市，建议市政府将社会信用体系建设工作纳入政府绩效评估内容。津市被授予市级"金融安全区"，临澧县被授予湖南省金融安全区创建工作达标单位，金融生态建设工作经验被人行长沙中支转发。开展征信宣传活动，在石门县建立湖南省首家中小学"征信教育基地"。举办"常德市公务员信用知识培训班"，组织公职人员信用报告查询月活动，全市有689家单位12039名公职人员主动查询。配合"常德市十大杰出经济人物"和"常德市2008年度守合同重信用企业"评选，取消有不良信用纪录的2名候选人和5家企业评选资格。出台《常德市促进就业小额担保贷款实施办法》，指导农村信用社发放小额担保贷款683笔，金额5975万元，解决就业2000多人。执行国家和生源地助学贷款政策，助学贷款余额1283万元。至12月末，全市金融机构各项存款余额792.1亿元，比年初增加77.9亿元，增长28.9%；各项贷款余额404.2亿元，比年初增加82亿元，增长25.4%，支持常德经济企稳回升。是年，获得39项省级以上集体荣誉，12项工作在上级行介绍经验。常德人行实现连续五年跨入武汉人行、人行长沙中支先进中支行列的目标。

2010年，常德人行以信贷创新促结构调整，推出贷款咨询受理中心、股权质押贷款、农机具抵押贷款等12类创新产品，指导发放创新贷款14.7亿元，促进中小企业、"三农"信贷投放力度加大。在全省农村金融产品与服务方式创新业务竞赛中，荣获二等奖。推广反假货币系统,建立首个自然村反假货币工作站,提升反假货币信息和假货币收缴的时效性。率先在全省启动农村信用体系建设试点,开展中小企业信用评级,拓展社会信用体系建设新领域。举办国家公职人员信用知识培训班,开展国家公职人员信用报告查询月活动,参与查询单位156家,查询人数5012人,查询量居全省第一。选定9所学校创建征信教育基地,征信育人取得良好效果。社会信用体系建设工作引起省政府、人总行领导关注,省政府参事室和人总行党校领导先后赴常德调研,在全国农村信用体系建设工作交流会上,常德人行作为湖南省地市唯一代表作书面交流。建立物价监测企业考核制度,提升监测数据的准确性和时效性,与岳阳、益阳人行共同探索建立环洞庭湖粮价监测体系。城镇储户问卷调查工作位列全国50个调查城市前茅,得到人民银行长沙中支认可。加强对房地产市场监测,强化对金融机构利率政策监测指导,完善民间借贷监测机制,分析其资金规模、期限结构等影响金融稳定的因素,确保民间融资平稳发展,加强对金融机构宏观管理,组织开展存款准备金、调查统计、征信、支付结算、反洗钱、国库管理等专项检查25项,处罚7家金融机构21万元。是年,长沙银行、兴业银行先后入驻常德,联合市政府举办“全民创业、非公有制经济暨工业企业银企洽谈会”,促成签约项目265个、金额117.9亿元,履约率达70%。2010年年末,全市金融机构各项贷款余额480.81亿元,比年初增加76.5亿元,增长18.9%。是年,常德人行获得30项省级以上集体荣誉,16项工作在武汉人行或人行长沙中支交流经验,党风廉政建设工作在人总行加强基层行建设电视电话会议上作典型发言,蝉联人民银行武汉分行、长沙中支先进单位。

第二节　银行业金融监管部门

中国银行业监督管理委员会常德分局是中国银行业监督管理委员会驻常德的派出机构,履行银行业监管职能。

一、机构及人员

2003年4月28日,中华人民共和国银行业监督管理委员会(以下简称银监会)成立。按照《中华人民共和国银行业监督管理法》(以下简称《银行业监督管理法》)的规定,银监会承担中央银行分离出来的银行业监管职能。根据银监会和人总行的协议,人民银行内承担监管职能的领导干部和工作人员,原则上划归银监系统。

2003年12月18日,中国银行业监督管理委员会常德监管分局(以下简称常德银监分局)成立,常德市委、市政府、市人大、市政协领导和市级金融机构的主要负责人参加成立大会,副市长龚建明和分局筹备组负责人陈斌共同揭牌。常德银监分局的主要职能:根据银监会和省局的授权,负责对有关银行业金融机构及其分支机构的设立、变更、终止和业务活动的监督管理,实行现场和非现场监管,依法查处违法违规行为,审查银行业金融机构高级管理人员(以下简称高管人员)任职资格,负责统一编制全市银行业监管数据、报表和信息披露,会同有关部门提出存款类金融机构紧急风险处置的意见和建议。

2003 年末,常德银监分局成立时,下设安乡、汉寿、津市、澧县、临澧、石门、桃源 7 个监管办事处,负责辖区内的金融监管工作。武陵区、鼎城区的金融监管工作由分局直管。全辖在职员工 64 人,其中分局机关 38 人,县(市)办事处 26 人;平均年龄 41 岁,大专以上学历 59 人、占 92%,其中本科学历 38 人,中级职称 42 人。中共党员 48 人。至 2010 年末,常德银监分局在职员工 63 人,平均年龄 39 岁;大专以上学历 62 人、占 98.4%,其中本科 46 人,硕士 4 人。另有退休职工 5 人。中共党员 57 人(含退休职工)。

常德银监分局成立之初在常德人行大楼办公,2007 年 7 月 1 日搬迁至柳叶路 1077 号新址办公。

2004—2010 年,常德银监分局的内设科室及其职能经历三个阶段的演变。

(一)2004 年 1 月至 2007 年 6 月。常德银监分局成立初期,内部设立 7 个部门。办公室(党委办、宣传部)负责综合、调研信息、财务、宣传、后勤工作。2005 年 4 月分设财务科后,不再履行财务管理职能。银行监管一科负责对辖内工商银行、农业银行、中国银行、建设银行的监管。银行监管二科负责对辖内农业发展银行、邮政储蓄的监管。合作金融机构监管科负责对辖内农村信用合作社的监管。统计信息科负责对辖内银行业监管统计信息的管理及分局机关电子网络化办公系统的管理。人事科(党委组织部、纪委办公室、监察室)负责人事工资、纪检监察工作。财务科于 2005 年 4 月分设,履行财务管理职能,下设临时机构基建办,负责分局新办公楼的基建工作。是年 6 月,根据省局指示精神,撤销安乡、汉寿、津市、澧县、临澧、石门、桃源 7 个监管办事处,人员均调至分局机关各科室工作。

(二)2007 年 7 月至 2009 年 3 月。根据湖南省银监局(以下简称省银监局)指示,2007 年 6 月撤销银行监管一科、银行监管二科、合作金融机构监管科。设立非现场监管一科,负责对辖内工、农、中、建四大行和农发行、邮政储蓄的非现场监管;设立非现场监管二科,负责对辖内农村信用社的非现场监管;设立现场检查一科,负责对辖内工、农、中、建四大行的现场检查;设立现场检查二科,负责对辖内农发行、邮政储蓄的现场检查;设立现场检查三科,负责对辖内农村信用社的现场检查。

(三)2009 年 4 月至 2010 年 12 月。根据省银监局指示,2009 年 3 月撤销非现场监管一科、非现场监管二科、现场检查一科、现场检查二科、现场检查三科。银行监管一科负责对辖内工商银行、农业银行的全面监管。银行监管二科负责对辖内中国银行、建设银行、交通银行的全面监管。银行监管三科负责对辖内农业发展银行、邮政储蓄的全面监管,合作金融非现场监管科,合作金融现场检查科。2009 年 12 月,分设监察科(纪委办公室)。

2010 年年末,常德银监分局内设科室及其职能如下:办公室(党委办、宣传部、团委)负责综合、调研信息、信访、打非、宣传、安全保卫、法律事务及团委等工作。银行监管一科负责对辖内工商银行、农业银行的全面监管。银行监管二科负责对辖内中国银行、建设银行、交通银行的全面监管。银行监管三科负责对辖内农业发展银行、邮政储蓄银行、股份制银行、城市商业银行的全面监管。合作金融非现场监管科负责对辖内合作金融机构的机构设立、撤销、变更、迁址,高管人员的资格审查及非现场监管。合作金融现场检查科负责对辖内合作金融机构的现场检查。统计信息科负责对辖内银行业监管统计信息的管理及分局机关电子网络化办公系统的管理。财务科负责财务费用、基建、固定资产的管理。人事科(党委组织部、工会办)负责干部管理、劳动工资、员工教育培训、工会等工作。监察科(纪委办公室)负责纪检监察工作。后勤管理中心负责车辆、食堂、接待等管理工作、协管固定资产(编制对外挂靠在办公室,对内单独行使职权)。

二、领导班子

2004年3月30日,常德银监分局领导班子成立,省银监局下文任命陈斌任常德银监分局党委书记兼局长,聂先明任党委委员、副局长,肖兴曙任党委委员兼纪委书记、副局长。2004年6月22日,召开第一届职代会,成立常德银监分局工会委员会,选举肖兴曙任工会主席。2004年8月,成立常德银监分局共青团团委。2004-2010年,常德银监分局历经两届领导班子。

2004-2010年常德银监分局领导班子成员一览表

表1-2

局　长	任职时间	副局长、纪委书记、工会主席
陈　斌	2004.4—2008.6	聂先明、肖兴曙
唐圣奇	2008.7—	聂先明、肖兴曙、孙孝文

注:2010年1月至12月唐圣奇被借调到银监会工作,由副局长聂先明负责全局工作。

三、履行职能情况

2004—2010年,常德银监分局按照“管法人,管风险,管内控,提高透明度”的监管理念,采取非现场监管、现场检查、谈话考试、年度考核等监管方法依法对银行业金融机构进行准入监管、合规监管、风险监管,进行窗口指导和服务以及法律事务管理。

在准入监管方面,常德银监分局审核银行业金融机构的设立、迁址、更名、撤销等变更手续,优化网点布局。2004—2010年,7年累计办理银行业金融机构准入许可事项932项,其中批准机构设立25家、升格38家、迁址174家、更名302家、降格6家、撤销254家,其他31

项，否决 22 项。严格审查、核准高管人员任职资格，7 年累计办理银行业金融机构的高管人员准入许可事项 483 人次，其中，高管人员任职资格核准 359 人、备案 83 人、任职资格取消 25 人、任职资格否决 16 人。建立健全业务报告制度，开展业务准入管理，其中准入 11 项，备案 14 项。开展银行业金融机构新版金融许可证的统一换发、公告与公示检查工作，7 年共换发新版金融许可证 1657 本。分别于 2004 年、2009 年、2010 年开展 3 次金融许可证的公告与公示检查工作，对 8 家机构遗失金融许可证且不向银监部门报告的行为实施行政警告的行政处罚。

至 2010 年年末，常德银监分局监管辖内政策性银行、国有商业银行、邮政储蓄、农村信用社、城市商业银行、股份制银行六类银行业金融机构 672 个（比 2003 年年末减少 280 个），共有从业人员 7464 人（比 2003 年年末减少 105 人），高管人员 415 名（比 2003 年年末减少 89 名）。

常德银监分局建立监管信息通道，开办 2 个内刊——《银行监管》和《专报信息》，2004—2010 年，共刊发《银行监管》173 期、《专报信息》668 期。按照“围绕监管服务、围绕上级决策服务”的调研信息工作总体思路，围绕经济金融和银行监管热点、难点问题，结合监管工作实际情况开展调查研究，撰写大量监管调研材料，2004—2010 年，被上级采用的稿件有 446 篇，其中被省、部级及以上采用的有 176 篇。其中，被中办、国办采用 33 篇、被省、部级领导批示 7 篇、中央、国务院领导批示 4 篇。

常德银监分局按照银监会“1104 工程”统一部署，构筑非现场监管基础数据库和监管系统。监管信息系统运行后，定期采集信息，搜集被监管对象内控数据，上报急用先行报表、客户大额授信和重大违约情况统计报表；对被监管机构的不良贷款“双降”、资本充足率、备付率、资金运用、经营效益等进行持续性监测，了解贷款迁徙、资本金变化、支付缺口、风险敞口等情况，按季、按单位撰写不良贷款分析报告。对于监测中发现的问题、风险向被监管单位进行预警预报和风险提示，7 年共下达预警通知书、监管意见书 353 份。

2004—2010 年，常德银监分局共派出检查组 312 个，检查项目 79 个，后续检查组 29 个，投入工作量 14202 个工作日，累计检查机构 1650 个次，查出违规机构 1066 个次、违规问题 133.29 亿元，提出整改意见 3650 条；处理违规机构 79 个，罚款 103.5 万元，建议处理人员 369 人次，实际处理人员 790 人次。

常德银监分局以大额贷款管控和不良贷款双降为重点，加强信用风险监管。全市银行业七年共清收不良贷款 68.58 亿元，2010 年年末，不良贷款比率为 5.05%，比 2003 年年末下降 24.95 个百分点。以案防为重点开展内控检查，主要排查“九种人”，推进案防工作联保责任制，处理违规违纪人员，防范操作性风险，扼制案件高发势头。2010 年，全市金融机构实现零发案。以农村信用社为重点，进行流动性风险监管。对 142 个 C 级、50 个 C^-级高风险农村信用社机构及重点贷款对象进行重点持续监管。2004—2007 年，共对 31 家信用社、2 家联社发出支付风险预警通知书，督促其采取措施，预防支付风险。妥善处置石门县瓜子峪信用社存款挤兑和澧县邮政储汇局因发生经济案件被部分储户围堵的事件，化解支付风险。以打击“非法集资”为重点,处置临澧丁玲双语学校非法集资300万元问题,查处石门新关镇竹园村储金会非法吸收储蓄存款及发放贷款的问题,制止、处置湖南金帛化纤有限公司等三家企业非法集资行为。

常德银监分局协助处理工、农、中、建四大国有独资商业银行股改中出现的问题,完成股改上市;指导9家农村信用社完成10.86亿元的中央银行专项票据发行的申请、兑付工作;处置因撤销村信用站而引发的汉寿县、武陵区代办员集体上访事件,推进常德农村信用社一级法人改革。

2010年年末,全市银行业机构本外币各项存款余额977.34亿元,本外币各项贷款余额480.71亿元。贷款总量稳步增长,贷款结构不断优化。不良贷款实现“双降”:一是不良贷款绝对额下降,截至2010年年末,全市银行业不良贷款(五级分类)余额为24.28亿元,比2003年年末减少52.52亿元,降幅为68.39%;二是不良贷款率下降,截至2010年年末,全市银行业不良贷款比率为5.05%,比2003年年末下降24.95个百分点,降幅为83.17%。银行业金融机构经营效益逐年好转:2003年,全市银行业金融机构账面经营亏损5.2亿元;2010年全市银行业金融机构账面经营盈利11.91亿元,相比增盈17.11亿元。

2004—2010年,常德银监分局多次被评为先进单位。2009年2月,湖南省委、省政府授予常德银监分局“湖南省2008届文明单位”称号;2009年12月,中国银监会授予常德银监分局“2008—2009年度银监会系统文明单位”称号。29人次获得省局以上的各种荣誉称号,占员工总数的45.3%。其中7人次获得银监会的各种荣誉称号,22人次获得省局的各种荣誉称号。

第二章　银行类机构

常德市银行类金融机构总体上分为政策性银行、全国性大型银行、全国性中小银行、省内法人中小金融机构和合作金融机构。

政策性银行：中国农业发展银行常德市分行。

全国性大型银行：中国工商银行股份有限公司常德分行、中国农业银行股份有限公司常德分行、中国银行股份有限公司常德分行、中国建设银行股份有限公司常德分行、交通银行股份有限公司常德分行、中国邮政储蓄银行常德分行。

全国性中小银行：兴业银行股份有限公司常德分行。

省内法人中小金融机构：长沙银行股份有限公司常德分行、

合作金融机构：农村信用社、城市信用社，其中城市信用社于2002年被撤销。

2010年年末，全市银行类金融机构共有营业机构647个，员工7273人。

2010年年末，全市银行类金融机构本外币各项存款977.34亿元。其中人民币各项存款975.69亿元，外币各项存款2496万美元。

2010年年末，全市银行类金融机构本外币各项贷款480.71亿元，其中人民币各项贷款480.54亿元，外币各项贷款244万美元。

2010年，全市银行类金融机构盈利11.91亿元。

1989–2010年常德市银行业机构数量统计表

表1–3　　单位：个

年度	总计	农发行	工行	农行	中行	建行	交行	邮储银行	兴业银行	长沙银行	城市信用社	农村信用社
1989	1290	—	142	293	28	91	—	—	—	—	14	722
1990	1271	—	135	292	31	95	—	—	—	—	16	702
1991	1251	—	137	294	44	78	—	—	—	—	28	670
1992	1292	—	181	291	61	74	—	—	—	—	37	648
1993	1292	—	138	295	72	102	—	—	—	—	37	648
1994	1324	—	142	304	76	93	—	—	—	—	42	667
1995	1315	—	137	284	73	105	—	—	—	—	44	672
1996	1234	9	142	260	62	108	—	—	—	—	44	609
1997	1202	9	146	253	63	105	—	—	—	—	44	582
1998	1119	9	145	234	61	101	—	—	—	—	44	525
1999	1060	9	136	200	61	96	—	—	—	—	44	514
2000	978	9	115	178	52	84	—	—	—	—	44	496
2001	863	9	106	124	51	75	—	—	—	—	1	497
2002	806	9	90	112	50	64	—	—	—	—	1	480

续表

年度	总计	农发行	工行	农行	中行	建行	交行	邮储银行	兴业银行	长沙银行	城市信用社	农村信用社
2003	735	9	72	103	47	32	—	—	—	—	—	472
2004	694	9	63	98	42	32	—	—	—	—	—	450
2005	658	9	57	87	40	31	—	—	—	—	—	434
2006	581	9	46	76	37	31	—	—	—	—	—	382
2007	542	9	39	74	35	30	—	—	—	—	—	355
2008	682	9	39	71	35	30	—	165	—	—	—	333
2009	664	9	38	67	33	30	1	165	—	—	—	321
2010	638	9	38	67	33	30	1	165	1	1	—	293

1989–2010年常德市银行业员工数量统计表

表1–4　　单位:人

年度	总计	农发行	工行	农行	中行	建行	交行	邮储银行	兴业银行	长沙银行	城市信用社	农村信用社
1989	6784	—	1495	1889	264	565	—	—	—	—	85	2486
1990	7113	—	1658	1792	288	634	—	—	—	—	91	2650
1991	7526	—	1688	1991	436	665	—	—	—	—	102	2644
1992	8053	—	1823	2033	489	728	—	—	—	—	203	2777
1993	8368	—	1773	2140	549	779	—	—	—	—	280	2847
1994	8864	—	1786	2177	562	1086	—	—	—	—	298	2955
1995	9138	—	1782	2188	615	1194	—	—	—	—	333	3026
1996	9027	233	2018	2095	654	1156	—	—	—	—	351	2520
1997	8821	243	2021	1885	602	1178	—	—	—	—	365	2527
1998	8665	243	1984	1749	663	1143	—	—	—	—	378	2505
1999	8603	249	1927	1754	671	1131	—	—	—	—	368	2503
2000	8452	255	1471	2069	676	1086	—	—	—	—	377	2518
2001	7952	256	1450	1755	683	1075	—	—	—	—	22	2711
2002	7953	271	1423	1724	745	1020	—	—	—	—	22	2748
2003	7694	268	1304	1704	736	967	—	—	—	—	—	2715
2004	7087	269	1239	1602	730	591	—	—	—	—	—	2656
2005	6830	264	1182	1558	653	588	—	—	—	—	—	2585
2006	6646	263	1148	1429	618	585	—	—	—	—	—	2603
2007	6598	262	1116	1434	610	584	—	—	—	—	—	2592
2008	7028	312	1110	1422	594	584	—	421	0	—	—	2585
2009	7014	310	1067	1412	595	588	—	448	0	—	—	2594
2010	7131	302	1060	1421	581	596	51	471	23	35	—	2591

第一节 政策性银行

1996 年 12 月 28 日，中国农业发展银行常德市分行成立。至 2010 年年末，常德市仅此一家政策性银行。

一、机构及人员

1994 年，中国农业发展银行在北京成立，但机构未下延，其业务由农行代理。1996 年 12 月 28 日，常德农发行成立，主要职责是按照国家的法律、法规和方针、政策，以国家信用为基础，筹集农业政策性信贷资金，承担国家规定的农业政策性金融业务，代理财政性支农资金的拨付，为农业和农村经济发展服务。内设办公室、人事教育科、计划信贷科、财务会计科、稽查保卫科共 5 个科室。下设分行营业部和安乡、汉寿、澧县、鼎城、桃源、临澧、石门、津市 8 个支行。全行干部职工 224 名，其中支行 182 人。

1999 年，常德农发行在原有部室基础上分设计划信息科、信贷科、稽核科。2001 年，根据农发行总行“三定”（定职能、定机构、定编制）工作的要求，将内设科室分为办公室、计划信贷科、财务会计科、信息电脑科、人事教育科、稽核科、监察室、保卫科和后勤服务中心 9 个科室。2005 年，按照农发行总行统一部署，常德农发行对内设机构进行调整，重新设置办公室、资金计划科、客户服务科、信贷与风险管理科、财务会计科、信息技术科、人力资源科、内部审计科及监察保卫科 9 个科室。

2010 年，常德农发行按照总行要求，开展二级分行经营管理基础平台建设，将办公室、后勤服务中心和监察保卫科、内部审计部分别整合为办公室与监察审计部，将信贷与风险管理部分设为信贷管理部、风险管理部。2010 年年末，常德农发行内设办公室（党委办公室、党委宣传部）、资金计划部、客户服务部、信贷管理部、风险管理部、财务会计部、信息技术部、人力资源部（党委组织部、团委）、监察审计部（纪委）共 9 个部室。共有分支机构 9 个，其中市分行营业部 1 个、支行 8 个。共有员工 258 人，其中大学专科、本科学历的 205 人，初级、中级专业技术资格的 148 人，占比分别为 79%和 57%。

常德农发行成立后，由常德农行向常德农发行划转营业办公用房固定资产 29.3 万元。1998 年，常德农发行筹建综合办公大楼及职工宿舍。2006 年，综合办公大楼竣工投入使用。至 2010 年年末，常德农发行系统固定资产 5547.86 万元，固定资产净额 3699.72 万元。

二、领导班子

1996—2010 年，常德农发行领导班子经历 3 次换届和多次调整。1996—2000 年，领导班子成员实行上级行任命制。2000–2010 年,常德农发行及辖区支行(部)干部均实行公开选拔竞聘上岗制。

1996–2010 年常德农发行历届领导班子成员一览表

表 1–5

<table>
<tr><th>行 长</th><th>任职时间(年·月)</th><th>副职(副行长)</th></tr>
<tr><td rowspan="2">谭永清</td><td>1996.11—1996.12
(副行长主持工作)</td><td rowspan="2">张松山、梁刚、汪明炎</td></tr>
<tr><td>1996.12—2002.3</td></tr>
<tr><td rowspan="2">梁 刚</td><td>2002.3—2003.6
(副行长主持工作)</td><td rowspan="2">汪明炎、唐双华、郑秋武</td></tr>
<tr><td>2003.6—2008.10</td></tr>
<tr><td>汪明炎</td><td>2008.11—</td><td>郑秋武、周芳华、孟德军、向建国</td></tr>
</table>

三、业务经营概况

根据《中国农业发展银行组建方案》,1994 年 6 月 30 日,由常德人行牵头,组织进行划转、转账、移据换据、移交项目资料档案工作。常德农行、常德工行等向常德农发行划转信贷资产 20.89 亿元,划转存款 6631 万元。1997 年 1 月 1 日,常德农发行各级分支机构成立,接受常德市农行系统划转的 53.98 亿元各项贷款和 1.78 亿元存款,由此开始常德农发行业务的全面自营。

1996 年年底,常德农发行组建之后,其业务发展经过政策性业务和经营性业务全面经营、专司粮棉油资金政策性业务(亦称粮棉油收购资金封闭运行阶段)及政策性业务与商业性业务同步运营三个阶段。

(一)政策性业务和经营性业务全面经营阶段(1996 年 12 月至 1998 年 12 月)

常德农发行成立之初,除承担粮棉油收购、储备、调销等资金供应与管理的政策性业务外,还负责粮食附营业务和扶贫、农业综合开发的资金供应与管理。1996 年,为实现常德市委、市政府"兴工、强农、富市"的战略目标,常德农发行加大扶贫开发力度,集中力量扶持地方主干经济企业,支持有效项目 78 个,累放扶持资金 1.4 亿元,年末贷款 54 亿元。1997 年,常德农发行加强粮棉油资金封闭管理,全年净投放农副产品贷款 22 亿元,帮助粮棉企业收购粮食 10.5 亿公斤,棉花 168 万担。同时还加大对农业产业化项目的扶持力度,全年净投放农业综合开发贷款和农副产品加工贷款 1.16 亿元。1998 年 4 月 30 日,根据国务院和人总行精神,常德农发行向常德农行划转开发性贷款 4.33 亿元,12 月 10 日再向常德农行划出 111 个附营业务,总额为 10.19 亿元。至此,常德农发行进入专司粮棉油收储、调销的政策性业务阶段。

（二）专司粮棉油资金政策性业务阶段（1998 年 12 月至 2004 年 10 月）

1998 年 5 月，国务院颁发《关于进一步深化粮食流通体制改革的决定》，对粮食流通体制实行政企分开、中央与地方责任分开、储备与经营分开、新老财务账目分开、完善粮食价格机制的“四分开一完善”改革。常德农发行对粮棉油资金实行“库贷挂钩、钱随粮走、购贷销还、封闭运行”的管理，采取“一基三专”和“三三制”操作等办法，加强责任管理，要求所有粮棉油收储企业必须在农发行开立企业基本存款账户、收购资金存款专户、企业财务资金存款专户和单位应付利息存款专户，农发行驻站（库）信贷员按收储计划和进度发放 3 天的铺底资金，严格实行封闭运行。是年，投放贷款 13 亿元，收购粮食 4 亿多公斤，棉花 125 万担，年末各项贷款 66.68 亿元。1999 年，常德农发行按照“完善管理、巩固成效、提高水平”的总体要求和封闭运行的政策规定，认真处理三个关键环节的每一笔业务。在资金投放上，支持企业扩大粮棉油等主要农副产品收购；在库存监管环节上，管住库存、优化库存物资结构，支持企业扩大销售，实行销售、加工、出口“三轮”驱动；在回笼销售贷款分解环节上，准确计算每笔回笼贷款应分摊的贷款本金和利息，做到应收尽收。对即将退出保护价收购范围的粮食品种、实行优质优价的粮食品种以及随行就市的粮食品种，按照“以销定贷、以效定贷”原则发放收购资金贷款。2000 年，早籼稻退出保护价收购范围，常德农发行及时将政策性贷款管理模式转换为政策性贷款商业性经营，要求国有粮食购销企业按照“购得进、销得出、有效益”的原则，根据市场行情自主收购、经营早籼稻，发放早籼稻收购贷款 1.97 亿元。年末各项贷款 79.20 亿元，增加 19.11 亿元。2001 年，全国棉花流通体制改革，打破棉麻公司垄断经营的格局，彻底放开棉花市场。常德农发行采取棉花收购贷款发放额度与企业 2000 年度新棉销售挂钩的办法，实行销多少新棉就提供多少棉花收购贷款的策略。把现有库存商品占用的贷款由信用贷款改为抵押贷款，实行抵押登记和仓单管理。同时积极探索支持“龙头”企业的新途径。为支持金健米业股份公司收购优质稻，对其投放粮食收购贷款 5927 万元。2002–2003 年，粮棉购销体制完全市场化，常德农发行对国家和地方储备贷款按照“计划管理、保证供应、足量足值”的原则，确保新增储备和新轮换的库存占用贷款与核定成本保持一致；对粮棉油收购和调销贷款按照“以销定贷、以效定贷”的政策和企业的资质条件、信用等级、经营规模及经营效益情况发放和管理，确保新发放粮棉油收购贷款低于企业新增收购值。为帮助粮食企业逐步适应市场化经营，常德农发行在粮棉贷款供应上实行商业性贷款管理，对所有开户企业进行贷款资格认定，进行有效资产抵押和信用等级评估。

（三）政策性业务与商业性业务同步运营阶段（2004 年 10 月至 2010 年年末）

2004 年，常德农发行按照国务院第 57 次常务会议精神，积极稳妥延伸业务范围，支持粮棉油加工龙头企业的发展，实现棉花收购战略“大转移”。全年累放粮棉油收购贷款 6.54 亿元，年末各项贷款 79.70 亿元，实现新增贷款与新增库存值同步增长。2005 年，常德农发行在严格贷款管理和有效防范风险的前提下，积极谋求商业性贷款业务又好又快发展，对有可能成为农发行客户的产业化龙头企业和加工企业进行详细调查，并制定《粮油信贷业务三年发展规划》。对一些信用等级较高、效益较好、暂未取得“直贷”资格、急需流动资金的企业,按照“不论身份论效益”的信贷支持原则,采取“工商联营”的方式,提供资金 5750 万元,支持企业收购粮食 3341 万公斤。2006 年,常德农发行开始投放商业性贷款,贷款业务从传统的粮棉油业务扩大到糖、水果、蚕丝、水产养殖及化肥等领域。根据“建设新农村的银行”的行业定位,常德农发行结合实际,提出“发展一个、成功一个”的工作思路,加大对农业产业化龙头企业、加工企业和新业务的营销力度。是年,对 5 家非粮棉油企业核批贷款 6520 万元,增加信贷客户 29 个。2007 年,按照发展“大农业”理念,以产业化龙头企业为重点支持对象,支持农产品精深加工,提高产品附加值。全年向以粮棉加工、纺织印染、果蔬、生猪、水禽深加工等业务为主的 70 多家骨干企业、地方特色食品加工企业累计投放各类贷款 15.3 亿元,促进企业扩规提质,增创利税近亿元。2008 年,根据中央经济工作会议“控总量、稳物价、调结构、促平衡”的要求,常德农发行认真搞好粮棉油储备、收购。冰灾期间,本着特事特办的原则,对受灾企业优先发放抗灾补损贷款 1.34 亿元。2009 年,常德农发行采取抓大放小的优选战略,在对申华纺织等 7 家规模较小、风险承受能力不高的企业实施信贷退出策略的同时,先后将安乡丰康、澧县理昂等一批优质龙头企业纳入业务范围。年内支持 88 家产业化龙头企业,累放贷款 37.4 亿元。2010 年,常德农发行加大以水利和新农村建设为主的农业农村基础设施建设中长期贷款项目的支持力度,先后对鼎城区沅江南岸防洪大堤改造、柳叶湖退田还湖二期工程、德山开发区路网建设等 4 个项目,累放农村基础设施、农业综合开发等新农村建设贷款 5.4 亿元。坚持“区别对待、择优扶持、严控风险”的原则,对有规模、有品牌、有实力的一批龙头企业进行技术改造、延伸产业链的项目累放贷款 23.4 亿元,推动农业产业规模化、集团化生产经营。是年年末,常德农发行各项贷款余额 118.29 亿元,其中政策性贷款 74.43 亿元,准政策性贷款 16.98 亿元,商业性贷款 26.89 亿元。

常德农发行在经营过程中,也出现一定数量的不良贷款,对此,常德农发行于 2006—2009 年的四年先后核销 7023 万元、5.36 亿元、1.1 亿元和 5.48 亿元。并在 2007 年剥离5.36 亿元不良贷款。

1996–2010 年的 15 年, 常德农发行的经营效益出现 8 个年度盈利、7 个年度亏损的情况。1996 年, 盈利 953 万元;1997 年和 1998 年分别亏损 6549 万元和 1.35 亿元;1999 年和 2000 年,分别盈利 3902 万元和 7412 万元。2001–2005 年的 5 年分别亏损 3680 万元、696 万元、2678 万元、7137 万元和 4161 万元。2006–2010 年分别盈利 1.06 亿元、8064 万元、1.33 亿元、1.61 亿元和 1.69 亿元。

第二节　全国性大型银行

1988 年年末,常德市全国性大型银行驻常德机构有工商银行、农业银行、中国银行和建设银行四家。2008 年 3 月 26 日, 中国邮政储蓄银行有限责任公司常德市分行挂牌成立,

2009年12月24日交通银行常德分行成立并对外试营业。2010年末，常德市共有六家全国性大型银行。

1988年年末，常德市四家全国性大型银行共有营业机构548个，其中市分行机构4个，县支行31个，城区支行6个，城区单店行2个，分理处161个，储蓄所344个。共有员工4227人，其中正式员工4128人，代办员50人，临时工49人。本外币各项存款11.96亿元(不含邮政储蓄)，其中人民币各项存款11.94亿元，外币各项存款39万美元。本外币各项贷款40.04亿元，其中人民币各项贷款39.89亿元，外币各项贷款388万美元。是年，盈利2762万元，年末贷存比处于334.89%的超高位。

1993年年末，常德市全国性大型银行仍然为四家，共有营业机构607个，其中市分行机构4个，县支行33个，城区支行6个，单店行2个，分理处171个，储蓄所391个。共有员工5241人(不含邮政储蓄)，其中正式员工3958人，合同工1271人，临时工12人。本外币各项存款增加至43.69亿元，较1988年年末增加31.73亿元，相当于1988年年末的2.65倍。其中，人民币各项存款42.48亿元，外币各项存款765万美元。1993年年末，本外币各项贷款余额增加到85.69亿元，较1988年年末增加45.65亿元，相当于1988年年末的2.14倍。其中人民币各项贷款84.92亿元，外币各项贷款1316万美元。受南流和经济等因素的影响，是年，亏损1710万元。年末贷存比降至196.11%，较1988年年末下降138.78个百分点。

2003年年末，常德市全国性大型银行仍然为四家，共有营业机构254个，其中市分行机构4个，县支行24个，城区支行7个，单店行6个，分理处185个，储蓄所28个。共有员工4711人(不含邮政储蓄)，其中正式员工3774人，合同工494人，派遣工300人，内养员工100人。本外币总资产218.07亿元。本外币各项存款增加至235.8亿元，较1993年年末增加192.11亿元，相当于1993年年末的5.4倍。其中人民币各项存款232.39亿元，外币各项存款4118万美元。2003年年末，本外币各项贷款余额增加至137.12亿元，较1993年年末增加51.43亿元。其中人民币各项贷款136.26亿元，外币各项贷款1030万美元。受不良核销和经济大气候不景气等因素的影响，是年亏损4.49亿元。年末贷存比降至58.15%，较1993年年末下降137.96个百分点。

2008年3月，常德邮储银行成立，2009年12月常德交行成立，至2010年年末，常德市全国性大型银行增至6家，共有营业机构334个，其中市分行机构6个，县支行35个，城区支行57个，单店行21个，分理处97个，储蓄所118个。共有员工4180人，其中正式员工3534人，合同工308人，派遣工266人，计划外用工90人，内养员工46人。本外币总资产999.25亿元。本外币各项存款增加到728.27亿元，其中人民币各项存款726.62亿元，外币各项存款2496万美元。本外币各项贷款余额增加至223.96亿元，其中人民币各项贷款223.79亿元，外币各项贷款244万美元。是年盈利9.06亿元，年末贷存比降至30.75%的低位区间。

从1989年至2010年的22年，工、农、中、建四大国有大型银行共核销剥离本外币不良贷款110.12亿元，其中核销21.47亿元，剥离88.65亿元。其剥离核销相对集中在股份制改革的阶段,因此在股份制改革的前后几年中,四大国有商业银行的效益处于最低位,账面亏损最大。由于常德交行和常德邮储银行成立时间较短,在此期间未发生不良资产核销和剥离。

一、中国工商银行股份有限公司常德分行

(一)机构及人员

1988 年,中国工商银行股份有限公司常德分行(以下简称常德工行)为跟上常德地区撤区建市的步伐,前后两次变更名称。1988 年 4 月,经湘工银(1988)74 号文批复,将原中国工商银行常德地区中心支行更名为中国工商银行常德市支行,同年 12 月再将市区机构予以变更,将原中国工商银行常德市支行更名为中国工商银行常德市分行,市区的三个办事处更名为支行。

1989 年 5 月,中国工商银行常德市分行更名为中国工商银行常德市中心支行。变更后的常德市中心支行下辖城区的第一、二、三支行以及津市、汉寿、桃源、石门、临澧、澧县、安乡 7 个县(市)支行,41 个分理处和 88 个储蓄所,共 142 个营业机构。中心支行内设行长室、办公室、监察室、老干办公室、工会办公室、信贷部、计划部、会计部、出纳部、储蓄部、科技部、劳动人事教育部、稽核部、保卫部、行政科,另设有机关党支部、机关工会、机关团支部。1989 年年末将慈利支行划给大庸中心支行,全行干部职工共 1495 人,其中国家干部 89 人,中心支行机关员工 99 人。

1990 年,常德工行将原来的 16 个科室调整为 9 个部、4 个室、1 个处、1 个科,并组建经济信息咨询公司。市中心支行下辖 9 个县(市)支行和 1 个办事处,40 个分理处,84 个储蓄所,全辖员工 1658 人,其中国家干部 1490 人,大专学历 242 人,中级职称 108 人,高级职称 6 人。

1991 年,工行常德中心支行机关增设保卫部、房产信贷部、融资市场部和老干办公室,共 19 个部(室),下辖 10 个县(市)支行,39 个分理处(办事处)和 87 个储蓄所。中心支行房地产信贷部 11 月 11 日成立后,下辖的 10 个县(市)支行也相继组建房地产信贷机构。全辖共有干部职工 1688 人,其中本科学历 24 人、大专学历 269 人,高师 6 人,中级专业技术职务 161 人。

1992 年, 工行常德中心支行机关将原信贷部分设为工商信贷部和技术改造信贷部,增设政工部、稽核部、牡丹信用卡部、国际业务部,共设 23 个部(室)。全辖是年增加 5 个办事处、39 个储蓄所,年末共有 10 个县(市)支行,44 个办事处和 126 个储蓄所。同年成立工商银行湖南省分行常德融资市场,将原信息咨询部更名为中国工商银行常德市经济信息咨询公司。受自办公司升温的影响,是年,兴办银桥公司、银河装饰公司、常德电子发展公司、技改咨询服务公司、成套设备租赁公司、劳动服务公司共 6 家非金融性公司。各县(市)支行以挂靠工会组织模式先后成立劳动服务中心。年末,全行干部职工 1823 人。

1993年12月,中国工商银行常德市中心支行更名为中国工商银行常德市分行,市分行机关内部机构改设为行长室、办公室、监察室、老干办公室、工会办公室、劳动人事部、宣传教育部、稽核部、保卫部、信贷部、储蓄部(原计划部与储蓄部合并)、房产信贷部、技改部、会计出纳部、牡丹卡业务部、国际业务部、营业部、证券部、信息咨询部、融资市场、行政科共21个部门,另保留信托投资公司、劳动服务公司2家非金融性公司。下辖常德、德山、鼎城、津市、汉寿、安乡、澧县、临澧、石门、桃源10个县(市)支行,40个分理处(镇办事处),87个储蓄所。为将市分行由管理型转化为经营型,成立隶属于市分行的营业部。年末全辖干部职工1773人,其中固定职工1532人,合同制职工241人。

1994年,常德工行新设科技部、计划调统部和基建办公室,原劳动人事部改称为劳动人事教育部,内设部门增至24个,同时继续保留信托投资公司和劳动服务公司。市分行下辖机构仍然为10个县(市)支行,全行干部职工1786人,较上年度增加13人,其中,固定职工1544人,合同制职工242人。

1995年,常德工行按照商业银行集约化经营要求,开始探索经济欠发达地区城市行机构设置和劳动力管理改革新路子,精简内设部门,撤销老干办、技改部和融资市场部,原牡丹卡业务部改称为牡丹信用卡部,信息咨询部改称为信息咨询公司,撤销原技改信贷部,业务归集至工商信贷部,内设机构减少至20个。撤销工商银行湖南省分行信托投资公司常德办事处,业务并入市分行营业部,将原证券部业务并入市分行营业部,将市分行原储蓄部改为存款部,各县(市)支行相应将储蓄科改为存款科。全辖撤并14个网点,精简市、县两级行内部机构,减少管理人员96人。年终下辖10个县(市)支行,41个分理处和85个储蓄所。全行员工1782人,较上年年末减少4人。

1996年,常德工行内设机构调整为行长室、办公室、监察室、工会办公室、劳动人事教育部、稽核部、信贷部、计划调统部、房产信贷部、会计出纳部、存款部、科技部、牡丹信用卡部、国际业务部、营业部、信息咨询公司、行政科共17个部门,同时设立机关党支部、机关工会、机关团支部,另开办华都大酒店。撤销常德工行信托投资公司证券营业部,其债权债务转入湖南证券股份公司常德市证券交易营业部。下辖10个县(市)支行,41个分理处和89个储蓄所。年末,全行员工共2018人,其中正式职工1746人,代办员272人。离退休人员418人。

1997年,常德工行根据业务发展和内部管理的需要增设资产保全部和结算中心,成立融达资产评估事务所。下辖7个县(市)支行,5个城区支行(办事处),39个分理处,94个储蓄所。5月,将原信用卡部、国际业务部、房地产信贷部整合为常德工行临江办事处,原"三部"的人民币债权债务由临江办事处承接,所有外币债权债务由市分行承接。全行员工2021人,其中正式职工1678人,代办员257人,临时工86人。

1998年,常德工行成立党委和纪委。市分行结算中心更名为核算中心,存款部分设为储蓄部和公存款部。下辖7个县(市)支行,5个城区支行(办事处),40个分理处,92个储蓄所,员工减至1984人,其中正式职工1647人,代办员242人,临时工95人。

1999年,常德工行新增党委办公室、组织部、宣传部、统战群工部。行政管理序列新设立政工科、出纳科和法律事务室,业务部门改部为科。市分行内设行长室、党委办公室、办公室、党委组织部、人事教育科、党委宣传部、政工科、统战群工部、工会办公室、监察室、稽核科、工商信贷科、住房信贷科、计划财务科、管理信息科、资金营运科、零售业务科、对公存款科、资产风险管理科、法律事务室、银行卡业务科、国际业务科、会计结算科、出纳科、技术保障科、行政科、保卫科、融达资产评估事务所、华都大酒店,另设机关党总支、工会和团支部。下辖5个县(市)支行,5个城区支行,39个分理处、86个储蓄所,全行员工1927人,其中正式职工1607人,代办员229人,临时工91人。

2000年,常德工行按省工行要求于8月31日撤销汉寿县支行,存款划转汉寿中行,贷款划转市分行营业部,临澧、安乡支行降格为县级分理处,撤销4个分理处和28个储蓄所。年末,常德工行下辖4个县支行、4个城区支行、34个分理处和72个储蓄所。12月28日,市分行撤销资金营运科,将其业务并入计划财务科,同时会计结算科与出纳科合并为"会计出纳科"。市分行本部撤销党委统战部、群工部,共设科室、公司、酒店共28个。员工减至1471人,其中正式职工1206人,代办员176人,临时工89人。

2001年,常德工行成立现金管理中心,将原临江办事处改为常德工行临江支行,青年路分理处与青年路储蓄所合并,业务全部划归临江支行。年末,市分行下辖市分行营业部、4个城区支行、4个县支行、35个分理处和62个储蓄所。原会计结算科改称为会计出纳科。年末,全辖全行员工共有1450人,其中正式职工1204人,代办员176人,临时工70人。

2002年,常德工行新设立信贷管理科、公司业务科、中间业务科和事后监督中心,将原"对公存款科"改称为"机构业务科",其他部门保持不变,下辖市分行营业部,4个县支行,5个城区支行,35个分理处和45个储蓄所等90个营业机构。年末全辖员工职工1423人,其中正式职工1195人,代办员158人,临时工70人。

2003年,常德工行对内设机构进行改革,其称谓改科为部,并对部分管理职能进行调整。设立法律事务部、电子银行部2个二级部室。新设结算中心、现金管理中心、监督中心(事后监督中心、对账中心)、风险资产管理中心和综合档案管理中心5个附属机构,撤销行政科,设立后勤服务中心。年末,内设机构调整为行长室、办公室(党委办公室)、管理信息部、计划财务部、资金营运部、公司业务部、个人金融业务部、机构业务部、住房金融业务部、信贷管理部、国际业务部、银行卡业务部、资产风险管理部、会计结算部、稽核监督部、信息科技部、人力资源部(党委组织部、党委宣传部)、监察室(纪委)、保卫部、工会办公室(团委)共19个部室以及华都大酒店。同年,将市分行营业部改建为人民路支行。营业机构由上年的90个撤并到72个。市分行下辖4个县支行,5个城区支行,48个分理处和14个储蓄所。员工降至1304人,其中正式职工1088人,代办员146人,临时工70人。

2004年,常德工行清算中心更名为会计业务处理中心,成立贷后监督中心。市分行内设机构中,稽核监督部改称稽核部,住房金融业务部改称住房信贷部,会计结算部改称会计出纳部,法律事务部改称为法律事务室,撤销信息科技部,新设技术保障部和后勤服务管理中心。原常德支行三岔路分理处升格为一级支行,临澧分理处升格为临澧县支行(二级支行)。是年,撤销 7 个储蓄所和 2 个分理处,升格 1 个分理处。下辖 4 个县支行,5 个城区支行,45 个分理处和 8 个储蓄所等 63 个营业机构。员工总数降至 1239 人,其中正式职工 1059 人,代办员 130 人,临时工 50 人。同时,省工行在常德工行设立湖南分行常德内控合规中心,负责对常德、益阳、岳阳、张家界、湘西、怀化分行实行内控合规管理,直至 2011 年 5 月该机构撤销。

2005 年,常德工行按照总行、省工行统一部署着手股份制改造,于 3 月成立股份制改革领导小组,12 月完成股改, 将原中国工商银行常德市分行更名为中国工商银行股份有限公司常德分行(以下简称常德工行)。同时对内设机构进行调整,新设消费信贷部和票据中心、会计处理中心,原稽核部改称内控合规部,现金管理中心改称为现金营运中心。安乡分理处升格为安乡县支行(二级支行),撤销 2 个储蓄所和 4 个分理处,4 月,撤销华都大酒店。年末,下辖 6 个县支行,6 个城区支行,39 个分理处和 5 个储蓄所。年末全行在职人数较上年年末减少 57 人,降至 1182 人,其中正式职工 1032 人,派遣制员工 150 人。年末,离退休人员(含内养)837 人,其中退休 408 人,离休 35 人,内养 394 人。

2006 年,中国工商银行按照股份制模式经营,其 A 股 H 股同时在上海、香港证券交易所上市。党委办事机构相对稳定,原监察室更名为纪检监察室,内控合规部改称内控合规中心,资产风险管理部改称风险管理部, 会计出纳部改称会计结算部, 法律事务室改称法律事务部。内设经营管理机构调整为行长室、办公室、人力资源部、纪检监察室、工会办公室、信贷管理部、公司业务部、消费信贷部、国际业务部、风险管理部、资金营运部、计划财务部、管理信息部、个人金融部、会计结算部、银行卡部、机构业务部、运行管理部、电子银行部、科技部、保卫部、内控合规中心、业务处理中心、现金营运中心、法律事务部共 25 个部门。下辖 6 个县支行,6 个城区支行,31 个分理处和 2 个储蓄所。年末全行在职人数降至 1148 人,其中正式职工 1021 人,派遣制员工 127 人。是年 10 月,省工行在常德设立授信审批部常德分部,负责对常德、张家界、湘西的信贷业务进行审查审批,直至 2009 年 10 月该机构职能变化,主要负责常德分行辖内的信贷业务审查审批,直至 2012 年 5 月该机构撤销。是年 10 月,设立湖南省分行常德信贷管理分部,负责对常德、张家界、湘西分行的信贷管理工作,该机构于 2009 年 12 月撤销。

2007 年, 常德工行加大城区支行建设力度, 原常德城区的 13 个分理处升格为二级支行,恢复汉寿县营业机构,撤并 7 个网点。成立澧水区域现金运营中心,即澧水片金库。市分行下辖 7 个县支行,6 个城区支行,12 个单店行和 13 个分理处。同时加大内设机构职能整合力度,将原有的 25 个缩减为 18 个。全辖从业人员 1116 人,其中合同制员工 992 人,派遣制员工 124 人。内退人员 359 人,离退休人员 485 人。

2008 年,常德工行将汉寿分理处改建为二级支行,即中国工商银行汉寿支行。市分行内部增设信贷管理部、监督中心和团委。市分行下辖 7 个县支行,6 个城区支行,12 个单店行和

13 个分理处。全辖从业人员 1110 人,其中合同制员工 988 人,派遣制员工 122 人。全辖内退人员 340 人,离退休人员 497 人。

2009 年,常德工行新设技术支持中心,将原电子银行中心升格为电子银行部,在公司业务部内设小企业金融业务中心, 将原火车站分理处和电力分理处升格为支行。撤销监督中心、保卫部和工会办公室。年末,常德工行下辖 7 个县支行、6 个城区支行、12 个单店行和 12 个分理处。全辖从业人员较上年年末减少 43 人,总量降至 1067 人,其中合同制员工 946 人,派遣制员工 121 人。

2010 年,常德工行内设机构整合为行长室、办公室、人力资源部、监察室、公司业务部、个人金融业务部、风险管理部、信贷管理部、财务会计部、运行管理部、牡丹卡中心、管理信息档案中心、业务处理中心、技术支持中心、现金营运中心、内控合规中心、澧水片现金中心共 17 个部门。年末,常德工行下辖 7 个县支行、6 个城区支行、12 个单店行和 12 个分理处。全辖从业人员降至 1060 人,其中合同制员工 937 人,派遣制员工 123 人。全辖内退人员 260 人,离退休人员 544 人。

1989 年年末,常德工行固定资产原值总额 2126 万元,其中营业办公用房面积 3.04 万平方米,金额 533 万元,职工宿舍面积 6.51 万平方米,总值 1105 万元。1993 年 1 月动工兴建,1996 年 8 月竣工,位于人民路 1888 号的营业办公新大楼竣工并投入使用。至 2010 年年末,固定资产原值总额增至 2.41 亿元,房屋、建筑物 1.84 亿元。

(二)领导班子

1989-2010 年,常德工行经历了 5 届领导班子。1990 年前常德工行行领导班子成员均由上级行任命制,1990 年后,实行聘任制。

1989-2010 年常德工行历届领导班子成员一览表

表 1-6

行　长	任职时间(年·月)	副职 (副行长、纪检组长、纪委书记、工会主任、总稽核)
向建国	1989—1991	吴业斌、梁佩如、周光武、黄国庆、刘元洪、熊巩固
周光武	1992—1999	黄国庆、孙昌书、杜金福、刘元洪、熊巩固、高峰、聂建国、张艳(挂职)、吴世忠、江渭河 、姚席安
刘时华	2000—2001.8	高峰、黄国庆、陈爱群、姜全贵、吴世忠、江渭河、许延生
李　勤	2001.8—2001.12 副行长主持工作 2002—2005	陈爱群、姜全贵、谢少雄、张先军、黄小鹏、江渭河、吴世忠、汪纯
匡一先	2006—2010	陈爱群、张先军、刘建昌、黄小鹏、江渭河、刘忠敏、万立民

(三)业务经营概况

常德工行 1989–2010 年中,其经营总规模在较长时间里处于当地银行业前列,人民币各项存款除 2007 年、2008 年和 2010 年三个年份略低于农业银行外,其他年份一直处于首位。人民币各项贷款首尾年度均处于首位,其间受大额度核销剥离不良资产的几个年度总量低于农业银行外,其余大部分年份均处于首位。

1988 年,常德工行存贷款业务全部为人民币。年末人民币各项存款和各项贷款分别为 6.2 亿元和 20.4 亿元,分别占全市四大全国性大银行总量的 53.2%和 53.13%.年底人民币贷存比高达 328.91%。

1989–1993 年,常德工行按照国有专业银行基本运行模式进行运作,存款快增长、贷款保重点、大幅降低存贷比和增效益是该时期的重中之重。人民币各项存款五年净增 9.46 亿元,贷款净增 14.3 亿元。1993 年年末,本外币存贷款总额分别为 16.09 亿元和 34.82 亿元,贷存比下降 110.53 个百分点。五年中,分别实现利润 4708 万元、2315 万元、3967 万元、3786 万元(不含津市)和 905 万元,但信贷风险开始显现。

1989 年和 1990 年,常德工行一方面加大筹资力度,一方面严格执行“控制总量、调整结构、保证重点、压缩一般、实时调节”的信贷政策。对私存款方面实行层层承包制,对公存款实行资金和规模双向控制。1990 年,先后在“粤桂赣湘毗邻地区资金融通网络”“湘鄂边资金市场”和“七省二十八地(州、市)资金网络”中融资 2300 万元。贷款投放重点保大中型骨干企业,还对 129 家停产半停产企业发放 4022 万元贷款,发放 5778 万元“三角债”清欠贷款,为 700 多家企业解开债务链 1.8 亿元。本外币各项存款两年分别新增 1.71 亿元和 2.07 亿元。贷款分别增长 6513 万元和 2.58 亿元。1989 年,实现了不欠汇差、不欠同业往来和清算横向拆借资金的目标。两年分别实现利润 4708 万元和 2315 万元。

1991 年至 1992 年,常德工行以“上等级行”为奋斗目标,积极开展“教育、清理、整顿”活动,按照总行“综合性、多功能、企业化”的发展方向和“三个并举”的方针,巩固发展传统业务,大力拓展新型业务。增强“存款第一、言必及存”的观念。对私存款业务狠抓集体零整和开办代发工资等业务,成立“牡丹信用卡业务部”。贷款业务方面实行以产业政策为依据、以市场需求为导向、以产品为主体、以效益为中心,排出 172 种主要产品作为扶优限劣对象,重点保大中型骨干企业的生产经营和技术改造。两年中,本外币各项存款分别增长 2.31 亿元和 1.9 亿元。贷款净增 3.15 亿元和 3.61 亿元,超占汇差下降 52%,实现利润 3976 万元和 2570 万元。

1993 年,常德工行以全国、全省金融工作会议和行长会议“抓存款、控贷款、压汇差、创效益、保安全”的精神开展工作,部署开展“存款年”活动,抓住售房资金、证券交易资金归行和城镇住房制度改革机遇,累计收存售房资金 7736 万元,吸收住房存款余额 1.37 亿元。人民币对公和储蓄两项存款分别增长 16.48%和 9.58%,本外币各项存款增长 12.99%,发放外汇抵押人民币贷款 1210 万元,累计融通资金 30 亿元。对 680 户工商企业 20.4 亿元贷款办理和补办贷款抵押手续。对6个支行166户企业共10亿元贷款实行风险管理试点。先后促成24家企业兼并重组，转化风险贷款1460万元，并对已确定形成的1042.03万元呆账贷款予以核销。本外币各项贷款余额34.82亿元，增长14.6%，利润降至905万元。年末超占汇差增至2.53亿元，呆滞、呆账贷款6.5亿元，占同期信贷资产总额的20.24%，应收未收利息超过1亿元，资产风险问题明显暴露。

1994年，常德工行开始由国有专业银行向国有商业银行转型，按照“自主经营、自担风险、自负盈亏和自我约束”的商业银行经营模式运作。至2005年年底，常德工行本外币各项存款92.64亿元，年环比增长14.2%。人民币各项贷款42.1亿元，年环比增长1.6%（1994–2005年核销剥离34.3亿元，其中核销8.51亿元，剥离25.79亿元，含此因素年环比增长为6.67%）；不良资产由1993年年末的17.41亿元降至3388万元，不良率由50.18%降至2005年的0.81%。经营利润由1993年的905万元增至1772万元。本外币贷存比由1993年年末的225.66%降至45.27%，净下降了180.39个百分点，年均下降15.03个百分点。

1994年，常德工行迈出专业银行向商业银行转轨的步伐，坚持“抓住关键促转换”，实施资产负债比例管理、信贷资产风险管理、资金内部计价管理“三项改革”，促进由粗放性经营向规模效益和质量效益经营模式转换。把准贷款投向，集中资金对常德卷烟厂、烟机、湘澧盐矿等35家国有大中型企业发放贷款10亿元。对湖南车桥厂等23个项目发放1.02亿元技改贷款。对常纺和桃纺投入8000万元资金，对10家化工企业投入3900万元。对市酒精厂等71家特困企业累计投入的2.82亿元贷款实施封闭管理。参与常德酿酒工业集团公司改革，将银行债权落实到具有还贷能力的三个厂家，确保1.56亿元银行债权的落实。还对占全部贷款总量79.6%的27.86亿元贷款补办抵押手续。是年，又以新兴业务促进资产多元化转换。为企业发放外汇贷款382万美元，组织外币存款199万美元，外汇自营业务在原有存、贷、汇的基础上新增贸易与非贸易结算、外币兑换、资信调查、咨询见证业务。开拓证券交易业务领域，是年，证券业务交易量1.65亿元，增长2.67倍。是年年末，本外币各项存款17.85亿元，增长10.94%。本外币各项贷款35.49亿元，增长1.94%，实现盈利743万元。但年末超占联行汇差总量增至4.88亿元，10个县（市）支行2个盈利、8个亏损。

1995年，常德工行针对资金“黑洞”大，垫付资金多、亏损增大的问题，采取抓存款，抓收息等举措扭转局面。对内下达揽存任务，年末，还采取稳定代缴税金和电业部门应上缴资金的多种办法增加对公存款。贷款业务继续注重对地方经济建设的支持，先后为常德烟厂等11户中央、省属企业增加贷款4500万元，为常纺、桃两纺等43户市直属企业增加贷款6500万元，为市直9家亏损企业发放启动贷款3373万元，为德山、黄沙湾、金罗、汉寿共4户冷冻企业增加贷款1148万元。为烟厂、湘澧盐矿、车桥厂等企业发放技改贷款8354万元。年终，本外币各项存款21.35亿元，增长19.61%，本外币各项贷款36.91亿元，增加1.42亿元，并为企业签发3.84亿元的银行承兑汇票。汇差资金占用未能明显好转，账面亏损6728万元，10个县（市）支行1个盈利、9个亏损。

1996—1998年，常德工行制定“三年打翻身仗”的规划，坚持“增总量与调结构”两手抓的方针。提出“一个中心，两个重点”，即围绕效益中心和改善超负荷经营与提高信贷资产质量两个重点展开。把存款增长作为分行和支行两级行长的“一把手”工程。本外币各项存款三年净增14.13亿元。贷款净增13.67亿元，贷存比降至140.97%，下降30.44个百分点，但逾期、呆账和呆滞贷款占比仍然高达61.9%，不良贷款总量较1995年增加12.94亿元，三年亏损分别为1998万元、1.72亿元和1.66亿元。1998年年末，借入资金和超占汇差资金攀升至30亿元。1999-2004年，常德工行夯实资金实力、优化资产结构、加快中间业务发展、增强创效能力，为股份制改革创造条件。1999年，常德工行以“一个中心，两个重点”的思想组织经营和管理。2000年，常德工行坚持以效益为中心，把存款工作放在首位，把抢占资产业务新的增长点和保全存量资产作为调整信贷结构的重点，大力拓展“三新”业务（电子银行、网上银行、手机银行），主动清收和剥离不良资产。2001年，坚持以效益为中心，围绕增强竞争力展开工作。2002年继续坚持以效益为中心，狠抓用工、分配和绩效考评机制改革，2003年和2004年始终以效益为中心，强化内控和人本管理，强化信贷资产质量、财务管理、消化超负荷经营“包袱”，深化机构、用工、分配、绩效挂钩的改革，拓展机构、个人、金融、公司和中间业务市场，抓好存款拓展、信贷营销、压降不良、增收节支、新业务拓展、队伍建设和内控及安全防范工作。6年中，本外币各项存款净增44.11亿元，年均净增7.35亿元。本外币各项贷款净增19.65亿元，年均净增3.28亿元。核销不良贷款4.56亿元，剥离不良贷款15.79亿元，不良贷款降至24.84亿元，净减少6.28亿元，不良率降至35.37%，下降26.15个百分点。6年中经营效益虽然累计亏损7.24亿元，但2004年实现扭亏为盈，是年盈利1497万元。综合贷存比降至88.04%，较1998年年末下降53.81个百分点，基本达到正常水平。

2005年，常德工行完成股份制改造，在此之后的6年时间里，常德工行存贷款和中间业务都出现加速增长，资产质量全面优化,经营效益不断提高。突出管理与质量、发展与转型、结构与效率三个重点，坚持“抓发展、重质量、保安全、促和谐”的整体经营思路，积极实施经营转型，全面深化“一体化”营销，整合营销资源，促进以柜台业务向离柜业务转变，工作重点由业务管理向市场营销转变。存款业务强化存款归集、实施“抓大促重，龙头带动”存款增长战略，同时注重发挥城区存款主战场作用。贷款业务不断强化“丢贷款就是丢利润，丢费用，丢工资收入”的经营理念，着重从客户、行业和区域等多层次把握新增贷款投向。紧盯地方重点工程和重点招商引资项目，主动退出风险客户贷款，优化信贷结构。同时积极拓展个人经营、个人消费、非住房类个人贷款业务。中间业务积极发展网银集团结算和国际结算业务，大力发展银行卡业务，网上收费业务，企业网银交易、国际结算、个人信用评级授信、抵押资产评估、抵押物代理保险、汽车购销合作等与消费贷款相关的中间业务产品。2010年又相继开通电费、通信费、小灵通话费、宽带费、自来水费、电视收视费等10多项常用缴费品种，扩大理财、信用卡、国际结算、电子银行、投资银行等高技术含量、高附加值业务和新业务效益比重。为消化不良贷款，2005年还一次性剥离99984万元不良贷款和核销3617万元不良贷款。经营效益随着经营规模的扩大、产品的丰富、模式的优化而不断提高。至2010年止的6年时间里,本外币各项存款净增93.21亿元,年均增长15.54亿元,本外币各项贷款净增7.9亿元,年均增长1.32亿元,2010年,中间业务收入增至1.39亿元,是2004年的5.44倍;不良贷款率降至1.94%,较2004年年末下降33.43个百分点;不良贷款余额降至1.51亿元;贷存比降至45.17%,较2004年年末下降42.87个百分点;2006年盈利破亿元,2010年实现利润2.76亿元,是2004年的16.68倍。

二、中国农业银行股份有限公司常德分行

(一)机构及人员

中国农业银行股份有限公司常德分行(以下简称常德农行)1964年1月15日首次组建,但又于1966年2月撤销。1979年,再从人民银行常德中心支行分设恢复成立,属于农业银行湖南省分行派出机构,在青年路人民银行中心支行院内办公。是年12月,常德辖内10个区、县(市)相继建立支行,原属于人民银行的107个农村营业所和310个信用社全部划归常德农行。1980年1月1日起,全辖各级农业银行机构统一从人民银行划出,独立核算。1988年,常德撤区建市。是年10月,中国农业银行常德地区中心支行改称为中国农业银行湖南省常德市中心支行,原农行常德市支行和常德县支行分别改称为武陵区支行和鼎城区支行。是年年末,常德农行共有营业机构290个,其中县支行11个、城区行2个、分理处104个、储蓄所172个。市分行内设一室、一会(工会)、一司(信托投资公司)和12个科。共有干部职工2007人,同时还聘请脱产储蓄代办员619人,年末离退休人员295人。

从1989-2010年,常德农行经历国有专业银行、国有商业银行和向股份制商业银行转轨三个历史阶段。

1989年1月,湖南大庸建市,常德农行慈利县支行划出交由农行大庸市中心支行管理。是年6月,常德农行增设教育科。4月18日,中心支行成立农行常德市经济信息咨询公司,该公司确定为独立核算全民所有制企业,并在各区、县(市)支行设有分公司。8月18日,由常德农行经营管理的农行湖南省分行索溪峪干休所(又名龙吟宾馆)挂牌开业。

1990年,常德农行经常德市计委、劳动局同意,成立区、县(市)农业银行储蓄服务部,管理储蓄代办员工作。服务部属县以上集体所有制企业,独立核算,自负盈亏,隶属同级农业银行领导。是年12月,成立经济民警大队,各区、县(市)支行、办事处建立经济民警分队。

1991年6月,汉寿县支行西湖营业所升格为县支行级办事处。

1992年年初,常德农行试办常德金隆股份有限公司(后更名为湖南银星金融股份有限公司)。

1992年3月,常德农行转换机关职能,实现由管理型向经营管理服务型转变,将原来的17个科室减少为12个,即办公室、计划科、资金组织科、农业信贷科、工商信贷科、会计科、

信息电脑科、政工科、稽核科、监察室、信用合作科、保卫科，并设工会委员会，纪检组与监察室合署办公。直属单位设有经济信息咨询公司、信托投资公司常德办事处、索溪峪干休所和是年新成立的房地产信贷部、国际业务部办事处、金穗信用卡业务部，直属单位均为独立核算正科级单位。

1993 年，常德农行 3 月和 7 月连续两次对内设机构进行调整。最终调整为 7 部 2 个室 1 个会，包括人事教育部、计划会计部、审计稽核部、信贷管理部、资金组织部、信用合作部、保卫部、监察室、办公室、工会。并于 3 月成立市中心支行营业部。

1994 年 5 月，中国农业银行湖南省常德市中心支行更名为中国农业银行常德市分行。6 月 30 日，常德农行向农发行划转政策性业务，并根据上级行的指示开始筹建农发行业务代理办公室，继续代理农发行的业务。

1995 年 2 月，常德农行设立代理中国农业发展银行业务办公室，负责代理中国农业发展银行划转的各项政策性业务。10 月，武陵支行原德山营业所升格为德山支行。常德农行内设机构改设为办公室、资金计划科、资金组织科、信贷科、财务会计科、信用合作管理科、人事教育科、稽核审计科、监察室(纪检组另设，与监察室合署办公)、安全保卫科、工会工作委员会(另设的机关党委、思想政治工作办公室与工会工作委员会合署办公)等 11 个科(室、会)，另设分行机关服务中心、信息电脑中心、营业部、国际业务部常德代办处、信用卡部、房地产信贷部共 6 个直属单位。是年，成立思想政治工作办公室、老干部工作办公室。12 月接管银星公司。

1996 年 12 月，农业银行与农村信用社脱钩，撤销信用合作科。全市农行调入农村信用社 27 人。农业发展银行市级机构组建，常德农行代理的农发行业务全部划归常德农发行，农行调入农发行人员 224 人，常德农行撤销农发行业务代理办公室。

1997 年，常德农行下辖 19 个支行和直属机构，即安乡、汉寿、澧县、鼎城、临澧、桃源、石门、津市、武陵、德山、西湖、西洞庭 12 个支行，市分行营业部、丹阳办事处、笔架城办事处、中山办事处、江北支行、培训中心、索溪峪干休所 7 个直属机构，253 个营业网点及储蓄所，共有干部职工 1885 人。是年，常德农行对直属机构实行全方位改制和改造。将原常德农行直属的信托投资公司、银星金融股份公司合并改建为江北支行，信用卡部、房产信贷部、国际业务部三个新业务机构改制为三个办事处，首次设置中间业务部。

1998 年，常德农行将信用卡、房产信贷、国际业务三个办事处和市分行原营业部归并至江北支行，组建新的营业部。先后撤并西湖、德山支行和 4 个营业所，撤销 14 个储蓄所，索溪峪干休所划归张家界市农行。同年，中间业务部改为市场开发部，增设专项贷款管理部和资产保全部。市分行党组改设为党委，同时成立纪律检查委员会。市分行党委设党委办公室和组织部，党务工作由省农行垂直领导。

1999 年，常德农行经过连续几年的网点撤、并、迁、降，机构总数减少至 200 个，其中县支行 8 个，城区单店行 3 个，营业所级 77 个、储蓄所 111 个。

2000 年,常德农行按照大力发展城市业务的指导思想对内设机构进行调整,市分行机关内设机构 17 个,下辖 8 个县支行、3 个城区单店行、74 个营业所及 92 个储蓄所。

2001 年,常德农行西洞庭支行降格为分理处,划归鼎城区支行管辖,原西洞庭支行所属的西湖分理处划归汉寿县支行管理。常德农行所辖支行级单位(含市分行培训中心)12 个,全辖共 124 个营业机构,其中县支行 7 个,城区单店行 3 个,营业所级 66 个、储蓄所 47 个。2002 年,市分行机关部室又按照公司客户、个人客户和银行卡客户的不同层次进行设置。

2003 年 2 月,常德农行按照扁平化管理的要求,取消城区 3 个县支行级的管理层次,将原有 26 个营业网点整合为 23 个自主经营、独立核算的经营主体,全部由市分行分层次直接管理。市分行增设银行卡部、代理业务部和城区风险资产经营中心,科技部更名为科技服务部,结算监督中心更名为结算中心。内设机构及直管机构按业务经营、综合管理、监督保障三大块分设 21 个部室(中心),其中业务经营部门 7 个,综合管理部门 7 个,监督保障部门 7 个。直管机构有市分行营业部、结算中心、城区风险资产经营中心,系统大客户经理由市分行相关部门直接管理。

2004 年 5 月,市分行将直管机构结算中心和城区风险资产经营中心分别挂靠市分行营业部和江北支行,将原 18 个部(室、中心)合并为 14 个部(室、中心)。同年 12 月,市分行营业部及所辖县支行营业部等 11 个营业部均改建为内设机构。

2005 年 5 月,常德农行再设市分行银行卡部,实现银行卡集中经营管理。同时,撤销城区业务营运部,设立 2 个业务拓展部。

2006 年,省农行驻常德审计办事处挂牌成立,内审工作上收省农行。同时市农行对内设机构进行再调整,将原有的 17 个部室整合为 14 个,定编 126 人(不含营业部)。全市共有 76 个机构,其中市分行 1 个,县支行 7 个,城区单店行 3 个,营业所 65 个。在职员工 1429 人,另有离退休人员 566 人,内退人员 235 人。

2007–2008 年,常德农行为农行整体改制和上市做准备。其中,2007 年市分行对各部室的工作职责和业务范围进行一次全面调整,成立费用管理中心;2008 年,增加“三农”业务部,并逐步恢复武陵区、江北两支行的管理职能,着手解决城区扁平化后带来的问题。

2009 年 1 月,中国农业银行股份有限公司挂牌成立,常德农行更名为中国农业银行股份有限公司常德分行,同时对组织架构实施优化调整。市分行设立 15 个一级部室和 4 个二级部室,其中,撤销三农业务部后成立农村产业金融部、农户金融部两个机构,将传统的直线职能式内部组织结构转变为纵向事业部制管理、横向流程化管理和前中后台分离的矩阵式组织结构,实现“部门银行”向“流程银行”的转变。9 月,城区直管直营扁平化管理模式调整为统管分营模式,全面恢复武陵区支行和江北支行的经营管理型支行职能,城区各营业网点重新划归两个支行管理。

2010 年,常德农行坚持“大稳定、小调整”的原则,进一步规范内设部门,明确部门职能分类,明晰职责边界,不断提高组织效率和竞争力。12 月在省农行撤销审计驻行办的同时,成立市分行内控合规部。全市共有 67 个机构，其中市分行 1 个，县支行 7 个，城区单店行 3 个，营业所 56 个。在职员工 1421 人，其中正式员工 1164 人，代办员（派遣工）244 人，临时工 13 人。

1997 年，常德农行接管银星金融股份有限公司，同时接管尚未竣工的公司大楼。投资 5250 万元，建筑面积 1.3 万平方米的新办公大楼竣工后改为市农行新办公大楼。1998 年 7 月 28 日，位于武陵大道南段 37 号大楼落成并投入启用。1998 年年末，全市农行固定资产净值余额 9856 万元。

（二）领导班子

常德农行领导班子由其上级行任免，1989–2010 年，先后组建九届班子。其间，行长陈章任的 6 年多的任期分为两届：第一届 1992 年 7 月至 1995 年 1 月由李立堂任党组书记，陈章任任行长、党组副书记；第二届 1995 年 2 月至 1998 年 11 月，陈章任任党委书记和行长。2007 年 1 月至 2008 年 11 月，由孙权副行长主持工作。此外，2003 年 5 月副行长廖有才主持工作 1 个月；6–7 月省农行工作组主持 2 个月工作，均未划分为一届领导班子。

1989–2010 年常德农行历届领导班子成员一览表

表 1–7

党组书记 行　　长	任职时间（年·月）	副职（副行长、纪检组长[书记]、工会主席、总稽核、行长助理）
李立堂	1989—1992.7	陈占均、周功奎、陈章任、王洲斌、熊志伟、江从荣、姜文桂、凤永芳、胡雨湘（总经济师）
李立堂 陈章任	1992.7—1995.1	王洲斌、胡雨湘、熊志伟、吴福山、谭永清、江从荣、姜文桂、凤永芳、易法文、王振中、罗冬云、李希墨（助理调研员）
陈章任	1995.2—1998.11	张松山、熊志伟、胡雨湘、罗冬云、吴福山、谭永清、江从荣、王振中、张刚、余长富、金平
杨家金	1998.12—2000.1	金平、廖有才、周亚洲、熊志伟、罗冬云、张刚、江从荣、余长富
金　平	2000.1—2001.3（副行长主持工作）	求夏雨、廖有才、周亚洲、熊志伟、罗冬云、张刚
	2000.4—2003.4	
史开卷	2003.8—2006.12	熊志伟、彭锦波、孙权、陈天亨、周星辉、罗冬云
孙　权	2007.1—2008.11（副行长主持工作）	陈天亨、周亚洲、彭锦波、周星辉、谢国庆
胡云水	2008.11—2009.12	蒋祁、彭锦波、周星辉、谢国庆
戴云华	2010.1—2011.3	蒋祁、彭锦波、周星辉、谢国庆

(三)业务经营概况

1989—2010年的22年,常德农行经历国有专业银行、国有商业银行和向股份制商业银行转轨三个历史时期。

1988年年底,常德农行本外币各项存款3.96亿元,本外币各项贷款16.19亿元。是年经营利润2674万元,年末贷存比高达408.89%,不良贷款4.54亿元,不良占比为28.02%。

1989—1993年在专业银行运作模式下,常德农业银行贯彻治理整顿和深化改革的方针,把追求资金供求平衡,最大限度组织自营性存款作为壮大自身实力的重要途径。从治理整顿入手,加强内部管理、网点设置、储蓄队伍建设和基础设施建设,尝试经营体制改革,推行储蓄承包制。1990年,推行责、权、利相结合的企业存款管理责任制;1991年,首次在常德城区10个网点开通电脑联网,面对1992—1993年证券热、房地产热和集资热引发的社会资金多方分流,资金供求矛盾,常德农行大张旗鼓组织存款,特别是加大组织公存款的力度,遏制农村各项存款的下滑,实现恢复性上涨。在贷款业务上,主要投向重点乡镇工业企业和商业企业,积极投放农业科技贷款,主动引进世界银行资金1.16亿元,重点支持"三资"和创汇企业发展生产。至1991年年末共引进和转贷世界银行资金5686万元,利用外资配套贷款6478万元。1993年年末,常德农行本外币各项存款增至14.48亿元,5年净增存款10.52亿元,年均净增2.10亿元,本外币各项贷款增至41.14亿元,5年净增24.95亿元,年均净增4.99亿元,不良贷款增至24.79亿元,不良率达到60.25%,较1988年年末上升32.23个百分点,贷存比284.05%,较1988年年末下降124.84个百分点。但经营效益不稳,1990年,由盈转亏,是年亏损3116万元,1991年和1992年虽然减亏,但1993年又出现2189万元的亏损。

1994-2008年,是常德农行按照国有商业银行模式运作的15年,至2008年年末,常德农行本外币各项存款124.73亿元,较1993年净增110.25亿元,年均净增7.35亿元。受政策性贷款划归农发行和大额度剥离和核销的多重因素影响,本外币各项贷款仅16.28亿元,较1993年年末减少24.86亿元。2008年,不良贷款余额1.21亿元,较1993年减少23.58亿元。不良率也由1993年的60.25%降至7.4%。2008年,扭亏为盈,是年盈利2524万元。

1994年,常德农行步入国有商业银行经营管理模式。受政策性贷款划归常德农发行因素的影响,本外币各项贷款减少至25.38亿元,贷存比由此也降至204.15%。由于贷款总量的减少,不良率升至64.87%,上升4.62个百分点。面对残酷的市场竞争,采取积极措施应对,对私存款逆势上涨,净增3.14亿元。但由于农业存款大减4.71亿元和其他存款净减少6408万元,使得人民币各项存款出现回落2.03亿元的严峻局面,年末余额降至12.43亿元,下降14.18%。是年亏损增至9413万元,增亏7224万元,增亏幅度达到3.3倍。

1995年,坚持"存款立行,控制信贷总量和服务农村经济"的指导思想,本外币各项存款净增2.78亿元,余额增至15.22亿元。1996年,强化"存款就是效益,管理就是效益"的观念,坚持以扩充资金实力为前提,以提高网点质量和经营效益为重点,以增加存款总量、调整存款结构,降低资金成本,追求最佳经济效益为目标,本外币各项存款增至18.79亿元,净增

3.57 亿元。1997 年，引入市场机制，增强筹资活力，实现对私、对公两项存款的增长，本外币各项存款增长 43.9%，余额增至 27.04 亿元。1998 年，割除连续几年高息吸储的恶瘤，人民币各项存款负增长 1.03 亿元。1999 年，全面贯彻落实“存款救行、存款立行、存款兴行、安全稳健”指导思想，将存款确定为“一把手工程”，整体联动抓大存款、组织大资金，适时以贷引存，本外币各项存款增至 29.21 亿元，增长 12.48%，2000 年增至 34.53 亿元，净增 5.32 亿元。2001 年年末，本外币各项存款增至 43.12 亿元，增长 24.86%，资金首次实现“存差”，摆脱多年资金被动局面。2002 年，确定“以中间业务带动负债业务，以优质服务做好存款工作，配合客户群体的拓展，不断完善金融产品”的对私存款经营策略和“创新经营思路，明确区域业务重点，围绕拓展客户群体和做大负债业务总量，强化分层次市场营销”的对公存款发展策略。以三大市场客户以及电力、电信、移动等公司性客户为重点，增加单位存款品种，新开发“银证通”“储保通”等产品，培植医保、社保、税务等一批系统客户。对垄断性、系统性行业和机构存款大户推行攻关负责制，还与常德市政务中心签订 30 年的合作代理协议，入驻政务中心的 83 家行政、事业单位在农行政务中心分理处开立收费账户，实行独家代理收费。本外币各项存款增至 53.72 亿元，增长 24.58%。2003 年，创新银行卡业务，以功能和用卡环境优势带动代理业务和储蓄业务发展，对公存款业务实行贷款支持与财务监管相结合的方式，“三保”业务、电信、移动、电业等几家代理单位存款达到 5.35 亿元，通过对常吉高速、皂市水库移民、石门电厂二期工程等项目重点营销，对公存款在激烈的市场竞争中仍然保持稳定并小有增长。2004 年，各项存款增幅超历史，储蓄存款不断推出新产品，以理财带动储蓄存款增长，本外币各项存款增至 73.24 亿元，净增 11.54 亿元，增长 18.7%。2005 年，落实领导包点负责制，整合客户资源，加大对系统、行业等对公存款大客户营销力度，发挥产品优势，实行存、贷结合，促进公存款增长。人民币储蓄存款新增 10.43 亿元，年净首次破 10 亿元。对公存款重点营销和整合财政、社保、电信、移动、电力等客户资源，加大对烟草行业和常吉高速公路建设资金代理展开营销，对公存款取得年增 2.29 亿元成绩。本外币各项存款增至 85.9 亿元，增长 17.29%。2006 年，继续坚持存款业务的领导包点责任制，狠抓零售特色业务，开展“树品牌、塑形象、优质服务在农行”存款竞赛活动，对公存款全面实施外延式营销和主产品带副产品的营销和发挥科技品牌优势实施拓展性营销，组织政府机构、医疗系统、教育系统、民政系统资金归行，政策性住房存款与住房公积金和财政存款均有明显的增长，本外币各项存款增至 97.89 亿元，净增 12 亿元，增长 14.14%。2007 年，以股份制改革统领全局，坚持股改、业务同步发展，内控、管理统筹兼顾，积极增强市场竞争力，人民币储蓄存款增长 5.44 亿元。对公存款实施“高端市场、高档社区、高端客户、高管人员”的“四高”营销策略，积极发展第三方存管业务。本外币各项存款增至 109.45 亿元，净增 11.61 亿元。2008 年，采取积极措施迎接股份制改革，抓住资本市场低迷，社会资金回流的机遇狠抓对私存款，出现人民币对私存款超速增长而对公存款回落的局面，本外币各项存款增至 124.73 亿元，增长 13.96%。人民币对私存款净增 16.28 亿元，对公存款净减少 9703 万元，下降 3.99%。

贷款业务方面,常德农行在1994年将政策性贷款划归常德农发行之后,1995年开始全面推行贷款风险管理和企业资产风险负债比例管理,年末本外币各项贷款27.67亿元,净增2.3亿元。1996年,顶住与农村信用合作社脱离行政隶属关系,不再向信用社发放业务支持性贷款,且从1997年1月起陆续收回此前贷款的压力,围绕农业产业结构调整增加信贷资金投入,培育发展农业产业化龙头企业,开发农副产业生产基地,积极拓展贷款业务,是年本外币各项贷款增长10.52%。1997年,国家对农村金融机构实行收缩、整顿和清理,农村金融发展进入调整时期。农行分离政策性金融和农村合作金融后,全面进入商业化经营。常德农行实施"扶优扶强"和"集约经营"战略,信贷投放侧重于基础农业以及种子、蔬菜、饲料工业、糖料、烟叶,畜牧和水果产业,为重点龙型企业投放贷款,主动参与供销社体制改革,结合"兴社兴行"银企效益工程活动,累计发放短期农业贷款1.05亿元,供销社生资贷款2662万元。在增量上实现"三无"(无逾期、无风险、无欠息),在投向上做到"三点"(不铺新摊点,投一点多收点,集中资金保重点),并适度支持安居工程和房地产开发。是年,本外币各项贷款增至39.65亿元,增长29.71%。1998年,实施"扶优扶强,支持重点企业发展"战略,农业贷款重点支持县级农资公司农业生产资料的储备和调销。先后两批接收常德市人民银行、常德市农业发展银行包括扶贫贷款、农业基建、技改贷款、农业综合开发贷款、林业贴息贷款在内的专项贷款、粮棉油企业附营业务占用贷款、粮食加工业务占用的贷款、棉花深加工业务占用的贷款共13.77亿元,同时还接收常德农发行划转的4.5亿元扶贫贷款。为求发展,为常德卷烟厂增加贷款6500万元。为湖南金健米业股份有限公司先后发放短期贷款8000万元和1.8亿元。同时重点发展住房消费贷款业务,逐步推出个人住房抵押贷款、个人住房组合贷款、住房储蓄购房贷款、住房基金合作购房贷款、"二手楼"按揭贷款以及住房装修贷款等多种形式住房消费贷款新品种。本外币各项贷款增至56.13亿元,增长41.56%。1999年,重新进行贷款业务市场定位,逐步压缩乡镇企业贷款,着力培育龙头企业。农业贷款继续向供销企业倾斜,专项贷款项目走分类指导、重点扶持经营道路。本外币各项贷款增至59.13亿元,净增3亿元。2000年,实施信贷支持优势产业、优良客户的"双优"发展战略,坚持农业产业化与调整信贷结构相结合、培植优良客户与提高两个效益相结合,在专项信贷基础管理方面,对粮棉油附营企业贷款实施"健康行动",对即将上市的金健米业给予2亿元授信支持,向桃源农村电网改造、常德烟厂、常德市电信局投放大额度贷款。并向湖南国人啤酒股份有限公司、临澧中太高新材料有限公司和常德家具产业园家具城等一批市场优势企业和武陵区烟草公司、商业步行街管理中心、澧县滟州水电管理局、常德市种子公司和鼎城德胜电子厂给予贷款支持。由于是年向长城资产公司剥离21.88亿元不良贷款和核销2129万元不良贷款,本外币各项贷款降至39亿元,减少20.13亿元,下降34.04%。2001年,主动压缩农业开发性贷款,信贷资源向城区行倾斜,重点培育扶持桥南市场、火车站大市场和步行街市场三大市场。2002年,以农业产业化企业为龙头,支持建设"五个百万亩"工程,将金健米业、洞庭水殖、湖南白杨林开发有限公司、湘陵糖业、阳光乳业为发展重点,并对石门张家渡水电站、常德威辰实业股份有限公司保水剂生产等项目投放近1亿元。个人贷款业务坚持向重点私营企业和市场客户倾斜，向房地产、汽车等消费领域倾斜，个人消费贷款净增9100万元，增长105.81%。本外币各项贷款增至43.81亿元，增长7.14%。2003年，全面推行以客户为中心的信贷管理机制，实行常专业务合并，新拓展湖南特种水泥厂、张家渡水电站、金健药业、亚马逊木业等优良公司业务客户。以城区为重点的信贷策略，使得全行增加贷款的68.1%都体现在城区。个人消费贷款净增2.18亿元，占贷款增量的82.87%，本外币各项贷款增至46.45亿元，增长6.03%。2004年，注重对集团性、系统性以及重点建设项目的投入，向重点医药行业、教育行业倾斜。本外币各项贷款增至49.97亿元，增长7.58%。2005–2008年的四年，常德农行为适应股份制改革需要，虽然坚持重点客户和重点项目以及“大中选强、小中选优”的发展策略，但受贷款审查要求更加严格、金健米业贷款转股份和大额度剥离不良贷款等因素的影响，贷款总量继2005年小幅增长之后的4年均呈下降状态，特别是2008年剥离29.41亿元和核销1943万元后，本外币各项贷款总量降至16.28亿元。

1994—2008年，常德农行中间业务从小到大、从弱到强，至1999年，其中间业务收入独立体现86万元，而后逐渐增长。2000年，增加至216万元，年增151.16%；2003年突破千万元，达到1096万元；2004年，突破两千万元，达到2087万元；2006年，突破3000万元，达到3685万元；2007年，突破5000万元达到5587万元；2008年，一举实现6423万元。中间业务真正成为常德农行的一大支柱。

1994—2008年，常德农行的贷存比随着存款总量的增长和贷款结构性及总量的波动而回落。1995年，降至200%以下达到181.87%，2001年，降至100%以下达到94.82%，2007年，落至50%以下达到43.65%。受2008年大额度不良资产剥离的影响，快速降至13.05%，达到历史最低点。

1994—2008年，常德农行的经营效益出现了连续多年的亏损，其中1998年亏损5.15亿元，成为最大亏损年度，有8个年度亏损超亿元，2008年，以扭亏为盈的形象迈入股份制改革之年。

2009年和2010年，常德农行按照股份制商业银行模式运作，两年中本外币各项存款分别净增27.45亿元和28.31亿元，本外币各项贷款分别净增17.15亿元和7.65亿元。中间业务收入分别实现8911万元和1.16亿元。贷存比开始回升，分别达到18.46%和22.76%。不良占比分别降至3.29%和1.76%，经营利润分别实现1.71亿元和2.29亿元。

2009年和2010年，常德农行对私存款既注重总量增加又注重结构调整，活期存款占比上升2.97个百分点，达到了52.95%比例。2009年，以项目营销组的模式拓展对公存款，市分行与各支行、法人客户部签订7个重点客户和优质项目营销责任状，利用银政、银企合作平台进行综合营销，年末人民币对公存款净增额达到了10.37亿元，增长44.41%，创历史最高纪录。2010年，继续坚持储蓄存款的主导地位，对公存款把贷款客户资金归行作为重点，各项存款跃居全市四大行之首。贷款业务加快推进实施县域“蓝海”战略，县域信贷投放明显增速。打造惠农卡及小额农户贷款品牌,构建"农行+公司+农户",农民专业合作社保证担保,银企商合作以及供应商抵押担保四种合作模式,积极发展农户小额贷款和个人生产经营贷款。加大对金健米业、大湖股份以及长常城际铁路项目、德源土地开发有限公司等优质单位和项目的支持,还向常德市国土资源储备中心投放单笔4亿元。在全面推行"银企商"模式的基础上,有效稳健发展农户小额贷款。2010年年末,本外币各项贷款41.08亿元,净增7.65亿元,增长22.88%。中间业务在继续巩固代理保险业务规模和收入水平的基础上,重点营销国债、农银汇理基金、大成基金定投、安心快线等产品,2010年年末,中间业务收入一举突破1亿元。经营效益也大幅增长节节攀升,两年中盈利分别较上年增长4.79倍和33.52%,连创历史新高。

三、中国银行股份有限公司常德分行

(一)机构及人员

1984年4月28日,中国银行总行(84)中财字185号文件批准同意成立中国银行常德支行,12月14日中国银行常德支行挂牌营业,隶属于湖南省中行管辖,1993年改称为中国银行常德分行,于2005年股份制改革后更名为中国银行股份有限公司常德分行(以下简称常德中行)。

1984年11月26日,根据中国银行总行(84)中财字185号文件精神,成立中国银行津市办事处。1985年12月4日,湖南省中行(85)湘中综字第54号文件决定对津市办事处实行计划单列。1986年11月19日津市办事处升格为支行,保留计划单列体制,1993年,津市支行划归常德中行直接管理,计划单列体制终止。

常德中行从1984年组建至2010年的27年,历经国有专业银行、国有商业银行和股份制商业银行三个阶段。其中1984-1993年属于国有专业银行时期,1994-2003年属于国有商业银行时期,2004-2010年属于股份制商业银行时期。

国有专业银行时期,常德中行专司外汇外贸专业银行职责,其基础业务由常德人行将外汇外贸金融业务划归常德中行,履行国有专业银行的职责,内设人秘科、信贷计划科和会计科。1989年年末下辖安乡、澧县、临澧、桃源、德山5个支行。1989年年末,共有员工264人。市支行内设办公室、监察室、人事教育科、保卫科、稽核科、会计出纳科、存汇科、营业部,撤销人秘科、会计科。1993年内设机构调整为办公室、人事教育科、稽核科、监察室、保卫科、工会办、会计科、综合计划科、存汇科、信贷科、信用卡部、房地产信贷部、国际结算部、出纳科、电脑科和营业部16个科、部、室,另设临时机构基建办。下辖津市、澧县、临澧、石门、桃源、汉寿、安乡、德山8个县(市)支行和武陵、鼎城2个城区支行,共72个营业机构。其中市分行营业部1个,县(市)支行(含2个城区支行)10个,分理处11个,储蓄所50个,市分行本部不直接对常德城区网点履行管理责任。全辖员工549人,其中正式员工479人,业务临时工

160人。

1994-2003年,常德中行开始按照企业化模式,实施资产负债管理,打破外汇外贸专业银行的经营限制,在经济社会各领域拓展负债业务、资产业务和中间业务。2003年年末,开展"四定"(定编、定岗、定职、定责)工作,市分行机关设立行长办公室、人事教育科、监察室、工会办、保卫科、财会科、信息科技科、资金计划科、风险管理科、公司业务科、零售业务科、资产保全科、国际业务科、营业部、改革办、出纳科和零售业务营销中心17个职能部门和银苑技协,下辖48个机构(其中包括3个城区支行,6个县支行、31个分理处、7个储蓄所和10个专柜)。在职员工693人,(其中正式员工576人,代办员79名,内退员工38人),退休员工17名。

2004年,中国银行实行股份制改革,常德中行按照公司治理机制要求进行经营和管理的改革,2005年,内设机构改科称部,市分行本部将原科室缩减为综合管理部、人力资源部、监察保卫部、风险管理部、计划财会部、公司业务部、个人金融部、国际结算部和营业部9个部门,2007年,增设工会办。2006年5月,将十个部门划分为经营管理、业务管理、服务保障三大类。经营管理类包括公司业务部、个人金融部、国际结算部和市分行营业部;业务管理类包括风险管理部、计划财会部;服务保障类包括综合管理部、人力资源部、监察保卫部和工会办。此种模式一直延续至2010年年末。2010年年末,下辖6个县(市)支行和6家城区单店支行,共有33个营业机构。在册员工减少至581人,其中合同制员工(原正式员工全部改为合同制员工)471人,派遣员工64人,退养员工46人,另有退休员工54人。

1993年,常德中行在常德市洞庭大道中段开工修建市分行营业办公大楼。1996年11月8日,竣工并投入使用,总投资4671.99万元,总面积13920.07平方米。市分行营业办公地址由原来的人民中路275号迁入洞庭大道中段138号(后改为洞庭大道1588号)。1988年年末,常德中行固定资产净值14.36万元;1993年年末,增至1890万元;2004年,增至7182万元;2010年年末,常德中行固定资产原值达到1.29亿元,净值6727万元。

(二)领导班子

常德中行成立后至2010年,经历9届领导班子,其中国有专业银行时期4届,国有商业银行时期2届,股份制商业银行时期3届。国有专业银行时期干部管理体制实行中国银行与地方双重领导,分行领导成员均由上级行任命,以中国银行为主实施管理,国有商业银行时期为省中行任命制,股份制商业银行时期改为省中行聘任制。

1989-2010年常德中行历届领导班子成员表

表1-8

行　长	任期(年·月)	副职(副行长、纪检组长、纪委书记、总稽核)
曾志泉	1987.11—1989.6	吴学法、聂志麟、樊尊训
樊尊训	1989.6—1990.5 副行长主持工作	聂志麟、杨松枝

续表

行　长	任期(年·月)	副职(副行长、纪检组长、纪委书记、总稽核)
吴学法	1990.5—1993.2	樊尊训、聂志麟、杨松枝
杨松枝	1993.2—2000.6	黄定龙、朱国庆、聂志麟、黄友兰、钟世行
刘泽湘	2000.6—2003.12	黄定龙、钟世行、詹新友、周妙亮、鄢彩霞、向才喜、邢莉莉
宋定辉	2004.1—2007.11	钟世行、周妙亮、鄢彩霞、易展鸿、向才喜
杨　灏	2007.11—2010.11	周妙亮、鄢彩霞、易展鸿、龚劲松、杨宏道、刘敬
徐万军	2010.11—	鄢彩霞、龚劲松、刘敬

(三)业务经营概况

常德中行的发展在国有专业银行的10年属于起步期,国有商业银行的10年是成熟期,2004年以后步入了快速健康发展期。

国有专业银行时期。1984–1988年,常德中行存贷款业务开始起步,5年共吸收本外币各项存款2994万元。组建初期,常德中行经营范围包括外汇存款、人民币各项存款和华侨存款业务,但吸收存款并不是当时重要的工作任务。1984年年底组建至1988年年底,常德中行本外币各项存款2994万元,本外币各项贷款1.03亿元。

1989–1993年,常德中行负债业务坚持"存款立行"的指导思想,采取增设营业网点、增加吸存力量、推出特色产品等措施吸收存款,五年中本外币各项存款净增3.16亿元,1993年年末,余额达到3.46亿元。其中,人民币储蓄存款和对公存款余额分别增至2.34亿元和0.53亿元。各项外币存款折美元1028万美元,其中,外币对私存款529万美元,外币对公存款499万美元。为增加存款,先后推出"活期有奖储蓄""特种大额储蓄"等特色品种,同时还推出"以存定贷""以贷定存""存单抵押""证券交易"和"外汇调剂"等业务。狠抓网点和电子化建设,5年增加48个网点,1993年年末,网点总量增加至72个。1989年4月20日,在常德发行首张信用卡——长城信用卡。贷款业务方面总体上以支持出口创汇为重点和"谁出口创汇效益好就支持谁"的原则,充分发挥外币业务优势,先后为常德邮电局程控电话、移动电话项目和常德卷烟厂、常德市纺织机械厂、澧县柠檬酸厂、浦沅工程机械总厂及常德汽修厂刹车片生产线等企业提供外汇贷款、人民币技术改造贷款及美元特种贷款。中间业务开始得到重视,1990年,开办承兑汇票、票据贴现、非贸易托收、代国家发行债券、境内居民外汇调剂,利用海外机构建立联行直接代理优势为进出口公司、工贸企业、三资企业开办贸易项下国际结算业务,提供"跟单信用证项下的通知和修改""跟单信用证项下的议付和押汇""跟单托收(D/P、D/A)""国际汇兑(TT、MT、DD)""对外进口开证""对外进口各类汇款""客户资信调查""各类进出口业务的结汇""贸易项下对外担保""贸易项下的各类融资"等国际结算服务。贷存比降至 98.22%，下降 293.44 个百分点。1990–1992 年的 3 年中，经营效益逐年增加，但 1993 年随着南流资金问题的出现和高成本融资的影响而出现 258 万元的亏损。

国有商业银行时期。1994 年 –2003 年，常德中行把存款增长作为夯实基础、增强实力、提高市场竞争力和改善效益的首要任务，十年增加存款 23.29 亿元，是前十年增长总量的 5.72 倍。特别是 2000–2003 年，本外币各项存款净增 14.05 亿元。在存款业务发展过程中，1994 年主要采取增加网点的模式求得外延式发展，1989–1995 年，年均增长不足 8000 万元，1995 年开始采取内涵式发展模式，至 2003 年，全辖网点从 1994 年的 76 个减少至 48 个，但存款快速增长。2000–2003 年，年均增长 3.51 亿元，相当于外延式发展模式增长的 4.5 倍，并圆满实现"三年扭亏规划"存款总量达到 27 亿元目标，2003 年年末，本外币各项存款增至 27.36 亿元，其中人民币存款 24.86 亿元，外币存款 3022 万美元。

1994–2003 年，是常德中行资产业务经历快速增长和艰难发展的 10 年。投放总量增至 11.05 亿元，增量相当于前一个十年净投放总量的 2.46 倍。同时，在这 10 年中，常德中行不良资产和不良资产率也由 1993 年年末的 2.2 亿元和 54.91%一度增长至 1997 年的 4.55 亿元和 60.09%，不良资产总量较 1993 年年末增长 1.07 倍。10 年中先后核销呆坏账 2.34 亿元，向东方资产公司剥离不良贷款 2.72 亿元。在诸多不利的经营环境下，常德中行本外币贷款总量仍较 1993 年年末增加 7.05 亿元，2003 年贷款期末余额 11.05 亿元，其中人民币授信资产 10.33 亿元，外币授信资产 864 万美元，分别占资产总量的 93.53%和 6.47%。不良贷款和不良贷款率也分别降至 1.28 亿元和 11.57%。

1994–2003 年，常德中行虽然业务拓展成效明显，但由于不良资产不断暴露的影响，经营效益一直呈现亏损，10 年累计亏损 6.89 亿元，其中 2000 年不良资产大规模核销和剥离使得是年反映亏损 2.39 亿元，创下年度最大亏损历史纪录。同时基础建设投入的资金占用也在一定程度上影响效益改善。由于经营模式改革和营运模式优化，常德中行 2003 年当期经营实现盈利 485 万元，结束连续九年当期经营亏损的历史，但由于是年核销 7367 万元本外币呆账不良贷款和冲减 2000 年以前应收利息等因素，年末账面仍然反映亏损 9911 万元。

国有股份制商业银行时期。2004–2010 年，常德中行按照股份制商业银行营运模式运行，坚持以风险防范为前提，以强化规范经营为基础，以提高经营效益为目标，在经营规模快速放大的同时，经营效益不断提高。存款快速增长，信贷业务健康发展。2010 年年末，本外币各项存款增至 78.89 亿元，较 2003 年年末增长 51.53 亿元，年均净增 7.36 亿元。信贷总量由 2003 年年末的 11.05 亿元增至 2010 年的 28.38 亿元，净增 17.34 亿元，增长 156.83%，其中人民币贷款增加 17.94 亿元，外汇贷款减少 695 万美元。以核销和剥离等手段处置 1.83 亿元的不良贷款，其中核销 1.67 亿元，剥离 1587 万元。不良资产和不良资产率降至 255.62 万元和 0.09%。经营效益不断提高，7 年累计盈利 3.5 亿元，其中 2010 年实现利润 1.11 亿元。

存款业务一直是这 7 年的重点。2004 年储蓄业务重点是"灭低"（消灭低产网点），先后撤销 6 家低产网点，原有 17 家低产网店有 6 家摘帽，对公存款业务取得财政国库集中支付代理和营销石门皂市水库移民资金代管代发资格。2005年,狠抓机构重组和业务流程整合的改革,城区营业机构进行扁平化改革,网点总数减少至40家。对公存款狠抓电力资金归集和拓展新一佳、华油天然气输配公司、三江电力等一批代表性客户,国库集中支付预算单位由9家增加至48家。2006年,加快网点由单一功能向多功能转换,积极拓展代收、网银业务,为常德移动公司提供现金管理。2007年,对公存款业务拓展天利置业、泰格林纸、经编产业园等一批优质客户,但受石门皂市水库移民资金转移、常德烟厂资金向湖南烟草总公司集中、票据贴现总量减少以及同业存款回抽等多因素影响,余额出现大幅下滑。2008年,对公存款实施“大公司”发展战略,拓展财政代理,加大移动、电力、电信资金的归集力度。2009年,遵循“保增长、强基础、加快提升核心竞争力”的要求,全力推进网点转型,强化网点大堂经理、理财经理的配置。对公存款重在做大授信客户的存款负债业务,交通行业与城建行业新增存款最高达到3亿元。继续拓展社保、财政等单位存款和电信、移动、电力公司归集资金。2010年,按照对公、对私和同业三类存款全面推进的思路进行部署,做出旺季大突击,全年分阶段推动,业务费用配置跟进和人事费用阶段性激励的全局性策划,挖掘网点增存潜力,成功营销市财政局、市国土储备中心、东常高速建设项目、常德烟机和市烟草公司以及四个“涉烟”企业,对公存款增幅大幅度提升。

贷款业务始终坚持积极稳妥的发展策略,一方面主动收缩具有潜在风险的贷款;一方面强化市场营销,狠抓客户群建设,增加公司授信入库项目,先后对市经建投、华电石门和石门大唐、管道燃气和市供水公司、市邮政局、市自来水公司、第一医院、岳常高速、金鹏印务和土地储备中心等大优客户给予积极地贷款支持。同时,主动收缩农业、林业、批发零售等行业的贷款。对私贷款按照“重点地区、重点市场、重点业务、重点产品”的四重方针,狠抓住房按揭贷款,金家园置业、中房“康桥蓝湾”等优质项目。

2004—2010年,中间业务始终坚持优势发展策略。国际结算、银行卡、网银、代理保险、票据业务和代收代理等业务得到健康发展。积极叙作进口开证、付款汇利达、出口押汇、出口商业发票贴现、融易达、国内信用证开证、委托收款及议付、保函等具有本行优势的国际结算产品,优先平台、优势产品和优质服务的中间业务发展策略快速推动常德中行中间业务收入的快速增长。

四、中国建设银行股份有限公司常德分行

(一)机构及人员

1988年4月常德地区撤区建市后,建设银行常德地区中心支行更名为中国人民建设银行常德市中心支行。1996年更名为中国建设银行常德市分行,2004年更名为中国建设银行股份有限公司常德分行(以下简称常德建行)。

1988年底,常德建行共有93个营业机构。其中包括市分行本部、8个县支行、3个城区

行,13 个分理处和 68 个储蓄所,共有正式员工 354 人。

1989 年 3 月,常德建行所辖的慈利支行与索溪峪办事处移交大庸市建行。1989 年年末,共有 91 个营业机构。其中包括市分行本部、7 个县(市)支行、3 个城区行,12 个分理处和 68 个储蓄所,全行员工共计 565 人,其中正式员工 369 人,临时工 196 人。

1991 年 4 月,常德建行设立建设银行湖南省分行国际业务部常德办事处。6 月,成立投资公司证券营业部。1992 年 2 月,设立中国人民建设银行石门电力支行。

1993 年,常德建行设立信用卡业务部、营业部、常德建银金融科技发展公司、云海实业发展总公司、中国投资银行常德市支行。是年,增加 28 个营业机构,年末机构总数增至 102 个,含分行本部、7 个县(市)支行、3 个城区支行,21 个分理处和 70 个储蓄所。员工总数 779 人,其中正式职工 767 人,业务临时工 12 人。

1994 年 1 月,津市支行划归常德建行管辖。同月,成立经济实体监事会,2 月 1 日,中国人民建设银行常德市中心支行更名为中国人民建设银行常德市分行。同时,机关各科更名为处,其行政级别和职能不变。年末机构总数减至 93 个,含分行本部、7 个县(市)支行、3 个城区行,12 个分理处和 70 个储蓄所。员工总数 1086 人,其中正式职工 832 人,业务临时工 254 人。

1996 年 3 月 26 日,中国人民建设银行常德市分行更名为中国建设银行常德市分行。11 月,常德建行与君安证券有限公司签订转让合同。1997 年 3 月,常德建行将其所属证券业务部全面移交君安证券有限责任公司。信用卡业务部于 4 月改建为常德建行朗州办事处,国际业务部改建为常德建行建设路办事处,房地产信贷部改建为常德建行人民路办事处。5 月,省建行将湖南电力专业分行常德办事处成建制划归常德市建行,并更名为常德建行西郊办事处。是年,常德建行实行用工制度改革,859 名员工全部签订《劳动合同书》。2000 年 9 月,德山建行并入鼎城建行。

2001 年,常德建行进行机构调整,将城区三个办事处改建为分理处,分别更名为常德建行人民路分理处、建设路分理处和朗州分理处。年末,常德建行内设机构为办公室、计划财务处、人事教育处、会计处、公司业务部、个人银行业务部、信贷委办公室、风险管理处、中间业务管理处、国际业务部、房地产信贷部、资产保全处、科技处、宣传部、工会、监察室、保卫处、中心金库、行政处。机构总数 75 个,含分行本部、6 个县(市)支行、2 个城区行,33 个分理处和 33 个储蓄所。年末共有 1075 名员工,其中合同制用工 837 人、业务临时工 238 人。

2002 年 12 月,常德建行对内设机构进行了全面规范,撤销原有内设机构,并对各部门职能进行调整,重新设立办公室、计划财务部、人力资源部、信贷审批部、风险监管部、会计结算部、公司业务部、个人银行业务部、资产保全部、信息技术部、企业文化部、监察室、保卫部等 13 个部门,另设创业服务中心、审价事务所 2 个直属单位。年末机构总数 64 个。其中二级分行 1 个,县(市)支行 6 个,城区支行 2 个、分理处 30 个,储蓄所 25 个。年末共有 1020 名员工,其中合同制用工 832 人,业务临时工 188 人。

2003年和2004年,是常德建行机构改革、调整力度最大的两年。2003年1月,市分行营业部接管武陵支行高山街分理处、建设分理处、新六村储蓄所、鼎城支行临江分理处和常蒿路储蓄所。7月,首家个人汽车金融服务中心在武陵支行挂牌成立。11月,对市行本部及城区、县(市)支行内设机构进行统一调整。市分行内设部门调整为办公室、计划财务部、人力资源部、公司业务部、会计结算部、个人银行业务部、风险管理部、信息技术管理部、安全保卫部9个机构,2004年,常德建行更名为中国建设银行股份有限公司常德分行。2月完成后勤和守押社会化改革,全行所属2个城区支行、15个分理处和7个县支行共32个守护押运网点全部委托专业保安公司承办,实行社会化运作。4月,由后勤分流人员出资组建的常德市顺发物业有限责任公司挂牌营业,该公司租赁常德建行的车辆、设备、宾馆等设施并为常德建行定向服务。是年,对部分网店进行调整。6月,桃源支行青年路储蓄所升格为漳江路分理处,12月,高山街分理处、建设路分理处、人民路分理处内部升格为网点型支行。临澧支行人民路储蓄所升格为步行街分理处,1月,撤销汉寿龙阳路分理处。2004年年末,机构总数32个。其中分行1个,县(市)支行7个,城区支行2个,分理处17个,储蓄所5个。

2003年和2004年,常德建行撤并机构和实施"扁平化"管理,精减530人,其中409名员工通过经济补偿后与建设银行解除了中、长期劳动合同的关系,62名办理内退。2004年年末,常德建行员工总数减少至591人,其中合同制员工501人,劳务派遣工90人。

2005年,常德建行继续完善股份制改革。1月,撤销汉寿龙阳路分理处,2月,隆阳路储蓄所改建为分理处。8月,建立本部各部门之间整体协调和平衡制约的组织架构。年末,机构总数31个,其中二级分行1个,县(市)支行7个,城区支行5个,分理处14个,储蓄所4个。员工总数减少至588人,其中合同制员工490人,劳务派遣工96人,劳务派遣工2人。

2006年9月,常德建行对市行本部内设机构进行再调整,市行本部设立9个部门(不含工会),组织架构为:3个前台部门包括公司业务部、个人金融部、房地产信贷部(个贷中心),3个中台部门包括财务会计部、营运管理部(下设核算中心、稽核中心、金库中心)和风险管理部,3个后台部门包括办公室(安全保卫部、信息技术管理部)、人力资源部和纪检监察部。2007年6月,常德建行组建小企业经营中心。2008年,新设贵宾理财中心,2009年1月,增设法律合规部,5月,增设电子银行及信用卡业务推进办公室和中间业务推进办公室,11月,增设安全保卫部。7月,常德隆阳路分理处迁址更名为桥南分理处。

2010年年末,常德建行员工596人,其中合同制用工506人,劳务派遣工90人。另有离退休职工170人(其中离休8人、退休95人,内退67人)。

(二)领导班子

常德建行领导班子由其上级行任免,1989–2010年期间共经历了七届领导班子。

1989-2010年常德建行历届领导班子成员一览表

表1-9

行长	任职时间（年·月）	副职（副行长、纪检组长、纪委书记、总稽核）
谢秉勋	1990.11—1995.9	朱献军、田柏清、李孝政、袁志安、华和清、游文喜
朱献军	1995.10—1998.11	袁志安、李孝政、田庭玉、田柏清
李应龙	1998.10—2001.8	田庭玉、刘建兰、罗耀平、颜其林、龚玉文、田柏清
金翌	2001.8—2004.2	孟小平、颜其林、涂红晖、雷凤鸣
朱献军	2004.2—2005.7	孟小平、涂红晖、龚志军、施新华
孟小平	2005.7—2006.8 副行长主持工作	谭巩固、徐宗渊、李白宁、施新华
	2006.8—2009.2	谭巩固、徐宗渊、赵兵、李绍球、施新华
罗鹿鸣	2009.2—	谭巩固、徐宗渊、赵兵、李绍球、刘余、潘承亮、程诚

（三）业务经营概况

存款业务。负债业务的兴起与发展，使建设银行的资金来源从单一的财政渠道转向全社会多渠道。20世纪80年代中期，建设银行信贷收支全额纳入国家信贷计划管理，资金由存差变为借差，信贷资金严重不足。1987年起先后开办居民储蓄存款、债券发行和企业定期存款等各项筹资业务。为广开筹资渠道，常德建行于1986年6月在安乡县支行率先开办储蓄业务。1988年7月，常德建行成立储蓄出纳科，1989年更名为筹资储蓄科，储蓄网点增加至68个。1989年之后的几年中，先后开办住宅储蓄、定活两便、定期、活期、零存整取、有奖存息、代办急需商业品互助储蓄、老年人有奖旅游储蓄、独生子女储蓄、代发工资等12种储蓄品种，还根据国家要求开办保值储蓄，积极办理工资转储和债券转储等。1993年，投入大量人力、财力和物力，对全行78个营业机构进行升级改造，建成43个电脑化网点，1994年年底，网点业务处理基本实现电脑化，全行储蓄存款从1989年的5413万元增加至1994年的4.71亿元。根据1993年12月国务院颁发的《关于金融体制改革的决定》要求，建设银行1994年开始由国家专业银行转变为国有商业银行。直到2005年建设银行上市，常德建行的负债业务无论是从规模、业务领域延伸、经营观念转变和服务理念调整都发生巨大变化。1994年成立行长为主任的资产负债管理委员会，明确“安全性、流动性、效益性”的经营原则，实行“自主经营、自担风险、自负盈亏、自我约束”的经营机制。遵循“以市场为导向”“以客户为中心”和“客户至上、注重细节”的经营服务理念，按照“发展第一、稳健经营和以效益为中心”的指导思想拓展存款。本外币各项存款由1994年年末的8.65亿元增长到2005年年末的56.59亿元,增长6.54倍。2005年10月,建设银行在香港联交挂牌上市,常德建行按照股份制银行规则运作,坚持增强服务理念和与时俱进的发展战略,先后提出“以人为本,以法治行、构造和谐团队”“发展攀新高,内控上水平,形象创品牌”“加快科学发展步伐,提升内控管理水平,培养先进企业文化”“构建和谐团队,办出优质银行”的经营管理理念,存款业务突飞猛进的发展,仅2010年就新增存款30.48亿元,本外币各项存款增至158.81亿元。从2003年年末,深化银行体制改革,裁撤机构网点和精减人员开始到2010年的7年,本外币各项存款净增117.28亿元,增长2.82倍。

贷款业务。1989–1993年是常德建行逐步淡化财政职能和逐步强化银行职能的5年。从1987年起先后开办居民储蓄存款、债券发行和企业定期存款等筹资业务,以不断壮大的资金实力支撑贷款业务发展。1989–1993年,常德建行一是实行重点建设贷款专项资金制度,按照“控制总量、调整结构、保证重点、压缩一般、适时调节”的货币信贷政策,建立重点建设贷款专项资金制度。二是实行“多存多贷”“以存定贷”“以贷引存”“增存收贷”等措施,保证重点、压缩一般。1993年年底,全行累计发放各种贷款5.72亿元,保证石门火电厂、湖南特种水泥厂、澧洲水电站等一大批国家和地方基本建设重点项目,支持常德地区能源、交通运输、通信、新材料等重点项目的建设和发展。

1994–2004年,是建设银行向商业化银行转轨的关键十年,资产业务实现“从单一的财政职能逐步转变为多功能的商业银行,从单一的人民币经营模式到全功能的综合性营销服务,从单一投资渠道到全方位为客户服务”的三个转变。1995年,常德建行按照集约化战略实施经营,向面向市场、面向客户、面向“双大”(大行业、大企业)的方向转变,经营规模、管理水平、防范风险能力和资源配置效率都大大提高。至1996年底,共发放本外币各项贷款15.38亿元,1997年年底,以石门电厂为代表的10家“双大”企业贷款10亿元,占贷款余额的60%以上。进入2000年后,常德建行以客户为中心经营理念和发展战略更加成熟。2002年,提出资产经营由被动受理向主动营销、单纯项目贷款向培植优质客户群体、单纯推销贷款产品向综合服务“三个转变”。2003年,推行客户经理制,2004年年底,各项贷款余额增至19.03亿元。

2005–2010年,常德建行资产业务经营每年上一个新台阶,2005年,本外币各项贷款增长至24.74亿元,2010年,增长至68.63亿元,较2004年年末增长2.61倍。在长期的资产业务发展过程中,常德建行也产生一定数量的不良资产,对于无法收回的呆账贷款,先后采用核销手段进行处理。1990–2010年,经批准累计核销呆账贷款本息5.28亿元,其中本金4.52亿元(含信用卡225万元),利息7645.6万元。国有商业银行改革中,常德建行根据国家有关政策和建总行、省建行的文件精神先后三次对确实难以收回的本外币不良贷款剥离。其中,1999年剥离9.23亿元,2000年剥离4892万元,2001年剥离1.29亿元。三期共核销11亿元,其中本金7.41亿元,利息3.59亿元。常德建行不良资产率由1999年最高时的49.15%下降至2005年年末的2.12%。至2010年年末,不良率降至0.82%。

中间业务。从 20 世纪 80 年代后期开始，常德建行为提高自身盈利和竞争能力，开始注重汇兑等结算业务发展，相继开发少量代发业务。如代发工资、代收水电费等。由专业银行向商业化银行转轨前的 1989–1993 年，中间业务收入基本上是自然增长，中间业务只有结算、委托贷款等产品，工程造价评审业务基本上是为帮助银行更多吸收公存款和帮助建设单位合理利用资金，减少不必要投资，履行好财政对基本建设投资的监督职能。

1994 年 10 月，常德建行成立委托代理处，专门负责国家开发银行、财政代理业务以及委托贷款、工程审价和其他中间业务的开发与管理。以此为标志，开始全面拓展中间业务的历史进程。

1997 年，常德建行明确中间业务与资产、负债业务并列为三大业务。在机构、人员和管理上迅速跟进，以代理政策性银行、财政为主体的代理和结算等业务为主要内容的中间业务发展速度加快，1993–1999 年，中间业务收入从 26 万元增长至 68.5 万元，增长 1.63 倍。

1999 年开始，常德建行加快综合改革步伐，中间业务快速发展。中间业务收入从 1999 年的 68.5 万元增长至 2004 年的 1580 万元，增长 22.07 倍。同时，中间业务产品不断创新发展，从 1994 年以前只有结算、委托等少数几个产品发展到涉及和涵盖结算、代理、外汇、银行卡、信息咨询、工程造价评审、个人理财、速汇通、银行担保、代客衍生金融工具、代客机构客户资金结算及其他中间业务等 100 多个品种。2005 年，常德建行建立集汇划、结算、清算于一体的资金汇划清算系统、重要客户系统、证券业务系统、龙卡贷记卡项目、现代化支付系统等。这些系统上线运行，大大增强常德建行为公司机构客户、金融同业客户和个人客户提供代理业务、结算业务、银行卡、资金管理、个人理财等中间业务服务的质量和竞争力。此后，又相继推出以电话银行、手机银行、网上银行为主要架构的电子银行体系，进一步拓展和丰富中间业务市场和营销渠道。

2009 年 3 月，常德建行下发《2009 年中间业务营销实施方案》，对全行中间业务的发展作出了统筹安排。自 2005 年建设银行挂牌上市以后，中间业务进入超常发展阶段，其业务收入成为常德建设银行收入的重要来源之一，2005–2010 年，中间业务收入从 2436 万元增长至 1.17 亿元，增长 3.78 倍。1989–2010 年，累计实现中间业务收入达 4.45 亿元。

经营效益。1989–1991 年，常德建行坚持稳健经营，三年分别实现盈利 167 万元、240 万元和 241 万元。1992 年，盈利降至 58 万元。1993 年 7 月 1 日起由传统的收付实现制改为权责发生制，是年体现亏损 168 万元。1993–2003 年连续亏损，尤其是受核呆剥离等因素的影响，2002 年和 2003 年分别出现了 2.97 亿元和 2.13 亿元的巨额亏损。从 2004 年开始，账面开始体现盈利，在此之后的七年中，盈利节节攀升，2004–2010 年，七年共实现账面利润 10.4 亿元，其中 2010 年盈利增长至 2.67 亿元，年人均创利 44.82 万元。

五、交通银行股份有限公司常德市分行

(一)机构及人员

2009年8月,国家银监委以银监复(2009)313号文批复同意开始筹建交通银行常德分行。2009年12月,湖南银监局以湘银复(2009)339号文批复同意交通银行常德分行开业。2009年12月24日对外试营业,2010年2月3日开业。

常德交行属湖南省交行辖属,不具有法人资格。内设机构按照"提高营运效率,防范操作风险,降低营运成本,提升服务质量"的总体目标与建立"强大前台,高效中台,集约后台"的原则,内设办公室、市场营销部、会计结算部、风险管理部和营业部。内设机构负责人实行组织选拔,民主推荐,聘任上岗。

2010年年末,常德交行共有员工51人,其中分行领导3人,部门经理级管理人员9人,客户经理28人,会计人员14人,中后台人员7人。平均年龄28岁,全部具有大专以上学历,其中研究生9人,本科生36人,大专生6人,中级专业职称4人。中共党员26人,占51%,共青团员16人,占31.4%,金融从业经历人员占比100%。

2010年11月16日,常德交行召开第一届职工代表大会,杨风当选第一届常德交行工会委员会主席、女工委员会主任。

(二)领导班子

常德交行领导班子由省交行任免,2009年12月21日,组建常德交行领导班子,向辉任行长,2010年元月,组建党委班子,向辉任党委书记。

2009-2010年常德交行领导班子成员一览表

表1-10

主要负责人	任职时间(年·月)	副职(副行长、纪委书记)
向　辉	2009.12—	杨凤、杨宏道

(三)业务经营情况

2009年年末,常德交行在试营业期间就展开业务活动,在极短的时间里就吸收人民币各项存款1.08亿元。受开业性费用和提取准备金等因素的影响,是年亏损134万元。

2010年,常德交行高度重视存款业务发展,建立"一把手抓存款,全行抓存款,全方位抓存款"的运行机制,把抓存款作为开局的重中之重,是年新增存款11.59亿元,年末本外币各项存款12.67亿元,其中对公存款11.23亿元,储蓄存款1.44亿元,分别占存款总额的88.6%和11.4%。叙作国际业务结算业务742万美元,贸易融资13万美元,年末外币存款3万美元。

2010年,常德交行在狠抓存款业务的同时,按照"扎根本土,服务地方经济发展"的经营战略发展贷款业务。2010年年末贷款余额3.95亿元,其中,短期贷款2.64亿元,中长期贷款

1.29亿元,票据融资195万元,期末不良类贷款占比为0。贷款业务主要支持农林牧渔业、教育、医疗、房地产、装备制造、有色金属、交通运输等十多个行业。主动发展涉农信贷,大力支持重点企业,拓展惠民产业,以项目贷款支持经济技术开发区建设,同时积极支持中小企业和个体私营经济发展。

常德交行开始营运的第一年就坚持科技兴行,把电子银行业务发展作为创新服务的大事来抓,组织科技人员攻关,与电信、联通、中信3家网络运营商签订合作协议,开通网上银行业务,在营业网点和自助银行配备存、取款机和自助通等大型设备,是年荣获交通银行总行2010年电子银行"十佳辖属分行"的称号。

2010年,常德交行实现业务总收入3,166万元,各项总支出2,883万元,实现经营利润283万元。期末资产总额为13.51亿元。

六、中国邮政储蓄银行常德市分行

(一)机构及人员

2008年3月26日,中国邮政储蓄银行有限责任公司常德市分行(以下简称常德邮储银行)挂牌成立,邮政储蓄与邮政业务相分离。4月18日,常德邮储银行所辖8个县级支行全部揭牌成立。各区、县(市)邮电局在邮电营业厅设1个柜组。新成立的常德邮储银行下辖一类支行8个、二类支行25个。划归常德邮储银行421人,其中正式员工366人,劳务派遣55人。市分行本部设综合管理部、财务核算部、审计部、综合业务部、渠道科技部。6月10日,成立风险合规部,将审计部相关风险合规职责划归风险合规部。8月,成立市分行公司业务部。

2009年10月22日,常德邮储银行组建分行营业部,11月,成立分行人力资源部。2010年5月,成立分行资产保全中心,挂靠风险合规部。

至2010年年末,常德邮储银行共有正式员工职工405人,另有66名劳务派遣员工。市分行本部内设综合管理部、人力资源部、综合业务部、公司业务部、资产保全中心、风险合规部、财务核算部、审计部、渠道科技部、营业部共10个部门,下辖8个一级支行、41个二级支行。

(二)领导班子

常德邮储银行领导班子由省邮储银行任免,2008年组建首届班子。

2008—2010年常德邮储银行领导班子成员一览表

表1-11

行　长	任职时间(年·月)	副职(副行长、总审计师)
赵燕翎	2008.3—	杨延平、魏先勤、杨明、曾杰

(三)业务经营概况

常德市邮储银行从常德市邮政局分离组建,业务主体是原邮政局邮政储汇业务。其储蓄存款业务从1986年恢复邮政部门代办储蓄业务而开始,其业务范围从邮政储汇业务逐渐拓展到银行卡、小额抵押贷款、零售类信贷业务和公司业务、二手房按揭贷款、基金销售与理财、财政国库集中支付业务代理、国债承销、代理保险等领域,逐渐发展成为一家全方位银行业金融机构。其发展轨迹总体上表现为平稳发展、快速提高、改革发展和整体改制四个阶段。

1986年,常德市邮政局开办邮政储蓄业务,依托邮政网络优势,为人民银行代办储蓄业务。1988年年末,全市邮政储蓄存款2834万元。1989年年末,全市邮储存款增至4046.37万元。

1990—1998年,是邮政储蓄业务平稳发展阶段。1990年1月1日,邮电部门办理的邮政储蓄业务与中国人民银行由缴存款转换为转存款,邮政储蓄业务由代办模式转变为自办模式,邮政储蓄资金全额转存人民银行,5月末全市邮储存款突破亿元大关。

1999—2002年是邮政储蓄业务快速提高阶段。邮电分营、邮政独立运行后,邮政储汇业务快速发展,成为邮政业务中规模最大、增长速度最快、贡献率最高的高效业务和支柱业务。1999年7月全市邮政储蓄余额突破9亿元,至2002年年末,邮储余额增至25.13亿元,相当于1998年年末的2.79倍,期末余额较1998年年末增加了16.68亿元。

2003年8月1日开始,邮政储蓄存款实行新老划段,此后新增的储蓄存款由国家邮政局自主运用,原有的存款继续按原固定利率转存人民银行并逐步转出,从此步入邮政储蓄市场化的改革。至2007年年末,邮储增至62.87亿元,相当于2002年年末的2.7倍,5年增加邮储存款37.74亿元。

2008年3月26日,中国邮政储蓄银行有限责任公司常德市分行挂牌成立,经监管部门批准,办理零售类信贷业务和公司业务。常德邮储银行成立后,依托和发挥邮政网络优势,以零售业务和中间业务为主,逐步完善城乡金融服务功能。4月18日,常德邮储银行所辖8个县级支行全部成立。5月,邮储银行临澧县支行安装并开通第一台商易通,6月,开通电话银行。7月,获批开办对公结算业务,市分行武陵中路支行、下南门支行成为全市首批开办对公结算业务的网点。7月13日,常德邮储银行小额贷款获批开办并发放第一笔贷款——农户联保小额贷款。10月,成功发行第一张信用卡。12月,常德邮储银行个人贷款审批中心成立并开办额度项下个人商务贷款。12月,首发绿卡通卡,(即将活期、定期、本币、外币存款及理财账户集中于一张借记卡上,用一张卡管理个人多个账户资金活动情况的银行卡),企业网银上线。全年销售基金与理财产品767万元,发展商易通557台,发放绿卡21.6万张,卡户总量75万户,公司存款6608万元,储蓄余额突破70亿元大关,增至72.6亿元,成为常德一家重要的国有商业金融机构。年末人民币各项贷款1.42亿元,较上年增长8.14倍。

2009年3月22日,常德邮储银行下属的澧县支行与农村合作医疗协作,使用邮储银行绿卡通卡取代原来的农村合作医疗证,即"新农合一卡通",并成功发放2万多张。是年,又成功发放426张信用卡。5月,公司系统与储蓄系统成功互联,公司业务在原来基础业务上又实现了个人结算账户和公司账户之间,通过绿卡、POS机、商易通、电话银行、网上银行等渠道实现资金互转。6月9日,全市公司存款余额突破亿元大关。2009年年末,全市各项对公存款增至

3.56 亿元，邮储余额增至 83.98 亿元，下属的石门县东方桥支行成功销售机构理财 1 亿元，成为常德市邮储银行第一笔机构理财业务。年末，人民币各项贷款 1.53 亿元，增长 8.13%。

2010 年，常德邮储银行积极发展中小贷款业务，先后与 13 个中小企业签订贷款意向书，总金额为 855 万元。6 月，开通个人网上银行，是年用户发展到 3.24 万户，完成交易 46.3 万笔，累计交易 2.09 亿元。6 月，开通部分网点个人跨行汇款业务。8 月，获得常德市市级财政国库集中支付业务代理资格。12 月 8 日，开通多币种银邮汇款（欧元、英镑、港币和日元等）业务。12 月 20 日，二手房按揭贷款获批。共发放信用卡 1925 张，公司存款 7.66 亿元，邮储余额突破百亿元，期末余额增至 102.51 亿元，对公和对私存款总余额 110.17 亿元。2010 年年末，存款总量较 2007 年年末增加 47.3 亿元，增长 75.23%。期末人民币各项贷款 3.77 亿元，较上年末增长 146.31%。全年实现盈利 383.23 万元。

第三节　全国性中小银行及省内中小银行机构

一、兴业银行股份有限公司常德分行

（一）机构及人员

兴业银行股份有限公司常德分行（以下简称常德兴业银行）于 2010 年 12 月 23 日成立，是兴业银行总行在全国试点的首批七个异地二级分行之一，隶属兴业银行股份有限公司长沙分行。其经营范围包括：吸收公共存款、发放短期、中期和长期贷款、办理票据承兑与贴现，代理发行、兑付和承销政府债券，代理买卖股票以外的有价证券，结售汇，开办银行卡业务，提供信用证服务及担保，代理收付款项及代理保险业务以及财务顾问、资信调查、咨询和见证业务，同时还办理经中国银行业监督管理机构批准的其他业务。2010 年年末，常德兴业银行内设综合部、风险管理部、企业金融部、零售事业部、营业间五个职能部门。是年，组建中共党的组织。2010 年年末，常德兴业银行共有 23 名员工。

（二）领导班子

常德兴业银行领导班子由其上级行任免，2010 年组建首届班子。

2010 年常德兴业银行领导班子成员一览表

表 1-12

行　长	任职时间（年·月）	副职（副行长）
郭加林	2010.6—	尹爱兵、高敬文（行长助理）

（三）业务经营概况

2010 年 12 月 23 日，常德兴业银行开业，并开始试营业。年末，人民币各项存款 2.81 亿元，人民币各项贷款 2.78 亿元，并与常德市城市建设投资集团有限公司签订 20 亿元基本建设战略性意向性协议。是年,实现利润 339 万元。

二、长沙银行股份有限公司常德分行

(一)机构及人员

长沙银行股份有限公司成立于 1997 年 5 月,是湖南本土首家区域性银行,总行位于长沙。2010 年 6 月 28 日,长沙银行常德分行(以下简称常德长沙银行)成立并开业。内设风险管理部、计划财务部、公司业务部、零售业务部、综合管理部和分行营业部 5 个部室。全行在岗员工 40 人,其中合同制员工(正式员工)28 人,劳务派遣制员工 12 人。全员平均年龄 32 周岁,30 周岁以下的占 55%。本科以上学历的占 65%,有 2 名硕士。中级以上职称的 5 人,初级职称的 6 人,占 27.5%。中共党员人数 23 人,占 57.5%,其中预备党员 3 人。

(二) 领导班子

长沙银行常德分行领导班子成员均由长沙银行总行任命，分行内设机构及直属单位负责人的配备实行竞聘制。分行内设中国共产党支部,胡军任支部书记。

2010 年长沙银行常德分行领导班子成员一览表

表 1-13

主要负责人	任职时间（年·月）	副职（副行长）
胡　军	2010.6—	李达富、陈建

(三) 业务经营概况

长沙银行常德分行坚持“积极拓展推品牌、贴心细致抓服务、稳健内控强管理”的业务宗旨,全面渗透到市区及西洞庭、澧县、津市、汉寿、桃源等县域经济,重点支持常德市的“三农”发展、食品加工、工程机械、文化教育、第三产业等支柱性行业。至 2010 年年末,人民币各项存款 9.68 亿元,其中,储蓄存款 1.18 亿元,对公存款 8.24 亿元,其他存款 2622 万元。人民币各项贷款 3.91 亿元,其中,对公贷款 3.1 亿元,对私贷款 3951 万元,票据融资 4103 万元。服务中小微企业客户 74 户,实现中间业务收入 84 万元。受开业和提取准备金等因素的影响,是年亏损 1138 万元。

第四节　合作金融机构

一、湖南省农村信用社联合社常德办事处

(一)机构人员

1989—1996 年,常德辖内农村信用社隶属于常德农行管理。常德农行设信用合作管理

科,配备5—7名干部,各区、县(市)农行设信用合作管理股,配备3—5名干部,县辖设区的农行营业所配备1名干部,管理辖区内的信用社。区、县(市)农行支行行长兼任区、县(市)信用联社主任,另有一名副行长专管或兼管信用合作工作。1991—1992年,各联社配备1名总稽核或总会计。1995年,根据省农行《关于加强全省农信社劳动人事管理工作意见》的精神,各联社相继配备1名从信用社职工中选拔出来的副主任。1995年年末,各区、县(市)农行支行行长不再兼任联社主任,各联社配备专职主任,为行、社脱钩做好干部准备。1996年年底,全市共有9个区、县(市)信用联社、252个乡镇信用社(营业部)、382个信用分社和储蓄所、2495个村级信用站,信用社正式员工3075人。

依据1996年国务院颁发的《关于农村金融体制改革的决定》,1996年9月,成立常德市农村金融体制改革领导小组,副市长钦时中任组长。领导小组下设办公室(以下简称市农金体改办),常德人行副行长余德中任主任。办公室设综合、人事、业务、财务、监察保卫5个组,共有管理干部12人,负责全市农村金融体制改革和农村信用社管理工作。12月9日,全市农村信用社与常德农行脱离行政隶属关系。1997年6月,常德人行成立农村合作金融管理科。9月,市农金体改办归属人民银行编制,同时划转相应人员6人,市农金体改办与常德人行农村合作金融管理科合二为一,一个机构、两块牌子,配备正副科长5人,干部职工19人,负责对全市农村信用社的监管、改革和日常工作。

2001年2月,根据人行武汉分行《关于规范农村信用社管理机构名称的通知》,常德市农村金融体制改革领导小组办公室改称常德市信用合作管理办公室(以下简称市信管办),为常德人行辖属科级单位,张建华任主任,下设人事综合组、业务指导组、财务组、监察保卫组。2003年12月,常德银监分局成立后,常德人行划转对农村信用社的行业监管职能,市信管办划归为常德银监分局辖属科级单位。

2005年5月26日,湖南省农村信用社联合社(简称省联社)成立,在各市(州)相继设立办事处,从此,农村信用社在全省自成体系。9月16日,湖南省农村信用社联合社常德办事处(以下简称常德农信办事处)成立,为省联社派出机构,按省联社的授权,行使对全市农村信用社的行业管理、指导、协调和服务职能。常德农信办事处下设业务指导、综合、内控3个科,正式编制11人,直属省联社管理。为适应工作需要,市办事处从各区、县(市)联社借调信用社干部24人。办事处正式编制的11人中,平均年龄38周岁,大专以上文化11人,中级以上业务技术职称5人。

(二)领导班子

至2010年,常德农信办事处经历一次班子调整。办事处成立后,副主任张建华主持全面工作。2008年8月,陈松任市办事处副主任主持全面工作,张建华调任张家界农信办事处。

1996—2010年常德市农改办、常德人行农金科、信管办、省联社常德办事处历届领导班子成员表

表1-14

单位(部门)	主任	任职时间(年·月)	副职(副主任、主任助理、副科长)
农村金融体制改革领导小组办公室	余德中	1996.9—2001.3	吕北回、万义仁、聂先明、裴国舫、崔吉庆、蒋华斌
常德市农村金融体制改革领导小组办公室、常德人行农村合作金融管理科	万义仁	1997.9—1998.6	高绪政、龚光平、崔吉庆、蒋华斌、袁德跃、李明朝
	陈　斌	1999.1—1999.7	
	张建华	1999.8—2001．3	
常德市信用合作管理办公室	张建华	2001.3—2005.9	蒋华斌、李明朝、袁德跃、孙孝文、杨祖智、王晓军、周文学
湖南省农村信用社联合社常德办事处	张建华	2005.9—2008.1(副主任主持全面工作)	周文学、白庶功
	陈　松	2008.2—(副主任主持全面工作)	白庶功、刘汉军、高仕贤

(三)管理情况

1989—1996年,常德农行全面加强对农村信用社的管理和指导,促进农信社的健康发展。

常德农行对农信社在业务上的管理改指令性为指导性,农信社的经营自主权进一步扩大,管理上实行主任负责制。在此期间,常德农行合作科除协调行、社关系,维护信用社的权益外,还在常德农行领导下,全面加强对农信社的管理和指导,为农信社的健康发展开展许多有益的探索。

开展清理整顿和稽核检查。常德农行在对农信社实行指导性管理的同时,加大监管力度,1989—1994年,围绕人、财、物开展一次清理整顿,二次“教、清、整”。1989—1996年,由常德农行组织的大型稽核检查达60多次,发现案件77件。1990年,由常德农行直接稽核的信用社数81个,占总社数的28.7%,通过稽核检查共查出299个问题,有问题的职工276人,金额1099万元。常德农行对稽核检查出来的问题,对照稽核处罚条例,对100多人进行处罚,罚款金额达4934元,立案查处8人,有问题金额45.3万元。

组织存款。常德农行信用合作科按照“存款立社”的思想,指导信用社先后开办摸奖储蓄、化肥贴水储蓄、月月乐储蓄、保值储蓄、夜市储蓄等新储种,同时增设网点,组织开展优质服务和竞赛活动,完善储蓄承包责任制。1993年,农村信用社为稳定市场份额,采取“四靠”措施(靠宣传开路,靠网点发展,靠服务竞争,靠机制推动)大抓存款工作。是年,全市农村信用社新增储蓄网点22个,改建装修网点31个,固定资产和安全措施投入370万元,投资30

万元增加微机服务设备11台(套),投入宣传费用83万元。是年年末,全市农村信用社储蓄存款余额9.05亿元。1996年12月底止,全市农村信用社各项存款余额增至32.48亿元,为1988年年末的9.61倍,同时,高息揽储也使农信社付出巨额成本,背上沉重包袱。

信贷管理。1989—1996年,常德农行先后出台农业贷款"五公开一监督'、贷款"六不准"、审贷分离制度、贷款风险保证金提留办法、贷款抵押、担保办法、企业资产风险负债比例管理办法、'贷款证'管理制度、贷款包收责任制、贷款集体审批、分级审批制度、贷款"十四个不准"和存贷比例管理等信贷资金管理制度和办法,信贷资金管理逐步加强。非正常贷款从1989年的60%下降到1996年的47%。同时指导农信社正确把握贷款投向,支持农村经济发展,相继开展"四个支持"(即支持一万户科技示范户、支持十万户农户脱贫、支持一千个村的集体经济、支持一千个乡镇企业改造),支持"四百三叶"工程(即百万亩优质稻、百万亩优质棉、百万亩优质果木林、百万亩精养鱼水面;向茶叶、桑叶、烟叶种植重点倾斜)、支持菜篮子工程等支持"三农"活动。8年共累发贷款73.32亿元,1996年年末,全市农村信用社各项贷款余额19.29亿元,为1988年年末的5.12倍,年均增长24.57%。

队伍建设。1991—1992年,常德农行对信用社正、副主任、信贷、会计、记账、储蓄、稽核员及信用站会计均分期分批进行培训,全市共举办各种专业培训班43期,培训员工1261人次。1996年,全市先后举办信贷员、稽核员、会计出纳人员四期培训班,120人受训。指导、督促各区、县(市)联社举办各类培训班42期,1600人受训。在干部管理上,对各区、县(市)联社、联社对各信用社主任实行任期目标责任制,层层签订年度经营目标责任书。贯彻按劳取酬原则,个人工资收入与单位效益挂钩,对员工实行以人定岗、以岗定责、以责定分、以分计奖的岗位责任制。

1996年12月9日,全市农村信用社与常德农行脱离隶属关系。

1996年12月至2000年,市农金体改办暨常德人行农村合作金融管理科(以下简称市农改办),在常德人行的领导下履行对农村信用社的行业管理和监管职能。

领导班子建设。为了适应行社脱钩后农村金融体制改革的要求,1997年,常德人行、市农改办加大对全市农村信用社人力资源优化配置的力度,加强联社领导班子建设,调整充实联社领导班子,把政治上可靠,业务上精干,工作上踏实,作风上严谨,群众拥护,德才兼备的同志提拔到领导岗位。1997年,全市新提拔联社副主任级以上干部12人,降职4人。指导联社对联社正、副股长和信用社正、副主任进行岗位轮换和交流,新提拔联社正、副股长、信用社正、副主任106人,换岗调整52人,免职28人,降职7人。

1997年9月,常德人行制定《常德市农村合作金融机构管理办法》和《常德市规范农村信用社和县联社实施方案》,成立规范农村信用社领导小组,完成对桃源、汉寿、临澧3个县的浯溪河、青林、百禄桥、西港、烽火、修梅共6个乡镇信用社的规范试点工作,并在全市推广实施。

2000年,全市9个区、县(市)联社的规范工作全面展开并在是年顺利完成。选举县联社社员代表556人,成立县联社理、监事会,推选新的联社理事63人、监事45人,选举和聘用联社正、副理事长;正、副主任,监事长(总稽核)等领导班子成员44人。

防范和化解经营风险。1997年,常德人行、市农改办加强对177个资不抵债的高风险社的重点监控和防范化解工作,实行“一社一策”,采取“人盯人”“人盯社”的方法,即管住高风险社的法人代表,使之合理合法经营。对每个高风险社都明确一名领导为防范化解该风险社的责任人,分类指导,督促高风险社自查、自律、自整、自改。1998年,全市农村信用社围绕改革抓业务,立足发展抓整顿,市农改办在继续抓好贷款包收责任制、大额贷款集体审批的同时狠抓贷款的监督制约,出台《信贷资金柜台监督办法》《信贷专项稽查办法》,各联社成立信贷资金稽查大队,专门跟踪新放贷款及三违贷款的处理问题。是年,市农改办组织二次信贷检查,全市三违贷款减少2个百分点。抽查39个信用社,由柜台把关堵住三违贷款115笔共536.28万元。1998年,由于按人总行要求止付承诺的高息和7月遭遇百年未遇的洪灾,导致该市农信社存款滑坡,6月至9月存款下降1.65亿元,安乡、汉寿、鼎城、临澧部分信用社出现的支付困难。常德人行、市农改办紧急应对,全年动用存款准备金3790万元,市内外调剂资金近3亿元保支付。1998年调整信用社网点布局,撤销低效网点94个,其中信用社4个,信用分社47个,储蓄所43个。撤并部分安全隐患较大的信用站。1999年,为抓好信用站的管理,市农改办出台《信用代办站管理办法》,各联社设立“站管股”专抓信用站工作,使信用站业务得到快速发展,至2005年11月信用站被撤销时,信用站的存款余额已占全市农信社存款余额的36%,有3个县达到50%以上,贷款余额占14.5%,90%是农户贷款。是年,市农改办派员参加对全市农村合作基金会的清理整顿,经人行武汉分行批准,将21家农村合作基金会并入农村信用社,并入资产8493万元,负债8489万元。

加强对经济案件的处罚力度。1997年,全市农村信用社查处职工经济案件59件,涉案金额1418.26万元,共处理46人,其中开除公职、辞退21人,开留8人,撤职3人,记大过以下14人,移交检察院处理7件。1999年,先后对违规的38名信用社主任或副主任分别给予行政处分和就地免职处理。对全市32名有严重违法违纪行为的人员给予开除公职、开除留用一年至二年等处分。1997—2000年,共立案184件,处分209人,其中开除、辞退38人。经济案件涉案金额2038.9万元,追回1053.5万元。

2001—2005年,市信管办、市办事处把建立农村信用社法人治理结构和明晰产权关系作为深化改革的重点,增强农信社自我发展的能力。

2001年2月,常德市忠心城市信用社等10家城市信用社更名改制后归并当地区、县(市)联社管理,原桃源县渔父城市信用社停业整顿后退出市场。至此,全市农村信用社系统拥有9个县级联社、237个独立核算的信用社、260个非独立核算的分社(储蓄所)、村级信用站2533个,信用社正式员工3016人。

2003年8月18日至9月4日,桃源县深水港信用社、兴隆街信用社和鼎城区镇德桥信用社发生群众挤兑存款的事件,储户共从3家农村信用社挤兑储蓄存款2569笔,金额

1164.09 万元，其中提前支取定期储蓄 1589 笔，金额 710.21 万元，活期储蓄销户 130 笔，金额 127.18 万元。为尽快平息部分农村信用社存款挤兑事件，防止事态进一步扩大，9 月 4 日，常德人行和市信管办及县区联社派员到信用社对取款和围观群众进行现场宣传、解释，调运大量现金保证支付，消除储户恐慌心理，9 月 5 日，鼎城区镇德桥信用社、桃源县深水港、兴隆街信用社的存款挤兑情况得到化解。

2001—2005 年，为尽快达到以区、县（市）为单位统一法人社的要求，全面开展扩股增资工作，至 2005 年年末，全市农村信用社股本金 150309 万元，比 2000 年增加 144528 万元，增长 26 倍，为顺利申请中央银行专项票据发行和改革顺利进行打下良好基础。在信用社内部，实行以效益为中心的劳动人事制度改革，推行工资与业绩挂钩的报酬分配办法。推行岗位、职务竞聘办法，实行职工双向选择、中层干部竞聘上岗。完善“比例计提、总额控制、先报后列、分块管理、包干使用”的费用管理办法。2005 年年末，全市农村信用社营业费用率为 40%，同比下降 3.5 个百分点，各项收入 4.82 亿元，各项支出 5.25 亿元，比上年减亏 922 万元。

2006—2010 年，市办事处把各区、县（市）信用联社的产权制度改革、提高资产质量和经营效益、突出信贷和员工管理、强化控案防险等作为工作的重点。

2006 年，农村信用社市、县（市、区）两级成立改革工作领导小组，全市农村信用社从事改革工作的人员 35 名，市办事处先后召开 7 次改革专题会议，2 次到湘潭实地参观学习，制定并下发产权制度改革操作流程和操作细则，组织各联社负责人和从事改革工作的人员系统学习，提高操作能力。是年末，全市 9 家联社获得省银监局批筹，9 家联社相继召开统一法人联社创立大会，选举产生理、监事会成员和理、监事长，提名通过联社主任，副主任。至 2008 年年末，全市 9 家区、县（市）联社的 10.86 亿元央行专项票据成功兑付，消化历史包袱，增强自我发展的能力。2006—2010 年，市办事处在全市范围内全面推广会计委派制，加强县级联社机关的费用管理和固定资产管理。全市 9 家联社综合费用均控制在省联社下达的限额之内。在经营理念上，紧紧围绕“农业增产、农民增收和农村稳定”目标，牢固树立为“三农”服务的办社宗旨，推行凭证贷款、农户小额信用贷款、农户联保贷款、助学贷款等贷款营销，加大“信用乡”“信用村”“信用农户”创建力度，引导和支持农民按市场需求调整产业结构，推动农业产业化发展。2006—2010 年，全市农村信用社累计发放贷款 296.15 亿元，充分发挥农村金融主力军的作用。

2010 年年末，全市农村信用社各项存款余额 192.31 亿元，各项贷款余额 131.77 亿元。2006 年至 2010 年，全市农村信用社实现经营利润 8.3 亿元，其中 2010 年实现经营利润 3.26 亿元。全市农村信用社 90%的城区网点视觉识别系统改造完毕，ATM 机、POS 机的安装数量分别达 93 台和 537 台。

二、农村信用社

(一)机构及人员

1988年年末,常德市共有农村信用社机构网点759个。其中,10个县级联社,10个联社营业部,311个乡镇信用社,540个信用分社和储蓄所,村级信用代办站3501个。其中,10个联社营业部和311个乡镇信用社均为独立核算、自负盈亏的一级法人机构。正式员工2710人。1988年,首次开展技术职称评聘工作,具备任职资格1397人,其中确认经济师75人、会计师25人,助理经济师306人,助理会计师146人和会计员、经济员845人。是年年末,聘请信用站业务人员3501人。是年末,固定资产年末余额2776万元。

1989年1月,慈利县划辖大庸市,成建制划转1个联社、37个乡镇信用社(含联社营业部)、19个信用分社,32个储蓄所,602个信用站;划转正式职工272人。划转各项存款余额3696.5万元,各项贷款余额3131.4万元,固定资产376万元。至1989年年末,常德市农村信用社共有9个县级信用联社,286个信用社(含9个联社营业部)、114个信用分社,313个储蓄所,2926个信用站,正式员工2486人。是年末,固定资产年末余额2781万元。

1993年,省农行下发《关于加强信用社劳动用工管理的通知》,对信用社的新招录用人员,实行"改招工为招生"制度,信用社新增人员只能从通过正规系统化专业理论教育的信用合作职业中专生和职业高中毕业生中择优录用,并按属地招生,属地分配的原则分配到基层信用社工作。是年,全市农村信用社录用大中专毕业生51人。

1990—1996年,减少乡镇信用社24个,增设信用分社15个,减少储蓄所6个。

1995年,常德市农村信用社共有9个县级信用联社,281个信用社(含9个联社营业部)、123个信用分社,259个储蓄所,2613个信用站,正式员工3026人。是年年末,固定资产年末余额1.34亿元。

1996年12月9日,根据国务院《关于农村金融体制改革的决定》,全市农村信用社与常德农行脱离行政隶属关系。在"脱钩"之日,划转区、县(市)两级农行工作人员27人,其中市农改办7人、县信用联社20人。是年末,全市农村信用社有9个区、县(市)联社、252个信用社(含联社营业部)、382个信用分社(储蓄所)、2495个信用站,正式干部职工3075人,信用站业务代办员2381人。

1997—2006年,共招录员工140人,清退临时工206人;开除、除名、辞退、解除合同75人;自愿辞职11人;买断10人;调出系统3人;城市信用社更名改制后归并341人。信用站业务代办员全部清退。22个乡镇信用社降格为分社,撤销260个分社(储蓄所)。

1998年,市农改办根据人总行、省人行"关于严格控制农村信用社员工增长,实行减员增效"的指示精神,全市加大对临时工的清理力度,是年共清退临时工206人。为严格劳动管理,严肃劳动纪律,对违法违纪人员进行严肃查处,共立案查处90人,开除、除名、辞退、解除合同48人。是年,公开招聘选拔大中专毕业生40名,其中中共党员3人,研究生2人,本科生3人。

1999年,经人行武汉分行批准,21家农村合作基金会并入农村信用社。是年,澧县余家台、七星湖信用社,石门南坪、阳泉信用社4家信用社撤销后降格为分社,撤并47个信用分社、43个储蓄所。

2000年,对全市农村信用社员工进行一次持证上岗考试,内容涵盖信贷、会计、储蓄、出纳、结算五个岗位,2952人参考,全市有12人不及格。凡考试考核不及格和末位淘汰的职工,一律解除劳动合同,对违纪人员进行辞退处理,全年精减人员29人,其中,辞职4人,解除劳动合同7人,开除17人,其他1人。同时,加大引进人才力度,首次面向大专院校公开招聘计算机专业人才11名。

2001年1月,桃源县、安乡县、石门县、汉寿县、澧县、津市市,常德市金城、武陵、忠心,鼎城10家城市信用社纳入农村信用合作联社管理,分别更名为桃源县城南、安乡县城东、石门县楚江、汉寿县龙阳、澧县澧城、津市市城中、武陵区金城、武陵区武陵、武陵区中心、武陵区城北10家农村信用合作社。市信管办根据省信管办文件精神,对照城市信用社更名改制后员工归并条件,清退不符合归并条件的5人,辞退(含自愿辞职)8人,调出本系统1人,实际归并341人。至2001年年末,全市农村信用社系统拥有9个县级联社、237个独立核算的信用社、250个非独立核算的分社(储蓄所)、村级信用站2533个,信用社正式员工2994人,信用站业务代办员,2497人。2003年3月27日,武汉人行下发《关于撤销桃源县渔父城市信用社的复函》,渔父城市信用社退出市场,职工一次性买断。

2005年,全市撤销低效网点23个。2005年12月,按照省联社的要求与部署,全市农村信用社2360个信用代办站全部撤销,清退信用站代办员2271人(信用代办站产生于20世纪50年代,恢复于20世纪70年代初,鼎盛于近十年。在科技手段落后的年代,信用站曾为农村经济和农村信用社的发展做出很大的贡献,至2005年11月,信用站的存款余额占全市农信社存款余额的36%,有3个县达到50%以上;贷款余额占14.5%,90%是农户贷款)。至2005年年末,全市共有9个县级联社、233个信用社、191个分社和储蓄所,共有信用社正式员工3060人,信用站业务代办员782人。

2006年,常德市各区、县(市)信用联社都成立产权制度改革工作领导小组,是年末,全市9家联社获得省银监局批筹,9家联社相继召开统一法人联社创立大会，选举产生理、监事会成员和理、监事长,提名通过联社主任、副主任,7家联社向省银监局报送了开业申报资料。2006年,常德市各区、县(市)信用联社按照省联社的统一部署,投入资金1100多万元,构筑网络平台,建成中心机房8个,上线网点369个,其中,对公网点322个,储蓄网点360个。拥有科技管理人员23人,制定9个网络管理制度,确保综合业务系统的稳健运行。

2007—2010年,4个乡镇信用社降为分社,撤销71个信用分社(储蓄所),至2010年,全市农村信用社系统拥有293个机构,其中,市级机构1个,县级联社9个,乡镇信用社(营业部)205个,信用分社(储蓄所)78个,信用社正式员工2768人,业务代办员15人。

(二)经营状况

1989—2010年,常德市农村信用社的发展经历在农行领导下的经营发展期,在人行、银监领导下的改革规范整顿期,自成体系后的改革创新发展期等三个阶段。

农行领导下的经营发展期(1989—1996年) 1988年年末,常德市农村信用社各项存款余额3.38亿元,共积累5558万元,年末贷款余额3.64亿元,贷存比为107.74%,部分信用社一度发生难保存款支付的问题,是年,全市农村信用社亏损2025万元。

1989年下半年—1990年,全市农村信用社全面开展治理整顿。1990年,重点整治108个信用社,占全市农村信用社总数的37.8%。一是整顿职工队伍,提高职工的政治业务素质;二是整顿信贷秩序,提高信贷管理水平,推行信贷"五公开"(即贷款、利率、发放、收回、违章违纪贷款处理五个公开)、"一监督"(即监督贷款程序);三是整顿财会纪律,提高财会管理水平,主要开展"四清四查"(即清往来账户,查贪污挪用;清资金财产,查跑、冒、滴、漏;清财务收支,查私分冒领;清实物收贷,查贪、占、坏、损)。通过宣传信贷政策,制约滥用职权、规范内部管理、增强约束机制,全市农村信用社各项业务发展逐步恢复正常。

1991年9月至1992年5月,全市农村信用社开展第一次"教育、清理、整顿活动"(简称"教清整"),对1628个社、分社、站开展全面清查。通过"教清整",信用社为服务三农的经营理念进一步明确。1991年,全市农村信用社累放农户贷款18157万元,累收17282万元,余额达到12459万元,年增长7.6%。1992年,开展信贷"四个支持"活动:即支持一万户科技示范户、支持十万户农户脱贫、支持一千个村的集体经济、支持一千个乡镇企业改造。重点支持科技示范户3690户,发放贷款788万元,人平增加纯收入1200元;扶持贫困户脱贫致富6194户,发放贷款254万元,人平增加纯收入500元;支持社会化服务体系398个,支持乡镇企业技改项目150个,发放贷款2408万元。

1995年,全市农村信用社积极参与实施和支持"吨粮田开发工程""菜篮子工程""扶贫温饱工程"和"科技示范工程",促进传统农业向"二高一优"农业转化。累计发放农户农业生产贷款71449万元,帮助38.7万农户解决资金困难。

从1993—1996年,常德市农信社采取增设网点、增加储种、搞好优质服务等各项措施使全市农村信用社存款保持较快增长的势头,1996年年末,各项存款余额32.48亿元,年均增长49.69%。农信社在采取增设网点、增加储种、搞好优质服务等各项措施吸储的同时,也一度存在违规吸存的问题,由于要消化巨额成本又片面追求信贷扩张和"经济效益",盲目投放贷款,造成大量不良贷款。1996年年末,全市农村信用社各项贷款余额19.29亿元,年均增长40.17%。年末不良贷款8.21亿元,占各项贷款的42.54%。1996年年末,全辖252个独立核算的信用社(部)中,是年盈余的社(部)77个,亏损社(部)175个。1996年年末,全市农村信用社累计亏损2.60亿元,社平亏损103.3万元,人平亏损8.47万元。

人行、银监领导下的改革规范整顿期(1997—2005年) 1996年12月9日,根据国务院

《关于农村金融体制改革的决定》，全市农村信用社与农业银行脱离行政隶属关系。在“脱钩”之日，划转信用社转存款和缴存农行准备金共 79542 万元，固定资产原值 1.44 亿元，并对财产进行界定和处理。自此，农村信用社进入独立运作时期，经营管理由各县级联社承担，常德市农金体改办（以下简称市农改办）对农村信用社实施行业管理。

1997 年 6 月，常德人行设立农村合作金融管理科；9 月，和市农改办合二为一，负责对全市农村信用社的监管、改革和行业管理工作。上半年，常德人行对农村信用社开展全面稽核和调查，澄清农村信用社的底子和经营风险状况后确认。全辖农村信用社存在一是资产品质低，经营效益差、高风险社多、177 家信用社资不抵债的严重问题。不良贷款占 47%，信用社的资本金几乎全部亏空，249 个农村信用社中，高风险社有 205 个，占 82%。为加强对农村信用社的监管，1997 年 9 月，常德人行、市农改办制定《常德市农村合作金融机构管理办法》和《常德市规范农村信用社和县联社实施方案》，成立规范农村信用社领导小组，成功完成对桃源、汉寿、临澧 3 个县的浯溪河、青林、百禄桥、西港、烽火、修梅 6 社规范试点工作，并在全市推广实施。

1998 年，常德人行、市农改办专门成立资不抵债农村信用社风险防范化解领导小组，实行“一社一策”。采取“人盯人”“人盯社”的方法，即管住高风险社的法人，使之合理合法经营；对不善于经营的法人代表，该撤的坚决撤；对每个高风险社都明确一名领导为防范化解风险的责任人。进行分类指导，督促高风险社自查、自律、自整、自改。全辖农村信用社推出减员增效、增收节支等举措化解风险。

1999 年，全辖农村信用社系统违法违纪案件不断发生，特别是一些大案、要案，金额巨大，情节恶劣，给信用社的信誉和社会形象带来不良影响。是年 4 月，常德人行、市农改办成立“常德市农村信用社案件审批小组”，对全市 32 名犯有严重违法违纪的人员给予开除公职、开除留用一年至二年等处分。是年 4 月，常德人行与常德市中级人民法院在澧县联合召开为农村信用社依法收贷现场会，清收不良贷款。1999 年 4 月至 11 月，全市农村信用社抽调 387 名业务骨干，配合地方财政、公安、审计等部门，参与对全市 498 个农村合作基金会的清理整顿工作。11 月，经过半年多的清产核资、清收欠款和分类处置，全市清理整顿工作圆满结束。经武汉人行批准，全市 21 家农村基金会并入农村信用社，占基金会总数的 4.2%，并入总资产 8493 万元；总负债 8489 万元。1999 年，信用社规范工作进入尾声，全市 243 个信用社中有 226 个全面完成规范工作，占总社数的 93%；吸收社员股金从 2632 万元增加至 2971 万元，增长 12.9%，建立各项相应的规章制度 9 个。通过规范经营、深化改革，全市农村信用社各项业务获得长足发展。是年年末，全市农村信用社各项存款余额 38.64 亿元，各项贷款 23.08 亿元。

2000 年，面对利率下降、股市升温、农村“两会一部”清理整顿带来的冲击，常德人行、市农改办引导全市农村信用社以 2000 年 4 月国务院总理朱镕基在江苏考察时，就农村信用社管理体制和发展方向发表的重要讲话为契机，紧紧抓住信用社是农村支农主力军的定位和地方政府创建“金融安全区”等机遇，坚持合作制的改革方向，依托地方经济，突出做好服务“三农”工作，强化信用社内部管理，努力化解因农村基金会解体和信用社不良贷款占比高、亏损额度大所带来的支付风险。2000年7月，桃源、汉寿县农村信用社率先在全省农村信用社系统开办教育储蓄，年底桃源县开办教育储蓄2690户，吸储729.69万元，常德人行、市农改办及时推广桃源、汉寿的经验。是年，常德市107个社(部)出现支付危机，常德人行、市农改办采取系统内紧急调度资金、发放头寸再贷款129笔、5.35亿元等应急措施，有效化解风险，维护信用社声誉。与此同时，在按上级的要求和部署，全面完成基层农村信用社规范工作后，全市9个区、县(市)联社的规范工作也全面展开并顺利完成。选举县联社社员代表556人，成立县联社理、监事会，推选新的联社理事63人、监事45人，选举和聘用联社正、副理事长；正、副主任；监事长(总稽核)等领导班子成员。是年吸收信用社股金2810万元。

2001年，常德人行、市信管办指导全市农村信用社进一步加强规范经营，紧紧围绕“农业增产、农民增收和农村稳定”这一目标，牢固树立“三农”服务的办社宗旨，外树形象、内抓管理、防范风险、提高效益。随着农村“两会一部”、城市信用社等社会金融问题的处置和国有商业银行收缩农村分支机构，农村信用社的支农主力军地位和作用逐步显现。是年末，全市农村信用社各项存款增长20%，余额达到52.97亿元。各项贷款累放14.23亿元，其中“三农”贷款累放11.22亿元，占78.8%，清收不良贷款2.33亿元，实现经营收入2.06亿元。亏损1.38亿元。2002年，全市农村信用社亏损7678万元，同比减亏6073万元。

2003年1月1日，鼎城区农村信用社作为全省唯一存贷利率政策改革试点工作开始运行，试点的32个社比年初净增1.04亿元，同比多增1084万元。2003年，全市农村信用社坚持以业务发展和支农服务为主题，以规范管理、提高效益为主线，立足小区、服务“三农”，巩固农村市场。全年各项存款净增6.49亿元，余额达到66.11亿元，增长12%，各项贷款余额36.16亿元，增长15.48%；不良贷款占比下降8.07个百分点，同比减亏15.97%。鼎城联社荣获“全省农村信用社工作创新奖”，武陵区南坪信用社主任葛占萍荣获“全省农村信用社十佳信用社主任”称号。

2004—2005年，全市农村信用社全面开展扩股增资工作，以尽快达到区、县(市)为单位统一法人的要求。至2005年1月，共筹资14.64亿元。2005年9月，经人总行批准辖内9个联社置换中央银行专项票据的申请，其中置换不良贷款9.05亿元，置换历年亏损1.81亿元，合计10.86亿元。通过农村信用社体制的不断改革深化，农村信用社的各项管理日趋完善，资产质量和经营效益明显提高，经营活动逐渐步入正常，2005年年末，全市农信社各项存款76.66亿元，各项贷款余额40.56亿元，其中农业贷款余额19.17亿元，占各项贷款的47.3%。是年末，不良贷款绝对额和占比分别比年初下降90765万元和58.2个百分点，同比减亏17.4%。

自成体系后的改革创新发展期(2006—2010年) 2006年，市办事处指导各区、县(市)联社结合是年利润目标确定新放贷款规模，同时严把新放贷款出口关，出台相关措施，加强检查处罚，严防增加新的不良贷款。根据职工自借贷款管理混乱的现状，制定《员工自借贷款管理办法》。是年开始对贷款实施五级分类，临澧县联社被确立为全省 25 个贷款五级分类试点县联社之一。是年末，全市农村信用社的 48.79 亿元贷款中，正常类贷款 20.41 亿元，关注类贷款 3.54 亿元，次级类贷款 3.26 亿元，可疑类贷款 14.44 亿元，损失类贷款 7.19 亿元。

2007 年，全市农村信用社进一步明确服务“三农”、服务小区和服务中小企业的市场定位，提出“地方银行服务地方经济”的口号。市办事处制定新的信贷政策，要求抢抓常德市新农村建设和新型工业化的机遇，加大有效投入，改进信贷服务，牢牢占领“三农”市场。在继续做强做优小额农贷的基础上，大力推广小额商户贷款、商户联保贷款、小企业信用贷款和联保贷款，对资金需求量大的农业产业化企业和项目，组织发放社团贷款。贷款投放向新农村建设倾斜，向民营中小企业倾斜，向园区工业倾斜。2007 年年末，全市农村信用社各项存款余额突破 100 亿大关，达 102.24 亿元，增长 14.22%。各项贷款 62.7 亿元，增长 28.51%，其中农业贷款余额比年初增加 6.12 亿元。是年实现扭亏为盈，账面盈利 1972 万元。桃源县联社荣获“2007 年度湖南省农村信用社综合考核进步奖”。

2008—2010 年，常德市农村信用社进入发展的快车道。全市农村信用社深入贯彻落实科学发展观，加快业务发展，提高资产质量和经营效益，加快消化历史包袱，突出信贷和员工管理，强化控案防险，强力推进经营等级升级，提升社会地位和形象。2008 年年末，全市 9 家区、县（市）联社的 10.86 亿元的央行专项票据成功兑付，进一步壮大了资金实力。2010 年年末，全市农村信用社各项存款余额 192.31 亿元，存款余额在全省 14 个市、州中排第 5 位，在全市银行业金融机构中排第一。2010 年年末，各项贷款余额 131.77 亿元，贷款余额在全省 14 个市、州中排第 3 位，在全市银行业金融机构中排第一。2008—2010 年，实现经营利润 3.18 亿元，其中 2010 年实现经营利润 1.25 亿元。

三、城市信用社

常德市城市信用社经历单位组建、改组建社、与组建单位脱钩、改制归并或退出市场四个发展阶段。

1988 年年末，常德市有 4 家城市信用社，分别为武陵、津市、安乡、桃源城市信用社，均由人行、工行等组建的金融服务部发展成立。另有城市信用社性质的金融机构 2 个，分别是：常德市护城金融合作社（1993 年 4 月更名为常德市金城城市信用社）、桃源县农村金融合作社（1993 年 5 月更名为桃源渔父城市信用社）。1989 年年末，6 家机构从业人员 85 人，资本金 605.9 万元，其中股金 346.3 万元，盈余积累 162.3 万元。各项存款余额 1458 万元，各项贷款余额 1265 万元。1990 年 5 月，常德人行按照人总行《关于进一步整顿城市信用社的通知》精神，对 6 家机构进行清理整顿。是年，6 家机构均盈余，3 年盈余 160.3 万元。

1991—1993 年，常德市又有 5 家城市信用社相继成立。分别是：常德市鼎城区城市信用社(1991年12月)、汉寿县城市信用社(1992年6月)、石门县城市信用社(1992年7月)、常德市城市信用合作社中心社(1992年10月,1994年4月更名为常德市忠心城市信用社)、澧县城市信用社(1993年1月)。1993年年末,全市共有11家城市信用社,有员工2800人,存款余额1.12亿元,贷款余额8321万元,是年,实现利润216万元。

1992—1997年,城市信用社先后与原组建单位脱离隶属关系,由常德人行进行管理。

1989—2000年,常德市城市信用社业务规模从小到大,由弱到强,不断发展壮大。城市信用社利用自身业务特点和灵活、便捷的经营策略,集聚社会闲散资金,先后支持地方1800余户中小企业发展。2000年年末存款余额4.51亿元,贷款余额2.41亿元。

由于常德市大批中小工商企业停产、破产,难以偿还城市信用社的贷款本息,企业改制及"两个买断"逃废债务,信用社违规放贷、高息揽存、内部管理不善等主观、客观因素的影响,常德市城市信用社经营风险不断积累,1996年开始由原来的社社盈余到家家亏损。1998年10月25日,国务院办公厅转发了中国人民银行《整顿城市信用合作社工作方案》。1999年年初,常德人行按照上级行整顿城市信用社的统一部署,开始对辖区的城市信用社进行清理整顿。华寅会计师事务所对城市信用社1998年年末的资产、负债、所有者权益进行全面清产核资。2000年10月又进行补充调整。2000年11月,常德人行组织对清产核资结果进行全面复查,最后核定,2000年9月底,11家城市信用社各项资产总额为,66046万元,负债总额69338万元,账面所有者权益负3292万元,实际所有者权益负8102万元。累计亏损9009万元,占存款总额的13.5%。除石门城信社外,有10家资不抵债。不良贷款2.02亿元,占贷款总额的64.2%,其中两呆贷款1.11亿元,占35.19%,预计贷款损失金额5145万元。

2001年,按照人总行和省政府关于防范和化解湖南省地方金融风险有关问题的意见及"统一领导,不转嫁风险和先清后并"的原则,2001年1月至2月,常德市10家城市信用社纳入农村信用合作系统管理。归并各项存款6.57亿元,各项贷款3.8亿元,固定资产4634万元,所有者权益负6796万元,归并员工332人。桃源县渔父城市信用社因亏损严重,经营难以为继,于2003年3月,经省政府报请人行武汉分行批准退出市场,24名职工(其中退休2人)一次性买断。

1988—2000年常德市城市信用社几项主要数字统计表

表1-15

年度	存款	贷款	年损益
1988	1458	1265	29
1989	1975	1676	
1990	2287	2251	
1991	2596	2606	53
1992	7865	5186	47
1993	11173	8321	216

续表

年度	存款	贷款	年损益
1994	31704	21856	59
1995	42134	26488	−167
1996	47946	30519	−1742
1997	55192	35301	−1640
1998	56247	33466	−2501
1999	62151	36116	−2987
2000	45090	24143	−1294
2001	3257	1624	−155

第三章 证券类机构

1989—1991年,常德有常德证券代理处、常德工行信托公司证券营业部、常德农行信托公司证券营业部、常德建行信托公司证券营业部、常德市信托公司证券营业部5家机构从事证券业务,主要从事经批准上市的国库券、保值公债、国家基本建设债券的买卖,代理发行国库券、企业债券,办理大额定期存单转让,经营证券代保管等业务。

1993—1996年,常德证券代理处、常德工行信托证券营业部、常德农行信托证券营业部、常德建行信托证券营业部、常德市信托证券营业部相继转让改制或撤销。1993年3月,湖南证券公司常德代理处改为常德市证券公司,为常德人行的一个直属机构,主要经营代理国债及企业债券的发行、兑付和大额可转让记名存单贴现转让、抵押,以及小额抵押贷款、有价证券代保管等业务。1994年3月,常德市证券公司归属于湖南证券股份有限公司,更名为湖南证券股份有限公司常德证券交易营业部,仍由常德人行主管。1994年,常德证券交易营业部申请上海、深圳证券交易席位,成为湖南证券交易中心的会员。1995年,常德证券交易营业部设立常德市首家股票交易厅,主营证券经纪和证券自营业务,代理、自营买卖上海、深圳证券交易所的上市股票,代理证券分红派息、过户等。1995年年末,全市新开户股民1001名,股民开户数1676户。是年,证券交易量4.3亿元。

1996年12月,常德证券交易营业部与常德人行彻底脱钩,归属湖南证券公司管理,更名为湖南证券常德营业部。2001年9月,湖南证券常德营业部注册登记变更为泰阳证券有限责任公司常德青年路证券营业部。2008年9月,泰阳证券常德营业部更名为方正证券有限责任公司常德武陵大道证券营业部。1996年,国务院和人民银行相继下发有关银证脱钩和分业经营的文件,根据文件精神常德建行于是年11月经常德人行批准派员到深圳与君安证券股份有限责任公司签订转让协议,转让费用250万元。1997年3月5日,常德建行将其所属证券业务移交给君安证券股份有限责任公司,与常德建行脱钩,原常德建行投资公司证券交易营业部更名为君安证券股份有限责任公司常德证券交易营业。1999年初,湖南省信托投资公司常德分公司着手筹建证券营业部,并于是年7月13日取得营业执照,名称为常德市信托投资公司证券交易营业部;2000年9月28日,按照国务院整顿信托行业的要求,常德市信托投资公司将下辖的常德市信托投资公司证券交易营业部转让给湖南省长沙证券公司。2001年7月2日,常德市信托投资公司证券交易营业部更名为湖南省长沙证券公司常德营业部。2001年12月25日,湖南省长沙证券公司常德营业部变更为恒信证券有限责任公司常德武陵大道证券营业部。2008年6月10日,恒信证券有限责任公司常德武陵大道证券营业部更名为华融证券股份有限公司常德武陵大道证券营业部。2008年前,常德没有期货公司,也没有开办期货业务。2008 年 12 月 5 日,常德德盛期货成立并开始经营期货业务。至 2009 年年末,常德共有 4 家证券机构。

2010 年 4—12 月,先后有海通、财富、民族 3 家证券营业部落户常德,2011 年 5 月,山西证券常德营业部成立,至此,常德共 8 家证券机构。

2010 年年末,常德市共有股民户数 120729 户。是年,证券交易量 691.13 亿元;期货客户 679 户,是年成交量 38.39 万手,成交金额 280.81 亿元。

第一节　综合类证券机构

一、方正证券股份有限公司常德武陵大道营业部

(一)机构人员

方正证券股份有限公司是一家全国性综合类证券公司，方正证券常德武陵大道营业部位于武陵大道中段紫云天国际大厦四楼。该机构先后经历 5 次更名改制,分别是湖南省证券公司常德代理处、常德市证券公司、常德证券交易营业部、湖南证券常德营业部、泰阳证券常德青年路证券营业部。

1988 年 7 月,根据上级行精神,常德人行组建湖南省证券公司常德代理处。1989 年 9 月,省证券公司进行行业整顿,常德代理处随之停业。1990 年 8 月 9 日,恢复湖南省证券公司常德代理处。

1993 年 3 月,常德人行以湖南省证券公司常德代理处为基础,组建常德市证券公司,并在常德市工商局登记注册,具备独立的法人资格,成为自主经营的非银行金融机构。1994 年 3 月，经省人行批准，常德市证券公司更名为湖南证券股份有限公司常德证券交易营业部(以下简称常德证券交易营业部),由常德人行主管。从业人员 35 人,其中人行干部 1 人,招聘 34 人。

1996 年 12 月,常德市证券交易营业部与常德人行脱钩,划归湖南证券股份有限公司领导,更名为湖南证券股份有限公司常德证券营业部(以下简称湖南证券常德营业部),王勇任总经理,从业人员 30 人。

2001 年 4 月,湖南证券股份有限公司更名为泰阳证券有限责任公司。2001 年 9 月,湖南证券常德营业部注册登记变更为泰阳证券有限责任公司常德青年路证券营业部（以下简称常德泰阳证券)。

2008 年 9 月，常德泰阳证券更名为方正证券有限责任公司常德武陵大道证券营业部(以下简称常德方正证券),内设行政部、财务部、合规部、客户服务部、营销部、交易部、计算机部,员工 30 人。2010 年年末,常德方正证券正式员工 62 人,大专以上学历 61 人。

(二)领导班子

1990—2010年,湖南省证券公司常德代理处、常德市证券公司、湖南证券常德营业部、泰阳证券常德青年路证券营业部、常德方正证券经历6次领导成员更换。1997年前,领导成员由常德人行任免,1997—2010年由其上级公司任免。

1990—2010年常德方正证券历届领导班子成员一览表

表1-16

经　理	任职时间(年·月)
王　勇	1994.3—2008.6
吴振跃	2008.7—2009.7
龙　勇	2009.7—

(三)经营状况

1988—2010年,常德方正证券(湖南省证券公司常德代理处、常德市证券公司、湖南证券常德营业部、泰阳证券常德青年路证券营业部)经历4个发展阶段。

代办业务阶段(1988—1992年)　主要开展代理发行国库券、代理交易国债、代理发行企业债券、代理交易企业债券等业务。5年共代理发行国库券874万元、代理交易国债3459万元、代理7个大中型企业发行企业债券1640万元、代理交易企业债券43万元、代客户保管债券453万元。

自主经营和代理证券交易阶段(1993—1996年)　1993年7月,常德市证券公司受湖南省证券登记公司委托办理证券登记业务,是年,开户股民284人,营业收入168.37万元,利润2.5万元。1994年,常德市证券公司取得上海、深圳证券交易席位和武汉国债交易席位。是年,新增股民391人,营业收入254.88万元,利润3.99万元。1995年,继续代理、自营买卖上海、深圳上市证券,代理证券分红派息和过户等业务,是年,开户股民601人,营业收入324.98万元,利润4.11万元。1996年,常德证券交易营业部租赁常德宏达宾馆2楼设立股票交易厅,代理、自营买卖上海、深圳上市证券,代理证券分红派息和过户等业务,是年,开户股民3543人,累计成交77400万元,营业收入649万元,利润301万元。1996年8月,湖南省华银审计事务所对该部进行与人行脱钩前审计,经审计认定,1996年6月末,该部资产5504万元,所有者权益负752.5万元;风险资产1896万元,占资产总额的30.9%;其中风险损失469万元,占资产总额的7.6%。违规经营金额7477万元。1996年12月,常德证券交易营业部与常德人行脱钩。

代理证券交易初步发展阶段(1997—2000年)　1997年,常德证券交易营业部并入湖南证券股份有限公司,业务经营由省公司统一经营管理,主营代理证券交易,取消自营业务。1997年,营业部开通"点对点"业务(即股民买卖股票时直接输入计算机报盘的交易方式)。是年,实行最低5万元保证金的准入制度,限制散户入市。是年,新增股民6615名,全年代理成交23.4亿元,营业收入1571万元,盈利572万元。1998年,取消最低保证金的开户规定,新增股民2258名,全年代理成交14.7亿元,营业收入938万元,盈利3.6万元。1999年,湖南证券常德营业部开通“天亿”网上股票交易业务。全年代理成交18.82亿元,营业收入937万元,盈利168.7万元。2000年,开通泰阳证券网及网上证券委托系统,是年网上交易占总成交量份额的24%。全年代理成交34.5亿元,营业收入1447万元,盈利682万元。1997—2000年,湖南证券常德营业部代理交易股票91.42亿元,经营收入4894万元,利润1426万元。

创新发展阶段(2001—2010年)　2001—2003年,股市行情走低,常德泰阳证券3年累计代理交易沪、深股票60.83亿元,新增股民4629名,营业收入2898万元,盈利821.85万元。2001年,常德泰阳证券与辖内四大国有商业银行合作,开通“银证通”业务,是年,代理沪、深股票交易24.1亿。2002年累计完成交易量18.33亿元,实现利润303.88万元。本地市场占有率达到56%。网上交易量7.7亿元。2004—2007年,常德泰阳证券4年累计代理交易540.72亿元,新增股民2.4万人,股民总数达到5.37万人,营业收入1.66亿元,盈利1.23亿元。2008—2010年,股市回调走软,常德方正(泰阳)证券3年累计代理交易1118.58亿元,营业收入2.34亿元,盈利1.75亿元。2008年9月,常德泰阳证券更名为方正证券有限责任公司常德武陵大道证券营业部。2010年,常德方正证券树立“让客户资产增值”经营理念,实行以价值服务为核心的新型管理模式,为客户营造良好的投资环境。是年7月,开展服务产品化工作,通过一系列的整合、包装、定价和制度设计,将以往非标准化的、弹性的、无形的、没有价格的服务,转化成为标准化的、可量化的、有形的、有价的产品,受到客户欢迎。2010年,成交量359.04亿元,其中,非现场业务占比达到96.5%,市场份额为0.31%,取得佣金净收入6409万元。年末客户71125户,实现利润4350万元,在全省本系统173家营业部中,排名第二。

1993—2010年常德方正证券股票经纪业务主要数据统计表

表1-17　　金额单位:万元

年度	交易量	年开户数	累计客户数	营业收入	利润额	上缴税
1993		284	284	168.37	2.5	4.4
1994		391	675	254.88	3.99	6.38
1995	25000	601	1276	323.98	4.11	12.38
1996	77400	3543	4819	649	301	13.85
1997	234000	6615	11434	1571	572	85.91
1998	147,000	2258	13692	938	3.6	62.78
1999	188,200	3464	17156	937	168.7	8.68
2000	345,000	4106	21262	1447.8	682	107.29
2001	241000	3318	24580	1010	235.83	59.37
2002	183300	835	25415	954.28	303.88	51.26
2003	194000	476	26523	933.58	282.14	44.08
2004	275600	2250	28141	1326	586.42	67.82
2005	223900	295	29120	818.23	277.27	40.59
2006	653100	1025	30237	2008.91	1357.1	106.47
2007	4254600	20416	53700	12439.51	10106.17	669.82

续表

年度	交易量	年开户数	累计客户数	营业收入	利润额	上缴税
2008	2699600	10728	72140	6914.04	5141.69	361.03
2009	4895800	6619	80611	10593.73	7996	599.21
2010	3590400	4815	71125	5880.31	4349.54	328.86
合计	18227900	72039		49168.62	32373.94	2630.18

二、国泰君安证券股份有限公司常德武陵大道证券营业部

(一)机构及人员

国泰君安证券股份有限公司是一家全国性综合类证券公司。国泰君安证券股份有限公司常德武陵大道证券营业部前身为常德市建设银行投资公司证券交易营业部(以下简称常德建行证券)。1995年3月,经湖南省建设银行和常德人行批准,常德建行证券挂牌营业,营业地址租在常德市朗州路17号,属于副科级单位。投入开办资金500万元,从常德建行有关部门选调部分业务骨干到证券交易营业部工作,设有财会、计算机部、结算专柜及办公室等内部和业务管理部门。1996年年末,从业人员18人,其中正式职工12人,临时工6人。

1996年,根据国务院和人民银行有关银证脱钩和分业经营的文件精神,常德建行于是年11月与深圳君安证券股份有限责任公司签订转让协议,转让费用250万元。1997年3月5日,常德建行将其所属证券业务移交给君安证券股份有限责任公司,公司与常德建行脱钩,原常德建行投资公司证券交易营业部更名为君安证券股份有限责任公司常德证券交易营业部(以下简称常德君安证券)。至此,常德君安证券有员工9人,其中临时工6人。

1998年,在桃源县城设立常德君安证券桃源县服务部,在石门县设立常德君安证券石门县服务部。1998年5月,常德君安证券朗州路交易大厅迁址至常德市人民中路187号,租赁面积达2700平方米,散户交易大厅有300个席位,设有总经理室、客户服务部、计算机部、交易部、财务部、办公室等6个部门,至1998年年末,常德君安证券有工作人员28人。

1999年8月,深圳君安证券股份有限责任公司与上海国泰证券股份有限公司合并,君安证券股份有限责任公司常德证券交易营业部更名为国泰君安证券股份有限公司常德人民中路证券营业部(以下简称常德国泰君安证券)。2003年5月,常德国泰君安证券迁址到市育才路常德市工商局办公大楼二、三层,更名为国泰君安证券股份有限公司常德育才路证券营业部。2008年5月,迁址到武陵大道197号,更名为国泰君安证券股份有限公司常德武陵大道证券营业部,有营业面积2000平方米,散户交易大厅1500平方米。至2010年年末,员工15人,均为本科学历,设有总经理室、办公室、会计部、计算机部、客户服务中心、柜台共6个部门。

（二）领导班子

1995—2010 年，常德建行证券、常德君安证券、常德国泰君安证券先后经历四次主要领导成员的更换。1997 年 3 月月底之前，常德建行证券系常德建行投资公司（正科级单位）下属的一个营业部，营业部经理由常德建行委派的时任常德建行投资公司副经理聂刚兼任。1997 年 3 月至 2010 年，常德建行证券与建行脱钩后相继升格为君安证券股份有限责任公司、国泰君安证券股份有限公司下属的营业部，其领导成员由君安证券股份有限责任公司和国泰君安证券股份有限公司任免。

1995—2010 年常德国泰君安证券历届领导班子成员一览表

表 1-18

总经理	任职时间（年·月）	总经理	任职时间（年·月）
聂　刚	1995.3—2007.10	刘双平	2009.1—2009.7
胡　兰	2007.10—2009.1	黄　薇	2009.7—

（三）业务经营情况

1995 年 3 月，常德建行证券开业，代理深圳、上海证券股票交易。是年，常德建行投入开办资金 500 万元，主要经营代理股票买卖（含部分自营），代收代付证券本息等项业务。至 1995 年年末，发展证券客户 400 户，业务交易量 1.8 亿元。1996 年，随着业务发展需要又投入 145 万元进行网络建设和购置计算机等设备，加快代理交易速度，逐步由计算机替代手工操作，至年末，证券客户数达 1466 户，实现股票交易量 4.6 亿元。两年累计实现交易收入 254.8 万元，为国家创造税收 20 万元。

1997 年，常德君安证券加强安全管理，实行大中户下单分流制度，保证客户及时委托。为加强开户管理，实行最低 5 万元保证金的准入制度，限制散户入市。为方便客户，提高股票交易速度，缓解堵单、开户排队、交易排队等问题，是年底，开通“点对点”业务。同年 9 月，安装 24 对中继线，开通委托电话系统“7222611”。是年末，股民开户数达 3800 户，实现利润 103 万元。1998 年，取消最低保证金的开户规定，电话委托系统中继线扩大到 60 对，升级到“7188999”，并对网络交易系统进行升级。是年，相继与工、农、中、建四家国有商业银行合作，开办“储蓄卡划转君安证券股民保证金”即银证转账业务，加快资金周转。是年，客户开户数达 6954 户，交易量达 11.53 亿元，营业收入 432.98 万元。1999 年 6 月，设立“客户服务部”，与客户就提供专业理财服务签订协议。1999 年年末，常德国泰君安证券股民开户数达 8584 户，交易额 15.52 亿元，全年实现营业收入 262.5 万元。2000 年，常德国泰君安证券利用国泰君安证券总部网站和营业部网站拓展网上交易，开通国泰君安证券“富易”交易系统和国泰君安大智能行情系统，方便客户异地交易。是年，开户数达 13376 户、交易额达 25.4 亿元，营业收入达到 1123.1 万元，创利达 402.4 万元。

2001—2005 年，常德国泰君安证券利润大幅下滑。其中 2003 年营业收入降至 493.8 万元，全年交易量不足 13 亿元，利润只有 42 万元。是年，采取员工走家进户上门服务帮助安装网上交易系统,推行“银证转账+国泰君安证券网+投资襄理”的经纪服务模式、推行服务交易理财“一条龙”,努力提高经营效益。2005年,全面推行“个性化”服务,分别对大户、中户、散户群和长线、中线、短线客户群,实行有针对性和差别化服务。

2006年后,常德国泰君安证券员工延长工作时间,加班加点为排队人员开户。2007年,常德国泰君安证券各项业务指标达到历史最高峰,累计开户数达2.95万户,年交易额286.2亿元,营业收入达8051万元,其中实现手续费收入达7676.2万元,创造利润达6762.3万元,上缴税金(含附加税)达424.7万元。

2009年,常德国泰君安证券对网络系统再一次改造升级,网络交易占比由上年的65%提高至95%以上。加大与客户交流力度,利用国泰君安证券“大智慧”网广泛宣传,每月国泰君安证券营业部开办2次股市“沙龙”,提高广大股民证券投资意识。同时加强内部管理,建立健全经济责任制。证券股票经纪业务保持稳定发展势头。是年,交易量284亿元,营业收入6724万元,实现利润5431万元。2010年,股票经纪业务保持平稳,共有客户30579户,年交易量227.9亿元,实现营业收入4275万元,实现利润3297万元,证券托管市值13.1亿元。2007年和2010年,分别被湖南省证券业协会评为“优秀证券营业部”。

1997—2010年常德国泰君安证券业务统计表

表1-19　　　　单位:万元

年度	交易量	累计开户(户)	营业收入	利润额	上缴税
1995	18000	400	72		6
1996	46000	1466	183		14
1997	113346	3800	420	103	27
1998	115338	6954	433	−16	31
1999	155191	8584	263	21	197
2000	253951	13376	1123	403	848
2001	158695	15687	736	370	469
2002	131509	16204	600	64	305
2003	127972	16443	494	42	224
2004	195354	16860	694	183	354
2005	161450	17100	533	124	262
2006	436497	17726	1268	772	651
2007	2862099	29517	8051	6762	4247
2008	1853174	32117	4585	3551	2490
2009	2840536	35784	6724	5431	3604
2010	2279035	30579	4275	3299	2227
合计	11748147		30454	21108	15956

三、中国民族证券有限责任公司常德朗州路证券营业部

（一）机构及人员

中国民族证券有限责任公司是一家综合类证券公司，中国民族证券有限责任公司常德朗州路证券营业部(以下简称常德民族证券)成立于2010年12月10日，由中国民族证券有限责任公司湘西龙山新建路证券营业部迁址更名。2010年11月26日，湖南证监局下发《关于中国民族证券有限责任公司常德朗州路证券营业部异地迁址新址开业的验收意见》，批准常德营业部开业。公司下设财务部、计算机部、业务部、客服部等部门。营业部共有正式员工21人，大专以上学历21人。12月10日，常德朗州路证券营业部开始试营业。营业地址在湖南省常德市朗州路中段水榭花城西城1A栋三层，面积1200平方米。

（二）领导班子

常德民族证券领导班子由其上级公司任免，2010年组建首届班子，总经理刘双平，副总经理马如学。

（三）经营状况

2010年年末，共计开立账户149户，成交量1370万元，客户资产2000万元。

第二节　专业类证券机构

一、华融证券股份有限公司常德证券营业部

（一）机构及人员

华融证券股份有限公司是一家全国性证券公司，华融证券股份有限公司常德证券营业部由常德市信托投资公司证券营业部、湖南省长沙证券公司常德营业部、恒信证券有限责任公司常德营业部依次演变而来。

1999年年初，湖南省信托投资公司常德地区分公司开始着手筹建证券营业部，并于是年7月13日取得营业执照，名称为常德市信托投资公司证券交易营业部，地址处于武陵大道南段(证券大厦二楼、三楼)。该营业部营业厅面积达2630平方米，计算机终端560台，能够容纳客户2万余名，同时营业部供电系统采用农行2800千瓦的双回路电源和200千瓦的发电机，以及自有的UPS电源，最大限度地保障营业部供电系统的万无一失。业务范围包括代理发行各种有价证券、自营和代理证券买卖、代理支付和代收证券的本息、证券的鉴证、登记过户、证券筹资和证券投资咨询、证券代保管等。1999年年末，内设机构为总经理办公室、信息技术部、计划财务部、客户管理部。营业部有员工12人，其中大专及以上文化程度8人，中级技术职称2人。

2000年9月28日,依据国务院关于对信托公司清理整顿有关文件精神,常德市信托投资公司将下辖的证券交易营业部转让给湖南省长沙证券公司。2001年7月2日,常德市信托投资公司证券交易营业部更名为湖南省长沙证券公司常德营业部。是年12月,湖南省长沙证券公司更名为恒信证券有限责任公司;12月25日湖南省长沙证券公司常德营业部更名为恒信证券有限责任公司常德武陵大道证券营业部。

2007年,恒信证券有限责任公司更名为华融证券股份有限公司。2008年6月10日,恒信证券有限责任公司常德武陵大道证券营业部更名为华融证券股份有限公司常德武陵大道证券营业部(以下简称常德华融证券)。经营范围变更为证券代理买卖、代理还本付息、分红派息、证券代保管、证券鉴证及代理登记开户等。

2010年年末,常德华融证券内设机构为总经理办公室、信息技术部、计划财务部、客户服务部、市场营销部共五个部门,正式员工12人,平均年龄38周岁,其中大专及以上文化程度12人,中级技术职称2人。

(二)领导班子

常德华融证券(常德市信托投资公司证券营业部、湖南省长沙证券公司常德营业部、常德恒信证券)的领导班子成员由其上级公司任免。

1999—2010年常德华融证券历届领导班子成员一览表

表1-20

总经理	任职时间(年)	副　职
张俊琴	1999—2000	李佰政
李佰政	2000—2002	龚德岩
龚德岩	2002—2010	—

(三)业务经营情况

2002—2006年,常德恒信证券成交量41.1亿元。其中,2002年成交量4.9亿元,占常德市场14.3%,总开户数3695户,客户资产达1.6亿元。2003年成交量8.84亿元,总开户数4107户,客户资产达1.8亿元。实现业务收入234万元,亏损233万元。2004年成交量10.9亿元,比上年增长23.19%。实现业务收入271.6万元,比上年增加37.4万元,亏损175.77万元,比上年减亏56.8万元。年末股民4107户,客户资产1.8亿元。2005年股市低迷,成交量萎缩至4.04亿元,比上年减少6.85亿元,减幅62.9%。2006年,股市回升,成交量12.3亿元,比上年增长205.4%,年末客户4478户,比上年增加148户,年末客户资产1.2亿元,比上年增加6000万元。

2007年后,沪深股市进入牛市,成交量扩大增至78.6亿元,比上年增长536.63%;年末客户7045户,比上年增加140户;年末保证金余额4308万元,比上年增加2822万元。

2008年,股市转入熊市,常德华融证券成交量44.97亿元,比上年减少33.59亿元,减幅

42.76%。年末客户 7691 户，比上年增加 646 户。年末保证金余额 3158.4 万元，比上年减少 1149.6 万元。

2009 年，常德华融证券加大服务力度，成交量回升至 94.11 亿元，比上年增长 109.27%；年末客户 12571 户，比上年增加 2120 户。年末保证金余额 6296.04 万元，比上年增加 3138 万元。

2010 年，股市保持平稳发展，常德华融证券成交量达 104.2 亿元，比上年增长 10.7%。年末客户 12571 户，年末保证金余额 5948 万元，全年实现净利润 888 万元。

2002—2010 年常德华融证券股票经纪业务统计表

表 1-21　　单位：户、亿元

年度	总成交量	年末股民户数	年度	总成交量	年末股民户数
2002	8.9	3695	2007	78.56	7045
2003	10.89	4107	2008	44.97	7691
2004	10.89	4832	2009	94.11	10451
2005	4.04	4338	2010	104.18	12571
2006	12.34	4478	合计	368.88	

二、海通证券常德朗州路营业部

（一）机构及人员

海通证券股份有限公司是一家全国性证券公司。2010 年 4 月，海通证券常德朗州路营业部（以下简称常德海通证券）成立，营业部位于湖南省常德市武陵区朗州路 137 号凯利大厦 4 楼，下设财务部、计算机部、业务部、客服部、营销部等部门。2010 年年末，共有员工 14 人，平均年龄周 27 岁，均为大专以上学历。

（二）领导班子

常德海通证券领导班子成员由省公司任免。常德海通证券总经理王勇，副总经理梁德明。

（三）经营状况

开业以来，常德海通证券立足常德、着眼全局，加强营销体系建设，稳步推出融资融券、约定购回、债券质押式报价回购业务和固定收益类产品等创新业务，为常德的投资者提供理财管道。常德海通证券通过加快业务创新、完善制度、强化管理、推进中台服务体系建设等措施，促进经纪业务顺利发展。公司成立彩虹俱乐部，提出“用心服务成就你我”理念，整合综合金融服务优势，定期举办投资者教育报告会，由专业人士对宏观经济进行分析，对市场走势述评与预测，得到投资者的一致好评。至 2010 年年末，累计开户 1726 户，成交量 8.6 亿元，营业收入 8.4 万元，托管市值 1.12 亿元，股票基金市场占有率 0.0232‰。

三、财富证券有限责任公司常德证券营业部

(一)机构及人员

财富证券有限责任公司成立于2002年8月,系国有控股证券公司。财富证券常德证券营业部(以下简称常德财富证券)于2010年8月开业,营业地址位于常德市武陵大道637号邮政大楼3楼,营业面积达1000余平方米。2010年年末,有员工30名,平均年龄35周岁,大专以上学历30人,中共党员6人。公司分前后台人员编制,后台员工9人,其中总经理1人,总监1人,交易部2人,客服部2人,计算机部1人,行政1人,合规部1人。前台员工20名,主要负责向客户介绍营业部基本情况及办理开户、交易、资金存款相关业务流程等,发展客户资源。

(二)领导班子

常德财富证券的领导成员由上级公司任免,2010年8月至年年末,总经理为陈坚。

(三)经营状况

常德财富证券坚持风险控制理念,与常德工行、农行、中行、建行、交通银行开通第三方存管业务,确保客户资金安全以及存取快捷。营业部拥有柜台、自助、电话、网上、手机等多种交易系统,为客户便利及时的交易提供坚实保障。营业部每日提供股市点评及财富投资早参,实行开放式实时信息服务,每周六举办财富课堂,不定期举办股市沙龙和投资报告会,为客户提供强有力的技术支持和信息服务。营业部建立客户QQ群、飞信群,提供分析师实盘指导和经验交流,提升非现场客户服务质量。至2010年年末,常德财富证券开展证券经纪、基金销售、融资融券业务、债券逆回购、约定式购回证券交易及股权质押融资等多项业务,累计深沪证券账户数4579户,成交量13.32亿元;普通客户资产16158.79万元。

四、山西证券常德建设东路营业部

(一)机构及人员

山西证券股份有限公司是一家国有控股的证券公司。山西证券常德建设东路营业部(以下简称常德山西证券)由山西省阳泉市盂县迁址更名,是山西证券在湖南设立的首家证券营业部,2010年年末,开始创建,2011年5月开始试营业。常德山西证券营业地址位于武陵区向都国际公馆二层,有200多平方米散户大厅,1间中户室,3间大户室,1间VIP室,拥有交易终端上百台,可同时容纳数百名投资者。公司内设运营保障部、业务运行部、客户服务部、营销部等4个机构。共有员工9人,平均年龄28岁,均为大学本科以上学历。

(二)领导班子

山西证券常德营业部领导成员由上级公司任免。总经理梁满堂。

（三）经营状况

常德山西证券代理的证券交易品种有沪深 A/B 股、基金、权证、国债、企业债、大宗交易平台及办理期货（IB）中间介绍业务等，具备融资融券业务资格、见证式开户业务资格、网上开户资格、新三板业务资格、沪港通、一码通等一系列创新业务资格。营业部设立有专业的理财顾问团队，开展盘中解盘、每日热点点评、专业投资信息、投资咨询 QQ 群，开办股民学校培训班，提供“一对一、个性化”的服务模式，为客户投资提供全方位理财服务。是年，常德山西证券与常德工行、农行、中行、建行、交行、兴业银行等开通银证转账业务。至 2011 年年末，常德山西证券开户 197 名，托管市值 2700 万元，股票基金市场占有率 0.0059‰。

第三节　期货类证券机构

一、德盛期货有限责任公司常德营业部

（一）机构及人员

2008 年 12 月 5 日，经湖南监管局批准，德盛期货有限责任公司常德营业部（以下简称常德德盛期货）成立，营业地址位于湖南省常德市武陵区人民中路 1617 号(金泰利商业广场 601 室)，下设财务部、交易部、信息技术部、市场开发部等岗位及部门。开业时共有员工 6 人，平均年龄 30 周岁，均具有大专以上学历。至 2010 年年末，常德德盛期货发展为员工 12 人，平均年龄 33 周岁，均具有大专以上学历。

常德德盛期货下设财务部、交易部、合规部、信息技术部、客户服务部、市场开发部共 6 个部门。其中，交易部负责营业部客户管理、客户交易手续费的报批，负责营业部开户岗、投资咨询岗等员工管理和考核，负责营业部各种文件的初审及内部事务的安排、协调等日常事务工作等；合规部负责对设立的各岗位工作合规性进行监督检查，对涉嫌违规事项或者需要调查的事项向营业部负责人报告（含临时报告），提出合规自查建议，如实报告本营业部潜在的违规隐患及存在的客户纠纷、员工违规等合规风险，对相关部门及人员存在的违法违纪行为提出处理建议；信息技术部负责计算机网络、通信系统、柜台系统及其他应用系统的维护、变更及安全管理，硬件系统的配置和操作系统用户的管理，保证操作系统、柜台软件及其他应用软件的正常运行；客户服务部负责客户来访接待和咨询服务，按照公司统一制定的规则对客户进行培训、指导等；市场开发部负责确定目标客户，建立客户数据文件，及时更新客户信息，根据客户的风险状况和风险承受能力，提出市场调查评估意见；财务部负责营业部备用金的管理工作和各类费用报账工作等。

（二）领导班子

常德德盛期货领导成员经中国证券监督管理委员会湖南监管局核准任职资格后，由公司总部任免。2008—2010 年，总经理为李伟，无副职。

(三)经营状况

2008年年底,常德德盛期货成立营业。是年,主要抓整章建制,完善内部管理,注重员工队伍建设,开展员工培训,提升员工队伍素质。

2009年,常德德盛期货推进早籼稻期货在常德本地的认知,走访粮食企业,发放相关数据宣传本百余份,组织进行期货相关知识培训交流会议20场次,使企业认识利用期货市场来规避价格风险的意义以及可操作性。是年,常德德盛期货在常德市钢材大市场进行为期一个月的“期货市场新认识新作用”户外宣传及展业调研活动,为钢材类品种期货螺纹钢、线材期货的上线在常德市储备良好的客户和市场基础。是年,常德德盛期货与常德农行进行全面合作,共享资源,双方通过现场、远程会议方式共同主办常德农行各支行网点的期货基础知识培训会,常德德盛期货走访农行临澧、石门等四个县级支行,普及期货知识。至2009年年末,常德德盛期货共有期货客户417户,机构户4户,客户权益881万元,成交量20.3万手,成交金额110.8亿元。

2010年,常德德盛期货加强客户经理营销团队建设,完善客户经理营销管理方案,制定客户信息收集、基础服务与个性化服务、奖惩标准等一系列相关的管理制度。开展户外营销活动,进行客户分类确定目标客户,了解客户对期货市场实际投资需求,有针对性推荐期货品种和操作方式,引导客户了解风险控制,实现客户满意达成交易。4月,首个金融期货——沪深300股票指数期货合约上市。常德德盛期货成立股指期货领导小组和适当性制度实施工作领导小组,召开关于备战股指期货一系列专题会议,组织包括投资者适当性制度、新开户制度、股指期货交易策略等内容的学习培训。常德德盛期货根据中国证监会及公司总部反洗钱内控制度要求,成立反洗钱工作小组,设立反洗钱专岗,配合人民银行反洗钱现场检查。是年,湖南省证监局对常德德盛期货进行合规检查,检查表明不存在重大风险隐患。2010年年末,常德德盛期货共有期货客户679户,机构户9户,股指期货客户12户,客户权益1362万元,成交量38.39万手,成交金额280.81亿元。

第四章　保险类机构

1988—1994年，辖内仅有中国人民保险公司常德中心支公司，主要经营企业财产、家庭财产、运输工具等财险业务和短期人身意外伤害险、长期人寿保险等人身险业务。1994年年末，全市保费收入17509万元，其中财险收入7774万元，寿险收入9735万元；赔（给）付6895万元，其中财险赔付3073万元，寿险赔付3822万元。

1994年12月，成立平安保险常德支公司，经营财险和人寿保险业务。1996年，常德人保分设中国人寿保险常德分公司后更名为中国人民财产保险公司常德分公司，专营财产保险业务。1996年6月，平安保险常德支公司实行产险、寿险分营，成立常德平安寿险公司。2002年5月，太平洋人寿常德中心支公司成立，2002年8月，太平洋财险常德中心支公司成立。2003年4月、6月，新华人寿、泰康人寿相继成立常德中心支公司。2004年，天安财险、华安财险进驻常德；2005年大地、太平、中华联合等财险公司、宏鑫财险代理公司入驻常德；2007年1月、5月、6月，中国人民人寿、合众人寿、中英人寿入驻常德。2008年1月、2月、6月、9月，中国人寿财险、生命人寿、都邦财险、渤海财险、健康人寿、阳光人寿入驻常德。2009年1月、5月、6月，太平人寿、长安责任保险、永诚财险、阳光财险相继在常德成立分公司；2010年3月、9月，幸福人寿、民生人寿相继入驻常德。

2010年年末，常德有保险公司30家，其中财险公司15家，人险公司14家，保险代理公司1家。全市15家财产保险公司经营的财险业务有企业及家庭财产险（农业险）、运输工具险、货物运输险、责任险及人身意外险（短期健康险）共4大类200个险种。2010年，保费收入79935万元，为1989年的39倍，年均增长20.12%；2010年赔（给）付37017万元，是1989年的22倍，年均增长16.87%。14家人寿保险公司开展人身保险业务，2010年，收入保费319070万元，是1989年的117.7倍，年均增长26.9%；赔（给）付46841万元，是1989年的28倍，年均增长18.12%。

第一节　财险类保险机构

一、中国人民财产保险股份有限公司常德市分公司

（一）机构人员

1984年6月，中国人民保险公司常德中心支公司（以下简称常德人保）从常德人行分设成立，经办各种财产保险和人身保险业务。1988年年末共有员工314人，具有中级专业技术

职称的33人。1989年年末,下辖10个支公司,员工207人,平均年龄35周岁,大专以上学历153人(其中本科91人),中共党员136人。1990年年末,内设11个科室,下辖武陵、鼎城、津市、安乡、临澧、澧县、石门、桃源、汉寿9个支公司,共有员工230人。在各区、乡(镇)设立100个保险办事处和保险站,招聘业务员、营销员600余人。1990年1月,中国人民保险公司湖南省分公司改组常德人保领导班子,宋炳文任党组书记兼总经理。

1996年6月,从常德人保分设中国人寿保险股份有限公司常德分公司,员工、财产按财险65%、寿险35%的比例分割,乡镇保险站和保险营销业务员均移交人寿常德分公司。7月,常德人保更名为中国人民财产保险公司常德市分公司(以下简称常德人保财险),下设武陵、鼎城、德山、津市、安乡、临澧、澧县、石门、桃源、汉寿10个支公司。1996年11月18日,中保集团常德产、寿险两家分公司举行隆重的成立大会和挂牌仪式。常德人保财险年末员工人数135人,平均年龄38.9周岁,大专以上学历101人(其中本科59人),中级技术职称12人,中共党员89人。1998年,常德人保财险在农村乡镇设立保险站,由有关单位代理业务,实行直销与营销并举。

1998年11月,国家改革保险机构管理体制,成立保监会,保险业由人行监管改为保监会监管。中保财产保险有限公司更名为中国人民保险公司。1999年4月,常德人保财险更名为中国人民保险公司常德分公司。

2003年,中国人民保险公司进行股份制改造,在香港上市。7月,中国人民保险公司常德分公司更名为中国人民财产保险股份有限公司常德分公司,主营财产保险业务,并获准重新进入人身保险业务领域,经办各种短期人身意外伤害保险和健康险业务。是年,常德人保财险实行扁平化管理,下设10个支公司,内设机构由13个减少至7个。经过民主推荐、组织考察和双向选择,中层管理人员由19人减少至11人。市分公司机关员工由原来的61人减少至56人,全员分别与总经理签订劳动合同。2007年,共建立29个营销服务部,员工总数达到308人。

2009年,全国人保系统电话营销服务部经过三个月试营业后,常德人保财险电话营销服务部于8月30日营业。2010年,更名为电子商务部。2010年年末,常德人保财险辖10个支公司、4个营业部。有员工310名(包括总版、地方版、劳务派遣),其中年末总版员工195人,平均年龄42.8周岁,大专以上学历145人(其中本科86人),中级以上技术职称18人(其中高级3人),中共党员128人。

(二)领导班子

常德人保财险领导班子成员均由其省公司任免。

1989-2010 年常德人保财险历届领导班子成员一览表

表 1-22

经　理	任职时间（年·月）	副职（副总经理、纪检组长、工会主席）
宋炳文	1987.7—1991.1	邓定渝、郑志国、汤明范、严清舫、王明嵩
宋炳文	1991.1-1992.1	邓定渝、辜业林、严清舫、汤明范、王明嵩
邓定渝	1992.1—1994.12	辜业林、汤明范、严清舫、王明嵩、
邓定渝	1994.12-1996.7	辜业林、严清舫、王明嵩、蒯同文、尹振球、杨共和、王成明
邓定渝	1996.7-2001.7	辜业林、王明嵩、王成明
刘长君	2001.7—2003.8	刘云平、陈开美、段立新、朱爱佳
刘云平	2003.8—2007.1	段立新、陈开美、戴绪清、朱爱佳
杨　军	2007.1—	段立新、戴绪清、朱爱佳、宋维君、黄建清

(三)经营状况

1989—2010 年,常德人保财险业务经营分为四个发展阶段。

财产险、人身险综合经营阶段(1989—1995 年)。1989 年,常德人保是常德境内唯一的保险机构,公司推行以普及计算机为标志的现代化管理。在业务上主推各类养老医疗保险,全市有 87 万人参加人保公司主办的各类养老医疗保险。为全市集体企业 7 万多名职工办理退休职工社会统筹,年平均拨付额达 3000 多万元。是年全市保费收入 4733.9 万元,增长率为 29.45%。保险理赔 3310.9 万元,其中人身险给付 957.7 万元。湘北贸易公司发生特大火灾,常德人保财险鼎城支公司支付赔款 32 万元。

1990-1992 年,常德人保经办财产险、人身险共 100 多个险种。财产险中,有企业和家庭财产险、运输工具险、货物运输险 3 大类、68 个险种。与各县市政府共同开办农村联合共保业务。全市 10 个区、县(市)开办常规水稻、杂交稻种、森林火灾、柑橘、蔬菜、烤烟、耕牛、牲猪、养鱼等种、养业保险业务,被评为全省 1992 年度保险先进市。在人身险业务中,开办团体人身保险、团体及个人人身意外伤害保险、简易人身险、学生平安险、少儿两全保险、企业职工养老金补充保险、个体工商户养老保险和集体职工退休费用社会统筹等 40 多个险种,全市 149 万人参加各种人身保险。

1993—1995 年,常德人保公司加强理赔服务,以优质服务推动保险业务发展。1993 年,在遭受沅、澧两水特大洪灾,直接经济损失达 7 亿元之际,支付赔款 1.49 亿元。1994 年,组织开展“保险责任准备金过亿元”活动。是年 10 月,成立“常德市人保与企业联谊会”,常德卷烟厂等全市 500 家骨干企业被接纳为会员单位。借助该桥梁和纽带,常德人保对国有企业进行跟踪调查,为70多家企业解决产品积压、原料短缺、销售滞后等难题,提供市场信息1000多条,促成成交金额8000多万元,查出各种事故隐患千余起。1994年,保费收入9694万元,储金收入7638万元。1995年,将社保统筹业务移交当地劳动和社会保障部门。是年年末,常德人保公司各项保费收入1.48亿元,理赔支出9223万元。

专营财产保险业务阶段(1996—2002年)。1996年6月,常德人保财险与中国人寿常德分公司分设,专营财产保险业务。在业务范围收窄情况下,常德人保财险改进服务,加强新业务拓展。1996年,在货物运输险中开办铁路货物预约保险、公路承运货物运输保险等业务。在责任保险业务中,开办产品质量责任保险、雇主责任保险、校园责任保险、公众责任保险等业务,全年实现保费收入5622万元。是年,常德人保财险开办适合中小型企业的新险种。1998年,财产险业务收入保费9704万元,较1995年增长12.44%。1999年,常德人保财险改革理赔管理,在全国率先成立理赔中心,将保赔合一改为保赔分离,加强理赔服务,并开通"保险110服务热线",为客户解决"投保容易索赔难"的问题。2000年7月,开通"95518"服务专线。在运输工具险的查勘定损上,与交警、医院紧密配合,得到客户肯定。2001年,常德人保财险与各国有商业银行配合,开发由银行发放汽车消费贷款,保险公司承担按期归还的保险产品。2002年,开展"管理年"活动,加强"三个中心"(即承保中心、财务中心、理赔中心)建设,提高服务质量,强化内控管理,规范业务行为,促进业务发展。是年年末,常德人保财险各项保费收入1.22亿元、各项理赔支出6342万元。

以财险业务为主、人身险业务为辅的阶段(2003—2005年)。2003年,常德人保财险开办学生意外伤害保险、医疗住院保险等短期人身责任险业务。采取加强对大中型企业财产保险营销、规范运输工具险管理、创新短期人身责任险服务,开展"质量年""效益年"活动,推动各项业务发展。制定《业务数据质量管理规定》,落实数据质量建设责任制。2004年12月21日,常德桥南市场特大火灾时,公司领导和相关理赔、业务人员第一时间赶到现场,开展查勘定损理赔,灾后一周内将2896万元赔款发放到受灾保户手中,累计赔款达到7500万元。2005年,开展"理赔服务质量年""金牌服务工程——规范服务达标"及"车险经营效益年"活动,推行"理赔无忧"理念,实行车险业务"三日付款""七日提车"举措。2005年年末,常德人保财险各项保费收入1.67亿元、理赔支出1.47亿元。

创新发展阶段(2006—2010年)。2006年,常德人保财险新开办服务"三农"的种养殖业保险业务。全年保费收入1.58亿元,支付赔款1.02亿元,综合赔付率为64.77%。2006年,推行黄金客户理赔"绿色通道",实行查勘、救助、理赔服务"三到位"。是年,开始实行机动车交通事故责任强制保险(简称"交强险"),是年,交强险保费收入2016万元。2007年—2009年,以"促发展、保效益、防风险"为主基调,先后推行"综合治理年"、"理赔管理年"和"机关改革年"创新举措,积极参与农业保险试点,推进农业保险承保理赔两进村两到户。探索出以市、县、乡、村四级服务网络为支撑,以乡镇农业保险办公室为平台,以乡镇农业保险专(兼)干和村级协保员队伍为依托的农业保险基层服务体系,完善规范农业保险承保收费、查勘定损、赔款支付等流程，解决农业保险承保理赔信息不对称、农户收费难、理赔到户难等问题，是年，实现保费收入2.06亿元。2008年，实现生效保费2.65亿元，实现实收保费2.6亿元。2009年盈利881万元，实现了扭亏为盈。2010年，实现财险保费收入40078万元(含农险)，实现利润3102万元。全年处理各类赔案5.7万件。是年，三农保险保费收入8982万元，支付赔款4784万元。

1989—2010年常德中保财险(人保)业务情况统计表

表1-23　单位：万元

年度	保费收入	其中		理赔支出	其中	
		财险收入	寿险收入		财险赔付	寿险给付
1989	4734	2043	2691	3311	1637	1674
1990	5610	2482	3128	3343	1335	2008
1991	9562	4382	5180	5885	2787	3098
1992	14216	7219	6997	7659	3464	4195
1993	19546	9682	9864	14901	8396	6505
1994	17332	7597	9735	6842	3020	3822
1995	14843	7348	7495	9223	4713	4510
1996	12420	7828	4592	11600	8077	3523
1997	8973	8718	255	7861	7604	257
1998	9704	9670	34	12832	12595	237
1999	9715	9344	371	6514	6375	139
2000	9843	9483	360	5037	4904	133
2001	11363	11086	277	5496	5296	200
2002	12203	11858	345	6342	6329	13
2003	13364	12477	887	8028	7823	205
2004	15532	14348	1184	12473	11934	539
2005	16663	15494	1169	14745	13815	930
2006	15767	14448	1319	10212	9026	1186
2007	20601	19395	1206	13211	12463	748
2008	26507	24904	1603	15186	14519	667
2009	31125	29549	1576	18464	17768	696
2010	40078	38196	1882	18450	17725	725
合计	339701	277551	62150	217615	181605	36010

二、中国平安财产保险股份有限公司常德中心支公司

(一)机构人员

中国平安保险股份有限公司常德中心支公司(以下简称常德平安保险)于1994年12月29日成立，是常德市第一家股份制保险企业，隶属于中国平安保险(集团)股份有限公司湖南分公司。该公司成立时，有在编员工49人，内设团体直销业务部、新管道(电网)业务部、重点客户业务部、综合开拓业务部、银行代理业务部、车行代理业务部、综合金融代理业务部、

综合管理部、客户服务部、市场营销管理部等部门。

1996年6月,常德平安保险实行财险、寿险分营,成立人身保险部。同年11月,升格为中国平安人寿保险公司常德支公司;常德平安保险改称中国平安财产保险股份有限公司常德中心支公司(以下简称常德平安财险)。1999年,因市场变化,机构精简,撤销安乡、桃源、石门支公司,四级机构仅有澧县支公司。

2009年8月,常德平安财险首次成立党委会,陈秋林任第一任党委书记。至2010年,有四级机构5个,直属部门11个,分别是澧县支公司、石门支公司、安乡支公司、桃源营销服务部、汉寿营销服务部、团体直销业务部、新管道(电网)业务部、重点客户业务部、综合开拓业务部、银行代理业务部、车行代理业务部、综合金融代理业务部、综合管理部、客户服务部、市场营销管理部、数科常德作业组。有正式员工120名。

(二)领导班子

常德平安财险领导班子成员由其省公司任免,历届班子成员情况见下表:

1994—2010年常德平安财险历届领导班子成员表

表1-24

经　理	任职时间(年·月)	副职(副总经理、总助、主管)
毕文汉	1994.12—1995.12	罗锋、秦光健、
罗　锋	1995.12—1998.12 副总经理主持工作	秦光健
易志敏	1998.12—2000.12 副总经理主持工作	郭定甲
唐因果	2000.12—2001.12 副总经理主持工作	郭定甲
颜克文	2001.12—2003.12 副总经理主持工作 2003.12—2009.12	郑一钊、马立新、熊富保
陈秋林	2009.12—	熊富保

(三)经营状况

1994年年末,公司成立后,常德平安保险稳夯基础,提聚实力,在展业、理赔服务上狠下功夫。提出公司发展"三步走":第一步引进保险人才和培养保险人才。第二步寻求股东支持,第三步展开宣传自我推销。通过不懈努力,1995年实现保费收入500万元,超是年指令性任务50%。

1996—2000年,常德平安财险发展进入起伏期。除企业财险、家庭财险、车险、货运险等常规险种外,常德平安财险相继开办建工一切险、银行综合险、居民用电险、单程提车险、产品质量险等新险种。1996年,收入保费801.26万元,其中,财险253万元,车险496.7万元,责任险45.9万元,货运险1.9万元,产品质量保证险3.8万元。是年,赔付353.8万元,赔付率44.16%。其中财险赔付55.6万元,赔付率22.0%;车险赔付281.4万元,赔付率56.7%;产品质量保证险赔付 9.1 万元,赔付率 239.6%。1996 年水灾,为石门、安乡企财险、家财险赔付 1000 万元。1997 年,常德平安财险收入保费 1008.1 万元,比上年增加 201.82 万元,增长 25.2%。赔付 631.7 万元,赔付率 62.67%。1998 年,常德市遭遇特大洪水袭击,1998 年特大洪涝灾害中,常德平安财险全体员工和全市人民一道抗洪救灾,为企业排忧解难,第一时间把赔款送到受灾企业和个人手中。是年,收入保费 847.7 万元,比上年减少 160.4 万元,减幅 15.9%。是年,赔付 2575.4 万元,赔付率 303.8%。自 1998 年起,常德平安财险每年举办平安客户服务节,征询客户意见,提升服务质量,促进业务发展。1999 年,常德平安财险保费收入 449.76 万元,是年,赔付 288.9 万元,赔付率 64.2%。2000 年,加大对车险营销力度,实现保费总收入 604.5 万元,赔付 244.9 万元,赔付率 40.5%。

2001—2006 年,是常德平安财险快速发展期,6 年收入保费 8659.4 万元,年均增长 158.6%。2001 年,常德平安财险保费收入 706.8 万元,比上年增长 16.9%。2002 年,常德平安财险采取“全员销售、主动服务”“巩固阵地、抓住续保”等措施,建立一批客户群,常德烟草公司、常德电业局、常德欣运集团、常德电信公司、常德公交公司、常德水电八局等均成为保费超百万的客户。是年,保费收入 1225.9 万元,比上年增长 73.5%。2005 年,常德平安财险新增设兼业代理机构 12 个,新开发各种责任险和短期意外伤害险、健康保险 9 个,全年保费收入 1961 万元,比上年增长 17%。支付各种赔款 1570 万元,赔付率 80.1%。2006 年保费收入 1807.7 万元,比上年增长 155.6%。

2007—2010 年,是常德平安财险飞速发展期,4 年共收入保费 15554.4 万元,年均增长 330.5%。2007 年,常德平安财险按照省公司二元发展战略要求,抓好四级机构建设重点,成立安乡和汉寿营销服务部,全市 4 个营销服务部共收保费 500 万元。公司成立重点客户维护小组,加强对重点客户信息收集、分析和利用,使重点客户保费得到稳步增长。全年收入保费 2515.8 万,赔付 1637.2 万元,赔付率 65.1%。2008 年,常德平安财险创新推出电话网销保险新举措,推动车险业务井喷式发展。以企业财产险作保障、健意险为补充,车险业务为龙头,责任险为效益,保费逐年攀升。2010 年,常德平安财险调整经营思路,深化管道改革,加快增长方式转型,取得优异成绩。全年保费收入 6212 万元,比上年增长 63.95%。其中,财险 471.3 万元,占保费收入的 7.59%;车险 4922.6 万元,占保费收入的 79.3%,比上年增长 90.7%。是年,赔付 2375.1 万元,赔付率 38.2%。其中财险赔付 215.2 万元,赔付率 45.7%。车险赔付 1870.1 万元,赔付率 38%。

1994—2010 年常德市平安财险保费收支一览表

表 1-25　　　　单位:万元

年度	保费收入	理赔支出	年度	保费收入	理赔支出
1994	176.74	52.54	2003	1174.99	1059.11
1995	493.59	214.39	2004	1782.61	731.06
1996	801.26	353.83	2005	1961.44	1148.63
1997	1008.08	631.72	2006	1807.67	1140.11

续表

年度	保费收入	理赔支出	年度	保费收入	理赔支出
1998	847.71	2575.44	2007	2515.76	1637.22
1999	449.76	288.91	2008	3014.41	1986.02
2000	604.47	244.93	2009	3812.2	1779.9
2001	706.76	308.68	2010	6211.98	2375.11
2002	1225.9	584.44	合计	28595.33	17112.04

三、中国太平洋财产保险股份有限公司常德中心支公司

(一)机构及人员

2002年8月16日，经湖南省保监局批准，中国太平洋财产保险股份有限公司常德中心支公司(以下简称常德太平洋财险)开业。公司员工7人，平均年龄35周岁，大专以上学历5人，具有中级技术职称1人，中共党员5人。主要经办各类财产(责任)保险、短期健康保险和意外伤害保险等业务。2006—2008年，先后设立桃源、汉寿、安乡、澧县支公司。2010年年末，常德太平洋财险下设5个管理部门、4个业务部门、7个县支机构服务网点，基本覆盖整个常德地区。员工总数78人，其中正式职工40人，平均年龄32周岁，大专以上学历25人，具有中级技术职称3人，中共党员9人。

(二)领导班子

2002—2010年，常德太平洋财险领导班子成员均由其省公司任免。

2002—2010年常德太平洋财险历届领导班子成员一览表

表1-26

总经理	任职时间（年·月）	副职（副总经理）
罗耀平	2002.8—2009.5	李高生、蒋德平、王兴华
蒋德平	2009.5—	王兴华

(三)经营状况

2002—2010年，常德太平洋财险收入保费25686万元，赔款支出13396万元。公司经营发展可分为三个阶段。

2002—2006年，业务稳健发展，经营效益逐步提高。常德太平洋财险开业后拓展市场，寻求重大客户合作项目，相继承保常德卷烟厂、电信、移动、联通、电力、金健米业、大湖水殖、纺机、达门船舶等一批市内重要企业，为公司的发展打下厚实的基础。2006年，实现保费收入2286万元。2002—2006年，年均增长38.18%。

2007—2009年，业务发展面临市场冲击，发展较为迂回。2009年，省电信系统停止财产

统保。面对市场剧烈冲击,公司克服困难,寻找新的业务增长点,保费收入减少 795 万元。

2010 年后,业务发展再攀新高,进入高速发展时期。公司大力拓展市场、提升服务质量、强化管道建设,实现业务大踏步发展。银保管道业务在各县支机构全面开花,车商业务全面完成网点布置,产寿交叉销售初显成效,电话销售管道业务形成新的增长点。经营效益创下新高。2010 年,实现保费收入 6618 万元,比上年增加 2745 万元,增长 70.88%;赔付 2170 万元;实现利润 684 万元。公司自成立以来连续 9 年盈利。

2002—2010 年常德太平洋财险保费收支统计表

表 1-27　　单位:万元

年度	收入	赔（给）付
2002	627	123
2003	1252	467
2004	1655	641
2005	1740	1202
2006	2286	1039
2007	2963	1629
2008	4668	3934
2009	3873	2191
2010	6618	2170
合计	25682	13396

四、天安财产保险股份有限公司常德中心支公司

(一)机构及人员

天安财产保险股份有限公司是中国首家按照现代企业制度和国际标准组建的股份制商业保险公司，总部设在上海。2004 年 3 月,经湖南保监局核准，天安财产保险股份有限公司常德营销服务部开始筹建。3 月 16 日,天安财险常德营销部挂牌开业。天安财险常德营销部租赁常德出入境检疫局综合大楼四楼为公司经营与办公职场,2004 年年末，正式劳动

天安财产保险股份有限公司常德中心支公司营业大厅

合同人员19人,平均年龄37岁。其中,大专以上文化13人,中共党员4人。2005年2月,天安财险常德营销部因业绩突出升格为天安财险常德中心支公司(以下简称常德天安财险)。2007年初,因业务规模扩大,常德天安财险将营业场所搬迁至常德市武陵大道498号杰新集团大楼一楼和五楼。2006年,设立朗州北路营销服务部;2007年,相继设立石门、澧县营销服务部。2010年年末,常德天安财险内设总经理室、行政人事部、计划财务部、客户服务部、业管部,下辖3个营销网点。从业人员共27人,平均年龄35周岁,其中大专以上文化20人,中共党员3人。

(二)领导班子

常德天安财险领导成员由其省公司任免。

2004—2010年常德天安财险历届领导班子成员一览表

表1-28

经　理	任职时间(年·月)	副　职
欧阳杰	2004.3—	—

(三)经营状况

常德天安财险采取以核心管道业务为主、代理人和员工直销业务为辅、兼业代理业务为补充的经营模式,承保各种企业财产险、机动车辆保险、货物运输保险、责任保险、信用保险、保证保险、各种短期人身意外伤害保险以及上述业务的再保险和保监会批准的其他保险业务。公司多方位开辟业务管道,抓好客户服务,业务量稳步上升,市场占有率逐年提升。2004—2010年,保费收入8320万元,其中企业财产险362.9万元、机动车辆保险7268.1万元、货物运输保险97.3万元、责任保险177.7万元、其他保险业务386.5万元,赔款支出4405.2万元,利润114.2万元。

2004—2010年常德天安财险保费收支统计表

表1-29　　单位:万元

年度	收入	赔付
2004	759.0	77.6
2005	1208.8	473.2
2006	978.2	770.9
2007	1269.4	849.8
2008	1235.5	862.2
2009	1084.7	652.9
2010	1784.4	718.6
合计	8320.0	4405.2

五、华安财产保险股份有限公司常德中心支公司

(一)机构及人员

华安财产保险股份有限公司常德中心支公司营业部

2004年7月6日，经湖南省保监局批准，华安保险股份有限公司常德中心支公司(以下简称常德华安财险)成立开业，租赁常德市天德大厦5楼作为公司经营与办公场所。公司内设行政人事部、计划财务部、市场营销部、客户服务部4个业务部室。从业人员25人。至2010年年末，公司下设朗州路营销服务部、综合管理部、计划财务部、业务管理部。正式职工12人，平均年龄35周岁，均为大专以上文化，具有中级技术职称3人，中共党员4人。

(二)领导班子

常德华安财险领导班子成员由其省公司任免，经历一次换届调整。

2004—2010年常德华安财险历届领导班子成员表

表1–30

总经理	任职时间（年·月）	副　职
李高生	2004.4—2006.12	—
吴小平	2006.12—	—

(三)经营状况

常德华安财险主要经营各种财产险、责任险、信用保证险、农业险、意外伤害险和短期健康险业务。其特色险种有:(1)“禽流感无忧”疾病保险。2005年，针对禽流感疫情，华安保险首推“禽流感无忧”疾病保险，旨在以保险方式说明人们抵御禽流感疫情可能对人们身体健康与生命安全带来的风险，实现保费收入2万元。(2)“食客安心”餐饮业综合保险。2005年，华安保险推出为餐饮业主量身定做的一揽子综合保险产品——“食客安心”餐饮业综合保险，该产品为政府分摊责任，为餐饮业主转嫁风险、为食客提供安全保障，弥补市场上餐饮业综合保险的空白。实现保费收入2万元。(3)华安金龙理财保险。华安保险推出全国首个“利率联动”的保险产品——华安金龙收益联动型家庭财产保险，实现保费收入2.2万元。2007

年,常德华安财险向小区居民提供“面对面”保险直销与增值服务。致力于“比出险客户的亲人早到三分钟”的服务宗旨,为客户提供出险理赔、故障救援、保险咨询等全方位的服务。在业务管理上,常德华安财险坚持规范经营,建立完善内控制度,促进公司业务快速发展。2004—2010年,常德华安财险保费收入5322万元,其中企业财产险收入172万元,家庭财产保险收入150万元,责任险收入73万元,运输工具保险收入4490万元,货物运输保险收入34万元,其他险种收入403万元。理赔支出2194万元,理赔率41.23%。

2004—2010年常德华安财险保费收支统计表

表1-31　　单位:万元

年度	保费收入	赔(给)付	年度	保费收入	赔(给)付
2004	819	60	2008	152	122
2005	1274	563	2009	966	133
2006	812	535	2010	1049	506
2007	250	275	合计	5322	2194

六、太平财产保险有限公司常德中心支公司

太平财产保险有限公司常德中心支公司营业部

(一)机构及人员

太平财产保险有限公司常德中心支公司(以下简称常德太平财险)于2004年12月筹建,于2005年3月8日成立,经营地址位于常德市武陵大道487号,主要经营财产损失保险、责任保险、短期健康保险和意外伤害保险及经中国保监会批准的其他财产保险业务。2005年,常德太平财险共有管理部门4个(总经理室、财务部、综合部、业管部),销售部门4个,代理网点13个。正式在编管理人员8名,平均年龄37周岁,其中中共党员4名,本科3人,大专5人。

2006年,常德太平财险先后成立白鹤山营销服务部(即新车共保中心)、滨湖营销服务部。2007年,常德太平财险搬迁至常德市洞庭大道中段金典花园C栋105号至109号门面。是年,成立汉寿营销服务部。2008年,原中介业务部改为市场部,直销部改为营业部;原管理

部门综合部与财务部合并，成立综合财务部。2009 年 4 月，总公司进行分管道改革，各管道分条线由总公司统一管理。改革后常德太平财险分别有直销、个代、银保、车商、寿销产 5 个部门。2010 年，常德太平财险个代部撤销，白鹤山营销服务部（新车共保中心）变更为常德太平财险朗州北路营销服务部，汉寿营销服务部撤销。

截至 2010 年年末，常德太平财险设管理部门 3 个，正式在编管理人员 8 名，平均年龄 33 周岁，中共党员 2 名，本科 2 人，大专 6 人。

（二）领导班子

领导班子成员均由其省公司任命，2005—2010 年领导班子历经 3 次换届。

2005—2010 年常德太平财险历届领导班子成员一览表

表 1–32

总经理	任职时间（年·月）	副　职
张先科	2005.1.1—2007.12	—
赵若雷	2008.3.1—2009.5	—
吴昌惠	2009.6.1—	—

（三）经营状况

常德太平财险坚持个性化的经营理念和发展思路。在承保方面，公司执行“严进宽出”的经营指导思想，不随意降低费率和支付高额手续费，确保客户和公司的根本利益。常德太平财险陆续与一些客户单位建立合作关系，与常德市农业发展银行、市建委、市质量技术监督局车辆、临澧县政府等建立合作关系，开发教职员工意外险等新险种。2010 年，实现保费收入 936.2 万元，比 2006 年增长 76.2%。在理赔方面，公司坚持“诚信立司”宗旨，在《常德晚报》上向社会公开理赔服务承诺，让整个社会成为监督的主体。自开业至 2010 年，公司基本做到零投诉。是年，共赔付 351.6 万元，赔付率为 37.6%。

2005—2010 年常德太平财险保费收支统计表

表 1–33　　单位：万元

年度	保费收入	赔付
2005	270.7	72.5
2006	531.2	164.0
2007	729.9	346.1
2008	567.7	510.6
2009	692.6	519.3
2010	936.2	351.6
合计	3728.3	1964.1

七、中国大地财产保险股份有限公司常德中心支公司

中国大地财产保险股份有限公司常德中心支公司营业部

(一)机构人员

2005年6月8日，中国大地财产保险股份有限公司常德中心支公司(以下简称常德大地保险)经湖南保监会批准设立,经营各种财产保险和短期人身险业务。常德大地财险成立后内设立综合部、业务管理部、客户服务部3个职能部门和非车险部、人身险部、银保部、个代部、市场开发部5个业务部门。2005年9月，设立桃源营销服务部、澧县营销服务部、津市营销服务部。2005年年末,在编员工31人,平均年龄36周岁。其中大专以上文化25人,中级技术职称5人,中共党员5人。

2006年4月增设汉寿营销服务部,2006年8月,设立白鹤山营销服务部,2007年3月,增设临澧营销服务部,2007年5月,增设石门支公司。由于机构调整、经营效益等原因,于2010年2月撤销临澧营销服务部,2010年3月,撤销汉寿营销服务部。

2010年年末,在编员工41人,平均年龄37周岁,大专以上学历34人,中级技术职称2人,高级技术职称1人,中共党员5人,民主建国会会员1人。

(二)领导班子

常德大地财险领导班子成员均由其省公司聘任。

2005—2010年常德大地财险历届领导班子成员一览表

表1-34

总经理	任职时间(年·月)	副　职
向亚红	2005.5—2006.12 副总经理主持工作 2007.1—2010.3	熊善斌、李智、曾凡海
熊善斌	2010.4—2011.2 副总经理主持工作	曾凡海

(三)经营状况

2005 年公司成立后,是年,实现保费收入 576.1 万元,超额完成上级下达目标任务。2006 年,常德大地保险通过扩建网点保规模促发展,年内建成 100 万元以上规模的网站 3 个。先后承保“沅水公铁两用桥”财产综合险,与常德中保财险共同承保华电石门公司财产一切险、机器险、公众责任险和雇主责任险 20%份额等。2007 年,常德大地保险贯彻省公司“统一持续经营、统一创新经营、统一有效经营、统一合规经营”经营思想,抓好绩效考核。完善各项管理制度和部门岗位职责条例,业务部门实行客户经理制,管理人员从基本工资中拿 15%~30%进行考核,按考核得分比例发放绩效工资。与工、农、建、邮、农发行等全面合作,与教委、建委、消防、劳动局、财政局、计生委、运管、烟草系统行业建立起业务合作关系,业务范围进一步扩大。在上级统一部署下,车险实现全国通赔,首创在全国开通车险赔案外网查询系统,品牌影响不断扩大。全年实现保费收入 2632 万元,市场份额达 7%。2008 年,常德大地财险以效益为导向,加强业务结构管理。车险业务主攻政府财政采购车辆和摩托车险业务,非车险业务陆续开发银、信、邮、教委、建委、劳动、城管、运管、计生委、财政采购十大渠道和泰格林纸、中联重科两个项目。全年实现保费收入 2140.7 万元。受特大冰灾影响,是年总成本率达到 101.2%。2009 年,公司优化险种结构,坚持“承保有利润、发展有效益”的经营思想。全年实现保费收入 1680.6 万元,实现利润 105.3 万元。通过调整业务结构,关停汉寿、临澧两家效益低劣的县级机构,放弃近千万元的低质业务,非车险占比大幅提升至 49%。2010 年,常德大地财险依法合规抓管理,突出效益抓渠道,瞄准目标抓进度,以人为本抓队伍。公司各项工作通过调整转型步入正常发展期,人员队伍基本稳定,业务结构合理,效益提高。全年实现保费收入 1983.2 万元,同比增长 17.7%,其中车险 1047.81 万元,非车险 825.09 万元,人身险105.92 万元。累计赔付 1028.05 万元,简单赔付率 53.15%;计提营业税及附加 101.09 万元,实现利润 258.38 万元。

2006 年 12 月,常德大地保险被常德市青工委授予“青年文明号”称号,被其省分公司评为“先进单位”。2007 年,公司被常德市委、市政府授予“文明单位”称号,被市工商局授予“守合同、重信用”单位,被市消委授予“消费者信得过单位”称号。

2005—2010 年大地保险常德中心支公司保费收入情况表

表 1-35　　　　单位:万元

年度	收入	赔付
2005	576.12	38.96
2006	1604.34	432.52
2007	2630.67	1140.87
2008	2140.72	1386.24
2009	1680.6 4	1119.13
2010	1983.19	1028.05
合计	10601.68	5145.77

八、安邦财产保险股份有限公司常德中心支公司

安邦财产保险股份有限公司常德中心支公司营业部

(一)机构及人员

2005年12月,安邦财产保险股份有限公司常德中心支公司(以下简称常德安邦财险)筹建。2006年2月6日,经湖南保监局批准成立,经办各种财产保险和短期人身保险业务。2005年年末,常德安邦财险内设综合办公室、财务科、业管科、理赔部、车贷险部、承保部6个部门,下辖安乡、石门、桃源、汉寿、临澧、澧县6个营销服务部,共有正式在编员工17人,平均年龄39周岁,大专以上学历17人,中级技术职称3人,中共党员3人。

2006年,安邦财产保险股份有限公司获准进入人身保险业务领域,经办各种短期人身意外伤害保险业务。常德安邦财险实行扁平化管理,内设机构由6个减少至4个,即综合部(整合办公、行政后勤、人力资源)、财务中心、承保中心、理赔中心。下设6个营销服务部。2010年年末,共有在编员工16人,平均年龄34周岁,大专以上学历16人,中级技术职称2人,中共党员4人。招聘业务员、营销员37人。

(二)领导班子

2006—2010年,常德安邦财险主要领导班子历经4次调整,公司负责人均由省公司任免。

2005—2010年常德安邦财险历届领导班子成员一览表

表1-36

总经理	任职时间(年·月)	副总经理
张友军	2005.12—2007.5	万 勤
万 勤	2007.6—2008.5 副总经理主持工作	
金可安	2008.6—2009.1	
叶明贵	2009.02—	李力至

(三)经营状况

常德安邦财险按照“随需而变、马上就办”的经营方针,经办车险、财产险和短期人身险各类业务。2006—2010年,常德安邦财险经过一系列改革,经营战略从更新观念、抢占商机、

开拓创新、与时俱进，实现快速发展，逐步转移到加快调整、强化管控、在发展中调整、在调整中优化、在优化中提高赢利能力上来。确定以城区业务为龙头，以经济强县为支撑，以营销业务为重点，大力发展非车险业务的经营指导思想。业务规模快速增长，效益稳步提高。主力推广车险的同时，大力拓展意健险、责任险等非车险业务。2007 年 1 月，在常德保险行业中首次实行“赔款到卡，佣金到卡”，开创业内理赔和发放佣金的新模式，使保险理赔和工资发放更加规范、透明、便捷。其间，公司保费收入从 2006 年的 417.8 万元增长至 2010 年的 1391.7 万元，年平均增长率超过 25%。

2006—2010 年常德安邦财险保险收支统计表

表 1–37　　单位：万元

年度	保费收入	赔付
2006	417.8	41.5
2007	215.9	228.5
2008	193.1	165.4
2009	592.4	206.4
2010	1391.7	576.7
合计	2810.9	1218.5

九、中华联合财产保险股份有限公司常德中心支公司

（一）机构及人员

中华联合财产保险股份有限公司常德中心支公司营业部

中华联合财产保险股份有限公司是国内成立的第二家国有财产保险公司，公司前身是成立于 1986 年 7 月的新疆建设兵团保险公司，2002 年 9 月，经国务院同意、中国保监会批准，公司更名为“中华联合财产保险公司”。2005 年 12 月 28 日，经湖南保监局批准，中华联合保险常德中心支公司（以下简称常德中华联合财险）成立，经办各种财产保险和短期人身险业务。2005 年年末，签约员工 5 人，平均年龄 42 岁，其中大专以上 2 人，中级技术职称 3 人，中共党员 4 人。截至 2010 年年末，常德中华联合财险在全市 9 个区、县（市）设有分支机构，拥有签约员工 106 人，平均年龄 35 周岁，其

中大专以上 29 人,中级技术职称 4 人,中共党员 34 人。

(二)领导班子

常德中华联合财险领导成员由其省公司任免。

2005—2010 年常德中华联合财险历届领导班子成员一表

表 1-38

总经理(党委书记)	任职时间(年·月)	副　职
黄道春	2005.6—2006.12	高中孝
易年丰	2007.1—	高中孝

(三)经营状况

政策性农业保险是常德中华联合财险的特色险种。2006—2010 年,公司实行支公司"一把手"工程,建立以综合成本率为主的责任目标制。争取政府和部门支持,向各县政府、农保办汇报服务体系建设方案,工作思路转化为政府部门的工作方向,由点到面、层层深入、全面推进,建成"以县农业保险办公室为平台、以乡镇农保办为依托、以乡镇农保专(兼)干和村级协保员为落脚点,实行保险公司和基层政府双重管理"的基层服务网络。做到"五个统一",即:统一组织架构,统一办公配置,统一工作制度,统一队伍选聘,统一劳务报酬。2006—2010 年,农业保险保费收入 3452 万元,赔付 2406 万元。

常德中华联合财险大力发展商业性保险,制定"双过半""卓越杯"等多项劳动竞赛,从总经理到每一位普通员工都下达指令性保费任务,每周、月、季都召开业务分析会,并且从政策、费用、人力上支持业务发展,向一线倾斜。主要抓大型运输车队保险业务,先后与华云物流公司、欣运集团公司、湖南龙运交通运输集团等 7 家企业签署协议,为做大公路客运车辆保险业务打下基础。2010 年,大型运输车队保险业务保费收入 167.76 万元。商业性保险保费收入占到总收入的 32.8%。

常德中华联合财险建立承保、理赔信息回馈等风险预防机制,从源头采取措施控制理赔风险,在理赔过程中发现因承保方面的原因导致的问题,对相关业务部门进行回馈,对承保环节无告知函的漏洞进行回馈。车险 2000 元以下赔案处理平均周期为 2.6 天,客户投诉率控制在 0.2%。在保监局公布的保险理赔服务指数中,该公司连续多年稳居 A 类公司。公司抓好理赔创新和特色服务,增加公司人伤与法务工作人员,为伤者客户提供更及时的指导和咨询服务,为客户提供各类免费法律咨询和支持服务;根据客户风险状况及时定期开展防灾防损排查,降低客户出险风险;根据客户服务需求,开展免费施救、免费送油、免费代驾等服务项目,截至 2010 年年末,提供各类创新服务 1.2 万余人次。2010 年,常德中华联合财险收入保费 13307.2 万元,其中商业险保费收入 4369.8 万元,政策性农险签单保费收入 8940.2 万元。全年累计支付赔款 7047.3 万元,综合赔付率 63.3%。实现净利润 1560 万元。

2006—2010 年,常德中华联合财险共收入保费 50534.7 万元,赔付 31588.5 万元,盈利 2379.7 万元。

2006—2010 年常德中华联合财险保费收支统计表

表 1-39　　单位:万元

年度	收入	赔付
2006	2072.9	411.8
2007	10300.5	6970.8
2008	13934.0	8832.5
2009	10920.1	8014.8
2010	13307.2	7358.6
合计	50534.7	31588.5

十、都邦财产保险股份有限公司常德中心支公司

(一)机构及人员

2008 年 2 月 28 日,经湖南省保监局批准,都邦财产保险股份有限公司常德中心支公司(以下简称常德都邦财险)成立,经营地址位于常德市洞庭大道东段 229 号。常德都邦财险属总公司的三级分支机构,内设综合管理部、业务管理部、市场部、客服服务部等部门。从业人员 16 人(其中,综合管理人员 6 人,营销业务人员 10 人)。管理人员均具有大专以上学历。

(二)领导班子

常德都邦财险公司领导成员均由省公司任免。

2008—2010 年常德都邦财险历届领导班子成员一览表

表 1-40

总经理	任职时间(年·月)	副　职
万　勤	2008.2—2009.3	—
杨成建	2009.3—2010.3	—
郑一钊	2010.5—	—

(三)经营状况

常德都邦财险承保各种企业财产险、机动车辆保险、货物运输保险、责任保险、信用保险、保证保险、各种短期人身意外保险和上述业务的再保险,以及保监会批准的其他保险业务。2008—2010 年,常德都邦财险遵循“竞争中奋进,创新中发展”的企业文化和“简单、高效、务实、创新”的管理理念,采取以团体业务为主、直销业务为辅、兼业代理业务为补充的经营模式,采取优惠措施,引进业务骨干,多方位开辟业务管道,切实抓好客户服务,为新国线集团公司、湘桂汽车服务公司等企业承担车辆运输风险。2008—2010 年,收入保费 820 万元,其中交强险 271 万元,商车险 359 万元,财产险 110 万元,意健险 80 万元;理赔(给)付 280 万元。其中,2010 年保费收入 392.9 万元,赔付 182.9 万元。

2008—2010 年常德都邦财险保费收支统计表

表 1-41　　单位:万元

年度	收入	赔付
2008 年	154.1	24.3
2009 年	273.2	72.6
2010 年	392.9	182.9
合计	820.2	279.8

十一、渤海财产保险股份有限公司常德中心支公司

渤海财产保险股份有限公司常德中心支公司营业部

(一)机构人员

2008 年 6 月 17 日,经湖南省保监局批准,渤海财产保险股份有限公司常德中心支公司(以下简称常德渤海财险)成立,隶属于渤海财产保险股份有限公司湖南分公司。公司租赁常德育才东路迅华大厦 8 楼作为公司经营与办公场所。内设总经理室、综合管理部、财务部、客户服务部等 4 个部室,从业人员 13 人,平均年龄 33 岁,其中大专以上学历 10 人。2010 年 6 月,经营地址迁至到常德市育才西路 741 号。

(二)领导班子

常德渤海财险领导班子成员由省公司任免。

2008—2010 年常德渤海财险历届领导班子成员一览表

表 1-42

总经理	任职时间(年·月)	副　职
唐靖林	2008.6—(借调省公司未到职)	—
欧阳卫华	2008.6—2009.3 临时负责	—

(三)经营状况

常德渤海财险秉承“积极、稳健、专业”的企业文化,以科学发展为指引,采取以直销、团体业务、兼业代理为主的业务经营模式,承保各种财产损失险、机动车辆保险、责任保险、信

用保险和保证保险、短期健康保险和人身意外保险等。2008 年 6 月至 2009 年 3 月,省分公司派遣临时负责人欧阳卫华在常德主持工作,临时负责人离开后至 2010 年年末,常德渤海财险没有负责人主持工作,各项工作处于半停滞状态。2008 年 6 月至 2010 年年末,收入 420 万元,理赔 220 万元。其中,2010 年保费收入 93.8 万元。

2008—2010 年常德渤海保险保费收入统计表

表 1-43　　单位:万元

年度	收入	赔付
2008 年	126.9	2.1
2009 年	199.3	87.6
2010 年	93.8	130.3
合计	420.0	220.0

十二、长安责任保险股份有限公司常德中心支公司

(一) 机构及人员

2009 年 1 月 22 日,经湖南保监局批准,长安责任保险股份有限公司常德中心支公司(以下简称常德长安财险)开业。办公地址在洞庭大道 100 号 3 楼。公司内设总经理室、综合部、计划财务部、业管部、理赔部和 3 个业务部门,共有员工 27 人,其中管理人员 11 名,销售人员 16 人。2010 年年末,公司有正式职工 19 人,平均年龄 38 周岁,具有大专以上文化程度 17 人,中级技术职称 3 人,中共党员 6 人。

长安责任保险股份有限公司常德中心支公司营业部

(二) 领导班子

常德长安财险领导班子成员均由其省公司任免。

2009—2010 年常德长安财险领导班子成员一览表

表 1-44

总经理	任职时间(年·月)	副总经理
杨劲松	2009.2— 副总经理主持工作	宋柳志、周合连(支部书记)

(三)经营状况

2009年,常德长安财险通过建设营销团队、开发管道、完善内控制度和提高人员素质,是年实现保费收入785.49万元,其中车险收入693.42万元,占保费收入的88.27%;赔付99.75万元,赔付率14.39%。2010年,常德长安财险通过精细预算、合理规划,全年完成保费收入1112万元。其中车险保费收入950.24万元,全险种占比85.45%;赔付522.81万元,赔付率55.02%。

2009—2010年常德长安财险保费收支统计表

表1-45　　单位:万元

年度	收入	赔(给)付
2009	785.4	99.75
2010	1112.6	522.81
合计	1898	622.56

十三、永诚财产保险股份有限公司常德中心支公司

(一)机构及人员

2009年5月27日,经湖南保监局批准,永诚财产保险股份有限公司常德中心支公司挂牌成立(以下简称常德永诚财险),公司租赁常德市武陵区穿紫河德春公寓综合楼2楼作为公司经营与办公场所。内设机构有总经理室、客户服务部、综合管理部3个管理部门,1个业务部门,从业人员5人,均具有大专以上文化,平均年龄30周岁,具有中级技术职称1人,中共党员1人。

(二)领导班子

常德永诚财险领导由其省公司任免,自成立至2010年,由樊明忠任总经理。

(三)经营状况

常德永诚财险承保各种财产损失保险、责任保险、信用保险和保证保险、短期健康保险和意外伤害保险,以及经中国保监会批准的其他业务。公司恪守“以人为本,求实创新,团结协作,锐意进取”的企业精神,秉承“诚信、专业、效率、和谐”的经营理念,采取以直销和团体业务为主、营销业务为补充的运作模式,在意外险、医疗责任险、车险等方面拓展业务,业务量逐年上升。2009年,常德永诚财险保费收入48.7万元,赔款支出1.1万元。2010年常德永诚财险调整险种结构,大力发展财产险、意外险、责任险业务,谨慎承保车险业务。2010年,实现财险保费收入166.9万元,其中非车险136.8万元,占81.98%,车险30万元;赔款支出19.57万元。

2009—2010 年常德永诚财险保费收支统计表

表 1-46　　单位：万元

年度	收入	赔付
2009 年	48.7	1.0
2010 年	166.9	19.6
合计	215.6	20.6

十四、阳光财产保险股份有限公司常德中心支公司

(一)机构及人员

2009 年 6 月，经湖南省保监局批准，阳光财产保险股份有限公司常德中心支公司(以下简称常德阳光财险)成立，租赁常德武陵大道杰新集团 2 楼作为营业场所。内设综合管理部、销售管理部、客户服务中心、企划财务部 4 个部室。2010 年年末，正式职工 16 人，平均年龄 31 周岁，大专以上学历 14 人，中等以上技术职称 6 人，中共党员 7 人。

阳光财产保险股份有限公司常德中心支公司营业部

(二)领导班子

常德阳光财险领导由其省公司任免，成立后至 2010 年年末，李智任总经理。

(三)经营状况

常德阳光财险以“三个中心”(承保中心、理赔 / 客户服务中心、财务中心)为平台，实施精细化管理，在执行总公司规定的同时，不断完善管理制度、明确岗位职责、规范工作流程，促进业务标准化、规范化。推广使用办公自动化系统，实现业务、财务数据共享和无缝连接。以全国统一客户服务专线“95510”为服务平台，创新服务方式，完善服务举措，开展业务咨询、客户投诉、出险救助、快速理赔等一系列快加优服务，获得客户好评。特别是 2010 年，常德阳光财险大力发展非车险业务，业务规模快速增长，效益稳步提高。2010 年，保费收入 460.7 万元，其中车险保费 177.2 万元，财产险保费 200.4 万，意健险保费 62.1 万元。2010 年，赔付 55.3 万元，其中车险赔付 47.9 万元，非车险赔付 7.4 万元。

2009—2010 年常德阳光财险保费收支统计表

表 1-47 单位:万元

年度	收入	赔(给)付
2009 年	162.2	3.3
2010 年	460.7	55.3
合计	622.9	58.6

十五、中国人寿财产保险股份有限公司常德市中心支公司

中国人寿财产保险股份有限公司常德市中心支公司营业部

(一)机构及人员

2008 年 1 月 4 日,中国人寿财产保险股份有限公司常德市中心支公司(以下简称常德国寿财险)成立。中国人寿财产保险股份有限公司系中国人寿保险(集团)公司旗下的子公司,常德国寿财险系中国人寿财产保险股份有限公司的第三级分支机构。公司地址位于常德市武陵区武陵大道北段 777 号。主要经营范围为财产损失保险、责任保险、信用保险和保证保险、短期健康保险和意外伤害保险以及经保监会批准的其他业务。内设办公室、财务会计部、互动业务部、营销业务部、业处 / 客服中心 5 个部门。2008 年先后设立武陵区、朗州北路、鼎城区、桃源、汉寿县、澧县、临澧、安乡、石门、津市等 9 个营销服务部。2008 年年末,公司发展至 68 名员工,平均年龄 32 岁。其中劳动合同制员工 36 人,党、团员 28 人,大专以上学历61 人。2009 年,对机构和人员进行调整和合理配置,撤销安乡县营销服务部。2010 年年末,共有员工 72 名,平均年龄 38 周岁。其中劳动合同制员工 35 人,党、团员 24 人,大专以上学历 66 人。

(二)领导班子

常德国寿财险负责人由省公司任免,经历两次调整。

2008—2010 年常德国寿财险历届领导班子成员一览表

表 1-48

总经理	任职时间（年·月）	副职（副总经理、纪检书记）
张先科	2008.1—2008.11	张友军
戴　敬	2008.12—	张友军

（三）经营状况

2008 年，常德国寿财险遵循起步、稳行、发力的业务发展思路，以“搭建管道，组建队伍，整章建制，打好基础，搞好服务，树立品牌”为经营方针，开拓互动管道，是年，互动业务实现保费收入 1177 万元，占总保费的 37.9%。业务结构以车险带动非车险，车险占据保费规模的 84.3%。全年实现保费收入 3069 万元，完成年度计划的 115%，占常德财险市场份额的 5.53%，跻身常德财险主体前四位。在客户服务方面，从理赔流程的简约化、理赔系统的科学化、理赔机制的合理化、理赔速度的快速化等“四化”改进和完善服务工作。2008 年年末，公司满期赔付率 46.0%，结案率 77.9%，综合赔付率 62.2%，在全省系统中排名第一。2009 年，常德国寿财险加强内部管控和风险防范。业务方面仍以发展互动管道为主，互动管道实现保费收入 1351 万元，占保费规模的 36.8%。总保费收入 3672 万元，同比增长 18.2%，完成年计划 111.48%，占常德财险市场份额的 8.2%。综合成本率 112.7%，亏损 420 万元。客户服务方面，常德国寿财险围绕全员服务的理念，建立快速理赔机制，限时结案，安装 GPS，实施查勘定损人员工作量化管理，提高现场查勘率，实行差异化服务，对客户实施分类管理，对赔付率较低的优质客户实行售前上门服务、售中防灾防损、售后优先赔付、垫付等举措。2010 年，在大力拓展管道和业务的同时，从规模发展向效益发展转型，重点突出优化业务结构。险种结构方面，主要是大力发展非车险，车险方面主要是提高商业车险占比。公司采取财务费用政策与车险、非车险承保政策相结合的组合策略，出台车险差异化费用政策。是年，非车险保费收入 961 万元，占比达到 28.0%。综合赔付率从 2009 年的 79.0%下降至 2010 年的 61.1%，实现三年累计盈利目标。

2008—2010 年常德国寿财险保费收支统计表

表 1-49　　单位：万元

年度	收入	赔付	综合赔付率
2008 年	3069	1936.9	62.4%
2009 年	3672	2900.4	79.0%
2010 年	4397	2684.4	61.1%
合计	11138	7521.7	—

第二节　寿险类保险机构

一、中国人寿保险股份有限公司常德分公司

(一)机构及人员

1996年,依据中华人民共和国《保险法》分业经营要求和国务院部署,中国人民保险公司改制为中国人民保险(集团)公司,分设财产保险和人寿保险机构。同年6月21日,中国人寿保险股份有限公司常德分公司挂牌成立(以下简称常德中保人寿),隶属于中保人寿湖南省分公司垂直领导,接受常德人行监管,是全市唯一专营寿险业务的国有保险公司。常德中保人寿内设办公室、监审部、政工部、计财部、寿险部、意外险业务部、营销部和基建办共8个部室,下设武陵、鼎城、安乡、汉寿、澧县、临澧、桃源、石门8个支公司和津市、德山2个营业部和100个乡镇与企业的保险站。全公司正式职工138人,其中,拥有大专以上文化程度的43人,中级以上业务技术职称的34人(其中,高级职称1人),中共党员81人。是年,完成分公司办公用地征用。

1998年10月,国务院批准撤销中国人民保险(集团)公司,中保人寿保险公司改建为直属国务院领导的中国人寿保险公司,成为具有完全独立法人资格的唯一国有独资专业寿险公司。是年,国家改革保险机构管理体制,保险业由人民银行监管改为保监会监管。

1999年1月,常德中保人寿启动业务处理中心、财务管理中心和信息技术中心等共3个中心,实现保险资金的统一管理和支公司财务统一管理。是年5月,常德中保人寿更名为中国人寿保险公司常德分公司。是年,筹建常德中保人寿办公大楼。

2001年,经保监会批准,中国人寿保险公司津市市营业部更名为中国人寿保险公司津市市支公司。德山区营业部与武陵区支公司合并,合并后新机构名称为中国人寿保险公司武陵区支公司,自此,常德分公司下设武陵区、鼎城、安乡、汉寿、澧县、临澧、桃源、石门、津市等9个支公司。2001年8月,投资3003.9万元、建筑面积8715平方米的15层办公大楼竣工。是年9月3日,分公司机关从青年南路229号迁往武陵大道北段的新办公大楼办公。是年,分公司推动经营管理规范化、制度化和电子化建设,新建立客户服务中心,构成4个中心的管理新格局。是年年末,全市销售队伍规模达到2436人。

2002年,常德中保人寿系统设立114个营销服务部,其中归属个人业务管理的4个,归属网点业务管理的110个。

2003年6月,中国人寿保险公司股改上市,中国人寿保险公司常德市分公司更名为中国人寿保险股份有限公司常德分公司(以下简称常德国寿)。上市后,常德国寿深化内部改革,整顿营销服务部,对原有的147个保险站重组整合为59个农村营销服务部。初步构建起

一支规模适度、素质优良的营销队伍，在册个人代理人达 3295 人。

2004 年，常德国寿进行人力资源制度改革，对分公司机关部门设置进行调整，将相关职能合并整合。撤销监察稽核部，建立省公司垂直管理，统一领导的内部审计体制，设立审计特派员。分公司不设立专职纪委书记和工会主席，由副总经理兼任。分公司机关调整后的部门设置为综合管理部、人力资源部、财务中心、业务处理中心、信息技术部、客户服务中心、个险销售部、团险销售部、中介代理部共 9 个部门。

2007 年，常德国寿盘活基层公司人力资源，将分公司团险销售部与武陵支公司城区团险销售部进行全面整合，合并成新的分公司团险销售部，将业务处理中心合并到客户服务中心，撤销原业务处理中心。2008 年，增设监察部（法律合规部），将中介代理部更名为银行保险部，财务中心更名为财务会计部。2009 年，建立健全营销员队伍党组织，成立培训部。

2010 年年末，常德国寿共有在职人员 374 人，平均年龄 37 周岁，拥有大专以上文化程度的 270 人，中级以上业务技术职称的 23 人（其中高级职称 2 人）；中共党员 136 人。常德分公司机关部门设置为总经理室、综合管理部、人力资源部、财务会计部、信息技术部、客户服务中心、监察部（法律合规部）、培训部、个险销售部、团险销售部、银行保险部共 11 个部室，下设鼎城、安乡、汉寿、澧县、临澧、桃源、石门、津市共 8 个支公司。

（二）领导班子

常德国寿领导班子由其省公司任免，经历了 3 次主要负责人调整。

1996—2010 年常德国寿历届领导班子成员表

表 1-50

总经理	任职时间（年·月）	副职（副总经理、纪委书记工会主席、总稽核）
蒯同文	1996.06—2000.12	高敏星、伍立平、严钦舫、胡泽贵、王伟利
高敏星	2001.1—2001.5 副总经理主持工作 2001.5—2006.12 党委书记、总经理	胡泽贵、王伟利、严钦舫、赵国栋、阳平、胡建树、周诗华、杨运国
杨运国	2006.12—	阳平、周诗华、覃事勇、张政、彭献荣、姚力文

（三）经营状况

1996 年，机构分设后，常德中保人寿完成机构设置、人员分流、财务分割、遗留问题处理等工作。是年 9 月，全面启动营销机制，将推行个人营销制度作为发展寿险业的重要举措，并展开保险代办站的体制改革，初步形成自销、营销、代办三驾马车并驾齐驱的经营格局。常德中保人寿主要从事以人的身体和生命为标的的人寿保险、养老保险、健康保险、意外伤害保险等各类人寿保险业务。分设后常德中保人寿主要经营意外险、甲种简身险、少儿险、三至（五）年期简身险、养老险、国寿两全、个人代理行销业务等。全年共完成保费收入 7355 万元，占年计划收入的115.84%。

1997—2002年,常德中保人寿保持自销、营销、代办业务同步的经营格局,加大产品开发,优化业务结构。1997年,根据市场需求,开发新险种新业务,调整险种结构,开办学生平安险的附加住院医疗保险、外出打工人员意外伤害保险、居民用电安全保险、执法人员的综合保险、妇女防癌保险等新业务。是年,完成保费收入12431万元,占年计划的148%,增长率69%。在全市寿险市场上,常德中保人寿占据92%的份额。1998年,加大业务调整,营销业务、短险业务、简身险、子女教育险、年金险占业务总收入比重达80.2%。推出鸿寿养老保险、重大疾病终身保险、"全家福"保险、子女教育婚嫁备用金保险、妇女防癌保险等新险种。业务处理中心、体检中心于年底投入运作。是年,实行固定资产和存单集中管理,实行收支两条线,各支公司全部实现报账制。2000年,推出国寿99鸿福两全保险、国寿金色夕阳养老年金保险(A)、国寿女性疾病保险A型和B型等4个新险种。2001年,全市系统大力推动经营管理的规范化、制度化和电子化建设,建立起由业务处理、财务管理、客户服务和信息技术4个中心构成的管理新格局。全面启动"优质服务年"活动,配合"客户家家乐,国寿步步高",开展服务岗位"服务质量回头看"和评选"优质服务明星""优质服务标兵"。是年,实现总保费收入24768万元,同比增长16.83%。市场份额占到84%以上。2002年,主打康宁重疾分红、鸿星少儿、千禧理财、鸿运少儿、卡折式意险等11个效益型产品,形成以分红系列商品为主的拳头产品和品牌效应,实现商品由储蓄保障型向保障分红型的渐进转轨。是年,实现总保费收入3.9亿元,同比增长56.5%。2002年,被中国人寿总公司授予全国系统先进单位称号。

2003—2005年,常德国寿借公司股改上市契机,推进人本、产品、效益和品牌四大发展战略。2003年,波及全国的"非典"疫情发生后,公司发起以"同心抗非典,国寿献真情"为宗旨的"阳光行动",除全力推介"国寿团体传染性非典型肺炎疾病保险"和"国寿附加传染性非典型肺炎住院津贴保险"两个"非典"保险外,还推出放宽49个险种疾病观察期等10项客户服务举措,为医务人员捐赠总保额达1270万元的"非典"保险,充分展示中国人寿的社会形象。2004年,推行"调整优化、过好日子"的工作方针,业务发展和结构调整都取得成效。组织钻石卡客户参加全省系统"快乐橘乡之旅"活动,开展"抢占华山高峰"等大型企划活动,彰显中国人寿"相知多年、值得托付"的品牌形象。2005年,进行首年寿险十年期及以上期续交业务为主攻方向的结构调整,全年实现总保费收入49704万元,业务规模占据常德寿险市场份额60.8%,公司连续四年获评"全市消费者信得过单位"。2005年,被中国人寿集团公司授予全国系统"先进基层党组织"称号、被中国人寿股份有限公司授予全国系统"先进基层党组织"称号。

2006—2008年,常德国寿围绕"统筹城乡,协调发展;调整结构,有效发展;整合资源,和谐发展;主动作为,科学发展"总体工作方针,理性经营,创新模式。2006年,积极组织开展诚信排查、"3·15"诚信服务主题实践宣传日等大型活动,树立国寿"相知多年、值得托付"的社会形象。2006年,实现总保费收入57408万元,同比增长15%。2007年,实现总保费收入

65594 万元，同比增长 14.26%。2008 年，紧扣“稳健经营，和谐发展”主题，实现公司持续稳定发展。实现总保费收入 11.8 亿元，提前两年实现公司三年规划总保费过 10 亿元目标，同比增长 82.5%。市场份额达到 45.09%，领先于同业。

2009—2010 年，常德国寿把握“强基础、调结构、增效益、防风险、稳增长”主线，实现平稳较快的发展。该公司先后开展“3·15 消费与责任”公益宣传活动，举行“牵手国寿·健康生活”为主题的系列客户服务活动，全面推动公司“双 500 强”的品牌建设。2010 年，停售撕票式和老版卡折式业务，全面推广启动卡、移动 POS、“信保通”和学平险“先费后单”等新型销售出单方式。全年实现总保费收入 127483 万元，完成年度计划的 102.64%，同比增长 13.51%，短险综合赔付率 44.9%。

1996–2010 年常德国寿保费赔(给)付收支情况统计表

表 1–51　　单位：万元

年度	收入保费	赔（给）付	年度	收入保费	赔（给）付
1996	7355	2480	2004	46070	6555
1997	12431	4493	2005	49704	9381
1998	16128	8924	2006	57408	10756
1999	18655	6824	2007	65594	26218
2000	21200	8753	2008	118119	30708
2001	24768	10408	2009	117459	36570
2002	38758	8958	2010	127483	29510
2003	44469	6474	合计	765601	207012

二、中国平安人寿保险股份有限公司常德中心支公司

(一)机构及人员

中国平安人寿保险股份有限公司常德中心支公司营业部

1996 年 6 月，平安保险实行产、寿险分业经营，中国平安保险公司常德支公司成立人身保险部。同年 11 月，升格为中国平安人寿保险公司常德支公司。公司内设销售管理部、银行保险部、营运部、培训部、人事行政室、财务室共 4 部 2 室，下设石门、安乡办事处。开业时从业人员 220 人（其中营销业务员 210 人）；1996 年年末，从业

人员 470 人(其中营销业务员 450 人)。1997—1998 年,先后设立临澧办事处及安乡、津市营销服务部。2003 年 3 月,平安人寿常德支公司升格并更名为中国平安人寿保险股份有限公司常德中心支公司(以下简称常德平安寿险),下辖石门、澧县支公司和津市、安乡、德山营销服务部共 5 个机构,共有从业人员 600 人(其中正式职工 35 人、营销业务员 565 人)。2010 年年末,从业人员 600 人(其中正式职工 78 人、营销业务员 522 人),正式职工平均年龄 35 周岁,均具有本科学历。

(二)领导班子

常德平安人寿负责人均由其省公司任免,从成立到 2010 年共经历了 5 届班子。

1996—2010 年常德平安人寿历届总经理一览表

表 1-52

总经理	任职时间(年·月)
胡启桃	1996.01—2001.07
宋兴明	2001.07—2001.10
李正峰	2001.10—2003.10
李　明	2003.10—2007.06
肖恩军	2007.06—

(三)经营状况

1996—2010 年,常德平安寿险经历创业起步、规范发展、创新发展、专业发展四个发展历程。

创业起步阶段(1996—1998 年)。1996 年,平安保险常德支公司设立人身保险部开办人身险业务后,推出营销员代理制度,从社会上招聘 210 名营销业务员,制定营销员管理、考核办法,调动营销员的积极性。1996 年收入保费 1165.8 万元。根据当时常德境内只有团体寿险业务的情况,平安人寿常德支公司采取团体购买寿险和个人购买寿险相结合的办法,扩展寿险业务领域,相继开办平安长寿、少儿终身、递增养老、平安永乐、平安幸福等险种,收入保费 293 万元,占全年保费收入的 25%。1997 年,平安保险常德支公司建立立体、双向式的多媒体网络,加强对营销员的培训。1998 年,常德平安寿险对外发展受保户欢迎的"利差返还型"险种,扩大个险市场份额,对内加强员工业绩考核,采用 KPI、主要工作、综合素质三维指标进行立体考评,推广"鞠躬礼仪"提高服务质量。是年,收入保费 1825.5 万元,比 1996 年增加 659.7 万元,增长 56.6%。1996—1998 年共收入保费 4601.1 万元,年均 1533 万元;赔付 57.9 万元。

规范发展阶段(1999—2002 年)。1999 年,常德平安寿险将"价值最大化"作为经营活动的核心标准,强化内控管理,实行收支"两条线",节省费用开支,加强核保核赔管理。2000 年,平安人寿加快电子化建设,不断推动管理变革和科技创新,保持和增强在销售、精算、产品、品牌、培训、后援及 IT 等诸多领域的优势地位,也为公司和客户创造持续增长的价值。8

月，启用 PA18 一站式综合理财网站，开办电子商务业务；9 月，首开国内个人寿险营销之先河，开通第一家全国集成的呼叫中心"95511"。2000 年，收入保费 3015 万元。2001—2002 年，常德平安寿险规范业务经营，加强营销业务员管理，按业务量计付劳务报酬。4 年共收入保费 17759 万元，年均 4439 万元，比 1998 年增长 143%；赔(给)付 1910 万元，是保费收入的 10.76%。

创新发展阶段(2003—2005 年)。2003 年后，常德平安寿险创新开展服务活动。先后举办少儿平安行动、组织儿童参加书法绘画竞赛、发放"平安少儿安全知识问卷"。启动"温馨理赔系列工程"，为客户提供"理赔申请免填单""本地投保，异地理赔"等服务，客户满意度得到提升。2004—2005 年，推出"钟爱一生""新三鸿"等产品，增强市场竞争能力，促进业务平稳发展。3 年共收入保费 23971 万元。赔(给)付 2989 万元，是保费收入的 12.47%。

专业发展阶段(2006—2010 年)。常德平安寿险秉承"专业让生活更简单"的品牌理念，搭建个险、银保、电销三大销售渠道，产品体系涵盖寿险领域内的普通、分红、万能及投连等各种保险产品，为客户提供全方位的保障与理财服务。在业内率先推出国内外急难援助服务和 MIT 移动展业平台。2006 年，保费收入突破亿元大关，5 年共收入保费 94979 万元，年均 18995.8 万元。其中，2010 年收入保费 26290 万元，比 2005 年增长 196.8%。赔(给)付 1990.7 万元，其中，死伤给付 551.3 万元，满期给付 782 万元，年金给付 447.7 万元，理赔支出 209.7 万元。

1996—2010 年常德平安寿险保费收支统计统计表

表 1-53　　单位：万元

年度	收入	赔（给）付
1996	1166	0
1997	1610	0
1998	1826	58
1999	2223	150
2000	3015	124
2001	6300	800
2002	6221	778
2003	7000	875
2004	8113	1014
2005	8858	1100
2006	12341	1543
2007	14011	1600
2008	18588	2123
2009	23749	2270
2010	26290	1991
合计	141311	14426

三、中国太平洋人寿保险股份有限公司常德中心支公司

中国太平洋人寿保险股份有限公司常德中心支公司营业部

(一)机构及人员

2002年5月，经湖南保监局批准，中国太平洋人寿保险股份有限公司常德中心支公司成立（以下简称常德太平洋寿险），位于常德市洞庭大道138号中国银行1楼和14楼。5月21日对外营业。常德太平洋寿险属总公司的三级分支机构。内设行政办公室、计划财务部、业务营运中心、个人业务部、团体业务部、银邮代理业务部、续期保费部共6个部1个室，下设澧县、桃源、石门、临澧、汉寿、津市、城区共7家县级营销服务部，从业人员230人(管理人员25人、营销业务员205人)。管理人员25人，平均年龄37周岁，中级技术职称2人，中共党员6人。

2006年，分支机构增加桃源漆河、桃源陬市、桃源八字路、桃源剪市、桃源三阳五家乡镇营销服务部，从业人员增加到635人(其中，管理人员37人、营销业务员598人)。

2010年，增设临澧合口营销服务部，公司从业人员1649人，比2002年增长6.2倍。其中，正式职工120人，营销人员1529人；正式职工男性54人，女性66人，平均年龄34周岁，中级技术职称5人，初级技术职称20人，中共党员18人。

(二)领导班子

常德太平洋寿险总经理和其他领导成员均由其省公司任免。

2002—2010年常德太平洋寿险历届领导班子成员一览表

表1-54

总经理	任职时间（年·月）	副职（副总经理、总经理助理）
成辉旗	2002.5—2003.5	李　凯
李　凯	2003.6—2004.5	潘　峰
潘　峰	2004.6—	张志云、何昌红、汪群芳

(三)经营状况

2002年，常德太平洋寿险以基础建设和市场开拓为主，搭建组织架构，建立规章制度，

完善岗位配置,组建营销团队,开拓业务市场。按湖南保监局批准的业务范围,经营涵盖人寿保险、健康保险、意外伤害保险、分红保险、年金保险等 140 多个险种。2002 年,业务收入 626 万元。

2003—2007 年,公司以个险业务为重点,保费收入连年攀升,2007 年,达到 1.6 亿元,年均增长 91.2%。

2008 年,实现保费收入 1.8 亿元,折合标保 1.3 亿元。其中个险实现保费收入 1851.5 万元,同比增长 68.3%,全省系统排名第七。银邮实现保费收入 12581.1 万元,同比增长 63.7%,全省综合排名第二。团险实现保费收入 600 万元，全省系统排名第三。续收实现保费收入 2740.8 万元,同比增长 28.2%,全省系统年度综合排名第 1。

2009 年实现保费收入 2 亿元,折合标保 1.7 亿元。其中个险实现保费收入 2087 万元,全省综合排名第四。银邮实现保费收入 11216 万元，全省综合排名第二。团险实现保费收入 618 万元，全省综合排名第四。续收实现保费收入 3648 万元,任务达标率 97.1%。全省综合排名第一。

2010 年,实现保费收入 2.93 亿元,折合标保 2.85 亿元;其中,个险实现保费收入 3445 万元,全省综合排名第二。银邮实现保费收入 17800 万元,同比增长 47.2%,全省综合排名第一。团险实现保费收入 710.3 万元，全省综合排名第四。续收实现保费收入 6280 万元,任务达标率 105.3%。全省综合排名第二。

2002—2010 年常德太平洋寿险保费收支统计表

表 1-55　　　　单位:万元

年度	收入金额	赔(给)付金额
2002	626	17
2003	1024	52
2004	6299	98
2005	9277	126
2006	13800	133
2007	16000	150
2008	18000	197
2009	20000	253
2010	29300	310
合计	114326	1336

四、新华人寿保险股份有限公司常德中心支公司

(一)机构及人员

2003 年 4 月,经湖南省保监局批准,新华人寿保险股份有限公司常德中心支公司(以下简称常德新华寿险)成立。公司经营涵盖人寿保险、健康保险、意外伤害保险、分红保险、年金

保险等业务。办公地址位于常德市武陵大道中段 88 号。内设行政办公室、计划财务部、客户服务中心、个人业务部、团体业务部、银邮代理业务部、续期保费部共 7 个部室。从业人员365 人(其中,管理人员 18 人、营销业务员 347 人)。先后设立桃源、汉寿、安乡、澧县、西湖、石门营销服务部,公司内部设立营销培训部。2010 年年末,公司整体架构为 8 个部门(营销业务部、团体业务部、银行保险部、保费部、营销培训部、行政人事部、财务会计部、客户服务中心),7 家机构(澧县、石门、桃源、汉寿、津市、西湖、本部)。从业人员 953 人(其中,管理人员 58 人、营销业务员 895 人)。管理人员中,平均年龄 32 周岁,均具有大专以上学历。

(二)领导班子

常德新华人寿领导成员均由省公司任免。2003—2010 年历经 7 次换届。

2003—2010 年常德新华寿险历届领导班子成员一览表

表 1-56

总经理	任职时间(年·月)	副 职(副总经理、总经理助理)
李忠良	2003.4—2003.12	杨盛军
谭帮永	2003.12—2004.12	杨盛军、李立明、王献志
王艳珊	2004.12—2005.6	李立明、王献志
刘卫兵	2005.6—2008.11	李立明、王献志、易竹君
易竹君	2008.11—2009.9	王献志
王献志	2009.9—2010.4	谢勇、余锋
喻卫阳	2010.4—	王献志、施晓伟

(三)经营状况

2003—2005 年,常德新华寿险以个险业务为重点,加强营销员队伍建设,发展营销业务员 300 多人,保费收入逐年递增。2003 年,保费收入 3612 万元,2004 年,保费收入 9176 万元。2005 年,常德新华寿险保费收入首次突破 1 亿元,达到 1.07 亿元,在全省系统内排名第一。是年,荣获总公司"优秀中心支公司"称号。2006—2010 年,常德新华人寿保费收入势头不减。2006 年,保费收入 1.4 亿元,规模保费收入在全省系统内排名第一,再次荣获总公司"优秀中心支公司"称号。2010 年,公司保费收入 33830 万元,是 2004 年的 3.7 倍。赔(给)付 9435 万元,是 2004 年的 3.9 倍。

2003—2010 年,常德新华寿险保费收入 13.67 亿元。其中,人寿保险 2.34 亿元、健康保险 8227 万元、意外伤害保险 783 万元、分红保险 9.80 亿元、年金保险 6617 万元。赔付 3.59 亿元。

2003—2010年常德新华寿险保费收支统计表

表1-57　　单位:万元

年度	收入	赔(给)付
2003	3612	939
2004	9176	2385
2005	10700	2461
2006	14000	3220
2007	15600	3588
2008	23501	5360
2009	26294	8482
2010	33830	9435
合计	136713	35870

五、泰康人寿保险股份有限公司常德中心支公司

(一)机构及人员

2003年6月10日,泰康人寿保险股份有限公司常德中心支公司(以下简称常德泰康人寿)经湖南保监局批准成立,营业地址为朗州北路101号。常德泰康人寿内设办公室、财务室、客服部、营销部、银保部、团险部、总经理室共7个部门。2003年年末,从业人员504人,其中正式职工20人。2003—2004年,澧县、汉寿、津市、临澧、桃源、石门服务部相继开业。2006年,成立保费部。2007年1月,常德泰康人寿迁址至常德市武陵区城西办事处穿紫河小区朗州路1780号人防办公大楼。2010年年末,从业人员2709人(其中正式职工64人,银保外勤104人,团险外勤4人,营销业务员2397人,保费部业务员140人)。正式员工平均年龄30周岁,58人具有大专以上文化,3人具有中级业务技术职称。

(二)领导班子

常德泰康人寿负责人由泰康人寿保险股份有限公司湖南分公司任命。

2003—2010年常德泰康人寿历届领导班子成员一览表

表1-58

总经理	任职时间(年·月)	副职(副总经理、总经理助理)
涂新国	2003.6—2006.5	连伟、熊平
熊　平	2006.5—	蒋元林、郭林红、秦吉喜

(三)经营状况

常德泰康人寿按照专业化、规范化、国际化的发展战略和稳健经营、开拓创新的经营理

念,与中、工、建、农、邮五大银行合作,开办银行兼业代理业务,以千里马(分红型)五年期和十年期两种产品为主要险种,拓展寿险业务领域。成立当年,实现保费收入811.99万元,其中人寿险收入保费683万元,健康险收入保费37万元,意外伤害保险收入91万元。2003—2010年,常德泰康人寿以安享人生、07卓越财富、永福人生和新天寿等分红险种,生命关爱重大疾病、世纪泰康住院医疗健康险为主打险种,巩固与银行合作关系,加强营销团队管理,既实行银行保险、团体险与个险并重,又根据市场需要进行多次产品结构调整。2003—2005年,银行保险以千里马B款、C款分红险为主,2006—2008年,以放心理财万能险终身寿险产品销售为主,2009—2010年以分红险金满仓5年期趸缴和5年、10年期缴产品销售为主。个险系列在以安心无忧意外伤害等意外险为补充,开办45种产品;团险业务有团体意外险、意外医疗险、学生平安险和养老年金险等6个险种。2003—2010年,实现保费收入15.41亿元,累计受理理赔案8387件,赔(给)付8968万元。

2004年7月,常德泰康人寿办理首笔保单质押贷款,贷款金额为4万元。2005年9月,推动SAP财务信息系统上线运行。至2010年,没有发生一笔呆账、坏账。

2003—2010年常德泰康人寿保险收支统计表

表1-59　　单位:万元

年度	收入	赔(给)付	年度	收入	赔(给)付
2003	811.99	1.6	2008	38448.11	1558.40
2004	6236.72	50.82	2009	35716.10	1781.25
2005	10165.76	382.08	2010	32567.46	4880.93
2006	10011.31	156.81	—	—	—
2007	20119.53	156.38	合计	154076.98	8968.27

六、中国人民人寿保险股份有限公司常德中心支公司

中国人民人寿保险股份有限公司常德中心支公司营业部

(一)机构及人员

中国人民人寿保险股份有限公司,是中国人民保险集团股份有限公司旗下的重要成员。2007年1月18日,经湖南保监局批准,中国人民人寿保险常德营销服务部设立。2008年2月14日,经湖南保监局批准,更名为中国人民人寿保险股份有限公司常德中心支公司(以下简

称常德人民寿险),经办各种人寿保险和意外险、健康险业务。内设综合部、个险部、银保部、团险部、互动部、客服部共6个部门。先后成立石门、澧县、临澧、桃源、津市支公司。2010年年末,拥有员工632人,其中内勤员工42人,外勤员工590人。

(二)领导班子

常德人民寿险班子成员由省公司任免。

2007—2010年常德人民寿险领导班子成员一览表

表1-60

总经理	任职时间(年·月)	副职(副总经理、总经理助理)
单国珍	2007.1—	雷胜、韩艳明、喻自军、董鸿斌

(三)经营状况

常德人民寿险主要经营人寿险、健康险、意外险及上述业务的再保险业务。公司秉承"人民保险,服务人民"理念,在个人保险、团体保险、银邮保险、互动业务等多个管道销售中,为客户提供包括普通寿险、分红险、万能险等近200个保险产品的保障与理财服务。2007—2010年,保费收入92973.6万元。其中,人寿保险72147万元,健康医疗保险470万元,意外伤害保险98万元,其他保险20261万元;赔(给)付280万元。其中,人寿保险113万元,健康医疗保险110万元,意外伤害保险18万元,其他保险39万元。

2007—2010年常德人民寿险保费收支统计表

表1-61　　单位:万元

年度	收　入	赔(给)付
2007	11545.1	0
2008	24148.6	0
2009	23721.1	134.2
2010	33558.8	145.7
合计	92973.6	279.9

七、合众人寿保险股份有限公司常德中心支公司

(一)机构及人员

2007年5月,经湖南保监局批准,合众人寿保险股份有限公司常德中心支公司(以下简称常德合众人寿)挂牌成立。公司内设总经理室、营销培训部、银行保险部、运营部、财务部、人事行政部共6个部门,从业人员114人(其中正式职工13人、业务营销员101人)。正式员工平均年龄35周岁,大专以上学历10人,具有中级职称的1人,中共党员1人。2007年底,从业人员增加到578人。2008年,常德合众人寿新增保费部;2010年设桃源支公司。2010年,常德合众人寿内设总经理室、营销培训部、银行保险部、保费部、运营部、财务部、人事行

政部共7个部门,从业人员263人(其中正式职工21人、业务营销员242人)。正式员工平均年龄33周岁,本科以上学历9人,大专学历15人,中级职称4人,中共党员2人。

(二)领导班子

2007—2010年,常德合众人寿领导班子经历4次更换,总经理均由省公司任免。

2007—2010年常德合众人寿历届总经理一览表

表1-62

总经理	任职时间(年·月)
朱　军	2007.4—2008.3
李立民	2008.3—2009.2
吴　越	2009.2—2009.6
冉永明	2009.7—

(三)经营状况

常德合众人寿承保人身保险、健康保险、意外伤害保险等各类人身保险业务。公司开发一整套完备的产品体系,覆盖长期寿险、分红保险、重大疾病保险和短期险产品等种类。2007年,公司主营业务为个险和银行保险业务,保费收入1280万元,赔款支付1.58万元。2008年,实现保费收入5833万元,赔款支付36.84万元。2009年,实现保费收入5205万元,赔付金额35.79万元。2010年,业务管道除个险和银保外,增加团险业务,年度保费收入1063万元,赔付金额38.09万元。2007—2010年,共收入保费12150万元,赔(给)付89.7万元。

2007—2010年常德合众人寿保费收支统计表

表1-63　　单位:万元

年度	收　入	赔(给)付
2007	704.22	1.96
2008	5165.17	26.37
2009	3933.9	31.9
2010	2347.49	29.46
合计	12150.78	89.69

八、中英人寿保险有限公司湖南分公司常德营销服务部

(一)机构及人员

中英人寿保险有限公司由中粮集团与英国英杰华保险集团联合组建。2007年6月6日,经湖南保监局批准,中英人寿保险有限公司湖南分公司常德营销服务部(以下简称常德中英人寿)成立,营业地址位于人民路1670号A栋6楼。主要经营寿险、意外保险、健康保险等人身保险业务。常德中英人寿设有个险发展部、银保发展部、综合支持部。公司有管理人员10名,均为大专以上学历。营销人员223人。2010年年末,公司营销人员94人,管理人员10人。

(二) 领导班子

常德中英人寿负责人均由其省公司任命。

2007—2010 年常德中英人寿保险历届总经理一览表

表 1-64

总经理	任职时间(年·月)
马　婕	2007.6—2008.2
高玲兰	2008.3—

(三)经营状况

常德中英人寿树立“关爱万家”的企业愿景,对内营造 CARE 文化氛围,打造“正直与诚信、团队情、行动力、关怀心”的高素质队伍。常德中英人寿主要以人身保险、意外保险、健康保险三大产品结构进行销售与服务,设立个险、银保、团险三大业务管道,将保险业务全面拓展。2007—2010 年,常德中英人寿实现保费收入 13665 万元,其中人寿保险保费收入 13301 万元、意外保险保费收入 66 万元、健康保险保费收入 296 万元。赔付支出共 193 万元。2010 年,常德中英人寿实现保费收入 4035.1 万元;赔(给)付支出 83.8 万元。

2007—2010 年常德中英人寿保费收支统计表

表 1-65　　单位:万元

年度	收　入	赔(给)付
2007	1895.4	—
2008	3451.1	56.8
2009	4283.3	52.4
2010	4035.1	83.8
合计	13664.9	193.0

九、生命人寿保险股份有限公司常德中心支公司

(一)机构及人员

生命人寿保险股份有限公司常德中心支公司营业部

生命人寿保险股份有限公司是一家全国性专业寿险公司。2008 年 1 月 22 日,经湖南保监局批准,生命人寿保险股份有限公司常德中心支公司(以下简称常德生命人寿)成立。内设营运部、营销部、银保部、团险部、培训部、人事行政部、

财务部共 7 个部门,下设常德本级服务部、石门、澧县、临澧、桃源共 5 个营销服务部。2008 年年末,从业人员 1701 人(其中,正式职工 51 人,营销业务员 1650 人)。正式员工均具有大专以上学历,具有中级以上技术职称 5 人,中共党员 6 人。2010 年年末,从业人员 1300 人(其中正式职工 20 人,营销业务员 1280 人)。正式员工均具有大专以上文化,中级以上技术职称 1 人,中共党员 2 人。

(二)领导班子

常德生命人寿领导班子成员均由生命人寿湖南分公司任免。

2008—2010 年常德生命人寿历届领导班子成员一览表

表 1-66

总经理	任职时间(年·月)	副　职
尹见冥	2008.1—2008.8	—
盛小华	2008.9—2010.11	毛海波
余　峰	2010.12—	毛海波

(三)经营状况

常德生命人寿成立后,按照专业化、规范化和稳健经营、开拓创新的经营理念,与辖内工、农、建和邮储银行合作,开办银行兼业代理业务,拓展寿险业务领域,成立是年实现保费收入 3729 万元。2009—2010 年,常德生命人寿巩固与银行合作关系,加强营销团队管理,调动营销人员积极性。险种结构上,实行银行险和个险保额分红险为主打,个险系列以富贵全能和吉祥三宝、大赢家等分红险种、生命重大疾病、住院医疗健康险为主,生命意外伤害等意外险为补充,开办 38 种产品。团险业务有团体意外险、意外医疗险、学生平安险等 5 个险种。2008—2010 年,累计收入保费 15955.23 万元,其中人寿保险 15606.7 万元,医疗健康险保费收入 285.5 万元,生命意外伤害等意外险保费收入 61.23 万元。累计赔付 166.03 万元,赔付率 1.04%。

2008—2010 年常德生命人寿保费收支统计表

表 1-67　　单位:万元

年度	收入	赔(给)付
2008	3729	33.03
2009	3821.58	68.7
2010	8404.65	64.3
合计	15955.23	166.03

十、阳光人寿保险股份有限公司常德中心支公司

（一）机构及人员

阳光人寿保险股份有限公司常德中心支公司营业部

2008年12月6日，经湖南省保监局批准，阳光人寿保险股份有限公司常德中心支公司（以下简称常德阳光人寿）营业。公司在常德行政区域开展人寿保险、健康保险、意外伤害保险等各类人身保险业务，以及经中国保监会批准的其他业务。常德阳光人寿属阳光人寿保险股份有限公司的三级分支机构，办公地址位于常德市武陵区城西办事处穿紫河小区武陵大道100号杰新大厦。公司内设综合管理部、运营管理部、营销培训部、银行保险部共4个部门，下设本部营业区一区、本部营业区二区。从业人员130人，2009年，设立桃源支公司。2010年年末，公司从业人员584人，其中内勤管理人员21人，平均年龄31周岁，均具有大专以上学历。

（二）领导班子

常德阳光人寿领导成员均由其省公司任免。

2008—2010年常德阳光人寿领导班子成员一览表

表1-68

总经理	任职时间（年·月）	副经理
庹文革	2008.12—	谭　杨

（三）经营状况

常德阳光人寿以业务发展为根本，以为客户服务为核心，建立一支高素质的员工队伍，为客户提供优质稳定服务。2008年，公司主营业务为个险业务，成立是年实现保费收入35.97万元。2009年，业务管道增加银行保险管道，是年，保费收入1816.11万元。其中，个险389.53万元，银保1408万元，续收18.58万元。赔付金额1万元。2010年，业务管道除个险和银保外，增加团险业务，全年保费收入3631.37万元，其中个险498.95万元，银保2679.7万元，团险保费收入9.44万元，续收443.28万元。赔付金额2756元。

2008—2010 年常德阳光人寿保费收支统计表

表 1-69　　单位:万元

年 度	收 入	赔(给)付
2008	35.97	0
2009	1816.11	1
2010	3631.37	0.28
合计	5483.45	1.28

十一、中国人民健康保险股份有限公司常德中心支公司

中国人民健康保险股份有限公司常德中心支公司营业部

(一)机构及人员

2008 年 9 月 26 日,经湖南省保监局批准,中国人民健康保险股份有限公司常德中心支公司(以下简称常德健康人寿)成立,租赁常德市武陵区人民路 2547 号市公共交通总公司办公大楼 2 楼作为经营与办公场所。公司业务范围涵盖人寿保险、健康保险、意外伤害保险、分红保险和上述业务的再保险及保监会批准的其他保险业务。常德健康人寿属总公司的三级分支机构,隶属于中国人民健康保险股份有限公司湖南分公司。内设综合部、运营部、个险部、团险部、银保部 5 个部门,从业人员 122 人(其中,正式职工 28 人、业务营销员 94 人)。正式职工具有大专以上学历 28 人,具有中级技术职称 3 人,中共党员 3 人。

(二)领导班子

公司总经理由中国人民健康保险股份有限公司湖南省分公司聘任,成立后由雷胜任总经理,未设副职。

（三）经营状况

2008 年，常德健康人寿以基础建设和市场开拓为主，搭建组织架构，建立规章制度，完善岗位配置，组建营销团队，开拓业务市场。业务经营中，采取以银行代理、个人代理业务为主，团险业务为补充的运作模式。个险业务上，加强营销员队伍建设，提高营销人员业务素质，采取以会代训、经验交流等方式，提高新人的业务能力和展业技巧。团险业务上，招聘公关能力较强、社会资源比较丰富的人员加入团队，加大对大中型企业营销。对银行代理业务，做好有效网点开拓工作，提高网均产能，努力打造精品网点。常德健康人寿加强自身建设，提高展业能力，两年购置通信网络、计算机、办公用具、客户服务车辆等固定资产 36 万元。各项业务迅速发展，2008—2010 年，收入保费 9738.43 万元，其中，人寿保险保费收入 9575.96 万元、健康保险保费收入 23.33 万元、意外伤害保险保费收入 139.14 万元。2008—2010 年，赔（给）付 455.04 万元，赔付率 4.67%。

2008—2010 年常德健康人寿保费收支统计表

表 1–70　　单位：万元

年度	收入	赔（给）付
2008	33.45	0.22
2009	2788.66	8.69
2010	6916.32	446.13
合计	9738.43	455.04

十二、太平人寿保险有限公司常德中心支公司

（一）机构及人员

太平人寿保险有限公司常德中心支公司营业部

2009 年 1 月 5日，经湖南省保监局批准，太平人寿保险有限公司常德中心支公司（以下简称常德太平人寿）营业。公司下设总经理室、人事行政部、财务部、个人业务部、银行保险部和运营服务部共 6 部室，下辖常德个险管理本部、桃源支公司共 2 个四级机构。2010 年年末，共有内勤员工 31 人，平均年龄 32 岁，具有本科以上学历 25 人。个人保险业务员 321 人，银行保险业务员 13 人，续收人员 2 人。

（二）领导班子

常德太平人寿领导班子由其省公司任命，总经理李映锋，副总经理陈波。

(三)经营状况

2009 年，常德太平人寿以人寿保险为主开展业务攻关，是年，收入保费 3164.06 万元。其中，人寿险 3135.75 万元，健康医疗险 21.49 万元，意外伤害险 6.82 万元。2010 年，常德太平人寿个险标保实现连续正增长，各项业务指标呈上升趋势，其中人均件数、人均标保和人均产能等指标分别达到 1.31 件、2310 元和 3780 元。全年收入保费 6117.95 万元，比上年增长 93.36%。其中，人寿险 6108 万元，健康医疗险 9.95 万元。

2009—2010 年常德太平人寿保费收支统计表

表 1-71　　单位：万元

年度	收　入	赔（给）付
2009	3164.06	1.41
2010	6117.95	6.06
合计	9282.01	7.47

十三、幸福人寿保险股份有限公司常德中心支公司

幸福人寿保险股份有限公司常德中心支公司营业部

(一)机构及人员

幸福人寿保险股份有限公司是由中国信达资产管理股份有限公司、中国中旅(集团)公司等 15 家企业发起组建的国有企业控股的股份制人寿保险公司。2010 年 3 月 18 日，经湖南保监局批准，幸福人寿保险股份有限公司常德中心支公司（以下简称常德幸福寿险)成立，主要经营各类人寿保险、健康保险、人身意外伤害保险以及与人身保险相关的再保险业务。公司地址位于常德市洞庭大道 638 号蓝湖郡小区综合楼 4 楼。公司内设综合部、营运部、个险营销部、银保部、团险部 5 个部门，下设常德营销服务部、临澧支公司。公司内勤人员 20 人，平均年龄 33 周岁，均具有大专以上文化。公司营销业务员 152 人。

(二) 领导班子

常德幸福寿险负责人由幸福人寿保险股份有限公司湖南省分公司聘任，总经理张方银。

(三)经营状况

常德幸福寿险开业后，秉承开拓创新的经营理念，以文化推动业务发展，创作“幸福湘军

歌”,在同业提出“把保险公司当作真正的金融机构来办”。公司坚持走效益化发展道路,与建设银行开办银行兼业代理业务,拓展寿险业务领域。2010 年寿险保费收入 4218.7 万元,寿险赔付 2.36 万元。

十四、民生人寿保险股份有限公司常德中心支公司

(一)机构及人员

民生人寿保险股份有限公司常德中心支公司营业部

2010 年 9 月 17 日,经湖南省保监局批准,民生人寿保险股份有限公司常德中心支公司(以下简称常德民生寿险)成立。公司租赁常德市武陵区建设路 886 号电子技术研究所场地作为公司经营与办公场所。常德民生寿险属总公司的三级分支机构,隶属于民生人寿保险股份有限公司湖南分公司,业务经营范围包括人寿保险、健康保险、意外伤害保险及上述保险业务的再保险业务和资金运用业务。公司内设综合部、运营部、个险部、团险部、银保部等 5 个部门,从业人员 82 人(其中,正式职工 12 人、业务营销员 70 人)。正式职工平均年龄 35 周岁,均为大专以上学历,中级技术职称 1 人,中共党员 1 人。

(二)领导班子

常德民生寿险负责人由民生人寿保险股份有限公司湖南省分公司聘任,总经理邓轩奇。

(三)经营状况

常德民生寿险以基础建设和市场开拓为主,搭建组织架构,建立规章制度,完善岗位配置,组建营销团队,开拓业务市场。开办的险种有个人和团体意外伤害保险、两全保险、定期寿险、终身寿险、年金保险、短期健康保险及长期健康保险。公司采取以银行代理和个人业务为主、团险业务为补充的运作模式。在个险业务上,注重加强营销员队伍建设,提高营销人员业务素质,提高新业务员业务能力和展业技巧。在银行代理业务上,开拓有效网点,提高网均产能。2010 年,是年,收入保费 369.97 万元,无赔付。

第三节 保险代理机构

一、常德市宏鑫保险代理有限公司

常德市宏鑫保险代理有限公司营业部

(一)机构及人员

2005年12月28日,经湖南省保监局批准,常德市宏鑫保险代理有限公司(以下简称常德宏鑫代理)成立,是依法注册的湖南省保险代理公司,业务范围为湖南省行政辖区内代理销售保险产品,代理收取保险费,代理相关保险业务的损失勘查和理赔,及中国保监会批准的其他业务。常德宏鑫代理是股份制企业,最高权力机构是股东代表大会,下设董事会、监事会,董事长为法人代表。内设总经理室、综合部、业务部,同时设立安乡、汉寿、津市3个分部。从业人员20人,大专以上学历8人,中级以上技术职称10人,中共党员1人。

(二)领导班子

2005—2010年常德宏鑫代理有限公司领导班子成员一览表

表1-72

董事长	任职时间(年·月)	监事会主席	副职(监事会成员、副总经理)
彭清喜	2005.12—	曾歆	杨波、郑玲、方淑琴、彭惠玲

(三)经营状况

常德宏鑫代理成立之初,秉承“客户至上、服务第一、专业精干、周到服务”的理念,加大宣传力度,走访保险行业,沟通争取理解。2007年1月,正式代理常德市“承运人责任险”业务,创湖南保险业之先河。是年,承运人责任险保费收入400万元,代理费收入15万元。2006—2010年,常德宏鑫代理为保险公司代理收取保险保费1.5亿元,收入销售保险产品代理费269.5万元,为解决客户发生交通事故后能及时恢复营运问题,累计垫付赔款103万元,如:2008年给常德欣运集团股份有限公司九车队湘J19415号车垫付赔款30万元,2009年给常德欣运集团湘J13272号车垫付赔款28万元。

第五章　其他类金融机构

常德市独立法人信托投资机构只有湖南省信托投资公司常德分公司。

1985年7月,经中国人民银行总行批准,湖南省信托投资公司常德分公司(以下简称常德信托公司)成立,属于全民所有制非银行金融机构。公司由常德地区财政局组建,注册资本金3000万元,人员3人,业务上接受省公司指导,独立经营,自负盈亏。主要经营人民币信托、委托存贷款投资、金融租赁、代理财产保管、证券交易、房地产开发、内外贸易等业务。1988年升为副处级单位,人员24人,自有资金1689万元。1989年5月,市财政局对常德信托公司资本金进行核批,增加常德信托公司自有资本金至2072万元。1989年中共中央、国务院发布《关于进一步清理整顿公司的决定》,常德信托公司被作为金融系列公司纳入清理整顿对象。1990年9月,市财政局对常德信托公司增补资本金928万元,自有资本金达到3000万元。1990年12月,经湖南省人民银行检查验收,由中国人民银行总行批准恢复营业,市人民政府确定其为中二型企业。至1993年年末,常德信托公司拥有自有资本金3344万元,人员由成立之初的3人发展为36人,内部设有5个部1个室、2个子公司和1个行,即办公室、信贷业务部、银行部、财务计划部、证券交易部;惠州万达实业公司,信源实业发展公司;钻石皇后金行。公司经理毛跃进,公司党支部书记蒋孝俊,公司副经理曹承贵、龚德岩。

1988年年末,累发贷款1.2亿元,实现利税600万元。1989—1993年,公司围绕市委、市政府"兴工强农富市"的发展战略,贯彻执行金融政策,广开融资渠道,扩大投资,扶持企业发展,取得较好的社会、经济效益。1989—1993年,实现利润886万元。公司共为市内438家国营大中型企业提供14801万元贷款。1993年年末,贷款余额由1989年的2113万元扩大到8099万元,支持工业企业技术改造,帮助商业企业搞活流通和乡镇企业发展。1989年,原石门玻璃在濒临倒闭之际,公司为该厂注入500万元贷款,使其顺利完成转产任务,新上一条年产15万吨水泥立式旋转窑高标号生产线。下年,又为该厂贷款300万元,促进该厂起死回生,并成为全市首盈大户。5年中,给予三江口水电站、桃源纺织印染厂、常德五交化采购供应站的年平均贷款总额均在400万元以上。贷款余额由1989年的2113万元扩大到8099万元,5年共实现利税986万元,其中利润886万元。

1995年10月,根据省人行《转发总行关于非银行金融机构重新登记的通知》,常德人行对市信托投资公司开展全面检查,指出并纠正拆借资金不合规、资本金部分不真实等问题。1999年,根据国务院要求,对常德信托公司进行全面清理整顿。通过清产核资和资产评估认定,至2000年4月月末,常德信托公司资产总额47726万元,其中贷款42806万元,占89.69%;货币资产508万元,占1.06%;应收款899万元,占1.88%;各类投资2597万元,占

5.44%;固定资产 386 万元,占 0.81%。负债总额 42116 万元,其中,各项存款 37854 万元,占 89.88%;拆入资金 3687 万元,占 8.76%。所有者权益 5610 万元。

该公司在 16 年的发展过程中,经营规模不断扩大,为常德经济发展做出积极贡献。但由于该公司在经营过程中理念出现偏差,管理不善,加之未严格按照人民银行核准的经营范围发展业务,违规操作,酿成较大的风险隐患。2001 年 7 月 6 日,根据人民银行武汉分行《关于撤销湖南省 5 家信托投资公司和 9 家信托办事处的通知》精神,常德市信托投资公司撤销。个人储蓄存款由工行常德支行代为清偿,证券营业部按照人总行批复文件精神转让给湖南长沙证券公司,其他债权债务由常德市财经投资开发公司承担。

第六章　金融行业自律组织

第一节　银行业自律组织

常德市银行业自律组织只有常德市银行业协会。

一、组织及人员

2009 年 5 月，常德市银行业协会召开第一届会员大会并挂牌成立，办公地点设在常德银监局院内。内设综合部、自律部、维权部，下设文明服务、信息联络、自律工作、银行卡及法律工作共 5 个专业委员会。

二、领导班子

常德市银行业协会理事会成员均经民主选举产生。秘书处工作人员均由各银行机构委派。理事会秘书处工作人员由常德银监分局、工商银行、农业银行、湖南省农村信用合作联社常德办事处委派。

常德市银行业协会负责人一览表

表 1–73

	会长	名誉会长	副会长	秘书长
第一届（2009.5—　　）	匡一先	唐圣奇、曹丕铭	聂先明	唐明泉

三、业务管理

常德市银行业协会履行行业协会自律、维权、服务、协调职能，以自律为重点，以服务为根本，发挥维权、协调作用，促进常德市银行业与地方经济健康发展，促进常德市银行业服务水平提高。

建立规章制度。协会先后建立健全《常德市银行业协会章程》《常德市银行业协会自律、维权、文明服务公约》和《常德市银行业协会自律、维权、文明服务实施细则》。建立了《常德市逃废银行债务的认定和处罚办法》《星级文明规范服务示范单位评选办法》《常德市诚实守信五十佳、百佳企业客户评选办法》，加强行业规范管理。在全省银行业协会中，率先建立并实施《常德市银行业自律处罚暂行办法》,区分银行监管部门处罚与协会处罚,解决执法主体模糊不清的问题,使常德市银行业自律步入法制管理的轨道,引导银行机构强化自律、规范经营,得到省银行业协会充分肯定与推介。

开展行业文明服务示范单位创建。2009年,启动以"提升行业服务水平、打造行业服务品牌、树立行业良好形象"为主要内容的星级文明服务示范单位创建活动。2010年,全市有107家营业网点达到三星级以上服务标准,其中,五星级25家、四星级34家、三星级48家。

规范银行代理保险业务。针对社会反映强烈的骗保问题,与市保险行业协会共同治理银行代理保险业务不规范行为。2009年,与市保险行业协会联合发文,规范银行代理保险业务,并开展联合检查。

开展资格认证考试。向中国银行业协会申请,设立银行业从业人员资格认证考试常德考点。先后组织2次资格认证考试,考生达到5848人次。

维护银行合法权益。慎重解决工商部门越权查处建设银行财务顾问费、越权查处工商银行与建设银行按揭贷款抵押登记费、短信提醒服务费问题,依法、依规、有效地维护银行机构合法权益。牵头维护银行债权,组织市、县两级政府领导与相关银行机构负责人参加的政府融资平台贷款"统一会谈"。抓住清理政府融资平台贷款契机,帮助工行、信用社收回1100万元逾期多年的不良贷款。

处理客户投诉。受理客户投诉57件,处理并回复57件,客户满意度达99%。

第二节　保险业自律组织

常德市保险业自律组织只有常德市保险行业协会。

一、组织及人员

2004年4月,经中国保监会长沙特派员办事处、常德市证券管理办公室和常德市民政局批准,常德市保险行业协会(以下简称常德保险协会)召开第一届会员大会并成立。常德保险协会是由中国人寿常德分公司牵头,联合中国人保常德分公司、平安财险常德中心支公司、平安寿险常德中心支公司、太平洋财险常德中心支公司、太平洋寿险常德中心支公司等2003年所有驻常德的6家保险公司联合请示组建。其性质为常德市的商业保险机构自愿组成的行业自律性质的非营利社会团体,业务主管部门是常德市证券管理办公室。原中国人寿常德分公司总经理高敏星任协会首任会长。初始协会拥有会员单位9个,除上述6家公司外,还有泰康人寿、新华人寿、天安财险(筹)共3家。秘书处工作人员3名,全市总保费规模10亿元,保险从业人员约5000人。

2007年6月,常德市保险行业协会召开第二届会员代表大会,举行换届选举,成立新一届协会领导班子，平安财险常德中支总经理颜克文任会长，聘任市政府李爱国副市长为顾问，市金融证券办曾国赋书记为名誉会长。协会会员发展到17个。全市总保费规模达到16亿元，保险从业人员达到8000人。

2010年6月，常德保险协会召开第三届会员代表大会，举行换届选举，成立第三届协会领导班子，中国人保常德分公司总经理杨军任会长。会员代表大会对协会原章程进行修改和完善。秘书处设有秘书长室、办公室、财务室、产险工作办、寿险工作办、调解接待室、调解庭等办公区间，下设新车保险服务、承运人责任保险服务、快处快赔服务三大中心，工作人员共5人。办公地址位于常德火车站花园广场东侧。

二、领导班子

常德市保险行业协会成立以来召开了三次会员代表大会，通过选举，产生了三届领导班子。

2004—2010年常德市保险行业协会第一届至第三届负责人一览表

表1-74

	会　长	副会长	秘书长
第一届（2004.4—2007.5）	高敏星	刘云平、颜克文	郭定甲
第二届（2007.6—2010.5）	颜克文	杨军、杨运国、张先科	陈学祥
第三届（2010.6—）	杨　军	杨运国、潘峰	陈学祥

三、业务管理

常德市保险协会成立后，贯彻执行国家有关法律、法规和保险监督管理机关颁布的规章制度，结合常德实际制定保险行业自律公约，维护会员与被保险人的合法权益，组织会员之间的交流与合作，开展市场调研，宣传保险法律法规，向社会普及保险知识，为会员和保险当事人提供咨询服务，为培训保险从业人员服务，促进全市保险事业健康发展。

2006年6月，常德人保财险牵头，平安财险、太平洋财险等6家财险公司发起，常德市保险行业协会组织协调成立常德市新车保险服务中心。6月，常德保险协会自办刊物《常德保险动态》第一期出版。7月，常德保险协会与市交通局运管处达成共识，成立常德市承运人责任险共保体，人保财险公司为主承保单位，宏鑫保险代理公司整体代理。8月16日，首届市政府保险工作例会在常德国际大酒店召开。8月，市政府召开首次政府农业保险试点工作专题研究会，开始推动全市农险发展。11月，协会建立常德市保险行业协会网站，开通向社会公众宣传保险的重要渠道。

2008年1月15日，常德保险协会在市电视台举办常德市保险行业首届“保险之春”迎春晚会。3月至10月,湖南保监局派驻稽查组分寿险、财险两批进驻常德。派驻稽查组的主要任务是开展现场稽查、推行寿险“零现金”管理制度和财险“见费出单”管理制度。10月14日,协会召开财险理事会,出台《常德市保险行业财险保险业务手续费支付标准自律公约》。该公约后被湖南保监局在全省推广。11月1日,常德市保险行业协会保险合同纠纷调解委员会成立并经媒体向社会公布。调解委员会共聘请业内调解员28名、业外调解员10名。

2009年2月13日,常德市保险行业在市新体育中心举行湖南保险业“3·15”诚信维权宣传月活动启动仪式。出席仪式的有保险业800余名代表,共出动68台理赔查勘车在市城区主要街道举行流动宣传活动。5月,协会与湖北荆州市保险行业协会开展首次跨省行业协会自律协作,重点解决异地承保问题,签署相关合作协议。紧接着武汉保协也到常德保协会进行工作交流。5月22日,协会在市司法局法制科的支持下,召开常德市首届保险司法机构联席会。会议对全市17家司法鉴定机构进行综合评分,常德司法鉴定中心、湖南鼎信等6家司法鉴定机构被确认为涉保司法鉴定机构。9月,常德市第一家道路交通事故快处快赔服务中心成立。

2010年11月1日,新车保险服务中心迁到新址朗州北路华达幸福湾。

常德市保险协会在2008年、2009年连续两次被湖南保监局授予“先进行业协会”和“市场监控信息先进单位”称号,2008年、2009年和2010年连续三年被常德市民政局授予“先进民间组织社会团体”称号,2007年被市政府三产办授予“目标管理先进单位”称号。

第七章　其他金融组织

第一节　投资担保机构

常德市独立法人投资担保机构只有常德财鑫投资担保有限公司。

一、机构及人员

2008年4月8日，经湖南省金融办批准，常德财鑫投资担保有限公司（以下简称常德财鑫担保）设立。常德财鑫担保是常德市人民政府整合常德农欣融资担保公司、湖南芷兰教育融资担保公司、常德市中小企业信用担保中心等3家公司资源，由市国资委注资设立的政策性非盈利担保机构，归口市财政局管理。公司地址常德市武陵区洞庭大道1098号工商银行武陵区支行办公楼八、九两层。常德财鑫担保注册登记实收资本为8000万元。同年6月，市政府将存量资产——维一柳岸接待用房5栋别墅（面积3007.44平方米）划拨至该公司名下，评估增资2830万元。2009年4月，市国资委给该公司增资1亿元。2009年5月，市政府将省财政专项安排的担保资金1亿元注入该公司，使资本金扩大至3.1亿元。2010年3月，市国资委注入资本金0.9亿元，使实收资本达到4亿元。

常德财鑫担保成立之初，共有12名员工，设立办公室、投资担保部、风险管理部3个部室。至2010年，员工总人数增至34人。其中，班子成员3人，从市财经投资公司选调7人，军转安置2人，招聘17人，工勤人员5人。大学本科学历24人，中级技术职称6人，高级技术职称1人，中共党员14人。公司下设综合办公室、担保一部、担保二部、风险管理部4个部室，下辖武陵区双鑫小额贷款股份有限公司和津市分公司。

二、领导班子

常德财鑫担保实行理事会领导下的总经理负责制。理事会理事长由市政府副市长担任，常务副理事长由市财政局局长担任，副理事长由市经委、市农村办、市教育局、市国资委、市融资办等单位主要负责人担任。何克明任总经理，苏和平、陈正辉任副总经理。

三、经营状况

常德财鑫担保主要为中小企业、农业产业化龙头企业、民办教育和城建项目提供融资服务,按照“政策性资金、市场化运作、企业化管理”的模式经营,按照国家颁布的《融资性担保公司管理暂行办法》规范运作。2008 年 12 月,根据省财政厅有关文件要求,经市政府批准,常德财鑫担保加大支农力度,出资 1000 万元参股湖南农业信用担保有限公司。2009 年 2 月,经市国资委批复,原芷兰教育担保公司对阳光乳业出资 300 万元股权转至常德财鑫担保名下,享有股东权益与义务。2009 年,常德财鑫担保联合市中小企业信用担保中心,出资 1400 万元,发起设立常德武陵区双鑫小额贷款股份有限公司。小贷公司由常德财鑫担保控股管理。按照政府、担保公司、金融机构、企业“四位一体”担保运作机制,常德财鑫担保与 10 家金融机构、省再担保公司、9 个县市区、常德经济开发区、西洞庭、西湖管理区等均建立协作关系。2010 年 11 月,为发挥增信分险功能,常德财鑫担保在湖南省再担保合作签字仪式上签约,成为省再担保主办机构。

2008—2010 年,常德财鑫担保完成业务总量 17.03 亿元。其中,常德财鑫担保累计完成担保总量 15.68 亿元,期末在保余额 7.96 亿元。从行业分布看:工业企业 192 笔,担保贷款 66597 万元;农业产业化企业 78 笔,担保贷款 31666 万元;工业园区及城市建设 21 笔,担保贷款 22320 万元;其他企业(含学校、商贸流通、房产开发等)96 笔,担保贷款 58487 万元。双鑫小贷公司累计完成小贷业务 13590 万元,支持中小企业、“三农”和全民创业主体 143 户,期末小贷公司贷款余额 0.15 亿元。

2008—2010 年,常德财鑫担保累计发生代偿 5 笔,金额 845.75 万元,其间,收回代偿款 55 万元,期末代偿余额 790.75 万元,均属财政兜底项目。期末在保余额 7.96 亿元中,按照《风险管理五级分类标准》,不良类 1215 万元,占在保余额的 1.53%。

2008—2010 年,常德财鑫担保资本金逐渐扩增,单笔融资能力达到 4000 万元。累计为 1000 多户 / 次中小企业和创业者提供 60 多亿元融资支持,承保承贷的资金总量共拉动社会投资近 20 亿元,扩增就业岗位 5000 多个,促进 10 多家企业跃升同业前列,支持 30 多家企业开发名、优、特产品,支持 50 多家企业实施技术改造。

2010 年年末,常德财鑫公司拥有总资产 4.94 亿元,净资产 4.40 亿元。2010 年实现经营总收入 2885 万元。其中,财鑫公司 2305 万元,小贷公司 580 万元。实现准备金加税前利润 2074.68 万元,其中,财鑫公司 1737.49 万元,小贷公司 337.19 万元。累计实现经营性现金流净增加额 6300 万元。国有资本保值增值率达到 103%。

第二节　小额贷款公司

常德市于2009年下半年启动全市小额贷款公司试点工作。2009年12月，全市首家小额贷款公司—常德市武陵区双鑫小额贷款股份有限公司成立，主营业务为发放小额贷款与提供财务咨询。此后，常德市鼎城区信和小额贷款有限公司、澧县银鑫小额贷款有限公司与津市市金源小额贷款有限公司先后成立。截至2010年末，全市小额贷款公司数量达到4家，注册资本总额14500万元，从业人员41人，当年发放贷款21475万元，年末贷款余额11285万元。小额贷款公司的成立和发展，为缓解中小微企业和"三农"融资难问题，引导民间借贷阳光化发展起到积极作用。

一、常德市武陵区双鑫小额贷款股份有限公司

（一）机构及人员

常德市武陵区双鑫小额贷款股份有限公司成立2009年12月，营业地址位于常德市洞庭大道中段128号。该公司系国有控股企业，注册资本3500万，共有股东11名，主要包括常德财鑫投资担保有限公司（主发起人）、常德市经济建设投资集团有限公司和常德市城市建设投资集团有限公司等市属国有企业和广东长融投资股份有限公司、李发银、张力权等民营企业和自然人。下设信贷部和综合财务部。机构设立时从业人员9人，2010年末从业人员9人。

（二）领导班子

2009年组建时何克明任董事长，陈昌宏任监事会主席，苏和平任总经理。

（三）经营状况

公司于2009年末成立，2010年起正式营业，主要面向广大中小微企业、村镇农户、个体商户、全民创业主体发放小额贷款，供其补充流动资金、扩大经营、存货储备、助学贷款、消费贷款及自主创业等，支持了云锦集团、宏力纺织、大汉汽车、金湘猪鬃、丰康生物、常德兴地种业、陈其云、盛艾军等大批企业和客户。2010年度发放贷款13590万元，年末贷款余额5064.59万元，实现营业收入580万元，利润总额282.6万元，上缴税金103.7万元。

二、常德市鼎城区信和小额贷款有限责任公司

（一）机构及人员

该公司为民营出资企业，成立于2010年3月，营业地址位于常德市鼎城区临沅路18号，注册资本金2000万元，共有股东13名，主要包括刘代礼（主发起人）、彭德顺等自然人。

下设信贷部、财务部和风险管理部。2010 年末从业人员 12 人。

(二)领导班子

2010 年组建时刘代礼任董事长,肖杰成任监事长,常修克任总经理。

(三)经营状况

公司贷款对象主要为桥南市场内的个体经营户和鼎城工业园区的中小微企业等,如玉叶化肥、顺心食品等。2010 年共发放贷款 3609 万元,年末贷款余额 1969 万元,实现营业收入 223.5 万元,利润总额 10.1 万元,上缴税金 14.8 万元。

三、澧县银鑫小额贷款有限公司

(一)机构及人员

澧县银鑫小额贷款有限公司成立于 2010 年 6 月,营业地址在澧县澧阳镇珍珠居委会解放中路 488 号。该公司为民营出资企业,注册资本金 3000 万元,共有股东 11 名,主要包括李开喜(主发起人一)、陈祖海(主发起人二)、常德彩印祥龙包装有限公司、澧县中武煤有限公司等。下设综合部、信贷业务部和风险部。2010 年末从业人员 5 人。

(二)领导班子

2010 年组建时李开喜任董事长,龙云任监事长,陈祖海任总经理。

(三)经营状况

公司贷款对象主要是规模以上农业企业,主要有澧县盈盛油脂加工、澧县太青有机食品有限公司、澧县中兴棉业有限公司、中南农林牧发展公司等。2010 年共发放贷款 4275 万元,年末贷款余额 4250 万元,实现营业收入 221.78 万元,利润 65 万元,上缴税金 24 万元。

四、津市市金源小额贷款有限责任公司

(一)机构及人员

津市市金源小额贷款有限责任公司成立于 2010 年 12 月,营业地址位于津市市车胤大道 57 号。该公司为民营出资企业,注册资本金 6000 万元,共有股东 11 名,主要包括:津市市兰苑宾馆实业有限公司(主发起人一)、津市市金湘猪鬃实业有限公司出资 18%(主发起人二)和自然人李洪兵等。下设财务计划部、信贷部、营业部和综合管理部。2010 年末从业人数 15 人。

(二)领导班子

2010 年组建时严朝晖任董事长,佘俊任监事长,杜慎义任总经理。

(三)经营状况

公司 2010 年末成立,当年处于筹备起步阶段,暂未对外开展小额贷款业务。

第二篇《

银行业务

第二篇　银行业务

1989年至2010年，常德市各银行业金融机构的银行业务从相对传统的简单业务逐渐发展成为相对完整和具有市场化特色的银行业务体系。到2010年底，常德市银行业金融机构的本外币各项存款性负债总量为977.34亿元，本外币各项贷款480.81亿元。中间业务产品和服务相对完整，人民币中间业务年收入2.68亿元。

第一章　负债业务

第一节　负债业务综述

一、概况

1988年，常德市银行业金融机构本外币各项存款总量为15.69亿元，其中工、农、中、建4家全国性大型银行及邮政储蓄的总存款11.96亿元，占比为76.17%，合作金融机构3.53亿元，占比22.46%，其他为央行存款，占比为1.37%。各项存款中，人民币各项存款15.68亿元，外币存款39万美元（汇率为3.7221：1），分别占99.91%和0.09%。在人民币各项存款中，储蓄存款9.26亿元，占存款总量的59.67%，对公存款3.55亿元，占比为22.61%，机关团体存款为4787万元，占比为3.05%，农业存款1.25亿元，占比为7.99%，其他存款9210万元，占比为5.87%。

1993年是全面推行商业银行体制改革的前一年，是年年末，常德市银行业金融机构本外币各项存款55.31亿元（不含人行存款中金融机构准备金存款、金融机构特种、邮政储蓄转存款和商业银行划至人行的财政性存款），存款较1988年年末增长2.48倍，年环比增长28.8%。其中工、农、中、建四家全国性大型银行及邮政储蓄的总存款43.69亿元，占比为79%，合作金融机构11.31亿元，占比20.44%，其他为央行存款，占比为0.56%。各项存款中，人民币各项存款54.09亿元，外币存款2099万美元（汇率为5.800：1），分别占97.8%和2.2%。在人民币各项存款中，储蓄存款37.20亿元，占存款总量的68.76%，对公存款8.17亿元，占比为14.78%，农业存款5.38亿元，占比为9.73%，其他存款3.04亿元，占比为5.49%。

2003年是国有商业银行开始实行股份制改革的前一年，是年末，常德市银行业金融机构本外币各项存款304.12亿元，较1993年年末增长4.62倍，年环比增长18.84%。其中工、农、中、建和邮政储蓄五家全国性大型银行235.8亿元，占比为77.54%，合作金融机构66.11亿元，占比21.74%，政策性银行农发行9345万元，占比为0.31%，央行存款1.28亿元，占比为0.42%。各项存款中，人民币各项存款300.71亿元，外币存款4118万美元(汇率为8.2767:1)，分别占98.88%和1.12%。人民币各项存款中，储蓄存款236.31亿元，占存款总量的78.58%，对公存款43.47亿元，占比为14.46%，机关团体存款9.68亿元，占比为3.22%，农业存款3.99亿元，占比为1.33%，其他存款6.93亿元，占比为2.30%。

随着国有银行的股份制改造和其他银行业金融机构的改革，常德市银行业金融机构的存款性业务从2004年至2010年连续7年快速发展。2010年年末，本外币各项存款性负债总量为977.34亿元，较2003年年末增长2.21倍，年环比增长18.15%。其中工、农、中、建交和邮政六家全国性大型银行728.27亿元，占比为74.52%，合作金融机构192.31亿元，占比19.68%，政策性银行农发行14.26亿元，占比为1.46%，全国性中小和省内中小金融机构12.49亿元，占比1.28%，央行存款30亿元，占比为3.07%。各项存款中，人民币各项存款975.69亿元，外币存款2496万美元(汇率为6.6227：1)，分别占99.83%和0.17%。在人民币各项存款中，储蓄存款655.23亿元，占存款总量的67.16%，对公存款166.31亿元，占比为17.02%，机关团体存款76.16亿元，占比为7.79%，农业存款17.74亿元，占比为1.82%，其他存款21.32亿元，占比为2.18%。

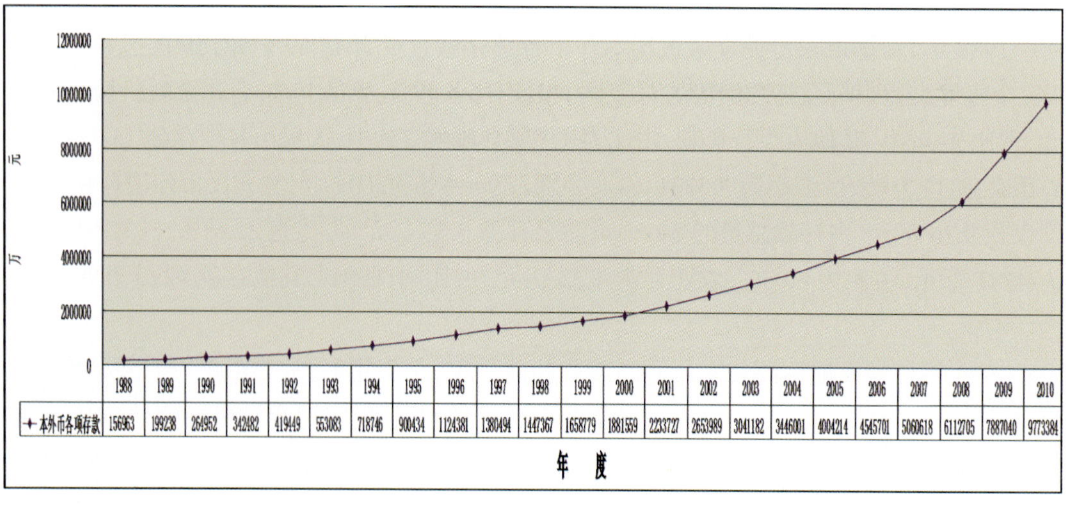

图2-1　1988–2010年常德市银行业本外币各项存款发展趋势图表

二、本外币存款分布

1988年年末，常德市人民币各项存款分布在工、农、中、建、邮政储蓄、城信社和农信社七个机构，其中常德工行6.2亿元，占比40.1%，排第一；常德农行3.96亿元，占比25.59%，排第二；农村信用社3.38亿元，占比21.85%，排第三；常德建行1.13亿元，占比7.29%，排第四；常德中行0.37亿元，占比2.40%，排第五；常德邮储0.28亿元，占比1.83%，排第六；常德城信社0.15亿元，占比0.94%。

至1993年年末，全市人民币各项存款占比出现较大调整，其中常德工行15.66亿元，占比29.12%，虽然占比下降10.98个百分点，但占比仍排第一。常德农行14.45亿元，占比26.87%，占比提高1.28个百分点。常德中行3.44亿元，占比6.40%，提高4个百分点。常德建行5.89亿元，占比10.95%，提高3.66个百分点。常德邮储3.03亿元，占比5.63%，提高3.8个百分点。农村信用社10.19亿元，占比18.95%，下降2.9个百分点。城市信用社1.12亿元，占比2.08%，提高1.14个百分点。

2003年年末，人民币各项存款在各行的占比又出现变化，常德工行71.82亿元，占比23.99%，占比下降5.13个百分点，仍然排第一。常德农行61.50亿元，占比20.54%，占比下降6.33个百分点。常德中行24.86亿元，占比8.03%，提高1.63个百分点。常德建行41.20亿元，占比17.73%，提高6.78个百分点。常德邮储33亿元，占比11.02%，提高5.39个百分点，常德农信社66.11亿元，占比22.08%，提高了3.13个百分点。

2010年年末，人民币各项存款占比排名和份额继续变化，其中常德工行172.42亿元，占比18.62%，占比下降5.37个百分点，排第三。常德农行179.33亿元，占比19.37%，占比下降1.17个百分点，排第二。常德中行77.70亿元，占比8.39%，提高0.36个百分点。常德建行158.3亿元，占比17.1%，下降0.63个百分点。常德邮储110.17亿元，占比11.9%，提高0.88个百分点。常德农信社192.04亿元，占比20.74%，占比下降1.34个百分点，仍排第一。

1989年至2010年常德市银行业本外币各项存款数量表

表2-1　　单位：亿元

年度	合计	工行	农行	中行	建行	邮储银行	交行	兴业银行	长沙银行	城市信用社	农村信用社
1988	15.48	6.20	3.96	0.39	1.13	0.28	0.00	0.00	0.00	0.15	3.38
1989	19.64	7.91	5.30	0.86	1.30	0.40	0.00	0.00	0.00	0.20	3.66
1990	26.10	9.98	6.75	1.34	1.80	1.24	0.00	0.00	0.00	0.23	4.76
1991	34.01	12.34	8.52	1.97	2.82	2.19	0.00	0.00	0.00	0.26	5.90
1992	41.44	14.24	9.80	2.87	4.81	2.47	0.00	0.00	0.00	0.79	6.47
1993	55.00	16.09	14.48	4.07	6.02	3.03	0.00	0.00	0.00	1.12	10.19
1994	69.42	17.85	12.43	5.94	8.65	4.59	0.00	0.00	0.00	3.17	16.78
1995	88.75	21.35	15.22	6.38	10.99	5.49	0.00	0.00	0.00	4.21	25.12

续表

年度	合计	工行	农行	中行	建行	邮储银行	交行	兴业银行	长沙银行	城市信用社	农村信用社
1996	110.30	26.23	18.79	7.62	14.68	5.71	0.00	0.00	0.00	4.79	32.48
1997	136.68	31.60	27.04	7.90	18.15	6.36	0.00	0.00	0.00	5.52	40.11
1998	143.93	35.66	25.98	10.60	19.23	9.32	0.00	0.00	0.00	5.62	37.52
1999	165.20	43.01	29.21	13.32	23.24	11.58	0.00	0.00	0.00	6.22	38.64
2000	186.99	46.74	34.53	15.23	26.57	14.51	0.00	0.00	0.00	4.51	44.89
2001	221.93	54.44	43.12	19.21	31.42	20.44	0.00	0.00	0.00	0.33	52.97
2002	262.03	63.21	53.72	23.38	36.98	25.13	0.00	0.00	0.00	0.00	59.61
2003	301.91	72.21	61.70	27.36	41.53	33.00	0.00	0.00	0.00	0.00	66.11
2004	341.12	79.77	73.24	29.11	51.32	41.29	0.00	0.00	0.00	0.00	66.39
2005	394.35	92.64	85.90	33.96	56.59	48.61	0.00	0.00	0.00	0.00	76.66
2006	452.54	101.34	97.89	41.17	66.23	58.14	0.00	0.00	0.00	0.00	87.76
2007	486.79	99.29	109.45	40.17	72.61	62.87	0.00	0.00	0.00	0.00	102.39
2008	585.26	119.92	124.73	51.79	87.76	72.60	0.00	0.00	0.00	0.00	128.47
2009	753.97	157.26	152.18	68.02	128.33	87.55	1.08	0.00	0.00	0.00	159.55
2010	918.82	172.98	180.49	78.89	158.81	110.18	12.67	2.81	9.68	0.00	192.31

三、本币存款类别分布

1988 年年末，常德全辖人民币个人存款 9.26 亿元，在人民币各项存款中的占比为 59.89%。公司类存款 3.55 亿元，占比 22.95%。农业存款 1.25 亿元，占比 8.11%。机关团体存款 0.48 亿元，占比 3.1%。其他存款 0.92 亿元，占比 5.95%。

1993 年年末，常德全辖个人存款 37.2 亿元，占比为 69.16%。公司类存款 8.17 亿元，占比 15.2%。农业存款 5.38 亿元，占比 10.00%。其他存款 3.04 亿元，占比 5.64%。

2003 年年末，常德全辖个人存款 236.31 亿元，占比为 78.67%。公司类存款 43.47 亿元，占比 14.47%。农业存款 3.99 亿元，占比 1.33%。机关团体存款 9.68 亿元，占比 3.22%，其他存款 6.93 亿元，占比 2.31%。

2010 年年末，常德全辖个人存款 655.23 亿元，占比为 69.95%。公司类存款 166.31 亿元，占比 17.75%。农业存款 17.74 亿元，占比 1.89%。机关团体存款 76.16 亿元，占比 8.13%。其他存款 21.32 亿元，占比 2.28%。

从 1989 年至 2010 年的 22 年，常德全辖人民币各项存款增长 59.57 倍，其中个人存款增长 69.73 倍，公司类存款增长 45.86 倍，农业存款增长 13.15 倍，机关团体存款增长 158.09 倍，其他存款增长 22.14 倍。

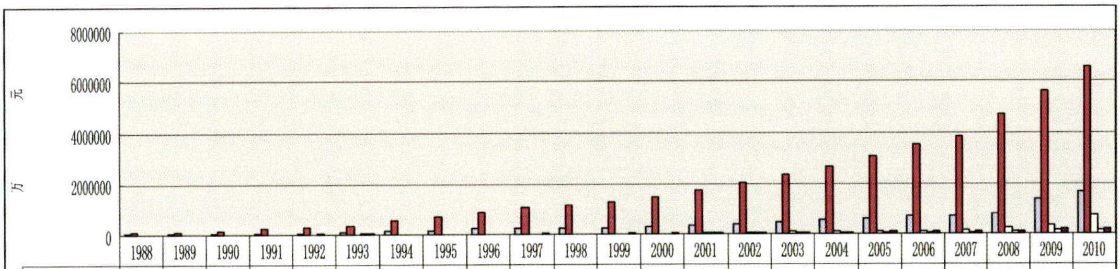

年度	1988	1989	1990	1991	1992	1993	1994	1995	1996	1997	1998
人民币对公存款	35489	37528	44732	62154	68279	81728	164755	161010	230097	260894	246954
人民币对私存款	92633	125859	173497	231530	287398	371951	537003	709266	882252	1069846	1159292
机关团体存款	4787	4704	5837	2537	0	0	0	0	0	0	0
农业存款	12543	16075	20350	24543	31906	53794	4026	4808	2720	2824	1795
其他存款	9210	11775	14568	16372	20989	30353	13578	11174	6876	36128	21205

年度	1999	2000	2001	2002	2003	2004	2005	2006	2007	2008	2009	2010
人民币对公存款	278169	312444	380537	419524	434662	553475	611189	705009	733786	797908	1364273	1663070
人民币对私存款	1293578	1464593	1728182	2033464	2363055	2632457	3069969	3539222	3847035	4689168	5603848	6552338
机关团体存款	0	0	26885	70151	96765	95527	125562	126811	168054	244071	375014	761575
农业存款	22175	20764	36671	42861	39888	40803	39394	47425	65066	83263	131329	177433
其他存款	46964	53283	26837	67464	69315	69196	87329	124115	113266	118134	184640	213164

年　度

图 2-2　1989-2010 年常德市银行业人民币各项存款类别分布条形图表

四、外币存款总量分布

按照统计口径,外币存款均按照是年各币种汇率折算为美元反映。20 世纪 90 年代期间,辖内受理的外币存款仅有美元、英镑、日元、西德马克、瑞士法郎和港币,后来逐渐发展至欧元、英镑、美元、瑞士法郎、新加坡元、日元、加拿大元、澳大利亚元、港币和澳门元 10 种外币。

1989—2010 年,常德市外币存款均集中在工、农、中、建四大银行,特别是 1990 年以前,全部集中在常德中行,从 1993 年开始逐步扩展至工农建行,但常德中行的市场份额一直处于领先水平。

1988 年,常德全辖外币各项存款 39 万美元,1993 年 2099 万美元,较 1988 年年末增加 52.82 倍,2003 年 4118 万美元,较 1993 年年末增长 96.19%,至 2010 年年末,余额回落至 2496 万美元,下降 39.39%。

从市场占比来看,1990 年前,常德中行市场份额为 100%。1991 年,因常德工行和常德农行市场介入,常德中行市场份额降至 81.66%。1992 年,常德建行也开始介入市场,是年,外币存款市场占比调整为常德中行 64.56%,常德工行 33.39%,常德农行和常德建行分别为 0.89%和 1.16%。2003 年年末,常德中行又升至 73.39%,常德工行和建行分别占比为 11.17%和 9.69%,常德农行占比为 5.76%。2010 年年末,常德中行外币各项存款的市场占比保持在 69.51%的高位,常德建行 15.42%,常德工行 10.78%,常德农行 3.73%,2009 年先后入市的邮储银行和常德交行分别占比为 0.44%和 0.12%。

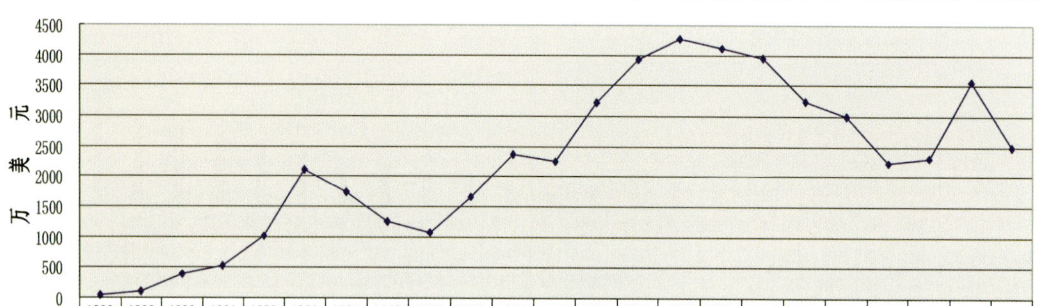

	1988	1989	1990	1991	1992	1993	1994	1995	1996	1997	1998	1999	2000	2001	2002	2003	2004	2005	2006	2007	2008	2009	2010
=	39	105	383	537	1015	2099	1737	1259	1067	1655	2367	2240	3218	3939	4283	4118	3943	3242	3002	2226	2317	3569	2496

年 度

图 2—3 1989-2010 年常德市银行业外币各项存款发展变化趋势图表

五、外币存款类别分布

1988-2010 年，常德市外币各项存款除外汇贷款投放较多的个别年份对公存款高出对私存款外，其他年份基本上以个人存款为主体，特别是人民币汇率步入逐渐走强轨道之后，外币对公存款就失去量的增长和稳定性，对私存款长期呈现主体性特征。

1988 年，常德市个人外币存款 38.88 万美元，无公司类存款。1993 年年末，各项外币存款 2099 万美元，其中外币个人存款 722 万美元，占比 34.4%，外币对公存款 1377 万美元，占比 65.6%。2003 年年末，各项外币存款 4118 万美元，其中外币对私存款 4058 万美元，占比 98.54%，外币对公存款 60 万美元，占比 0.15%。2010 年年末，各项外币存款 2496 万美元，其中外币对私存款 2124 万美元，占比 85.1%，外币对公存款 372 万美元，占比 14.9%。

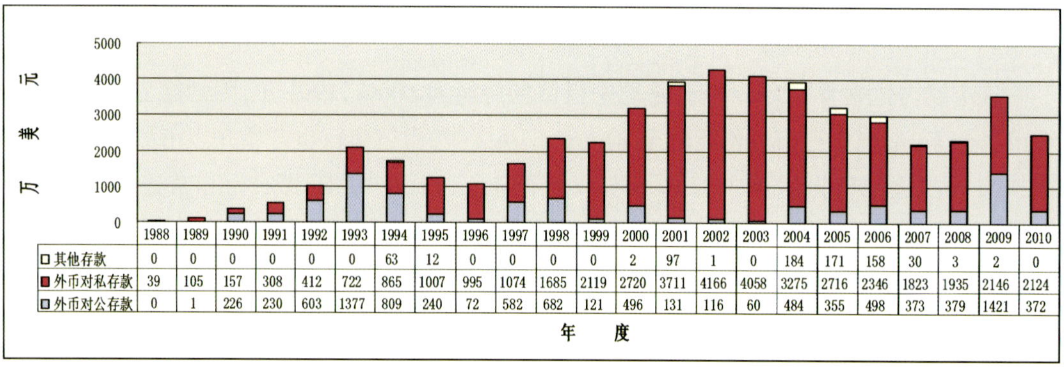

	1988	1989	1990	1991	1992	1993	1994	1995	1996	1997	1998	1999	2000	2001	2002	2003	2004	2005	2006	2007	2008	2009	2010
□其他存款	0	0	0	0	0	0	63	12	0	0	0	0	2	97	1	0	184	171	158	30	3	2	0
■外币对私存款	39	105	157	308	412	722	865	1007	995	1074	1685	2119	2720	3711	4166	4058	3275	2716	2346	1823	1935	2146	2124
■外币对公存款	0	1	226	230	603	1377	809	240	72	582	682	121	496	131	116	60	484	355	498	373	379	1421	372

年 度

图 2-4 1989-2010 年常德市银行业外币存款结构条形图表

第二节 人民币储蓄存款

1988 年年末，常德市银行业金融机构人民币储蓄存款 9.26 亿元。1993 年年末增至 37.20 亿元，年环比增长 32.05%。2003 年年末，增至 236.31 亿元，年环比增长 20.32%。2010 年，总量增加至 655.23 亿元，年环比增长 15.69%。从 1989 至 2010 年，常德全市储蓄存款净增 69.76 倍，22 年环比增幅为 21.36%。其中，工商银行增长 25.55 倍，农业银行增长 80.89 倍，中国银行增长 316.88 倍，建设银行增长 355.22 倍，邮政银行增长 360.72 倍。

1988 年，常德市四大全国性大银行加上邮政储蓄的储蓄存款占市场总份额为 68.69%，行际之间差距较大，尔后逐年缩小。1988 年年末，常德工行占比 43.11%，常德农行 18.09%，常德中行 1.07%，常德建行 2.72%，邮政储蓄 3.06%。1993 年年末，工、农、中、建、邮储银行市场占比分别为 29.40%、19.9%、7.51%、8.68%和 8.15%。2003 年年末，调整为 19.11%、21.07%、7.59%、12.81%和 13.97%。2010 年年末，分别为 16.18%、20.94%、7.67%、13.33%和 15.64%。

受通货膨胀影响，1988 年一年期储蓄存款年利率升至 11.34%。

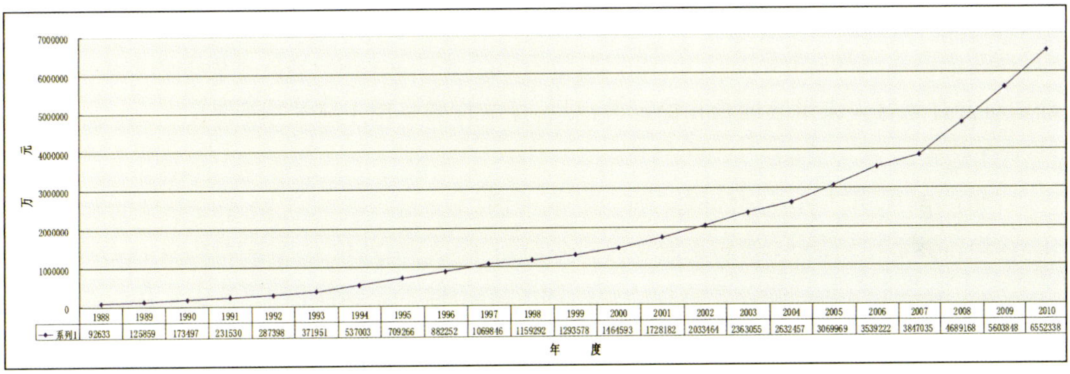

图 2-5 1989-2010 年常德市银行业储蓄存款变化趋势图表

1989 年，通胀形势依然存在，为回笼货币，一年期储蓄存款年利率继续维持在 11.34%的高位，全辖人民币储蓄存款净增 3.33 亿元，余额增至 12.59 亿元，年增长 35.96%，储蓄存款净增额占人民币各项存款净增总额的 80.83%，成为是年存款增长的主体。常德工行以包任务，包管理，包服务，包质量，包安全的"五包三挂钩"承包方式落实增储任务，32 个储蓄机构为 484 个单位提供代发工资和工资转储服务，月转储额达 307 万元，年增储蓄存款 1.42 亿元，余额增至 5.41 亿元。常德农行新开办的"两保一奖"储蓄业务吸储 700 多万元，年增储蓄存款 7248 万元，余额增至 2.4 亿元。常德中行在全面推行三级承包责任制的同时积极扩充机构，网点由 1988 年年末的 20 个增至 34 个，储蓄业务队伍从原来的 80 人增至 151 人，年均储蓄存款 3130 万元，余额增至 5729 万元。常德建行拓展 12 种储蓄业务产品，储蓄功能网点增至 95 个，年增储蓄存款 2891 万元，余额增至 5413 万元。常德农村信用社相继开办摸奖储蓄、化肥贴水储蓄和"月月乐"储蓄等业务，年增储蓄存款 3396 万元，余额增至 3.22 亿元。

1990年,宏观经济好转,国家连续两次下调存款利率,6月,取消三年期以上定期存款保值贴补率。是年,各家国有专业银行开始对基层机构资金保障供给模式进行改革,"存款立行"经营理念逐渐提高,增加存款成为第一要务。全辖人民币储蓄存款净增4.76亿元,增长37.85%,余额增至17.35亿元,储蓄存款净增额占人民币各项存款净增总额的75.44%。常德工行狠抓拳头储种、重点业务和全面实行储蓄"双线"承包,揽存2320万元,储蓄存款年增1.49亿元,增长27.47%,余额增至6.9亿元。常德农行开始在城区进行电脑储蓄试点建设,各区县农行成立储蓄服务部,全辖储蓄机构增至292个,储蓄存款增至3.2亿元,增长33.17%。常德中行利用长城信用卡开辟增存新渠道,同时以中总行先进存款所——常德中行中心储蓄所为典型,推动储蓄存款业务发展,储蓄存款年增3119万元,增长54.44%,余额增至8848万元。常德建行提出"抓存款上余额、抓管理上水平、抓竞赛创高产"的工作思路,全面推行储蓄业务承包,激发储蓄人员"想尽千方百计、跑遍千家万户、说尽千言万语、不辞千辛万苦"的"四千"精神,储蓄存款年增3002万元,增长55.46%,余额增至8415万元。从1990年1月1日起,邮政储蓄业务由代办模式转变为自办模式,邮政储蓄资金全额转存人民银行,由人民银行付给转存款利率。是年5月,常德邮储突破亿元大关,成为除省会长沙局后第一个过亿元的市州邮电局,年末储蓄存款增至1.24亿元,年增207.22%。全市农村信用社系统采取定目标,定措施,定处罚的办法,组织开展优质服务、开门红储蓄竞赛、支农储蓄竞赛、红五月储蓄竞赛和增设大额电脑储蓄新储种等措施,储蓄存款年增1.01亿元,增长31.51%,余额增至4.23亿元。

1991年,面对悄然兴起的南流潮与资本市场,加上是年常德沅澧流域罕见的春夏汛灾害,各银行筹资压力加大,纷纷采取积极措施应对挑战。全辖年末储蓄存款23.15亿元,净增5.8亿元,增长33.43%。常德工行在完善储蓄承包制度同时,适时推出"羊年儿童储蓄""压岁钱储蓄""礼仪储蓄"等有奖储蓄活动,拓展大额定期储蓄存款产品,狠抓代发工资,储蓄存款年增1.77亿元,增长25.65%,余额增至8.67亿元。常德农行开始开办工资转储业务,首批开办全额代发工资的重点单位73家,月工资转储31.18万元。先后开展"农村储蓄余额超百亿,迎接国庆四十一周年""庆祝农村储蓄突破3000亿元""全国农村储蓄存款突破4000亿元,全省突破150亿元"等农村储蓄宣传活动,储蓄存款年增1.04亿元,增长32.44%,余额增至4.23亿元。常德中行以三"十佳"(十佳储蓄所、十佳储蓄所主任、十佳储蓄员)活动为推手,储蓄余额突破亿元,成为全省第五个过亿元的地市行,年末余额增至1.36亿元,增长53.58%。常德建行按照"两个文明一起抓,两个成果一起要"的指导思想,完善承包方案,明确"储蓄存款任务只能上、不能下,只能增、不能降,力争年末突破亿元"的工作思路,储蓄存款年增5645万元,增长67.08%,余额增至1.41亿元。

1992年,全国出现房地产热、集资热和股票热,大量资金投向沿海和股市,银行筹资受到考验。各金融机构纷纷采取加大宣传力度、推出新产品和改善服务等措施吸收储蓄存款,储蓄存款年增5.58亿元,增长24.10%,储蓄存款增至28.74亿元。常德工行组织声势浩大的环城彩车游行和飞机散发宣传资料宣传活动，巩固和发展代发工资业务，发展集零储蓄，年增储蓄存款 1.31 亿元，增长 15.15%，余额增至 9.98 亿元。常德农行组织企事业单位和街道村组开展协储活动，年增储蓄存款 1.27 亿元，增长 30.03%，余额增至 5.5 亿元。常德中行采取“任务、管理、费用”三位一体的储蓄存款业务承包模式，同时采用设点升格的措施，新建石门、汉寿两个县支行，增加 4 个网点。将常德城区的桃林、人民西路、乔家巷三个基础较好的储蓄所升格为分理处。开发“儿童压岁钱储蓄”“桃花源一日游储蓄”“六一红领巾储蓄”“活期有奖储蓄”“特种大额储蓄”等新品种，储蓄存款年增 6218 万元，增长 45.76%，余额增至 1.98 亿元。常德建行全面推行存款余额与工资奖金挂钩的储蓄承包责任制，投入人力、物力和财力对网点装修改造，开展形式多样的文明优质服务活动，储蓄存款新增 1.17 亿元，增长 82.92%，余额增至 2.57 亿元。常德农信社加强全功能服务，增设新储种，开展“夜市储蓄新业务”和发行《纪念毛泽东同志 100 周年诞辰定期储蓄存单》，并在桃源县三阳信用社开办邮政转储业务，全辖农信社储蓄存款净增 5434 万元，增长 10.44%，余额增至 5.75 亿元。常德邮储于 7 月 1 日开办邮政国际汇兑业务，借助新业务拓展新存款，是年年末，邮政储蓄余额 2.47 亿元，净增 0.28 亿元，增长 12.79%。

1993 年，全国经济过热显现，社会各种投资融资渠道增多，资金严重分流，某些金融机构高息吸储和变相高息揽存的行为出现，常德各金融机构纷纷采取应对措施拓展存款。年末人民币储蓄存款 37.2 亿元，净增 8.46 亿元，增长 29.42%。常德工行即使按照其总行要求将 6600 万元邮政储蓄存款全部划转人行，但储蓄存款是年仍新增 9559 万元，增长 9.58%，余额增至 10.94 亿元。常德农行加快电子化建设步伐，86 个网点完成电脑化改造，并在电脑储蓄的支行和市分行营业部成功开通代发工资、通存通兑等新业务，连续两次开展争创“十佳储蓄所”“十佳储蓄员”活动，年增储蓄存款 1.9 亿元，增长 34.46%，余额增至 7.4 亿元。常德中行建立“任务、管理、费用”三项指标大承包经营体制，新建 14 个分理处和储蓄所，改造 9 个老网点。先后推出“张张红”“欢欢乐”“礼仪贺卡”“吉祥有奖有息储蓄”“电话通知存款”等新产品，大力推广石门支行“希望工程储蓄”、德山支行社会力量协储、安乡支行存贷挂钩、市分行本部揽卡吸存经验，储蓄存款年增 8141 万元，增长 41.1%，余额增至 2.79 亿元。常德建行新增 28 个网点，43 个网点建成电脑网点，以《资金买卖储蓄承包方案》《千元储蓄费用含量包干承包方案》和《存款奖励办法》三种承包方案交由各支行选择一种实施，开展“增存活动月”“爱国储蓄月”、优质服务双“十佳”和职工业余揽储等活动，扩大代发工资和代收费用等代理业务，储蓄存款年增 6575 万元，余额增至 3.23 亿元，增长 25.56%。常德邮储借助代缴话费业务和执行新颁布《邮政汇兑资金清算办法》的机遇吸收存款，全辖邮储余额突破 3 亿元。常德农信社改建装修 31 个网点，增加 11 台（套）电脑设备，储蓄存款是年净增 3.3 亿元，余额增至 9.05 亿元。

1994 年，受南流和银行资金体外循环的影响，银行资金普遍吃紧，全市金融机构人民币总体贷存比处于 164.71%的高位，吸引存款进一步成为工作重点。是年全市人民币储蓄存款净增16.51亿元，余额增至53.7亿元，增长44.35%。常德工行发挥整体功能开拓业务，城区三个支行实现储蓄业务通存通兑，开办8个融存款、结算、汇兑、抵押贷款等业务为一体的多功能储蓄所，人民币储蓄存款年增2.27亿元，增长20.75%，余额增至13.21亿元。常德农行坚持“存款立行，控制信贷总量，稳步推进改革”的指导思想，加大组织存款力度，在鼎城区推行“万元储蓄净增额工资含量包干制”试点，全面推行资金组织“工效挂钩”奖惩办法，春节前后组织两期“月月发连环奖”储蓄活动，储蓄存款年增3.14亿元，增长42.43%，余额增至10.54亿元。常德中行先后开展“存款百日竞赛”“中行巾帼建功爱国储蓄”“六合彩”“信用卡消费促销”等活动，在安乡、桃源、城区等经济活跃地段新建四个分理处，一个储蓄所升格为分理处，对17个储蓄所进行装修，新上22个电脑所，实现城区储蓄网点的电脑化，储蓄存款年增8327万元，余额增至3.63亿元，增长29.79%。常德建行建立增存奖励基金制度，推行规范化服务，加大宣传力度，组织庆祝建行成立四十周年和全国建行储蓄存款过2000亿元为主题的宣传活动，抓住农副产品收购资金兑现、回笼，财政、工商、税务、保险等收入入库，学校开学等机遇组织增存活动。储蓄存款年增1.48亿元，余额增至4.71亿元，增长45.7%。常德邮储抓住《全国邮政储蓄计算机联网系统技术改造工程实施意见》(即绿卡工程)实施机遇开展揽储活动，储蓄存款年增1.56亿元，余额增至4.59亿元，增长51.37%。常德农信社储蓄存款年增6.23亿元，余额增至15.28亿元，增长68.88%，净增额占全市净增额的37.73%。

1995年，是深化国有专业银行向商业银行转轨的一年，国家实施适度从紧货币政策和强化金融监管。是年，国家的保值储蓄政策极为灵活，5月年保值贴补率为12.27%，6月年保值贴补率为12.92%，7月年保值贴补率为13.01%，9月年保值贴补率为12.64%，10月和11月年保值贴补率均为12.07%，12月年保值贴补率又回升为13.24%。全市各金融机构纷纷加大吸存力度，存款大幅增长，人民币储蓄存款年增17.23亿元，增长32.09%，期末余额增至70.93亿元。常德工行积极发展集零储蓄，存款业务员与信贷员整体联动分片包干，全年新开集零户2367个，吸收存款8109万元，利用电脑联网通存通兑优势，狠抓代发工资业务，年末为386个单位代发工资，年累计代发2.4亿元。是年，储蓄存款净增1.88亿元，增长14.23%，余额增至15.09亿元。常德农行提出“存款三年三大步、每年净增5亿元、1997年实现存差行”的工作目标，推行“万元增储工资费用含量包干办法”，抓住代理农发行安排收购资金的机遇，农民售棉货款直接转储3.78亿元，储蓄存款年增2.72亿元，增长25.83%，余额增至13.26亿元。常德中行通过开展“百日存款竞赛”“一抓三促”竞赛、“爱国、爱湘、爱行”储蓄竞赛等活动，推出“延时赔偿服务”“存小取大”“存整折零”“存旧换新”等服务，城区16个网点开通储蓄通存通兑和电话银行业务，储蓄存款年增8855万元，增长24.41%，余额增至4.51亿元。常德建行把居民储蓄存款作为筹资重要来源，完善增存激励机制，开展“创佳绩、上台阶”等多种竞赛活动，努力提高网点单产，储蓄存款年增1.4亿元，,增长29.65%，余额增至6.1亿元。常德农信社储蓄存款净增8.37亿元，增长54.79%，增量市场占比达到48.58%，余额达23.65亿元，市场总份额33.34%。常德邮储年增储蓄存款8985万元，增长19.59%，余额增至 5.49 亿元。

1996 年是“九五”计划的开局之年，通货膨胀出现拐点。是年 1 月，国家储蓄保值贴补率回落至 11.31%。4 月 1 日，人总行停办保值储蓄，对新存入的三年期以上人民币定期储蓄不再实行保值，各金融机构更是迭出新招吸收存款。年末，人民币储蓄存款 88.23 亿元，净增 17.3 亿元，增长 24.39%。常德工行代发工资单位增至 438 个，增长 13.47%，春秋两季归集学杂费 1.6 亿元，员工业余揽存 1.2 亿元，年增储蓄存款 2.89 亿元，增长 19.18%，余额增至 17.99 亿元。常德农行提出“以扩充资金实力为前提，以提高网点质量和经营效益为重点，以增加存款总量、调整存款结构，降低资金成本，追求最佳经济效益为目标”的新要求，推出“献爱心定期有奖有息储蓄”“青少年爱心储蓄”等储蓄品种，完善农村网点“万元增存工资费用含量包干管理办法”，服务窗口开展“五公开、六承诺、七服务”礼仪、“贺新春有奖有息储蓄礼仪卡”“贺新春”有奖有息储蓄存单和“献爱心定期有奖有息储蓄”及“青少年爱心储蓄”等活动，是年储蓄存款净增 2.47 亿元，增长 18.6%，余额增至 15.73 亿元。常德中行实施信贷投放增量与存款增长相联系的全新机制，明确规定没有存款增长做保证的支行贷款不予考虑。“开门红”活动各项存款就完成年任务的 80%。储蓄存款年增 9545 万元，增长 21.15%，余额增至 5.47 亿元。常德建行开展“春季增存会战”“发展黄金客户增存活动”“创优争先百日增存竞赛”“双大存款”和开展“三承诺、四公开、五规范”等优质服务活动。按照“闹市区、大门面、电脑化、柜员制、高产量”的原则对网点布局进行调整改造，全行搬迁网点 7 个，撤销低产网点 6 个，储蓄存款年增 2.75 亿元，增长 45.01%，余额增至 8.85 亿元。常德邮储全面开办活期储蓄异地通存通取业务，储蓄存款净增 2220 万元，增长 4.05%，余额增至 5.71 亿元。常德农信社对私存款净增 7.26 亿元，增长30.71%，占全市对私存款新增总量的 41.97%，余额增至 30.91 亿元。

1997 年，全国金融工作会议严肃提出要坚决制止和严肃查处高息揽存行为，人民银行相继出台一系列制止金融机构之间违法竞争措施，高息揽存有所收敛，金融秩序相对好转。全市人民币储蓄净增 18.76 亿元，增长 21.26%，余额增至 106.98 亿元。常德工行推行行长存款责任制，制定“突出重点、主动出击、超常服务”发展策略和“立足城镇、渗透乡村、辐射沿海”吸存战术，把着力点放在利率较低的活期存款上。在大力巩固县域市场同时，积极开辟个体工商户和挖掘沿海打工族等新的存款增长点。储蓄存款年增 2.55 亿元，增长 14.18%，余额增至 20.54 亿元。常德农行在 1996 年实行信用社、农发行“一脱一分”后，原有存款网络体系由同属互补关系变为相互竞争关系。至此，常德农行引进市场机制，推出揽存新招，先后开展“储蓄宣传周”“红五月”和“完成存款任务庆国庆”等活动，人民币储蓄存款年增 6.17 亿元，增长 39.22%，余额增至 21.9 亿元。由于清退邮政、民政和信用社各种高成本存款，内部违规经营资产并账，信用卡经营手段弱化，常德中行储蓄存款下降 3626 万元。常德建行充分发挥小型机网络优势发行储蓄卡。全行 102 个储蓄网点率先与全省计算机联网，建成全省通存通兑、电子汇兑全国一日到账，储蓄卡全省“一卡通”的平台，吸存和发卡能力增强，储蓄存款在剔除归还邮政等高息存款1313万元之后，还新增2.82亿元，期末余额增至11.66亿元，增长31.86%。常德邮储根据中国人民银行《关于邮政储蓄汇兑管理体制改革的请示》和有关实施方案的要求，将储汇科更名为储汇分局。是年，增加人民币储蓄存款6484万元，增长11.36%，余额增至6.36亿元。常德农信社根据全国金融工作会议要求，加大高息揽存整治力度，储蓄存款增幅下滑，储蓄存款净增5.91亿元，增长19.12%，余额增至36.82亿元。

1998年，受亚洲金融危机持续、基准利率下调和水患灾害的影响，全市储蓄存款增长速度放缓，年末人民币储蓄存款115.93亿元，净增8.95亿元，增长8.37%。常德工行根据常德人行紧急通知的精神，立即制止和严肃查处高息揽存，废除各行与储户签订的有悖于金融政策及法律法规的存款协议，全面清理违规高息吸存。抓住湖南省政府要求行政事业单位工资由银行代发的机遇，采取整体联动运作方式，年末代发工资户增至9.3万户，月代发额5890万元，较上年增长59.41%。储蓄存款年增4.46亿元，余额增至25亿元，增长21.71%，新增同业占比49.83%。常德农行一举割除多年高息吸储的恶瘤，停发手续费，加大整体联动和公关力度，储蓄存款年降2391万元，是农业银行1979年恢复以来储蓄存款首次负增长的一年。常德中行在总结上年度储蓄存款下降教训的基础上，有针对性地拓展业务，抓住春节有利时机大力组织揽存，单季增长3799万元，坚持高层运作，加快网点改造和电子化建设，储蓄存款年增1.32亿元，余额增至6.42亿元，增长25.77%。常德建行在清退高息存款的背景下，抓百所高产联赛”，抓“五、六月份储蓄卡代发工资突击月”“四季度百日增存竞赛”等活动，抓“储蓄卡划转君安证券股民保证金”“银券一卡通”“常德证券股民账户开户代办点”和“个人电子汇款”四项新业务，抓职工业余揽储，储蓄存款年增9983万元，增长8.56%，余额增至12.66亿元。是年，邮政、电信分营。10月22日常德市邮政局挂牌成立，常德邮电局储汇分局更名为常德邮政局储汇分局。12月8日，市邮政局成立“绿卡工程”领导小组，邮政储蓄年增2.96亿元，增长46.63%，余额增至9.32亿元。杜绝高息揽存之后，常德农信社储蓄存款回落7647万元，下降2.08%，余额降至36.06亿元。

1999年，储蓄存款增长有所加速，高息揽存杜绝。年净增13.43亿元，增长11.58%，余额增至129.36亿元。是年，国务院发出272号令，决定从1999年11月1日起开征储蓄存款个人所得税，税率为20%。常德工行实行大所战略，在各方面向大所、老所倾斜，代发工资12.13万户，年累发6.71亿元，资金沉淀1.08亿元。储蓄存款年增4.21亿元，增长16.85%，余额增至29.21亿元。常德农行坚持“存款救行、存款立行、存款兴行、安全稳健”指导思想，实施“存款一把手工程”，扭转上年被动局面，储蓄存款年增2.23亿元，增长10.31%，余额增至23.89亿元。常德中行把增存款作为“保牌子、保饭碗、创效益”的核心工程和基础工程，储蓄存款全年净增2亿元，增长31.11%，创下了年增总量的最高纪录，余额增至8.42亿元。常德建行加大储蓄整顿力度，减员增效，储蓄人员由1990年的326人减少到221人，撤销6个低产网点，迁址8个偏远网点，储蓄存款年增2.56亿元，余额增至15.22亿元，增长20.23%。常德邮储力推绿卡工程，是年4月第一台ATM机布放在常德市城西支行，全市邮政储蓄年增2.26

亿元，增长 24.21%，余额增至 11.58 亿元。常德农信社全面禁止高息揽储，受“两会一部”的挤压和软件、硬件设施难与国有银行竞争的影响，储蓄存款负增长 1199 万元。

2000 年，从 4 月 1 日起实行个人存款账户实名制。常德市储蓄存款出现加速增长趋势，年增储蓄存款 17.1 亿元，增长 13.22%，余额增至 146.46 亿元。常德工行推行储蓄所主任竞聘上岗和客户经理制，对重点公关项目实行公开招标，并在贷款投向上坚持向有增存潜力的优质客户发放贷款，年增储蓄存款 9241 万元，增长 3.18%，余额增至 30.14 亿元。常德农行开展“迎千禧，实现资金组织工作开门红”等活动加大吸存力度，储蓄存款年增 4.06 亿元，增长 16.99%。常德中行坚持“大上存款、改善效益”的经营方略，把大幅度增加存款，扩大有效投放和发展中间业务作为加大金融对经济支持力度的三大工作落到实处。在撤销安乡支行不利因素的背景下，抓住汉寿工行撤销机遇，顺利接收汉寿工行存款业务，储蓄存款年增1.54 亿元，增长 18.29%，余额增至 9.96 亿元。常德建行确定“开创双赢新时代，办出现代好银行”的总目标，加大储蓄新产品、新业务的营销推广力度，特别是抓住储蓄卡在全国 252 个大中城市联网契机，扩大发卡量，增加卡存款，继续拓展代发工资、代收话费、代收代销保险费和参与资本市场、企业购并上市等业务。实施网点“精品工程”，改造和装修 16 个网点，储蓄存款年增 2.35 亿元，增长 15.44%，余额增至 17.57 亿元。常德邮储开始开办代发养老金业务，“67 个绿卡工程网点”一期联网工程于 3 月 30 日顺利完成，ATM 装机 11 台，14 个网点实现通存通兑，储蓄存款年增 2.94 亿元，增长 25.38%，余额增至 14.51 亿元。常德农信社开展“农村信用社宣传月活动”，拓宽储蓄种类，开辟新储源，桃源、汉寿两联社于 7 月 1 日率先开办教育储蓄，拓宽存款渠道，储蓄存款年增 6.3 亿元，增长 17.52%，余额增至 42.23 亿元。

2001 年，辖内各金融机构储蓄存款继续加速增长，年增人民币储蓄存款 26.36 亿元，增长 18.0%，余额攀升至 172.82 亿元。常德工行全面推行储蓄所主任公开竞聘和储蓄员双向选择新机制，是年，澧县城关所余额突破 2 亿元，桃源支行中心所、德山支行中心所和常德支行下南门所也相继越过亿元大关。储蓄存款年增 5.12 亿元，期末余额升至 35.26 亿元，增长 16.99%。常德农行树立品牌形象，强调业务创新，开展“新世纪之春”储蓄存款竞赛活动，重点开发和推广“银证通”“储汇通”“储保通”新品种。银行卡存款新增 0.71 亿元，储蓄存款年增 5.73 亿元，增长 20.5%，余额增至 33.68 亿元。常德中行实行公司化经营，把增加存款作为工作重点，将存款增量与费用的分配直接挂钩，抓住企业改制为员工发放买断资金的机遇，吸收存款 9700 多万元，全辖对电广传媒一体化营销吸收存款 7000 多万元。储蓄存款年增 2.76 亿元，余额达到 12.72 亿元，增长 27.71%。常德建行转变服务观念，发展优质客户，开办银证通和银证转账业务，开办约定自动转存业务，开通客户服务中心和汽车消费贷款等业务，实现由无差别服务向有差别服务、低效服务向高效服务、被动服务向主动服务、单一服务向多元服务转变，稳定和发展一批“黄金客户”，储蓄存款年增 4.28 亿元，增长 24.38%，余额增至 21.86 亿元。常德邮储以 230 万元的投资建设绿卡网和综合网，顺利完成绿卡网二期联网工程，35 个网点电子汇总建设工程竣工，全市 135 个邮储网点联入国家网并实现全国通存通兑。是年7月,开始向社会公众提供电子汇兑业务,结束近百年的纸质汇票传递历史。邮储存款年增5.93亿元,增长40.85%,余额增至20.44亿元。2001年1月,常德人行设立"常德市信用合作管理办公室",提出和落实"十八个严禁",制定下发《常德市农村信用社工作人员违反规章制度处理的暂行规定》,农村信用社高息吸储顽症得以根治。按照"规范经营,强化管理,加快发展,防化风险,保持稳定,提高效益"要求,健全存款吸纳机制,坚持挖掘农村储源,拓展城市业务经营策略。抓"劳务输出资金"的组织、代理和中间业务,形成稳固客户群体,并以庆祝"农村信用社建社五十周年"为契机拓展存款业务,储蓄存款年增6.31亿元,增长14.94%,余额升至48.54亿元。

2002年,随着宏观经济好转和货币投放量增加,全市人民币储蓄存款年增30.53亿元,余额增至203.35亿元,增长17.67%。常德工行全面推行储蓄所绩效挂钩,激发全员踊跃揽存积极性,先后开展"开门红"和"红五月"储蓄存款劳动竞赛活动,撤并和减少16个低效、无效网点,储蓄存款年增4.63亿元,余额增至39.89亿元。是年年末,常德工行人民币储蓄存款市场占比由上年的20.4%降至19.62%。常德农行坚持以客户为中心改善服务,社会招聘32名大堂经理,设立VIP服务区,对大户开立"绿色通道",全面推行ISO9001质量管理体系,将原来设计的对公业务、储蓄业务、外汇业务等不同传统柜台业务相互独立的操作处理方式改变为所有柜台业务在同一平台集中处理,增强柜台受理业务能力和提高客户满意度。储蓄存款年增8.08亿元,余额增至41.76亿元。常德中行以"深化改革、扩大规模、调整结构"为主线,抓住桃纺、湘航和医药等十余家企业改制的机遇,吸收买断资金7000万元。加强多功能网点建设,在减少一个低产网点的同时,升级改造7个网点,储蓄存款年增2.76亿元,余额增至15.48亿元。常德建行将储蓄增长任务分为"指令性"和"指导性"两类,同时参与人民银行和建总行组织的银行卡联网联合工作,全行ATM机和POS机顺利实现跨行结算,全辖新增6台ATM机和60台POS机。以龙卡作为载体拓展储蓄业务,同时根据效益原则撤销11个网点,初步形成集约经营格局,储蓄存款年增5.18亿元,余额增至27.04亿元。常德邮储启动绿卡和电子汇兑三期建设工程,完成邮政储蓄计算机系统银联改造,90.4%储蓄网点联入全国大网,实现绿卡跨行取款、查询和消费,人民币储蓄存款年增4.69亿元,余额增至25.13亿元。常德农信社也采取各种有效手段增加储蓄存款,是年净增5.51亿元,余额增至54.05亿元。

2003年,人民币储蓄存款年增32.96亿元,增长16.21%,余额增至236.31亿元。常德工行以落实责任制强化营销,储蓄存款年增5.28亿元,增长13.24%,余额增至45.17亿元。常德农行加强代收代付、代理保险、银行卡和务工汇兑等与负债业务关系密切的品牌营销,各农村行以银行卡为载体,创新银行卡业务,加强代收代付业务和务工汇兑业务营销,储蓄存款年增8.03亿元,新增市场占比达到24.36%,余额增至49.79亿元。常德中行按照中国银行2005年以前整体上市要求深化改革,调整结构,储蓄存款年增2.45亿元,期末余额达到17.93亿元,年增15.84%。常德建行于是年撤销储蓄网点32个,分理处和储蓄网点总量减少至22个,储蓄存款增长受到影响,但市分行营业部专柜存款突破2亿元,成为建设银行湘西北第一个存款突破2亿元的网点，是年，全行储蓄存款净增3.24亿元，年末余额30.28亿元。常德邮储根据国家关于邮政储蓄改革精神，从2003年8月1日开始，邮政储蓄存款实行新老划段，此后新增储蓄存款资金由国家邮政局自主运用，原有存款继续按原固定利率转存人民银行并逐步转出，从此揭开邮政储蓄市场化改革序幕。是年储蓄存款净增7.87亿元，余额升至33亿元，增长31.32%。常德农信社坚持“立足社区，服务三农，做小、做散、做个人”的经营理念，提高市场竞争力，巩固农村市场，内部实行绩效工资制，调动员工积极性。储蓄存款年增6.08亿元，增长11.25%，余额增至60.13亿元。

2004年，中国银行和建设银行实施并完成股份制改革，受宏观货币政策和经济大环境的影响，常德市是年储蓄存款净增额和增幅较上年下降，储蓄存款年增26.94亿元，增长11.4%，增幅下降4.81个百分点，余额增至263.25亿元。常德工行为扭转储蓄存款优势地位丧失的问题，明确必须把组织存款放在重要位置，出台一季度储蓄存款同业占比最后一名的行长和主管行长就地免职、常德工行机关员工完不成业余揽储任务的一律下到支行坐柜两条硬措施，市分行机关揽存突破5000万元。在执行净增额挂钩费用奖励办法同时，还开展“开门红”“红五月”劳动竞赛奖励，储蓄存款年增4.48亿元，余额增至49.65亿元。常德农行开展“迎新春、创五优”竞赛活动，狠抓定期存款到期稳存，储蓄存款年增9.19亿元，增长18.46%，余额增至58.98亿元。常德中行撤销石门支行桥北分理处等5个低产网点。同步推广和采取产品联动和服务整合营销策略。利用中间业务平台营销网络客户，与移动公司联合推出“手机定制”服务，与泰阳证券、君安证券达成“银证转账”业务协定，助推对私存款业务发展。储蓄存款年增1.82亿元，增长10.15%，期末余额增至19.75亿元。常德建行投入336万元对1/4网点进行整体改造，增设“面对面”“开放式”柜台、VIP室、自助区、理财室等功能区，新添置ATM自助设备10台，人机替代率近40%。同时，对前台流程进行优化，对外营业窗口由优化前的116个减少至104个，精减窗口12个，分流68名柜面人员充实到大堂经理和客户经理岗位，重点推广电子银行业务产品，发展个人电话银行客户，新推手机移动支付签约客户，累计发放VIP金卡239张，VIP银卡1523张，对10.09万张低效储蓄睡眠卡进行清理。全年储蓄存款净增2.62亿元，增长8.65%，余额增至32.9亿元。2004年，国家将邮政金融纳入银行业管理范围，12月12日全国邮政储蓄计算机系统统一版本工程建设圆满结束。常德邮储对甘露寺、丹阳路、下南门等营业网点绿卡金融网IP地址进行改造和上线。市政府将退耕还林资金、计生扶助金、移民资金、农村教师工资等资金的代发业务交邮局办理。储蓄存款年增8.29亿元，增长25.12%，余额增至41.29亿元。常德农信社全方位、多角度、多形式开展宣传，继续完善全员吸存机制，把任务量化到人，推行万元存款净增工资费用含量包干办法，储蓄存款年增0.55亿元，余额增至60.68亿元，增长0.91%。

2005年，全市人民币储蓄存款年增43.75亿元，增长16.62%，余额增至307亿元。常德工行以股份制改革为契机，确定“突出发展与转型，着力推进结构与效率两个转变”，不断提高“核心竞争力”的观念，提出“建设新银行、学习建设新银行、打造中国第一零售银行”的要求。先后举办两期个人金融业务分管行长、个金管理人员和客户经理学习班。年内开展“开门红”综合劳动竞赛和以组织存款为主的“个人金融业务旺季大会战”等活动,储蓄存款年增7.45亿元,增长15.01%,余额增至57.1亿元。常德农行开展“鸡年开门红”“树品牌、塑形象、优质服务在农行”“用心服务,春到万家”存款竞赛和“比服务环境、比服务形象、比服务态度、比物品摆放、比业务技能”为内容的“五比五看”等存款和服务竞赛活动,持续抓好务工汇兑和教育储蓄,营销推广通知存款、代收代付、银行卡、网上银行、外币存款、汇利丰、西联汇款、单位存款、现金管理等产品。在城区导入个人业务ISO9001质量服务认证体系,全面推行营业网点大堂经理制度,储蓄存款年增10.43亿元,增长17.68%,余额增至69.41亿元。常德中行以股改为动力,坚持资本约束、质量控制、效益考核和战略重点“四个优先”,实现由粗放式经营向集约式经营转变,是年是常德中行加大低产网点的改造,实施机构重组和业务流程整合改革,网点总数由上年的42家减少至40家。在加强激励考核之外,还连续组织开门红、百日竞赛和年终创佳绩活动。储蓄存款年增3.68亿元,增长18.63%,余额增至23.43亿元。常德建行组织开展“迎新春亲情服务活动”“金鸡报新春、建行送惊喜”“电子交易得实惠”柜台摸奖、“金融产品推介”等活动。对6个网点进行迁址改造,4个网点就地扩容改造,新增11台ATM机,1台CDM机,储蓄存款年增4.24亿元,增长12.89%,余额增至37.14亿元。常德邮储对城区12个骨干网点、11个农村网点升级改造,涉农资金成为快速代发“直通车”,年代发资金3.5亿元,储蓄存款年增7.32亿元,增长17.73%,余额增至48.61亿元。常德农信社在深化农村信用社改革的同时,以抓服务质量入手,在网点软件和硬件上下功夫,开通电子汇兑大额现金支付系统,开办代取代付、债券买卖、票据贴现等中间业务,开辟新的存款增长点。储蓄存款年增10.63亿元,增长17.52%,余额增至71.31亿元。

2006年,全市人民币储蓄存款继续保持快速增长趋势,年增46.92亿元,增长15.28%,余额增至353.92亿元。常德工行定向培养54名个人客户经理,初步形成个人金融业务营销中坚力量。采取新型目标管理办法,改过去由上往下压指标为由下向上报目标的新做法。实施业务转型,发挥网点理财功能,归集大客户资金,增加个人理财、代理保险、代理基金发行和本外币理财产品等储蓄替代品考核,大力营销牡丹灵通卡、个人网上银行以及本外币理财产品。开展以“新春佳节送惊喜,款款真情献客户”“服务全天候,自助好帮手”、工行灵通卡——农民工贴心、放心的“电子钱包”为主题的营销活动。加大“汇款直通车”“储蓄异地通”等个人结算业务产品推广力度。新开办“稳得利”“珠联币合”“汇财通”个人外汇理财产品。是年,不仅储蓄存款净增6.07亿元,余额增至63.17亿元,而且还叙作6.2亿元个人理财。常德农行全面推行星级服务管理,开展“树品牌、塑形象、优质服务在农行”“存款超百亿元”竞赛和营销活动。采取阶段性、综合性百分考核、岗位绩效考核、工资含量考核等激励手段,激发各行多增存、早增存积极性。储蓄存款年增10.2亿元,增长14.7%,余额增至79.61亿元。常德中行提出网点转型“三硬一软,五个更多”要求,同时调整网点布局,重点建设15个全功能网点、13个理财工作室,10个客户室,2个自助银行,12个ATM自助点,所有网点均设立

VIP 通道，推进全产品营销和全功能服务。撤销 3 家低产机构，全辖营业机构总数减少至 37 个。人民币储蓄存款年增 4.64 亿元，增长 19.80%，余额增至 28.07 亿元。常德建行狠抓高中端客户服务，提高 VIP 客户贡献度，制定《2006 年个人 VIP 客户维护拓展实施方案》，全年 VIP 客户存款贡献度 56%，提高 10 个百分点。以“一户一策”营销服务提高柜面服务效率，储蓄存款年增 6.37 亿元，增长 17.15%，余额增至 43.51 亿元。常德邮储注重存款结构调整，活期存款占比升至 27%。年末储蓄存款余额增至 58.14 亿元，净增 9.53 亿元，增长 19.61%。常德农信社在两会及春节期间在电视台黄金时段播放农村信用社专题片、宣传标语，打造信合服务品牌，靠转变作风“赢”存款，走出柜台“引”客户，抓住机遇“攻”大户，储蓄存款年增 10.12 亿元，增长 14.19%，余额增至 81.43 亿元。

2007 年，人民银行先后六次调整存款利率，一年期定期存款年利率由 2.52%上升至 4.14%，提高 1.62 个百分点，上升 64.29%。全国资本市场异常活跃，股票、基金、保险及理财产品纷纷登场，众多金融机构存款减少，全市有 7 亿多元的储蓄资源转化成基金销售。是年，人民币储蓄存款净增 30.78 亿元，较上年少增加 16.14 亿元，增幅由上年的 15.28%降至 8.7%，年末余额增至 384.7 亿元。常德工行成功投产上线国泰君安证券、泰阳证券和恒信证券三家证券第三方存管业务系统，并抓住年末股市行情回落的契机抓回流资金。同时积极吸收外出打工人员汇款，年末储蓄存款净增 2.67 亿元，增长 4.23%，余额增至 65.84 亿元。常德农行把第三方存管业务作为抓客户、从源头抓存款的一个重要手段。开展“伴你成长·金钥匙春天行动”和“三争一创”综合营销竞赛活动。对 35 个网点进行装修改造，形成“客户分层、功能分区、业务分流”的服务格局，储蓄存款年增 5.44 亿元，增长 6.83%，余额增至 85.05 亿元。常德中行转变增长方式，运用激励机制推动重点客户和重点产品的拓展，筹建理财中心，强化中高端客户营销维护，增揽三方存款客户，狠抓个人负债与消费信贷，中间业务和个人金融产品的捆绑营销，落实中高端客户服务和业务迁移，并对城区三家网点进行形象改造，撤销两个前景欠佳的营业机构，储蓄存款净增 0.8 亿元，增长 2.84%，余额增至 28.86 亿元。常德建行制定“零售网点转型推广实施方案”“零售网点转型检查考核实施细则”和“个人存款高产网点奖励实施细则”，围绕产品、服务和网点转型抓存款，储蓄存款年增 3.77 亿元，增长 8.66%，余额增至 47.28 亿元。常德邮储借助新开办的小额抵押贷款产品增存款，储蓄存款年增 4.73 亿元，增长 8.14%，余额增至 62.87 亿元。常德农信社储蓄存款年增 13.37 亿元，增长 16.42%，余额增至 94.8 亿元，净增额市场占比达到 43.44%。

2008 年，股市降温，资金逐渐回流，储蓄存款加速增长，是年净增 84.22 亿元，增长 21.89%，余额飙升至 468.92 亿元。常德工行提出“不比同期比同业”的号召，开展个金“一体化”营销活动。全员业余揽存与员工绩效考核挂钩，支行行级领导实行节假日营业网点坐班制，对优质客户提供“个性化”“差别化”服务，储蓄存款年增 13.63 亿元，增长 20.7%，余额增至 79.47 亿元。常德农行开展“优质服务提升年”“金钥匙春天行动”和“迎奥运·促营销·优质服务提升年”竞赛活动，大力发行惠农卡，储蓄存款年增 16.28 亿元，增长 19.14%，余额增至

101.33亿元。常德中行提出“高目标、严管理、利长远、讲实效”经营理念,出台《关于提高常德城区市场竞争力的若干措施意见》,通过网点布局调整、业务联动营销及激励约束机制等措施,储蓄存款年增8.11亿元,增长27.89%,余额增至36.91亿元。常德建行提出“发展攀新高、内控上水平、形象创品牌”的思路,制定发展VIP高端客户营销方案,落实VIP客户“八项尊贵服务”,全面推进网点转型。储蓄存款年增13.13亿元,增长27.77%,余额增至60.41亿元。中国邮政储蓄银行有限责任公司常德市分行挂牌,成立8个县级支行。是年5月,邮储银行临澧县支行安装第一台商易通并开通;6月,开通电话银行,年末发展到100户;10月发行第一张邮储信用卡;12月,首次发行将活期、定期、本币、外币存款及理财账户集中于一张借记卡上的“绿卡通卡”,企业网银上线。储蓄存款年增9.54亿元,增长15.17%,余额增至72.41亿元。常德农信社是年储蓄存款净增23.6亿元,增长24.89%,余额增至118.4亿元。

2009年,国家实施“保增长,扩内需,调结构”宏观调控措施,货币投放总量呈现扩大态势,常德各金融机构采取吸存措施,储蓄存款继续快速增长,人民币储蓄存款净增91.46亿元,增长19.5%,余额增至560.38亿元。常德工行重点狠抓代发工资、竞争挖转、项目资金跟进抓储蓄和不断改善服务质量等工作,制定《代发工资业务营销方案》,及时跟进高速公路、城市基础设施、房产开发项目拆迁、开发区建设等项目资金增加储源,拓展由项目资金带来的个人金融组合营销。进一步完善《支行行级领导营业网点坐班试行办法》,瞄准对手争揽客户和增加存款,储蓄存款年增15.11亿元,增长19.01%,余额增至94.58亿元。常德农行将单一存款功能网点逐步改造成为综合业务网点,实现从营销产品到营销客户的转变。全力推进经营网点零售业务“硬转型”和“软转型”,导入网点文明标准服务体系,储蓄存款年增17.07亿元,增长16.85%,余额增至118.4亿元。常德中行以网点转型拓展负债业务,强化大堂经理、理财经理的配置,撤销两个发展前景欠佳的分理处,人民币储蓄存款年增8.64亿元,增长23.4%,余额增至45.54亿元。常德建行践行“常德第一、湖南第二”的三年发展规划,抓旺季、抓调整、抓源头,开展“三湘情·建行心”——2009年常德市分行“两节”营销服务竞赛活动,制定《农村市场营销方案》,新增中高端客户2031户,储蓄存款年增15.06亿元,增长24.93%,余额增至75.75亿元。交通银行入驻常德,于12月24日开始营业,年末的7天吸收储蓄存款362万元。常德邮储银行与农村合作医疗协作,使用邮储银行绿卡通卡取代原来的农村合作医疗证即“新农合一卡通”,5月,成功互联公司与储蓄系统,实现个人结算账户和公司账户之间通过绿卡、POS机、商易通、电话银行、网上银行等渠道实现资金互转,助推储蓄存款的增长。储蓄存款年增11.57亿元,增长15.98%,余额增至83.98亿元。常德农信社全面推行优质服务,打造信合服务品牌,靠转变作风“赢”存款,走出柜台“引”客户,抓住机遇“攻”大户,储蓄存款新增23.7亿元,增长20.01%,余额增至142.1亿元。

2010年,全市人民币储蓄存款净增94.85亿元,再创历史新高,增长16.93%,余额增至655.23亿元。常德工行将2010年确定为“存款年”和“服务价值年”,突出发展代发工资、重点项目跟进,争抢高端客户。密切关注高速公路、城市基础设施、房产开发项目拆迁、开发区建设等项目资金流向，大力拓展由项目资金带来的个人金融组合营销，储蓄存款年增 11.45 亿元，余额增至 106.03 亿元，增长 12.11%。常德农行实行“一点一策”的“网点转型”，全面实施网点“6S”管理（整理、整顿、清扫、清洁、素养、安全），先后开展“春天行动”和“夏日激情”综合营销竞赛活动，储蓄存款年增 18.82 亿元，增长 15.9%，余额增至 137.22 亿元。常德中行作出旺季大突击，全年分阶段推进，并以业务费用配置和人事费用阶段性激励的跟踪式管理。储蓄存款年增 4.75 亿元，余额增至 50.29 亿元，增长 10.42%。常德建行狠抓中高端客户的维护和拓展，与香港·汎歌美容会所联合举办“建行财富、名媛盛典”大型联谊活动，高中端客户新增 2563 户，储蓄存款年增 11.57 亿元，增长 15.2%，余额增至 87.32 亿元。常德交行开展“喜迎虎年新起点，趁势而上开门红”和“激情初夏”“贵金属营销竞赛”等一系列特色营销活动，先后推出“得利宝”“基金营养组合”和“世博贵金属”等特色理财产品，狠抓全员揽储、拓展信用卡、发展个人网银和三方存管等业务，打造“人工网点 + 电子银行 + 客户经理”经营服务模式，新发银行卡 1.3 万张，储蓄存款年增 1.4 亿元，余额增至 1.43 亿元。常德邮储银行开通个人网上银行业务，用户发展到 3.24 万户，同时以个人跨行汇款业务增强吸存能力，储蓄存款年增 18.53 亿元，余额增至 102.51 亿元，增长 22.06%。常德农信社全面推行优质服务，打造信合服务品牌，储蓄存款年增 26.81 亿元，增长 18.87%，余额增至 168.91 亿元，占当地储蓄存款总量的 25.78%，位居第一。是年，常德银行业增加兴业银行和长沙银行两家机构，年底新组建的兴业银行常德分行 9 天吸收储蓄存款 3443 万元。新组建的长沙银行常德分行贴心细致抓服务，针对零售类客户组织开展上门服务、社区营销，积极宣传芙蓉储蓄卡 ATM 机异地跨行取款免收服务费和手续费的宣传，稳固和扩大客户群，储蓄存款年末余额达到 1.18 亿元。

第三节　人民币企业存款

1988 年年末，常德全辖人民币各项对公存款（含人民币公司存款、机关团体存款、农业存款和其他存款，不含商业银行代理财政性存款，下同）6.2 亿元。1993 年年末，增至 16.59 亿元，年均增长 21.74%；2003 年年末，增至 64.06 亿元，年均增长 14.47%；2010 年，总量增加至 281.52 亿元，年均增长 23.55%。从 1989-2010 年的 22 年，人民币对公存款净增 44.5 倍，年均增长 18.95%。

1988—2010 年，人民币对公存款市场占比变化较大。1988 年，常德农行 2.28 亿元，占比 36.81%，排第一；常德工行 2.21 亿元，占比 35.61%；常德中行 2123 万元，占比 3.41%；常德建行 8747 万元，占比 14.1%；城信社 1208 万元，占比 1.95%；农信社 5034 万元，占比 8.12%。

至 1993 年年末，常德工行 4.73 亿元，占比 28.5%；常德农行 7.05 亿元，占比 42.51%，排第一；常德中行 6453 万元，占比 3.89%；常德建行 2.66 亿元，占比 16.04%；城信社 3598 万元，占比 2.17%；农信社 1.12 万元，占比 6.89%。

至 2003 年年末，常德农发行 9342 万元，占比 1.48%；常德工行 26.66 亿元，占比

42.22%,排第一;常德农行 11.72 亿元,占比 18.56%;常德中行 6.93 亿元,占比 10.97%;常德建行 10.92 亿元,占比 17.3%;农信社 5.97 亿元,占比 9.46%。

至 2010 年年末,常德农发行 10.82 亿元,占比 4%;常德工行 66.39 亿元,占比 24.52%;常德农行 42.11 亿元,占比 15.56%;常德中行 27.42 亿元,占比 10.13%;常德建行 70.98 亿元,占比 26.22%,排第一;常德邮储 7.66 亿元,占比 2.83 %;常德农信社 23.13 亿元,占比 8.54%。另外,新成立的常德交行 11.23 亿元,占比 4.15%;常德兴业银行 2.47 亿元,占比 0.91%;常德长沙银行 8.5 亿元,占比 3.14%。

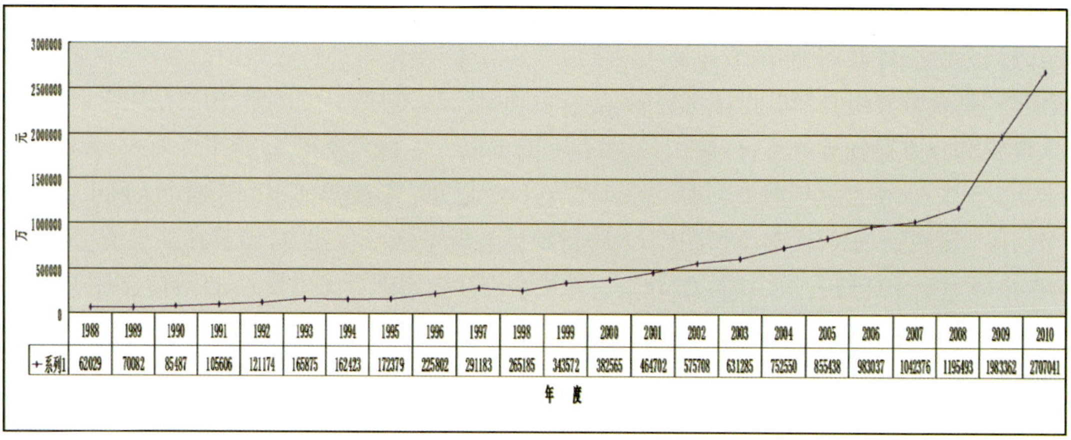

	1988	1989	1990	1991	1992	1993	1994	1995	1996	1997	1998	1999	2000	2001	2002	2003	2004	2005	2006	2007	2008	2009	2010
系列1	62029	70082	85487	105606	121174	165875	162423	172379	225802	291183	265185	343572	382565	464702	575708	631285	752550	855438	983037	1042376	1195493	1983362	2707041

图 2-6 1989—2010 年常德市银行业人民币对公存款发展变化趋势图表

1989 年,国家继续实行“紧缩银根”政策,对公存款增长缓慢,人民币各项对公存款净增 8053 万元,年末余额增至 7.01 亿元,增长 12.98%。其中企业存款净增 2039 万元,机关团体存款减少 83 万元,农业存款净增 3532 万元,其他存款净增 3362 万元。常德工行拟定《对公存款专管员职责》和《对公存款奖励办法》,条块结合、双管齐下抓对公存款。县(市)支行配备公存款专(兼)管员。在各大中型企业及存款大户中聘请企业领导和财务人员协助存款工作,对有贷户工商企业实行贷款“三挂钩”管理办法,年对公存款增至 2.5 亿元,增长 13.28%。常德农行狠抓存款归行工作,制定并实行公存款岗位责任制,机关部门、县支行、营业所和信贷员下企业抓落实,年末对公存款归行率达到 95%以上。对贷款单位多头开户进行清理,对企业专用基金、结算资金、有关部门的支农资金实行专户管理,专款专用,并对公款私存进行清理和归位,全年对公存款增至 2.9 亿元,增长 27.17%。常德中行采取存贷挂钩、专用基金转存、外汇贷款还款准备金、贷款利息预留转存等措施增加对公存款,对公存款增至 2396 万元,增长 12.86%。常德建行对公存款主要对象是与固定资产投资相关企业,靠国家政策和优质服务提升竞争力,主要包括自筹基建资金存款、建设单位存款、更新改造资金存款、建筑安装企业存款、单位借款、地方筹资存款、工业企业存款、部门筹资存款、清理资金存款和其他存款共 11 种。吸存方式主要是以管吸存、以贷引存和以帮促存。但由于项目资金总量下滑,对公存款负增长 1173 万元。常德城信社对公存款年末余额 1576 万元,增长 30.46%。常德农信社将组织公存款任务分解到社和信贷员，并进行单项考核，但是年出现 551 万元的负增长，期末余额 4483 万元。

1990 年，常德地区遭遇先涝后旱的自然灾害，各金融机构积极组织存款支持抗灾，全年对公存款净增 1.54 亿元，增长 21.98%，余额增至 8.55 亿元。常德工行制定《对公存款目标管理办法》，明确有关部门对公存款的任务、职责以及考评和奖励办法，各县支行设立对公存款专(兼)管员，在企业聘请对公存款协存员，试行工资基金专户管理办法，对公存款增至 3.08 亿元，增长 23.28%，常德农行制定《对公存款管理办法实施细则》，将存款计划与贷款规模挂钩，同时对贷款企业实行存贷挂钩管理。是年，对公存款净增 6481 万元，增长 22.32%，余额增至 3.55 亿元。常德中行坚持“稳中求生存，稳中求发展”的经营理念，对公存款增至 2579 万元，增长 7.64%。常德建行把吸存重点放在基建自筹资金上，对 108 户自筹基建项目逐户进行调查和归集，年末对公存款增至 9550 万元，增长 26.09%。常德城信社实施稳定的吸存策略，余额增至 1717 万元，增长 8.95%。常德农信社将公存款纳入目标管理考核，运用结算、信贷、现金管理等手段，通过以存定贷、以贷促存，提高开户企业资金归社率，对公存款增至 5281 万元，增长 17.8%。

1991 年，地方经济相对活跃，各行加大对公存款吸存力度，全市年增对公存款 2.01 亿元，增长 23.53%，余额增至 10.56 亿元。常德工行调整和配齐 12 名具有“公关”意识的业务骨干担任对公存款专管员，调整选聘 231 户企业财务人员为常德工行对公存款协存员，对 83 户公存款大户实行存款、取款、结算、贷款、咨询“五优先”服务，对公存款增至 3.62 亿元，增长17.45%。常德农行在对工商企业和乡镇企业支帮促活动中，确定 25 个工业企业、45 个商业企业为重点单位，选派 325 人帮助企业解决产、供、销及经营管理方面的问题，帮助企业处理库存、盘活不合理资金和清收拖欠，对公存款增至 4.29 亿元，增长 20.72%。常德中行以“目标管理责任制”的模式推动对公存款，制定和落实《企业存款稳步上升方案》和《清欠、挖潜、收贷、盘活现有信贷资金存量方案》，借助贷款业务带动对公存款增长，同时通过盘活企业不合理资金手段助推企业存款增长，扭转连续两年对公存款增长低迷的被动局面，对公存款增至 3768 万元，增长 46.1%。常德建行狠抓自筹基建资金存款，利用政策优势争取地方政府和计委、财政、工商、税务、审计等部门的支持。改善服务，为企业排忧解难，密切银企关系，巩固存款大户，免费为企业提供预(决)算审查和帮助清理工程拖欠款，巩固和发展常德卷烟厂、水电八局和市交通局等存款大户。对公存款增至 1.41 亿元，增长 47.59%。常德城信社和农信社对公存款分别净增 7 万元和 1638 万元，增长 0.41%和 31.02%，余额分别增至 1724 万元和6919 万元。

1992 年，国家实行经济体制改革，企业经营机制开始出现较大转变，经济领域表现出证券热、房地产热和集资热，社会资金分流，资金体外循环加剧，资金供求矛盾加剧，对公存款组织难度加大。全市对公存款净增 1.56 亿元，余额增至 12.12 亿元，增长 14.74%，增幅回落 8.79 个百分点。常德工行配齐、调整、充实对公存款专管员、兼管员、协存员的“三员队伍”，行领导分工做好重点存款大户动员工作，辖属各支行也竞相效仿。全行对公存款增至 4.06 亿元,增长12.17%。常德农行加大农业存款组织力度,农业存款增长7018万元。但受企业存款减少的拖累,全年对公存款仅增1万元。常德中行实行行长目标责任制,全面推行承包经营管理模式,抓住与市县邮电局程控电话和移动电话项目等新增贷款机遇,加强与信贷企业合作,并利用外汇贷款优势以贷定存。继续采取"支帮促"的措施盘活存量,对公存款增至5135万元,增长36.28%。常德建行把吸存触角拓展到文教、政法、卫生、财政、工商、税务、水电等领域。新增基本结算户200多户,对公存款增至2.23亿元,增长58.31%。常德城信社和农信社对公存款分别净增1284万元和289万元,增长74.48%和4.18%,余额分别增至3008万元和7208万元。

1993年,中共中央、国务院下发《关于当前经济情况和加强宏观调控意见》,全国金融工作会议按照中央"约法三章"要求,全面整顿金融秩序,规范金融行为,金融秩序逐步好转。是年,对公存款净增4.47亿元,增长36.89%,余额增至16.59亿元。常德工行成立存款部,在大户企业聘请信息员和协存员,强化激励机制,公存款增至4.73亿元,增长16.32%。常德农行严格按照中央"约法三章"要求,规范金融行为,主动回收流向外地和企业用信贷资金到沿海炒房产、炒地皮、开"窗口"的资金,纠正变相提高利率等不正当竞争行为,对公存款增至7.05亿元,增长64.47%。常德中行坚定"优化增量、盘活存量、强化管理"指导思想,在总结前两个年度对公存款快速增长经验基础上,继续推行对公存款增长目标责任制管理,层层建立"任务、管理、费用"三项指标大承包经营模式,利用市粮油公司、市塑料一厂和市县邮电局程控电话和移动电话项目机遇发展对公存款,对公存款增至6453万元,增长25.67%。常德建行受房地产热、集资热、股票热和自身部分资金体外循环、资金流向沿海等因素的影响,使得资金紧张,吸收存款成为业务的重点,对公存款增至2.66亿元,增长19.26%。常德城信社和农信社分别较上年末净增590万元和4226万元,增长19.61%和58.63%。

1994年,常德农发行从6月开始单独列账,但暂由农业银行履行代管责任,并由常德人行牵头,组织进行资金划转、转账、移据换据、移交项目资料档案工作,常德农行、常德工行等向常德农发行划转信贷资产20.89亿元,划转存款6631万元,年末常德农发行首次体现对公存款1.99亿元。国有专业银行向商业银行转轨的改革起步,各行受改革和原存款口径的调整,同时受经济大环境的影响,全社会对公存款趋紧,各行纷纷采取得力措施抓存款,行际之间对公存款增长悬殊。全市对公存款较上年增长1.65亿元,增长9.94%,余额增至18.23亿元。常德工行实行资金内部计价承包,积极吸收春秋两季学杂费6388万元,同时吸收重点建设项目存款9755万元,还增加无贷户存款8402万元,职工业余揽存1.78亿元,但其他存款减少1.86亿元,农业存款减少2666万元,使得对公存款反降2488万元。常德农行按其总行《关于正确归属行社往来资金科目的通知》要求将信用社存入农业银行的备付金存款、一般转存款(含定期存款、约期存款)和按规定比例缴存的存款准备金归在"信用社存款"科目中,同时,供销合作商业体制改革推行改、转、租、卖等方式,实行"社有民营"放开搞活,引起农村商业存款大幅下降,多因素作用使农业存款减少4.98亿元,年末其对公存款净减少

5.16 亿元。常德中行新设 4 个分理处，对 17 个营业机构进行形象改造，对 72 家企业给予重点支持，并对 20 家企业给予支帮促，对公存款增至 1.26 亿元，增长 94.58%。常德建行建立增存奖励基金制度，实行领导包片、科室包干责任制，采取抓源头、抓大户、抓公关、抓重点、抓边际户、抓突破口、抓员工业余揽储等措施，对公存款增至 3.71 亿元,增长 39.42%。是年，常德城信社和农信社分别增加对公存款 1.06 亿元和 3600 万元，增长 293.22%和 31.49%，余额分别增至 1.41 亿元和 1.5 亿元。

1995 年，常德连续 4 次遭受特大洪涝灾害和冰雹袭击，灾后重建急需资金，减少存款源，同时承受着企业转型改制巨大压力，经济景气度低，工业企业亏损面增大，亏损额度不断增加，部分企业趋于倒闭，生产资金严重不足，企业存款来源相对紧张，全年对公存款回落 5367 万元，余额降至 17.7 亿元。常德工行为应对企业多头开户造成结算存款严重下降的被动局面，采取以贷转存、代缴税金摆在存款账户、电力集团客户应上划而缓划等措施保存款，年末对公存款增至 6.07 亿元，增长 35.45%。常德农行推行企业存款承包责任制，将企业存款日均余额和全年净增任务与承包人员的部分奖金、津补贴挂钩，采取先存后贷、以贷引存、存货挂钩等激励办法吸引企业存款，广泛建立利息准备金、贷款风险金、货款备付金和工资基金专户，同时抓住国家对农业投入的机遇抓存款，实现稳中求进的目标，对公存款增至 1.95 亿元，增长 3.21%。常德中行抓住房改、清户和基本信贷户调整的契机，全面拓展对公存款业务，积极参加地方政策性房改，吸收房改存款 736 万元，全辖房改存款余额增至 1662 万元。清户期间，全辖整体作战，稳定一批大户，发展一批纯存款户，全行从社保所、大中专院校、社团组织、交通规费征稽处、重点工程指挥部、物价征管部门、民航售票处等吸收公存款 500 多万元。为民政部门代发彩票 90 多万元，同时还利用信贷结构调整的机遇，接纳邮电、石油、烟草等一批存款大户。企业存款年增 812 万元，但由于其他对公存款减少，对公存款总体减少 593 万元，余额降至 1.2 亿元。常德建行面对归还邮政存款和发行国债等分流资金等诸多不利因素，利用自身传统优势和政策优势抓存款，对公存款增至 4.71 亿元，增长 26.99%。城信社和农信社分别减少 290 万元和 329 万元，余额分别降至 1.39 亿元和 1.47 亿元。是年年末，常德农发行对公存款减少 1.53 亿元，余额降至 0.46 亿元。

1996 年，各金融机构纷纷采取强化责任制和激励机制的措施促公存款增长，全年净增 5.34 亿元，增长 30.99%，余额增至 23.97 亿元。常德工行狠抓集零和代发工资业务，狠抓常益高速公路，石门火电厂、常沅水大桥、凌津滩水电站等重点大户的稳存增存，新吸收市企和事业单位养老保险金、行政事业预算外收入、交通违章罚没款、物价调节基金、电力局内部银行专户和防洪保安基金等专户，对公存款增至 8.14 亿元，增长 34.23%。常德农行以市场为导向，创新存款领域和存款品种，主攻系统型、主动型、外向型、电子型和垄断型存款。农行全国联行电子汇兑系统开通，加快汇兑结算速度，为组织公存款创造有利条件。对重点企业派专人驻厂，狠抓企业单位定期存款，对公存款增至 3.05 亿元，增长 56.51%。常德中行按照“谁的存款上得好就支持谁”的原则进行运作，引入“存、贷、结”三结合的上海经验，保证新增贷款企业有相当于贷款数额10%的存款,并把企业产品销售收入回行结算率作为考核信贷户的有效手段,明确规定没有存款增长做保证的支行贷款不予考虑。对公存款增至1.54亿元,增长28.42%。常德建行实行大行业、大企业“双大”战略,在继续抓好石门火电厂、湖南特种水泥厂等重点存款大户基础上,又重点拓展邮电、交通、石油、烟草、税务等25个行业大户存款,对公存款增至5.68亿元,增长20.48%。常德农信社按照“以存定贷、存款挂钩、贷款优先、利率优惠”原则,推行企业发展基金、贷款利息备付金、贷款风险金的“三金”专项存款。对公存款增至1.58亿元,增长7.13%。常德城信社是年减少1720万元,余额降至1.21亿元。是年12月28日,中国农业发展银行常德市分行成立,年增对公存款9278万元,增长2倍,余额增至1.39亿元。

1997年,亚洲金融危机爆发,国家实施适度从紧的货币政策,各金融机构采取各种有效措施增加存款,全市对公存款净增5.95亿元,增长25.1%,余额增至29.92亿元。常德农发行对全市392个贷款企业进行信贷资产清理,取消粮棉企业在其他金融机构开立的64个存款户,归位资金3431万元,清收企业拖欠款141笔、8243万元,清收个人借支740笔、838万元,归位挤占挪用资金21笔、2279万元。是年,对公存款下降5912万元,余额降至7979万元。常德工行成立以行长为组长的对公存款工作领导小组,开展增存吸存“导归行动”,归行资金1485万元,春秋两季收存2.01亿元的学杂费,对公存款增至10.93亿元,增长34.19%,成为全市首个对公存款突破10亿元的银行。常德农行通过整体公关、领导公关、专业部门对口公关等方式,组织系统性、垄断性、行业性存款,培育忠诚客户,建立事业单位基本户制度,寻找潜在客户,组织公关揽存,地处城区的新机构发挥各自优势,稳大户、扩新户,抓“黄金客户”,并将组织低成本资金放在首位。先后与社保所、血防院、赈灾办、学校、医院等市直10多家公存款大户建立联系,吸存800多万元。对公存款增至5.09亿元,增长67.15%。常德中行面临清退邮储、民政和信用社高成本存款、同城金融机构不正当竞争和电子化建设水平相对落后以及信用卡经营手段弱化的形势,成立以主管行长为组长的企业存款工作领导小组,并组成业余攻关小组,争揽由香港盐业银行投资,昌桥路桥公司具体承办的常德市启明路工程项目专项代管和广东海外建设总公司第四分公司等一批大户存款,无贷户企业日均存款1822万元。抓住代收财政性存款的契机,争揽37家事业单位在中行办理财政缴款业务,还吸收常德电机厂、七一机械厂、滴水洞酒业有限公司等企业募集的400多万元股金。对公存款增至1.82亿元,增长18.32%。常德建行实行“双大”战略,在继续抓好石门火电厂、湖南特种水泥厂等重点存款大户的基础上,又重点抓邮电、交通、石油、烟草、税务等25个行业大户存款,开拓筹资新领域、新渠道,对公存款增至6.28亿元,增长10.67%。常德农信社加大对公存款力度,对公存款增至3.29亿元,增长108.77%。但常德城信社对公存款出现负增长2333万元的回落现象,年末余额降至9805万元。

1998年,受亚洲金融危机影响,国家经济金融形势相对严峻,特别是是年又发生百年一遇的洪水灾害,全市对公存款较上年净减少2.99亿元,降幅为9.97%,余额降至27亿元。常德农发行根据人总行《关于加强对粮棉油收储企业账户管理的通知》精神,对粮棉油收储企业存款采取更加严格的管理办法，规定凡使用农发行收储贷款的粮棉油收储企业，以县公司为单位，必须统一在农发行开立“基本存款”和“收购资金存款”“企业财务资金存款”“单位应付利息存款”专户（简称“一基三专”）。对资金体外运作行为将给予停贷处罚。是年，常德农发行对公存款下降 40.23%，余额降至 4769 万元。常德工行在完善市行 9 名行领导与重点单位、系统主管局联系制度基础上，又建立市分行部室一把手协助县（市）支行抓存制度，实行“存款与活工资挂钩”政策，“导归”行动取得新增 300 多个存款户的成绩，但是全年对公存款仍然下降 4.46%，余额回落至 10.44 亿元。常德农行拓宽低成本资金渠道，组织 52 个攻关小组深入大中企业、行政机关单位、公共教育、公共医疗等单位，建立合作伙伴关系。全年攻关 15 个存款项目，吸收对公存款 4760 万元。但是由于乡镇企业、供销企业和县直工业三大授信主体效益普遍滑坡，吸存更加艰难，加上洪灾损失影响，对公存款下降 15.52%，余额降至 4.3 亿元。常德中行面对严峻形势调整经营策略，实施“明确客户层面、明确市场定位、明确发展目标、明确竞争对手”的市场营销方针，针对不同行业、不同客户推出多种营销措施。市分行还成立市场营销部，成功营销昌祥路桥公司、常圣路桥公司、常益高速和下属的各个施工标段客户，常德中保寿险的县级公司保费收入、全辖电信业务结算性存款、燃气公司经营性收入存款、大中小学校的学杂费存款和地方财政性收费等存款稳定发展。市分行为香港盐业银行代管的 207 国道绕城线项目吸收存款 5900 万元，吸收常益高速公路项目存款 8039 万元。对公存款增至 2.69 亿元，增长 48.24%。常德建行抓住房改资金、社保基金和基建存款几个重点，狠抓“九五”后期基础设施建设及洞庭湖综合治理建设资金，对公存款增至 6.33 亿元，增长 0.84%。常德农信社受结算渠道不畅、服务设施和手段落后的制约，吸收对公存款处于劣势，信用社吸收的财政性存款、保险公司和邮政储汇存款被认定为违规经营，而财政、电力、林业等部门则文明规定资金不准存入信用社，使得信用社市场份额缩小，是年，常德农信社对公存款下降 55.61%，余额降至 1.46 亿元。城信社下降 17.38%，余额降至 8101 万元。

1999 年，宏观经济逐渐回暖，全市银行金融机构扭转负增长被动局面，对公存款净增 7.74 亿元，增长 28.65%，余额增至 34.73 亿元。常德农发行受上年惯性影响，对公存款再下降 21.66%，余额降至 3736 万元。常德工行发挥系统组织推动作用，坚持存款第一，服务第一，客户第一。选择大系统、大集团、大企业为重点，对存款大户结算手段、划款时限、服务内容提供全方位服务。对公存款增至 13.51 亿元，增长 29.42%。常德农行主动出击抓客户，全方位开展“一握农行手，永远是朋友”的宣传活动，对市财政单位、市社保局、石门皂市水库等系统大户或项目展开面对面营销，对黄金区域客户展开深度挖掘，对资产在 50 万元以上的 500 多个优良客户进行重点攻关和培植，运用开立承兑汇票、发放质押贷款、利用信用卡等一系列信用手段以票引存，以贷引存，以卡引存，对公存款增至 5.31 亿元，增长 23.45%。常德中行坚持目标客户营销的策略，确定常长高速等 68 个单位为目标客户，并将营销公关责任落实到支行、部门和责任人，44 个客户成功开户，吸收存款 1.87 亿元，同时狠抓代理保险、代理证券清算、代理财政性收费和代发工资等代理业务，并取得代理香港盐业银行的 207 国道项目代管资格,在常益高速公路接近竣工时成功营销从益阳到常德六个收费站的收款资格。对公存款增长取得超计划、超同期、超历史的“三超”成绩,对公存款增至3.58亿元,增长32.73%。常德建行坚持大行业、大企业“双大”战略,稳扎稳打抓大户、抓好户,对公存款增至7.77亿元,增长22.68%。常德城信社和农信社把增加低成本资金作为组织存款的主要目标,疏通结算渠道,开办代收税款、行政罚没款、学费等代收款项和代办保险、代理乡镇国库等中间业务,对公存款得到恢复性增长,分别增长37.11%和85.17%,余额分别增至1.11亿元和2.7亿元。

2000年,对公存款的增速回落,全市对公存款净增3.92亿元,增长11.28%,余额增至38.65亿元。常德农发行遏制住连续三年对公存款减少的被动局面, 年增190万元, 增长5.09%,余额回升至3926万元。常德工行牢牢盯住系统大户、上市公司和有上市公司背景的企业、重点大户、重点工程项目和很少与工行往来的存款大户,与八大系统签订合作协议,巩固和发展常德卷烟厂、金鹏凹版有限公司、常德恒安集团等一批重点存款大户和常德烟草机械厂搬迁、临岗高等级公路等一批重点项目。对公存款增至16.17亿元,增长19.72%。常德农行在抓好系统大客户和集约存款的同时,突出民营经济一揽子金融服务,展开“一对一”全程服务综合营销方式,陆续开办单位定期存款和单位活期存款,新开发“银证通”“储保通”等产品,培植医保、社保、税务等系统客户,对公存款增至6.48亿元,增长21.99%。常德中行狠抓客户网络建设,从高层运作、捆绑联动,到业务品种、客户对象展开全方位频繁出击,恢复和建立与常德卷烟厂、电信、移动等企业、行政事业单位以及工行、信用社、证券公司等金融机构的多层次良好关系。抓住汉寿工行撤销机遇,采取中行与工行业务整体互换方式,一次性接收830个对公结算户,减弱因安乡中行撤销造成的震荡,对公存款年减少1207万元,降幅为3.37%,余额回落到3.46亿元。常德建行狠抓企业集团核心企业和行业性源头存款,紧盯电信等国家垄断性企业集团的行业改革,争取财政专户及其行政事业单位的代收费资金。同时提高交通、电信、电力、财政、教育等行业或部门资金在建行的比例,实现其资金在建行系统内循环。充分发挥结算网络和银行卡等金融工具服务功能,代收代付业务迅速发展,对公存款增至8.69亿元,增长11.84%。常德城信社和农信社对公存款双双回落,分别较上年年末减少7062万元和441万元,下降63.58%和1.63%,余额降至4045万元和2.66亿元。

2001年,随着经济形势的逐渐好转,全市银行业金融机构对公存款大幅增长,年增对公存款8.21亿元,增长21.47%,余额增至47.09亿元。常德农发行对公存款增至6228万元,增长58.63%。常德工行制定《对公存款综合考核管理办法》《系统大户管理办法》和《对公存款大额资金揽存奖励办法》等考核奖罚制度,主攻重点工程和重点项目,狠抓系统大户和龙头企业,对常德卷烟厂、常德市财政两个超级大户推出专职客户经理组,两户存款突破2亿元,全年归行户和新开户720多户,对公存款增至18.72亿元,增长15.78%。常德农行狠抓优质客户,先后开发常德烟厂、金健米业、国人啤酒、市电信局、澧县澧州水电管理局等客户。市分行还成立洞庭湖综合治理办公室,运用信贷杠杆、结算服务和信息运筹三个手段介入湖区治理,对垄断性、系统性行业、机构存款大户组织攻关团队推行攻关负责制,相继开发一批政府机构类和医院、学校事业单位优良客户，与常德市政务中心签订30年合作代理协议，入驻政务中心的83家行政、事业单位在农行政务中心分理处开立收费账户，独家代理收费，对公存款增至9.3亿元，增长43.5%。常德中行把增加存款视为减亏扭亏头等大事，按照“公司化经营、市场化营销、捆绑性经营、成本核算和全方位服务”的五大理念组织经营，确定“建立客户群体”的营销策略，锁定常德市卷烟厂、电信公司、移动公司、恒安集团、洞庭水殖、金健米业、市财政核算中心等一批核心客户，又将金鹏凹印、金芙蓉置业、华文科教和步步高量贩广场等有一定经营规模和发展前景的公司确定为目标客户并展开全方位营销，对公存款增至4.24亿元，增长22.64%。常德建行继续狠抓对公存款，但存款增速放缓，对公存款增至9.15亿元，增长5.32%。根据人民银行武汉分行通知精神，常德城信社退出市场，除桃源渔父城市信用社兑付未到位的原因未移交外，全辖城信社所有业务移交农信社。是年，城信社对公存款减少4017万元，降幅为99.31%，余额仅28万元。常德农信社对公存款增至4.43亿元，增长66.57%。

2002年，宏观形势继续转好，对公存款年增11.1亿元，增长23.89%，余额增至60亿元。常德农发行加大政策性贷款力度，通过“基本存款账户”“收购资金存款”“企业财务资金存款”和“单位应付利息存款”专户的“一基三专”管理，保证政策性资金封闭运行，促进派生存款增长，对公存款增至2.43亿元，增长2.9倍。常德工行开展靠措施导存、靠服务增存、靠公关抓存、靠信息攻存、靠全员揽存、靠大所吸存、靠源头稳存的“导归”行动。对教育系统上门代收春、秋两季学费2.63亿元，成功营销常张高速公路结算代理权，成功吸收湖南雄磺矿，德山七一厂等企业买断资金1.1亿元，代发桃纺买断金4750万元，601矿买断金815万元。同时利用财政核算中心在工行开户的有利条件，增加财政系统代发工资3000多户。对公存款增至22.85亿元，增长22.06%。常德农行全面实行客户经理制，增加单位存款产品，对公存款增至11.75亿元，增长26.39%。常德中行获得常张高速公路项目资金监管代理权，国家开发银行代理结算项目落户常德中行，同时，由地方财政安排的八千多万元沿途拆迁安置费结算性业务也全部由常德中行提供服务，境内12个中标单位基本结算账户全部落户常德中行。向金健置业投资有限公司发放2000万元开发贷款，吸收结算性资金3000万元，成功营销常德中区改造项目，做活金钻广场开发贷款和住房按揭贷款，吸收7600万元存款，取得桃源纺织印染厂、湘航、常德市滨湖印刷厂、医药公司等十余家企业买断金代发，吸收存款7000万元。成功营销石门皂市水库移民工程重大项目，以及金健置业、洞庭水殖、电信收入专户、市住房公积金中心等一大批优质客户。是年，对公存款增至5.34亿元，增长25.93%。常德建行按照既定发展思路拓展业务，对公存款年增至9.63亿元，增长5.18%。常德城信社仅存的桃源渔父信用社业务全部移交常德农信社，存款归零。常德农信社健全吸存机制，改善服务手段，疏通结算渠道，增强吸存功能，对公存款增至5.57亿元，增长25.72%。

2003年，全市对公存款在上年高速增长之后增速减慢，年增对公存款5.56亿元，增长9.65%，余额增至64.06亿元。常德农发行对公存款降至9345万元，下降61.53%。常德工行坚持抓大促重策略，举全行之力抓存款。代收春、秋两季学费2.5亿元。抓住常德辖内企业改制扫尾机遇,吸收桃源县粮食局、常德棉纺厂等企业买断资金4000万元,抓住各县公积金委托行政策性调整机遇,挖转公积金缴存单位5户,新增单位48个,归集公积金净增6448万元。通过对电力、交通、税务、教育、财政、城建、烟草、邮电、社会保障、金融同业、上市公司的重点服务,吸收对公存款1.8亿元,对公存款增至26.66亿元,增长16.63%。常德农行加强贷款过程管理,实行贷款支持与财务监管相结合,与一批持续经营能力强的客户建立长期合作关系,但由于上年度高速增长带来的内在调整需求,对公存款降至11.72亿元,回落0.31%。常德中行坚持存贷业务协调发展经营策略,实行存款增长额与专项业务费用分配的累进考核制度,按完成任务进度不同档次给予不同标准的奖励和处罚,营销部门负责人实行风险抵押金制度,市、县两级行联手营销常张高速、金健米业、常德烟厂、洞庭水殖、邮政、华天、石门皂市水库、石门电厂、华电石门和香港兆恒集团等重点客户和项目,并成功营销香港兆恒集团在石门三江口水电站1200万美元项目资本金,授信业务形成电力、烟草、基础设施、信息通信、上市公司、三资企业、民营企业、零售企业和零售客户等九大板块协调发展的客户群。4月,又在全辖开办网上银行业务。是年,对公存款增至6.93亿元,增长29.82%。常德建行加大责任制考核和市场营销力度,对公存款增至10.92亿元,增长13.41%。常德农信社内部实行百元存款净增工资费用含量包干机制,同时全面推行通存通兑及资金清算系统,对公存款增至5.97亿元,增长7.29%。

2004年,常德银行业金融机构对公存款年增12.13亿元,增长19.21%,余额增至75.9亿元。常德农发行按照总行"四不贷"政策压缩贷款,部分承贷企业为筹集改革改制成本,通过辅助账户大量滞留销售货款,即使通过多头开户清理划归8630万元非基本存款账户的滞留资金,但对公存款仍然减少2894万元,下降30.97%,余额降至6451万元。常德工行通过劳动竞赛和奖励手段激发增存积极性,明确把对公存款稳定发展主战场定位在重点客户和系统大户,注重大户"差别服务",提升大客户满意度,对公存款增至29.68亿元,增长11.34%。常德农行重点营销常吉高速公路建设项目、皂市水库移民工程和石门电厂二期工程等,代理常吉高速公路建设一期项目。同时对辖区内一些垄断性、系统性行业和机构存款大户组织攻关,对公存款增至14.06亿元,增长20.03%。常德中行取得市级财政国库集中支付服务项目代理行资格,成功营销4000万元石门皂市水库移民资金,争取到中石油、电力收费集中归集项目,扩大洞庭水殖、常德烟厂、恒安纸业等老客户的业务份额,对公存款增至7.05亿元,增长1.72%。常德建行开展"有效基本结算户"营销活动,设立开户基准奖、进度奖和贡献奖,有效基本结算账户增加202户,增强对常德卷烟厂的营销,其结算量占比由上年25%上升至33%,还通过发展网银和开展优质服务竞赛等活动增强吸存能力,对公存款增至18.11亿元,增长65.89%。常德农信社开展形象宣传活动,以此提升农村信用社信誉与知名度,全面推行通存通兑及电子化资金清算系统,改善单位存款结算渠道,但是年对公存款仍然出现2675万元的负增长,余额降至5.71亿元。

2005年,宏观经济逐渐向好,全市对公存款继续保持稳定增长态势,对公存款年增

10.29 亿元，增长 13.67%，余额增至 86.35 亿元。常德农发行首次提出“存款立行”经营理念，制定《关于加强存款组织工作的意见》，下发《关于进一步加强存款和保险工作的通知》，把资金供应、费用分配、奖励晋升与各行存款任务完成情况挂钩，实行存款与岗位目标责任工资挂钩制度，扭转连续两年负增长局面，对公存款增至 8036 万元，增长 24.57%。常德工行坚持“稳存、增存”主题，持续推进“一把手”工程，抓“新户、抓大户、抓系统客户”，全年发展新户 7 家，重点工程项目 8 个。针对系统大户资金多，起伏大和争夺激烈的特点开展事前寻踪，事中跟踪，事后追踪，其中常德卷烟厂销货回笼占比达到 60%以上。全辖对公存款增至 35.33 亿元，增长 19.04%。常德农行整合客户资源，加大对系统、行业等对公存款大客户营销力度，狠抓对烟草行业客户的攻关，对常吉高速公路建设资金实行全面代理，对重点客户进行“一对一”的重点维护，推行存、贷结合，引导机构事业单位合理运用资金，对公存款增至 16.36 亿元，增长 16.31%。常德中行坚持由粗放式经营向集约式经营的转变，归集电力资金 1.8 亿元，还争取到新一佳常德分公司、湖南华油天然气输配公司、三江电力有限责任公司等一批代表性客户，国库集中支付预算单位由上年的 9 家增加至 48 家，网银客户新增 21 个。非税收入代理的市直中小学电子信息化收费全面启动，代理市七中等四所中学的收费，代理客户数增至 9511 个，对公存款增至 8.79 亿元，增长 24.72%。常德建行开展做透优质存量客户，渗透目标潜力客户为营销目标的“关注客户、创造价值、主动服务、联动营销”活动。定位目标市场和目标客户群，制定行业性、集团性客户营销方式和区域主题营销方案，年增基本结算户 334 户，对公存款增至 18.92 亿元，增长 4.46%。常德农信社仍然受结算平台和外界诸多因素影响，对公存款仍然延续上年下滑态势，余额降至 5.34 亿元，下降 6.37%。

2006 年，宏观经济总体向好，全市对公存款年增 12.76 亿元，增长 14.92%，余额增至 100.34 亿元。常德农发行联系财政、农业等部门，争取代理各项财政性支农专项资金拨付，加强开户企业存款管理，确保销售货款及时全额归行，同时推行企业风险保证金和准备金制度，对公存款增至 2.03 亿元，增长 152.9%。常德工行坚持“三突出”主题，围绕市场和客户展开营销，狠抓货款归行，增加结算存款，组织和开展电信、石化、中石油等行业资金管控系统业务推广应用，建立和完善 100 万元以上大户信息档案管理，定期走访重点大户、行业大户和系统大户，对公存款增至 37.69 亿元，增长 6.69%。常德农行突出抓“源头、龙头、重头及两头”的市场营销，全面实施高端客户带动低端客户、主产品带动副产品、系统客户带动高价值个人客户的“三带”策略，对公存款增至 18.16 亿元，增长 10.99%。常德中行确定“长远利益与当期利益相结合，存量规模与增量市场相衔接，本地资源与外地资源相联系，资产业务与负债业务相适应，快速发展与风险防范相关联”的经营策略，与常德移动公司签订“现金管理综合服务协议”，为八个县级移动公司上门收款，并通过网上银行平台提供资金归集服务，常德卷烟厂的对公存款日平余额达到 1.25 亿元，创历史新高。代收学费 1.2 亿元，营销市级非税代收客户 40 多家，还通过贴现和开立承兑汇票吸收存款，对公存款增至 11.71 亿元，增长 33.21%。常德建行培育发展优势中小企业客户群体，一批中小优质客户落户建行。把有影响力的大专院校作为战略重点,对改制后的常德卷烟厂实施跟踪营销,成为首家湖南中烟公司一般结算户的异地商业银行。对公存款增至22.38亿元,增长18.28%。常德农信社全面推行优质服务,打造信合服务品牌,靠转变作风"赢"存款,走出柜台"引"客户,抓住机遇"攻"大户,对公存款增至6.33亿元,增长18.53%。

2007年,资本市场火热,对公存款增势减弱,年增5.93亿元,增长6.04%,余额增至108.02亿元。常德农发行加强信贷企业账户以及销货款回笼归行管理,对公存款增至3.78亿元,增长85.98%。常德工行面对常德卷烟厂资金归集于中烟公司造成9个亿对公存款上划压力,及时调整增存策略,对重点客户采取高层重点营销和支行日常维护相结合营销模式,巩固银企关系,加强新业务推广,完成财政、人民银行、国库、行政单位网络连接一体化建设,继续做好"烟草在线支付"系统维护。狠抓教委系统客户,减弱对公存款下滑的冲击,对公存款降至33.04亿元,下降12.34%。常德农行坚持以负债业务为主的市场定位,"高端市场、高档社区、高端客户、高管人员"的"四高"客户快速发展,内部推行存款目标任务完成情况与各级行领导班子年度绩效考核紧密关联机制,对公存款增至24.32亿元,增长33.94%。常德中行受石门皂市水库移民资金转移、常德烟厂资金向烟草总公司集中、票据贴现量减少以及同业存款回抽等多因素影响,对公存款降至10.31亿元,回落11.98%。常德建行为进一步拓展企业存款市场份额,制定《三年营销实施方案》和《开展营销优质基本结算户竞赛方案》,在证券公司设立专柜,建立行领导与本部各部门存款包行负责制,对财政、烟草、国土、电厂、住房公积金等目标客户进行深度挖潜,成立市级财政、市级社保医保、"八一"工程、高速公路、中联重科、三一重工等营销服务团队,加大住房维修基金营销力度,对公存款增长12.61%,余额增至25.2亿元。常德农信社全面推行通存通兑及资金清算系统,改善单位存款的结算渠道,对公存款增至7.59亿元,增长19.84%。

2008年,由美国次贷危机引发的国际金融危机在上年年末爆发,同年发生汶川"5·12"大地震,8月28日奥运会在北京开幕。面对这些重大事件,国家出台四万亿刺激经济计划,货币流量加大,并成为全市对公存款加速增长的拐点。是年全市对公存款净增16.32亿元,增长15.11%,余额增至124.34亿元。常德农发行以网银契机组织存款,对公存款增至4.79亿元,增长26.69%。常德工行盯紧地方重点工程和重点招商引资项目,大力推进账户扩面营销,加大核心客户维护力度,组织对公存款旺季大会战,对公存款增至40.07亿元,增长21.29%。常德农行继续以"四高"为重点,做大优质机构客户群体,但由于信贷业务萎缩,法人优良客户贷款减少,客户销货款归行率低、派生存款下降、客户流失问题突出,对公存款业务发展受到较大影响,对公存款降至23.35亿元,下降3.99%。常德中行加大营销力度,成功营销市财政局、市财鑫担保公司、市经建投、东常高速、经纬水电公司等优质客户,全辖移动、电力、电信、交通规费等行业共归集资金13.87亿元,代理市级国库集中支付预算单位增至48家,对公存款增至13.86亿元,增长34.45%。常德建行坚持"以人为本、以德治行、构建和谐团队"和以"发展攀高峰、内控上水平、形象创品牌"的办行思路,对公存款向成长性行业拓展,对公存款增至27.23亿元，增长8.03%。是年3月26日，中国邮政储蓄银行有限责任公司常德市分行挂牌成立，是年组织对公存款1906万元。常德农信社进一步优化资金清算系统，改善结算渠道，对公存款增至10.06亿元，增长32.61%。

2009年，受国家四万亿刺激经济计划资金的逐步到位和整体经济向好的影响，对公存款年增81.19亿元，增长65.29%，余额飙升至205.53亿元。常德农发行采取关系揽存、以奖增存、服务促存的工作思路，挖掘存款潜力，强化考核奖励，实现非信贷企业存款业务快速发展，对公存款增至7.19亿元，增长50.15%。常德工行把对公存款作为业务主线，提出对公存款不看成绩看市场，不看任务看占比，加强对公存款优质客户的维护，突出稳存挖潜，强化整体联动，紧盯地方政府重点项目建设，打破行际部门之间的界限，实施业务跟进，强化资金封闭运行，东常高速10.9亿元的征地拆迁资金归入常德工行，对公存款增至62.27亿元，增长55.39%。常德农行创新"三农"金融品种，以惠农卡和农户小额贷款带动农业存款。对7个重点客户和优质项目签订责任状，并对38个重点项目和客户签订营销责任状，签约62个项目6.8亿元资金，对公存款增至33.72亿元，增长44.43%。常德中行把交通与城建项目作为营销重点，两行业增存额一度达到3亿元，地方财政和非税代理的协调与配合发展存款业务也是是年对公存款增长的一大亮点。对市县财政、政务中心和开发区管委会等职能部门展开营销，代理国库集中支付和代理非税业务促进存款业务的发展，对公存款增至21.31亿元，增长53.77%。常德建行完善行领导与各职能部门存款包行责任制，以"营销服务团队"模式加强对市经委、市计委、市发改委、市招商局、市工商局等政府职能部门营销，机构类存款取得重大突破。对公存款增至51.79亿元，增长90.2%。常德邮储狠抓网银等渠道建设，对公存款年增3.37亿元，增长17.7倍，余额增至3.56亿元。常德农信社全面推行通存通兑及资金清算平台和客户队伍建设，对公存款跨越式增长，增至17.45亿元，增长73.38%。

2010年，全市对公存款继续快速增长，年增对公存款76亿元，增长36.98%，余额增至281.52亿元。常德农发行依托信贷产品，将存款营销与企业的贷款资格、贷款额度审批挂钩，规定凡属政府融资平台项目贷款，贷款户必须事先存入不低于贷款总额40%的存款，对公存款增至10.82亿元，增长50.5%。常德工行坚持"紧盯政府职能部门、紧盯系统大户、紧盯重点项目、紧盯高端客户"的稳存增存策略，多措并举，构建"高层营销、中层维护、基层服务"的客户管理和营销模式，实行同业占比系数考核模式，做实协调和服务，对公存款增至66.39亿元，增长6.61%。常德农行继续实施县域"蓝海"战略，市分行设立农村产业金融部与农户金融部，加大"三农"对公业务营销力度，搭建市分行直销平台，实现市分行"营管合一"的职能转变，坚持"三个对接"，市、县两级对市财政、社保、医保、烟草等系统性客户进行维护，对公存款增至42.11亿元，增长24.88%。常德中行利用经营转型机遇挖掘网点增存潜力，在对市国土储备中心发放8000万元项目贷款支持基础上，增加公司存款7300万元，烟草、烟机、金鹏、金芙蓉四个"涉烟"企业年增存款6400万元，东常高速项目5亿元主体资金存放中行，对公存款增至27.42亿元，增长28.67%。常德建行将账户营销尤其是基本结算户营销作为企业存款营销重点,对公存款增至 70.98 亿元,增长 37.07%。常德交行集中优势力量抓系统、抓大户,成功营销市医保、市失地农民专项补偿、市教育重点工程建设资金专户等系统大户,实现非税预算外资金专户系统与财政系统对接,设立市非税收入代缴专户,获“国库现金管理银行”和“常德市非税收入代理银行”资格,石长铁路复线、东常高速和国土储备等一批重点项目,金健米业、金天钛业、恒安纸业等一批重点客户以及天鹰建设、农业开发等公司均开立结算账户,对公存款年增 10.19 亿元,余额增至 11.23 亿元。常德邮储获得常德市级财政国库集中支付业务代理资格,开办二手房按揭贷款,开通多币种银邮汇款业务,对公存款增至 7.66 亿元,增长 114.84%。是年,新成立的常德兴业银行和长沙银行分别吸收 2.47 亿元和 8.5 亿元的对公存款。常德农信社抓住机遇上存款,对公存款增至 23.13 亿元,增长 32.54%。

2010 年年末,常德全市对公存款 281.52 亿元,其中企业存款 166.31 亿元,机关团体存款 76.16 亿元,农业存款 17.74 亿元,其他存款 21.32 亿元,分别占对公存款总量的 59.08%、27.05%、6.3%和 7.57%。

第四节　财政性存款

常德市地方财政性存款主要存放在中央银行、政策性银行、全国性大型银行以及合作金融机构。1988 年年末全市财政性存款 8869 万元,其中在央行存款 2156 万元,在各商业银行存款 3657 万元,各商业银行划存央行存款 3056 万元。

2000 年年末,全市财政性存款增至 1.79 亿元,增长 101.83%,年环比增长 6.03%,其中在央行存款 7762 万元,在各商业银行存款 9932 万元,各商业银行划存央行存款 210 万元。

2010 年年末,全市财政性存款增至 41.42 亿元,较 2000 年增长 22.14 倍。其中在央行存款 30 亿元,在各商业银行存款 8.92 亿元,各商业银行划存央行存款 2.49 亿元。其中2007-2010 年出现快速增长趋势,四年中分别较上年净增 15.54 亿元、5.86 亿元、8.74 亿元和7.06 亿元。

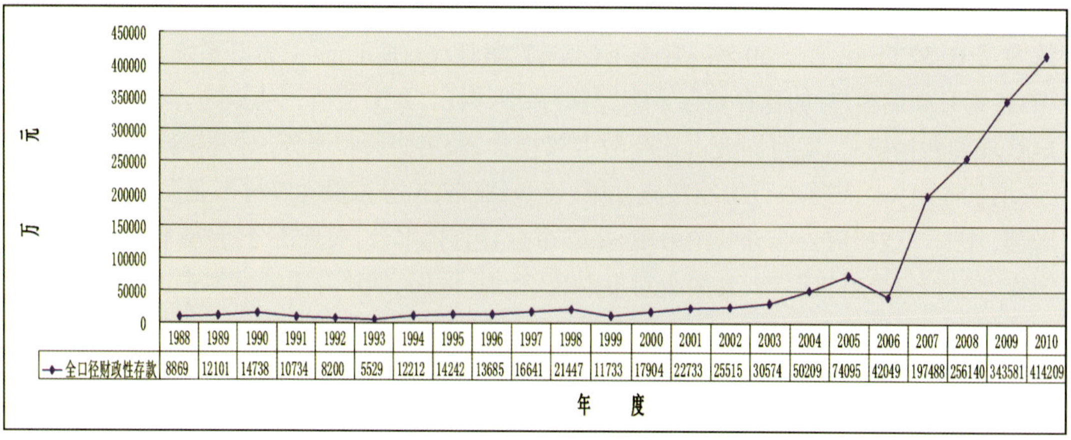

	1988	1989	1990	1991	1992	1993	1994	1995	1996	1997	1998	1999	2000	2001	2002	2003	2004	2005	2006	2007	2008	2009	2010
全口径财政性存款	8869	12101	14738	10734	8200	5529	12212	14242	13685	16641	21447	11733	17904	22733	25515	30574	50209	74095	42049	197488	256140	343581	414209

图 2-7　1989—2010 年常德市银行业财政性存款发展变化趋势图表

第五节　外币个人存款

1990 年以前，全市仅常德中行叙作外币存款业务，1991 年，常德工行和常德农行开始开办，1992 年常德建行开始开办，2009 年，常德邮储银行也开始开办。

1988 年年末，全市外币各项存款 39 万美元，全部为对私存款，2010 年年末余额为 2496 万美元，其中对公 372 万美元，对私 2124 万美元。从 1989–2010 年，外币各项存款年环比增速为 20.82%。外币各项存款的峰值为 2002 年的 4283 万美元，其中对公存款为 116 万美元，对私存款为 4166 万美元，其他存款为 1 万美元。

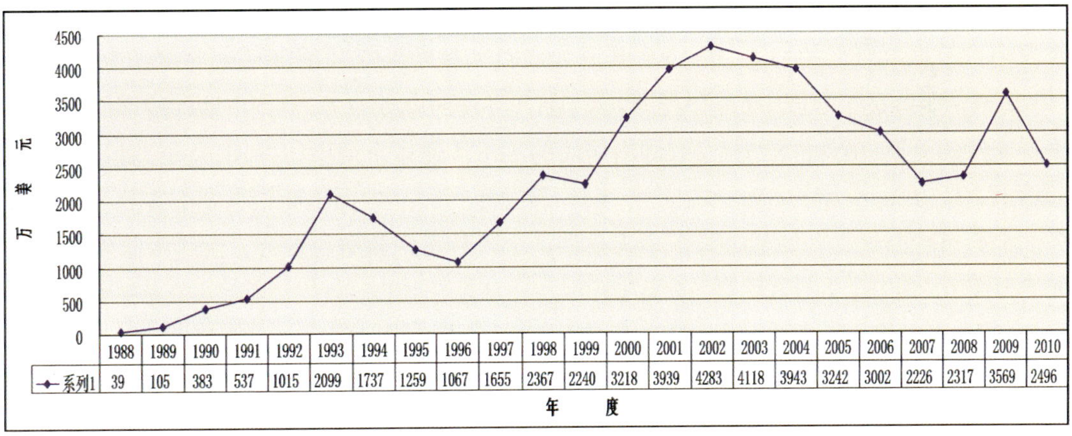

图 2-8　1989—2010 年常德市银行业外币存款发展变化趋势图表

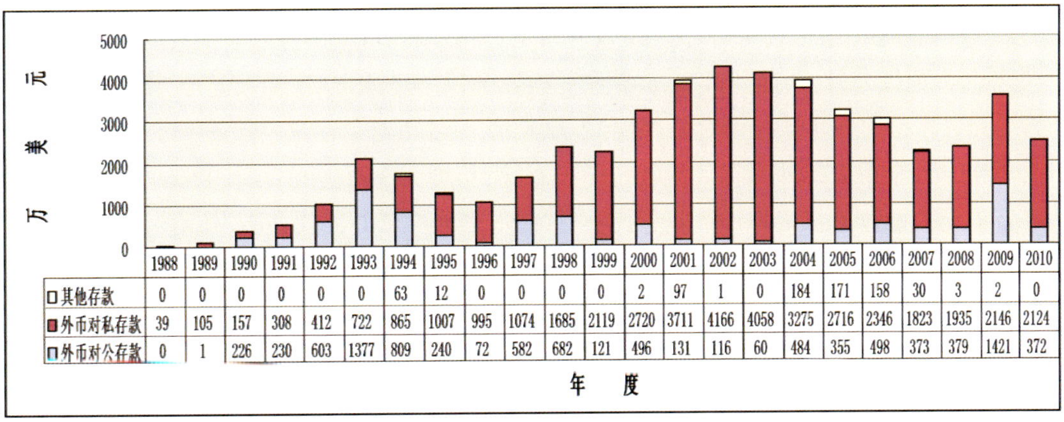

图 2-9　1989—2010 年常德市银行业外币存款结构条形图表

1988 年年末，常德中行是全市唯一叙作对私外汇存款业务的银行。1985 年 11 月，常德中行根据中国银行总行《丙种外币存款章程》允许境内居民外币定期存款户支取和向境外汇出汇款，并用外汇计付利息。根据总行有关外汇存款业务的精神，柜面仅对美元、日元、英镑等少数几种自由兑换货币提供存款服务,至 1988 年年底,全辖有市支行和临澧、澧县、桃源、安乡 4 个支行营业部和津市支行储蓄专柜开办外币存款业务,各外汇存款折美元余额 38.88 万美元。

1989 年,常德中行实行储蓄承包责任制,是年,外币存款净增 66.56 万美元,增长 1.71 倍,年末余额达到 105.44 万美元,全部为个人外汇存款。

1990 年,受国家对外开放政策的推动作用,侨汇业务成为常德中行外币存款的重要来源。年末外汇存款增至 383.44 万美元,净增 278 万美元,增长 163.66%。其中对私外币存款增至 157 万美元,增长 49.52%。

1991 年,全市外币各项存款净增 154 万美元,增长 40.21%,余额增至 537 万美元,其中对私存款净增 308 万美元,增长 96.18%,余额增至 308 万美元。东德和西德于 1990 年统一,常德中行根据上级行的要求,于 1991 年开始收兑两德统一后的德国马克,正在流通的西德马克继续使用。是年常德中行辖内各县支行都开办外币存款业务,常德市境外游客的外币和旅行支票的兑换、国外侨汇的汇入、国内居民的汇出均通过常德中行办理,是年,对私外币存款增至 292 万美元,增长 85.99%。是年 4 月,常德工行设立中国工商银行湖南省分行国际业务部常德市代办处,开始代办外汇个人存款、个人外汇汇款解付业务,全年吸收外币存款 90.5 万美元,其中个人外币存款 12.5 万美元。

1992 年,随着外向型经济的发展,全市外币存款持续增长,年增 478 万美元,增长 89.01%,余额增至 1015 万美元,其中对私存款净增 104 万美元,增长 33.77%,余额增至 412 万美元。常德中行各项外币存款继续增长,年增长 49.2%,余额增至 655 万美元,其中对私存款增至 395 万美元,增长 35.27%。8 月 18 日,常德工行请示国家外汇管理局常德分局批复经营外汇业务,12 月 18 日由代办升格为自营,年增外币存款 248 万美元,余额增至 339 万美元,其中对私存款保留在上年水平。1992 年 8 月,常德农行成立中国农业银行湖南省分行国际业务部常德代办处,办理外币存、放款及兑换业务,年末外币存款 9 万美元,其中对私存款 4 万美元。常德建行年末外币对公存款 12 万美元,无外币对私存款。

1993 年,全市对私外币存款呈较快增长态势,年增 353 万美元,增长 85.68%,余额增至 765 万美元。常德工行招聘外汇业务代办员,向下延伸 3 个外汇代办所,外币对私存款净增 78 万美元,余额增至 91 万美元。常德中行通过增加网点的手段扩大覆盖面,个人外币存款增至 584 万美元,增长 47.85%。常德建行于 1992 年 11 月设立中国建设银行湖南省分行国际业务部常德代办处,1993 年 4 月设立窗口,外币对私存款年末余额增至 75.5 万美元。

1994 年,外币对私存款净增 143 万美元,增长 19.81%,余额增至 865 万元。常德工行于 11 月对 6 个储蓄所增设外汇业务功能,对私外币存款增至 84 万美元,增长 71.43%。10 月,经农总行和外汇管理局批准,常德农行于 10 月由代办处升格为中国农业银行常德市分行国际业务部,并享有自营和外汇结算权,办理外币存放款、外币兑换、国际贸易和非贸易结算、结售汇、对外开证、对外咨询、票据贴现、票据托收以及对外见证业务。随即,农行武陵、鼎城、桃源、石门、安乡、津市、汉寿7个支行开办外币储蓄业务，年末对私外币存款6万美元。常德中行面对同业竞争的压力，发挥专业优势，狠抓对私外币存款，个人外币存款增至710万美元，增长21.58%。常德建行将外币存款纳入经营计划，10月将代办升格为自营，并在各支行设立代办点，是年对私外币存款减少10.5万美元，余额降至65万美元。

1995年，是国家专业银行向国有商业银行转轨的头一年，也是国家外汇管理体制改革关键性的一年，个人外币存款保持向上态势，个人外币存款年增142万美元，增长16.42%。其中常德工行持平，常德农行净增2万美元，余额增至8万美元。常德中行净增28万美元，余额增至738万美元。建行加大对私外币存款力度，年增112万美元，增长1.72倍，余额增至177万美元。

1996年，全市个人外币存款出现小幅回落，总量减少12万美元，年末余额降至995万美元。其中，常德工行增加16万美元，常德农行增加7万美元。常德中行增加3万美元，常德建行减少38.4万美元。

1997年，全市个人外币存款重拾升势，年增79万美元，余额增至1074万美元。其中，常德工行增加31万美元，常德农行增加40万美元。常德中行持平，常德建行增加7.9万美元。

1998年，全市外币对私存款加速增长，年增存款611万美元，增长56.89%，余额增至1685万美元。常德中行以其独有的优势，对私存款增至1179万美元，增长59.11%。常德工行增至202万美元，增长54.2%。常德农行回落33万美元，余额降至22万美元。常德建行增至282万美元，增长92.49%。

1999—2002年，常德市外币对私存款出现快速增长的局面，四年共增加对私外币存款2373万美元，增长1.41倍，2002年年末，全市对私外币存款余额增至4166万美元的历史最高点，直至2010年，该余额仍然是常德市个人外币存款的最高纪录。其中1999年净增434万美元，2000年净增601万美元，2001年净增991万美元，2002年净增455万美元。常德工行像推介人民币业务一样推介外汇业务，对私外币存款四年净增280万美元，余额增至482万美元。常德农行在原美元、港币的基础上新增欧元和加拿大元，开通国际业务电脑综合处理系统，并在洞庭明珠大酒店、凯利大酒店和金海大酒店开办三个外汇代兑代汇点，直接兑换美元、港币、英镑、欧元、日元、新加坡元、加拿大元的兑入和国外旅行支票，对私外币存款四年净增204万美元，余额增至226万美元。常德中行抓住境内居民个人外汇管理制度改革契机，狠抓个人外汇存款，对私外币存款四年净增1922万美元，占同业增长总量的80.99%。2002年年末，常德中行对私外币存款余额增至3101万美元，市场占比为74.44%。常德建行把国际业务从建设路分理处划归到市行营业部，对私存款虽有增长，但幅度不大，四年中外币对私存款净增75万美元，余额增至357万美元。

2003—2007年，人民币对美元汇率逐渐升值，居民个人持美元的心理受到冲击，个人外币存款积极性下滑，从2003-2007年5年，个人外币存款一直处于下滑态势，2007年年末，个人外币存款降至1823万美元，回落2343万美元，下降56.24%。5年中，常德工行对私外币存款降至 239 万美元,回落 50.41%。常德农行降至 95 万美元,回落 57.96%。常德中行降至 1352 万美元,回落 56.4%。常德建行降至 137 万美元,回落 61.62%。

2008—2010 年的三年,即使小有回升,但外币存款一直都处于较低位置。2010 年年末,全市对私外币存款 2124 万美元,仅较 2007 年年末增长 16.51%,年均增幅不足 5.5%。常德中行抓住“北京奥运会”“奥运合作伙伴”的契机,开展“携手中行,共赢奥运”为主题的活动,形成了“模块统一、策略一致、形式创新、资源共享、全行呼应”的经营格局,加上外汇体制改革负面影响衰减的因素,重塑中行形象,外币存款开始回升,三年中净增 252 万美元,增长 18.64%,余额增至 1604 万美元。常德工行三年净增 19 万美元,增长 7.95%,余额增至 258 万美元。常德农行再降 15 万美元,回落 15.79%,余额降至 80 万美元。常德建行净增 31 万美元,增长 22.63%,余额增至 168 万美元。常德邮储从 2009 年开始叙作外币存款业务,两年吸收个人外币存款 11 万美元。

第六节 外币企业存款

1989 年以来,常德市外币对公存款总体上与各行对企业的外汇贷款直接相关,同时也与人民币汇率变动相关联。22 年中起伏变化极大,1993 年和 2009 年先后达到 1335 万美元的历史最高值,而 1989 年和 1996 年分别处于 1 万美元和 19 万美元的超低位。1990 年前,常德中行独自拥有外币对公存款,从 1993 年开始,常德工行、中行和建行处于三分天下、此消彼长的状态,直至 2010 年年末,全市外币对公存款回落至 372 万美元的相对低位。

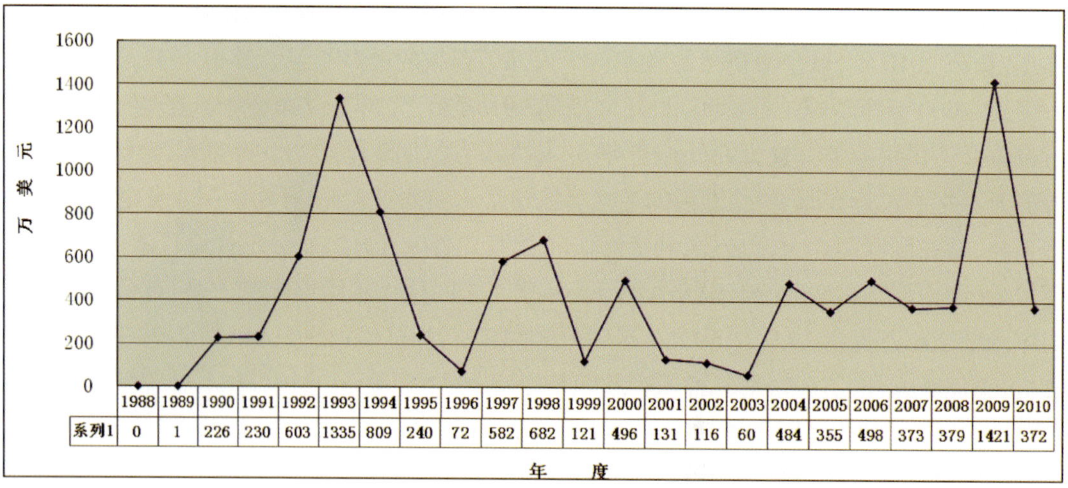

	1988	1989	1990	1991	1992	1993	1994	1995	1996	1997	1998	1999	2000	2001	2002	2003	2004	2005	2006	2007	2008	2009	2010
系列1	0	1	226	230	603	1335	809	240	72	582	682	121	496	131	116	60	484	355	498	373	379	1421	372

年　度

图 2-10　1989—2010 年常德市银行业外币对公存款发展变化趋势图表

1989 年和 1990 年,全市外币对公存款总量均体现在常德中行,分别仅 1 万美元和 226 万美元,1990 年的增长总额中,常德卷烟厂受技术改造项目贷款因素的作用而体现一百多万美元的存款。1991 年 4 月,中国工商银行湖南省分行国际业务部在常德工行设立代办处,常德农行也设立外币对公存款科目。全市外币对公存款集中在常德中行、常德工行和常德农行，分别为 147 万美元、78 万美元和 5 万美元，总量为 230 万美元。1992 年，常德中行、常德工行、常德农行和常德建行分别为 260 万美元、326 万美元、5 万美元和 12 万美元，总量增至 603 万美元。

1993 年，常德工行国际业务代办处常德中支营业部成立，常德建行于 1992 年 11 月设立“建设银行湖南省分行国际业务部常德代办处”，1993 年 4 月设立窗口对外营业，外币对公存款在四家国有银行全面铺开，全市外币对公存款年净增 774 万美元，余额增至 1335 万美元。其中，常德工行通过发放 210 万美元外汇贷款和增强外币结算等措施，年增外币对公存款 360 万美元，增长 1.1 倍，余额增至 644 万美元，市场占比 48.24%。常德中行受常德塑料一厂自粘性 PE 保鲜膜及 HDPE 拉伸扭结膜两条生产线项目 5400 万先令奥地利政府贷款、市邮电程控电话项目 586 万美元的贷款、常德汽修厂刹车片生产线 176 万美元贷款和市包装制品厂 73 万美元贷款投放因素的作用，年增外币对公存款 245 万美元，增长 94.23%，余额增至 505 万美元，市场占比 37.83%。常德建行年增 133 万美元，余额增至 145 万美元。常德农行年增 36 万美元，余额增至 41 万美元。

1994 年，国家从 4 月 1 日起对外汇管理体制进行全额结售汇制度的外汇体制改革，企业必须把所得外汇卖给银行，企业若需外汇，则再用人民币向银行购买，从 8 月 1 日起，又实行了进口付汇制度，改革增大了外汇的当期交易量，对外币存款的增长起到一定的抑制作用。1994 年、1995 年和 1996 年连续三年分别下降 568 万美元、569 万美元和 168 万美元，减幅达到 41.25%、70.33%和 70%。1996 年年末，余额降至 72 万美元的历史新低。其中，工行余额 19 万美元，常德农行、常德中行余额均为 0，常德建行余额 53 万美元。

1997 年，常德中行和常德工行受外汇贷款业务的派生作用，全市外币对公存款较上年末净增 510 万美元，余额增至 582 万美元。常德中行投放 840 万美元外汇技改贷款支持常德卷烟厂引进卷烟包装机生产线，年增对公外币存款 439 万美元，余额增至 741 万美元。常德工行对进出口企业、三资企业发放人民币打包贷款 1182 万元，促进外币业务的发展，年增外币对公存款 20 万美元，余额增至 39 万美元。常德建行余额增至 104 万美元。

1998 年，外币对公存款仍然受益于贷款的增加和结算功能的增强，全市净增 100 万美元，增长 17.18%，余额增至 682 万美元。常德工行为常德烟厂进口包装机提供 200 万美元外汇贷款，为常德恒安纸业公司、洞庭药业股份公司、达门船舶有限公司等进出口大户提供结算服务。恒安纸业公司也将该公司原准备在福建总部中国银行办理的业务全部转到常德工行，年增外币对公存款 27 万美元，增长 69.23%，余额增至 66 万美元。常德中行取得为香港盐业银行代管常德 207 国道绕城线项目的资金，外币对公存款增至 613 万美元，增长 39.64%。常德建行降至 3 万美元，减少 101 万美元。农业银行继续持零。

1999—2003 年，人民币对外升值预期增强，企业直接使用外汇贷款和持有外币积极性减弱，同时，工、中、建三行均处于股份制改革准备阶段，外币不良贷款核销相对集中，外币对公存款一直处于低潮。1999年年末,外币对公存款由上年年末的682万美元陡降至121万美元,下降82.26%,余额降至121万美元,此后四年期末余额分别保持在496万美元、131万美元、116万美元和60万美元的低位。2003年年末,工、农、中、建四行的期末余额分别仅8万美元、4万美元、31万美元和17万美元。

2004年,常德外币对公存款增长424万美元,年末余额为484万美元。直至2008年的四年,全市外币对公存款基本稳定在500万美元至350万美元之间,期末余额分别为484万美元、355万美元、498万美元、373万美元和379万美元。常德工行主要采用配置核心结算客户的措施,常德中行则主要采用叙作出口押汇业务的方式,常德建行2005年则主要采用优化服务的方式。2008年年末,工、农、中、建四行的期末余额分别为326万美元、7万美元、37万美元和9万美元。2009年,常德建行国际结算和结售汇业务量的增加,外币对公存款猛增1000万美元,常德工行和常德中行也小有增长,是年末,全市外币对公存款1421万美元。

2010年,受人民币升值和经济基本面的影响,常德外币对公存款回归常态,年末余额回落至372万美元,其中工、农、中、建四行期末余额分别为11万美元、13万美元、131万美元和217万美元。

第二章　资产业务

第一节　资产业务综述

一、贷款总量

1988年，常德市银行业金融机构本外币各项贷款总量为43.81亿元，其中工、农、中、建四家全国性大型银行总贷款40.04亿元，占比为91.39%，合作金融机构3.77亿元，占比8.61%。各项贷款中，人民币贷款43.66亿元，外汇贷款388万美元，分别占99.66%和0.34%。在人民币各项贷款中，短期贷款38.71亿元，占贷款总量的88.66%，中长期贷款3.03亿元，占比为6.94%，信托贷款2992万元，占0.69%，融资租赁1.42亿元，占3.25%，委托贷款1968亿元，占0.45%。

1989—1997年，全市本外汇贷款增速较快，年均增长24.55%，其中最低的1990年增长5.75%，最高的1994年增长26.04%，但由于基数较小，实际增量不大。贷款总额由1988年年末的43.81亿元增长至1997年年末的212.68亿元，增长3.85倍，净增168.87亿元。

1997—2001年的四年，受各家银行核销剥离57.15亿元不良贷款的影响，本外币各项贷款总量增长受到制约，从1997年的212.68亿元增至2001年的232.37亿元，增加19.69亿元，增长9.26%，年均增幅不足2.3%。

2002—2008年的七年，虽然各家银行共核销剥离49.84亿元不良贷款，但由于投放力度加大，全市本外币各项贷款除2005年有所回落外，其余年份均总体呈现温和上涨态势，由2001年年末的232.37亿元增长至322.2亿元，净增89.83亿元，增长38.58%，年均增长4.77%。

2009—2010年，全市本外币各项贷款呈现加速增长的态势，从2008年年末的322.2亿元增长至2010年年末的480.71亿元，净增158.51亿元。2009年和2010年分别增长25.63%和18.76%。

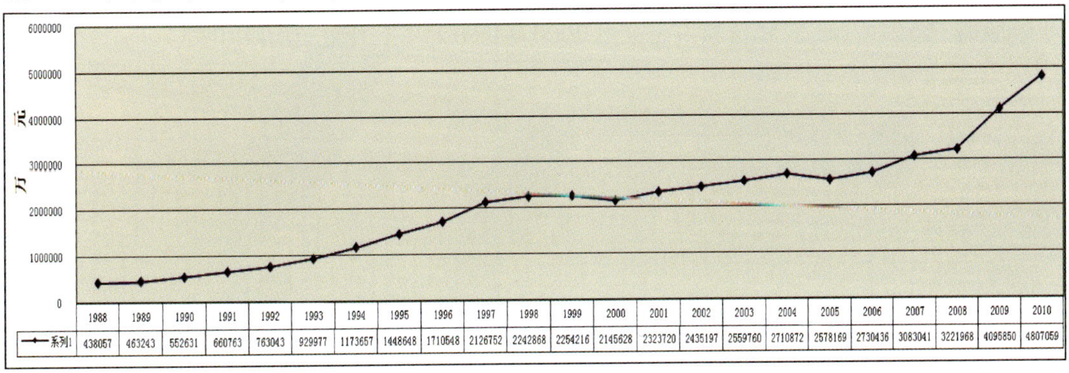

	1988	1989	1990	1991	1992	1993	1994	1995	1996	1997	1998
系列1	438057	463243	552631	660763	763043	929977	1173657	1448648	1710548	2126752	2242868

	1999	2000	2001	2002	2003	2004	2005	2006	2007	2008	2009	2010
系列1	2254216	2145628	2323720	2435197	2559760	2710872	2578169	2730436	3083041	3221968	4095850	4807059

图2-11　1989—2010年常德市银行业本外币各项贷款发展趋势图表

二、贷款类别

(一)贷款币种

1989-2010年,常德市贷款始终以本币为主、外币为辅的结构形态。其间外汇贷款占比最高年份的1995年为1.49%,占比最低的2006年仅占0.01%,额度最大的年份也为1995年的2964万美元,额度最小年份也是2006年的24万美元。与此相对应,人民币贷款最低年份的1995年为98.51%,占比最高的2006年占99.99%。额度最小的年份为1989年的45.92亿元,额度最大年份也是2010年的480.05亿元。

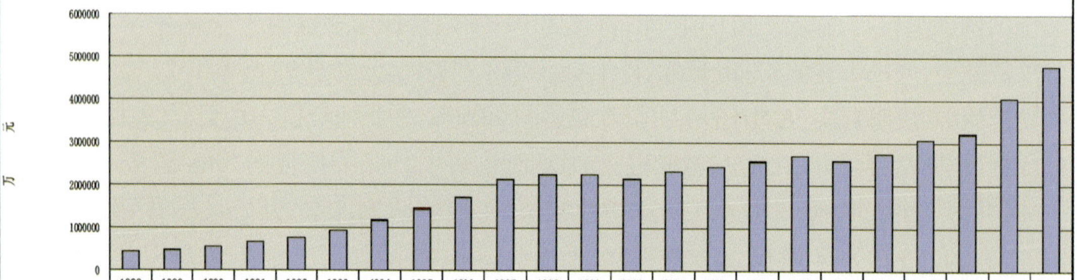

	1988	1989	1990	1991	1992	1993	1994	1995	1996	1997	1998	1999	2000	2001	2002	2003	2004	2005	2006	2007	2008	2009	2010
外币贷款折人民币	1443	4008	2593	2024	2113	6415	10925	21530	16298	19590	18967	10349	8137	8475	8443	8186	4411	1759	187	942	9049	5688	3759
本币贷款合计	436614	459235	550038	658739	760930	922344	1159682	1424000	1691437	2107162	2220756	2241872	2134668	2313664	2424817	2551235	2698300	2574840	2730249	3082099	3208859	4037004	4797389

年度

图2-12 1989—2010年常德市银行业本外币各项贷款发展条形图表

(二)贷款投向

1989—2010年,全市本外币各项贷款均以对公贷款为主,对私贷款为辅的投向结构。其中,1989年和1990年,对私贷款总量分别为1.36亿元和1.2亿元;1991—2000年的10年,对私贷款相对回落,余额保持在1000万元~7500万元的低位区间;2001年开始至2010年,对私贷款快速发展,2001年从2000年的4472万元跃至3.69亿元,净增3.24亿元,年增7.2倍;随后的9年,以年均52.69%的速度递增,至2010年年末,对私贷款总量达到了166.66亿元,较2000年年末净增166.21亿元,对私贷款占比也由2000年的0.21%上升至2010年的34.68%。

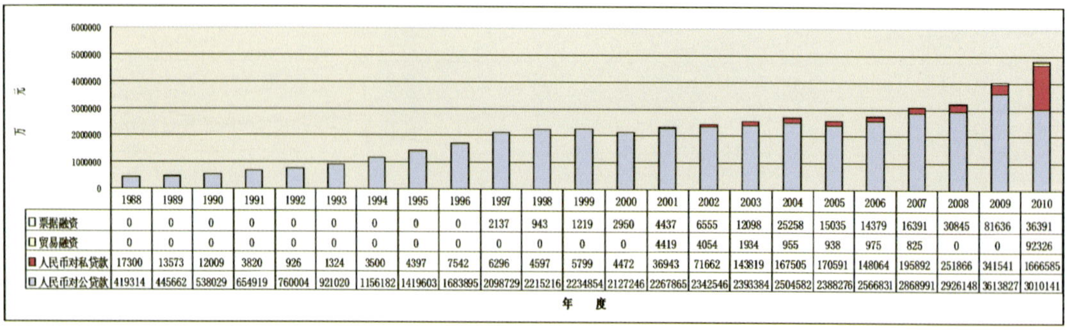

	1988	1989	1990	1991	1992	1993	1994	1995	1996	1997	1998	1999	2000	2001	2002	2003	2004	2005	2006	2007	2008	2009	2010
票据融资	0	0	0	0	0	0	0	0	0	2137	943	1219	2950	4437	6555	12098	25258	15035	14379	16391	30845	81636	36391
贸易融资	0	0	0	0	0	0	0	0	0	0	0	0	0	4419	4054	1934	955	938	975	825	0	0	92326
人民币对私贷款	17300	13573	12009	3820	926	1324	3500	4397	7542	6296	4597	5799	4472	36943	71662	143819	167505	170591	148064	195892	251866	341541	1666585
人民币对公贷款	419314	445662	538029	654919	760004	921020	1156182	1419603	1683895	2098729	2215216	2234854	2127246	2267865	2342546	2393384	2504582	2388276	2566831	2868991	2926148	3613827	3010141

年度

图2-13 1989—2010年常德市银行业人民币贷款投向条形图表

（三）贷款性质

政策性贷款在常德农发行未成立以前均无明显的界定和记载，对农业的政策性贷款包含在常德农行业务之中，其他行也有根据政策指向和行政指令发放政策性贷款。常德农发行成立以后，从 1994 年开始，所有政策性贷款归集在常德农发行，是年余额为 30.58 亿元，占是年全市本外币各项贷款总量的 26.12%。在其后的 17 年中，政策性贷款在贷款总量中的占比基本稳定在 24%至 37%。2010 年年末，政策性贷款 118.29 亿元，占贷款总量的 24.6%。

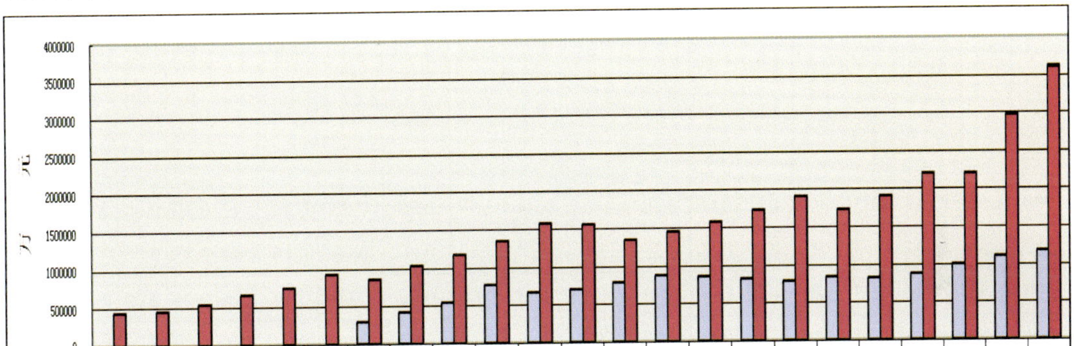

	1988	1989	1990	1991	1992	1993	1994	1995	1996	1997	1998
政策性贷款	0	0	0	0	0	0	305803	420607	539817	778511	666839
非政策性贷款	438057	463243	552631	660763	763043	929977	867854	1028041	1170731	1348241	1576029

	1999	2000	2001	2002	2003	2004	2005	2006	2007	2008	2009	2010
政策性贷款	701287	792009	874938	856799	827005	796988	849910	822061	880237	1004070	1108239	1182902
非政策性贷款	1552929	1353619	1448782	1578398	1732755	1913884	1728259	1908375	2202804	2217898	2987611	3624157

图 2-14　1989—2010 年常德市银行业本外币各项贷款性质结构变化条形图表

（四）贷款时段

1989-1992 年，常德全市人民币各项贷款基本上是短期贷款，其他占比仅 10%左右。从 1993 年开始，各行加大中长期贷款的发展，均以 1%至 9%的增速提高中长期贷款的份额。至 2010 年，短期贷款与中长期贷款占比基本持平。2010 年，中长期贷款占比达到 49.44%，短期贷款为 49.8%，其他项目的贷款仅占 0.76%。2010 年年末，中长期贷款达到 237.57 亿元，较 2009 年净增 73.84 亿元，增长 45.1%。

（五）贷款用途

按照人民银行统计年报口径，2009 年以前，全市贷款按用途分为工业贷款、商业贷款、建筑业贷款、农业贷款、乡镇企业贷款、三资企业贷款、私营企业及个体贷款、基本建设贷款和技术改造贷款。2010 年开始，按照境内贷款、境外贷款两大口径进行归集，其中境内贷款包含境内短期贷款、境内中长期贷款、信托贷款、融资租赁、委托贷款、票据融资和各项垫款等七项统计。同时境内短期贷款分为个人贷款及透支、单位贷款及透支、普通并购贷款、银团贷款和贸易融资。中长期贷款分为个人贷款、单位贷款、普通并购贷款、银团贷款和贸易融资。2010 年年末，全市人民币短期贷款 239.33 亿元，占贷款总量的 49.8%，人民币中长期贷款 237.57 亿元，占 49.44%，票据融资 3.64 亿元，占 7.58%，垫款仅 10 万元，信托贷款、融资租赁和委托贷款均为零。

常德市1989-2010年人民币各项贷款用途变化统计表

表2-2

单位:亿元

年度	短期贷款								中长期贷款				信托贷款	融资租赁	委托贷款	票据融资	各类垫款	合计
	工业贷款	商业贷款	建筑业贷款	农业贷款	乡镇企业贷款	三资企业贷款	私营企业及个体贷款	其他短期贷款	基本建设贷款	技术改造贷款	中期流动资金贷款	其他中长期贷款						
1988	12.63	17.37	0.55	1.93	4.51	0.00	0.30	1.43	0.44	2.59	0.00	0.00	0.30	1.42	0.20	0.00	0.00	43.66
1989	14.46	18.84	0.53	1.95	4.81	0.00	0.28	1.08	0.38	2.40	0.00	0.00	0.16	1.44	0.23	0.00	0.00	45.92
1990	16.33	24.82	0.57	2.80	4.58	0.00	0.32	1.15	0.39	2.69	0.00	0.00	0.14	0.96	0.25	0.00	0.00	55.00
1991	19.50	29.87	0.81	3.48	5.25	0.00	0.38	1.27	0.90	3.15	0.00	0.00	0.02	1.26	0.00	0.00	0.00	65.87
1992	20.53	36.09	0.79	5.71	5.68	0.00	0.09	0.43	0.99	3.95	0.00	0.32	0.04	1.46	0.00	0.00	0.00	76.09
1993	23.86	43.60	0.81	6.86	7.23	0.00	0.23	0.31	2.78	4.30	0.00	0.43	0.05	1.88	0.00	0.00	0.00	92.33
1994	25.96	49.73	1.07	6.37	9.17	0.00	0.35	9.39	3.68	4.52	0.00	2.70	0.72	2.31	1.85	0.00	0.00	117.82
1995	27.28	63.27	1.46	9.28	11.26	0.00	0.44	9.53	5.19	5.16	0.00	3.80	0.43	5.30	0.00	0.00	0.00	142.40
1996	31.84	75.43	2.15	10.50	13.75	0.00	0.75	12.94	5.95	6.25	0.00	4.54	0.08	4.96	0.00	0.00	0.00	169.14
1997	35.90	99.27	2.88	12.18	15.88	0.62	0.63	19.50	8.54	5.95	5.27	6.28	0.00	0.00	0.00	0.22	0.00	213.12
1998	36.93	95.72	1.96	15.16	16.21	0.58	0.46	25.06	8.47	6.86	5.53	8.53	0.00	0.00	0.00	0.09	0.00	221.46
1999	35.66	105.12	1.15	15.05	15.78	0.71	0.58	18.97	11.42	6.58	8.30	4.73	0.00	0.00	0.00	0.12	0.00	224.19
2000	33.85	104.77	1.08	11.16	12.65	0.49	0.45	17.82	10.98	5.83	7.07	6.75	0.00	0.00	0.00	0.30	0.00	213.20
2001	39.19	112.41	1.10	12.06	12.96	0.72	0.50	17.64	12.21	4.89	8.08	8.71	0.00	0.00	0.00	0.44	0.44	231.37
2002	38.08	112.21	1.40	14.60	12.65	0.08	0.21	19.89	17.10	0.85	11.37	12.96	0.00	0.00	0.00	0.65	0.41	242.48
2003	39.84	108.87	0.29	17.59	12.84	0.08	0.15	25.43	16.74	0.58	9.96	21.35	0.00	0.00	0.00	1.21	0.18	255.11
2004	39.93	106.31	0.12	30.17	3.91	0.09	0.43	26.27	24.53	0.73	10.12	24.60	0.00	0.00	0.00	2.53	0.10	269.83
2005	21.14	103.81	0.34	21.90	11.11	0.00	0.57	25.67	32.90	0.99	0.00	37.46	0..00	0.00	0.00	1.50	0.09	257.69
2006	29.19	94.75	0.61	26.85	7.05	0.00	0.55	32.72	39.87	0.75	0.00	39.78	0.00	0.00	0.00	1.44	0.10	273.66
2007	30.82	94.66	0.53	29.49	7.59	0.00	1.26	37.80	44.29	1.04	0.00	59.02	0.00	0.00	0.00	1.84	0.08	308.41
2008	13.03	85.95	1.39	45.02	9.67	0.11	1.87	44.54	48.45	0.99	0.00	65.73	0.00	0.00	0.00	3.08	0.00	320.85
2009	13.17	89.62	0.50	63.62	13.16	0.00	6.63	45.12	71.61	0.90	0.00	91.22	0.00	0.00	0.00	8.16	0.00	403.70

三、贷款行际分布

1.本外币贷款总量行际分布

1989–1993 年，常德市本外币各项贷款分布在工、农、中、建和城市信用社及农村信用社等六个金融机构，1989 年和 1990 年，常德工行占比分别达到 45.43%和 42.75%，排第一；常德农行占比为 38.73%和 42.27%，排第二。1991 年，常德农行加大投放力度，净增 5.72 亿元，贷款市场占比上升至 44.01%，占比跃居第一，常德工行市场占比降至 40.51%，退居第二。常德农信社、常德建行、常德中行和常德城信社占比均在 6.5%以下，分别排第三、第四、第五和第六位，且一直持续至 1993 年。

1994 年，常德农行总账中将政策性贷款划归常德农发行并设立单独账户，常德农行贷款总额减少至 25.38 亿元，占比降至 21.68%，总量占比退居第三位。常德农发行年末余额体现 30.58 亿元，占比 26.12%，排第二；常德工行年末余额 35.19 亿元，占比 30.06%，回归至第一位；常德农信社、常德建行、常德中行和常德城信社占比分别为 8.95%、7.11%、4.21%和 1.87%，排后四位。

1995 年，常德农发行增加贷款 11.48 亿元，增长 37.54%，总量增至 42.06 亿元，市场占比升至 29.1%，一直到 2009 年，市场占比均在 27.4%以上，始终排第一位，年末贷款总量增至 110.82 亿元，但到 2010 年，贷款总量虽然增至 118.29 亿元，但市场占比降至 24.65%，排名退居第二。农信社贷款总量增至 131.77 亿元，市场占比升至 27.46%，攀升至第一位。

常德工行从 1995 年开始至 2004 年，市场占比均在 25.7%至 21.38%的区间，排第二位，但由于 2005 年股份制改革核销和剥离 10.36 亿元不良资产之后，贷款余额减少至 41.94 亿元，较 2004 年净减少 27.47 亿元，市场占比从 2004 年的 25.68%降至 16.28%，由此而退居第三位，2006 年，退居至第四位；2007–2010 年又回归第三位。

常德农行自 1994 年将政策性贷款划归农发行之后到 1997 年，市场占比始终处于第三位。1998 年，猛增 16.47 亿元投放之后，市场占比由 1997 年的 18.65%增至 25.06%，市场占比升至第二位，并保留至 1999 年。受 2000 年剥离 22.09 亿元不良资产的影响，市场占比又降至 18.2%，回归第三位并保持到 2004 年。2005 年和 2006 年，市场占比略高于常德工行升至第二位。随着股份制改革对 29.41 亿元不良资产的剥离和 1943 万元不良资产的核销，2008 年，常德农行本外币贷款市场占比快速下降至 5.06%，尽管 2009 年和 2010 年有所上升，但市场占比仅回升至 8.56%，排第五位。

常德建行通过 2005 年股份制改革，加快发展的速度，贷款总量也由 2004 年年末的 19.03 亿元增加至 2010 年的 68.73 亿元，市场占比由 2004 年前的 7%左右逐渐提升至 14%以上，市场排位第四位。

常德中行坚持稳健发展贷款业务的经营风格，除 2000 年核销和剥离 2.84 亿元不良资产外,贷款业务平稳增长,至2010年年末,贷款总量增至28.38亿元,在相当长时间里一直保持在第六位的水平。

常德邮储银行自2008年组建之后,开始拓展贷款业务,2010年年末,贷款余额3.77亿元。常德兴业银行和常德长沙银行于2010年组建,年末贷款分别体现2.78亿元和3.91亿元,市场占比分别为0.58%和0.65%。

常德城信社贷款总量最高时为1999年的3.61亿元,市场占比1.6%,2002年撤销,其存续期间的贷款总量及额度均较小,长期排位在后。

2.人民币贷款总量行际分布

1989—1993年,全市人民币各项贷款分布在工、农、中、建和城市信用社与农村信用社6家金融单位,1994年农发行组建之后,扩大至7家。2002年,城市信用社撤销后又回归至6家,2008年,常德邮储银行组建之后,贷款经营单位增至7家,2010年,常德兴业银行和长沙银行常德分行组建后,贷款经营单位增加至9家。

1989-1990年,常德工行人民币贷款市场占比排第一,1990年年末,其人民币贷款总量为23.62亿元,市场占比42.95%。常德农行人民币贷款总量23.36亿元,占比42.47%,排第二,常德农信社人民币贷款3.65亿元,占比8.34%,排第三,常德建行、常德中行和城信社分别排至第四、第五、第六位。

1991-1993年,常德农行加大投放力度,市场占比从1991年超过常德工行,至1993年,常德农行的市场占比攀升至44.61%,贷款余额增至41.14亿元,排第一。常德工行虽然贷款总额增至34.7亿元,但增速不敌常德农行,总量市场占比降至37.62%,退居第二。后四位排位与1990年相同。

1994年,常德农行将总账中政策性贷款划归常德农发行并设立常德农发行单独账户,常德农行市场占比一次性降低至21.88%,人民币贷款余额降至25.38亿元,市场占比26.37%,排第三位,人民币贷款余额30.58亿元,市场占比排第二,常德工行市场占有水平虽然逐年下降,但在1994年仍然享有30.34%的市场份额,人民币贷款余额35.19亿元,排第一。是年,常德农信社加大投放力度,余额增至10.48亿元,市场占比升至9.04%,排位第四,常德建行、中行和城信社分别位居第五、第六、第七位。

从1995年开始,一直到2009年,常德农发行一直保持相对较大的投放力度,市场占比保持在27.45%至37.82%的高位,贷款最高年份的2001年其总额一度达到87.49亿元,连续15年排第一位,直到2010年被常德农信社超越而退居第二。

常德工行从1995年开始至2004年,除1998年和1999年一度被常德农行超越位居第三之外,其他年份一直处于第二位。2005年,由于股份制改革核销和剥离相当规模的不良资产,除2006年处于第四位之外,其他年度市场占比均处于第三位的水平,至2010年年末,人民币各项贷款总量为78.13亿元,市场占比排位第三。

常德建行长期以来一直保持相对稳定的市场地位,通过2005年的股份制改革,贷款总量明显放大，市场占比逐渐提高，从1990年的3.82%上升至2010年的14.27%，贷款总量增至68.59亿元，虽然排名第四，但仅较排名第三的常德工行低1.99个百分点，人民币贷款总量仅少9.4亿元。

常德中行人民币各项贷款市场占比相对平稳，总体保持在2.6%～7.11%的区间，市场占比最高的2008年达到7.11%，由于核销和剥离不良贷款，常德中行的人民币各项贷款一度滑落至2000年和2001年的1.78%和1.86%的低位。2010年年末，常德中行人民币各项贷款28.27亿元，市场占比5.88%，排位第六。

常德农信社自1994年农发行体现贷款专户之后，至2005年一直相对稳定在排名第四的位置。2006年、2007年和2009年，先后超越常德工行、常德农行和常德农发行，市场占比先后攀升至17.87%、20.34%和26.95%，排名分别为第三、第二和第一位，2010年年末，人民币各项贷款总量达到131.77亿元，市场占比排第一位。

常德邮储于2008年组建后，人民币贷款业务逐渐发展，2010年年末，人民币各项贷款余额3.77亿元，市场占比0.79%，排第八位。

常德交行于2010年组建，是年投放人民币各项贷款3.95亿元，市场占比0.82%，排名第七。

2010年组建的常德兴业银行和常德长沙银行年末贷款全部均为人民币贷款，余额分别为2.78亿元和3.91亿元，市场占比分别为0.58%和0.81%，分别排第十位和第九位。

常德市城市信用社于2002年全部撤销，人民币各项贷款归零，其存续期间最高市场份额为1994年的1.88%，贷款余额2.19亿元。

1989—2010年常德市人民币各项贷款行际分布一览表

表2-3　　　　单位：亿元

年度	农发行	工行	农行	中行	建行	交行	邮储	兴业	长行	城信社	农信社	总计
1989	0.00	21.04	17.94	1.66	1.86	0.00	0.00	0.00	0.00	0.17	3.25	45.92
1990	0.00	23.62	23.36	2.05	2.10	0.00	0.00	0.00	0.00	0.23	3.65	55.00
1991	0.00	26.77	29.08	2.51	3.10	0.00	0.00	0.00	0.00	0.26	4.16	65.87
1992	0.00	30.38	33.81	2.98	3.41	0.00	0.00	0.00	0.00	0.52	5.00	76.09
1993	0.00	34.70	41.14	3.36	5.72	0.00	0.00	0.00	0.00	0.83	6.48	92.23
1994	30.58	35.19	25.38	3.83	8.32	0.00	0.00	0.00	0.00	2.19	10.48	115.97
1995	42.06	36.60	27.67	4.23	13.54	0.00	0.00	0.00	0.00	2.65	15.66	142.40
1996	53.98	42.30	30.57	4.58	15.38	0.00	0.00	0.00	0.00	3.05	19.29	169.14
1997	77.85	46.47	39.65	5.61	16.53	0.00	0.00	0.00	0.00	3.53	21.07	210.72
1998	66.68	50.27	56.13	5.76	17.27	0.00	0.00	0.00	0.00	3.35	22.62	222.08
1999	70.13	48.14	59.13	5.84	14.25	0.00	0.00	0.00	0.00	3.61	23.08	224.19
2000	79.20	48.57	39.00	3.81	15.29	0.00	0.00	0.00	0.00	2.41	25.19	213.47
2001	87.49	54.97	40.89	4.30	15.11	0.00	0.00	0.00	0.00	0.16	28.44	231.37
2002	85.68	58.28	43.81	6.09	17.30	0.00	0.00	0.00	0.00	0.00	31.31	242.48
2003	82.70	64.18	46.45	10.33	15.31	0.00	0.00	0.00	0.00	0.00	36.16	255.12
2004	79.70	69.41	49.97	10.74	19.03	0.00	0.00	0.00	0.00	0.00	40.98	269.83
2005	84.99	41.94	51.12	14.14	24.74	0.00	0.00	0.00	0.00	0.00	40.56	257.48
2006	82.21	43.70	50.01	17.47	30.86	0.00	0.00	0.00	0.00	0.00	48.79	273.02

续表

年度	农发行	工行	农行	中行	建行	交行	邮储	兴业	长行	城信社	农信社	总计
2007	88.02	51.48	47.77	21.32	36.76	0.00	0.16	0.00	0.00	0.00	62.70	308.21
2008	100.41	54.98	16.28	22.83	42.98	0.00	1.42	0.00	0.00	0.00	82.00	320.89
2009	110.82	68.03	28.08	28.21	58.23	0.00	1.53	0.00	0.00	0.00	108.79	403.70
2010	118.29	78.13	41.08	28.27	68.59	3.95	3.77	2.78	3.91	0.00	131.77	480.54

1989—2009年,常德市外币各项贷款分布在工、农、中、建四家行,2010年常德交行也有少量的外汇贷款,历年外汇贷款均为对公贷款。

1992年以前,全部贷款均为常德中行投放,市场占比100%。

1993年和1994年,常德工行外汇贷款年末余额分别增至210万美元和361万美元,常德中行也分别增至1106万美元和1293万美元。全市外汇贷款由常德工行和常德中行囊括,1994年常德工行和中行市场占比分别为21.83%和78.17%。

1995年,常德建行和农行开办外汇贷款业务,年末余额分别为130万美元和7万美元。常德工行和中行的外汇贷款分别增至375万美元和2452万美元,工、农、中、建四行的市场占比分别为12.65%、0.24%、82.73%和4.39%,常德中行仍然是外汇贷款的发放主体。

1996年和1997年,全市外汇贷款总量小有上涨,相对平衡,但结构变化较大。常德工行外汇贷款1996年小有回落后,1997年归零。常德农行和常德建行外汇贷款也归零,全市2366万元外汇贷款全部在常德中行。

1998—2000年,常德农行和常德建行无外汇贷款,常德工行于1998年增至380万美元之后,三年中上下波动,至2000年仍有341万美元,市场占比25.76%,常德中行从1998年开始回落,至2000年降至983万美元,但占比仍然保持在74.24%的优势地位。

2001—2010年,受汇率影响,全市外汇贷款总量一直在低位徘徊。2001-2003年,常德建行外汇贷款均在100万美元上下变动。2004年归零后,于2009年和2010年分别体现61万美元和384.54万美元。2010年,常德建行年增外汇贷款155万美元,余额增至216万美元,市场占比一度升至67.76%,常德农行一直为零。常德工行在2004年和2008年一度增至986万美元和594万美元,但2006、2007、2009和2010年为零。常德交行在2010年也有13万美元的贷款余额,市场占比2.29%。常德中行除2006年一度降至24万美元外,其他年度均有较好体现,2006年和2007年市场占比为100%,2008年和2009年也处于69.03%和92.68%的高位,市场占比总体上占主导地位。

第二节　人民币短期贷款

1989—2009 年，按照人民银行统计口径，人民币短期贷款包括工业贷款、商业贷款、建筑业贷款、农业贷款、乡镇企业贷款、三资企业贷款、私营企业及个人贷款、其他贷款等八项，2010 年，统计口径变化为个人贷款及透支、单位普通贷款及透支、普通并购贷款、银团贷款和贸易融资五项。

1989—2010 年，常德市人民币短期贷款发展呈现出总量不断放大但占比逐渐下降的状态。其间，1989—1997 年以 19.1%的环比增幅增长，从 1988 年开始直到 2008 年的 11 年，人民币短期贷款总量处于上下浮动、相对平稳的状态，总量仅增 15.73 亿元，十年仅增长 8.63%，远低于贷款总量增长 50.55%的增速，其原因主要是各行重点发展高收益的中长期贷款所致。

1988—2010 年，常德市人民币短期贷款在全部贷款中长期处于 50%以上的份额，最高年份的 1991 年达到 91.92%，最低的 2010 年占 49.8%。

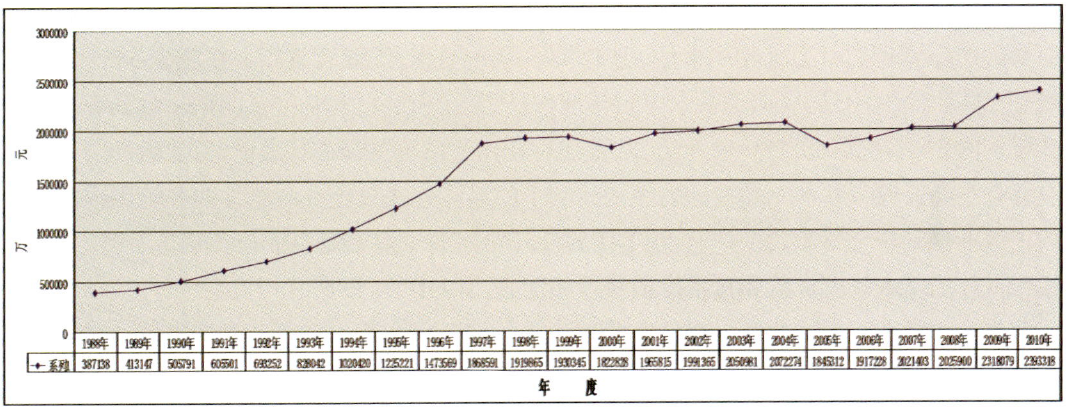

图 2-15　1989—2010 年常德市银行业人民币短期贷款发展变化趋势图表

一、人民币短期工业贷款

1988 年，全市人民币短期贷款中工业贷款 12.63 亿元，占全部短期贷款总量的 32.63%。1989—2010 年，常德市人民币短期贷款中的工业贷款总体上呈现逐渐上升的趋势。其中，1999 年和 2000 年因核销不良贷款有所回落，2004 年年末，处于历史高位的 39.93 亿元。2005 年之后逐渐减少，2009 年降至 13.17 亿元最低点。

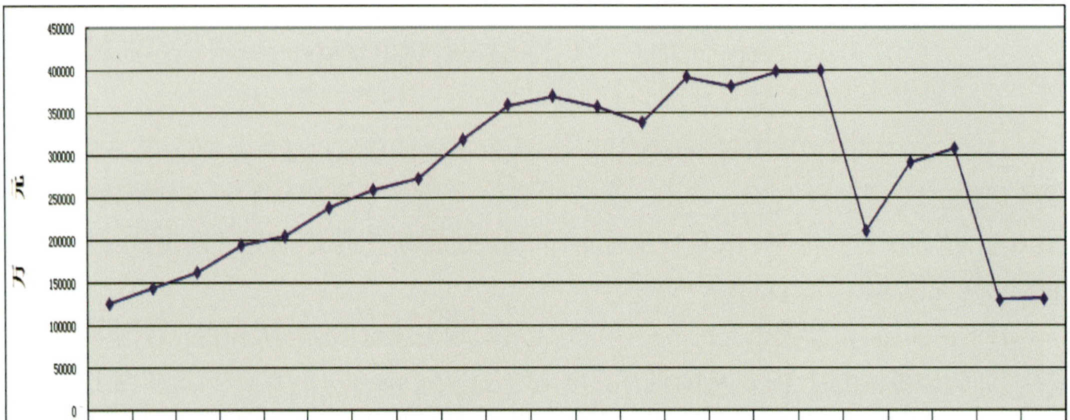

	1988	1989	1990	1991	1992	1993	1994	1995	1996	1997	1998	1999	2000	2001	2002	2003	2004	2005	2006	2007	2008	2009
系列1	126282	144592	163290	194983	205337	238555	259638	272819	318364	358955	369273	356648	338519	391893	380807	398441	399295	211427	291902	308171	130273	131717

图 2-16 1989—2010 年常德市银行业工业贷款发展变化趋势图表

1989 年,常德市工业贷款较上年净增 1.83 亿元,余额增至 14.46 亿元,增长 14.49%。常德工行在国家继续实行“紧缩银根”的背景下,重点支持大中型工业企业的产品生产,累计发放启动资金 9570 万元,工业贷款年末余额 13.44 亿元,净增 1.66 亿元,占全市工业贷款增量的 90.71%。常德农行力求紧中求活、少中求好、压中有保,工业贷款较上年减少 545 万元,下降 7.26%。常德中行先后向澧县余家台标准件厂、常德包装厂和临澧县肉联厂等具有外贸业务背景的企业增加贷款 280 余万元。常德建行在建行系统“拨改贷”之前,工业流动资金贷款没有自主经营权,基本上是按计划经济体制下的经营方式只经办政策性业务范围内的建筑施工企业流动资金贷款,20 世纪 80 年代后期开始发放少量工商企业流动资金贷款,与建设银行发放的基本建设贷款和技术改造贷款相配套。1991 年,根据总行关于“工业流动资金贷款要优先安排本行贷款建成投产的企业和已在本行开立结算户企业的合理需要,对贷款风险小、资金占用少、流动资金自补能力强的电力等行业重点支持,逐步扩大到本行基本客户”的精神发展工业贷款。随之开办工商和建筑业流动资金贷款业务,1989 年工业贷款净增 2040 万元,增长 2.36 倍。

1990 年,全市短期工业贷款净增 1.87 亿元,余额增至 16.33 亿元,增长 13.35%。常德工行持续对大中型企业实行重点倾斜,积极参与企业第二轮承包,适当扩大基金贷款和周转贷款,以产业政策为依据,以市场为导向,以产品为主体,以效益为中心的分类排队管理,优先支持 55 种产品,停止支持 26 种产品。狠抓“对象落实、任务落实、政策措施落实和考核奖罚落实”的“四个落实”。年末工业贷款净增 1.64 亿元,占全市新增额的 87.7%,余额增至 15.08 亿元。常德农行对重点企业实行优惠利率等支持工业启动市场的 8 条措施,集中资金,重点启动,选准对象,点贷到厂,年增工业贷款 1133 万元,余额增至 8090 万元。常德中行继续坚持“外汇外贸专业银行”经营理念,流动资金贷款主要是进出口企业,年增工业贷款 1423 万元,主要支持市制革厂、澧县猪鬃厂、常德外贸发展公司、桃源外贸等。常德建行按照总行《中国人民建设银行工交企业流动资金贷款内部管理办法》实施管理，先后向常德市化纤厂等企业发放工业企业流动资金贷款1552万元，但工业贷款减少350万元。

1991年，全市短期工业贷款净增3.17亿元，余额增至19.5亿元，增长19.41%。常德工行把压缩企业“三项资金”，特别是压缩成品资金作为盘活存量贷款的重点，同步加强对大中型企业流动资金管理，适当扩大基金贷款和周转贷款比例，年增工业贷款2.06亿元，年增13.68%，占全市增量的64.98%。常德农行紧缩信贷规模，力求紧中求活、少中求好、压中有保、稳中有增，开展“质量、品种、效益年”活动，全年新上项目13个，为155个大小企业累计发放4500万元启动贷款，年增工业贷款729万元，增长9.01%。常德中行按照“谁出口创汇效益好就支持谁”的原则，为进出口工业企业新增贷款9601万元，占全市增量的30.29%，年末工业贷款1.1亿元，占当期该行人民币贷款总量的44%。常德建行优先为水电八局、常德市万门程控电话改制工程、南硐电排等重点工业企业给予流动资金贷款支持，年净增580万元，增长25.24%。

1992年，全市短期工业贷款增速减缓，年增1.04亿元，余额增至20.53亿元，增长5.31%。常德工行开展以“调整信贷结构，提高资金运用效益”为核心的“支帮促”活动，实行以产业政策为依据，以市场为导向，以产品为主体，以效益为中心的贷款分类管理办法，先后为金芙蓉香烟、武陵酒、程控交换机、大吨位汽车吊、摇架、卷烟机等50多种名优产品的生产增加7400万元贷款。对常德卷烟厂先后发放贷款1.42亿元，年增工业贷款1.83亿元，增长10.67%。常德农行采取“以投促活，以投促收，连环启动”办法，从工商一般流动资金贷款规模中抽出一块，专门投入关停企业，年增工业贷款1772万元，增长20.09%。常德中行全面推行资产负债管理，人民币工业贷款余额为1.27亿元，受统计口径调整的影响，工业贷款较上年减少1.06亿元，余额降至446万元。按照传统口径统计，工业贷款为1.27亿元，净增1676万元。建行总行出台《工商企业信用等级评定办法》和《工商企业贷款评审办法》，常德建行为发展工商企业贷款，建立起相对完整的信贷计划管理的企业信用评定体系，在用好、用活、用足贷款指标的同时，积极筹措资金，为澧县涔洲水电站、羊湖口电排、方石坪煤矿等企业给予工业流动资金贷款支持，余额年增420万元，增长14.59%。另外，城市信用社增加447万元的工业贷款，余额增至1277万元。

1993年，全市短期工业贷款增长加速，年增3.32亿元，余额增至23.86亿元，增长16.18%。常德工行按照国家“五、五、八”信贷原则，支持地方经济持续、稳定、协调发展，为效益好，信誉高的重点骨干企业提供原材料采购贷款，先后为德山七一机械厂、纺机、塑七、洞庭制药厂四家企业增加技改配套流动资金贷款2267万元，为常德卷烟厂和酿酒公司分别增加1.3亿元和1776万元的原材料采购贷款，为全市五家大小棉纺厂提供1317万元棉花收购贷款，对七家冷冻厂增加778万元牲猪收购贷款，还对七家氮肥厂投放资金800多万元原材料采购贷款。是年，常德工行工业贷款共增加3.14亿元，占全市净增额的94.58%。常德农行把重点放在清收拖债、逃债和废债方面，收回不良贷款2906万元，同时向产品有市场的支柱行业注入资金,坚持投放清收两手抓,是年,工业贷款相对稳定,较上年年末减少17万元。常德中行逐渐淡化“外汇外贸专业银行”意识,建立“谁放贷、谁负责”和“包放贷、包存款、包收贷、包管理”的“四包”目标责任制,确保新增贷款的“安全性、流动性、效益性”,按照“接大户、接好户、保重点”原则筛选项目,开始迈出商业银行经营管理步伐。重点支持效益好的市粮油公司、市塑料一厂、市大修厂、市轴承厂、市制革厂、临澧轻工机械厂、桃源机绣厂等骨干企业。按照人行口径年增工业贷款32万元,余额增至478万元,按照传统口径净增1034万元,工业贷款余额达到1.37亿元。常德建行逐步转换经营风格,认真执行“五优先、五从严、八不贷”的信贷政策,优先支持常德市芙蓉化纤厂、汉寿县龙阳制药厂等一批工业企业生产资金的需要。工业贷款净增899万元,增长27.26%,为未来的市场化、商业化运作奠定基础。同时,城信社工业贷款大幅度增长,年增工业贷款861万元,增长67.42%。

1994年,全市短期工业贷款继续增长,年增2.1亿元,余额增至25.96亿元,增长8.84%。常德工行工业贷款增至24.17亿元,增长9.28%,增长额占全市增量的97.62%。1994年,是工商银行由国有专业银行向国有商业银行转轨、企业深化改革、转换经营机制的一年,对效益好的支柱行业、支柱企业实施重点倾斜政策,其中对常德卷烟厂累放贷款2.2亿元。为支持地方财税收入,先后为28家企业安排1亿元资金缴纳税款,为17个企业发放基本生活贷款128万元。常德农行继续坚持投放与清收两手抓的经营策略,对全市建材、轻纺、化工等行业的189家企业技术改造累计放贷1.2亿元,同时清收不良资产和积极应对逃废银行债务的问题,年末工业贷款减少2673万元。常德中行于是年开始按照国有商业银行模式运作,以支持出口创汇为重点,以偿债能力为依据,坚持“优化增量、盘活存量、控制规模、保证重点”的基本原则拓展授信业务。是年,以外币贷款、技术改造贷款和其他短期贷款为重点,虽然对常德卷烟厂的技术改造外币贷款配套给予200万人民币贷款和对津市蚊香厂、澧县澧申猪鬃厂、市纺织机械厂等骨干企业新增1500万元的流动资金贷款,但受到期贷款清收的反作用,工业贷款总量反降31万元。常德建行根据中国建设银行总行1992年《工商企业信用等级评定办法》,将工商企业分为AAA、AA、A三个信用等级,重点支持石门火电厂、三江口水电站等一批重点工业企业,年末工业贷款6186万元,增长47.39%。常德城信社是年工业贷款也增长1269万元,增长29.35%。

1995年,国家先后颁布《中华人民共和国人民银行法》《中华人民共和国商业银行法》《中华人民共和国票据法》《中华人民共和国贷款通则》《中华人民共和国抵押担保法》等系列法规,贷款行为更加规范。常德市工业贷款平稳增长,年增1.32亿元,余额增至27.28亿元,增长5.08%。常德工行面对长期以来资金“超负荷”运转状况,严格控制信贷总量,把握贷款投向,实行贷款集约经营,贷款增长有所放缓,是年,为常德卷烟厂、湖南车桥厂、华南光学仪器厂、烟草机械厂等54户国有大中型生产企业增加流动资金贷款1.02亿元,并对9家困难企业注入启动贷款,还对18户特困企业发放生活费贷款。受对70户工业企业8152万元不良贷款核销影响,工业贷款总量增速减缓,工业贷款增至24.72亿元,增长2.36%,年增量占全市工业贷款增量的43.18%。常德农行实施“扶优扶强，支持重点企业发展”战略，将澧洲啤酒厂、安乡安康纸厂、安乡飞达橡胶厂、蒿子港纸厂等8家企业作为支持重点，还选择33家效益好、12家扭亏有望和10家在建续建项目作为县市支行支持的重点，年末工业贷款增至8417万元，增长6.53%。常德中行先后为津市蚊香厂等骨干企业提供流动资金贷款，全辖工业贷款年增2270万元，占全市新增总量的17.2%。常德建行对工业流动资金贷款投放有张有弛，按照“扶优限劣、区别对待”的原则，对一些效益好，有发展前途，而资金周转又一时困难的企业投放适量规模的流动资金贷款。先后为常德武陵酒厂、石长铁路、石门火电厂注入贷款，工业贷款增至1.02亿元，增长64.45%，增量占全市工业贷款新增额的30.3%。常德城信社于是年净增858万元，增长25.18%。

1996年，常德市工业生产稳中趋活，工业贷款呈现加速增长态势，年增4.55亿元，增长16.69%，余额增至31.84亿元。常德工行在保障银行信贷资产安全前提下，提高资金使用率，工业贷款年增3.43亿元，增长13.87%，净增额占全市工业贷款增长总量的75.38%，余额增至28.15亿元，占全市工业贷款总量的88.41%。向棉纺企业新增流动资金贷款1.19亿元，还发放抗洪救灾贷款8600万元，为保障灾后恢复生产以及安定团结局面做出贡献。常德农行实施“扶优扶强，支持重点企业发展”战略，全年向重点企业新增投放2914万元，年增工业贷款417万元，余额增至8834万元。常德中行正确处理盘活存量和优化增量、扩大总量和调整结构、本币业务的发展与外汇业务的开拓、强化内部管理与灵活经营四大关系，一方面支持效益好的工业企业，一方面将全部违规经营和账外经营资金并入大账，双重作用使得工业贷款年增3007万元，增长1.11倍。常德建行按照确保重点项目的战略思想，新发放工业流动资金贷款9418万元，对澧县澧洲水电站和常德市邮电局分别续贷1500万元和1200万元，同时对桃源县通信设备厂等类似企业给予适量贷款支持，有效实施“复活”工程，全年新增工业贷款8357万元，新增额占全市的18.37%，余额增至1.85亿元。常德城信社从1996年开始对工业贷款实施收缩，是年净减少525万元，回落12.31%。

1997年，全市工业贷款积极保持较快增长态势，年增4.06亿元，增长12.75%，余额增至35.9亿元。常德工行继续肩负全市工业贷款重担，年增3.36亿元，增长11.92%，增长额占全市工业贷款增长总额的82.76%，余额增至31.51亿元。对常德烟厂等9户效益好的大中型国有企业增加流动资金贷款7165万元。常德农行对242家骨干企业给予信贷支持，为重点“龙型”企业投放贷款2089万元，工业贷款增至9618万元，增长8.87%。常德中行积极支持重点企业，工业贷款增至8932万元，增长56.04%。常德建行向能源、交通、邮电、文卫等大行业新发工业流动资金贷款1.47亿元，同时清收发展前景不佳的企业贷款，工业贷款增至2.4亿元，增长29.26%。常德城信社工业贷款降至1347万元，下降56.11%。

1998年，全市短期人民币工业贷款增速明显放缓，年增1.03亿元，余额增至36.93亿元，增长2.87%。常德工行工业贷款坚持“有市场、有信誉、有效益”的原则，先后对常德卷烟厂、华南光学仪器厂、桃源纺织印染厂、金鹏凹版有限公司、五强溪产业集团、常德烟草机械厂和常德恒安集团等优势企业投放 1.34 亿元贷款，人民币工业贷款增至 33.59 亿元，增长 6.61%，是年增量相当于全市工业贷款增量的 2.02 倍，成为是年唯一一家工业贷款增长的国有商行。常德农行实施以“双优”为中心的经营策略，主要支持常德卷烟厂、振升铝材等龙头企业。但受清收不良贷款的影响，工业贷款降至 9557 万元。常德中行遵循总行“稳中求进”的方针，核销 880 万元不良贷款，清收 95.6 万元“二呆”(呆滞、呆账)贷款。在资金投放中，坚持“看三步，走一步”和“宁少勿乱”的经营原则，虽然对常德金太阳混凝土有限公司增加 150 万元贷款，但工业贷款减少 39 万元，余额降至 8893 万元。常德建行开展压缩企业“黑名单”，消灭贷款“芝麻户”工作，全年销户 60 个，压缩资金 149 万元，虽然是年累放工流贷款 1.91 亿元，但通过实施“三个十”活动(即十大贷款户、十大不良户、十大欠息户)，工业贷款降至 2.4 亿元，下降 43.71%。常德城信社工业贷款小有回升，年增 67 万元，余额升至 1414 万元。

1999 年和 2000 年，工、农、中、建四大行均面临不良贷款核销和剥离压力，两年共核销 3.52 亿元，剥离 46.52 亿元，全市短期人民币工业贷款连续两年下降，分别减少 1.26 亿元和 1.81 亿元，余额降至 33.85 亿元。两年中，常德工行共核销 1.28 亿元和剥离 15.79 亿元的不良贷款。尽管 1999 年对常德卷烟厂、恒安纸业、金健米业、湘泉武陵酒厂、五强溪、烟草机械厂和桃源纺织厂等重点企业发放 1.54 亿元的贷款，但工业贷款降至 32.12 亿元，下降 4.38%。2000 年，一方面向常德烟草机械厂、金鹏凹版印刷恒安纸业、金健米业、华南光电仪器厂、常德卷烟厂、浦沅机械厂、湖南车桥厂和金芙蓉铝箔公司等一批核心客户和效益好的绩优企业投放 1.36 亿元，一方面继续运用核销和剥离手段消化不良，是年核销 1.27 亿元和剥离 7.58 亿元的不良资产，年末工业贷款降至 31.96 亿元。常德农行两年中也表现出回落态势，1999 年实施“双优”战略，分别对金健米业、市电信局，烟厂等黄金客户的贷款额度达 1.5 亿元，投入 2000 万元继续支持国人啤酒、安康纸厂等一批优势企业，同时收缩其他贷款，工业贷款年增仅 82 万元。2000 年，一方面为常德骨干企业卷烟厂发放贷款 2 亿元，并向鼎城德胜电子厂、临澧中太高新材料有限公司等企业提供 4000 万元贷款支持；一方面大手笔剥离 21.88 亿元的不良贷款，工业贷款降至 3255 万元，下降 66.23%。常德中行在 1999 年确定“贷款增量与存量同步调整的”的信贷发展路子。全年在核销人民币“两呆”贷款 4634 万元和外币“两呆”贷款 36.5 万美元(折合 302.19 万元人民币)的基础上，累计投放 2.26 亿元，先后为金健米业发放 2000 万元人民币流动资金贷款，同时还对常德卷烟厂、金健米业、斑马蚊香集团公司、湖南车桥厂等企业给予流动资金信贷支持，工业贷款年增 2562 万元，增长 28.81%。2000 年，在剥离 2.62 亿元人民币不良贷款和 127.26 万美元(折合人民币 1056.26 万元)外汇不良贷款，核销 1205 万元的人民币不良贷款的基础上，加大工业贷款的力度，工业贷款仅减少 343 万元，年末工业贷款余额 1.11 亿元。常德建行两年中同样面临核呆和剥离的压力，1999 年，一方面围绕“双大”企业新增工业流动资金贷款 1.16 亿元，一方面剥离 5.86 亿元的不良贷款，工业短期贷款减少1011 万元，余额降至 1.25 亿元。2000 年，继续加大对常德烟厂下属的金芙蓉化纤有限公司等重点企业增加投放，由于剥离 2616 万元和核销 458 万元不良贷款的影响，人民币短期工业贷款降至4531万元，下降63.66%。常德城信社在2001年年底以前对贷款进行清盘，短期工业贷款在1999年微量增加之后，于2000年年底全部归零。

2001年，在连续两年短期人民币工业贷款下降之后，出现恢复性增长的局面，年增短期工业贷款5.34亿元，增长15.77%，余额增至39.19亿元。常德工行在再核销1.95亿元不良贷款的基础上，先后对恒安纸业有限公司、金鹏凹版印刷公司、浦沅机械总厂、常德卷烟厂、洞庭制药厂、金健米业、金芙蓉铝箔和湖南车桥厂等核心客户和绩优企业发放5.88亿元贷款，短期工业贷款增至36.2亿元，增长13.25%，新增额占全市工业贷款总量的79.4%。常德农行抢抓优良客户群体，重点扶持常德卷烟厂、金健米业、国人啤酒公司、升鑫公司、杰新印染厂等重点企业，同时主动从不具优势的企业中退出，是年，工业贷款降至2522万元，下降22.52%。常德中行贷款逐渐向中长期贷款发展，短期贷款受核销713万元不良贷款等因素的影响，工业贷款回落332万元，余额降至1.08亿元。常德建行加大工业流动资金贷款投放力度，先后对湖南中加水电有限公司、常德卷烟厂、金果果蔬食品有限公司、石门火电厂增加投放1.03亿元。

2002—2004年，全市短期工业贷款呈现回落又回升直至冲至历史最高点的变化曲线。2002年回落1.11亿元；2003年和2004年分别回升1.76亿元和854万元，余额冲至39.93亿元历史最高位。常德工行连续三年共核销不良贷款1.34亿元，工业贷款也随之回落，余额降至34.73亿元，下降4.04%。三年中，常德工行在扩大总量基础上重在进行质量和结构调整，信贷投放重点向中心城市、重点行业、重点客户和中长期贷款倾斜，采取“大进大退”的经营策略，一手抓好优化新增贷款投向，一手抓好亚健康企业退出和不良贷款的清收转化，对经营正常但融资总额偏高的客户从总量上压缩，使其控制在合理水平，中长期贷款大幅增长，短期贷款逐渐收缩。常德农行三年中出现短期工业贷款与贷款总量增长同步的状况，工业贷款表现出头一年大幅增长，第二年跨越式发展，而第三年适度调整的状况。2002年，常德农行以主动介入、上下联动方式进入重点工业企业、农业产业化企业和产权明晰的重点私营企业，重点培育桃源杰新纺织印染有限公司、常德卷烟厂、湖南阳光乳业股份有限公司、湖南洞庭白杨林纸业有限公司等重点客户，新拓展金龙电机、华宇合金等新的公司客户。工业短期贷款增至6208万元，增长146.15%。2003年，实施有所为、有所不为，大中选强、小中选优，注重效益、风险可控的客户调整策略，新拓展湖南特种水泥厂、张家渡水电站、金健药业、亚马逊木业等优良公司业务客户。市县两级联手拓展一批新户，短期工业贷款增至3.23亿元，增长4.21倍。2004年，常德农行在“大发展大出路、小发展小出路、不发展无出路”的思想观念指导下，加大客户筛选和中长期贷款力度，短期工业贷款回落2774万元，余额降至2.95亿元。常德中行短期工业贷款连续三年回落，其中2003年和2004年分别减少5147万元和5247万元，2004年年末，余额降至49万元。其中，既有连续三年分别核销5958万元、7367万元和6369万元不良贷款因素的影响，也有统计口径调整的原因。2002年，常德中行注重金健米业、洞庭水殖等上市公司和金鹏凹印、电信、烟厂等大客户的投放，又发展和扶持一批中小优质客户，在核销5958万元不良的情况下，工业贷款仅减少337万元。2003年和2004年受核销5910万元和2374万元不良贷款的影响，工业贷款总量急剧减少。常德建行的短期工业贷款表现出2002年大幅回落，2003年和2004年加速增长态势。2002年，常德建行从62家高污染、高风险、高能耗的企业退出，收回工流贷款4680万元，同时对骨干企业特别是常德卷烟厂增加流动资金贷款，是年短期工业贷款降至9765万元，下降41.23%。2003年和2004年，常德建行贷款向高新产业、能源交通、大型民营企业倾斜。2003年向金芙蓉实业发展总公司、常德市辰州锑品有限责任公司和湖南金帛化纤有限公司等优势企业发放工流贷款6000万元，是年短期工业贷款净增1.25亿元。2004年，继续加大优势企业贷款力度，并主动从237家“三高”(高投入、高消耗、高污染)企业退出，优化贷款结构，短期工业贷款又增8916万元，余额增至2.24亿元。

2005年，常德市短期工业贷款大幅下挫，总量从2004年年末的39.93亿元陡降至21.14亿元，下降47.06%。工、农、建三行均有较大幅度的减少，常德中行出现大幅增长局面。常德工行把重点放在优质民营企业、城市基础设施建设和“两非”领域(非盈利、非政府的经营主体)，对市场前景好，效益好的常德力源新材生产等经营状况好的企业增加短期流动资金贷款，新增贷款投放3.2亿元。但受不良贷款核销3617万元和剥离10亿元的重大因素影响，工业贷款降至15.25亿元，下降56.09%。常德农行优先扶持72个客户和项目，还筛选出36家客户作为重点拓展对象。同时，加大不良贷款追收和主动从某些领域退出力度，工业短期贷款降至1.64亿元，下降44.5%。常德中行抓住股份制改革机遇，狠抓客户群的建设，授信入库项目11个，入库授信额度8.7亿元，与新一佳、湖南华油和三江电力建立良好的银企关系，石门华电项目也新增授信3个亿。全年在核销5585万元不良贷款的基础上，短期工业贷款仍然增长了2.5亿元，余额增至2.51亿元，成为是年短期工业贷款唯一增长的行。是年，建设银行改制上市，常德建行按照“退出劣质行业和低端客户，消灭‘芝麻’户”的经营思路，一方面核销不良贷款2029万元和清收不良贷款，一方面向优势企业发放工业流动资金贷款，年末工业短期贷款降至1.75亿元，下降21.95%。

2006年和2007年，常德市短期工业贷款连续两年增长，先后净增8.05亿元和1.63亿元，余额增至29.19亿元和30.82亿元。常德工行两年中一增一减，2006年，采取“稳健经营，有进有退”经营策略，紧盯能源、交通、重点学校、医院、文化传媒、现代物流等新兴行业和大型企业在常投资项目以及中小民营企业。先后对大唐石门发电有限公司新增流动资金贷款1亿元，对湖南华油天然气输配公司新增项目贷款1亿元，同时按照限劣原则压缩湘澧盐矿和石门玉叶化肥股份有限公司的贷款，另外全额退出经营萎缩和还款来源出现问题的项目。2006年工业短期贷款增至17.47亿元，增长14.56%。2007年，一方面继续对华电石门发电有限公司、大唐石门发电有限责任公司、湖南兆恒水电有限公司等重点企业发放3000万元、3.6亿元和1.6亿元，又先后对三金制药常德公司、湖南海利常德公司等增加3000万元贷款。对自来水公司、湘澧盐矿、湖南汽车车桥厂等大型企业和常德市第一人民医院新增 8798 万元贷款。同时，适度有效收缩风险贷款，是年，工业短期贷款回落 8770 万元，余额降至 16.59 亿元。常德农行连续两年增长，且 2006 年实现倍增式发展。2006 年，在贷款总量回落 2.17 个百分点的情况下，将原乡镇企业贷款归口至工业贷款，并筛选出 29 个客户项目作为重点拓展对象。年增短期工业贷款 6.79 亿元，余额增至 8.43 亿元。2007 年，按照“大中选强、小中选优”的原则，积极营销系统性、垄断性、高等级、高成长性、龙头性客户，对优势行业、强势企业和关键项目增加信贷投放，对“一园一区和五大专业市场”（即武陵工业园、德山开发区、桥南市场、步行街、火车站市场、钢材大市场、农资大市场）展开营销，对新准入的 13 户发放贷款 1.78 亿元，并成功营销石门海螺水泥 2 亿元项目贷款，工业短期贷款增至 9.91 亿元，增长 17.57%。常德中行两年中始终坚持“资本配置优先”，优先发展收益好、风险低的中长期贷款，压缩收益低的短期贷款，两年中短期工业贷款呈现出“一降一升”的发展曲线，受核销 2997 万元不良贷款和主动退出高风险领域两大因素的影响，2006 年短期工业贷款减少 4319 万元；2007 年先后对 61 个客户共 12.39 亿元授信额度的客户给予贷款支持，短期工业贷款净增 1.2 亿元，余额增至 3.28 亿元。常德建行加大中长期工业贷款投放力度，短期贷款回落。先后对湖南雪丽造纸厂有限公司、汉寿正阳化工有限公司、湖南逐鹿苎麻纺织有限公司和一批优质中小企业给予贷款支持，并对凯斯机械有限公司、嘉业达电子有限公司、信诚液压和湘福材有限公司等 20 多家小企业新增贷款 7530 万元贷款，同时从湖南新斑马蚊香股份有限公司、澧县荣隆制衣有限公司、武陵源管业有限公司等多家“芝麻户”信贷客户主动退出，短期贷款随之减少，余额从 2005 年年末的 1.75 亿元降至 2007 年的 1.05 亿元，下降 40%。

2008 年，常德市虽然贷款总量大幅增长，但短期工业贷款大幅下降，工、农、中、建四行大幅减少低收益的短期贷款，转而发展中长期高收益贷款。是年，工业短期贷款减少 17.79 亿元，下降 57.73%，余额降至 13.03 亿元。其中常德工行净减少 9.35 亿元，常德农行减少 7.01 亿元，常德中行减少 3930 万元，常德建行减少 1.05 亿元，分别占减少总量的 52.56%、39.4%、2.21%和 5.9%。其中，常德农行大幅减少的主要原因是大额度剥离所带来的连锁反应。常德中行主要是收回金果果蔬 1000 万元和汉寿广源麻业 500 万元短期贷款，并按目标要求对大唐电力和洞庭水殖的贷款总量压缩所致。

2009 年，全市短期工业贷款又出现中长期贷款放量增长而短期工业贷款基本原地踏步的状况，短期工业贷款仅增 1444 万元，余额增至 13.17 亿元。常德工行、农行和建行三家均有增长，常德中行较大幅度减少。常德工行成立小企业金融业务中心，确立“两个区域、三个优先”小企业发展重点，即以工业园区，优质企业上下游为两大发展区域，优先发展以贸易融资为背景的信贷业务，优先发展由常德市财鑫担保公司为担保人的信贷业务，优先发展有优质抵押资产的信贷业务。重点支持石门宝川连杆、常德塘桥机械、常德金煜机械等一大批优质民营企业，年增短期工业贷款 8997 万元。常德农行重点支持金健米业、大湖股份以及桃源水电开发有限公司和临澧凯迪生物电力公司等单位和项目。年增短期工业贷款 1137 万元，余额增至 3.01 亿元。常德建行加大信贷结构调整力度、不断优化客户结构，重点支持雪丽造纸有限公司、大唐有限公司、金健药业有限公司等工业企业，为新增 20 户中小企业客户发放贷款 1.08 亿元，短期工业贷款年增 1.14 亿元。常德中行“高目标、严管理、利长远、讲实效”的经营理念开始显现成果，主动实行贷款的结构性调整，重点发展中长期贷款，贷款总量净增 5.39 亿元，但短期工业贷款回落 2 亿元，压缩大唐石门 1.25 亿元关注类贷款，清退汉寿银阳纺织等客户 6000 万元，核销湖大远程 1565 万元损失类贷款。

2010 年，常德人行对统计口径进行调整，开始按照短期贷款、中长期贷款、信托贷款、融资租赁、委托贷款、票据融资和各项垫款七大类进行统计，其中短期贷款 239.33 亿元，占比 49.80%，中长期贷款 237.57 亿元，占比 49.44%。票据融资 3.64 亿元，占比 0.76%，各类垫款 10 万元，其他信托贷款、融资租赁、委托贷款三类为零。短期贷款中，农发行占比为 41.55%、工、农、中、建行分别占 7.75%、8.09%、1.06%和 2.94%，常德农信社占比 36.05%，新组建的交行占 1.1%，邮储银行占 0.86%，兴业银行占 0.1%，长沙银行占 0.42%。

二、人民币短期商业贷款

1988 年，全市人民币短期贷款中的商业贷款 17.37 亿元，占全部短期贷款总量的 44.87%。1989—2001 年，常德市人民币短期贷款中的商业贷款除 1998 年稍有回落之外，其他年份均呈现上升趋势，2001 年处于历史高位的 112.41 亿元，占全部短期贷款的 57.18%。2002—2008 年均呈现逐年下降的趋势。2009 年年末，余额 89.62 亿元，占全部短期贷款的 38.66%。

1989—1993 年，常德市商业贷款集中在常德工行、农行、中行和城市信用社及农村信用社五个机构。1994 年，常德农发行单独列账后增加至六个，1997 年，常德建行进入商业贷款领域。2001 年，常德城信社退出市场，2010 年，有六个机构拥有商业贷款。

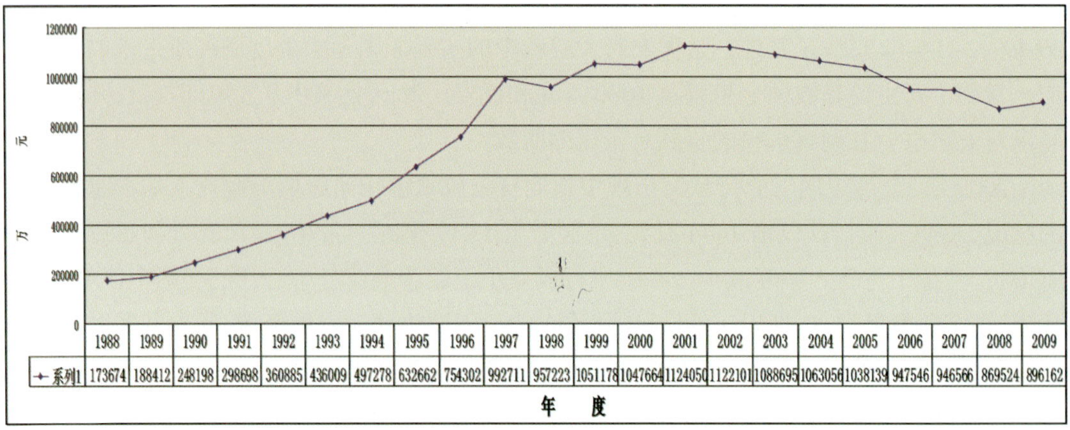

图 2-17　1989—2010 年常德市银行业商业贷款发展变化趋势图表

1989 年，常德市商业贷款 18.84 亿元，较上年增加 1.47 亿元，增长 8.49%。常德工行为支持商业、粮食部门完成粮食入库任务和旺季市场供应，发放食糖、粮食、节日等专项贷款，以支持全市29家国营商业二级站和零售商家储备节日供应商品等，年末短期商业贷款5.79亿元，占全市商业贷款总量的30.73%。常德农行实行商业信贷改革，改存贷合一为存贷分户，改敞口供应为定额供应，改混合管理为分户管理，改单一信用贷款为信用、担保、抵押相结合，改单一信用服务为多功能综合服务。针对商业企业转换经营机制的形势，常德农行调整信贷政策，在流动资金贷款自有资金比例、临时贷款、配合使用额度和工资基金管理等方面适当有度放宽，但发放贷款一律实行抵押或担保贷款方式。在信贷投放策略上，避开容易形成不良贷款雷区，优先支持供销社扩大化肥、农药、农膜专营农业生产的资金需要，全年发放杂交水稻种子收购资金1200万元，对部分调节性储备商品贷款实行利率优惠。年增短期商业贷款2亿元，余额增至11.5亿元，占全市商业贷款总额的61.02%。常德中行按照上级行的要求和“外贸外汇专业银行”的职责要求，把支持本市外贸企业出口创汇作为信贷工作的重点，始终坚持保计划内收购，保国家重点产品收购，保效益好的进出口企业的投放原则。全年外贸企业贷款占短期贷款总额的46.1%，发放贷款1.04亿元，重点支持市粮油、土茶、畜产、工矿等几家专业外贸公司的收购，年增商业贷款2676万元，增长21.37%，余额增至1.52亿元，占全市商业贷款总量的8.07%。常德城信社商业贷款较上年末净增97万元，余额增至386万元。

1990—1993年，常德市商业贷款连续4年呈现匀速增长态势，从1989年的18.84亿元增长至1993年的43.6亿元，净增24.76亿元，四年增长1.31倍。四年中，分别增长5.98亿元、5.05亿元、6.22亿元和7.51亿元。其中常德工行净增3.72亿元，占总增量的15.02%。常德农行净增19.25亿元，占77.75%。常德中行净增1.68亿元，占6.79%。常德城信社净增956万元，占0.39%。常德建行和常德农信社均无商业贷款。

常德工行在1990-1993年，为促进商业企业搞活流通，持续扩大商业贷款。1990年对国营商业企业发放专项优惠贷款3836万元。对常德市纺织站发放2700万元的专项贷款，专门用于收购桃纺的纯、涤棉布240多万米，既充实纺织站适销库存，又缓解桃纺厂资金燃眉之急。为解决商业网点设施和布局不足问题，发放商业网点贷款707万元，支持12个商业网点建设，商业贷款增至6.63亿元，增长14.64%。1991年，将重点调整到粮、棉、油、猪、茶等重要农副产品收购和以农副产品加工为特色的生产企业原材料采购的资金需求，商业短期贷款增至7.44亿元，增长12.17%。1992年，商业贷款重点调整为支持农副产品收购和支持效益好的大中型商业二级站及大中型零售企业，全年增加7500万元贷款用于农副产品收购，占贷款增加总量的27.73%，共支持企业收购6.9万吨粮食、0.73万吨油料、35万头牲猪和4万吨茶叶。与此同时，对武陵百货大楼等35个商业网点提供2533万元的改扩建专项贷款，全市商业网点新增营业面积4.35万平方米，是年商业贷款增至8.45亿元，增长13.58%。1993年，常德工行继续把农副产品收购、商业企业增设网点和为充实市场购进适销对路的商品，支持物资供销企业组织石油、汽车等物资作为重点，投放6295万元收购粮、棉、油、牲畜和茶叶,增加7441万元贷款支持地方商业、医药、集体商业和其他商业,增加1622万元贷款支持各种燃油、进口汽车和化工原料,商业贷款增至9.51亿元,增长12.5%,占全市商业贷款总数的21.81%。

常德农行在1990-1993年,始终将农副产品收购和供销合作社贷款放在首位,1990年率先发放粮食预购定金贷款5815万元,安排收购资金1100多万元收购新粮。在"政府牵头,银企配合,分工负责,各到其位"原则指引下,形成合力保收购,较好地解决"农业丰收农行愁,单靠农行保收购"的问题。农副产品收购贷款12.31亿元,年增4.7亿元,年增商业贷款4.86亿元,余额增至16.36亿元,占全市商业贷款总额的65.91%。1991年,面对罕见的洪涝灾害,大力扩展购销业务,注重收购灾农手中的积压和剩余农产品,农副产品收购贷款净增4.18亿元,余额增至16.5亿元。对供销社增加9515万元贷款,商业贷款增至21.09亿元,增长28.91%,占全市商业贷款总量的84.97%。1992年,按照"全部及时足额"的原则到位资金,发放各项收购资金24.86亿元,并在春节前安排6481万元结清年前未结算和打白条所需的资金。对粮食企业亏损挂账严格执行国务院"新老账划断"的原则,制止新的挂账,对应补未补或未补足而要求新挂账的,一律停止贷款,按规定加息罚息。随着1992年商业银行体制改革的逐步推进,对原属农村商业系统的集体商业、农机化服务公司、乡镇企业供销公司的贷款也逐渐停止。1992年,商业贷款增至24.73亿元,增长17.26%。1993年,为落实国务院和省、市政府关于全力以赴兑现农民手中"白条",保持农村稳定和社会安定团结的精神,发放收购资金贷款9600万元,与粮食、棉麻企业联手兑清农民手中的"白条"。对农副产品收购贷款采取"桥归桥、路归路"的封闭式管理办法,实拨资金5.21亿元,保障粮食、棉花、柑橘、种子、芦苇、甘蔗等农副产品收购。商业贷款增至30.76亿元,增长24.38%,占全市商业贷款总额的70.55%。

常德中行在1990—1993年在国有专业银行模式运营的最后4年中,其经营理念从原有的"外汇外贸专业银行"逐渐向商业银行转变,但经营活动仍然受惯性模式影响。1990年,以"外汇外贸专业银行"经营理念组织运营,进出口企业贷款较上年增长27.2%,常德外贸发展公司和桃源外贸公司仍然是支持的重点,商业贷款年增2676万元,增长17.61%,外贸企业贷款增长额占本行贷款增长额的69.73%,商业贷款余额增至1.78亿元。1991年,继续把支持和发展外贸型进出口企业作为己任,但按照"谁出口创汇效益好就支持谁"的原则实施投放,有针对性地收回部分存在潜在风险的外贸贷款,年末商业贷款减少4926万元,下降27.68%。1992年和1993年,严格执行"五五八"方针,树立支持"大外贸"的战略思想,全面推行资产负债管理,围绕"优化、盘活、管理"做文章。1992年,累计发放外贸企业流动资金贷款1.1亿元,支持外贸完成出口供贷1.01亿元,创汇3800万美元,商业贷款增至2.82亿元,增长118.95%。1993年,常德中行开始迈出商业银行经营管理的步伐,建立"四包"目标责任制,确保新增贷款"安全性、流动性、效益性",按照"接大户、接好户、保重点"原则筛选项目。重点支持效益好的市粮油公司和一批外事企业,商业贷款增至3.2亿元,增长13.71%。

城信社在1990-1993年的4年中，商业贷款有所增长，至1993年年末，余额增至1342万元，占全市商业贷款总量的0.31%。

1994-1997年，是常德市商业贷款快速增长的4年，从1993年年末的43.6亿元增长至99.27亿元，增长55.67亿元，增长1.28倍。四年中分别增长6.13亿元、13.54亿元、12.16亿元和23.84亿元。其中，常德农发行猛增72.39亿元，常德建行净增310万元。常德城信社净增3866万元，工、农、中三行均为减少，其中，常德工行减少0.83亿元，常德农行减少15.64亿元，常德中行减少0.68亿元。

1994年，中国农业发展银行总行在北京成立，常德农发行业务由常德农行代理，所有政策性业务从常德农行划出并单独列账，年末政策性商业贷款总量体现30.34亿元，占全市商业贷款总量的61.01%。1995年，常德农发行商业贷款增至41.67亿元，增长37.34%，市场占比提高至65.86%，较上年年末提高4.85个百分点。1995年，中国农业发展银行总行印发《国家专项储备贷款管理暂行规定》，对专项粮油储备贷款实行专款专用，由省粮食厅代管中央储备粮油计划规模，由各承储库(点)分别向开户行承贷承还。1996年12月28日，中国农业发展银行常德市分行成立，是常德市唯一的国有政策性银行。1996-1997年，农发行常德市分行粮棉油收购贷款投放量持续增长。1996年和1997年，两年分别净增9.93亿元和20.79亿元，1997年年末，商业贷款总量增至72.39亿元，较1995年年末增长73.72%。其中，1997年年末，农副产品收购贷款余额达70亿元，占该行全部商业贷款总量的96.7%。是年末，常德农发行商业贷款占全市商业贷款总量的72.92%，较1995年年末又提高7.06个百分点。

常德农行在1994-1997年的4年中，将政策性贷款移交常德农发行，商业贷款随之减少，4年中净减少15.64亿元，下降50.85%。其中，1994年净减少22.02亿元，后三年分别回升2.03亿元、1.35亿元和3.01亿元。1995年，常德农行优先考虑种子收购资金需求，累放生资贷款1.36亿元。1996年，重点支持经营有市场、有效益、信用好的企业，支持商业企业购进肉、禽、蛋等商品，丰富“菜篮子”和节日商品供应。重点支持县级农资公司经营化肥等生产资料储备和调销，实行农资贷款“封闭运行、库贷挂钩”。1997年支持菜籽、茶叶、烟叶等春季收购，商业贷款明显回升，至1997年年末，常德农行商业贷款回升至15.12亿元，占全市商业贷款总量的15.23%。

常德中行在1994—1997年的4年中，外汇外贸专业银行风格明显淡化，以“强化管理，调整结构，防范风险，挖潜盘活”的指导思想拓展授信业务，商业贷款主体部分的外贸贷款相对紧缩，虽然先后对市外贸集团公司给予授信支持，但商业性外贸贷款总量逐渐下降，4年中分别下降2547万元、2368万元、1489万元和378万元，余额降至2.52亿元，四年总降幅度为21.25%。1997年，“适度从紧”的货币政策、外贸体制改革和积极化解金融风险的信贷工作要求，使得外贸出口性商业贷款持续萎缩。

常德建行受传统专业银行性质的影响，1996年以前一直没有商业贷款业务，直到1997年才开始小规模叙作商业贷款，1997年年末余额为310万元。

常德城信社 1994-1997 年间,商业贷款呈现增长趋势,四年共增加 3866 万元,增长 2.88 倍。其中,前三年分别净增 2435 万元、1303 万元、404 万元,1997 年回落 476 万元,年末余额 5208 万元。

1998 年,受常德农发行商业贷款大幅回落的冲击,尽管常德工行和农行明显回升,但全市商业贷款仍然减少 3.35 亿元,下降 3.37%,余额降至 95.72 亿元。是年,国务院颁发《关于进一步深化粮食流通体制改革的决定》,实行对粮食流通体制实行政企分开、中央与地方责任分开、储备与经营分开、新老财务账目分开、完善粮食价格机制的"四分开一完善"改革,常德农发行按照"库贷挂钩、钱随粮走、购贷销还、封闭运行"的原则,全面推行"一基三专"(基本存款账户、收购资金存款、企业财务资金存款、单位应付利息存款专户)账户管理和"三三制"(即每 3 天预测 1 次收购进度、发放 1 次 3 天用的收购贷款)操作模式,严防收购资金挤占挪用。5 月,将 564.9 万元扶贫贷款移交农行常德市分行承办。7 月又将部分粮棉油企业附营贷款 15.82 亿元划转至常德农行,此后专司粮棉油资金政策性业务。是年,常德农发行商业贷款降至 60.67 亿元下降 16.19%,但市场占比仍然处于 63.38%的高位。常德工行商业贷款主要投向常德市和澧县、津市石油公司、常德市烟草公司和汉寿、津市、桃源、石门的烟草公司以及澧县、桃源和津市新华书店等企业,年末商业贷款增至 8.98 亿元,增长 3.38%。常德农行面对农资经营渠道混乱,价格上涨过高,一些农资企业挤占挪用银行贷款等问题,采取灵活调剂信贷资金和规模的应对措施,满足供应农资的集中购进和储备需求,重点支持县级农资公司经营化肥等生产资料储备和调销,实行农资贷款"封闭运行,库贷挂钩",根据库存变化掌握贷款的发放和收回。同时,受益于农发行将扶贫贷款和部分粮棉油企业附营贷款移交常德农行承办等因素,商业贷款增至 23.1 亿元,增长 52.78%,占全市商业贷款总量的 24.13%。常德中行坚持"宁少勿乱"的原则和"看三步,走一步"的经营方式,审慎增加投放,是年,商业贷款基本与上年持平。常德建行收回上年发放的部分商业贷款,年末余额降至 149 万元。常德城信社商业贷款减少 779 万元,余额降至 4429 万元。

1999—2002 年,全市商业贷款表现出多增少减相互交替的变化态势。商业贷款总量从 1998 年的 95.72 亿元增加至 2002 年的 112.21 亿元,净增 16.49 亿元,增长 17.23%,年均增长 4.31%。四年中,常德农发行挑起大梁,常德建行小有增长,工、农、中三行和农信社均为减少。

常德农发行四年中净增 24.14 亿元,为增长总量的 1.46 倍,余额增至 84.81 亿元,占全市商业贷款总量的 75.58%。1999 年,常德农发行继续全面贯彻落实湖南省政府《关于建立省地县三级粮食储备体系的意见》,加大储备粮贷款力度,年末商业贷款增至 69.33 亿元,增长 14.28%。2000 年,累放粮棉油收购贷款 17.1 亿元,投放贷款收购早籼稻 28493 万公斤、中晚稻 62490 万公斤、皮棉 162 万担和油菜籽 897 万公斤,商业贷款增至 78.52 亿元。2001 年根据总行《粮食收购贷款管理办法》,按照"钱随粮走、购贷销还、全程监控、封闭运行"的原则进行管理,对非保护价粮食收购及保护价粮食品种市场价高于保护价时,实行以销定贷、以效定贷。2000 年,湖南省政府调整地方储备粮政策,要求每年轮换地方储备粮三分之一,对地方储备粮库存粮和轮换粮分别按每年每斤 0.03 元和 0.02 元的标准支付保管费用或轮换费用，贷款利息据实拨补，根据农发行总行《关于做好军粮供应企业贷款发放与管理工作的意见》，投放棉花调销贷款 1.6 亿元，调入优质棉花 25.26 万担，商业贷款增至 78.52 亿元，增长 13.26%。2001—2002 年，根据省农发行关于加强储备粮贷款管理办法，建立与中央储备粮垂直管理体制相适应的信贷管理制度，实行省农发行、二级分行和开户行共同监管到库的信贷体制，加强对中央储备粮的集中统一管理，建立储备粮油轮换风险基金，规范对储备粮库存数量、库存轮换、占用贷款的管理。对接受地方政府委托的粮食调入，政府已明确价差和利费补贴的，保证资金供应。对粮食购销企业自主经营的粮食调入，实行以销定贷、以效定贷。2001 年年末，余额增至 86.71 亿元，增长 10.43%。2002 年，回落 1.9 亿元，余额降至 84.81 亿元。

常德建行是四大国有商行 4 年中商业贷款唯一增加的行，4 年共净增 1852 万元，余额增至 2001 万元。1999 年，开始逐渐加大商业贷款投放力度，主要对象是商业、粮食、外贸行业，余额增至 582 万元。2000 年，再增至 881 万元。2001 年，随着宏观调控步入良性轨道，物价稳中有降，消费指数出现负增长，常德建行随即加大商业贷款投放力度，先后向湖南申湘汽车有限公司等市场潜力客户增加商业贷款，商业贷款增至 2031 万元，增长 130.53%。2002 年，一方面增加对省石油总公司常德分公司、市中心商业广场有限责任公司和市华香园酒精有限公司等客户商业贷款，一方面加大风险性贷款回收，是年，商业贷款回落 30 万元。

常德工行、农行和中行在 1999—2002 年的 4 年中，商业贷款均呈现下降趋势，其中常德农行净减少 4.37 亿元，常德中行净减少 2.27 亿元，常德工行净减少 7511 万元。期末，常德工行商业贷款 8.22 亿元，占全市商业贷款总量的 7.33%，常德农行 18.73 亿元，占比 16.69%，常德中行 2495 万元，占比仅 0.22%。常德工行、农行和中行商业贷款减少的主要原因是在该四年中不良资产大额度核销和剥离，在核销和剥离的不良贷款中，有相当部分是商业贷款。即使常德工行先后对石油、烟草、常德中心商业广场等优质客户增加相当规模贷款，但由于核呆和剥离的额度太大，商业贷款总量仍然出现较大幅度的下降。常德农行 1999 年以后，商业贷款重点保证农资、石油、烟草等的购、销、调、存所需资金，农副产品收购贷款逐渐减少，同时又受不良贷款的剥离影响，商业性贷款也减少了 4 亿多元。常德中行随着外贸体制的改革，对各类外贸专业公司的贷款基本停止，原有贷款基本成为不良，大额度核销和剥离使该行商业贷款大幅度下降。

2003—2009 年，全市商业活动基本上实现市场化，各行市场化商业贷款投放相对谨慎，政策性商业贷款全部集中在常德农发行，因此全市商业贷款一直处于逐年减少的状态，虽然每年下降幅度不大，但累降总额度达到 25.26 亿元，降幅达到 22.51%。尽管 2009 年稍有回升，但仅增长 3.06%，至 2009 年年末，全市商业贷款总额为 89.62 亿元。常德农发行在该七年中，商业贷款总量上下波动，在全市商业贷款总量净减少 22.59 亿元的情况下，常德农发行最终还净增 2.14 亿元，2009 年年末，余额达到 86.95 亿元，占全市商业贷款总量的 97.02%，基本上挑起商业贷款的全部重担。到 2009 年，常德工行商业贷款余额 3100 万元，较 2002 年下降 96.23%。常德农行 2.02 亿元,较 2002 年下降 89.22%,常德中行 3000 万元,较 2002 年增长 20.24%,常德建行 350 万元,下降 82.51%。工、农、中、建四行商业贷款总量占全市商业贷款的 2.98%。其他银行和非银行金融机构均无商业贷款。

2010 年开始,人民银行再没有按照工业、商业以及建筑业等传统口径对贷款的使用方向进行统计和归集。

三、人民币短期建筑业贷款

常德市建筑业人民币短期贷款从 1989-2010 年始终保持两个特点:一是总量不大,占比低,最高的 1997 年为 2.88 亿元,仅占贷款总量的 1.35%。二是相对集中,2001 年以前,全市短期建筑业贷款全部集中在常德建行,2002 年,常德农行进入该领域,至 2006 年达到 2878 万元的历史最高纪录, 随后又逐渐下降至 2008 年的 7 万元,2009 年再回升至 200 万元,市场占比仅 4.01%。常德工行 2005 年进入该领域,规模 100 万元,到 2009 年增加至 1892 万元,市场占比 37.9%。常德中行在 2006 年尝试性的进入,规模 1007 万元,随即在 2007 年回落至 7 万元;2008 年又突击性进入, 规模达到 2100 万元, 市场占比一度达到 15.06%;2009 年全部收回归零。

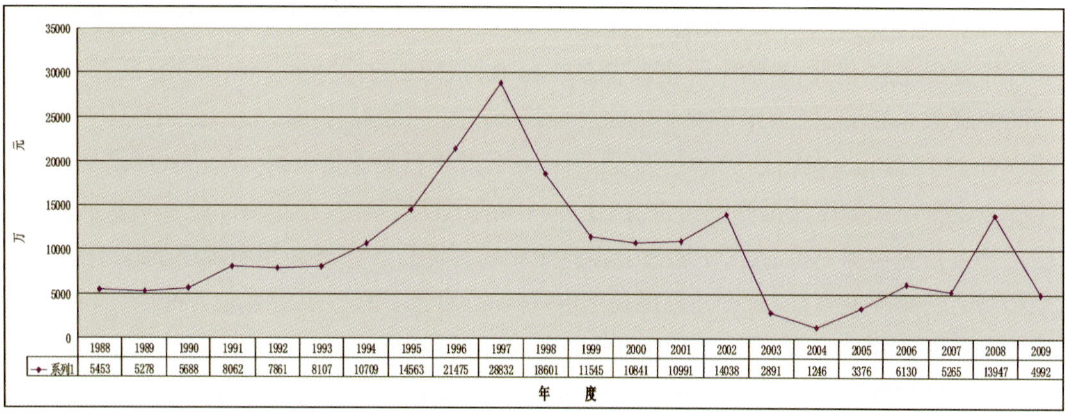

图 2-18　1989—2010 年常德市银行业建筑业贷款发展变化趋势图表

常德建行从 1984 年开始按照总行《建筑业流动资金贷款办法》发展建筑业流动资金贷款业务,规定贷款种类为建筑企业流动资金贷款、工程结算款、土地开发和商品房贷款、基建材料供销企业贷款、其他流动资金贷款。始终坚持“贯彻国家有关政策法规,严格执行信贷计划,坚持以效益为中心,促进建筑业全面发展”的指导思想,遵循“保证重点、兼顾一般、择优扶持”的原则,实行“统一计划,分级管理、余额控制”的管理办法。为拓展建筑业贷款,常德建行专门组建了建筑经济科,2005 年股份制改革以后, 建筑业流动资金贷款业务划归公司业务部经营管理。

1989 年年末,建筑业短期贷款 5278 万元。1992 年之后,随着常德地区基本建设和城市建设速度的加快，投资规模日益扩大，常德建行建筑业流动资金贷款余额大幅度上升。1994年年末，拥有县级以上施工建筑企业客户200多家，贷款余额增至1.07亿元。1997年，建筑业短期贷款增至2.88亿元的历史最高位。但在常德建行开户的建筑企业中“芝麻户”较多，资本金不足、资产负债率高、盈利微弱、经营状况不佳的情况比较普遍。因此确定石门火电厂、三江口水电站、湖南特种水泥厂、澧州水电站、津市热电站、常德经济建设投资公司等10家大企业为建流贷款的主攻目标。2001年，重点投向交通、电信、电力、烟草等21家公司类重点客户，新发建流贷款涉及项目30个左右，同时收回建筑业流动资金贷款2.67亿元。因此，年末建筑业流动资金贷款降至1.08亿元。2002年，按照建总行《中国建设银行公司类重点客户管理办法(试行)》和省建设银行《信用等级认定内部操作规程》及《AA级客户信用评级审核认定原则》，组织认定A级信用等级客户6户，AA级以上信用等级客户4户。同时，主动从62家风险较大的企业彻底退出，2003年全面开始对建筑业推行重点客户的差别化管理。2003–2005年，先后给予常德市路桥公司500万元、湖南天鹰建设有限公司500万元、常德市路桥建设有限公司500万元、市第九建筑工程有限公司2800万元的建流贷款。

2005年建设银行实行股份制改革之后，建筑业流动资金营销管理推行以经济资本为核心的风险和效益机制，合理控制投放节奏。通过资源杠杆促进建流信贷增量和存量的进一步优化，重点向资产质量高的优质行业和客户倾斜。此后，建筑业流动资金贷款新增主要集中在城市建设、能源交通、水利水电、电信、县级以上医院、文教卫等企事业单位。2005年年末，建筑业流动资金不良贷款率从2000年的57.46%下降至2005年年末的1.22%。同时，建筑业短期贷款主要集中在电力、交通运输、城市建筑和大中型建筑建材企业等A级且不良率较低的客户之中，2009年年末，常德建行建筑业短期贷款降至2900万元。

2010年开始，人民银行再没有按照工业、商业以及建筑业等传统口径对贷款的使用方向进行统计归类。

四、人民币短期农业贷款

1989—1994年，常德市人民币短期农业贷款处于总量较小、增长较慢，在贷款总量中占比较低的水平。1995–1998年，增长速度提升，占比也有所提高。1999年，小有回落之后，2000年受农业银行不良贷款大额度剥离的影响，农业贷款总量较大幅度的下降。随后到2003年的3年平稳增长，2004年，农信社增加投放后又出现大幅增长。2005年，急剧回落后，2006–2009年4年间，农业贷款大幅增加，直至飙升至63.62亿元的历史高位，占全市人民币各项贷款总量的15.76%。

受金融体制改革前国有银行分工的影响，常德市农业贷款主要由常德农行承担，市场占比一度超出95%。1994年前后，一般农业贷款均以“科技兴农”贷款、“两高一优”贷款、农业产业化贷款、“三农”贷款等名目进行。随着农村信用社的发展，1995–1999年，常德农行和信用社共同担负起农业贷款的重担。随着金融体制改革的不断深入,农业银行业务进城和政策性贷款业务移交农发行,农业银行的农业贷款迅速回落,2000 年开始,常德农行与常德农信社角色互换,常德农信社挑起农业贷款的重担。

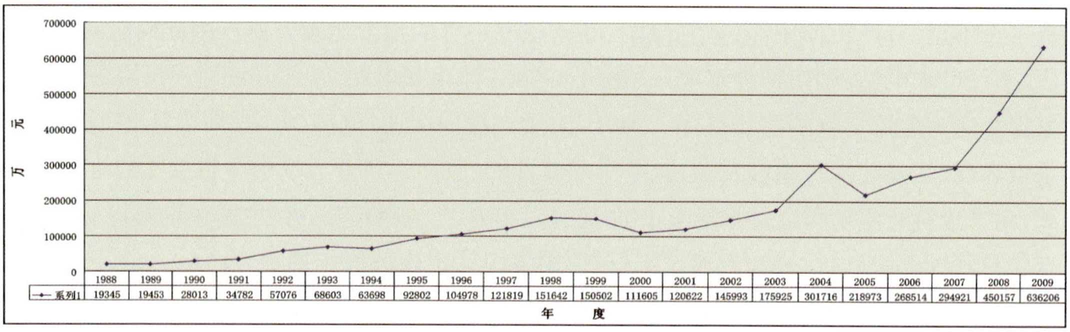

图 2-19　1989—2010 年常德市银行业人民币短期农业贷款发展变化趋势图表

1988 年,全市农业贷款 1.93 亿元,其中常德农行 1.82 亿元,占农业贷款总量的 93.98%。常德农信社 779 万元,占 4.03%;常德工行 386 万元,占 2%。3 个机构占有农业贷款的局面持续到 1993 年。1993 年年末,常德农行 4.47 亿元,占比 65.11%。常德农信社 2.34 亿元,占比 34.16%,常德工行 502 万元,占比 0.73%。1994 年,常德工行从农业贷款领域中全身退出,常德农行和常德农信社两家拥有农业贷款的局面持续到 2000 年。1998 年,常德农信社农业贷款占比首次超过常德农行, 农信社 8.34 亿元, 占比 54.99%, 常德农行 6.83 亿元, 占比 45.01%。从 2000 年开始,常德农行农业贷款下降速度加快,市场占比快速下降,而常德农信社占比逐步攀升。2002 年,常德工行再次小额谨慎进入,2004 年又全身退出。是年,常德建行小额度进入农业贷款领域,四家金融机构拥有农业贷款的局面持续到 2006 年。2007 年,常德建行全部退出农业贷款领域。从 2007—2010 年,均呈现出以常德农信社为主,常德农行和常德工行为补充的基本格局。2009 年年末,常德农信社的农业贷款市场占比达到 92.22%,常德农行降至 6.9%,常德工行占 0.87%,其他行均为零。

1989 年,国家采取紧缩财政,紧缩信贷政策,常德农行加强信贷投放管理,全市农业贷款年末余额 1.95 亿元,净增 108 万元,增长 0.56%。其中常德农行 1.82 亿元,占农业贷款总量的 93.98%。常德农信社 779 万元,占 4.03%。常德工行 386 万元,占 2%。常德农行为防范风险,作出专业户贷款在 1000 元以上的实行抵押方式贷款,贷款余额控制在 2000 至 3000 元,最高不超过 5000 元等限制性规定。20 世纪 80 年代中期,常德农业银行开办农业综合开发贷款、农机无息专项贷款、科技开发贷款等开发性贷款品种。是年,发放开发性贷款 500 万元,主要安排在林业、喷灌项目、大水面开发,年末农业综合开发贷款 2658 万元。是年,农业贷款仅增加 303 万元。常德工行和常德农信社还分别减少,71 万元和 124 万元。

1990 年,是国家“七五”计划(1986—1990)最后一年,全市农业贷款一改上年颓势,年增 8560 万元,增长 44%,余额增至 2.8 亿元。常德农行坚持农村信贷以“农业生产为主、农户为主、生产费用为主”的“三为主”原则,全市行社累计发放承包户贷款 2.29 亿元,比上年多放

1.47 亿元。同年，开展清收非正常贷款“攻坚战”活动，压缩农业贷款 1365 万元。是年，根据市政府要求，对省和市政府下达的贫困乡扶贫专项贷款计划项目优先安排信贷资金，优先支持发展种养业，优先支持投资少、见效快，能发挥本地资源优势、家家户户都能干，有利于尽快解决温饱问题的生产项目。是年，常德农行根据省分行要求，指定向慈利县发放扶贫专项贴息贷款 300 万元。1990 年，常德农行农业余额增至 2.67 亿元，增长 44.58%。常德农信社和常德工行是年分别增加农业贷款 289 万元和 32 万元。期末余额分别增至 944 万元和 347 万元。

1991 年，全市农业贷款增至 3.48 亿元，增长 24.16%，其中常德农行 3.3 亿元，占农业贷款总量的 94.77%。常德农信社 1433 万元，占 4.12%。常德工行 386 万元，占 1.11%。常德农行突出支持科技兴农，走以现代农业科学技术为基础的集约化新路子，发放用于农业科学技术的贷款 1.5 亿元，占农业贷款投入总量的 29%，推广新科技项目 140 多个，支持 3400 个科技示范户，支持开发优质稻 18 万亩，支持建设棉、油等农产品加工厂 8 个。突出支持粮、棉、油、猪、鱼为主的种养业发展，实现农村综合开发，发放农业综合开发专项贷款 1000 万元。按照市委、市政府确定的“八五”期间（1991—1995）扶贫工作基本目标，重点扶持贫困地区经济开发，将专项贴息贷款延长至 3 年，支持粮棉产区改造低产田和选配优良品种。全年农业贷款增至 3.3 亿元，增长 23.36%。常德农信社和工行分别净增 489 万元和 39 万元。

1992 年，全市农业贷款增至 5.71 亿元，增长 64.1%。其中常德农行 3.77 亿元，占农业贷款总量的 66.07%。常德农信社 1.89 亿元，占 33.19%。常德工行 422 万元，占 0.74%，下降 0.37 个百分点。常德农行认真贯彻国务院《关于发展高产、优质、高效农业的决定》，大力支持高产、优质、高效农业，围绕市委市政府提出的“四百三叶”（即百万亩优质棉，百万亩优质稻、百万亩优质水果、百万亩稳产高产水面以及烟叶、茶叶、桑叶生产）建设目标，实施“十百千万”工程展开农业贷款工作。开展“支持一万户科技示范户、支持十万户农户脱贫、支持一千个村的集体经济、支持一千个乡镇企业改造”的农业信贷支持活动，发放贷款 1084 万元。从单纯支持农业种植业转向支持多种经营全面发展，从单纯支持集体发展生产转向支持专业户、承包户和各种经济联合体生产经营者，从主要支持生产环节转向支持流通、分配、消费各个环节。全行重点支持社会化服务体系 398 个，村办、社办、联办经济项目 687 个，建成生产基地 16 个，集体农业贷款年末余额增至 1.61 亿元，增长 60.1%。为加快国营农业的发展，增加专项贷款 3778 万元，余额增至 1.36 亿元，增长 38.4%。是年，常德农行扶持创办 1000 个科技样板点和样板项目，适度加大科技贷款投入份额。同时继续抓好扶贫工作，年末扶贫贷款增至 1530 万元。是年，常德农行农业贷款年增 5018 万元，增长 15.22%。常德农信社开展信贷“四个支持”活动，即支持一万户科技示范户、支持十万户农户脱贫、支持一千个村的集体经济、支持一千个乡镇企业改造，以加速由低效农业向高效农业、由产品经济农业向有计划的商品经济农业、由传统的手工农业向现代化的科技兴农转变。重点支持 3690 个科技示范户，发放贷款 788 万元，发放贫困户脱贫致富贷款 254 万元。是年，常德农信社增加农业贷款 1.75 亿元，增长 12.22 倍。常德工行净增 36 万元，增长 9.33%。

1993年,全市农业贷款净增1.15亿元,增长20.2%,余额增至6.86亿元。其中常德农行4.47亿元,占农业贷款总量的65.11%。常德农信社2.41亿元,占34.16%。常德工行502万元,占0.73%。常德农行继续围绕市政府提出的"四百三叶"工程增加对农户的贷款,采用集中资金保重点的方法支持集体农业发展,80%以上的支农资金用于粮食、棉花、茶叶、油料、水果和鲜鱼等30个优质高产高效农产品的商品生产。年末,集体农业贷款1.6亿元,相当于1980年的3.42倍。同时抓住农业产业化和农业银行商业化经营的共振点,转变支农贷款经营方式,把发放农业产业化贷款作为支农、帮助农户致富奔小康的重要工作,重点支持粮、棉、油、橘、茶、水产品、牲禽、芦苇等12大支柱产业,逐步形成加工企业带动型、主导产业推动型、专业市场辐射型、特色资源开发型、服务组织联结型五类种养加、贸工农一体化龙型企业。支持基地建设,培植主导产业,支持开发橘园、茶园,水面,经济林等。常德农信社农业贷款年增4493万元,增长23.72%。将过去粮棉贷款为支农的旧观念转变为"既不忽视支持粮棉等传统农业生产,又着眼面向市场经济大农业"的新观念。在继续支持"四百三叶"工程的同时,加大农村乡镇企业发展,既保证春耕生产资金需要,又支持农业产业结构调整。

1994年,全市农业贷款回落4905万元,下降7.15%,余额降至6.37亿元。其中常德农行3.96亿元,占农业贷款总量的62.22%。常德农信社2.41亿元,占37.78%。常德工行农业贷款全部清零。根据农总行向农业发展银行划转政策性业务的精神,常德农行向常德农发行划转306户共18.06亿元政策性贷款,顺利完成政策性业务分离任务。农户贷款按银行、农村信用社业务分工,承包户、专业户等农户需要的短期贷款由信用社组织发放和管理,常德农行负责农户长期贷款,属于扶贫专项贷款、林业专项贷款等政策性贷款划转农发行。是年,常德农行农业贷款减少5032万元。1994年起,常德农行加大商业银行业务拓展力度,对"一优两高"农业,农村服务体系、农产品收购及深加工等进行全方位投入,开办粮棉大县发展经济贷款和"两高一优"农业示范区贷款。以1320万元贷款重点支持100个三年奔小康的示范村,临澧太平、桃源明月山等一批明星村脱颖而出。汉寿农行发放贷款700万元重点支持500个农户开发1100亩水面养殖中华鳖。全行先后组织2423.5万元贷款支持澧县食用菌、安乡美国王鸽、临澧珍珠、桃源大叶茶、津市藠头等系列开发,促进农业专业化大生产的发展。常德农行将汉寿县中华鳖快速养殖项目和坡头镇芦苇场胖节荻、突节荻栽培两个项目作为农业星火计划予以贷款支持。对经省计委、农业厅和省农行共同审批列为"粮棉大县专项贷款项目"的粮棉大县专项贷款4550万元。设立"劳改企业项目贷款",是年,向涔澹农场和万金障农场分别发放农贷400万元和200万元。另外,向西洞庭供水工程、临澧九龙水厂、澧县金罗供水工程三个工程项目发放乡镇供水专项贷款400万元。常德农信社调整信贷结构,突出支农重点,以支持粮棉生产,稳定农村市场为中心,优先安排农业生产贷款和扶贫救灾贷款,累计发放农业生产贷款4.29亿元,是年,与农行明确信贷范围之后,积极发展农户短期贷款,全年农业贷款净增629万元,增长2.68%。其他银行农业贷款全部为零。

1995年,全市农业贷款大幅回升,年增2.91亿元,增长45.69%,余额增至9.28亿元。其中常德农行4.65亿元，占农业贷款总量的50.13%，较上年下降12.09个百分点。常德农信社4.63亿元，占农业贷款总量的49.87%，较上年提高11.92个百分点。常德农行大力支持发展养殖业，对全市养殖业发展给予积极资金支持，全年净放农业贷款中养殖业占三成以上，累放1.2亿元，是历年来对养殖业投放总额最多、比重最大的一年。是年，常德农行重点支持粮、棉、油、橘、茶、水产品、牲禽、芦苇等12大支柱产业，逐步形成加工企业带动型、主导产业推动型、专业市场辐射型、特色资源开发型、服务组织联结型等五类种养加、贸工农一体化龙型企业107个。支持基地建设，培植主导产业，主要支持开发橘园、茶园、水面、经济林等，支持新建和改造精养鱼池4.5万亩，柑橘7.3万亩，以及与之相配套的农产品加工项目97个，建成一体化养殖基地12个，重点支持临澧太平“金凤计划”，形成以工厂带农户、农工贸一体化养殖新格局。根据中央农村工作会议精神，加大支农投入，重点支持主渠道农资购进和农业综合开发，平抑生资物价，全年累放粮、棉、油生产费用、农资储备、农业综合开发和山冈开发贷款达9.73亿元，另外还发放粮棉大县专项贷款3000万元。1995年和1996年，常德农行代理农发行农业综合开发贷款项目，向鼎城旺发食品厂、汉寿中华鳖公司等13个企业安排项目资金1910万元。还代理农发行经办扶贫贷款业务，农业贷款年增6885万元，增长19.23%。1995年，常德农信社在商业银行与农村“两会”在夹缝中求发展，坚持为农业、为农村、为农民服务的“三农”方向，积极实施和支持“吨粮田开发工程”“菜篮子工程”“扶贫温饱工程”和“科技示范工程”。累计发放农户农业生产贷款7.15亿元，全年农业贷款净增2.22亿元，增长92.33%。

1996年，全市农业贷款继续增长，但增幅减弱，年增1.22亿元，余额增至10.5亿元，增长13.12%。常德农行把农业信贷的重点调整到支持农业产业化发展上来，培育发展农业产业化龙头企业，开发农副产业生产基地。全年共支持加工型、科技型、服务型龙头企业43家，累放贷款1.44亿元。积极支持国有农场所属企业农业产业化建设。面对历史罕见的特大洪涝灾害，常德农行坚持救灾与效益相结合的思路，安排农业专项贷款9530万元，其中，粮棉大县贷款5500万元、星火计划贷款400万元、城乡供水贷款250万元、省扶贫贷款410万元、农村电力贷款200万元、村级经济贷款500万元、救灾贷款1700万元，并对金鹰优质农产品开发中心给予400万元星火计划专项贷款。同时，注重重点村级经济发展，筛选出芦苇品种改良、粮棉加工、杜仲种植与加工、批发市场建设、万头猪场建设、杂交棉开发及脱绒等13个项目列入粮棉大县贷款项目，投放4090万元项目贷款。农业贷款增至5.47亿元，增长17.67%，市场占比52.14%。常德农信社开始进入自主经营时期，在贷款投放上进一步向安全、效益有保障的农户贷款和农业相关产业转移，探索商业化运作的路子，农业贷款增至5.02亿元，增长8.55%。

1997年，常德农行和常德农信社并驾齐驱，同步发展，全市农业贷款年增1.68亿元，增长16.04%，较上年多增0.46亿元，增幅提高2.92个百分点。常德农行重点实施“扶优扶强”战略，集中规模与资金重点支持优强企业，信贷资金投向侧重支持发展基础农业以及种子、蔬菜、饲料工业,糖料、烟叶,畜牧、水果产业。常德农信社与农业银行脱离行政隶属关系,在信贷投放上实行农户贷款优先、社员贷款优先、农业贷款优先的“三个优先”原则,对农户小额贷款采取“一次核定、分次发放”的办法,重点支持“两高一优”农业开发和利用以及“千元庭万元山、种养加工一条龙、农工贸一体化”的发展。是年,发放科技兴农贷款 8648 万元,全年投放“基地农业”贷款 5760 多万元。农业贷款增至 5.85 亿元,增长 16.4%。

1998 年,全市农业贷款加速增长,年增 2.98 亿元,余额增至 15.16 亿元,增长 24.48%,较上年多增 1.3 亿元,增幅提高 8.44 个百分点。常德农信社挑起农业贷款重担,市场占比首次超过常德农行。常德农信社在支持农民常规性生产的基础上,积极运用支农信贷在调整农业产业结构杠杆作用,实施“一地一品”战略,因地制宜发展大棚种植和特种种养业等科技农业项目,全年累计发放农户贷款 3.77 亿元。同时,积极开拓农村消费市场,支持农村集市贸易市场、商品批发市场及与之配套的农副产品商贸企业建设,服务农村消费。是年,常德市农信社累计发放农村经济组织贷款 4.35 亿元, 支持 54 个集贸市场、65 个商品批发市场建设,农业贷款增至 8.34 亿元,增长 42.59%,市场占比达到 54.99%,取代常德农行多年来农业贷款主力军地位。是年,常德农行接办农发行专项贷款业务,以放得出、收得回、有效益为目标实行商业化经营,重新评估和申报 13 个项目,发放贷款 1580 万元。年增农业贷款 4919 万元,增长 7.77%,但市场占比降至 45.01%,市场地位从此退居第二。

1999 年,全市农业贷款在上年度快速增长背景下出现调整局面,常德农行和常德农信社贷款总量均有回落,分别减少 365 万元和 775 万元,全市农业贷款减少 1140 万元,下降 0.75%,余额降至 15.05 亿元。常德农行加大专项贷款项目管理力度,重点支持洞庭高新科技园、市米业公司等优秀企业与项目,净增专项贷款 1965 万元。在贯彻农总行《开发贷款管理暂行办法》的过程中,注重农业综合开发贷款、林业和山区综合开发贷款、节水灌溉贷款等,全年发放 4 个农业综合开发贷款项目共 1050 万元。支持 3 个农业技改项目共贷款 5039 万元。支持 1 个农业基建项目贷款 800 万元。支持 1 个节水灌溉项目贷款 300 万元。同时按照省农行《关于信贷扶贫工作的若干规定》的要求,以小额贷款方式发放 290 万元康复扶贫贷款。常德农信社坚持“以农为本,为农服务”的经营思想,大力推广小额信贷和限额贷款办法,积极推广“农户联保”贷款为农户解决贷款难、担保难的问题。是年,农信社累放“三农”贷款 5.62 亿元,占全年贷款累放量的 78%。

2000 年,常德市农业贷款总量大幅减少,其主要原因是常德农行剥离不良贷款 21.88 亿元和核销 2129 万元, 其中包括相当部分的农业贷款。全市农业贷款减少 3.89 亿元, 下降 25.84%,余额降至 11.16 亿元。在大额度剥离的背景下,常德农行遵循稳健经营的原则,实施“双优”战略,认真做好政策性贷款与商业化运作的对接外,还对粮棉油附营企业贷款实施“健康行动”,在全市 397 个专项贷款客户中筛选出 3 个优良客户,9 个一般客户,7 个限制类客户,其余 378 个客户均被确定为淘汰类客户,全年累放 1.37 亿元,到期收回 0.54 亿元,全年新增农业综合开发贷款 800 万元。是年是“八七扶贫攻坚计划”的最后一年,常德农行继续实施“公司+贫困户”的开发式扶贫方式，支持发展种养加、产供销、农工贸一体化的农业产业化企业。全年择优支持32个扶贫开发项目，累放扶贫贷款4000万元。向桃源小水电公司农村电网改造项目投放贷款2560万元，与640万元国家资本金一齐组成3200万元总投资。受大额度剥离的影响，常德农行农业贷款降至2.88亿元，市场占比由57.57%降至25.81%。常德农信社推行“做小、做散、做个人”的贷款经营模式，不论购买种子、化肥、农药、农机具还是建房、婚嫁、买车、子女上学和个体私营企业均可以贷款。同时，热心支农，送贷上门，组织1800多个“背包银行”背贷下乡，为50多万农户发放《小额农户贷款证》，春耕期间为60多万户农户发放3.21亿元小额农贷。全社年增农业贷款193万元，余额增至8.28亿元，市场占比升至74.19%，比上年提高19.3个百分点。

2001年，全市农业贷款年增9017万元，增长8.08%，余额增至12.06亿元。随着农行进城步伐加大，常德农行农业贷款在此后五年中基本稳定在2000年的总量上，但随着农信社农业贷款投放量的增大，农信社农业贷款市场占比持续上升，其农业贷款增至9.17亿元，增长10.7%，净增8860万元，占全市增量的98.26%，余额总量市场占比79.29%。是年，常德农信社探索信贷便民、惠民新举措，降低贷款“门槛”，广泛推行凭证贷款、农户小额信用贷款和农户联保贷款，对56.3万户农户发放《贷款证》。常德农行虽然仅增142万元，但在结构调整上开展大量工作，加快实施信贷支持优势产业、优良客户的“双优”发展战略步伐，实行支持农业产业化与调整信贷结构相结合、培植优良客户与提高两个效益相结合，打破行政区划和所有制界限，按照产业区域布局，因地制宜支持优质烤烟、糖料、种子、茶叶、中药材和奶、肉等新产业开发和示范生产基地建设。对被列入全国农业产业化重点龙头企业——湖南金健米业股份给予系列支持，从包装上市，代理股票发行，到解决贷款需求、信用证、本外币结算等全方位的服务，年末余额增至2.89亿元，但受农信社投放总量加大的影响，市场份额降至24%。

2002年，全市农业贷款年增2.54亿元，增长21.03%，增速较上年提高12.95个百分点，余额增至14.6亿元。常德农行以农业产业化企业为龙头，支持“五个百万亩(即通过2—3年的努力，使全市人工牧草与饲料粮、欧美杨、高效养殖水面、优质蔬菜、优质果林面积分别达到100万亩))”工程，将金健米业、洞庭水殖、湖南白杨林开发有限公司、湘陵糖业、阳光乳业为发展重点，对金健米业新投放贷款7000万元，主要用于优质稻谷及种子收购。对阳光乳业投放贷款1500万元，以发展牧草种植和奶牛养殖。还对湖南白杨林开发有限公司、湘陵糖业等重点客户投放相当额度的贷款支持。农业贷款增至2.94亿元，增长1.63%。常德农信社加大农业贷款投放力度，按照市人行《常德市农村信用社农户小额信用贷款管理实施细则》《农村信用社农户联保贷款指导意见》等有关规定，大力推行农户小额信用贷款，努力创建信用村、镇和信用农户，致力把农村信用社办成“农民银行、社区银行”，基本遏制农贷非农化和贷款垒大户现象，农业贷款增至11.58亿元，增长26.29%，农业贷款市场占比达到79.29%。是年，常德工行介入农业贷款，实现投放800万元。

2003年，全市农业贷款年增2.99亿元，增长20.5%，余额增至17.59亿元。其中，常德农信社增加2.98亿元,常德工行增加1200万元,常德农行减少1113万元,常德农信社农业贷款市场占比升至82.76%,提高3.47个百分点,常德农行16.09%,常德工行1.14%。常德农信社继续抓好小额农户信用贷款的普及推广和规范管理工作，加大信用工程创建力度，每个区、县(市)联社选择1个乡镇、10个村组、100个农户作为全年信用工程创建目标。面对历史罕见高温少雨的灾害,全辖200多个农村信用社为受灾农户开辟“资金绿色通道”,发放小额农户信用贷款9700多万元。常德农行转变扶贫观念,把扶贫对象从农户为主转向法人客户为主,扶贫项目从种养业、加工业为主转变为各类能带动贫困地区经济发展和社会进步的项目,全年发放扶贫贷款9748万元。

2004年,全市农业贷款大幅增长,年增12.58亿元,增长71.52%,余额增至30.17亿元。其中常德农信社增加12.41亿元,占增加总量的98.65%,余额增至26.97亿元,市场占比提高到89.38%,上升6.62个百分点。常德农行余额增至2.9亿元,增长2.53%。常德农信社以支农为主线，仅农户贷款就增加2.12亿元。全市发放贷款证52.48万个，占全市农户总数的53.89%,评定信用乡(镇)18个、信用村288个、信用户273498户,231个农村信用社中除15个城区信用社外都开办小额农贷业务,授信农户61万户,授信金额17.55亿元。大力推进农业产业化,全年累计投放“五个百万亩”工程专项贷款4.77亿元,重点扶持50多个高效名优产业,支持221个专业村和6452个专业户。择优扶强民营经济也是常德农信社是年的重点,全年累计投放该类贷款2.13亿元,支持种、养、加、销等行业的民营个体私营企业共6325个。常德工行全面退出农业贷款。

2005年,全市农业贷款大幅回落,年减少8.27亿元,下降27.42%,余额降至21.9亿元。其中,常德农信社减少8.26亿元,占减少总量的99.88%,余额降至18.71亿元,市场占比降至85.44%,下降3.94个百分点。常德农行增加354万元,增长1.22%,余额增至2.94亿元,市场占比升至13.42%。常德农信社继续坚持贷款向社员和授信农户、向“五个百万亩工程”和种养加销等农村经济大户及农业产业化龙头企业“三个倾斜”，累计投放农业贷款23.7亿元,重点支持茶叶、烤烟、杨树、花卉、蔬菜、水果、特种养殖等一大批高效特色农业和生态农业。为洞庭牧业、双佳农牧、九峰实业等4家“公司+基地+农户”的农业产业化龙头企业发放贷款8090万元。累计发放农户小额信用贷款63.14万户,金额14.20亿元,发放农户联保贷款2.99万户,共计1.22亿元。但受上年度投放量过大和短期贷款收回的影响,农业贷款出现较大幅度的回落。

2006年,全市农业贷款较大幅度回升,年增4.95亿元,增长22.62%,余额增至26.85亿元。其中,常德农信社增加4.54亿元,占增加总量的91.72%,余额增至23.25亿元,市场占比提高到86.58%。常德农行增至3.38亿元,增长15.07%,但市场占比降至12.592%。常德工行再次进入农业贷款领域,年增短期农业贷款288万元。常德农信社根据农村经济新变化和新农村建设新要求,适时调整信贷投放结构,把信贷投向和贷款对象从传统农业向现代化农业调整,从分散农户向产业化经营调整,从生产领域向生产流通领域调整,贷款向“五个百万亩工程”集中，向种养加销售的农村经济大户集中，向农业产业化龙头企业集中，向民营中小企业集中。按照“增量、扩面、延伸”的要求进一步加大农户小额信用贷款投放，小额信用贷款总额增至 9.26 亿元。同时支持 100 多家农业产业化龙头企业，在充分满足农业生产及农产品流通、加工资金需求基础上，还大力支持一批信用度高、盈利能力强、市场前景好的民营中小企业。常德农行在 2006-2007 年，按照“面向‘三农’、整体改制、商业运作、择机上市”的总原则，有效发放“三农”贷款，改变连续几年农业贷款小步增长甚至回落的徘徊局面。

2007 年，全市农业贷款继续回升，年增 2.64 亿元，增长 9.83%，余额增至 29.49 亿元。新增分布出现较大改变，常德农信社年增 5.08 亿元，占增加总量的 192.05%，常德农行减少2.36 亿元，下降 69.74%，余额降至 1.02 亿元，市场占比降至 3.47%。常德工行年增短期农业贷款 1162 万元。常德农信社把支持“社会主义新农村”建设作为自身谋求发展的首要选择，进一步明确服务“三农”、服务社区和服务中小企业的市场定位，加大对新农村建设的信贷投入，有效解决乡村道路硬化、水利设施建设、改水改厕工程中资金缺乏问题。是年，累放农户贷款 25.89 亿元，比上年多投放 4.19 亿元。农业贷款增至 28.31 亿元，增长 21.84%，市场占比提高到 96.04%。

2008 年，全市农业贷款快速增长，年增 15.52 亿元，增长 52.64%，余额增至 45.02 亿元。其中，常德农信社增加 11.37 亿元，占增加总量的 73.26%，市场占比为 88.17%。常德农行净增 2.37 亿元，余额增至 3.39 亿元，市场占比 7.53%。常德工行年增 1.92 亿元，市场占比提升至 4.3%。常德农信社秉承“地方银行服务地方经济”“常德发展我发展、我为常德做贡献”的办社宗旨，坚持一手抓贷款投放，一手抓贷款风险控制，实现贷款规模良性增长，全年累放贷款 64.5 亿元，其中农户贷款累放 36.16 亿元，均创历史新高，短期农业贷款快速增至 39.69 亿元，增长 40.15%。常德农行成立“三农”业务部，组织实施县域“蓝海”战略。根据常德“三农”经济特点和特色，不断深化“以惠农卡为载体，以农户小额贷款为驱动”的农户金融服务模式。将惠农卡与新农保、新农合业务的发展结合起来，为全市农民提供新农保资金归集、管理和发放服务，在方便农民的同时，有效提高政府部门对参保、参合人员住处管理效率，保障新农保、新农合各项资金安全运行，短期农业贷款增至 3.39 亿元，增长 232.35%。

2009 年，全市农业贷款继续加速增长，年增 18.6 亿元，增长 41.31%，余额增至 63.62 亿元。其中，常德农信社增加 18.81 亿元，占增加总量的 101.13%。常德农行净增 9873 万元，余额增至 4.38 亿元，市场占比 6.9%。常德工行回落 1.38 亿元，下降 71.3%，市场占比降至 0.87%。常德农信社进一步调整信贷投放结构，重点支持农业和中小企业，累计发放农户贷款 48.8 亿元，占各项贷款累放的 60%。组织 1500 多名信贷管理人员下到农户、商户了解信贷需求，对有信贷需求的进行授信评级，新评级 11 万户，新授信 10.82 万户，新授信金额 33 亿元。年末短期农业贷款增至 58.5 亿元，市场占比 92.22%。常德农行稳步推进县域蓝海战略，突破“三农”业务发展瓶颈，积极打造惠农卡及小额农户贷款品牌，寻求产品分销新模式，构建“农行 + 公司 + 农户”，农民专业合作社保证担保，银企商合作以及供应商抵押担保四种合作模式。制定银企商三方合作协议，实现贷前、贷中、贷后三个环节的风险控制与转嫁，有效控制整体风险。

2010年开始,人民银行再没有按照工业、商业、农业以及建筑业等传统口径对贷款的使用方向进行统计归类。是年,常德农信社着力创新信贷服务方式和手段,9家联社均分别在城区设立一个或多个信贷咨询受理窗口,受理贷款金额2.03亿元,新增授信18万户,新增授信金额53亿元,累计发放信用等级证19万本。是年,常德农信社累计发放农户贷款37.1亿元。常德农行继续实施县域“蓝海”战略,加大“三农”业务营销,建立优秀企业项目库,其中农业类48户,分别对万福生科(湖南)农业开发股份有限公司和津市旺森养殖有限公司各发放1000万元流动资金贷款,推广“绿色家园”品牌,支持有科学规划、有产业支撑、有发展前景、有优良客户、有充足回报、有风险控制措施的项目。加快新农合联名卡的推广,依托带动能力强的企业、合作社、种养基地和基层组织,重点支持农村专业户、种养加工大户、经济强户、合作社和龙头企业带动的农户,重点支持专业村、示范村、信用村、小康村等特色产业农户。在全面推行“银企商”模式的基础上,创新出“银行+协会+农户”“银行+公司+农户”“公司+经销商+农户”“农户联保”等担保模式,推动惠农卡与小额农贷的授信、放款进度。两年共发放惠农卡30多万张,累计发放农户小额贷款超过10亿元,年末,贷款余额达4亿元,有效缓解农民融资难的问题。

五、乡镇企业短期贷款

常德辖内乡镇企业前身是农村手工业和社队企业。乡镇企业贷款从1989–2010年,总体体量不大,在人民币各项贷款中的占比最低时点的2004年仅为1.45%,最高时点的1989年也仅占9.11%。额度最高时点的1988年为16.21亿元,最低时点的2004年仅为3.91亿元。长期以来分布在常德农行和常德农信社两家金融机构,2006年开始,常德农行退出乡镇企业人民币短期贷款领域,全市乡镇企业贷款全部由常德农信社承担。常德中行仅在1997—1999年的三年中反映23万元的投放,常德农发行、工行和建行一直以来均未发放乡镇企业短期贷款。

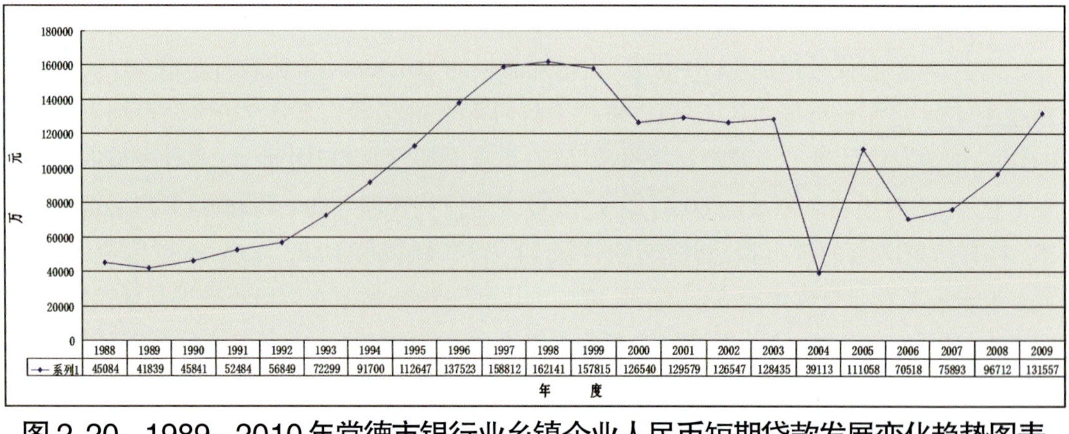

图2-20 1989—2010年常德市银行业乡镇企业人民币短期贷款发展变化趋势图表

1988年年底,全市乡镇企业贷款4.51亿元,其中常德农行2.6亿元,常德农信社1.91亿元,各占57.74%和42.26%。

1989年,全市乡镇企业贷款小有回落,1990-1992年的三年中,常德农行和常德农信社均小幅增长,市场占比也相对稳定,到1992年年末,全市乡镇企业贷款5.68亿元,较1988年年末净增1.17亿元,四年共增长25.94%。常德农行在1989—1990年期间,针对关停乡镇企业日益增多,积欠贷款比例增高,严重影响信贷资金正常营运,不利于银行企业化经营的状况,规定乡镇企业贷款属指令计划,只能收回后再贷,未安排新增计划前均不得突破。1989年,常德农行乡镇企业临时贷款指标仅为450万元,分配全市25个乡镇企业使用,是年发放同年收回。1990年,市农行系统启动市场实施"支持工业总体战",突出重点,既促进产业结构和产品结构的调整,给予必要的启动资金,又在信贷政策上对特级、一级企业,出口创汇企业等进行重点支持。既加强对工业生产全过程的配套服务,又帮助企业开拓新市场。1991年,常德农行遵循"积极扶持,合理规划,正确引导,加强管理,支持乡镇企业稳步健康发展"的方针,扶优限劣,由过去支持以量的扩张为主转为支持以质的提高为主,支持280家企业投入技术改造和更新设备,启动110家有发展前途的关停或半关停企业恢复活力,帮助76家企业调整结构累计投放乡镇企业贷款1.35亿元,年净放3697万元。1992年,根据农总行《"八五"期间支持乡镇企业发展的设想》《加强乡镇企业贷款管理的若干规定》等指导性文件,结合常德实际,提出重点支持村办企业,发挥集体、联户和个体优势,加速农村商品经济发展的新构想。支持村办工业、商业或运输业,使之逐步发展形成一定的经济实力,扶持乡镇企业空白村,办好起步企业。全年支持100个集体经济纯收入达到2万元以上的村,做到能办厂的办厂,能开矿的开矿,因地制宜地发展小果园、小茶园、小林场、小养殖场、小加工厂等"五小企业"。1989-1992年的4年中,常德农行乡镇企业贷款净增5361万元,余额增至3.14亿元,增长20.59%。常德农信社按照农业银行总行关于《农村信用合作社乡镇企业贷款管理暂行办法》和省农行"治理经济环境,整顿经济秩序"的意见,对乡镇企业贷款从严掌握,凡信用社贷款的乡镇企业所有在建项目和企改贷款一律先停后清,贷款一律先压后放,坚持"三农"为主,增加农业投入,控制乡镇企业贷款,压缩个体经济户贷款。1989年,乡镇企业贷款回落351万元。1990年以"稳健经营"作为支持乡镇企业发展的指导思想,走集约经营道路,重点加大对有发展前景、销路好、效益好、科技含量高企业的支持力度。年增乡镇企业贷款2546万元。1991-1992年,乡镇企业的支持实行从紧政策,贷款也从量的扩张向质的提升转变,把提高乡镇企业产品质量、培植支柱产业作为重点,促进乡镇企业快速发展,对347个企业发放启动资金4797万元。1992年,实施支持一万个科技示范户、十万个农户脱贫、一千个村级经济组织、一千个乡镇企业的技改"四个支持"工程。累放乡镇企业贷款2.85亿元,其中,支持乡镇企业技改项目150个,发放贷款2408万元。四年中,常德农信社的乡镇企业贷款净增6405万元,余额增至2.55亿元。

1993—1997年,常德市乡镇企业贷款呈现均衡快速增长局面,五年净增乡镇企业贷款

10.2 亿元,增加 1.8 倍。5 年中,常德农行市场占比下降而常德农信社占比上升。至 1997 年年末,常德农行市场占比降至 46.21%,而常德农信社市场占比升至 53.78%。常德农行坚持乡镇企业上水平、上档次、上效益的经营思想,向投入少见效快的企业重点倾斜。1994 年,筛选 10 家科技含量高、效益较好的企业进行技术改造,戴帽安排规模资金 3000 万元,对安乡飞达橡胶厂贷款 500 万元进行技改,配套外胎生产线。向产品有市场的建材、轻纺、化工等行业的 189 家企业技术改造和补充流动资金 1.2 亿元, 为其正常生产和产品的更新换代提供支持。坚持以优势地区为重点,对鼎城、临澧、澧县、桃源四个重点县实行资金和规模双重倾斜,累计发放乡镇企业贷款 4.3 亿元,安排专项规模 4500 万元,促进龙头地区乡镇企业跨入全省先进行列。年增乡镇企业贷款 1.23 亿元,增长 35.07%。1995 年,重点突出区域信贷和行业信贷,支持一批重点县和骨干企业集约化经营,马头铺水泥厂、澧州啤酒厂等数十家企业上台阶和创产值过亿元,对澧州啤酒厂投放技改贷款 1200 万元,其产量由原来的 1 万吨扩至 8 万吨,创造一批农行"形象工程",乡镇企业贷款年增 5559 万元,增长 11.69%。1996 年,虽然经营体制实现 "一分一脱",乡镇企业的信贷管理和服务工作基本上由农村信用合作社承担,但常德农行仍视乡镇企业发展为己任,年增乡镇企业贷款 9241 万元,增长 17.40%。1997 年,再增加 1.1 亿元,余额攀升至 7.34 亿元的高位。

常德农信社 1993-1997 年加大乡镇企业的投入,5 年增加乡镇企业贷款 6 亿元, 增加 2.36 倍。1993 年重点支持一批产品对路,市场行销、效益好的企业。为汉寿县百禄桥乡精干麻厂投放 185 万元。桃源县信用联社组织辖内 6 个信用社联合开办社团贷款,支持桃北水泥厂、热市水泥厂、九溪水泥厂兴建 6 万吨水泥生产线。1994-1996 年,随着乡镇企业的整顿而逐渐步入良性发展轨道,常德农信社及时调整信贷结构,优化贷款增量。1995 年,常德市农村信用社突出当地经济发展主体, 加大乡镇企业信贷投入, 新增乡镇企业贷款 1.27 亿元。1996 年,累放企业贷款 5.17 亿元,临澧 18 家信用社联合支持新安镇 15 万吨特种水泥生产线,连续两年发放固定资产贷款 2770 万元。在择优扶持乡镇企业的基础上,对贷款数额大的企业派出驻厂信贷员,加强信贷资金的管理。到 1997 年,常德农信社乡镇企业贷款增至 8.54 亿元,较上年净增 1.02 亿元,市场占比上升至 53.78%,取得主导地位。但相当部分乡镇企业出现资不抵债,甚至关停倒闭的风险,部分企业在改制过程中存在逃避、悬空信用社贷款债权现象,贷款风险显现。

1998 年和 1999 年,常德乡镇企业贷款总量一升一降。1999 年年末 较 1997 年年末减少 997 万元。常德农信社 1998 年回落 8740 万元之后,1999 年又回升 4970 万元。常德农行在贷款计划和资金双紧的情况下,向重点乡镇企业倾斜,把安乡安康纸厂、飞达橡胶厂、澧洲啤酒厂等三家企业列为省农行支持重点,发放贷款及开立承兑汇票 4000 万元。其中对澧洲啤酒厂累计投放贷款和开立承兑汇票 2100 万元,帮助其成为乡镇企业发展的领头雁。同时还对桃源桃北水泥厂、甘溪水泥厂等一大批乡镇企业列为市、县重点支持的对象,使该类企业在异常艰难环境下渡过难关。常德农信社面对乡镇企业进入转型改制的形势,对乡镇企业的信贷投入逐渐减少，1999 年按照“积极支持、主动参与、热情服务、保全债务”的方针，优先支持信誉高、效益好、有市场、有规模的企业，累放乡镇企业贷款 1.58 亿元，乡镇企业贷款回升。受常德农行乡镇企业贷款总体回调影响和农信社投放回升，常德农信社乡镇企业贷款市场占比升至 51.73%，超出常德农行。

从 2000—2006 年，随着乡镇企业贷款风险的暴露，乡镇企业短期贷款一路走低，2006 年年末，全市乡镇企业贷款降至 7.05 亿元，七年共减少 8.73 亿元，下降 55.32%。常德农行从 1999 年的 7.62 亿元减少为零(其中，存在统计口径调整影响的因素)，常德农信社从 1999 年的 8.16 亿元减少至 7.05 亿元。至 2009 年，全市乡镇企业短期贷款全部由常德农信社承担。2000 年，常德农行在向长城资产管理公司剥离 21.88 亿元不良资产中 20.2%是乡镇企业贷款，其不良贷款的形成集中在 1992—1996 年大办乡镇企业时期，贷款风险的暴露主要在 1995—1999 年。不良贷款集中在小水泥厂、小化肥厂、小纸厂、小煤矿等“五小企业”。是年，常德农行乡镇企业贷款降至 3.39 亿元，下降 55.51%。2001–2004 年，年均净增 1000 万元左右，余额增至 4.22 亿元。2003 年以后，一部分大中型乡镇企业实行股份制改革，发展成为公司(集团)或农业产业化龙头企业，该部分贷款企业按其性质，分别被纳入农业信贷或公司法人贷款。从 2004 年起，常德农行内部统一统计口径，取消乡镇企业贷款科目，将原有贷款分列在相关科目中，2006 年以后的人行报表中，常德农行乡镇企业短期贷款均体现为零。常德农信社由于前期对乡镇企业投入贷款巨大，2000 年年底共投放乡镇企业贷款 6486 户、共 9.27 亿元。是年，共改制的企业 1068 家，结欠信用社 5.31 亿元贷款本金和 1.43 亿元利息，其中 4.19 亿元贷款和 1.01 亿元利息难以收回，分别占改制企业结欠信用社贷款本金和利息的 78%和 70%。乡镇企业贷款相当部分成为“两呆”贷款。2001–2005 年，乡镇企业大部分转为民营企业和股份制企业。为改善信用社贷款质量，常德农信社严禁向“五小企业”贷款，凡限期取缔、关闭和淘汰的企业在信用社有贷款的要抓紧落实催收，保全债权。虽然加强对新兴产业和有市场、有特色、有效益、有前景、讲信誉的中小企业的投入，但常德农信社的乡镇企业贷款至2006 年年末仍较 2000 年年末减少 2.22 亿元，下降 23.92%。2007–2010 年，常德农信社把支持农业产业化龙头企业作为农村工商业贷款的首选，先后支持石门双佳牧业、金湘园食品、来得福绿色食品和桃源四喜牧业等 15 家农业产业化龙头企业，同时加强对中小企业投入，2009 年年末，常德农信社支持的中小企业 2.1 万家，乡镇企业贷款总额增至 13.16 亿元。

2010 年开始，人民银行再没有按照工业、商业、建筑业以及乡镇企业等传统口径对贷款的使用方向进行统计归类。

第三节　人民币中长期贷款

常德市人民币中长期贷款 1989–2010 年总体上呈现逐步增长的趋势，其中 1989–1996

年的 8 年平稳增长，从 1988 年年末的 3.03 亿元增长到 1996 年的 16.75 亿元，年均增长 1.72 亿元。1997 年，增长加速，年增 9.29 亿元，增长 55.46%，余额增至 26.04 亿元。1998-2001 年，增速减缓，4 年净增 7.86 亿元，余额增至 33.9 亿元，年均增长 1.97 亿元。2002-2008 年又出现加速趋势，7 年净增 82.39 亿元，年均增长 11.77 亿元，余额增至 116.59 亿元。2009 年和 2010 年，出现跨越式增长，分别净增 48.55 亿元和 72.43 亿元，分别增长 41.64%和 43.86%，余额增至 237.57 亿元的历史高位。

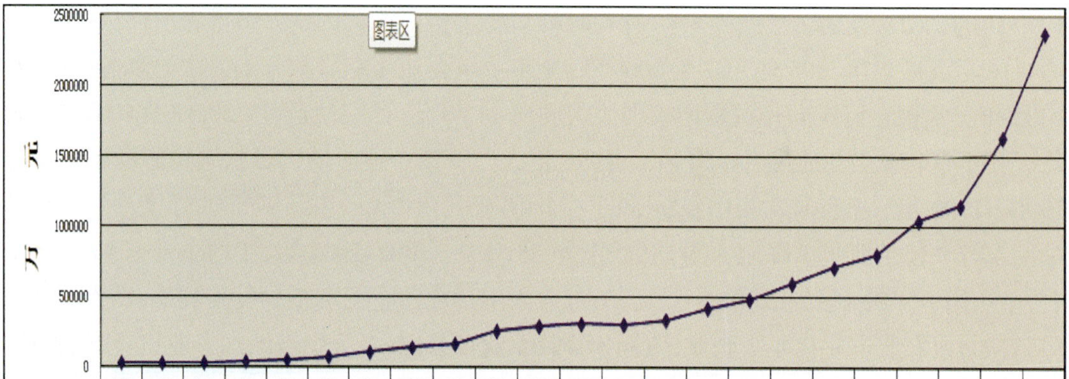

	1988	1989	1990	1991	1992	1993	1994	1995	1996	1997	1998	1999	2000	2001	2002	2003	2004	2005	2006	2007	2008	2009	2010
中长期贷款	30262	27793	30779	40476	52667	74989	108957	141481	167487	260434	293796	310308	306190	338993	422870	486222	599813	713565	803985	1043479	1151753	1637277	2375724

图 2-21　1989—2010 年常德市银行业人民币中长期贷款发展变化趋势图表

中长期贷款中，基本建设贷款一直呈现逐渐增长状态。1989—1992 年平稳增长，从 1988 年年末的 4412 万元增至 1992 年的 9908 万元。1993—2001 年的 9 年增长速度加快，9 年净增11.22 亿元，年均净增 1.25 亿元，余额增至 12.21 亿元。2002 年，净增 4.89 亿元，余额增至 17.1 亿元之后，2003 年稳定在 16.75 亿元的水平上。2004—2008 年的 5 年，基本建设贷款增长加速，至 2008 年年末，余额增至 48.45 亿元，净增 31.7 亿元，年均净增 6.34 亿元。2009 年，增至 71.61 亿元，增长 47.8%，余额创造年增长额度和年增长速度的两高纪录，基本建设贷款在中长期贷款中的占比达到 30.14%。

技术改造贷款自 1989-1998 年均呈现温和增长态势，从 1988 年年末的 2.59 亿元增至 1998 年的 6.86 亿元，净增 4.27 亿元，年均增长 3882 万元。1999—2001 年逐年下降，2001 年年末降至 4.89 亿元，减少 1.97 亿元，年均减少 6567 万元。2002 年，快速减至 8518 万元。此后到 2009 年，一直保持在 1 亿元以下；2010 年为 9005 万元。在中长期贷款中的占比仅为0.38%。

中期流动资金贷款在 1996 年以前一直为零，1997-2004 年平稳增长，1997 年余额为 5.27 亿元，2004 年增至 10.12 亿元，净增 4.85 亿元，年均净增 6063 万元。2005 年取消中期流动资金贷款统计口径而归零。

全市其他中长期贷款在 1991 年以前为零，1992—1998 年，一直稳步增长。其中 1992 年一次性体现 3223 万元，到 1998 年增至 8.53 亿元，7 年中年均净增 1.22 亿元。1999 年，回落 3.8 亿元，降至 4.73 亿元，下降 55.45%。2000 年，开始一路向上，其中 2000-2002 年平稳增长，3

年净增 6.21 亿元，年均净增 2.07 亿元，余额增至 12.96 亿元。2003–2009 年的 7 年，其他中长期贷款的增长呈现一年快一年缓的曲线增长轨迹，至 2009 年增至 91.22 亿元，7 年净增 78.26 万元，年均净增 11.18 亿元。2010 年，人民银行取消传统的其他中长期贷款统计口径。

第四节　人民币对私贷款

1989—2000 年，全市人民币对私贷款业务是各家银行一直保持谨慎态度的业务领域，2001 年后出现加速增长趋势。2006 年出现一次性回落之后，连续三年加速上涨，2009 年攀至 34.15 亿元的高位。2010 年人民银行调整统计口径后，人民币对私贷款一次性增至 166.66 亿元。

1989–1998 年，全市人民币对私贷款均仅统计短期贷款，无中长期贷款项目，且余额也不大。1998 年年末人民币对私贷款共 4597 万元，占全市各项贷款总量的 0.21%。

1999 年和 2000 年，全市人民币对私贷款规模一增一减，总量变化不大。1999 年净增 1202 万元之后，2000 年又回落至 4472 万元，减少 1327 万元。

2001 年起，随着市场经济活跃和房改政策实施以及住房、商铺按揭等业务推出，人民币对私贷款加快增长速度，2001 年年末，人民币对私贷款总量增至 3.69 亿元，较上年增加 3.25 亿元，增长 7.26 倍，占人民币各项贷款的比例为 1.93%。接下来的 4 年连续增长，2005 年增至 17.06 亿元的高位，较 2000 年增长 3.6 倍，占人民币各项贷款的比例升至 6.63%。2006 年，一次性回落 2.25 亿元之后，2006–2010 年连续加速上涨，到 2010 年年末，全市人民币对私贷款增至 166.66 亿元，占人民币各项贷款的比例升至 34.68%。

2010 年年末，全市九家银行业金融机构中有八家拥有人民币对私贷款业务。其中，常德农信社额度最大、占比最高。常德工行占比 15.26%，常德农行 8.59%，常德中行 6.35%，常德建行 10.15%，常德交行 0.12%，常德邮储银行 2.26%，常德长行 0.24%，常德农信社 56.67%。

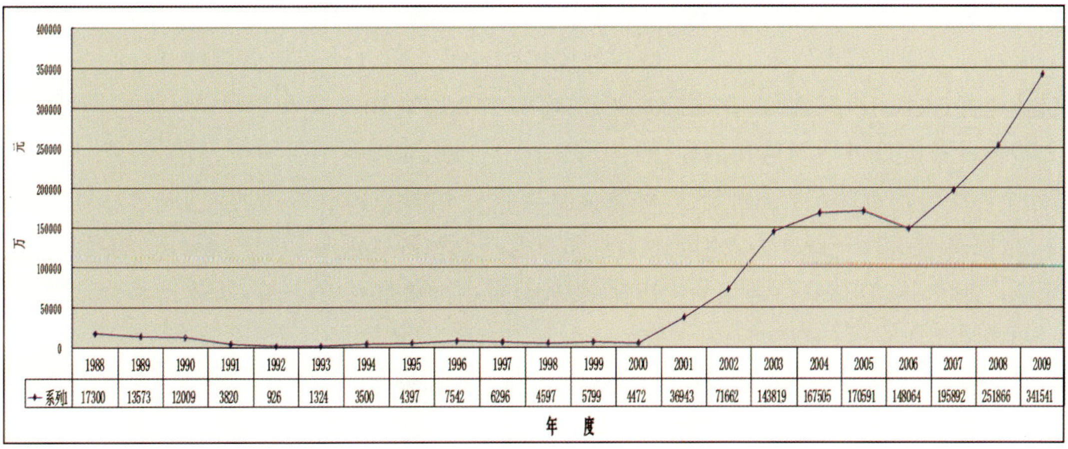

	1988	1989	1990	1991	1992	1993	1994	1995	1996	1997	1998	1999	2000	2001	2002	2003	2004	2005	2006	2007	2008	2009
系列1	17300	13573	12009	3820	926	1324	3500	4397	7542	6296	4597	5799	4472	36943	71662	143819	167505	170591	148064	195892	251866	341541

图 2–22　1989—2010 年常德市银行业人民币对私贷款发展变化趋势图表

常德工行在1998年以前,人民币对私贷款全部为短期贷款。1989-1994年,人民币对私贷款处于发展初期,1989年仅46万元,1994年年末增至195万元, 市场占比仅5.57%。1995-1998年, 随着新兴私营企业和个人户不断增加, 人民币对私贷款也随之逐步增多。1998年开始提速,年末人民币对私贷款增至838万元,净增442万元。1999-2001年,常德工行人民币对私贷款又上一个新的台阶,余额增至1.44亿元。2002-2005年,抓住住房和商铺按揭等市场机遇加速增长,4年净增6.58亿元,增长4.57倍,余额增至8.27亿元。2006年,一次性回落2.65亿元,余额降至5.62亿元之后,从2007年开始加速发展, 4年净增20.1亿元,其中2010年净增12.09亿元,占4年净增总量的60.15%,2010年年末,对私贷款余额增至25.42亿元, 其中, 短期贷款9969万元, 中长期贷款24.43亿元, 占比分别为3.97%和96.07%。人民币对私贷款中,个人消费类贷款18.33亿元,占人民币对私贷款总量的72.11%。2010年年末,常德工行人民币对私贷款占全市此类贷款的15.61%。

1989-1999年,常德农行人民币对私贷款平稳发展,从1988年的469万元增长至1999年的1081万元,年均增长55.64万元。1999年7月起,开始办理个人消费信贷业务,人民币对私贷款增长加速,至2004年,余额增至5.56亿元,5年净增5.46亿元, 年均净增1.09亿元。2000年,常德农行开展“金钥匙”消费信贷品牌营销,拓展各类个人消费信贷业务,住房按揭、汽车消费、助学和存单质押贷款均得到较快发展。2001年又重点培植桥南、火车站和步行街三大市场,个人住房消费贷款、商铺按揭贷款和汽车消费贷款加速增长。2002年,又向房地产、汽车等消费领域倾斜,相继成立按揭中心和金龙理财中心。依托市城区桥南、火车站、步行街三大市场发展市场客户,是年,新准入客户22个,市场客户总量达到66个。依托信贷消费超市,加强对房产公司和汽车经销商的信贷营销,发展个人消费贷款业务,年末人民币对私贷款增至2.25亿元,年增1.17亿元,增长107.94%。2003年,将消费信贷做成个人资产业务拳头产品,新准入个人客户47个,个人住房贷款、汽车消费贷款比年初分别增加1.74亿元和6772万元。年增人民币对私贷款2.12亿元,增长94.17%。2004年,加大个人生产经营贷款拓展力度,维护消费贷款发展趋势,27个基层网点开办个人生产经营贷款,对部分支行和分理处给予汽车、住房消费贷款授权,8个支行和2个直属分理处开办汽车、住房贷款业务,人民币对私贷款增至5.56亿元,增长27.26%。2005年和2007年,常德农行对个人贷款业务管理进行规范和清理,停止发放农用机械、大额耐用品消费、房屋装修、旅游消费、个人综合消费等5个品种贷款,私营企业及个人人民币贷款步入回落阶段,至2007年年末,余额降至3.31亿元。个人生产经营性贷款客户营销区域延伸至13个县(区)的经济发展重镇。2008年,常德农行强化分类指导,加大对重点行和重点项目的政策支持和营销力度,余额增至3.55亿元。2009年,常德农行加大营销力度,大力发展以个人生产经营贷款及个人住房贷款为重点的个人贷款业务,投放大幅增加,人民币对私贷款余额增至8.5亿元,增长139.5%。 2010年,突出个人信贷业务的优先发展地位,组建个人信贷管理中心,以桥南市场、火车站市场、兴隆建材市场、步行街市场、钢材市场为重点开展个贷专项活动。个人贷款以优质楼盘为突破口，抢占县域个人优质客户。有选择、有重点的整体批量推进惠农卡覆盖面，重点支持农村专业户、种养加工大户、经济强户、合作社和龙头企业带动的农户。在全面推行“银企商”模式的基础上，稳健发展农户小额贷款。2010 年净增 5.82 亿元，余额急速飙升至 14.32 亿元，市场占比提高到 8.59%。

常德中行在 1993 年以前一直未开办人民币对私贷款业务，1994—1996 年，虽有业务，但全部归属于存单抵押贷款科目，到 1997 年才开始单独反映，年末人民币对私贷款 50 万元，全部为存单质押贷款。1998 年，增至 486 万元。1999 年，推出家居装修、教育助学、度假旅游、大额消费品和住房按揭等消费类贷款，人民币对私贷款增至 830 万元，增长 70.78%。2000 年，开办个人私营企业融资业务；2001 年，开办个人商业用房贷款业务，人民币对私贷款增至 3576 万元。2002-2004 年的 3 年中，人民币对私贷款激增 2.9 亿元，年均净增近亿元，余额增至 3.25 亿元。2002 年，常德中行本部开办个人投资经营贷款业务，单笔授信起点为 3 万元，最高不超过 300 万元。为增强对私信贷业务，市分行还专门成立“零售业务营销中心”。是年，个人消费贷款快速发展，是年，新增投放 1.16 亿元，余额增至 1.52 亿元，增长 3.24 倍，同业零售贷款市场占比 22.9%。同时，积极发展旺铺、住房、汽车等市场消费热点，先后与 18 家房地产商建立合作关系，至 2003 年年末，人民币对私贷款增至 3 亿元，占全行人民币各项贷款总量的 21.64%。2004 年，开办零售贷款有住房按揭贷款、商铺按揭贷款、汽车消费贷款、存单质押贷款、助学贷款、个人投资经营贷款、委托贷款 7 个品种。首家扁平化管理模式改革的单店式支行——桥南支行自开办之日起就把对私贷款业务作为发展的突破口，临澧支行开办政策性个人住房贷款业务。2004 年年末，常德中行人民币对私贷款 3.25 亿元，增长 8.17%，市场占比 19.98%。2005 年，按照项目授信模式，全年对较大楼盘授信总量达到 3.22 亿元，同时从严控制汽车运输车辆、工具车辆的贷款，人民币对私贷款下降 1.26 亿元，余额降至 1.98 亿元。2006-2010 年的 5 年，私营企业及个人人民币贷款一直处于稳定快速增长的态势，至 2010 年年末，人民币对私贷款增至 10.58 亿元，五年净增 8.6 亿元，年均增长 1.72 亿元。2006 年，成功营销“童胖子酱板鸭”“金龙玉凤餐饮”“兰风休闲保健”等知名品牌和行业龙头，凭借“投资贷款和循环授信”的产品优势，主动向自然人、个人工商户、有限公司、小企业法人营销发放投资经营类贷款，在主动压缩车贷近 800 万元的前提下，年增人民币对私贷款 1.15 亿元，增长 57.78%。2007 年，坚持“重点地区、重点市场、重点业务、重点产品”的四重方针，有目的地对重点优质楼盘项目给予开发贷款和按揭贷款的配套支持，同时采取对公和对私贷款互动、楼盘开发和后期按揭联动等方式，两类授信业务发展相得益彰。私营及个人贷款增至 4.42 亿元，增长 41.22%。其中，住房按揭、个人投资经营贷款和汽车按揭分别占对私增量总额的 62.7 %、28.54% 和 5.58%。2008 年，实施相对稳健的增长策略，继续坚持“重点地区、重点市场、重点业务、重点产品”的四重方针，人民币对私贷款增长 7475 万元，增长 16.92%，余额增至 5.16 亿元。2009 年，在市场压力强、还贷压力大和同业竞争升级的市场形势面前，继续狠抓住房、个人投资经营和汽车消费贷款，个贷总量仍净增 1 亿元，增长 19.67%,余额增至 6.17 亿元。2010 年,积极实施网点转型改革,一批城区单店支行积极发展个人投资经营和住房按揭贷款业务,其中,个人住房按揭、个人投资经营和个人汽车消费贷款分别增加 5626 万元、4019 万元和 1180 万元,人民币对私贷款增至 10.58 亿元,增长 71.27%,在全市人民币对私贷款总量中占比为 6.35%。

常德建行个人信贷业务开办较晚,20 世纪 90 年代中后期开始涉足该类业务。1999 年 6 月,推出个人耐用消费品贷款、个人住房装修贷款、个人助学贷款等多项新业务。在此之前,常德建行虽然也开办个人存单质押(抵押)贷款和个人住房类贷款,但规模不大。1999 年年末,常德建行个人信贷体现贷款 3785 万元。

2000—2010 年是常德建行个人信贷业务快速发展的十年。2010 年年末,常德建行私营及个人贷款总额增至 17.52 亿元,市场占比 10.76%。排位第三。2001-2004 年,常德建行着手股份制改制,个人信贷总规模相对平稳,2004 年年末,余额为 9348 万元。2005 年和 2006 年增速加快,至 2006 年年末,余额增长至 2.45 亿元,两年净增 1.16 亿元,年均净增 7578 万元,主要由个人住房和商铺贷款构成。2007-2010 年, 常德建行个人信贷快速增长, 四年净增 15.07 亿元,年均净增 3.77 亿元,余额增至 17.52 亿元。个人住房贷款的大幅增长是这四年的重头戏,2007 年,常德建行开办个人住房最高额抵押贷款业务,弥补需要购买第二套住房的市民资金不足的问题。是年,发放个人住房最高额抵押贷款 61 笔共 785.5 万元。2008 年,住房按揭贷款增至 3.19 亿元,年增 2.56 亿元。2009 年,又以“一手房”个人住房贷款为重点,谨慎发展个人商业用房贷款,严格控制非购房用途的个人住房最高额抵押贷款,个人住房类贷款增至 5.7 亿元,2010 年年末, 个人住房贷款增至 16.01 亿元。个人消费贷款在 2007-2010 年的 4 年中实现较大增长。2007 年,新发个人助业贷款 75 笔共 1.13 亿元。2008 年,主要满足优质 VIP(高端)客户需求,是年新发放个人消费类贷款 540 笔 2 亿元,年增 4479 万元。2009 年,按照国家服务“三农”的政策,在个人助业贷款方面新增加鼎城桥南大市场、灌溪工业园、武陵区工业园及其县域经济比较发达的乡镇等一大批优质客户群体,全年发放个人消费类贷款 260 笔 8942.8 万元。2010 年,对湖南电力公司常德电业局 34 名员工共 1200 万元,常德建行本行 373 名员工 4885 万元个人消费额度贷款的集体授信。是年,发放个人消费类贷款 370 笔共 1.1 亿元。2010 年年末,个人消费类贷款增至 1.51 亿元。

常德农信社人民币对私贷款领域进入早, 1988 年年末余额为 1.66 亿元,在金融机构中占比高达 95.84%,1989-1991 年连续回落,1991 年降至 3353 万元,由于整体市场规模不大,其市场占有仍然保持 87.77%的高位。从 1992 年开始至 2000 年,受统计口径的影响,人民币对私贷款一直为零。2001 年年末,余额为 761 万元;2002—2006 年余额处在 10 至 50 万元之间;2007 年和 2008 年,余额分别为 830 万元和 669 万元。2009 年,快速增至 2594 万元,年增长287.74%。2010 年,常德农信社创新信贷服务方式和手段,9 家联社在城区均设立信贷咨询受理窗口,新增授信 18 万户,新增授信 53 亿元,推出“柳城家园”住房按揭贷款和“幸福之路”汽车按揭贷款等 11 个信贷产品和“协会 + 客户 + 银行”订单葡萄种殖植贷款。受是年统计口径调整和年度对私贷款的市场拓展，年末人民币对私贷款猛增至 94.45 亿元，市场占比升至 57.98%，全市排第一位。

常德邮储银行于 2008 年 12 月 10 日组建个人贷款审批中心，开办额度项下个人商务贷款。2009 年，开始拓展人民币对私贷款，年末人民币对私贷款 8196 万元。2010 年，分别增加私营企业和个人短期贷款 1.29 亿元和中长期贷款 1.72 亿元，人民币对私贷款总额净增 2.95 亿元，余额增至 3.77 亿元，市场占比 2.26%。

2010 年，新组建的常德交行和常德长沙银行分别投放人民币对私贷款 1934 万元和 3951 万元。

第五节　人民币政策性和准政策性贷款

1994 年，中国农业发展银行总行成立，机构未下延，其在常德市的业务由常德农行代理。1996 年 12 月 28 日，中国农业发展银行常德市分行成立之后，常德市政策性贷款全部由常德农发行承担。

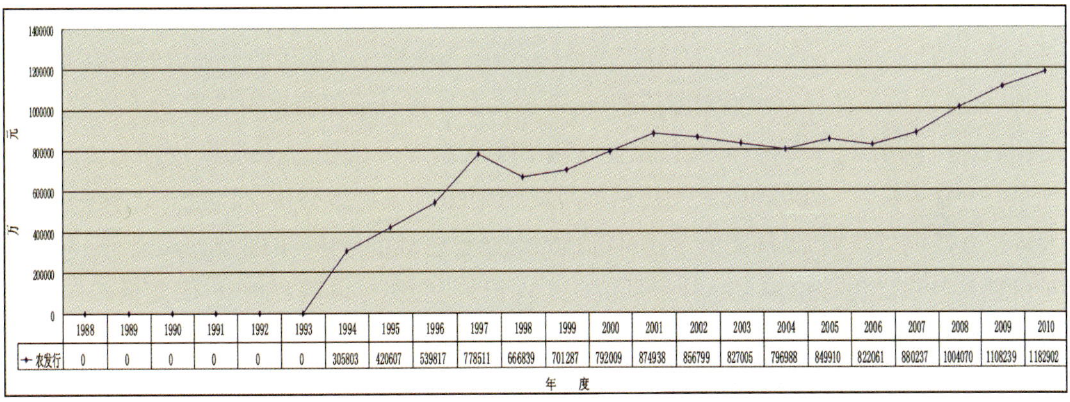

	1988	1989	1990	1991	1992	1993	1994	1995	1996	1997	1998	1999	2000	2001	2002	2003	2004	2005	2006	2007	2008	2009	2010
农发行	0	0	0	0	0	0	305803	420607	539817	778511	666839	701287	792009	874938	856799	827005	796988	849910	822061	880237	1004070	1108239	1182902

年　度

图 2-23　1989—2010 年常德市银行业人民币政策性贷款发展变化趋势图表

1994 年，常德农行代理农业发展银行扶贫贷款业务期间，在规定的贷款限额内实行限额管理，专款专用，负责贷款发放和收回，由委托行保证资金到位和按业务量付给手续费。全市确定重点支持农业专项贷款项目 58 个，总投资 2.17 亿元。年末，全市政策性贷款 30.58 亿元。1995 年年末，增至 42.06 亿元，净增 11.48 亿元，增长37.54%。其中，常德农行代理农业专项贷款 1.31 亿元。

1997 年 1 月，常德农发行各级分支机构成立，接受常德农行划转的 53.98 亿元各项政策性贷款和 1.78 亿元存款，常德农发行全面开始自营。1997 年年末，全市政策性贷款净增 24.13 亿元，增长 44.7%，期末余额增至 77.85 亿元。直至 2010 年常德农发行政策性贷款虽然在各年度之间存在波动，但总体上呈现向上增长态势。2010 年年末，常德农发行政策性贷款总量增至 118.29 亿元，较组建之初常德农行划转来的政策性贷款总量增长 119.14%。

常德农发行发放的政策性贷款主要包括粮棉油收购贷款、粮油专项储备贷款、粮棉油调销及加工贷款、扶贫贷款、农业综合开发贷款和粮棉油企业财务挂账贷款、粮棉油企业附营贷款、简易建仓贷款、收购费用贷款以及农业技术改造贷款、蔬菜批发市场贷款、林业贷款等。另外还有属于准政策性贷款的粮棉油收购贷款、粮油调销贷款。

一、政策性贷款

(一)粮棉油收购贷款

1996–1997年，常德农发行粮棉油收购贷款投放量较快增长,1997年年末农副产品收购贷款余额增至70亿元,较年初增长45.83%。1998年4月,农发行业务范围进行重大调整,按照“库贷挂钩、钱随粮走、购贷销还、封闭运行”原则,推行“一基三专”账户管理措施。在收购旺季实行“三三制”[既驻站(库)信贷员每3天预测1次收购进度、发放1次3天用的收购贷款]操作管理,在保证全市敞开收购和“不打白条”前提下,严防收购资金挤占挪用。是年末,粮棉油收购贷款余额共计56.72亿元。2000年,国家深化粮食流通体制改革,南方早籼稻推出保护价收购范围,粮食政策性收购贷款相应减少。为积极帮助粮棉企业在收购过程中降低收购成本,常德农发行采取“倒括皮”的方法,协助企业确定收购价。对地方政府农业税征实部分,按市场价进行一次性卖断。是年,常德农发行累放粮棉油收购贷款17.1亿元,投放贷款收购早籼稻2.85万公斤,支持企业收购中晚稻6.25万公斤,支持收购皮棉162万担和油菜籽897万公斤。2001年,农发行总行印发《中国农业发展银行粮食收购贷款管理办法》,要求粮食收购贷款按照“钱随粮走、购贷销还、全程监控、封闭运行”的原则进行管理。对非保护价粮食收购及保护价粮食品种市场价高于保护价时,实行以销定贷、以效定贷。2005年后,该类贷款转为准政策性贷款。

(二)粮油专项储备贷款

粮油专项储备贷款是指中央储备粮油贷款和地方储备粮油贷款(1998年前,无地方储备粮油贷款)。1995年,农发行总行印发《国家专项储备贷款管理暂行规定》,对专项粮油储备贷款实行专款专用,由省粮食厅代管中央储备粮油计划规模,由各承储库(点)分别向开户行承贷承还。1996年,省粮食厅增加专项储备贷款规模。1998年,湖南省政府批转《关于建立省地县三级粮食储备体系的意见》,省级、地级、县级储备粮动用权分属省、地、县政府,按“钱随粮走”原则管理资金。是年,常德农发行开始投放地方储备粮贷款,年末,地方储备粮贷款3.54亿元。2000年,湖南省政府调整地方储备粮政策,要求每年轮换地方储备粮三分之一,对地方储备粮库存粮和轮换粮分别按每年每斤0.03元和0.02元的标准支付保管费用或轮换费用,贷款利息据实拨补。2001年,常德农发行贯彻省农发行关于加强储备粮贷款管理办法,建立与中央储备粮垂直管理体制相适应的信贷管理制度,实行湖南省农发行、二级分行和开户行共同监管到库的信贷体制,加强对中央储备粮的集中统一管理。是年年末,常德农发行专项储备贷款2.9亿元。2005年，为发挥宏观调控作用，确保各项储备粮计划的顺利实施，常德农发行全年共投储备贷款3544万元，支持储备企业增加储备粮食2200万公斤，稳定粮食市场价格。2006年，根据国家有关部门下达的计划，常德农发行按照招标采购价格和相关费用，在进一步完善政策的基础上积极为企业提供资金保障，确保500吨省级储备粮增储计划的完成。2009年，按照“区别对待，分类管理”的信贷措施，在参考本地实际后，常德农发行全年累放粮食储备贷款3.89亿元、油脂临时储备油贷款3.68亿元，支持企业入库粮食11325万公斤、油脂3862万公斤，确保国家粮棉油购销政策的落实。2010年年末，常德农行中央储备粮贷款3.93亿元，省级储备粮贷款0.61亿元，市县储备粮贷款0.46亿元。

（三）粮棉油调销及加工贷款

1997年，常德农发行加强调销贷款管理，对在农发行开立基本存款账户且实现政企分开。独立核算的国有粮食购销企业根据经营需要直接向开户行申请调销贷款。在结算上坚持“钱货两清”原则，实行银行承兑汇票结算方式，存款一般为3个月，最长不超过6个月。是年年末，调销贷款余额1.81亿元。1998年，国务院颁发《关于进一步深化粮食流通体制改革的决定》，实行“四分开一完善”改革，常德农发行全年支持收储企业调销粮食0.63万公斤，实现销售收入1.15亿元，贷款回笼率131.8%。1999年，粮食市场全面放开，粮食供应由市场调节，不再由国家粮食部门统一调度和供应市场。常德农发行贯彻农发行总行《关于粮油调销贷款管理若干问题的通知》，对国有粮食购销企业发放调销贷款严格执行“购得进、销得出、有效益”的原则，防止库存积压和占用资金。对地方政府为平抑市场粮价而要求国有粮食购销企业调入的粮食，在落实差价补贴和利费补贴后，按照“以销定购、以效定贷”的原则掌握贷款发放，提高资金使用收益。是年，农发行常德市调销贷款余额减少至2467万元。2000年，农发行总行下发《关于做好军粮供应企业贷款发放与管理工作的意见》，将军粮贷款确认为农发行粮食调销贷款的组成部分，期限一般为3个月，最长不超过6个月，不得办理展期。根据常德市农村经济结构调整后出现的实际问题和企业市场经营比例进一步扩大的情况，常德农发行及时投放棉花调销贷款1.6亿元，调入优质棉花25.26万担。2001年，常德农发行执行农发行总行《粮食调销贷款管理办法》，对粮食调销贷款实行“钱随物走、购贷销还、全程监管、封闭运行”管理方式，对接受地方政府委托的粮食调入，政府已明确价差和利费补贴的，保证资金供应。对粮食购销企业自主经营的粮食调入，实行以销定贷、以效定贷。粮食调销贷款采取一次审批、按调销进度一次或分次发放，一般采用信用贷款方式，对风险较大的采用保证、抵押、质押等方式。2007年，棉花调销贷款转为商业性贷款；2008年，粮油调销贷款转为准政策性贷款。

（四）扶贫贷款

1997—1998年，常德农发行按照“突出重点、兼顾一般、有借有还、到期收回”的原则独立承办和管理扶贫贷款，共发放扶贫贷款275万元，重点支持武陵指接复合地板厂（与省残联联办）增建项目，有效缓解常德地区残疾人的就业问题。1998年5月，按国务院和上级行部署,常德农发行将564.9万元扶贫贷款移交常德农行承办,专司粮棉油资金政策性业务。

(五)农业综合开发贷款

1997—1998年,常德农发行自营农业综合开发贷款,约定和规范经办行、项目管理单位和担保单位的行为,确保资金专款专用和使用效益。1997年,农发行湖南省分行印发《开发信贷工作暂行规定》,规定300万元以上项目由省农发行审批,300万元以下项目由省农发行批复二级分行审批发放。按照文件要求,常德农发行围绕农业增产、农民增收、农村经济稳定发展目标,加强对农、林、水、气等农业基本建设、农业综合开发项目评估论证和推荐上报,重点投放6500万元支持湖南洞庭水禽公司等农业综合开发项目18个、临澧面粉厂等农产品加工项目12个。1998年4月,按国务院和上级行部署,常德农发行将4.33亿元农业综合开发贷款划转至常德农行,专司粮棉油资金政策性业务。2004年,国务院第57次常务会议后,常德农发行重新开办农业综合开发性贷款业务并将其调整为商业性贷款。至2010年年末,全市农发行系统农业综合开发中长期贷款余额6.07亿。

(六)其他政策性贷款

其他政策性贷款包括粮棉油企业财务挂账贷款、粮棉油企业附营贷款、简易建仓贷款、收购费用贷款和其他专项贷款等。

1.粮棉油企业财务挂账贷款。1996年,经常德农发行和审计部门审计确认,常德市粮食企业1991年前政策性财务挂账共计3.85亿元,根据中央关于逐年消化粮食财务挂账指示和湖南省人民政府同意,将1994年度结余国家定购粮和部分省储粮转作议价销售,其差价款全部用于弥补粮食企业政策性财务挂账,常德市应交转库差价抵补财务挂账6942万元。是年年末,尚有1991年度前政策性财务挂账余额2.03亿元。1998年5月,常德农发行配合审计、财政、粮食部门,对粮油企业财务挂账占用贷款进行审计,确认1992年4月至1998年5月全市粮食企业新增财务挂账24亿元。2000年,常德市财政局下文,以各区、县(市)和市直单位调账后上报的新增财务挂账专户余额为基数,地方政府负担的纳入财政贴息范围的新增粮食财务挂账和其他不合理占用贷款利息暂由省财政代市、县两级财政垫付。贴息款则由农发行系统逐级分解落实到粮食企业并停收粮食企业这部分新增粮食财务挂账和其他不合理占用贷款利息。2006年,为处理常德市国有粮食购销企业1998年6月1日以后新增粮食财务挂账遗留问题,常德农发行积极与财政、粮食、审计局等有关部门沟通协商,妥善解决国有粮食购销企业历史包袱,最终核定常德市财务挂账23.97亿元,其中政策性亏损财务挂账增加9.48亿元。2010年,财政部等七部委联合下发《关于进一步做好国有粮食购销企业政策性粮食财务挂账管理和消化处理工作的通知》,鼎城、临澧、澧县等县2.37亿元新增粮食财务挂账全部剥离。是年年末,常德农发行粮食政策性财务挂账贷款余额为42.17亿。

2.粮棉油企业附营贷款。1997年,粮棉油企业附营贷款业务主要由常德农发行负责办理,1998年7月,按照上级行部署,常德农发行将部分粮棉油企业附营贷款15.82亿元划转至常德农行,此后不再新增该类贷款。2010年年末,常德农发行仍有粮棉油企业附营贷款

3.55 亿元。

3.简易建仓贷款。1998 年，为贯彻国务院敞开收购农民余粮精神，省委、省政府要求不得因仓容不足的问题而影响“敞开收购”政策的落实。常德农发行先后三次向上级行争取“简易建仓贷款”1.09 亿元支持县（市）区仓储维修项目，解决临时仓容不足和仓库维修资金困难，简易建仓贷款年末余额 3340 万元。1999 年 11 月，根据《中国农业发展银行简易建仓贷款管理暂行办法》，简易建仓贷款只能用于维修现有仓库、修建晒坪，不得用于粮仓的新建、扩建和改造等固定资产投资。简易建仓贷款到期不能归还时，财政部门不再继续给予贴息的不得办理展期，并转入逾期贷款进行管理。2001 年，常德农发行坚持“项目管理、专款专用、落实贴息、按期归还”的原则对简易建仓贷款和管理。为解决粮食企业的部分仓库维修资金需要，常德农发行向上级行争取简易建仓资金 1200 万元，帮助粮食企业清理附营业务占用资金 2.8 亿元，享受国家挂账停息政策，全年减少粮食企业利息支出 1638 万元。

4.收购费用贷款。2000 年，常德农发行印发《常德市农业发展银行收购费用贷款管理暂行办法》，按照“力求节约、从严管理、专款专用、据实报账、专账管理”的原则，投放收购费用贷款。2007 年后，该类贷款转入准政策性贷款的棉花收购贷款。

5.其他专项贷款：包括农业技术改造贷款、蔬菜批发市场贷款、林业贷款等。1998 年 5 月，常德农发行将 4244.73 万元农业技术改造贷款、200 万元蔬菜批发市场贷款和 360 万元林业贷款划转至常德农行。

二、准政策性贷款

（一）粮棉油收购贷款

2005 年 8 月，农发行总行下发《关于准政策性粮食收购贷款单独记账、单独反映的通知》，规定粮食收购贷款由政策性贷款调整为准政策性贷款，适用范围为实行稻谷最低收购价政策的省份。针对是年粮食种植面积和产量略有增加、贷款需求大幅增长，国有粮食购销企业改制尚未彻底、主渠道作用难以发挥、收购前期市场粮价低迷、启动最低收购价预案可能性增大等新粮收购新特点，常德农发行积极配合常德市政府、粮食局、中储粮直属库指定粮食最低价收购企业名单，对棉花收购网点布局大力实施“公进民退”战略，在积极支持原棉麻企业和良种棉麻加工厂实行股份制改造的同时，保证国家粮棉政策的有效落实。是年，共发放粮食最低价收购贷款 4.06 亿元，支持企业收购粮食 27720 万公斤。向 8 家改制棉花企业贷款 3.25 亿元，支持收购棉花 53 万担。2006 年，常德农发行支持企业开展粮棉油收购，对 19 家棉花企业发放棉花收购贷款 5.2 亿元，支持企业收购皮棉 95.2 万担。全年累放粮食最低收购价贷款 5 亿元、油脂收购贷款 1.59 亿元，支持企业收购粮食 2.8 亿公斤、油脂 3616 万公斤。2009 年，常德农发行按照“优化结构、合理布局”原则，确定 52 个收购网点，累计投放早籼稻、中晚稻最低收购价贷款 3.6 亿元和 9568 万元，支持企业收购粮食 19423 万公斤和

5235万公斤。本着“购得进、销得出、有效益”原则，累放市场粮收购贷款8.06亿元，棉花收购贷款9.7亿元和油脂收购贷款6.08亿元，支持企业购入粮食66693万公斤、棉花179万担及油脂4695万公斤。2010年，为确保国家“保供稳价”和强农惠农政策的落实到位，常德农发行继续加大粮棉油收购信贷资金投放力度，全年累放粮棉油收购贷款29.4亿元，支持企业收购粮食13.07亿元、棉花156.5万担、油脂4150万公斤，实现了新增贷款与新增库存值的同步增长。

(二)粮油调销贷款

2008年，农发行总行将调销贷款调整为准政策性贷款。2010年，常德农发行在参照市场价格和企业需求的前提下确定调销贷款额度，是年，累放调销贷款2000万元，缓解市场资金供需矛盾。

(三)政策性贷款的划转

1998年4月，农发行常德市分行向农行常德市分行划转开发性贷款4.33亿元，5月，将564.9万元扶贫贷款移交常德农行承办，同时将4244.73万元农业技术改造贷款、200万元蔬菜批发市场贷款和360万元林业贷款划转至常德农行。7月，将部分粮棉油企业附营贷款15.82亿元划转至常德农行。12月再向常德农行划出111个附营业务，总金额10.19亿元。

第六节　外汇贷款

常德市外汇贷款在1993-1995年三年中呈现不断增长并冲击2964万美元的历史高位之外，其他年份的外汇贷款均处在相对低位，最低的2006年降至24万美元。虽然2008年再次冲击1918万美元的次高位，但到2010年又回落至244万美元的低位。同时2005年以后，全市外汇贷款均属于贸易融资类贷款。

从行际分布的结构上看，常德中行长期以来具有外汇贷款的业务优势和总量优势。仅2004年常德工行高于常德中行之外，常德中行均处于领先地位。

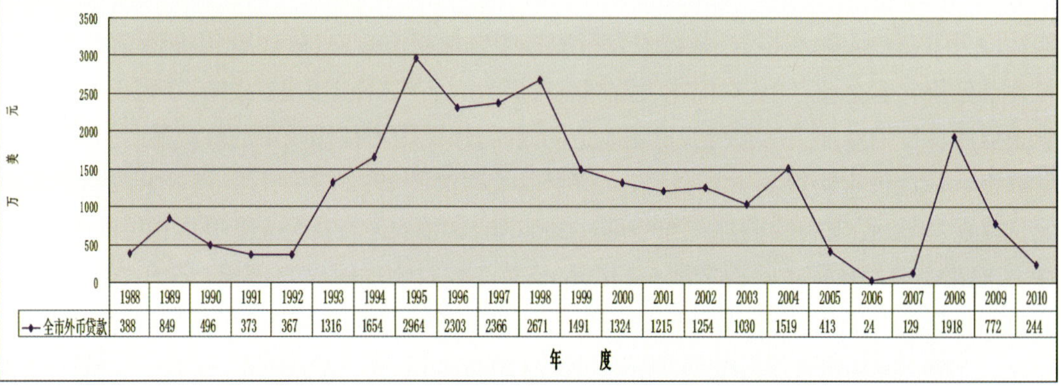

	1988	1989	1990	1991	1992	1993	1994	1995	1996	1997	1998	1999	2000	2001	2002	2003	2004	2005	2006	2007	2008	2009	2010
全市外币贷款	388	849	496	373	367	1316	1654	2964	2303	2366	2671	1491	1324	1215	1254	1030	1519	413	24	129	1918	772	244

年　度

图2-24　1989—2010年常德市银行业外汇贷款发展变化趋势图表

一、常德中行外汇贷款业务

常德中行于1984年成立，直到1986年才开始发放外汇贷款，主要体现为固定资产贷款。1988年年底，常德中行外汇贷款期末余额388万美元。1986–1993年的8年，为常德中行外汇贷款的起步期，至1993年年底，外汇贷款期末余额1106万美元，其中外汇固定资产贷款998万美元，占外汇贷款总额的90.24%。

1989—1993年，常德中行外汇贷款显现出起伏增长的发展轨迹。1989年是该行外汇贷款增幅较大的一年，余额增至848.73万美元，净增460.99万美元，增长118.89%。其中，外汇固定资产贷款余额656.29万美元，占外汇贷款总量的77.33%，较年初增加372.43万美元，占新增总量的80.79%。新增主要由常德卷烟厂技术改造项目221.54万美元，津市支行划澧县柠檬酸厂贷款95.26万美元，浦沅工程机械总厂技术改造项目80.27万美元所组成。在增发的固定资产贷款中，由370.52万美元的浮动利率贷款和1.91万美元的优惠利率贷款结合而成，外汇流动资金贷款较年初新增80.27万美元，仅占新增总量的17.41%。另外，还增发特种贷款8.29万美元(特种甲类外汇贷款是指借外汇、用人民币、还外汇的一种贷款；特种乙类外汇贷款是指借外汇、用外汇、用人民币购买外汇归还的一种贷款)。

1990年和1992年，常德中行外汇贷款持续下降。1990年，收回逾期贷款548.6万美元，还收回112.07万美元的特种外汇贷款，其中特种甲类贷款收回11.94万元，特种乙类贷款收回100.23万美元。至年末，外汇贷款余额降至496万美元，减少353万美元，外汇流动资金贷款和特种贷款余额全部归零。1991年，再收回逾期外汇贷款90.27万美元，1991年和1992年两年，分别降至373万美元和367万美元。

1993年，常德中行外汇贷款超速发展，常德市塑料一厂自粘性PE保鲜膜及HDPE拉伸扭结膜两条生产线项目的5400万先令奥地利政府贷款落地。对市邮电程控电话项目提供586万美元贷款，为常德汽修厂刹车片生产线投放176万美元，还为市包装制品厂提供73万美元贷款。至年末，外汇贷款余额增至1106万美元，净增737万美元，增长200.65%。外汇贷款总量中，固定资产贷款余额898万美元，较上年年末增长209.7%，流动资金贷款108万美元。

1994—2003年国有商业银行运作模式的十年中，常德中行以支持地方经济支柱企业和重点项目为重点，主要支持通信和烟草行业为主，但呈现冲高回落的状态。

1994年，常德中行于7月29日按照商务合同金额转贷日本日商岩井株式会社贴息贷款299.48万美元，用于常德市邮电局引进日本株式会社制造的F–150C程控交换设备34686端口，对程控电话进行扩容改造。6月又向常德市邮电局按照商务合同转贷法国商业银行布鲁塞尔分行提供的比利时贴息买方信贷359.15万美元的贷款，用于常德市邮电局引进比利时ATEA公司生产的EWSD程控电话交换设备40362端口，对所辖津市市等6个市县邮电局的程控电话进行扩容改造。向常德卷烟厂引进卷接机项目发放外汇贷款 500 万美元。为支持塑料一厂的技术改造,给予了 5130 万奥先令的政府贷款支持。同时净收回 94 万美元的到期和逾期外汇逾期贷款,外汇贷款年增 187 万美元,余额增至 1293 万美元,增长 16.91%。

1995 年, 常德中行重点支持常德市邮电局程控电话的改造和常德烟厂的技改项目,先后为常德市邮电局和常德烟厂累计发放外汇贷款 1115.5 万美元。在收回原绣品厂所欠外汇贷款的基础上,外汇贷款还净增 1159 万美元,期末余额增至 2452 万美元,增长 89.64%。

1996 年,常德中行面临常德烟厂技改外汇贷款的回收期,是年没有发放新的外汇贷款,年末余额减少 488 万美元,下降 19.9%。

1997 年,常德中行继续支持常德卷烟厂引进卷烟包装机生产线,先后增加 840 万美元外汇技改贷款, 在收回部分其他外汇贷款的背景下, 外汇贷款年增 402 万美元, 余额增至 2366 万美元,增长 20.47%。

1998—2003 年的 6 年中, 常德中行外汇贷款逐渐减少、总量收缩的趋势, 期末余额从 1997 年年末的 2366 万美元降至 2003 年年末的 864 万美元,净减少 1502 万美元,其中属于核销减少的为 212.5 万美元(其中 1999 年核销 36.52 万美元,2003 年核销 176 万美元),2000 年向东方资产公司剥离减少的 127.26 万美元,其余均属于到期归还和逾期收回的贷款。

2004—2010 年,常德中行外汇贷款总体呈现波动下滑态势。2006 年一度降到 24 万美元的超低位,虽然 2008 年回升至 1324 万美元,但到 2010 年年末,外汇贷款期末余额又下降至 169 万美元的低位水平。

2004 年,中国银行常德分行外汇贷款期末余额 533 万美元,较上年减少 331 万美元,下降 38.31%。其中纯贷款余额为零, 533 万美元全部是出口押汇。上年末账面体现的 604.86 万美元贷款于 2004 年全部按照不良贷款处理,其中剥离 109.8 万美元,核销 495.06 万美元。

2005—2010 年,常德中行没有再发放外汇贷款,各年度反映的外汇贷款均为出口押汇余额, 其中 2005 年为 218 万美元,2006 年为 24 万美元,2007 年 129 万美元,2008 年 1324 万美元,2009 年 772 万美元,2010 年 169 万美元。

二、常德工行外汇贷款业务

20 世纪 90 年代,专业银行业务分工逐步打破,常德工行于 1991 年 4 月设立国际业务部常德市代办处,1993 年,发放外汇贷款 210 万美元。1994 年发放外汇贷款 382 万美元,同年收回逾期外汇贷款 35 万美元, 年末贷款余额增至 361 万美元,1995 年增至 375 万美元。1996 年收回外汇逾期贷款 36 万美元,余额降至 339 万美元,至 1997 年年末,为杜绝风险,先后收回了德海公司、湖南省外贸公司的广州公司等外汇贷款,年末余额归零。1998 年,常德工行向常德烟厂进口包装机提供外汇贷款,年末外汇贷款余额 380 万美元。1999 年,收回到期外汇贷款 139 万美元，没有增加新的外汇贷款，年末余额减至 241 万美元。

2000—2003 年，常德工行收回恒安纸业集团有限公司外汇贷款 300 万美元，同时也增加了部分贷款，但外汇贷款总体上减少，2003 年年末，外汇贷款降至 41 万美元。

2004 年年末，常德工行发放外汇贷款 1600 万美元，年末又收回 800 万美元，年末余额 841 万美元，加上 145 万美元的进出口贸易融资，年末外汇贷款 986 万美元，净增 945 万美元。

2005 年，常德工行收回到期外汇贷款 800 万美元，同期又剥离两笔共 41 万美元的不良外汇贷款，单纯意义上的外汇贷款为零，年末体现的 194.54 万美元外汇贷款全部为进出口贸易融资余额。

2006—2010 年，常德工行再也没有发放过外汇贷款，单纯意义上的外汇贷款为零，2008 年年末体现的 594 万美元外汇贷款全部为进出口贸易融资余额。

三、常德建行外汇贷款业务

常德建行外汇贷款业务从 1995 年开始一直到 2010 年，断断续续投放外汇贷款。1995 年，投放 130 万美元，下年全部收回。2001—2003 年的三年中，分别体现外汇贷款 95 万美元、100 万美元和 125 万美元。2004—2009 年，均为零。2010 年体现外汇贷款 61 万美元。

常德建行自 1992 年成立国际业务代办处以来，逐步开始办理外汇存贷款业务和国际结算业务以及结售汇业务。2001 年 3 月为适应“入世”新形势，根据建总行有关精神，国际业务作为独立机构被撤销，其业务合并到公司业务部。从 1995 年开始一直到 2010 年，断断续续投放外汇贷款。1995 年，投放 130 万美元，下年全部收回，2001 年，体现外汇贷款 95 万美元。2002 年、2003 年，分两次为常德浦沅建筑机械有限公司贷款 225 万美元。2003 年回收到期贷款 95 万美元。2002 年和 2003 年，分别体现外汇贷 100 万美元和 125 万美元。2004-2008 年均为零。2009 年，为湖南中泰特种装备有限公司发放 113 万美元的周转贷款，是年，全部收回，期末余额体现为零。2010 年，为常德市鼎源化工有限公司发放美元贷款 13 笔共计 45 万美元，为常德市云港生物有限公司贷款 21 万美元。另外，办理出口押汇 4 笔、11 万美元。2010 年年末，体现外汇贷款 61 万美元。

第七节　转贷业务

转贷业务是由国内银行转贷境外金融机构、外国政府向国内企事业的贷款，是一种利用外资的业务。常德市在 1989-2010 年，仅有常德农行和常德中行两家叙作过转贷业务。

常德农行于 1986 年在常德市率先首次承办世界银行转贷业务，遵照我国政府与国际开发协会签订的“我国第二个农村信贷项目协定”，引进世行项目贷款（以下简称第二笔世行项目贷款），支持安乡、汉寿、澧县、石门和武陵区、常德县（后来的鼎城区）及津市共 7 个县区开发建立淡水养鱼、柑橘项目生产基地和油脂加工、茶叶加工、啤酒生产等农产品加工项目。世行贷款实行报账管理,常德农行按项目实施进度逐季向省农行报账。常德农行从农业贷款中安排专项贷款与世行贷款配套,配套比例按世行贷款、农行配套贷款加项目自筹资金各占50%左右实施。1985年11月,第一批共21个子项目获得批准,总投资1185万元,其中汉寿479万元、澧县189万元、安乡517万元。配套贷款830万元,其中汉寿336万元、澧县132万元、安乡361万元,开始进入项目期。至1990年年底,常德农行世行贷款总量5300万元,全市197个种养项目和24个加工项目累计完成总投资1.6亿元,发放贷款1.12亿元。世行该批项目贷款共支持197个渔业、柑橘项目,总投资4484万元,贷款3013万元。通过开发,1.5万亩荒山隙地和近7万亩浅湖滩汊得到利用,建成高标准精养鱼池4.45万亩,橘园1.46万亩。其中安乡利用1388万元世行项目贷款,建成高标准精养鱼池1.8万亩,全县1990年鲜鱼总产达到33万担,比开发前的1985年总产7万担增长了3.71倍。石门县1.36万亩外资橘园,柑橘项目苗木具备高标准橘园条件,一类、二类苗达80%以上。建立一批农产品加工项目,汉寿县食品罐头厂、商业局冷冻厂和桃源县江源棉纺厂等24个农产品加工项目,为消化农产品资源,走深度加工,多层次增值的路子创造条件。其中,汉寿商业局冷冻厂利用世行项目贷款100万元,扩大冻容70吨,年出口创汇40万美元,创利税30多万元。1991年,常德农行通过外资信贷部门引进世界银行资金(以下简称第四笔世行项目贷款)1.16亿元,重点支持“三资”和创汇企业发展生产,帮助24家企业解决资金困难,促进企业恢复生产和发展壮大。1991年年末,常德农行转贷世行贷款5686万元,利用外资配套贷款余额6478万元。是年,第二笔世行项目贷款进入偿还期,每年还1/15,年应归还金额为352万元,1993年年末,转贷世行贷款4260万元,利用外资配套贷款8530万元。1994年,常德农行按照上级行要求统一调整会计科目,利用外资配套贷款并入农业贷款科目。转贷外资贷款业务除逐年压缩外,没有新的投放。1995年,全行利用外资贷款2994万元。1999年年末,常德农行引进国外资金余额降至352万元。2000年,常德农行用自营资金全部偿还世行资金,尚未收回的外资贷款余额仍作为“两呆”贷款挂在账上,到2005年对世界银行的偿付资金全部还清。

常德中行1994年向常德市塑料一厂自粘性PE保鲜膜及HDPE拉伸扭结膜两条生产线项目转贷奥地利5400万先令的政府贷款。1994年,又为支持塑料一厂技术改造项目转贷5130万奥先令的政府贷款。1994年6月,按照商务合同向常德市邮电局转贷法国商业银行布鲁塞尔分行提供的比利时贴息买方信贷359.15万美元的贷款,用于常德市邮电局引进比利时ATEA公司生产的EWSD程控电话交换设备40362端口,对所辖津市市等6个市县邮电局的程控电话进行扩容改造。是年7月,按照商务合同金额对常德市邮电局转贷日本日商岩井株式会社贴息贷款299.48万美元,用于引进日本株式会社制造的F-150C程控交换设备34686端口,对程控电话进行扩容改造,以上贷款均按期偿还。

第八节 南流资金及自办经济实体

20世纪90年代初期，金融系统采取相对灵活的方式投资海南和深圳、珠海等经济特区和其他地区从事房地产及贸易等业务，同时还积极自办经济实体。1993年，各行根据中央“约法三章”的要求，纷纷与经济实体脱钩并逐渐收回投资，1999年年底以前，各行自办经济实体全部撤销，尚未收回的资金先后并入大账，对无法收回的烂账最终分别以核销和剥离的方式进行处置。

一、常德农行

1991年，常德农行在兴办第三产业的过程中，全辖12个基层工会有11个办了第三产业，是年，实现销售和产值455万元，创利9.3万元。1992年全辖出现“行行办实体”的状况，全辖共办33个经济实体，其中，7个劳动服务公司，6个综合服务部，8个饮食店，2个印刷厂，是年，共实现销售和产值667万元，共创利润51万元，上缴利税12.8万元。1993年，常德农行按照总行“全面整顿、对照政策、区别情况、分类处理”的原则，划清双方财产以及债权债务关系，先后全部与常德农行脱钩。

1992—1993年，常德农行部分机构出现擅自转移、拆借资金、到沿海从事房地产等业务的炒买炒卖活动。全市行社流向沿海的信贷资金6952万元。随后“泡沫经济”破灭，房地产市场疲软，大量房地产项目被迫停工，现房积压，变现困难，房地产公司和各类投资者财务状况恶化，亏损严重。

1992年年底和1993年，常德农行先后发出《严禁到沿海投资、炒房地产、股票的紧急通知》和有关文件，规定各单位不准抽调资金到沿海地区进行房地产等方面的投资，未经批准擅自抽调资金到沿海地区进行投资造成资金损失和利息损失的，由决策者和经办人个人负责，已向沿海投资的，要立即撤回资金，继续擅自转移资金到沿海投资的单位，除按投入资金加大20%的年末利润任务外，还要按转移资金的20%加大下年承包利润基数。1993年，规定各支行对用于搞房地产的信贷资金和拆借资金、拆借给农行系统外的资金、开户企业集资与分流的资金和农行给自办经济实体发放的贷款又转贷出去的资金共四项资金，必须在是年8月15日前收回并如实统计上报。截至1994年6月底，收回外流资金4640万元。

1998—1999年，常德农行成立“清理沿海房地产贷款和投资项目领导小组”，同时出台了四个专门文件，针对全行外流资金数额大，逾期时间长，融资关系复杂，原始档案资料管理不规范，清收及保全资金难度大等特点，集中力量进行外流资金较为集中的“深、惠、珠”地区的11个企业和个体共欠本金4882.4万元的信贷资金进行全面的清理、清收和保全工作。1999年7月，常德农行组织力量三下沿海落实清理、确权、登记、移交等托管工作。12月，清理上报20个房地产贷款项目,其中,有18个项目档案移交总行托管部,总金额13643.13万元。在清理南流资金中,通过实地调查、清理、清收,基本澄清底子,完善了信贷档案资料,制定了还款协议,为处理收回和托管移交打好了基础,并收回外流商贸贷款本息600万元。2000年6月,全市农行全面完成常规业务不良贷款剥离工作任务,其中外流沿海的房地产资金项目,均剥离给了长城资产公司。

二、常德中行

自办经济实体:1992—1993年年初,常德中行本部和桃源、澧县、津市、石门、安乡、德山及汉寿等8个单位共成立9个自办经济实体,其中桃源支行2个,其他各1个。1994年,常德中行加大自办经济实体整顿力度,成立南流资金收回办公室,对自办经济实体的注入资金进行清理。截至1995年9月25日,尚未收回的注入实体资金、信贷资金和拆借资金共2154.3万元。其中市分行对自办实体劳动服务公司注入资金1220万元,至1995年9月仍有余额738万元。安乡支行金融经济协作公司137.3万元,桃源支行中银公司175万元,桃源支行劳动服务公司109万元,德山支行52万元,石门支行22万元,津市支行中益公司920万元,汉寿支行劳动服务公司1万元。至1997年8月底,中国银行常德分行辖内各行的自办公司全部撤销。

南流房地产投资。1992—1995年,常德中行以投资方式分别在广东和海南参与房地产投资。根据中国银行湖南省分行《关于对中国银行常德分行直接投资参股项目进行全面清理的通知》要求,对1992-1995年期间对企业的投资及参股情况进行全面清理,查明投资参股项目11个,涉及金额4821万元。主要是市分行房地产信贷部在惠州"成龙花园"项目投资1700万元,与惠阳湘中事业发展公司合作的房地产经营项目620万元,与惠州麦科特实业公司合作购地投入1191.34万元和600万元,与惠阳惠兴贸易公司合作新建的"惠兴商住楼"项目投资598.66万元,澧县支行劳动服务公司与海南金砘公司合作购入"金坉花园"四栋别墅投资500万元,安乡支行海口银海实业公司投资47万元用于房地产业务。津市支行投入深圳安然公司500万元,并对海南军企及其他企业投资近600万元。在1996年清理时,上述投资仅收回570万元本金和381.78万元利息。

按照上级行关于违规经营资金并账的规定,1996年12月31日,常德中行将该类经营业务并入大账,实并违规经营资金来源2447万元,实并违规经营资金运用1.28亿元。其中,并入待清理固定资产贷款科目617万元,并入待清理流动资金贷款科目12230万元。

截至1998年9月,常德中行全辖流入沿海地区用于房地产投资的6425万元资金无法收回,该类违规经营资金最终均并入大账,其中形成终极风险的违规经营资金形成的贷款按照有关规定予以核销和剥离。

三、常德建行

1992—1995 年，常德建行在沿海房地产热的大气候影响下，所属五个支行及本部共向省外直接投资房地产项目 18 个，投入资金 1.19 亿元。虽然 1995 年—1996 年经过多次清收，但至 1997 年年底，仍有 1.05 亿元未收回而形成呆滞呆账，后于 1999-2004 年作为损失类贷款予以剥离或核销。投资项目投资及损失如下：

深圳化工塑料实业公司的房地产投资 2000 万元，本金 1190 万元和利息 463.99 万元共计本息 1653.99 万元于 1999 年申报予以剥离。海南隆华房地产开发有限公司房地产开发投放房改贷款 700 万元，最终 980 万元贷款本息于 1999 年予以剥离。海南天华科技总公司账外房产贷款 300 万元因项目被迫停建形成呆滞呆账。常德建行与常德市肉联厂合作，由常德肉联厂设在海口的湘琼食品发展贸易公司与北海理鑫房地产开发有限公司合作开发商居地投资 300 万元，因 1996 年 6 月常德市肉联厂破产，250 万元贷款及利息未收回。海南金盾实业公司房地产开发 200 万元项目贷款由于武装警察部队驻海南办事处被撤销，200 万元贷款全部损失。德祥实业总公司 290 万元商品房购置贷款本息全部损失。海口湘沅建材开发公司于 1992 年发放的 75 万元经营性贷款因公司注销而全部损失。惠阳新鸿基实业公司 1993 年 4 月的 300 万元炒房贷款，本息合计 380 万元全部损失。海口强生投资开发总公司于 1994 年向常德建行借入的 500 万元贷款至 1995 年年末，仍有 300 万元本金和 55 万元利息未能收回，最后全部损失。海南正拓实业总公司于 1993 年和 1994 年向常德建行借入 300 万元商品房购置款至 1997 年年末，全部逾期，形成呆账，一直未归还。惠州天元电子工程(惠州)有限公司于 1992 年和 1994 年向常德建行借入 1200 万元商品房开发贷款，至 1997 年年末，本息合计 2113.53 万元于 1999 年申报剥离。广东阳江城区顺达摩托车商场 60 万元借款本息形成呆滞呆账贷款。湖南省包装总公司在海南组建的海南华昌企业集团公司于 1992 年和 1995 年借入的 1500 万元旅游开发区项目贷款以及 773.3 万元利息形成呆账贷款于 1999 年申报剥离。1994 年，原常德市宏达彩印厂与香港纳瓦尔公司合资兴办的湖南宏达包装刷有限公司资不抵债而关门歇业，892 万元贷款本金和 408.73 万元利息于 1999 年剥离。1992 年，常德建行自办经济实体云海实业公司自 1992 年成立至 1998 年 3 月止，先后 19 次向常德建行本部及所属支行借款 1116.5 万元，用于省内、省外房地产开发和投资办厂，至1999 年 8 月，1076 万元本金和 493.46 万元利息作为呆账贷款于 1999 年剥离。

第九节　不良资产处置

1989—2010 年，常德银行业资产业务出现相当数量的不良资产，在传统的风险拨备制度不完整、无法全面覆盖风险和无法收回贷款的情况下，工、农、中、建四大国有商业银行及常德农信社对不良贷款采取集中核销和向专业资产公司剥离的方式进行处置。

一、不良资产核销

常德市银行业不良贷款核销从1990年开始,直至2010年的21年,常德工、农、中、建四家行和常德农信社共核销本外币不良贷款22.46亿元。其中,人民币不良贷款核销21.88亿元,外币不良贷款707.56万美元(按照各年汇率计算,折合人民币为5754万元)。在核销本外币不良贷款的总额中,常德工行8.93亿元,占比为39.75%,常德农行2.65亿元,占11.81%;常德中行4.02亿元(其中,707.56万美元),占17.88%;常德建行4.52亿元,占20.11%;常德农信社9922万元,占4.42%。

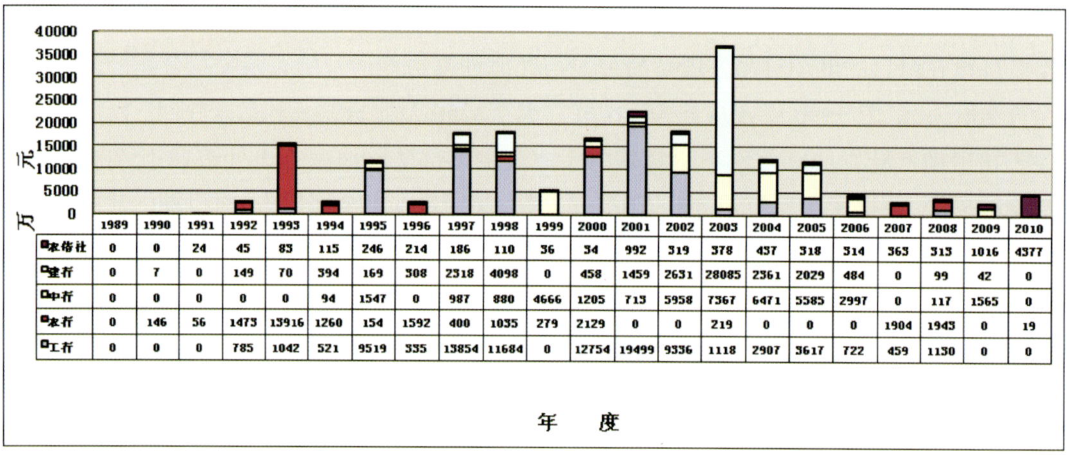

	1989	1990	1991	1992	1993	1994	1995	1996	1997	1998	1999
农信社	0	0	24	45	83	115	246	214	186	110	36
建行	0	7	0	149	70	394	169	308	2318	4098	0
中行	0	0	0	0	0	94	1547	0	987	880	4666
农行	0	146	56	1473	13916	1260	154	1592	400	1035	279
工行	0	0	0	785	1042	521	9519	335	13854	11684	0

	2000	2001	2002	2003	2004	2005	2006	2007	2008	2009	2010
农信社	34	992	319	378	437	318	314	363	313	1016	4377
建行	458	1459	2631	28085	2361	2029	484	0	99	42	0
中行	1205	713	5958	7367	6471	5585	2997	0	117	1565	0
农行	2129	0	0	219	0	0	0	1904	1943	0	19
工行	12754	19499	9336	1118	2907	3617	722	459	1130	0	0

图2-25 1989—2010年常德市银行业本外币不良贷款核销统计条形图表

1990—1996年,常德市工、农、中、建四家行和常德农信社的本外币不良资产共核销3.43亿元。其中,常德工行核销1.22亿元,常德农行核销1.86亿元,常德中行核销1641万元,常德建行核销1097万元,常德农信社核销727万元。

从1997年开始,常德市工、农、中、建四大国有商行开始为股份制改革做准备,加大不良贷款的核销力度,直至2005年的9年中,四大商行和农信社共核销不良贷款17.25亿元。其中,常德工行7.48亿元,常德农行核销4062万元,常德中行3.38亿元,常德建行4.34亿元,常德农信社2811万元。

随着不良贷款核销和剥离的深入,各行不良贷款明显减少,2006年开始,各行不良贷款核销力度减弱,至2010年的5年,全市共核销不良贷款1.79亿元。其中,常德工行2311万元,常德农行3866万元,常德中行核销4679万元,常德建行核销625万元,常德农信社6383万元。

二、不良资产剥离

为适应股份制改革，1999 年开始从常德工行和常德建行开始实施不良资产剥离。2000 年，常德中行和常德农行也开始对不良资产实施剥离。其中，常德工行向华融资产管理公司剥离，常德农行向长城资产管理公司剥离，常德中行向东方资产管理公司剥离，常德建行向中国信达资产管理公司剥离。

1999—2008 年，常德工、农、中、建四家行共剥离本外币不良贷款 87.37 亿元。其中，人民币不良贷款剥离 87.17 亿元，外币不良贷款 237.06 万美元（按照各年汇率计算，折合人民币为 1940 万元）。在剥离本外币不良贷款的总额中，常德工行 25.79 亿元，占比为 29.52%；常德农行 51.29 亿元，占 58.71%；常德中行 2.88 亿元（其中 237.06 万美元），占 3.3%；常德建行 8.7 亿元，占 8.48%。

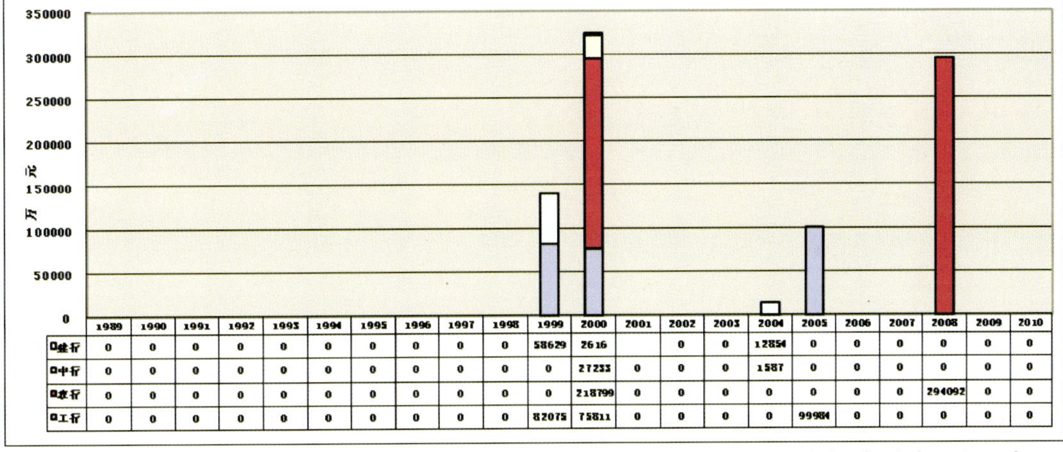

	1989	1990	1991	1992	1993	1994	1995	1996	1997	1998	1999	2000	2001	2002	2003	2004	2005	2006	2007	2008	2009	2010
□建行	0	0	0	0	0	0	0	0	0	0	58629	2616		0	0	12854	0	0	0	0	0	0
□中行	0	0	0	0	0	0	0	0	0	0	0	27233	0	0	0	1587	0	0	0	0	0	0
■农行	0	0	0	0	0	0	0	0	0	0	0	218799	0	0	0	0	0	0	0	294092	0	0
□工行	0	0	0	0	0	0	0	0	0	0	82075	75811	0	0	0	0	99984	0	0	0	0	0

图 2-26　1989—2010 年常德市银行业本外币不良贷款剥离统计条形图表

1999 年，常德工行和常德建行率先进入不良资产剥离通道，是年，向资产公司剥离划转不良贷款 14.07 亿元。常德工行抓住国家调整经济结构的有利时机，加大了清收、转化、剥离贷款的措施力度，经工总行同意，将 134 户、共 8.21 亿元呆账类贷款以剥离方式划转华融资产管理公司。常德建行根据建设银行总行和中国信达资产管理公司联合下发的《建设银行剥离不良资产方案》文件的精神，向中国信达资产管理公司以剥离方式划转不良贷款本金 5.86 亿元，同步划转表内应收利息 1.48 亿元。

2000 年，常德工、农、中、建四家银行共剥离不良贷款 36.51 亿元。常德工行加大剥离力度，是年，剥离人民币不良贷款 7.58 亿元。常德农行于 1999 年成立"不良资产剥离工作领导小组"和办公室，首次开展剥离工作。是年，对 38118 户 21.88 亿元的不良贷款剥离给长城资产管理公司，同时剥离表内利息 7820 万元和不清算资金的表内外利息 8.91 亿元。剥离贷款本息共计 22.66 亿元。既剥离体量最"大"的沿海房地产不良贷款，也剥离 5.8 万户最"小"的不良贷款。剥离后常德农行常规业务不良贷款比重降至60.1%，比剥离前下降 20.3 个百分点。常德中行成立“不良资产剥离工作领导小组”,2000 年6 月月底，与东方资产公司签署 2.62 亿元人民币不良贷款、127.26 万美元外汇不良贷款（折合人民币 1056.26 万元)、346.7 万元应收利息以及 9838.2 万元的催收利息的剥离转让合同，第一期剥离总额为 3.74 亿元。常德建行对全行 155 户、共计 2615.98 万元呆账贷款和2276.35 万元应收利息予以剥离。

2002 年和 2003 年,全市各行均未实施剥离。

2004 年，常德中行再向东方资产公司剥离人民币不良资产 678 万元和外币不良资产 109.8 万美元，剥离总额为 1587 万元。常德建行再向中国信达资产管理公司剥离不良贷款 1.29 亿元。2005 年,全市仅常德工行一家实施剥离,对 939 户 99984 万元不良贷款实施剥离。

2006 年和 2007 年全市各行均未实施剥离。

2008 年 11 月,常德农行剥离不良资产 29.41 亿元。剥离后,不良资产项目仍由财政部委托常德农行设置共管基金进行管理。至此,全市不良贷款剥离工作结束。

第三章　中间业务

第一节　结算业务

一、国内结算业务

1989年，中国人民银行对全国银行结算制度进行改革，中国人民银行总行出台了《银行结算办法》。常德工行是常德市银行业结算大户，其结算模式也最具代表性。1989年，常德工行结算业务注重以“清欠”为重点，充分利用结算手段澄清拖欠底子，疏导汇路畅通。为有效解决拖欠，常德工行牵头召开银行间结算工作联席会议，对同城票据清交达成共同协议，并制定相应实施细则，较好解决汇路不通问题。为加速社会资金周转，常德工行办好票据交换所，建立完善票据交换清交制度，推行农副产品收购定额转账支票结算，积极推广商业票据承兑、贴现和再贴现，大力推行信用证结算方式，开办直达电汇和定额汇票业务。全年签发银行汇票8.24万笔，金额2.44亿元，兑付银行汇票6.49万笔，金额521万元。常德农行考虑商业汇票承兑、贴现业务情况复杂，风险较大，因此在较长一段时间仅限于同地区范围内，且业务量很小，只在辖内农行开户的工商企业中办理，随后才逐步在国营农业企业、乡镇企业和其他企业中推行。常德中行人民币结算业务相对活跃，全年现金结算总量3.03亿元。全年现金结算累计收入1.41亿元，增长224.3%。占现金收入比重最大的是储蓄存款收入9992万元，占70.7%。按照人民银行和中国银行总行规定，常德中行取消付款委托书、托收无承付和保付支票三种结算方式，主要结算产品：银行汇票、委托收款、汇兑、定额支票异地托收等4种异地结算产品。现金支票、转账支票、不定额支票、定额支票、同城委托收款共5种同城结算产品。同年4月，常德中行率先发行第一张长城信用卡，增加了一个全新的结算工具和平台。常德建行按照人民银行总行《银行结算办法》和常德人行要求，取消原来的付款委托书结算方式，本地结算主要采用现金支票、转账支票、委托收款。异地结算以电汇、信汇和委托收款和托收承付，同时开办银行承兑汇票作为常德建行的基本结算方式。严格执行“恪守信用，履约付款”和“谁的钱进谁的账，由谁支配，银行不垫款”的结算原则。

1990年，常德工行恢复托收承付结算方式，异地结算开办电汇、信汇、银行汇票、银行承兑汇票、商业承兑汇票、托收承付、票汇、异地委托收款。同城结算开办现金支票、转账支票、同城委托收款等。在结算手段上，逐步废弃前台手工处理业务的传统方式，推广会计电算化。中心支行设立电子结算中心，从单用户微机到业务数据集中处理，开始实行通汇结算以及对账业务的电子化服务。常德中行人民币结算业务继续放大，全年现金结算总量达到4.89亿元,较上年增长61.39%。全年同城人民银行往来7.17亿元,国内联行往来2.66亿元,同业往来3.52亿元。为强化结算纪律管理,常德中行制定《会计管理制度》,8月,又根据国家物价局、邮电部《关于提高国内邮政资费的通知》精神,重新调整收费标准。

1991年,国务院和人总行下发《关于整顿商品交易秩序、严格结算纪律的通知》和《加强银行结算监督、严格执行结算纪律的通知》,以严肃结算纪律。为适应业务发展需要,常德工行新设“271应收托收款项”和“272代收托收”两个表外科目,对托收拒付或退票的处理实行“信贷部门初审、托收专柜复核、会计主管把关”的操作程序,无理拒付及退票情况大幅下降。为适应业务量快速增长的需要,常德工行逐步推广会计电算化和结算手段电子化,废弃前台手工处理业务传统模式。是年,结算业务由成立时的1600多万笔增加至3000多万笔。常德农行根据人总行和农总行《关于加强商业汇票管理的通知》和《关于进一步开展商业汇票业务,加强商业汇票管理的意见》文件精神,在县(市)支行开始办理银行承兑汇票、商业承兑汇票。12月,又根据农总行的精神停止办理新的银行承兑汇票和贴现业务,并对相关业务进行清理。常德中行国内结算业务总量随着业务规模的增长而增长,全年现金结算6.34亿元,增长29.65%。现金净投放3635万元,增长187.12%。是年,常德中行长城卡支现额增至1800万元。常德建行从1991年7月1日起全面启用新的银行汇票,新版银行汇票利用高科技手段使用专用水印,无色莹光标记。

1992年,全市银行结算工作重点是对结算纪律进行整顿。常德工行严格结算秩序,狠抓会计结算和银企对账工作,联行、省辖往来对账工作步入正常化轨道。全辖10个县(市)支行营业部和常德支行青年路分理处均使用电脑对外处理日常业务和会计事后监督工作,建立票据交换中心,强化微机处理结算业务,票据交换和区内、省内结算凭证在途时间平均缩短2天。常德农行在1992—1993年加强商业汇票管理,严格审查企业经济活动。暂停办理银行承兑、贴现业务期间,加强对企业承兑委托收款的监督,严格承兑汇票的保管、领取和使用。重点整顿结算秩序和严格结算纪律。协助企业清理“三角债”,制止随意压票、退票和拒绝受理正常业务。对专户储存人行的清欠资金逐笔落实到企业,欠人货款的清偿必须通过人行专户。常德中行全年现金结算10.45亿元,增长64.83%,现金结算累计收入5.05亿元,较上年增长68.9%,现金净投放3504万元,下降3.6%。长城卡吸收存款1935.5万元,相当于前三年余额的2.2倍。常德建行从1992年1月1日起启用新的联行行号,票汇专用章,联行专用章。1994年8月起,全国联行密码由手工编制、核押改为使用“电子密押器”编、核押,提高联行资金的安全系数。

1993年,国家相继出台和实施一系列整顿金融秩序,严肃金融纪律,加强宏观调控的政策和措施。常德工行会计结算业务变会计记账的双人临柜为单人临柜并实行柜员制,取消前台复核,变临柜业务两次输入为一次输入,代之以事后监督人员对前台业务进行审查和复核,实行总会计全面监督制。由于减少业务环节而提高办事效率,减少客户等候时间,日人均办理记账业务127笔,比原双人临柜增加98笔,为工商企业办理1.79万笔托收承付结算业务和 1.4 万笔委托收款业务。常德农行恢复银行承兑汇票业务，注重票据业务的发展，银行承兑汇票的签发、承兑、转让和贴现成为农行支持工商业企业扩大生产、销售，搞活流通的有效工具。常德中行受南流资金 6000 万元占款、上缴省中行准备金由原 5%提高至 15%和四月以后拆借资金一律停止三大原因的影响，资金呈现前所未有的紧张局面，为此确定全年工作的重点就是资金工作，先后向外拆借资金十多次，累计借资 3000 万元，同时通过员工揽储增加资金，还向当地人民银行申请再贷款等措施融资 1 亿元，催收违章拆借和南流资金近 3000 万元，有效清算联行欠差和头寸资金。常德建行受房地产热潮过后大量资金沉淀沿海地区形成资金周转困难，基层行占用联行资金情况比较严重，联行资金平衡难度加剧。

1994 年，资金仍然是各行发展的瓶颈，市人行根据人总行关于加强银行结算纪律的通知精神，严格执行新的结算办法，加强对托收范围及规定的审核，严把制度关、出口关，对凭证认真审核，全市托收拖欠的情况开始下降。常德工行发出托收凭证被人拖欠 2219 笔，金额 5373 万元，较上年减少 608 笔。常德中行严格执行中央"约法三章"的规定，先后制定《信用卡透融资管理规定》《联行资金管理办法》《资产负债比例管理试行办法》《辖内二级存款准备金管理制度》和《出纳制度有关实施细则》。为规范支行行长和市分行部门负责人的经营行为，市分行还专门颁布《县支行行长从严治行、防范经济案件责任制试行办法》《部门经理(主任)从严治行、防范经济案件责任制试行办法》和《三违行为处罚规定》及六个大的业务部门"三违"新标准。为提高结算信誉，先后向省中行借入临时借款 29 笔，总额 2.85 亿元，向辖内发放临时借款 73 笔，总金额 3.2 亿元，清算 4975 万元老的高息外借资金，年底前拆入资金全部清盘。

1995 年，为从根本上扭转金融秩序紊乱局面，省人行联合省内 5 家银行和 2 家保险公司联合实施"3351"金融质量工程，即通过三至五年或更长一些时间的努力，在全省金融系统基本达到恢复"三铁"，提高"三性"(信贷资产的效益性、安全性、流动性)，实现"四化"(经营行为规范化、业务处理电子化、金融监管法制化、干部队伍四有化)，全面提高金融机构素质和队伍素质，为经济持续、快速、健康发展创造一个稳定有序、安全高效的金融环境。为优化和规范同城清算，常德人行牵头建立同城清算系统电子平台，按照"立足清算、临时周转、恪守信用、按期偿还"的原则，由工、农、中、建四家银行和信用社共同出资，建立同城清算准备金制度，同城清算进入电子信息化阶段。常德工行于 5 月 30 日、10 月 4 日、11 月 1 日对辖内 13 个全国联行，14 个省辖联行机构的联行业务实现了电子通兑，实现电子联行通汇行处间资金汇划，24 小时到账。常德中行先后修订《关于制止财务三乱的若干规定》《资产负债管理章程》《制度检查员实施细则》《储蓄网点标准化管理标准》《重点稽核实施办法》和《防假辨伪奖罚细则》等规章制度，收到相应的效果。是年，省建行建立省辖联行核算，常德建行各支行及分理处均加入了省辖联行核算。

1996 年，《中华人民共和国票据法》出台，规范汇票、本票、支票当事人之间权利、义务关系，促进票据的正确使用和流通。各行加快结算业务电子化建设步伐，运用电子化业务平台改善结算服务和提高质量。常德工行从行业存款大户处理、有贷户企业处理、同业往来结算处理、系统内结算处理、央行往来业务处理等方面制定具体实施意见,狠抓结算管理中"汇"的环节,推广使用银行汇票、银行承兑汇票和牡丹卡结算,积极组织个体户在工行开立存款户办理结算。制定电子汇兑、联行对账管理考核办法,恢复"票据交换站",印发《会计结算服务工作规范试行细则》,树立"结算出资金,结算出效益"观念,压缩汇差1.31亿元。是年,累计签发银行承兑汇票3.63亿元,解决棉花收购、烟叶等生产启动和商业市场供应临时资金需要。常德农行认真落实省农行《关于大力推广银行承兑汇票业务的意见》,但由于银行承兑汇票管理偏松,使得部分承兑汇票到期由银行垫付,形成6758万元新的逾期。是年,常德农行完成15个具有全国联行行号营业机构对公业务的电脑化处理工作,成功实现全国联行电子汇兑,全国范围内电子汇兑均可一日达账。常德中行提出"不准参与储蓄大战、不准再搞违规经营、不准出现会计三乱"的"三不准"规定。为改变辖内机构延压往来报单,占用区辖联行资金现象,采取加收罚息的措施进行整治,有效改变延压报单占用联行资金的不良现象。常德建行按照总行统一部署筹划资金电子清算系统, 下半年开始试运行,10月实行汇划款项资金清算业务,其业务范围是系统内行处之间的资金汇划收付业务,会计核算取消联行核算。

1997年,全市各行进一步完善和加强结算电子化平台建设。常德工行成立结算中心,其银行结算业务由手工记账、邮政汇兑和电汇改为运用计算机和网络电子化平台,实现结算业务电子化。常德农行制定《关于强化信贷集约化经营与管理的实施方案》,明确要加强银行承兑汇票的管理,将银行承兑汇票业务视同信贷业务对待。强调开办银行承兑汇票的对象仅限于本行评定的特、一级信用等级企业和省、市、县三级确定的重点企业,所有承兑汇票都必须经市分行审批。常德中行对违反结算和财金纪律的行为进行认真纠正和处理。完善各项规章制度35条,对联行和结算进行重点监控和防范,确保电子联行正常运转和结算渠道畅通。计划、财务和信贷等部门按季度对结算、资金、信贷和经营总体成本等核算情况及时进行分析和报告,现金结算业务进一步规范并小幅回落。常德建行组织员工学习《支付结算办法》和建总行编印的《中国建设银行支付结算业务手册》《商业银行票据与结算》,以帮助结算人员准确理解和掌握具体运用中的主要风险点以及防范要点和操作规范。是年,常德建行设立资金清算中心。

1998年,常德各家银行加快结算业务电子化建设步伐。常德工行结算业务实行大机延伸,6月月底全面完成全辖55个会计对公网点的业务结算联机工作, 结束银行手工办理会计结算业务历史。8月月底前,实现所有网点联行业务集中管理,撤销所辖县(市)及桃源陬市办事处的联行行号,仅保留市分行核算中心一个联行行号,所有异地结算业务都通过市分行办理,开通全国实时电子汇兑网络系统。常德农行严把银行承兑汇票签发对象关,全辖确认安乡县飞达橡胶厂等22个企业可以办理银行承兑汇票, 并分别核定承兑汇票授信额度。由于4月出现垫付56笔、共7887万元银行承兑汇票,垫付比例高达49.2%,决定取消江北、武陵、桃源三个支行承兑汇票申报权。1998年年底,长沙、株洲、湘潭、岳阳、常德农行成为全省农行系统五家地市行首批开通全省农行电脑通存通兑的分行。常德中行强化结算和核算纪律，严格执行国家利率政策，自觉维护金融秩序，联行结算等基础会计工作得到加强。常德建行狠抓结算制度管理，认真贯彻落实建总行《全国汇票机构管理办法》《代理其他商业银行办理全国银行汇票业务管理办法》以及《关于进一步加强银行汇票和银行承兑汇票防伪、防诈骗工作的通知》《支付结算案例点评》等，会计结算人员的业务操作水平和风险防范能力提高。

1999年，四大国有商业银行开始为股份制改革着手规范化管理。常德工行成立会计结算科，负责管理全辖46个对公营业网点的会计结算，组织核算中心办理全辖资金汇划及资金清算，负责储蓄通存通兑、信用卡业务资金清算等，顺利开通资金汇划清算系统，会计结算与核算质量提高。常德农行针对承兑汇票管理问题，制定《关于进一步加强银行承兑汇票管理的规定》，重申并明确承兑汇票签发条件、审批程序、管理责任以及严明纪律等要求。授权开办个人存单全额质押业务的支行可以在全额存单质押客户中办理银行承兑汇票，授权市分行营业部代理市分行向市人民银行申请办理单笔金额在500万元以下的银行承兑汇票再贴现，并建立一户一账制的承兑汇票管理台账，是年，新签银行承兑汇票的到期兑付率达100%。常德农行于是年4月转发《中国人民银行武汉分行支付结算管理实施办法》，7月印发《常德农行人民币电子汇兑管理考核办法》，明确人民币电子汇兑系统工作考核目标是“保证质量，提高效率，安全运行，发挥效益”。常德中行加强联行资产管理，解决以往联行资金长时间处于欠差罚息的情况，制定《1999年内控制度检查计划》《内控信息资料管理规定》《全辖内控检查员考核评比办法》和《各业务风险点控制检查细则》，还对CBIS系统的安全运行、授权、再授权执行情况进行专项稽核。常德中行精心部署，圆满地解决电脑“千年虫”问题。常德建行于10月开通个人电子汇划业务（即“速汇通”），即以储蓄网点为基点，以城市综合业务网络为依托，以全国资金清算系统为纽带，实现个人储蓄所汇款24小时到账的快速汇划方式。

2000年，常德工行积极拓宽结算业务，新增存、贷款账户900多户，发展支付结算代理业务，先后与武陵、鼎城、汉寿等6家农村信用社签订代理支付结算业务协议，为适应石油公司“收支两条线”管理需求，专门为其开办“网络结算”，并与创维、春兰集团开展全国性网络结算。常德农行通过对承兑汇票业务的大检查，加强出票条件管理，按照审贷分离原则，积极实施信贷业务前台和后台操作相分离，每笔承兑汇票都严格按程序操作，是年，新签发银行承兑汇票基本垫付状况明显好转，垫付率由1998年的31%下降至10.3%。常德中行在11月完成市分行和常德城区支行与人民银行同城清算的“天地对接”系统，辖内各县支行也在年底前相继开通。为规范业务操作、监控和管理同城清算资金，市分行专门制定《中国银行常德分行电子联行“天地对接”系统管理细则》和《人行同城清算及“天地对接”系统操作规程》，至此结束传统同城清算方式。常德建行与常德君安证券、泰阳证券、湘财证券三家营业部开通银证转账业务，是年，办理银证转账卡6970张，交易额达2.62亿元。同时，拓展个人电子汇划业务，是年办理个人电子汇划款汇入业务2.65万笔，交易额3.68亿元，并与武陵、忠信、鼎城、金城四家城市信用社建立代理异地资金清算关系。

2001年,常德工行结算业务以网上银行、电话银行、网络结算等新型结算业务为依托,初步实现资金支付结算网络化,新开烟厂、电力、石油等单位和企业网上银行11户,新开单位电话银行400多户。7月2日,率先在全省开通综合业务会计核算子系统,成立现金中心库。为进一步发挥结算优势,拓展结算代理业务,先后为国家开发银行、浦东发展银行、中信实业银行、福建兴业银行、招商银行、华夏银行代理结算,是年,为上述银行签发银行汇票53笔、共1804万元。常德农行按照2001年8月湖南省银行同业公会印发的《银行承兑汇票贴现业务自律公约》,对本行承兑汇票业务进行检查和规范。加大对优质企业扶持,控制对劣质客户信贷投入,全年签发银行承兑汇票753笔共3.9亿元,垫付率仅0.53%。常德建行在省建行的统一部署下,8月实现数据大集中,"速汇通"2小时就能到账,汇划速度大大加快。

2002年,常德工行以网上银行和代理支付结算为突破口,加快推行"汇款直通车""银证通"等新型结算工具,结算业务迅猛发展,全行新增个人电话银行1482户,网上银行187户,新开对公网上银行39户,增长225%,交易金额猛增至3.27亿元,增长39.4倍,电子银行交易额14.8亿元,其中企业网上银行交易额4.1亿元,电话银行交易额8.4亿元,开办银证通账户7821户,累计实现交易量7975万元。常德农行推广"通汇宝"等以实时汇兑为主的支付结算产品,电子汇划实现的中间业务收入优势开始体现。是年,加大对桥南、步行街和火车站三大市场全额质押银行承兑汇票业务拓展力度,累计签发银行承兑汇票714笔,金额3.97亿元。常德中行按照"金融超市"的基本理念,将市分行、城区行和县支行三个不同层面大胆进行网点功能整合的试点,将本外币存款、结算、零售和中间业务直接推向窗口。采用上下联动营销策略,成功营销金健置业、洞庭水殖、市住房公积金中心等一大批中型优质客户的结算资金。12月月底,为华南光电叙作129万元的人民币保理业务,成为常德市金融系统保理业务"第一单"。常德建行积极参与人民银行和建总行组织的银行卡联网联合工作,ATM和POS顺利实现跨行交易,以龙卡作为"速汇通"、个人消费贷款、网上银行、银证通以及代理业务收费的载体,拓宽龙卡功能。是年,龙卡交易额20亿元。个人电子汇划业务14.73万笔,交易额11.5亿元。在清算系统与会计核算系统直连后,随即撤销清算中心。

2003年,随着市场经济的飞速发展,银行对企业由过去的存贷款服务转到存贷结一体化服务,银行间结算业务的竞争日益激烈。常德工行通过对营业网点功能整合和业务流程再造实施会计核算一体化暨业务流程再造。按新的职能设立会计结算部,将核算管理、核算需求、检查辅导、强化内控和结算业务营销归并会计结算部统一管理。组织和实施信贷台账子系统、个人消费信贷子系统和外汇汇款暨清算子系统的投产与升级换代,利用网点和结算优势为澧县、鼎城、汉寿农村信用社和鼎城农业发展银行提供代理结算支付服务,并率先在全市商业银行开通支付密码器业务。常德农行通过优化管理程序和加强风险管理,积极拓展票据业务,是年,累计签发银行承兑汇票5.4亿元。常德中行按照扁平化管理模式组建出纳中心,对资金业务实行"准市场机制"管理,对出纳中心按照"管理准军事化、经营准市场化"的规则进行运作。常德建行加强电子化业务建设,个人电子汇划业务继续保持市场领先地位,汇入汇出年交易量21.74万笔,交易额13.94亿元,并于3月开通“95533”客户服务系统。

2004年,重点加强基础性和规范性建设。常德工行会计结算业务以基础建设为重点,以强化风险控制为主线，以建设管理型会计体系为目标，在各基层行处全面推行总会计委派制,构建以总会计、会计监管、会计检查、营业管理部经理和营业网点负责人为主体的会计结算管理新体系。6月,将同城票据和外汇清算、内部资金计价等业务全部集中于市分行核算中心,初步实现会计结算业务处理标准化、规范化、程序化。全年网银业务2274笔、共9.91亿元。常德农行根据农总行《商业汇票贴现业务管理办法》,对贴现业务各环节作出明确规定和规范化要求,发挥系统内票据回购借款利率杠杆作用,加强票据回购资金管理,是年累计签发承兑汇票6.98亿元。常德中行在6月取得常德市级财政国库集中支付服务项目代理银行资格,与市财政部门签订银行代理服务协议。常德建行网银业务快速发展,个人电话银行客户2.88万户,网上银行交易量3.38万笔,交易额6268万元,同时,新推手机移动支付业务是年签约客户8720户,电子产品逐步成为分流前台柜面业务的新生力量。

2005年,常德工行狠抓结算创新,继续做好电子回单柜和保管箱推广营销,推广营销电子回单柜624门,其中新租102门,营销出纳保管箱1454门。利用工行现有机构、网点和网络资源,与其他中型、小型商业银行、信用社、股份制银行等同业机构在结算业务方面进行有偿合作,代签、代理兑付银行汇票、委托收款及其他支付结算业务代理。为强化会计结算业务风险防范,从规范结算业务处理流程入手,市分行先后制定《保管箱业务管理办法》《现金业务管理办法》等一系列规章制度。常德农行针对票据市场出现的低利率、低收益的状况,适时调整票据业务营销策略,坚持发展、风险、效益并重经营原则,锁定营销重点,区别交易对象、承兑行、期限、票据种类和结构,实行差别定价,实现票据品种多样化,全年累计签发银行承兑汇票2417笔,金额6.6亿元。是年,开办漫游汇款兑付业务,4月大额支付系统上线,实现跨行间资金直接汇划。常德中行股份制改革后,狠抓司库管理,合理调度备付金和联行资金使用,全辖日平备付率从年初4.68%降至2.46%。同时,认真组织股改资产尽职调查,强化财务预算约束力和执行力,科学有效的财务预算管理机制得以建立。常德建行股份制改革后全国数据实现大集中,个人汇划款项实时到账。会计结算业务随之快速增长,个人网上银行新增3891户,电话银行签约新增9333户,手机银行推广1227户,中端及VIP客户新增7216户。

2006年,常德工行坚持深化会计结算改革,强化会计结算内控管理,提高会计结算质量。加强结算产品营销,拓展结算市场,先后开展通用性支付密码器、电子回单柜和保管箱等新型结算业务。完成NOVA2.1、2.2、2.3各版本的升级、参数“1007”项目改造、小额支付系统、PCM2003系统、资金集中配置项目、本外币反洗钱监控系统、客户对账系统、记账式国债、储蓄国债业务系统、代缴联通话费系统、新版电力代收系统等会计结算业务系统升级改造。为控制会计结算操作风险，选聘46名委派营业经理对23个大中型营业网点进行现场管理与监控,成功堵截一笔3000万元大额存单质押贷款诈骗案件。常德农行为规范银行承兑汇票业务,遏制票据案件的发生,对辖内营业机构办理银行承兑汇票业务进行专项检查和加强风险管理，累计签发银行承兑汇票6.7亿元。常德中行规范代收代付业务，转发《中国银行湖南省分行代收、代付业务管理办法》，并制定《常德分行网点转型规划实施方案》，按照“三硬一软，五个更多”（三硬”一是封闭式现金柜台要少；二是开放式非现金柜台和自助设备真正起到业务迁移的作用；三是大堂经理、理财经理、销售营销人员要真正配置到位。“一软”是指员工素质要从操作交易型向营销服务型转变，不仅要熟悉综合柜台业务操作，还要掌握产品营销和客户服务的技巧。“五个更多”是指有更多的员工从封闭式现金柜台解放出来；员工有更多的时间和精力从事产品营销工作和客户服务维护；特别是中高端客户的营销、服务和维护；网点有更多的面积用于与客户沟通交流，特别是产品销售、客户理财；网点能提供更多的中间业务、理财产品供客户选择，；有更多的网点直接受理公、私资产业务，特别是零售贷款业务的目标要求对网点经营模式进行转型改革，网点结算综合功能得以提升。常德建行运用电子和网络技术增强结算竞争力，是年，网上银行增加7032户，电话银行签约增加9347户，手机移动支付签约增加1.01万户。

2007年，常德工行结算业务依托新型结算工具和电子交易平台，推出结算套餐、法人理财、保管箱、账户信使等新的服务模式，全年对公结算账户净增885户，增长33%。成功营销结算套餐428套，销售法人理财产品“工行债市通”6期，销售金额4150万元，营销保管箱809门，营销对公结算“账户信使”1287户。利用银证合作创新的基础性平台，先后在国泰君安证券、恒信证券、泰阳证券等证券公司拓展证券资金三方存管业务，开通三方存管客户2.96万户，三方存管资金2.3亿元。完成财政、人民银行、国库、行政事业单位实现国库结算资金网络连接一体化、国税电子缴税系统的升级改造和地税电子缴税系统投产上线工作。常德中行按照“稳步发展、潜力提升，积极抢占市场份额，以集团客户为主线，着力拓展当地优质中小客户，保持企业网银持续发展”的思路拓展企业网银业务，全年网银业务收入增长33.27%。常德建行结算业务电子化有效助推业务发展，全年新增单位电子银行客户1008户，企业、个人网上银行新增1.15万户，企业电话银行签约新增499户，个人短信金管家累计新增5.45万户，手机移动支付签约新增5425户，公司类基本结算户2339户，新增279户。

2008年，常德工行先后与市烟草公司、市烟草机械有限公司签订企业年金账户管理和基金托管协议，成功取得年金托管人资格。是年，结算业务新开对公结算账户2500户，全省第一。常德中行做好奥运金融服务工作。3月月底前，完成ATM受理卡种标识张贴和中英文标准界面改造工作。4月月底，完成受理4～6位密码的设备排查，排除ATM设备外卡受理障碍。制定奥运期间ATM吞卡处理、加钞、设备维修等服务方案和应急预案，保证奥运期间ATM开机率，稳步推进奥运会和残奥会门票代售，全方位满足客户金融需求，营造良好奥运支付环境。常德建行继续狠抓电子化网络和对应产品开发与市场拓展，制定和实施《电子银行业务整体推进方案》。是年，企业、个人网上银行新增9.03万户，企业、个人电话银行签约新增6.37万户，手机银行活动客户新增1.78万户，个人短信金管家累计新增3.69万户，手机移动支付签约新增3.16万户，公司类基本结算户增加300户，总户数增至2639户。

2009年，常德工行利用网络结算交易平台，开发财政性工资代发和烟草在线支付，网上银行结算交易额大幅攀升，对公存款迅速增长。通过对市工商局、税务局、招商局、技术监督中心等账户信息资源多的政府部门及会计师事务所、审计师事务所等社会中介机构的营销，获取大量新注册企业和单位信息，由支行和网点跟踪营销，使其落户工行。同时，将代发工资、企业网银、结算套餐、账户信使、信用卡等多个产品捆绑营销，扩大账户营销成果。新开对公结算账户2071户，新开结算户总量和新增账户在四大国有商业银行的占比分别为40.1%和36.6%。常德中行在全省中行系统率先开通"工商E线通"，率先与邮储银行签订合作协议，开展代理同业外币存放业务，成为首家开通"大客户来账业务查询"的二级分行，并由此成功营销公司类结算客户146户。常德建行运用电子化网络优势拓展结算客户队伍，高端版企业网银客户年增481户，普通版企业网银客户年增1093户，高端版个人网银客户年增5.78万户，普通版个人网银客户年增3.93万户，高端版企业电话银行年增122户，企业短信金管家年增190户，手机银行活动客户年增5.63万户，个人短信金管家年增7.34万户，手机移动支付签约客户年增2.77万户，公司类基本结算户增至2618户。

2010年，常德工行运用远程授权手段和会计凭证档案影像管理系统，提升结算业务运行速度和质量，防范结算运行风险，全年受理结算授权业务6.51万笔，单笔结算业务系统平均排队时间缩短至9秒。加强客户预留银行印鉴管理，38个营业网点安装，70台电脑验印系统，加快新版印签卡扫描建库，新建9210份印鉴档案。现金结算量增至629.24亿元，增长15.32%，全年现金结算累计收入314.66亿元，现金结算累计支出314.57亿元，分别增长15.38%和15.27%。常德中行年现金结算总量增至629.24亿元，增长15.32%。现金结算累计收入增长15.38%，现金结算累计支出增长15.27%。常德建行电子化建设有力推进结算业务的增长，是年，高端版企业网银新增1108户，高端版个人网银新增7.03万户，企业短信金管家（含电话银行）新增394户，手机银行活动客户新增3.51万户，个人短信金管家累计新增6.52万户。是年年底，个人结算户增至15.37万户，公司类基本结算户2497户。

二、国际结算业务

1989—1993年，常德市国际结算业务基本集中在常德中行。国际结算业务范围为外汇存款、外汇汇款、外汇贷款、外币兑换、贸易、非贸易结算、办理国际汇兑和华侨汇款、开展国际租赁、外汇调剂和提供有关咨询服务。

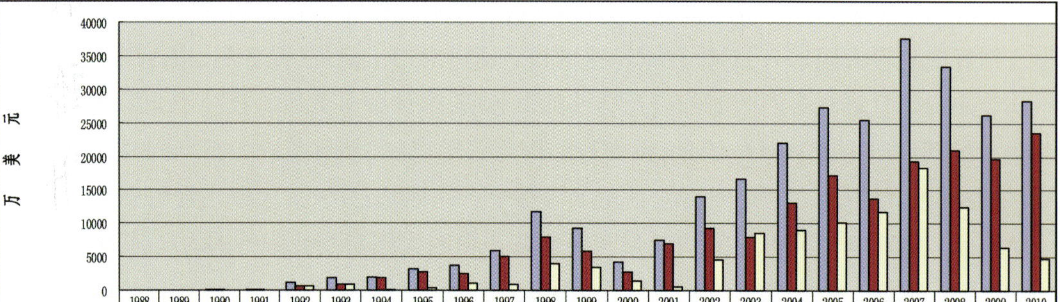

	1988	1989	1990	1991	1992	1993	1994	1995	1996	1997	1998	1999	2000	2001	2002	2003	2004	2005	2006	2007	2008	2009	2010
国际结算业务总量	0	0	110	175	1202	1861	1989	3190	3656	5917	11770	9176	4283	7531	13972	16606	22046	27296	25438	37620	33416	26189	28187
贸易项下结算	0	0	110	163	598	947	1825	2802	2535	5006	7863	5745	2775	7016	9306	7968	13124	17182	13736	19315	20959	19731	23446
非贸易项下结算	0	0	0	12	604	914	164	388	1121	911	3907	3431	1508	515	4666	8638	8922	10114	11702	18305	12457	6458	4741

年　度

图 2–27　1989—2010 年常德市银行业国际结算业务发展变化条形图表

1989 年,常德中行根据国际结算业务发展需要,设置专司国际结算职能的业务柜,开始受理信用证、单据托收、票据托收等业务,对外开办国际结算业务,并按照总行要求实行外币分账业务报告制度。分账的货币由上年的美元和港币 2 种增加到美元、港币、英镑、瑞士法郎、西德马克、法国法郎、荷兰盾、奥地利先令、意大利里拉、日本元、加拿大元、澳大利亚元共 12 种。是年,可自由兑换的货币确定为美元、港币、英镑、西德马克、法国法郎和日元 6 种。

1989 年,中国银行常德支行承担外币兑换为外汇券的独有职能。20 世纪 70 年代后期,随着中国旅游事业的发展和对外经济文化交流活动的不断增加,来华的外国人、华侨和港澳台同胞日渐增多,专门为他们服务的宾馆、商店及其他服务部门也相应增加。为方便他们在这些场所购买物品和支付费用,中国银行从 1980 年 4 月起发行外汇兑换券,简称外汇券,是含有外汇价值的人民币代用券。它只能在指定的范围内与人民币等值使用,但不是另一种货币。外汇券是一种票券,印有与人民币等值的面值,可以单独使用,有购买能力,而且购买力与当时的人民币钞票不同,属于一种集券、币于一身的特殊货币。凡国外旅客、华侨和港澳台同胞入境时,所携入的外币、外汇旅行支票可向中国银行兑换成外汇券。出境时,如有剩余外汇券来不及兑回外币时,允许自由携出境外,以后到华时可再携入使用,也可以凭兑换水单换成原来的货币。1980 年和 1990 年,中国银行先后两次共发行 7 种面额、9 种版别外汇券。1995 年 7 月 1 日起,外汇券停止流通。

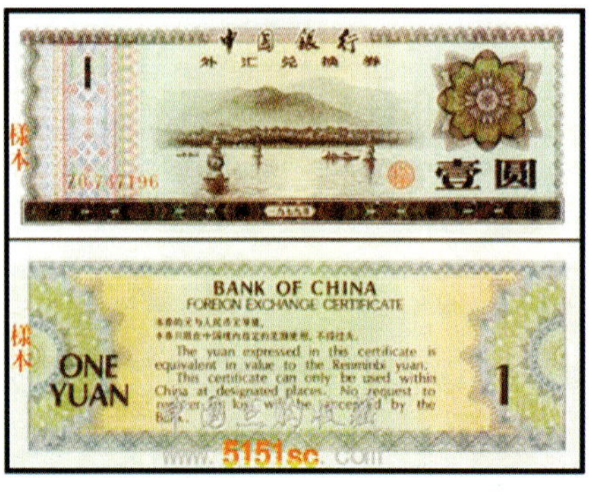

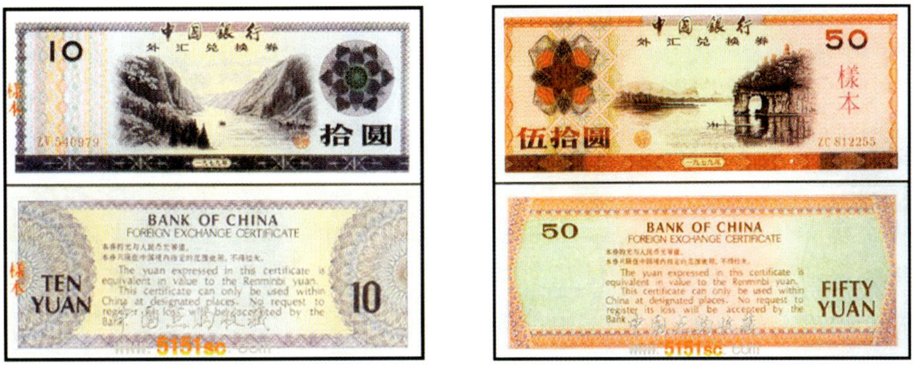

图 2–28　外币兑换券图样

1990 年 2 月，中国银行长沙分行批准常德中行独立开办国际结算业务。是年，常德中行与三十多家国外联行和国外代理行建立印鉴和密押关系，开始直接受理国外来证、出口托收和票据托收业务，可为进出口企业叙作信用证项下打包贷款、出口押汇、外币票据贴现业务。是年常德中行国际贸易结算量 24.3 万美元，港币 89 万元。同时，非贸易国际结算发展势头良好，侨汇，旅行支票兑换，外币信用卡业务逐渐增多。是年，常德中行开通英镑、港币、美元、瑞士法郎、西德马克、法国法郎、新加坡元、荷兰盾、瑞典克朗、奥地利先令、意大利里拉、日元、加拿大元、澳大利亚元、记账瑞士法郎和外汇人民币共 16 种外币的结算。

1991 年，为适应地方进出口企业结算业务逐步从长沙、深圳等地向常德转移的形势，常德中行设立国际结算专柜，是年，叙作国际结算业务 163 万美元，增长 48.18%。是年，经国务院批准，我国境内居民因私出境用汇参加调剂。12 月 1 日，湖南省外汇调剂中心常德境内居民外汇调剂点在常德中行设点对外营业，全月交易 44 笔，成交金额 11.8 万元。常德中行坚持以“服务侨胞，便利侨汇”的原则，办理侨汇业务做到侨汇解付快、解讫收条寄出快、疑难侨汇解决快、查询问题答复快的“四快”服务，通知不过夜，有问必答，有信必复，对老弱病残侨户的汇款送款上门，深受客户欢迎。

1992 年，全市国际结算业务总量 1202 万美元，是上年的 6.87 倍。其中贸易和非贸易分别为 598 万美元和 604 万美元。湖南中行批准常德中行与港澳各行及海外分支行建立直接业务往来关系，办理贸易项下国际结算业务。常德中行开始对各进出口公司、工贸企业、三资企业等开办贸易项下国际结算业务，提供“跟单信用证项下的通知和修改”“跟单信用证项下的议付和押汇”“跟单托收”“国际汇兑”“对外进口开证”“对外进口各类汇款”“客户资信调查”“各类进出口业务的结汇”“贸易项下对外担保”“贸易项下的各类融资”等国际结算服务。与纽约分行、伦敦分行、东京分行、法兰克福分行、巴黎分行、悉尼分行、香港分行、澳门分行、新加坡分行、交通银行香港分行等 24 家中国银行海外机构建立联行直接代理关系。是年，又开办“证券交易”和“外汇调剂”等业务，为进出口企业举办“国际结算基础知识讲座”培训班，同时还为进出口企业和外商的合资、合作提供业务咨询。是年，常德中行叙作国际结算业务 598 万美元,增长 266.87%,市场份额 86.4%。1992 年,常德农业银行成立湖南省分行国际业务部常德代办处,办理外币存、放款及兑换业务。成立之初,接管“世界银行第二期农村信贷项目”相关业务,首次申请 50 万美元世行 B 部分贷款,围绕项目贷款业务,开始试办结售汇和国际结算,是年,叙作 7 万元非贸易结算业务。

1993 年,全市国际结算总量增至 1861 万美元,增长 54.83%,其中贸易项下 947 万美元,非贸易项下 914 万美元。常德中行专设国际结算科,国际结算业务的发展走上正常、科学和快速发展的轨道。是年,贸易项下结算总额 947 万美元,全年完成进出口结汇 856 万美元,较上年增长 43.14%。常德农行叙作非贸易结算 58 万美元。

1994 年以后,常德市工、农、中、建四家银行以金融体制改革为动力,积极发展国际结算业务,呈现多家银行共同发展的竞争格局。但在一定时间段里,常德中行仍然表现出国际结算业务优势的特点。全市国际结算总量 1989 万美元,其中贸易项下 1825 万美元,非贸易项下 164 万美元。是年,国家对外汇汇率体制实行重大改革,即由过去的计划经济体制下的外汇汇率双轨制改为与国际惯例接轨的单轨制。常德中行采取建立外汇汇率台账、开通全辖外汇头寸上报、汇率收发通信系统,以保证新汇率体制顺利实施。是年,先后增加非贸易票据托收、出口押汇等国际结算新品种。是年,国际结算业务继续增长,叙作贸易项下结算业务 256 笔,结算总额 1108 万美元,增长 17%。进口和出口业务量在当地比重分别占 85%和 90%,继续保持国际结算主渠道地位。为方便客户和提高国际结算效率,常德中行先后与洛杉矶、法兰克福、曼谷等 8 家中行海外机构建立密押关系,并主动向日本的富士银行、爱知银行,非洲的也门银行、泰国的曼谷银行、西班牙的西敏寺银行请求建立代理关系。常德农行经农总行和国家外汇管理总局批准,于 10 月将代办处升格为中国农业银行常德市分行国际业务部,并享有自营和外汇结算权,办理外币存放款、外币兑换、国际贸易和非贸易结算、结售汇、对外开证、对外咨询、票据贴现、票据托收和对外见证业务。业务运作上完全按照国际惯例操作,与国际接轨,引入商业银行机制,是年叙作非贸易结算 100 万美元。常德建行叙作国际结算业务 409 万美元,结售汇 353 万美元。

1995 年,全市国际结算总量 3190 万美元,增长 60.38%。其中,贸易项下 2802 万美元,非贸易项下 388 万美元。随着国际结算业务的放开,国际结算市场的激烈竞争在四大国有行间进行重新分配。常德中行受规模和资金制约,结算量和市场份额回落,贸易项下结算总额减少至 948 万美元,下降 14.44%。为解决进出口企业国际贸易专业人才短缺难题,常德中行免费为外贸出口部门先后举办两期 60 多人参加的国际贸易业务培训班。常德工行是年办理进、出口结算业务 420 万美元,同业占比上升至 14.99%。常德农行叙作国际非贸易结算 156 万美元。常德建行是年叙作国际结算业务 1434 万美元,结售汇 575 万美元。

1996 年,全市国际结算总量 3656 万美元,增长 14.61%。其中,贸易项下 2535 万美元,非贸易项下 1121 万美元。是年 8 月 1 日起国家将三资企业结售汇纳入银行结售汇体系,常德中行加大市场营销力度,动员三资企业来中国银行开户结汇,9 月在同业中率先开通 SWIFT

(国际银行间电子划拨)系统,汇款、解付速度明显加快,市场竞争力增强。全年进出口业务结算1863万美元,比上年增加915万美元,增长96.52%,出口业务市场占有率为38%,进口业务市场占有率为53%。信用证项下议付、售汇、汇入汇款、进口开证、进口押汇、进口付汇和非贸易项下的托收及汇款业务相对活跃。是年,常德农行叙作国际结算业务863万美元,增长4.53倍。常德建行叙作国际结算930.4万美元,回落35.15%。

1997年,全市国际结算总量5917万美元,增长61.84%。其中,贸易项下5006万美元,非贸易项下911万美元。是年,宏观经济不够景气,外贸受到较大影响,进出口企业资金需求增大,各商业银行纷纷利用人民币配套资金吸引进出口企业的结算业务。常德中行主动出击,按照"支持老户、发展新户"的经营思想,积极上门营销,同时抓住常德海关"开关"的契机,编制外向型企业国际结算网络。充分利用SWIFT系统的快捷方便特点吸引客户,积极创新,增强营销力度,全年国际结算业务总量1182笔,累计金额3442万美元,增长84.76%,贸易项下结算业务2906万美元,增长106.86%。进出口业务市场占有率分别保持在39%和47%的相对高位。是年,与常德海关共同建立加工贸易银行保证金台账,全市所有进出口企业加工贸易台账都在中行开立,受常德海关委托,张家界、吉首地区的加工贸易保证金台账也在常德中行开立,并一直持续到2012年。常德农行下发《关于进一步加强我行国际业务工作的意见》,指出国际业务要实现"五个提高",即提高各项外汇业务的市场份额,提高外汇资产质量,提高外汇业务经营管理水平,提高国际业务人员素质,提高国际业务创利能力。将国际业务部对外营业名称改为中山办事处,负责常德农行全辖外汇业务管理和协助各行搞好原世界银行贷款管理。年叙作国际结算业务1254万美元,较上年增长45.31%。常德工行和常德建行分别叙作贸易项下国际结算业务1044万美元和177万美元。

1998年,全市国际结算总量1.18亿美元,较上年增长98.92%。其中贸易项下7863万美元,非贸易项下3907万美元。是年,国家外汇管理局下发《境内居民个人外汇管理暂行办法》,中国银行成为国内唯一享有完全按照国家政策执行境内居民个人外汇管理的银行。根据该精神,常德中行向常德外汇管理局提出县支行以上机构代理、代办外汇业务转自营的申请,获准取得外汇业务自营资格,并扩大外汇经营业务范围,常德城区5个分理处、石门、汉寿和鼎城3个支行扩大外汇存款、外币兑换业务,澧县、德山、临澧、安乡和桃源等5个支行增加外汇汇款业务。面对东南亚金融危机,地区贸易出口受挫,银行国际业务受到冲击的形势,常德中行不断创新,提高市场竞争力,全年国际结算业务实现5098万美元,较上年增长75.43%。常德工行是年叙作贸易项下国际结算业务2905万美元,增长51%,结售汇2029万美元,增加504万美元,市场地位回升。常德农行叙作国际结算业务1070万美元,回落14.67%。其中,贸易项下国际结算604万美元,非贸易项下结算466万美元。常德建行叙作贸易项下结算132万美元,回落25.42%。

1999年,全市国际结算业务总量9176万美元,下降22.04%。其中,贸易项下5745万美元,非贸易项下3431万美元。是年,欧元区建立和欧元进入国际金融市场。常德中行从1999

年1月1日开始受理欧元结算业务,1月17日,第一笔欧元顺利汇入常德中行。为应对亚洲金融危机对地方进出口业务的影响,常德中行在进出口业务总量滑坡的形势下,抓住推出个人实盘外汇买卖、欧元进入结算笼子和网点扩大外汇业务的机遇,在一定程度上缓解负面冲击。全年国际结算业务3089笔、计4086万美元,较上年下降27.48%。其中贸易项下结算3421万美元,下降27.57%,非贸易结算量2737笔664.8万美元。是年,国家外汇管理局和海关总署把对私售汇、财政预算内非贸易售汇和加工贸易银行保证金台账三块外汇业务授权中行专营,全年共办理对私售汇253笔、185万美元,财政预算内非贸易售汇28笔12万美元,新开设银行台账18户。全市有90%的侨户在中行办理收付汇,90%的客户到中行办理出国留学存款证明书。全年汇入汇出、买入票据、支票托收、售汇大幅上升,累计共办理2737笔664.8万美元。9月,"亚洲皮划艇锦标赛"在常德举行,常德中行积极为外宾办理外币兑换、旅行支票、外汇信用卡、代收外汇等业务。是年,启动个人实盘外汇买卖(又称外汇宝)业务。常德工行叙作国际结算业务3798万美元,较上年下降23.02%。常德农业银行国际业务发展较好,是年,国际结算业务总量1292万美元,增长20.75%。其中,贸易和非贸易项下分别为787万美元和505万美元。

2000年,常德市外贸体制改革使得外贸专业公司因经营难以为继而基本退出市场,一批新兴的三资企业(如恒安纸业集团公司)和民营企业(如常德杰新纺织印染公司)异军突起,逐渐成为进出口业务主力军。是年,全市国际结算总量4283万美元,其中,贸易项下2775万美元,非贸易项下1508万美元。常德中行国际业务总量3232万美元,较上年下降20.9%。其中,贸易项下的结算总量降至2244万美元,下降34.41%。是年,实现"环球汇兑一日通",在技术上保持领先地位,侨汇业务升温,非贸易结算988万美元,较上年增长48.62%。新兴三资企业国际结算业务受信贷倾斜等因素作用而相继转入工行和农行。常德农行开办国际卡收单业务,是年5月,开通国际业务电脑综合处理系统,提高结算速度和服务质量,增强市场竞争能力,在城区三个大酒店开办外汇代兑代汇点,叙作国际结算量1035万美元,但受大环境的影响,业务量仍较上年回落19.89%。

2001年,全市国际结算总量1.08亿美元,其中贸易项下的7016万美元,非贸易项下的3760万美元。常德中行9月开办远期结售汇业务,放宽对中资企业外汇结算账户的开立标准,扩大开户范围。凡符合经外贸部门备案或核准有进出口经营权、在工商行政管理部门注册登记的法人、年度出口收汇额在等值200万美元以上,且年度外汇支出额在等值20万美元以上、企业财务状况良好,两年内没有严重违反外汇管理规定行为的企业即可开立外汇账户。开始开办远期结售汇和代客外汇买卖业务,首次为岩下荣祺公司开立税款保付保函。全年叙作贸易项下结算2664万美元,增长18.72%。常德工行年叙作贸易项下国际结算3600万美元,非贸易项下的3245万美元。常德农行叙作583万美元,增长13.2%。办理首笔国际贸易融资52万美元和远期结售汇30万美元。3月,开通代理B股业务。根据外汇管理规定,境内居民个人和非居民不得使用外币现钞从事B股交易,必须在银行开立外汇现汇或现钞账户，并要求在办理B股交易前，应将不少于等值1000美元的外汇资金从其个人的外汇存款账户划入证券经营机构在农行开立的B股保证金账户。常德建行仅叙作贸易项下国际结算业务169万美元。

2002年，全市国际结算总量增至1.4亿美元，其中贸易项下9306万美元，非贸易项下4666万美元。5月，常德中行开始通过上级行办理代客外汇买卖业务。开办居民个人因私购汇业务，并按照国家外汇管理局《境内居民个人因私购汇管理细则》进行经营和管理。同时，又创新人民币国内保理业务。常德中行全年国际结算业务增加至2914万美元，增长9.38%。6月，又创新推出个人实盘外汇买卖业务，半年累计交易量达95万美元，为投资者拓展了一款有效的投资渠道。8月，推出外汇宝业务。12月，为华南光电公司办理129万元人民币国内保理业务，成为常德市金融系统保理业务“第一单”。常德工行国际业务结算快速增长，全年叙作国际结算8788万美元，其中贸易项下结算4608万美元，增长28%，办理结售汇4608万美元，增长42%。常德农行加大科技投入，顺利上线BIBS系统和西联汇款业务系统，在实行城区行扁平化管理中，推进本外币一体化经营。为国际业务重点客户配备专职客户经理，坚持细分市场，精选客户，将有大量进出口的上市企业、外商投资企业、经济效益好的民营企业列入重点营销目标，全市7家中资出口骨干企业中有4家在农行办理业务，仅常德市杰新纺织印染厂在农行的国际结算总额就达1332万美元。是年，常德农行叙作国际结算业务2095万美元，增长90.8%。常德建行仅叙作贸易项下国际结算业务175万美元。

2003年，全市国际结算总量增至1.66亿美元，增长18.85%。但贸易项下结算回落而非贸易结算增长。贸易项下7968万美元，下降14.38%，非贸易项下8638万美元，增长85.13%。常德中行率先在常德金融市场推出对公外汇买卖和远期结售汇，是年，对公外汇买卖291万美元，远期结售汇556万美元，叙作国际结算业务6012万美元，增长34.4%，其中，贸易结算2632万美元，非贸易结算3380万美元。常德工行加大国际结算业务专项考核激励办法，全年叙作国际结算7710万美元，其中，贸易项下结算4800万美元，增长14.83%。同时，办理结售汇2910万元。常德农行积极调整客户结构，国际业务客户有所增加。在维护杰新印染厂、湘北工贸等国际业务客户基础上新拓展津市猪鬃厂、安乡凯斯公司、亚马逊木业公司等国际业务客户，国际结算量稳定增长，全年累计完成国际结算2562万美元，同比增加467万美元，增长22.29%。

2004年，全市国际结算总量2.2亿美元，较上年增长32.76%。其中贸易项下1.31亿美元，非贸易项下8922万美元。常德中行发挥国际结算传统优势，突出个性化营销。全年国际结算业务交易量5559万美元，回落7.53%，其中贸易结算量3919万美元，增长37.75%，非贸易项下的结算1640万美元，叙作国内保理业务1440万元人民币，外汇宝实现业务交易量1054万美元，远期结售汇868万美元，提货担保业务实现常德金融市场零的突破，贸易融资498万美元。所辖的武陵支行、郎州支行和澧县支行开始开办实盘外汇买卖业务，同时在全辖开办“汇聚宝”外汇理财业务（汇聚宝业务是指银行根据客户的委托，在向客户充分揭示风险的基础上,按期汇集客户外币资金,运用中国银行外汇理财工具对汇聚资金进行运作和管理,以期获取较高投资收益的综合理财产品。它主要投资于债券、期权和调期等各种外汇金融工具)。常德工行叙作国际结算业务量1.25亿美元,增长62.44%,贸易和非贸易结算分别实现5673万美元和6851万美元。常德农行加大市场和产品营销力度,优良进出口贸易客户增多,实现结售汇和国际结算量双增长,叙作国际结算业务量3427万美元,增长33.76%,贸易和非贸易结算分别实现2996万美元和431万美元。常德建行叙作贸易项下结算536万美元,增长66.46%。

2005年,全市国际结算总量2.73亿美元,较上年增长24.09%。其中,贸易项下1.72亿美元,非贸易项下1.01亿美元。常德中行国际结算业务明显提升,叙作国际结算6791万美元,增长22.16%,其中贸易结算4200万美元,非贸易结算2591万美元,市场份额40%。常德工行坚持以客户为中心,全年叙作国际结算1.36亿美元,增长8.94%。常德农行叙作国际结算业务3454万美元,较上年基本持平,其中贸易和非贸易分别为3033万美元和421万美元。常德建行国际结算3407万美元,是上年度的6.36倍,结汇2276万美元,较上年增长5.73倍。

2006年,全市国际结算总量2.54亿美元,回落6.81%。其中贸易项下1.37亿美元,非贸易项下1.17亿美元。常德中行按照“突出重点客户、重点产品”的原则,辅之以合理让利和代客理财的策略,新拓展出口大户——杰新纺织。全市45家进出口企业有29家与常德中行有业务往来,是年新增8家。还争揽恒安纸业1.6亿元港币和华油公司2.1亿港币的资本项目。国际结算市场占有率有所提高,全年叙作国际结算业务量1.06亿美元,首次突破亿元美元大关,增长56.75%,贸易业务量增长9.29%,非贸易增长133.69%,贸易业务量市场份额达到47%。常德工行叙作国际结算业务1.14亿元,下降16.62%。其中,贸易和非贸易分别为6133万美元和5244万美元。常德农行降至1268万美元,下降63.29%。其中,贸易和非贸易分别降至865万美元和403万美元。常德建行贸易项下结算也降至2148万美元,下降36.95%。

2007年,全市国际结算总量3.76亿美元,较上年增长47.89%,其中贸易项下1.93亿美元,非贸易项下1.83亿美元。常德中行不断推出新的业务品种,包括跨境人民币贸易结算、汇出汇款融资、进口双保理、出口双保理、出口商业发票贴现、国内信用证福费廷、国内商业发票贴现、协议融资、IFC项下福费廷、电费保函、内存外贷银行开出等额保函、付款汇利达、订单融资、通易达、融资达、融通达、融易达、出口融信达、国内融信达和销易达等产品。按照系统营销指导思想展开营销,下辖支行广泛揽收保函、保理、国际国内信用证、资信证明、资本金结汇等业务,抓住华油集团外资并购契机,为其办理2.1亿港币的远期结售汇业务。全年叙作国际结算业务1.55亿美元,同比增加4862万美元,增长45.67%,市场占有率达59%。其中贸易结算7409万美元,同比增长53%,市场占有率54%,保函保理业务也达到5974万人民币,增长64.3%。常德工行叙作国际结算业务1.73亿美元,增长51.73%。其中贸易和非贸易分别为7560万美元和9702万美元。常德农行2007-2008年相继开办“通过上级行办理代客外汇买卖业务”“远期结售汇业务”“代客外汇理财业务”等多个外汇业务新品种，叙作国际结算业务2751万美元，增长1.17倍。其中，贸易和非贸易分别增至2246万美元和505万美元。常德建行国际结算市场企稳，年叙作贸易项下国际结算业务2100万美元。

2008年，全市国际结算总量降至3.34亿美元，同比下降11.17%。其中贸易项下2.1亿美元，同比增长8.51%，非贸易项下1.25亿美元，同比下降31.95%。常德中行强化县级支行国际结算营销职能，市分行国际结算部也由营销操作型向营销管理型转变。全年贸易项下结算总量增加至9533万美元，同比增长28.67%，但非贸易结算降至4325万美元，同比下降46.59%。全年叙作进口汇利达业务1320万美元，贸易结算量市场份额53.35%，仍居同业之首。常德工行叙作国际结算业务1.46亿美元，同比下降15.2%。其中贸易和非贸易分别降至6958万美元和7680万美元。常德农行叙作国际结算业务2664万美元，同比下降3.16%。其中，贸易和非贸易分别降至2212万美元和452万美元。常德建行叙作贸易项下国际结算业务2256万美元，同比增长7.43%。

2009年，全市国际结算总量降至2.62亿美元，同比下降21.63%，其中，贸易项下1.97亿元，同比下降5.86%，非贸易项下6458万美元，同比下降48.16%。常德中行积极拓展新领域，缓解进出口业务总量下滑的冲击，是年，办理国内信用证及国内保函业务1500万元。贸易融资余额降至772万美元，同比下降41.69%。国际结算总量降至7015万美元，同比下降49.38%，其中贸易项下结算6049万美元，同比下降36.55%，非贸易项下结算966万美元，同比下降77.66%。市场占有率44.9%，同比下降8.45个百分点。常德工行叙作国际结算业务1.11亿美元，同比下降23.94%，其中贸易和非贸易分别实现6070万美元和5063万美元，分别下降12.76%和34.08%。常德建行抓住形势变化的机遇积极拓展市场，是年叙作国际结算5673.5万美元，同比增长151.48%。常德农行叙作国际结算2367万美元，同比下降11.15%，其中贸易和非贸易分别下降12.39%和5.09%。

2010年，全市国际结算业务总量2.82亿美元，其中，贸易项下2.34亿美元，同比增长18.83%，非贸易项下4741万美元，同比下降26.59%。常德中行积极拓展进口开证、付款汇利达、出口押汇、出口商业发票贴现、融易达、国内信用证开证、委托收款及议付、保函等具有行业优势的国际结算业务。全年叙作国际结算1.09亿美元，同比增长55.64%。其中，贸易结算1.05亿美元，同比增长73.58%，市场份额提升至47.46%，提高2.56个百分点。其中非贸易结算量418万美元，同比下降56.73%，贸易融资降至169万美元，同比下降48.11%，人民币贸易融资余额增至2373万元。常德建行建立稳定的外汇业务发展架构和任务型团队，重点营销国际结算、贸易融资、外汇资金交易等产品，主动向交单企业推荐出口押汇、福费廷、赊销企业投保出口信用保险。抓住美元利率低位徘徊、汇率波动加剧、境内外利率差加大的市场机遇，与鸿鹰祥生物工程有限公司签订远期结算协议。是年，常德建行叙作贸易项下国际结算业务6054万美元，市场占比跃居第二位。常德工行总量下降，是年叙作国际结算业务

9188 万美元,下降 17.47%,其中贸易与非贸易项下结算分别为 5339 万美元和 3849 万美元,分别下降 12.04%和 23.98%。常德农行继续回落,国际结算业务总量降至 2027 万美元,下降 14.36%,其中贸易项下结算1553 万美元,下降 19.87%,非贸易项下 474 万美元,增长 10.49%。

1984—2010 年各主要货币对人民币内部统一折算牌价一览表

表 2-4　　100 单位原币折人民币

年度	美元	欧元	英镑	日元	港元
1984	261.71	—	328.71	1.09	33.24
1985	320.1	—	457.62	1.54	40.96
1986	372.16	—	525.87	2.28	47.67
1987	372.16	—	662.08	2.75	47.64
1988	372.21	—	677.42	3.03	47.61
1989	472.21	—	756.95	3.28	60.48
1990	522.21	—	1006.56	3.87	66.99
1991	542.50	—	1016.37	4.33	69.42
1992	575.18	—	867.49	4.61	74.3
1993	580.00	—	856.66	5.21	75.09
1994	844.90	—	1317.44	8.51	109.14
1995	831.58	—	1289.61	8.07	107.56
1996	829.82	—	1403.23	7.16	107.19
1997	827.98	—	1371.14	6.36	106.81
1998	827.87	—	1374.265	7.17	106.78
1999	827.93	—	1339.43	8.09	106.51
2000	827.80	—	1236.01	7.24	106.06
2001	827.66	—	1200.27	6.3	106.06
2002	827.73	863.6	1326.81	6.9	106.11
2003	827.67	1033.83	1471.18	7.73	106.57
2004	827.65	1126.27	1593.10	7.9701	106.37
2005	807.02	957.97	1391.22	6.8716	104.03
2006	780.87	1026.65	1532.32	6.563	100.47
2007	730.46	1066.69	1458.07	6.4064	93.64
2008	683.46	965.9	987.98	7.565	88.19
2009	682.82	979.71	1097.8	7.3782	88.05
2010	662.27	880.65	1021.82	8.126	85.09

第二节　银行卡业务

至 2010 年年末,常德各家银行和农信社共发行长城信用卡、龙卡、牡丹卡、金穗卡、绿卡和福祥卡 6 种银行卡。

1989 年 4 月 16 日,常德中行在常德首发长城信用卡。1990 年,常德建行在常德发行首张银行卡——龙卡。1992 年 12 月，常德工行发行首张牡丹信用卡。1992 年 12 月 26 日常德农行发行首张金穗信用卡(准贷记卡)。1994 年 3 月，常德邮储在常德发行首张绿卡。2006 年 12 月，常德市农村信用社发行福祥卡。

银行卡随着科技的发展和其战略地位的提升，其发卡量和由此带来的消费和存款日益增长。银行卡发卡数量由 1989 年年末的 283 张增加至 2000 年年末的 56.44 万张，2010 年猛增至 482.37 万张。银行卡吸收的存款也由 1990 年的 164 万元增至 2000 年的 12.44 亿元，2010 年，猛增至 212.22 亿元，且银行卡消费总量达至 13.39 亿元的高位。

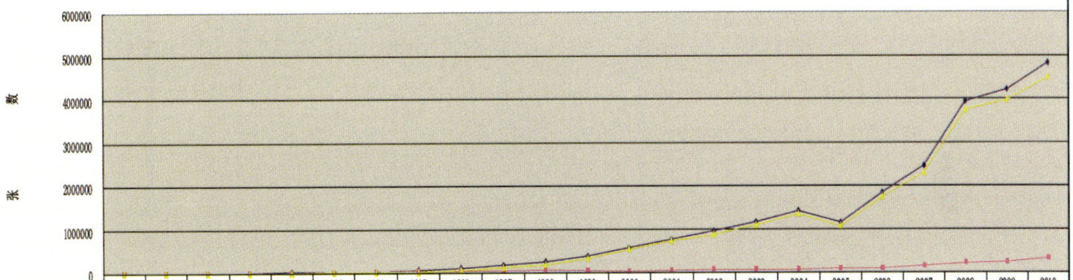

	1988	1989	1990	1991	1992	1993	1994	1995	1996	1997	1998
银行卡发卡总量	0	283	536	1088	16961	17897	29758	67785	112447	168897	245202
信用卡发卡总量	0	283	536	1088	6618	6405	12459	38432	46059	49552	59269
贷记卡发卡总量	0	0	0	0	10343	11492	17299	29353	66388	119345	185933

	1999	2000	2001	2002	2003	2004	2005	2006	2007	2008	2009	2010
银行卡发卡总量	380412	564446	760595	943092	1160233	1411203	1139708	1825472	2444219	3942472	4201259	4823742
信用卡发卡总量	41750	19318	34026	61389	65026	68020	74611	85619	143138	201944	231727	321043
贷记卡发卡总量	338662	545128	726569	881703	1095207	1343183	1065097	1739853	2301081	3740528	3969532	4502699

年度

图 2-29　1989—2010 年常德市银行业银行卡发卡数量趋势图表

一、长城卡

长城卡是中国银行发行的银行卡。1986 年 6 月 1 日，中国银行总行在北京发行我国历史上第一张信用卡——长城信用卡。1989 年 4 月，常德中行在常德首发长城信用卡。

1989 年，常德中行在 4 月 16 日获准代理省中行在常德发行长城信用卡，并于是年 4 月在常德成功发行第一张长城卡。是年，发卡 283 张，吸存 96.7 万元。由于当时没有刷卡机，而是将卡片上凸文字包括持卡人姓名、卡号、有效期等个人信息通过压卡机，借助复写纸留在专用凭条上，作为取现或消费凭证，这种原始的操作模式一直沿用至 20 世纪末期。长城信用卡的发行对于常德市银行业来讲是一种具有战略意义的银行结算产品，开创常德银行业银行卡领域先河。

1990 年，常德中行利用长城卡的多种结算功能，开始发行公司卡，把长城卡账户与信汇、电汇、票汇等结算方式结合起来，方便单位对不同结算方式的选择。同年 8 月，为迎接亚运会召开，中国银行在全国发行长城万事达金卡，常德中行借此机遇发行万事达金卡。1991 年 8 月 20 日，常德中行独立发行长城信用卡。是年常德中行辖内各县支行相继开办长城卡业务，市行专设授权室。

1992 年，常德中行专设信用卡部，市分行信用卡部按照承包模式经营，辖内各支行按照目标责任制进行管理,业务迅速拓展。1993 年,常德中行按照准市场机制进行经营和管理信用卡业务,市分行与各县支行签订长城卡任务责任书,银行卡业务受理网点增加至 25 个,特约商户 28 家,分别是前四年的 3 倍和 4 倍,面向本市个体工商大户推广长城卡,对于信誉好、平时存款余额较大的国有企业和个体工商户给予小额融资透支额度,还为信用卡部配置电传机、传真机和国际程控电话,提高信用卡业务市场竞争力和业务处理效率。但信用卡融资透支率持续走高,年末融资透支率 60%以上,风险开始显现。

1994 年,常德中行开始发行借记卡。为遏制银行卡透支风险,辖内支行从 2 月开始停办信用卡融资业务。1995 年,工、农、建三家银行的信用卡业务也陆续开始发展,同时国家对银行业金融机构实施治理整顿,常德中行信用卡业务受到冲击,但由于借记卡的发展,银行卡总量增长。信用卡透支未能有效制止,并成为当时绕规模贷款的一个主渠道。1996 年,常德中行坚持卡量拓展经营思路,规范经营行为成为银行卡工作的重点,查处澧县和安乡支行利用信用卡透支挪用存款的案件,收回透支款 948 万元,还对 646 万元信用卡透支补办抵押手续,在一定程度上降低了风险。1997 年,常德中行强化银行卡透融资管理,建立城区清算网络及全国 NAS 自动授权系统,常德城区受理网点及商户的 POS、EDC 网络也安装调试成功。信用卡总体发展重点放在发展和扩大消费性商户和消费性持卡人方面, 从大额交易结算型向小额消费结算型转化。1998 年,常德中行加大电脑网络化基础建设力度,实行信用卡数据集中处理,按照总行战略目标,改善信用卡服务硬环境,银行卡业务得到恢复性发展。是年,加大追收和保全力度,收回协议透支款 18.4 万元,并落实 801 万元的债权债务关系。1999 年,常德中行银行卡继续发展,年末各类银行卡 4.91 万张,其中借记卡 4.58 万张,贷记卡 3325 张,分别占总量的 93.23%和 6.98%。银行卡共吸收存款 7404 万元,增长 20.04%,银行卡存款占总存款的 5.56%,银行卡消费额 1170 万元,较上年提高 25.13 个百分点。

2000 年,常德中行银行卡业务全部并入零售业务部,取消承包经营体制,银行卡业务并入 CBIS 综合系统,将长城信用卡受理范围扩大到各储蓄网点的 RBS 终端,从 10 月 1 日起,凡持有中行人民币长城信用卡、人民币长城联名卡的客户在特约商户用卡消费时无须出示身份证件,特约商户不再核对客户身份证件,不在签购单上填写客户身份证件号码,需要授权时,不用再向银行提供客户身份证件号码,持卡人使用长城信用卡更加方便。2001 年,常德中行将银行卡业务的发展提到战略高度,开始全方位大规模发展借记卡,并向社会发行长城国际卡。8 月 1 日起,实行省中行 24 小时集中授权,结束分散授权的历史。

2002—2004 年,常德中行坚持大规模发卡和拓展商户的发展战略。2003 年,开通移动手机支付定制业务。2004 年,常德中行开始发行“长城万事达”国际电子借记卡和“银校一卡通”的校园卡,先后向烟厂、家润多、恒安纸业等十几家客户推出网上银行业务。开展“迎接雅典奥运,体验健康生活”大型有奖促销活动。向湖南省机电职业学院成功营销长城借记卡和 IC 校园卡 4000 张。是年,银行卡发卡总量增至 18.59 万张,其中借记卡 17.73 万张,贷记卡 8643 张,分别占总量的 95.35%和 4.65%。银行卡吸收存款 6.36 亿元,银行卡吸收存款总量占总存款的 21.56%。银行卡消费 1.66 亿元，增长 13.89%。

2005—2010 年，常德中行银行卡业务一直保持快速增长的局面，战略性产品经营策略成果显现。2005 年，常德中行实行银行卡高端客户营销策略，向高端客户发放贵宾卡，贵宾客户在利用银行卡叙作理财等业务中可根据贡献度给予不同的优惠费率。2006 年，常德中行在个金部中组建信用卡团队，各支行也配备信用卡客户经理，是年配合交通养路费征稽改革试点，启动银行卡 POS 缴费。2007—2010 年，常德中行每年接近增发 5 万张银行卡，银行卡存款和消费也不断增长。四年间，常德中行银行卡总量分别增至 26.43 万张、30.62 万张、35.11 万张和 40.32 万张，四年增速分别为 13.34%、15.85%、14.66%和 14.84%。借记卡从 2006 年年末的 21.88 万张飙升至 2010 年年末的 36.59 万张，增长 67.23%。贷记卡也由 1.43 万张增至3.72 万张，增长 160.14%。银行卡吸收的存款由 2006 年的 9.66 亿元增至 15.99 亿元，增长65.53%。银行卡年消费额也由 2006 年的 1.91 亿元增至 4.92 亿元，增长 157.59%。2009 年，常德中行利用公司、个金客户资源和网点渠道资源实现批量、持续发卡，尝试委外发卡，发展和建立优惠商户网络，努力扩大发卡规模。2010 年，常德中行实施重点产品的发展策略，采取公司、个金等以及各分支机构联手营销公务卡和天利置业管理层白金卡项目以及电信电力等重点客户的批量办卡。以淘宝卡为契机，累计发卡 3000 余张，开展白金卡专项营销，累计发白金卡 132 张。抓好居家安心卡和校园淘宝卡两大重点项目的发卡，校园淘宝卡在常德文理学院、常德同德职业学院和常德高职院等大专院校全面铺开，年发校园淘宝卡 5000 余张。

常德中行于 1989 年发行第一张长城卡之后，通过 21 年发展，形成独具特色的银行卡系列产品。包括全币种国际芯片卡、长城环球通白金信用卡、无限信用卡等，还包括具有个性化特色的长城环球通白金信用卡、百年中行长城环球通信用卡、百年中行长城白金信用卡、中银白金信用卡、长城人民币信用卡、长城卡贷通信用卡、长城公务卡、中银淘宝信用卡、长城福农卡、中银理财贵宾卡、中银财富管理贵宾卡长城“万事顺”国际借记卡等多种长城贷记卡和借记卡。

二、牡丹卡

牡丹卡是中国工商银行 1989 年 10 月 15 日在北京发行的银行卡。1990 年 2 月，加入万事达国际组织。1990 年 6 月，加入威士国际组织。牡丹贷记卡按账户币种分为人民币贷记卡、双币贷记卡和多币贷记卡。

1992 年 12 月 1 日，常德工行成立牡丹信用卡部，在开业仪式上为 5018 个客户发行金卡 1513 张，银卡 3505 张，发展特约商户 83 个，特约储蓄所 43 个，年末吸收存款 1234 万元。年末银行卡总量 1.54 万张，其中信用卡 5018 张，借记卡 10343 张。吸收存款 3102 万元，其中信用卡和借记卡分别吸存 1154 万元和 1948 万元。

1993年,常德工行制定《关于县(市)支行办理牡丹卡业务的暂行办法》,各县(市)支行均设立牡丹卡办事处,制定奖罚办法。为城区15家特约商户安装30台POS机,特约商户增至90家。1994年,常德工行利用银行卡平台率先推出代收电费的牡丹电费专用卡,运用牡丹卡的大额结算和短期透支功能,为桃源、澧县两个棉纺厂等40家工商企业用于购进原材料,为市烟草公司调运香烟提供短期透支便利,为持卡人提供小额善意透支。对经济效益好、信用度高的烟草、石油、五交化公司、新华书店等单位办卡700多张。1995年,常德工行实施"重宣传、上卡量、抓存款、增效益、抓服务"的营销策略,银行卡业务实现倍增式发展。全辖投入资金近百万元,为基层县市支行配备相关设备,为特约商户和县市支行中心储蓄所安装销售终端(POS),在市城区铺设8台自动取款机。全年发展特约商户163家并率先在全省推出牡丹消费卡,10个单位用牡丹消费卡代发工资,电费专用卡实现各县市支行与电力局联网,继续探索电话费专用卡。为防范风险,所有信用卡透支全部纳入信贷总规模控制,每笔透支必须经过市分行牡丹卡部严格审批,各支行不能利用牡丹卡透支绕规模发放贷款,更不能搞协议透支。1996年,常德工行坚持"卡量至上、存款为本、效益当先"的银行卡经营思想,拓展专用卡市场,开办以牡丹卡收缴电费、邮电费、有线电视收视费、养路费等一系列新的业务,重点拓展税务、养路征稽等行业的特约商户,开发银行卡缴税业务,为大、中专学生办理校园卡,发展绩优企业卡,对经济效益好、职工收入高、存款比较多的烟厂、红光仪器厂、烟草、石油等绩优企业员工办卡实行统一担保条件,统一收费标准和上门集体办卡,并新发展183家特约商户。城区储蓄所POS上机率100%,县(市)支行全部开通电话银行。银行卡发卡总量增至5.93万张,增长28.21%。1997年,常德工行银行卡业务在规范经营的基础上,积极开拓市场,开通X.25同城异地实时授权系统。年新增电费专用卡4625张,与税务局联手发放灵通缴税卡1700张,向5家单位发放600张灵通卡代办退休养老保险金和代发工资。是年还加大透支款项的追收,全年收回透支本息289.2万元,占透支总额的18%。1998年,常德工行按照"大力开拓市场,切实改善服务,加速科技应用,合法合规经营,防范化解风险,全面提升牡丹卡业务经营效益"的指导思想展开银行卡经营。相继推出证券卡、石油卡、牡丹灵通卡代收平安保险费、代发养老保险等业务。新发牡丹证券卡5500张,牡丹灵通加油卡1000张,代收平安保险费的牡丹卡4000张。1999年,常德工行将信用卡业务并入储蓄大机网,完成了"卡折合一"工程,并对原有银行卡进行清理。银行卡总量回落5%,降至9.08万张。其中贷记卡减少2.2万张,下降43.2%,借记卡净增1.73万张,增长38.89%。银行卡透支风险开始暴露,对28户无法追收的69.76万元信用卡恶意透支本金和137.69万元利息报损处理,共计207万元。银行卡吸存1.67亿元,增长49.12%。

2000年,常德工行对信用卡持卡人进行风险性排查和清理,贷记卡总量减少,同时开发针对机动车驾驶员的"驾车消费一卡通"和"牡丹交管卡"。是年,银行卡总量较上年减少1.73万张。2001年,常德工行坚持规范经营前提下的银行卡发展,借记卡和贷记卡均有较好的增长。年末银行卡总量增至8.39万张。2002年,常德工行积极开拓银行卡市场,为扩大信用卡的消费市场，先后与三家证券公司、市人行、金健米业签订消费网点协议。推出市直行政事业单位驾驶员加油专用卡。3月和8月，又先后开办市财政局和鼎城区财政局公务员专用卡。银行卡总量增至9.07万张，在对贷记卡客户进行风险排查之后，总量降至5983张，下降21.67%。贷记卡增至8.48万张，增长11.11%。银行卡吸存3.13亿元，增长37.28%。银行卡消费3100万元。在控制风险前提下做大透支规模，使良性透支总额从年初的280万元增加至600万元，培植新的收息源。同时做好不良透支压降工作，对180日以上的不良透支实施清收，贷记卡不良透支占比由上年的26.1%下降至1.52%，准贷记卡不良透支占比由16.7%下降至4.39%。

2003年，常德工行着力开发牡丹公务员卡，主要发卡对象是重点企事业单位和机关团体即市县两级会计核算中心、政务中心的公务员。对高学历、高职称、高职位、高收入、高素质、高信誉客户及理财金账户持有者实行发卡免担保。为医务人员发行“白衣天使卡”，为教师免年费办卡换卡，开展“领用牡丹卡、幸运千万家”和与银联联合举办“刷卡消费游天下、幸运轿车开回家”促销活动。新发展特约商户39家，特约商户总数增至262家。对于不良和恶意透支，采用“电话、信函、上门、司法”四种催收手段，先后追收不良透支200多笔，金额80多万元。2004年，常德工行注重改善用卡环境，开办牡丹卡柜面申办及领卡业务，锁定高效益、高学历、高职称等优质客户作为发卡群体，配合银联公司开展有奖持卡消费和员工“爱行用卡”活动，激活睡眠卡，提高办卡率。银行卡发卡总量增至11.17万张，增长9.94%。银行卡吸存4.27亿元，增长12.07%。银行卡消费5308万元，增长6.33%。收回套现、失控不良信用纪录卡237张，清收刷卡套现资金143万元，清收360天以上的不良透支789万元。2005年，常德工行银行卡业务坚持发展与管理同步和质量与效益并重的原则，先后与常德华天大酒店、芙蓉大酒店等签订特惠商户长期协议，持卡人消费视同贵宾金卡打折优惠。成功营销常德卷烟厂、湖南文理学院、市一中医院使用工行财务POS，并在芙蓉大酒店开办外卡收单等业务。2006年，常德工行注重对交通、能源、财政、税务、烟草、医院等重点行业高端客户进行银行卡营销，进一步加大对特惠商户营销力度，新发展共和大酒店、新天地大酒店等20多家客户为特惠商户，拓展55家自营特约商户。同时有效利用CIIS系统堵住多起有不良纪录客户申办信用卡。对于60日以上的不良透支采取电话提醒、上门追透、发函催收、冻结扣款、司法催收、核销呆账等措施，不良透支比例不断下降。2007年，常德工行实施全员营销和重点营销战略，主攻市（县）机关、团体等重点单位、高等院校及交通、能源、财政、税务、烟草、医院等重点行业以及党政机关中公务员和专业人员、大中型企业高管人员。成功营销中油国际卡、公务员卡、金山卡等各类信用卡。发展日丰汽车、中德房产等特约特惠商户，新增特惠商户30家，拓展自营特惠商户119家，财务POS单位19家。银行卡总量增至19.73万张，增长38.46%。银行卡吸存5.83亿元，增长17.0%。银行卡消费2.4亿元，增长118.18%。信用卡不良透支控制在2%以内。

2008—2010年，常德工行银行卡业务快速发展。经营上注重发卡营销，抢占市场份额，狠抓高端客户白金卡营销，同时拓展信用卡分期付款业务。三年中，银行卡发卡总量先后增至23.79万张、26.29万张、27.84万张，增幅分别为20.58%、10.51%和5.87%。2010年年末贷记卡和借记卡分别增至16.98万张和10.85万张。三年中银行卡消费也分别增至5.82亿元、9.6亿元和21.4亿元。银行卡业务带来的存款也分别增至6.35亿元、7.55亿元和8.05亿元。2010年，成功叙作分期付款业务2.18亿元。至2010年年末，信用卡不良透支率降至1.32%的低位。

三、金穗卡

中国农业银行1991年在北京发行金穗银行卡。常德农行于8月成立金穗信用卡部，开办“金穗信用卡”业务，12月26日发行首张金穗信用卡(准贷记卡)。

1993年，常德农行开始全面建立和发展金穗信用卡特约商号与受理网点。年末，金穗卡总量增至900张，银行卡吸存510万元。1994年，常德农行开始将银行卡业务作为战略重点来抓。桃源农行率先在全市县支行试办金穗卡部，年末，全市7个支行成立金穗卡信用分部，年末银行总量3700张，银行卡存款2000万元，增长2.92倍。实现银行卡消费190万元。1995年，常德农行辖内临澧、澧县、汉寿三家支行相继成立金穗卡分部，值此常德农行除西洞庭外均已全部设置金穗卡机构。年末信用卡总量增至6444张，增长74.16%，存款余额8496万元，增长3.25倍。银行卡消费1144万元，是上年度的6.02倍。但恶意透支开始泛滥，透支总额一度达到2306万元，为此，常德农行一方面加强信用卡授权和透支管理，一方面积极清收信用卡透支款210万元。1996年和1997年，常德农行按照商业化模式运作银行卡业务，经营规模逐渐增大，辖内12个信用卡分部从业人员增至60人。发卡总量先后增至8400张和9791张。1997年年末，贷记卡总量增至6849张，借记卡增至2942张。银行卡存款先后增至1.03亿元和1.95亿元。银行卡消费也分别增至2013万元和3003万元。1997年年末，银行卡透支余额增至9618万元，由此将协议透支转贷达到9338.40万元，转贷率为97.09%。

1998年，常德农行推出“潇湘一卡通”——代收税款卡和“金穗万事顺卡”(借记卡)系列，包括务工汇兑卡、加油卡、电话费卡、工资卡等特色借记卡。为规范管理，将信用卡业务机构“信用卡部”改制为“发卡中心”，取消城区二级卡部。“发卡中心”对城区信用卡业务实行账务、开户、授权、刷卡、商户、透支、追索管理“七集中”。1999年，常德农行下属的武陵和江北支行恢复信用卡业务，全辖重点推广金穗万事顺卡，发卡总量快速增长。2000年，常德农行银行卡从业人员增至430人，初步建立起银行卡业务管理体系。2001年，常德农行对银行卡业务经营管理进行改革，由管理服务型改为管理经营型。市分行营业部内设银行卡经营部，实行相对独立的财务核算。2002年，常德农行以“创新、质量、效益”为主题拓展银行卡业务，银行卡总量增至30.7万张，增长28.74%。其中，贷记卡和借记卡分别增至1.07万张和29.63万张。银行卡吸存3.79亿元，增长170.38%。银行卡消费增至6094万元，增长7.59%。

2003—2005年，常德农行银行卡业务出现跨越式的发展。大力创新银行卡产品，开发和推广银行卡附加服务功能，并注重 ATM、APM 的运用管理，发挥自助机具综合效益，推广手机银行、电话银行、网上银行、自助服务银行等银行卡关联品种，以工商行政、税务、电信、电力、烟草、房地产、教育为对象，开拓行业支付与银行卡支付相结合的市场。瞄准校园卡、务工汇兑卡和各类缴费卡等市场，拓展银行卡业务。至 2005 年年末，银行卡发卡总量增至 76.56 万张，较 2002 年年末增长 1.49 倍。银行卡吸存 9.84 亿元，增长 1.6 倍。银行卡消费增至 4.23 亿元，增长 5.94 倍。

2006 年和 2007 年，常德农行坚持银行卡规模发展战略，以金穗准贷记卡为重点，以金穗贷记卡发行为契机，突出消费免息、积分有奖、本外币合一等卖点，拓展一批高价值客户群体。出台“谁营销、谁管理、谁受益”的营销管理与激励机制，银行卡发卡总量分别增至 82.98 万张和 98.2 万张，增长 8.38%和 18.34%。银行卡吸存分别增至 12.02 亿元和 15.66 亿元，增长 22.15%和 30.28%。银行卡消费增至 8.98 亿元和 19.28 亿元，增长 1.12 倍和 1.15 倍。不良透支率控制在 0.4%以内。

2008—2010 年的 3 年中，常德农行强化银行卡风险管理，利用准贷记卡及贷记卡管理信息系统，加强透支管理。2009 年，积极打造惠农卡及小额农户贷款品牌，寻求产品分销新模式。构建“农行 + 公司 + 农户”、农民专业合作社保证担保、银企商合作以及供应商抵押担保四种合作模式，发放惠农卡 3728 张，授信 3728 户，发放农户小额贷款 6721 万元。2010 年在扩大准贷记卡和惠农信用卡客户群体时，注意对行政事业单位、具有一定规模专业市场的项目营销，采取集团营销方式迅速扩大客户增量。以惠农信用卡为主打产品，向本区域的个体工商户、种养殖户、小企业、私营企业主展开针对性营销，对一般借记卡客户营销“易卡”，对有车的客户营销爱车卡、惠通汽车卡，对三口之家客户营销喜羊羊与灰太狼卡，对行政事业单位和国有大中型企业职工营销公务卡和韶山名镇公务卡，对环保人士营销环保卡等新的卡种，发挥农行不同品牌产品社会影响力和对客户的吸引力。银行卡发卡总量分别增至 107.17 万张、86.5 万张和 110.56 万张。三年共增长 13.29%，银行卡吸存分别增至 19.74 亿元、26.79 亿元和 37.04 亿元，三年共增长 136.53%，其中借记卡存款占银行卡总存款的 99.65%。2008 年，银行卡消费增至 2.68 亿元后，2009 年和 2010 年，分别回落至 1 亿元和 1.12 亿元。

至 2010 年，常德农行金穗卡产品共分为借记卡和贷记卡两个系列的产品。其中借记卡系列包括“金穗万事顺卡”“金穗借记卡”“潇湘一卡通”（简称潇湘卡）“金穗医保卡”“银医一卡通”“金穗借记纪念卡”“退役金专用卡”等。贷记卡系列包括“金穗银联标准贷记卡”“金穗万事达卡”“金穗准贷记卡”“单位理财卡”“张家界旅游卡”“惠农信用卡”“新农合联名卡”“VIP 白金卡”“金穗公务卡”“金穗商务卡”“金穗乐分卡”“金穗盛世中华卡”“优卡”“金穗邵阳商人卡”“金穗缴费卡”等。

四、龙　卡

龙卡是中国建设银行发行的银行卡。1990年3月,中国建设银行总行在北京发行第一张银行卡。常德建行1993年2月在常德发行第一张龙卡信用卡。

1989年12月22日,建设银行与万事达国际组织签署协议,成为会员。1990年3月,又加入全球性信用卡机构——VISA国际组织,1990年3月建设银行总行明确建设银行遵循统一规划、统一开发、统一名称、统一卡样、统一卡号、统一管理等"六统一"原则,确定建设银行万事达以"九龙壁"中的龙为主题的卡面,命名为"建设银行万事达信用卡",最后演变为"龙卡"。

1993年2月,常德建行成立万事达信用卡部,1996年12月以前全部经营信用卡。1993年发卡854张,所辖的20个网点被赋予取现功能,吸收存款229万元,银行卡消费1306万元。1994年和1995年,信用卡发卡量分别增至2116张和3429张。吸收的存款分别增至1425万元和1714万元。银行消费分别为2.19亿元和1.88亿元。

1996年12月,建设银行在全行开办龙卡储蓄卡(借记卡)业务。是年,发行储蓄卡2万张,吸存3000万元。1997年以后,常德建行更加重视龙卡的技术、业务规范化建设,积极拓展龙卡功能和覆盖领域。同时严格执行建总行《中国建设银行储蓄卡号编排规则和磁条数据格式标准》,统一技术标准和业务操作标准,为储蓄卡通过龙卡网络系统全国通存通兑、异地使用打下基础。1998年10月,建设银行建立龙卡网络系统,储蓄卡异地联网业务全面开通,是年,常德建行龙卡总量增至10.99万张,增长63.54%。

1999年,常德建行面向青少年儿童发行"兔管家"生肖储蓄卡,在以后的几年里,分别推出不同生肖的储蓄卡。是年,新发行生肖卡6.09万张,吸收卡存款1.03亿元。是年,常德建行狠抓代发工资、代收代付、银券一卡通的"龙卡三代"业务,新增代发工资户850多户,累计增至3.3万户。2000年,常德建行加大银行卡业务营销力度,对资信度可靠的持卡人增加授信额度,鼓励善意透支,积极发展特约商户,增加龙卡购物消费额,在全市重点发展商场、宾馆、酒店特约商户开通POS机114台,为联通发卡3200张,为市工商局发卡8284张,银行卡业务呈现加速发展态势。年末,全行发卡总量增至24.39万张,增长54.66%,其中储蓄卡增至24.01万张,增长56.11%。银行卡存款4.37亿元,增长47.14%。消费额9.94亿元,增长9.77倍。

2001年,常德建行开始发行龙卡准贷记卡,该种信用卡持卡人享有先消费后还款及15天内免利息的优惠。2002年,常德建行突出龙卡核心产品作用,积极参加人民银行和建设银行总行组织的银行卡联网工作。全行的ATM和POS全部顺利实现跨行交易。2003年,常德建行于12月发行龙卡双币种贷记卡。该种卡专向信誉良好的个人客户发行,可在核定信用额度内"先消费、后还款",最长享有50天免息期,以人民币和美元两种货币结算,是全球通的国际标准信用卡,是年被评为2003年度中国"最具创新的信用卡"。2004年,常德建行开始着手股份制改革，一方面加大银行卡营销力度，一方面对 10.09 万张低效储蓄卡睡眠户进行清理，银行卡总量增至 50.66 万张，增长 16.35%，银行卡吸存 9.77 亿元，增长 8.8%。2005 年，推出短信通、信用卡邮购分期付款和国内名校卡等业务。是年 7 月，推广高抗磁条借记卡（原龙卡储蓄卡），10 月，成立“个人银行业务部”。 2008 年，利用网点对公客户优势，办理单位团体发卡。2009 年，常德建行注重高端持卡客户队伍的建设，加大公务卡的营销力度，同时清理睡眠卡。2010 年，常德建行开展“建行龙卡积分汇、缤纷好礼大派兑”等系列活动，中高端客户继续增长，年末银行卡发卡总量增至 98.79 万张，增长 18.13%，借记卡增至 83.03 万张，占发卡总量的 92.57%。银行卡吸存 35.16 亿元，增长 28.4%，其中借记卡存款占比达到了 99.97%，银行卡消费增至 26 亿元。

五、绿　卡

绿卡是邮储银行发行的银行卡。1997 年 12 月，原常德市邮政局成立“绿卡工程”领导小组，组织管理全辖绿卡工程建设实施工作。1999 年 8 月，全省首个绿卡工程联网站点在常德北分局开通。2000 年 3 月，全辖 135 个邮储网点联入国家网，并实现全国通存通兑。2002 年，常德市邮政局大力发展中间业务及电子汇兑业务，12 月，邮储计算机系统完成银联卡改造，邮储网点联入国家网，实现绿卡跨行取款、查询和消费。

2008 年 10 月，常德邮储银行发行第一张信用卡，12 月 18 日，又首次发行绿卡通卡，即将活期、定期、本币、外币存款及理财账户集中于一张借记卡上，用一张卡管理个人多个账户资金活动情况的卡产品，企业网上银行上线。银行卡吸存由 2006 年的 7.92 亿元增至 2007 年的 19.08 亿元，2008 年再增至 34.16 亿元，两年分别增长 140.91%和 79.04%。

2009 年，常德邮储银行以绿卡通卡取代原来的农村合作医疗证即“新农合一卡通”，并成功发放 2 万多张；发行信用卡 426 张。是年，又实现个人结算账户和公司账户之间通过绿卡、POS 机、商易通、电话银行、网上银行等渠道实现资金互转功能。年末，银行卡总量增至 132.61 万张，增长 50.35%。银行卡存款增至 54.88 亿元，增长 60.66%。

2010 年，常德邮储银行银行卡业务继续快速增长，发卡总量增至 157.63 万张，增长 18.86%，其中信用卡增至 1925 张，借记卡增至 157.43 万张。银行卡存款增至 84.15 亿元，增长 53.33%。

六、福祥卡

湖南省农村信用社福祥借记卡是面向社会发行的“62”字头的银联标准卡，持卡可在湖南省农村信用社任一联网网点使用，同时还可以在国内和境外 23 个国家和地区贴有“银联”标识的自助设备及花旗银行全球 ATM 网络（36 个国家和地区）上使用。福祥借记卡是融存款、取款、转账、消费于一体,集活期、定期于一卡的银行卡。其“一卡通”功能能帮助个人轻松理财。2006 年 12 月,福祥卡开始在常德市农村信用社发行,至 2010 年年底,共发行 47.23 万张,吸收存款 31.82 亿元,银行卡年消费总额 36.22 亿元。

第三节　票据业务

一、国内票据业务

商业银行票据业务包括银行票据签发(开票)、承兑、贴现与再贴现。1996 年以前,常德市银行业金融机构仅常德工行、常德农行、常德中行和常德建行四家国有商业银行叙作票据业务。1997 年,常德市城市信用社开始叙作票据业务,2000 年,农村信用社开始叙作票据业务,2010 年入驻常德的交通银行和长沙银行开始叙作票据业务

1990—1995 年,是银行票据业务的起步阶段。1988 年 6 月,湖南省人民银行下发《关于进一步推行商业汇票承兑贴现业务的意见》,要求各行为适应有计划商品经济发展需要,积极扩大推行商业汇票承兑贴现及再贴现业务。在此期间,票据贴现业务表现出笔数少且单笔额度小的“两小”特点。

1990 年,全市开立银行承兑汇票 2377.8 万元,叙作票据贴现业务 400 万元,其中常德工行开立银行承兑汇票 2059 万元,累计叙作贴现业务 110 万元。常德中行开立承兑汇票 318.8 万元,年末余额 28.92 万元,叙作银行承兑汇票贴现业务 290 万元。1991 年,全市开立银行承兑汇票 1661 万元,叙作票据贴现业务 185 万元,其中,常德工行开立银行汇票 74197 笔、共 242 万元,叙作贴现 47 万元。常德中行累计开立承兑汇票 1419 万元,期末余额 113 万元,,叙作贴现业务 134 万元。另外,常德建行叙作首笔贴现业务计 5 万元。1992 年和 1993 年,随着南流资金问题的出现,银行资金普遍吃紧,贴现和开票业务基本消失。1994 年,常德人行积极推动票据业务的开展,但全市仅常德工行一家相对活跃,是年,共签发银行承兑汇票 37 笔,金额 9707 万元,年末余额 35 笔,金额 8657 万元。叙作银行承兑汇票贴现业务 16 笔,金额 1885 万元。为鼓励推动贴现和再贴现业务的开展,解决重点行业的资金困难,常德人行为煤炭、电力、冶金、化工、铁道等“五行业”,以及对承担国家计划内棉花、牲猪、食糖、烟叶等“四品种”购销任务的国有企业、股份制企业和供销企业之间办理再贴现 6750 万元。

1995 年,国家颁布《中华人民共和国商业银行法》和《中华人民共和国票据法》,常德市各国有商业银行分别开办签发银行承兑汇票和办理贴现业务。是年,全市各银行共办理票据贴现 5681 万元,常德人行再贴现 100 笔共计 1.50 亿元,为 60 家企业解决临时资金困难。各银行受资金紧张的困扰,全市仅有农行业务相对活跃,是年开立 35 张银行承兑汇票共计 6.69 亿元,叙作 20 笔票据贴现业务共计 5550 万元,向常德人行再贴现 19 笔、共 6750 万元。

1996 年 1 月,《中华人民共和国票据法》实施,为支持各行票据业务的发展和解决资金

短期困难的问题，常德人行累计向各行办理再贴现 2.11 亿元，票据业务开始活跃。是年，常德市工行、农行、中行和建行 4 家国有商业银行累计签发银行承兑汇票 4.1 亿元，受理承兑 6.64 亿元，贴现 2.70 亿元。在叙作的贴现业务中，常德工行 2.01 亿元，常德中行 5900 万元，常德建行 860 万元，常德农行 340 万元。常德农行承兑汇票到期由银行垫付的情形较为严重，至是年 11 月末，承兑汇票垫付形成的逾期贷款达 6758 万元。

1997 年，常德市各商业银行贯彻人总行《商业汇票承兑、贴现与再贴现管理办法》，积极发展票据业务。全市票据贴现年末余额 2217 万元。常德人行向各行累计办理再贴现 8766.5 万元。常德农行为农资供应部门签发银行承兑汇票 4143 万元，叙作票据贴现 9263 万元。常德中行受宏观政策和内部规模管理的制约，票据业务相对低迷，开票 2551 万元，贴现仅 1395 万元。常德建行也不够活跃，是年办理银行承兑汇票 161 笔，累计金额 16046 万元，办理票据贴现 6 笔，金额 230 万元。常德工行针对过去承兑汇票业务中出现的承兑逾期，垫付资金等问题，明确“控制对象、压缩限额、强化管理、提高质量”的经营思想，是年各类票据业务相对低迷。常德城市信用社全年开办银行承兑汇票贴现业务，年末余额 798 万元。

1998 年，人总行调整贴现和再贴现利率的生成机制，贴现利率和转贴现利率由交易双方自行在再贴现利率基础上加点生成，再贴现利率与再贷款利率脱钩。初步形成票据交易价格市场化。是年 3 月起，人总行 3 次调低再贴现利率，共调低再贴现利率 3.98 个百分点。通过调整再贴现利率，间接引导市场贴现利率和转贴现利率，再贴现利率从此成为中央银行的重要货币政策工具。是年，全市开立票据 3.24 亿元，票据贴现年末余额降至 943 万元。常德工行办理银行承兑汇票 9739 万元，年末余额9600 万元，叙作贴现业务 251 万元，年末余额 640 万元。常德农行严把银行承兑汇票签发对象关，确认安乡县飞达橡胶厂等 22 个企业为本年度可以办理银行承兑汇票的对象，并分别核定承兑汇票授信额度。是年，开票 318 笔、共 2.14 亿元，贴现 18 笔，贴现总量降至 1430 万元。向人行再贴现 4 笔共 208 万元。常德中行和建行票据业务继续处于低位，分别叙作贴现业务 50 万元和 380 万元，开票业务仅 850 万元和 380 万元。

1999 年 6 月，人总行再次调低再贴现利率 1.8 个百分点，扩大商业银行票据业务利润空间，票据业务呈现增长态势，是年，常德工、农、中、建 4 家银行累计签发银行承兑汇票 7.91 亿元，累计办理贴现 4718 万元，票据贴现年末余额 1219 万元。随着各行资金状况的好转，再贴现相对减少，是年，常德人行为商业银行累计再贴现 1335 万元。常德工行累计签发银行承兑汇票 541 笔、共 2.64 亿元，办理票据贴现 558 万元。常德农行加大对桥南市场商户签发银行承兑汇票的力度，累计为 52 家客户签发银行承兑汇票 183 笔 9360 万元，全年全行签发承兑汇票 4.96 亿元，叙作贴现2195 万元，较上年增长 53.5%。同时向市人行再贴现 1140 万元。常德中行票据业务开始回暖，是年，开立承兑汇票 3087 万元，叙作票据贴现 1315 万元。常德建行票据贴现业务也由上年的 380 万元增至 650 万元。

2000 年，常德人行发挥央行“窗口指导”作用，运用再贴现工具带动区域性票据市场的发育。各商业银行和政策性银行均发展票据业务,全年共签发银行承兑汇票6.96亿元,累计贴现1.09亿元,票据贴现年末余额增至2950万元。同时,常德人行为各行给予1301万元再贴现的支持。常德工行为企业办理银行承兑汇票2148万元,年末余额14.38亿元,叙作承兑汇票贴现471万元,年末余额512万元。在办理和签发银行承兑汇票上,先后为14个资金大户和15个个体客户累计签发银行承兑汇票3.11亿元,在推行全额现金质押的管理上,对信誉好、有实力的民营企业允许以部分资产抵押或提供担保签发银行承兑汇票,如对买断小天鹅四个型号总经销成为小天鹅波尔卡空调湖南唯一一级代理商的明星实业公司,在存足50%的保证金并由小天鹅提供差额担保的情况下,常德工行签发银行承兑汇票7500多万元。常德农行在开立2481笔、共10.28亿元承兑汇票业务的同时叙作贴现业务44笔47784万元,向人行申请办理再贴现5笔80万元。常德中行开立承兑汇票1043万元,较上年回落57.3%,叙作票据贴现1571万元,增长19.47%。常德建行是年办理银行承兑汇票业务19笔,金额3830万元,年末余额3190万元。办理票据贴现16笔,金额1030万元,年末票据贴现余额50万元。

2001年以后的十年,常德银行业票据业务开始进入快速增长通道,票据贴现业务从2000年的1.09亿元增长至2010年的16.97亿元,十年增长15.57倍。

2001年,常德人行加强发展票据市场业务的宣传力度,调动商业银行的积极性。全市全年开立存兑汇票7.35亿元,叙作票据贴现业务1.31亿元,较上年增长20.18%。票据贴现年末余额增至4437万元,增长50.41%。常德工行下放票据业务管理权限,明确100万元以下的票据贴现业务由各支行自行审批发放。以存款或依法可质押的国家债券等形式全额保证所签发的银行承兑汇票由各行审批后到市分行开票,指派专人负责票据贴现和再贴现业务。全年累计签发银行承兑汇票726笔3.08亿元,年末余额1.05亿元,累计贴现150笔119万元,增长9.87倍,期末余额2279万元。同时,向人行再贴现17笔共1440万元。常德农行累计签发银行承兑汇票753笔3.9亿元,全年叙作票据贴现1710万元,较上年回落78.03%。常德中行积极拓展包括承兑汇票等中间业务,由此出现一个从量变到质变的过程。2001开立承兑汇票3670万元,增长178.45%。利用石门支行向石门华电和津市支行叙作异地票源两个基地叙作票据贴现5844万元,增长2.72倍,同时向人民银行办理再贴现3888万元。常德建行仅做贴现84万元,年末余额30万元。常德农信社票据贴现年末余额341万元,增长60.01%。市人行对具备开展贴现业务条件的石门县、鼎城区农村信用联社向人行武汉分行申报后取得再贴现资格,累计为其办理再贴现5380.25万元,年末余额达2627万元,比年初增加1866万元。

2002年,人总行取消对银行承兑汇票总量的控制,但由于各行资金富裕度增强,再贴现利率高,贴现与再贴现利差减少,各国有商业银行纷纷减少再贴现,转向发展转贴现和票据回购业务。常德人行累计办理再贴现3529.85万元,比上年减少1850.3万元,减少34.4%。年末再贴现余额1297万元,减少1330万元,下降50.6%。同期全市金融机构贴现余额增至

6528万元，增长47.13%。国有四大商行共办理贴现2.9亿元，较上年增长127.05%。常德工行依托大中型企业和优秀民营企业寻找票源，先后在津市、鼎城支行和市行营业部推出银行票据业务，共签发银行承兑汇票767笔3.48亿元，叙作银行承兑汇票贴现359笔1.32亿元，增长158.8%，向人行办理再贴现17笔3346万元。常德农行积极拓展优质客户群体，加强全额质押银行承兑汇票的营销。银行承兑汇票重点投向桥南、步行街和火车站三大市场，累计签发银行承兑汇票714笔3.97亿元，叙作票据贴现556万元，期末余额降至206万元。常德中行开票业务增至4321万元，增长17.74%，叙作票据贴现1.47亿元，增长156.66%，年末余额893万元。为缓解资金压力和提高收益，是年向人民银行办理再贴现1.34亿元。常德建行是年开立承兑汇票8笔663万元，年末余额312万元。叙作票据贴现454万元，年末余额347万元。常德农信社票据贴现年末余额降至105万元，下降69.21%。

2003年，人总行于9月调高存款准备金率1个百分点，商业银行受流动性影响，票据业务较快发展，全市各行累计签发银行承兑汇票13.86亿元，办理贴现5.44亿元，另外开立信用证2169万美元，出具保函9693万元。同时叙作票据贴现5.78亿元，增长99.42%，常德人行全年叙作再贴现1.02亿元，增长1.91倍。常德工行加大票据业务力度，开立银行承兑汇票391笔，金额6.6亿元，年末余额2.18亿元，叙作承兑汇票贴现464笔，金额2.33亿元，为缓解资金压力和提高收益，向人行办理再贴现52笔共5393万元。常德农行积极叙作票据业务，累计签发银行承兑汇票5.4亿元，增长36.02%，年末余额2.87亿元。叙作票据贴现206万元，下降62.95%，年末余额1165万元。常德中行开立承兑汇票和贴现业务均有较大增长，开票业务增至1.25亿元，增长190.26%，期末余额增至5548万元，增长206.52%。叙作票据贴现业务2.77亿元，增长88.44%，期末余额增至2016万元，增长125.76%。常德建行把对票据承兑、贴现、保函、信贷证明等表外信贷业务的有效推进作为解决负债包袱重、资金成本增高，存贷利差缩小，利润增长乏力的重要途径之一。专门成立票据中心，按照"重点行业、重点产业、重点项目、重点客户"发展战略和准入机制要求，对票据信贷单位的信用等级进行评定，是年，签发银行承兑汇票127笔，金额3968万元，年末余额2165万元。办理票据贴现6517万元，增长13.35倍，年末余额增至4895万元。常德农信社票据融资年末余额增至135万元，增长28.57%。

2004年，常德市银行业票据业务增长强劲，银行业各金融机构累计签发银行承兑汇票15.66亿元，增长12.99%，叙作贴现6.71亿元，增长18.3%。常德人行为各行办理再贴现32笔，金额9813万元，回落3.79%。常德工行制定《票据融资业务统一归口管理实施方案》和《票据融资专项考核办法》，票据业务管理总体从紧，全年开立银行承兑汇票3.31亿元，年末余额1.11亿元，叙作票据贴现7738万元，期末余额677万元，均较上年回落。是年，向省农行办理转贴现3166万元。常德农行创新票据业务，灵活处理低风险票据业务，对优良客户办理票据业务，开通绿色通道。在摸清当地票据市场、研究同业竞争态势的基础上确定贴现率，发挥系统内票据回购借款利率的杠杆作用，全年累计签发承兑汇票6.98亿元。常德中行成立中间业务发展委员会力推票据业务发展,是年开立承兑汇票1.36亿元,增长8.44%,期末余额1.52亿元,增长173.18%。叙作票据贴现4.16亿元,增长49.87%,期末余额增至1.64亿元,增长1.63倍。同年,向人行转贴现1.77亿元。常德建行以票据中心为龙头,全力打造票据品牌形象,开立承兑汇票232笔、共7891万元,年末余额4597万元。叙作票据贴现1.78亿元,增长173.3%。年末余额7529万元,增长53.81%。常德农信社票据融资年末余额回落至76万元,下降43.7%。

2005年,随着银行资金的充裕,常德人行从2月7日起收回益阳、常德、永州等地中心支行头寸再贷款限额及全省各市(州)中心支行再贴现限额,直至2009年,常德人行均未对各行办理再贴现业务。各行对中间业务发展更加重视,票据业务日趋活跃。常德工行实行"一拖二"的票据业务管理模式改革,将票源相对丰富的津市、石门支行设立两个票据业务窗口,授权直接办理票据贴现业务。其他支行则由支行收票后统一交市分行办理。为调动各行揽票积极性,市分行还实行按贴现利息收入的5%奖励到人,10%奖励到支行的激励政策,全年票据累计直接融资6.19亿元,同比增加4.3亿元,增长2.28倍,其中票据贴现2.41亿元,增长2.12倍。常德农行面对低利率、低收益的状况,坚持发展、风险、效益并重的经营原则,区别交易对象、承兑行、期限、票据种类和结构,实行有差别的定价。全年累计签发银行承兑汇票2417笔,金额6.6亿元,票据贴现期末余额405万元。常德中行实施机构重组和业务流程整合改革,辖内各行叙作票据业务积极性大增,全年累计签发银行承兑汇票5.62亿元,增长2.13倍,期末余额增至2.66亿元,增长75.4%。累计叙作票据贴现6.5亿元,增长56.48%,余额回落30.84%。常德建行整合票据资源,实施规范管理,构建以票据中心为龙头,其他机构为基础,责权利明晰,互相制约的专业化票据营销体系,形成受理、审查、审批、签发、承兑"一条龙"服务,是年,开立承兑汇票586张,共4.6亿元,年末余额4101万元,叙作贴现业务1.65亿元,年末余额2263万元。常德农信社票据融资年末余额增至110万元,增长44.74%。

2006年,常德票据业务快速增长,全年叙作票据贴现业务15.64亿元,增长48.11%。期末余额增至1.44亿元,下降4%。常德工行成立票据业务领导小组,确定票据业务发展目标,制定《票据融资业务专项考核办法》,实行票据融资"谁营销,谁受益"。全行累计票据交易融资14.24亿元,同比增加8.06亿元,其中叙作票据贴现7.35亿元,增长2.05倍。累计向省中行转贴现卖出3.94亿元。常德农行规范银行承兑汇票业务,对辖内营业机构银行承兑汇票业务进行专项检查。是年,全行累计签发银行承兑汇票6.7亿元。较上年仅增1.52%。票据贴现余额回落至235万元,下降41.98%。常德中行坚持票据业务发展和市场拓展并重战略,累计签发银行承兑汇票9.43亿元,增长66.77%,再次刷新历史纪录。期末余额降至1.04亿元,下降60.7%。叙作票据贴现8.29亿元,增长27.53%,期末余额降至1.04亿元,下降7.82%。常德建行票据贴现期末余额降至1241万元,下降45.16%。常德农信社受汇路等客观原因影响,票据业务降温,票据融资年末余额降至零。

2007—2009年,受国际金融危机的影响,票据业务出现回落再逐渐回暖的局面,全市承兑汇票贴现累计分别为 10.06 亿元、11.58 亿元和 13.87 亿元，年增长分别为 -35.68%、14.31%和 19.78%。2007 年，受国际金融危机的影响，票据业务发展回落，承兑汇票贴现 10.06 亿元，下降 35.68%，期末余额增至 1.84 亿元，增长 27.77%。常德工行加强对银行承兑汇票出票管理，严格出票审查，逐笔核实保证金，杜绝出票风险，办理银行承兑汇票 3.70 亿元，年末余额 1.58 亿元，叙作票据贴现 3.78 亿元，下降 48.57%。常德农行叙作票据贴现 2970 万元，期末余额 1451 万元。受同业竞争影响，常德中行票据业务回落，是年开立承兑汇票 9.22 亿元，回落 2.2 个百分点，期末余额 3.3 亿元，增长 2.16 倍。叙作票据贴现业务 6.28 亿元，回落 24.26%，期末贴现余额 1.1 亿元，比上年年末增加 535 万元。常德建行票据贴现期末余额增至 2011 万元，增长 62.05%。是年年末，常德农信社票据贴现期末余额 420 万元。2008 年，票据业务开始回升，全市承兑汇票贴现 11.58 亿元，增长 15.11%。期末余额增至 3.08 亿元，增长 67.39%。常德工行票据业务依托业务处理中心平台，提高集中办理票据业务的能力，有效控制票据风险，全年共办理票据 478 笔，金额 2.29 亿元，回落 39.1%，向省中行票据中心转贴现 389 笔，金额 2.17 亿元，假票率、不良率、资产损失率均为零。常德农行叙作票据贴现 3128 万元，增长 5.32%。常德中行是年开立承兑汇票 7.81 亿元，下降 15.37%，余额降至 3.15 亿元，回落 4.4%。但票据贴现猛增至 9.29 亿元，创下同业中市场占有率第一，交易量位居中行全省第二，收益全省第一的成绩。常德建行叙作票据业务期末余额 6957 万元，增长 74.54%。是年年末，常德农信社票据贴现期末余额 583 万元，增长 38.81%。2009 年，票据业务继续回暖，全市承兑汇票贴现 13.87 亿元，增长 19.78%，期末余额增至 8.16 亿元，增长 1.65 倍。常德工行累计办理银行承兑汇票 5.40 亿元，增长 1.36 倍，年末余额 1.94 亿元，叙作票据贴现 2.7 亿元，增长 17.9%，年末余额 2.17 亿元，增长 36.48%。常德农行叙作票据贴现 1574 万元，下降 49.68%。常德中行发挥人才、网点、科技优势，围绕客户、产品、和效益拓展开票业务，是年开票业务 9.05 亿元，较上年增加 8916 万元，增长 16%，年末余额达到 4.05 亿元，较上年增长 28.27%。叙作票据贴现 9.05 亿元，回落 2.57%，年终贴现余额 4.05 亿元，增长 190.29%，居全市同业之首。常德建行叙作票据贴现 247 笔，累计金额 2.12 亿元。

2010 年，全市票据业务量增长但余额下降，全市承兑汇票贴现 16.97 亿元，增长 22.35%，期末余额 3.64 亿元，回落 55.39%。常德工行是年签发银行承兑汇票 5.05 亿元，年末余额 1.9 亿元。叙作票据贴现 5.35 亿元，增长 98.15%，年末余额 3549 万元。常德农行叙作票据贴现 6371 万元，增长 3.05 倍。常德中行开票业务继续得到发展并刷新历史纪录，是年，开立银行承兑汇票 9.62 亿元，较上年增长 6.29%，年末余额增长至 4.93 亿元，增长 21.95%，均创历史新高。但票据贴现业务总量降至 8.48 亿元，回落 6.26%。年末贴现余额降至 1.68 亿元，下降 58.51%。常德建行叙作票据贴现 386 笔，累计金额 3.13 亿元，年末余额 8635 万元。是年常德人行为支持中小企业，专为武陵农村信用联社办理再贴现 7 笔，金额 3200 万元，年末全部收回，年末余额为零。是年，组建的常德交行和长沙银行常德分行积极叙作票据贴现业务，年末余额分别为 195 万元和 4103 万元。

二、外汇票据业务

外汇票据是指国外银行汇票、商业汇票、私人支票和银行本票等。

由于常德中行在组建时就定位为外汇外贸专业银行,尽管经过金融体制改革,但由于其特有的外汇外贸业务专业优势,截至2010年,常德中行外汇票据业务一直处于主渠道地位。受地方经济和人口结构的制约,全市外汇票据业务总体上呈现规模小且相对平稳的状态。

常德中行1984年组建之后,就一直受理外汇票据业务,只要是海外联行开具的国外银行汇票马上就可以解付,对于其他票据,则用托收的方式,从受理票据到解付一般需要40日至60日的时间。在外汇票据托收(又称光票托收)业务中,又分为贸易和非贸易两类,非贸易一般是指私人养家善款、社会团体或个人捐款、专利费、海外广告费、海外布展摊位费、个人购买药品及医疗器械等。1984年至1988年,常德中行一直代理上级行办理外币票据结算业务,年结算量较小,而且均以私人票据为主。

1989—1993年,常德中行先后叙作非贸易托收26.41万美元、91.7万美元、187.5万美元、43.98万美元和117.62万美元。分别较上年增长65.17%、247.22%、104.47%、-76.55%和167.44%。

1994年,尽管常德中行按照国有商业银行模式运行,但受经济和人口结构的影响,外汇票据业务未能有大的改变,是年,共办理光票托收501笔,汇款229笔,金额63.7万美元。

1995—2000年,常德中行外汇票据业务仍然较为平淡,其中,1995年97.73万美元,1996年859笔92.29万美元,1997年叙作光票托收业务536笔、计49万美元,1998年611笔、计64.17万美元,1999年68笔、计91.03万美元和2000年722笔、计62.73万美元。

2001—2003年,常德中行的外汇票据(光票托收)业务继续保持平稳态势,总共叙作1863笔、共226.32万美元。其中,2002年成功办理了华南光电公司125万元人民币国内保理业务,也是常德市首笔国内保理业务。

2004—2010年,常德中行外汇票据(光票托收)业务一直相对平稳,其中最高年份为2010年的604笔120万美元,最低年份为2007年的478笔76万美元。其中,2004年523笔85万美元,2005年676笔100万美元,2006年449笔79万美元,2007年478笔76万美元,2008年503笔83万美元,2009年548笔90万美元,2010年60笔120万美元。

第四节 代理业务

一、代收代付业务

代收代付业务是商业银行开办最早、涉及面最广、小品种最多的一类代理业务。代收代付业务归纳起来分为两大类:一是代发业务,即银行受国家机关、行政事业单位及企业委托,通过其在银行开立的活期账户直接向职工发放工资和福利的业务。二是代缴业务，即银行代理收费单位向其用户收取费用的转账结算业务。如代收电话费、水电费、保险费、交通违章罚款和代扣各类消费按揭贷款等。

常德工行从1990年起开办诸如代发工资、代保管、代理催收欠款、接受单位和个体户委托代为办理指定款项的收入、代理债券发行与兑付等代理业务，1990年累计为418个单位开办代发工资9235万元，代保管有价证券450万元。1991年，又在常德市城区以及桃源、澧县、汉寿等33个储蓄网点开办代发工资业务，实行电子化联网、实现通存通兑。此外，开始代理客户保管有价单证，代理发行财政债券、集资及证券发行，是年发行企业、公司债券等1423万元。1992年，加快上机步伐和电脑联网，设立代发工资专柜，全辖110个储蓄机构为293个企事业单位的5.68万人代发工资6780万元。1993年，常德工行代理业务累计2.08亿元，年末余额2843万元。1994年，全行代发工资的单位314个，5.8万人代发工资的转储额增至1.24亿元，春秋两季代收学杂费6388万元。46个储蓄所累计代收对公存款5314万元。1995年，为386个单位的8.52万名职工代发工资2.43亿元，代收学杂费9470万元。1996年，代发工资增至5.93亿元。1997年，为430个单位的11.6万人代发工资3.72亿元，同时以发放4625张电费专用卡为契机代收电费5.24亿元，代收养老金250万元，是年，代收学杂费2.01亿元。1998年，常德工行把代发工资业务范围扩大到私营企业，新增代发工资单位13个1500人，年末代发工资总数达187个企业共9.3万人，代发总额增至7.07亿元。还运用牡丹信用卡平台代发养老金、代缴保险费和代缴税款，全年共发卡4000张，日平均吸收存款110万元。是年共收存春、秋两季学杂费1.95亿元。1999年，代发工资户数增至12.13万户，年累计代发工资6.71亿元，沉淀资金1.08亿元。

2000—2007年，常德工行积极创新代收代付业务，以"电子商务，网上银行"为载体，与电信局合作，借助电子商务、网上银行以"17989"电信平台或"169"网上银行实现手续费代收以及固定电话费代收，开通城区和部分县市代收电费业务，全年共代收电费、电话费8.2万笔、共883万元。至2001年，代理业务涵盖代发工资、代理保险、代保管、代理债券和彩票发行等。2002年，拓展代理其他行结算、代收电信、移动通信费、代理保险、代扣税款、代理汽车消费贷款、代理基金发行、代客理财、代理企业投、融资顾问等新型衍生业务拓展，实现银行代理业务由过去无偿到有偿服务的转变。是年，抓住市政府对35家地方国有企业进行"两个买断"改制契机，获得破产改制企业1.17亿元"两个买断"资金的代理发放权。与市政务中心和石油公司联系协调，取得独家代理市行政事业单位车辆用油集中采购资金代理权，抓住常德高速公路拆迁建设机遇，代理发放征地拆迁资金4320万元。2003年，开发代客外汇买卖、代客理财、代理保险、代理电讯费、电费等公用事业收费等产品。2004年，又开发代理个人基金、股票、电话费、有线电视费等新型业务。2005-2007年，利用工行机构、网点和网络资源，为中、小型商业银行、信用社、股份制银行代签、代理兑付银行汇票、委托收款及其他支付结算等代理结算业务。2006年，又开通电子银行网上收费站，并通过网上银行为138个企业代发工资。

2008—2010年,常德工行传统代理业务主要以代发工资为“源头活水”,共为694个单位及企业代发工资,新增月代发工资额2600万元,促进储蓄存款的增长。同时依托经营转型平台,主攻新型代理业务。

常德农行从1989年开始按照总行《关于开展代发工资业务的通知》精神开始在武陵区支行试点。1991年,在建立电脑储蓄网络的支行和市分行营业部开通代发工资、通存通兑等新业务。是年6月,武陵区支行全额代发工资的重点单位73家,月增加工资转储额31.18万元。截至1994年6月,代发工资的企事业单位增至110家,代发总额1230万元。1996年,常德农行与市公安局交通警察支队签订代收全市道路交通违章罚款协议,5月1日起全市道路交通违章罚款由常德农行所辖各营业机构代收。1998年,又与邮电、石油等系统大户签订合作协议,由农行承担代收代付业务。是年,开发税费代收系统并投入使用,一年中仅鼎城、桃源两行累计代收税款4259万元,涉及客户1.04万个。1999年,常德农行以行政事业性收费和罚没收入“收支两条线管理改革”为契机,开立财政、法院、公安、检察、工商等系统预算外资金账户,结算和监督也纳入常德农行业务范围。与电信联合开发代缴话费业务全面启动,城区发展话费代缴客户三万多个,代收话费42.4万元。狠抓石门皂市水库项目资金的组织归行、结算、支付代理等工作,形成国家重点工程“一条龙”式配套服务。是年11月,与市社会劳动保障局签订为期30年的代理医疗费协议,投资900万元建立代收费计算机服务系统。至此,代收代付业务初具规模。

2000年,常德农行与当地的电信、移动公司签订发展电子商务和代收移动话费协议,全年发展电子商务用户10万个,开通缴费电话4.47万门,代收话费金额8250万元。代理医疗保险自1月1日启动后,半年吸收基本医疗保险存款2214.2万元,新增74个单位存款户。其中10个财政专户、11个基金管理户、47个定点医院、6个定点药店。是年8月,又与常德市机关事业单位劳动保险处签订《机关社保代理协议》,劳动和社会保障局及市财政按规定征缴的社会养老统筹基金、财政拨款以及医保资金存入在常德农行开立的专用账户,是年累计代收代付13.9亿元。

2001年,常德农行利用借记卡开发代发工资、代扣按揭、代收电费、纳税等支持软件和自助缴费系统,全年网上代收代付9.9亿元。全行投放ATM机16台、安装自助缴费机50台、建成3个社区自助服务网点,代收税款、代收话费、代收电费、账务查询和转账实现自助化处理。是年代理医保3.43亿元,70余家定点医院和药店在农行开户。代理社保10.58亿元。全市具有代理社保医保、代收话费、代发工资、代收税费、代收诉讼费、代理证券业务等近10多个代收代发的品牌产品,年代收代付总额27.03亿元。2002年,常德农行推出国税代收业务,发展客户3万多个。代理政务中心收费业务开业运行,全市83家行政、事业收费单位在农行政务中心分理处开立收费账户,实行独家代理收费。同年1月,与常德市社会劳动保险处签订《企业社保代理协议》,成为常德市医保、机关社保、企业社保的代理合作金融机构。

2003 年，263 家市直机关和全额拨款事业单位共 8479 人的基本养老保险基金的缴存和 2663 人离退休人员基本养老金的代发落户常德农行工资发放中心，10 月 1 日起，常德农行劳保分理处开始为其提供代收代发服务。至 2006 年，常德农行代理社保、机关社保、医保业务发展迅速，代理企业社保工资户 13.09 万个，年代发金额 13.45 亿元。代理机关社保 1.66 万户，年代发总额 2.34 亿元。为减少临柜压力，常德农行开始推行电子银行代缴模式，逐渐淘汰现金缴费方式，发展网上银行代缴电费、管道燃气费、自来水费、电视收视费、移动话费、联通话费、电信手机费、固定电话费等服务，提高网银产品创效能力。2010 年，又与常德的中石化、电力局和移动公司签订全面代收合作协议。至此，常德农行代收代付业务在同业中具有行业性和规模性优势。

常德建行代收代付业务起步于 20 世纪 90 年代中期，当时主要是代发工资和代收住房公积金存款、代收学费、学杂费、代收水电费等代付业务，随着专业银行向商业化转轨，代收代付业务提供的无偿服务逐步向有偿服务转变。2000 年之后，随着网络技术飞速发展，代收代付业务成为常德建行代理业务的最主要业务。

代发工资是常德建行最大的代理业务。1994–1997 年，此项业务主要集中在市城区网点，且业务规模较小。1998 年代发工资业务在各区、县(市)支行储蓄网点全面展开，是年，利用储蓄卡为 107 家单位代发工资，新增代发工资户 1.15 万户，代发工资卡 2 万多张。1999 年主抓行政事业单位工资代发和社会养老金代发，全年新增代发工资户 8500 多户，累计代发工资 3.3 万户，代发养老金和代发工资 3.3 亿元。2000 年，代发工资户增至 15.1 万户，代发工资额 1.7 亿元，其中利用网络平台代发养老金 4000 余万元。2001 年，代发社会养老金 829 万元，代发财政工资 1.63 亿元。2002 年，常德建行利用企业网银交易平台，开发网上代发业务。是年，新增代发工资 22457 户，两年累计新增代发工资户达到 6.53 万户。

2005 年之后，随着建设银行储蓄卡通存通兑业务全国联网和电子银行的开办，代发工资业务取得快速发展。职工工资账户可使用存折和储蓄卡，存折可以在湖南省境内 510 个营业网点及其自助银行内通存通兑，储蓄卡可在全国建行 1.5 万个营业网点及其自助银行内通存通兑，也可在其他商业银行 ATM 机上办理通存通兑，还可享受建行个人账户的网上银行、电话银行、买卖基金国债理财产品、证券第三方存管、通知存款等金融服务。2008 年个人工资代发户新增 2.3 万户，2009 年代发工资个人户增至 106.97 万户，2010 年又新增代发单位户 125 户，新增代发个人工资 2.39 万户。2010 年年末，全行代发工资户 132.36 万户(含单位户)，累计代发工资 27.1 亿元。

代收住房公积金是常德建行代收业务的重头戏。1993 年，常德市住房公积金中心管理部确定常德建行为住房公积金归集银行，自此，常德建行开展政策性住房金融业务和住房公积金归集业务。1996 年，开始发放个人住房公积金委托贷款。1997 年年末，公积金归集单位共 380 户，人数达 3 万人，占全市金融系统归集住房公积金金额的 70%，归集公积金存款 2500 万元。2003 年股改后交由常德建行建设路分理处经办。1998 年年末，公积金存款余额

3543万元,2001年年末代收住房公积金存款1.04亿元;2007年,推出“住房公积金联名卡”,以卡为载体,归集住房维修基金1577.1万元。截至2010年6月月末,常德建行归集住房公积金单位共615家,归集公积金职工人数达3.02万人,归集公积金5.8亿元。

代收代付业务中,常德建行还开办代收学费、代收水电费、代收代付话费等业务。1999年,常德建行抓住常德联通推行“一机两卡”的市场机遇,将代收移动话费业务全部揽至常德建行代理收缴。2001年,代收话费230万元,代理政策性住房委托业务存贷款1.63亿元,代收税金1862万元。2007年,加强对财政、医疗、教育行业、广电、国土等部门社保资金的营销,市财政社保资金3000万元落户常德建行。

常德中行代收代付业务的开展相对工农建行其规模和涉及面要相对小一些, 但在代发工资、代收学费、代收话费等领域均有一定的表现。特别在2002年以后常益高速公路运营后的代收费方面表现相对突出。

二、代理保险

代理保险业务是指商业银行接受保险公司委托代其办理保险业务的商业银行中间业务。常德市工、农、中、建四家银行从20世纪90年代初期开始进入保险代理领域。20世纪初,代理保险业务普遍得到发展,直至2010年年末,此类业务均相对活跃。

常德工行1993年开始代理平安和人保的保险业务,全年收取代理保险业务手续费15.6万元,至2001年,代理人寿保险200万元。至2006年,不断扩大与保险公司的合作领域,将代理保险业务作为个人中间业务创新拓展重点,代理保险业务销售1.3亿元, 2007年,代理保险销售增至1.36亿元,实现中间业务收入3726万元,增长1955万元。2008年,受全球金融危机的影响,常德工行突出代理风险相对较低、收益较高的保险和理财产品,及时停止因资本市场大幅走低而风险显现的投连险产品的销售, 是年, 代理保险销售3.7亿元, 增长172.06%。2009年,代理保险销售额回落至2.3亿元,下降37.84%。2010年,与中国人寿、中国人保、中国平安、新华保险、泰康人寿保险、太平洋等十家保险机构展开全面合作,代理个人保险、单位财险、个人寿险等业务继续发展,代理保险销售额又增至2.5亿元,增长8.7%。

常德农行于1994年7月与平安保险湖南代理处签订协议,代为平安保险办理各种财产保险、家财险、建工建安险、货运险、机动车辆险、产品质量责任险、人身险等国内外保险业务。1995年5月,与人保公司常德市中心支公司达成保险代理协议,代理业务包括凡在农行开户工商企业的财产保险、货运保险、责任险等有关保险业务。1996年8月,与常德人寿达成协议,从9月起为常德人寿代办保险业务。1997年,与中保财产常德市分公司达成协议,全市农行机构为中保财产代理在农业银行开户的单位及社会团体的财产险、货运险、责任险等有关保险业务。同年,与中国平安常德支公司签订补充协议,常德农行代办的保险业务除按协议规定给予5%手续费外,另增加15%作为防灾防损经费,每月按所收净保费计提手续费。1999年6月,与人保常德市分公司签订协议,联合开展代理保险业务。代理范围包括全市农行内各类财产保险业务,凡在农行开户的单位及社会团体的新开办的财产保险、货运保险、责任保险等有关保险业务。2000年,与中国人寿常德分公司协商,将代理"寿险"作为业务发展的重点,实行联合办公。同年,联合开展"兼业代理寿险业务百日劳动竞赛活动"。全年代收保费414万元,实现保费收入13万元。2001年,常德农行作为省农行"储保通"业务试点行,推出"储保通"业务,并在城区行开展首期中国平安"千禧红"分红保险销售竞赛活动,全市利用"储保通",实现代理保险734万元。2002年,大力营销保险和银证通产品,代理保险、储保通业务量大增,全年代收保费1779万元,实现手续费收入49万元。至2003年,与常德农行合作的保险公司由3家扩大至8家,代理产品由5个增加至23个,是年,代收保费5577万元,实现手续费收入168万元。2004年,保险代理业务飞速发展,创收效果大幅增加,代理保险1.27亿元,实现保险手续费收入396万元,占全行中间业务收入的19%。2005年,累计代收保费1.73亿元,增长36.2%。2006年,累计代收保费1.78亿元,增长3.26%。实现保险代理手续费收入496.2万元。2007年,与人民人寿、华安产险、合众人寿三家公司新签合作协议,与中国人寿、泰康人寿、太平洋寿险、太平洋寿险和平安寿险等13家保险公司展开合作。年代理新单保费3.2亿元,增长79.21%,实现保险代理手续费790万元。2008年,代理新单保费5.82亿元,增长82.22%。2009年,整合客户资源,实行代理险种综合营销,重点加大对意外险、家财险等柜台产品的代理销售,做好华泰产险"泰恒卡"、人保产险"家财一卡通"等卡式业务营销。全年代理新单保费5.41亿元,回落7.03个百分点。2010年,代收新单保费5.89亿元,增长8.88%,实现保险代理手续费2368万元,由此实现的收入占全行中间业收入的20.4%。

常德中行代理保险业务始于1997年6月,同步要求办理代理保险业务的客户必须在常德中行开立基本存款账户或其他存款账户。2000年3月,常德中行开始与中国人寿合作。2001年11月,开始代理平保销售"千禧红"保险产品。2003年2月,开始代理销售平安寿险,是年,代理销售保险697万元。

2004年之后,常德中行加大保险代理力度,业务量一直攀升,到2010年,年代理销售保险增至最高水平。2004年,实现1192万元,增长71.02%,2005年实现1987万元,增长66.69%。2006年加强代理保险规范性管理,促进代理保险业务的规范化管理,是年,代理销售各类保险2898万元,增长45.85%。2007年,将代理保险纳入中间业务的重点产品,是年叙作代理保险业务5278万元,增长82.13%。2008年,增至7657万元,增长45.07%。2009年,增至7967万元,增长4.05%。其中代理寿险保费额7837万元,代理中银保保费130万元。2010年,常德中行代理保险大幅增长,全年叙作9032万元,增长14.76%。

常德建行根据总行1997年年初,推出的"要大力开拓代理保险业务"的精神,1998年开始代理保险业务,与中保财险、平保财险分别签订代理保险协议,1999年起,常德建行将保险代理业务列入综合经营计划考核。全辖14个支行、直属单位和市分行取得中保财险、中保寿险、平安财险三家保险公司的经营保险代理业务许可证,是年,共代理保险业务185万元,收取手续费7.8万元。2000年,全行代销、代收保险业务1286.6万元,实现保险代理手续费收入20.1万元。2001年,实施代理保险业务规范化、制度化管理。是年代销代收保险业务量回落至911万。2002年,取得代理人寿保险公司续期保险业务资格,是年7月至年末,共代理其保险业务2151万元。

2003年开始,常德建行代理保险业务快速发展,是年代理保险3400万元,实现代理保险手续费收入70万元。2004年,常德建行代理保险业务按照"向一线倾斜,谁营销谁受益"原则实施营销和内部激励,全年代理保险4786万元,实现代理保险费收入109万元,分别增长34.44%和55.71%。2005年,建设银行上市之后,将保险代理业务作为中间业务重点,提高保险代理业务的科技支持和技术保障。叙作保险代理6960万元,实现代理保险收入176万元,分别增长45.42%和61.47%。

2006年以后,常德建行保险代理业务步入快速发展轨道。2006年,保险代理业务实现柜面代销保险由分红型产品为主向分红型和万能性产品转移,成功组织代理保险BIS操作系统开发和上线,全年代销保险金8569万元,实现保险代理收入217万元,分别增长23.12%和23.30%。2007年,代销保险金额达1.20亿元,保险代理手续费收入271万元,分别增长40.04%和24.88%。2008年,代销保险产品2.24亿元,代理保险手续费收入763万元,分别增长86.93%和181.55%。2009年,代理保险业务量增至3.18亿元,代理保险手续费收入876.98万元,分别增长41.66%和14.94%。2010年,代理保险业务量增至4.69亿元,代理手续费收入突破千万元大关,增至1433万元,分别增长47.48%和63.40%,在全省建行系统连续两年排名第一位。

三、证券代理业务

1993年,常德人行成立常德市证券公司。至年末拥有股民账户1011个,交易金额1658万元。

常德农行所辖的信托投资公司于1991年开办代理证券市场业务,是年,证券交易金额1462万元。

1998年,常德农行代理发行常德市第一支股票"金健米业"。吸收申购资金743亿元,为企业新增股本金2.66亿元。常德中行在1998年8月27日开始代理常德证券公司的资金清算和该公司下属宏达、文化宫两个交易点股民证券交易收付工作,全年累计办理业务1.07万笔,清算资金8061万元,日均处理业务63笔,收付金额4713万元。1998年,常德建行在全省建行系统率先开办"储蓄卡划转君安证券股民保证金""银证一卡通""常德证券股民账户开户代办点"等代理证券新业务。同时,建立银证一卡通业务结算点,开通银证转账业务。是年,开立"银证一卡通"业务1082户,吸收券商资金390万元,吸收股民卡存款283万元。

1999 年，财信证券在农行设立基本户，12 月 21 日顺利开通银证转账系统。常德中行代理证券公司的资金清算办理业务 2.1 万笔，累计清算资金 1.70 亿元。常德建行与君安证券公司、泰阳证券公司和财信证券公司 3 家证券公司建立代理关系，开通银证转账业务，办理证券转账卡 3392 张，吸收券商资金 1046 万元，吸收股民卡存款 395 万元。

2000 年，常德建行加大资本市场筹资业务力度，力促银证转账份额的增加。积极参与资本市场、企业并购、上市等活动，促使券商、投资者的资金在建行体内循环。是年开立银证转账卡 6970 张，交易金额 2.62 亿元，吸收股民存款 4034 万元。

2001 年，常德农行开通“银证通”业务。是年，按照上级行的统一部署，成功开办代理 B 股账户业务。

2002 年，常德农行银证通业务开户 160 户。常德建行开办的“银证通”业务新增 165 户，银证转账新增 1747 户。

2003 年，客户证券交易结算资金（俗称“保证金”）实行第三方存管制度，证券公司将客户证券交易结算资金交由银行等独立第三方存管。实施客户证券交易结算资金第三方存管制度的证券公司将不再接触客户证券交易结算资金，而由存管银行负责投资者交易清算与资金交收。客户证券交易资金、证券交易买卖、证券交易结算托管三分离是国际上通用的“防火”规则。常德中行于 2004 年取得方正证券公司三方存管资格。

2004 年，常德农行在做好与泰阳证券“银证通”业务发展的基础上，又与招商证券、长城证券达成合作协议。

2007 年 9 月，常德农行开办证券第三方存管业务，在全市 36 个网点相继办理国泰君安证券、泰阳证券的第三方存管业务。至 2008 年年末，常德农行第三方存管业务开户 7486 户。

常德工行于 2007 年与国泰君安证券、方正证券、财富证券、华融证券展开积极合作，狠抓三方存管代理证券业务，开户数逐年增加，2007 年，开户数 3.06 万户、2008 年，3.49 万户、2009 年，3.97 万户，2010 年，增至 4.05 万户。

四、代销基金

2002 年，常德市各银行开始代理基金公司销售基金。2002 年，常德工行开始代理发行南方宝元债券型基金和华安上证 180 指数基金，常德农行开始代理销售长盛基金和大成基金共 180 万元。常德中行开始代理销售易方达基金。常德建行 2002 年 8 月 1 日起代理销售银丰封闭式基金。

2003 年，常德工行开始代理南方避险增值基金、德盛小盘稳健基金、融通通利基金、富国人利增长债券基金、广发聚富基金、华安现金富丽基金的发行、托管和赎回。常德农行在继续销售大成基金的基础上，开始代理销售银河基金和长盛基金，三种基金全年共销售 190 万元。常德建行开始代销我国首批货币市场基金——博时现金收益基金。

2004年,全市各行代销基金首次突破亿元大关,共销售1.16亿元。其中,常德工行代理发行申万巴黎盛利强化配置证券投资、银河银泰理财分红、南方现金增利、国安德盛小盘精选等13只开放式股票基金和债券基金,全年共销售6644万元。常德农行全年销售景顺长城等7只基金共3308万元。常德中行销售"天天收益"、"海富通"和"嘉实服务"招商先锋、大成蓝筹、湘财荷银、华夏大盘、易方达、国泰金象、中银国际和中国精选等基金,全年销售700余万元。常德建行代销银华保本、华厦现金增利、华宝多策略、博时现金、博时精品、国泰金马共6只开放式基金,全年代销924万元。

2005—2007年,全市基金销售受资本市场走强的影响而快速增长。2007年全市基金销售总量增至35.02亿元,相当于2004年的30.19倍。2005年,常德工行代销广发聚富、工银瑞信等18只混合和股票型基金,销售额增至1752万元。2007年,增加基金销售账户2.30万户,基金定投账户9019户,代理发行基金13.91亿元,代理基金业务中间业务收入占全行中间业务收入的49%。常德农行于2006年代销17只基金,共6803万元;2007年,代销基金增至7.07亿元,基金销售收入实现1048万元,增长11.18倍。常德中行于2006年代销基金增至7000万元。2007年,猛增至7.86亿元,同比增加7.1亿元,是上年的10倍之多,代销基金净收入1009.32万元,占中间业务收入总额的34.53%。常德建行开通电子银行和网络上线,利用科技优势推动代理证券业务的发展。2007年,代理销售的46只开放式基金,共6.17亿元,实现代理证券业务收入达943万元。

2008—2010年,受国际金融危机的影响,资本市场受到较大冲击,基金销售进入低潮。常德工行基金销售2008年降至11.28亿元,2010年降至8.9亿元。常德农行2008年降至368万元,至2010年,销售额降至200万元的水平。常德中行2008年仅销售7218万元,下降90.82%,直至2010年,基金销售一直走低。常德建行2008年基金代销降至8913万元,2009年,回升至4.10亿元,2010年,又回落至1.99亿元。

五、其他代理业务

在叙作代收代付、代理保险、代发证券、证券代理、代销基金等代理业务的同时,常德市各银行机构还根据市场需求、自身优势和对市场的选择,分别叙作代理个人住房公积金贷款、代理财政委托贷款和其他代理贷款、代理财政国库支付、代保管、代理租赁、代理担保、代客外汇买卖、代客理财、代理贵金属买卖交易、代签代理兑付银行汇票业务、代理同业业务、代理纳税、代理彩票发行等众多的代理业务。

(一)同业业务代理

1.代理农发行业务。

1994年7月至1996年年底,农发行组建但常德未设机构的一段时间内,常德农行全面代理常德农发行各项业务。其代理业务包括原来由农行、工行、人行办理,后划归农业发展银行的粮油等收购业务。常德农行全辖建立代理业务经济档案，其中，商办工业贷款余额在500万元以上，收购企业在1500万元以上的信贷大户档案都建在市分行。1994年年末，到位收购资金17亿元，其中农行12亿元，全部进入专户管理。是年，常德农行代理农发行各项贷款30.58亿元。为确保农发行资金封闭运行，1995年，常德农行注入资金1.1亿元，按照“统一管理、专款专用、桥路分开”的原则，理顺农行与农发行的资金关系，堵塞政策性资金流失漏洞，加强对受贷企业“三统一”管理（即统一办理存款与结算，统一发放和管理信贷资金，统一代理财政拨付支农资金、风险基金、利息和费用补贴等财政性资金）。是年，代理农发行各项贷款42.02亿元。收购粮食7.295亿公斤，其中定购粮5.79亿公斤，油料40万担，棉花135万担，收购总值额为20.88亿元。是年，申报、审批农业综合开发、农业技术改造项目9个，到位资金1860万元，粮棉油加工技改项目5个，到位资金1400万元，对18个粮棉油加工企业注入生产流动资金1300万元。代理农发行开户企业专户存款4613万元，在人行存款9848万元。1996年，常德农行代理农发行业务实行收购贷款与加工贷款分开管理，分别核算。在贷款管理中，新发放的加工贷款一律由省农发行直接管理到企业和项目。1996年12月28日，中国农业发展银行常德市分行成立，从1997年1月起，农发行常德市分行的业务转为自营，常德农行代理农发行业务结束。

2.代理农信社业务。

代理农信社业务是常德农行与农信社的特殊业务关系衍生出的代理业务。2002年起，常德农行与常德农信社在业务合作与服务方面除资金融通、银团贷款等主体业务外，还为常德农信社代理银行承兑汇票、转贴现、代理债券买卖、代理结算、代理外汇和现金业务等业务。

3.代理贷款业务。

1994—1996年，常德工行代理开发银行贷款1800万元。1998年，代理贷款回落至600万元。2001年，增至1800万元，2002年以后，代理贷款无发生。2007年，常德工行代理投资银行贷款，是年业务收入1241万元。

1998—2004年，常德农行代理西洞庭农场与中国经济开发信托投资公司转贷世界银行250万美元外汇贷款，用于国营西洞庭农场中低产田电力排灌系统改造及气电配套项目，2004年，还清贷款本息；2008年起，常德农行开始代理投行业务，是年完成代客理财、投资银行业务收入720.12万元。2010年，代理投资银行业务实现收入2447万元。

1990年，常德建行为省投资银行办理委托贷款5300万元，为国家投资公司基建基金办理委托贷款1255万元，国家投资公司其他委托贷款500万元，是年末，国家投资公司委托贷款余额2398万元，代理财政委托贷款166万元。1991年，代理国家投资公司基建基金委托贷款和其他委托贷款1000万元，代理发行财政委托贷款4万元，代理发行部门、企业委托（含人民银行）贷款6919万元。1992年，代理部门、企业发行委托贷款8466万元。1993年，代理国家投资公司基建基金委托贷款345万元，代理财政委托贷款65万元，代理发放部门、企业委托贷款442万元。1994年3月，国家成立开发银行，原来由建行经办的政策性贷款业务逐步划归国家开发银行,其资金拨付由开发银行委托建设银行经办。是年发放开发银行委托贷款2.15亿元,是年,收回开发银行委托贷款3000万元,开发银行年末余额1.85亿元。1995年,常德建行代办国家开发银行贷款应收利息3679.2万元,实收2033.3万元,回收率55%。1989-1994年,常德建行履行财政职能,代理发行国家投资公司基建基金和国家投资公司其他委托贷款3445万元,至1995年年末,年末余额尚有3270万元。期间,代理发行财政委托贷款2626万元。到1995年年末,财政委托贷款余额1143万元。1996年,常德建行先后代理国家开发银行的桃源县凌津滩水电站项目、常德市天然饮料公司的马蹄汁(荸荠)项目。截至1996年年末,常德建行代理国家开发银行、财政、部门、企业等单位贷款累计金额达6.98亿元,其中是年新增2.09亿元。1997—1999年,常德建行争取石门电厂二期工程、石门皂市水库、澧县207国道、青山水库等建设项目和武陵环保基金贷款等项目的委托代理权。2000年,常德建行代理国家开发银行常德城建打捆项目贷款3.08亿元,代理石门国家储备粮食库财政委托贷款项目。2001年,代理委托性住房贷款5032万元。至2005年年末,政府、部门、企事业单位及委托住房贷款余额增至21618万元,其中,委托住房贷款余额2.14亿元,占委托贷款的99%以上。2010年年末,地方、企事业单位、住房等委托贷款余额1.18亿元。

(二)代保管业务

常德市银行业代保管服务主要是指保管箱业务。常德工行最早于1990年开展代保管业务,是年,办理14笔代客户保管有价单证业务。1992年,开办价值703万元的保管箱业务。1996年,保管箱业务涉及价值达3001万元。2000年,保管箱业务降至1115万元。保管箱业务在较长的时间里处于低位,至2009年,代保管有价值品业务涉及金额仅81.8万元。常德农行代保管业务始于1998年。是年,常德农行江北支行建立代保管箱业务库,设立保管箱1780门,主办保险箱出租、露封代保管和密封代保管业务。1999年开始办理代保管箱业务,受客户委托保管重要票据和贵重物品。2000年,保管箱业务出租率达到42%。该项业务由于市场需求不够旺盛,于2005年取消。

(三)代理国库业务

1.代理支库和乡镇国库。

1989年前,国家金库鼎城支库、临澧县支库、桃源县支库均由工商银行代理。1990年,人民银行桃源支行、临澧支行成立,两县国库业务改由人民银行直接经理,鼎城区支库仍由常德鼎城工行代理。1990年1月,常德人行与常德工行、常德农行、常德中行、常德建行联合下发《专业银行办理国库业务管理办法》。是年,常德农行拓展代理国库业务。1993年,常德市成立德山经济开发区,按照一级政府一级财政一级国库原则,设立国家金库德山支库,由常德工行德山支行代理。1998年1月,撤销鼎城、德山工行代理支库,改由人民银行经理。1998年起,常德农行全面代理乡镇金库业务。是年年末,常德农行代理乡镇金库262个。2000年和2001年,国家金库湖南省分库分别批准设立西洞庭支库、西湖支库,均由常德农行代理。随着农行农村基层网点撤并,加上乡镇财力薄弱,代理乡镇金库个数逐年减少。2001年年末，代理个数减少至182个，全年代理10.1万笔，累计组织无息存款2.21亿元。2010年7月，全市乡镇国库全部撤销。年末，常德农行代理2家支库业务。

2.代理税收入库、非税收入汇缴和财政授权预算外收支业务。

1999年，常德农行及所辖支行与当地财政、人民法院协商，开设财政专户和诉讼费用收入汇款专用存款账户，于2000年1月开始运行。2001年，常德农行拓展各级行代理国库业务，开办的代理国库业务项目包括收纳报解税款、基金、行政性收费、交通罚没款、发行国债等项业务。2004年10月，常德农行取得非税收入汇缴结算业务代理权。2005年，常德农行利用财政非税收入财政国库统一支付平台组织财政资金6499万元，市直非税收入70万元。2006年，拓展法人客户及个体工商户国税电子缴税业务，全年营销法人客户300多户、个体工商户1600多户，代理上缴国税资金5490万元。2006年，常德建行开始代理财政授权预算外收支业务，6个县级支行代理财政非税收入汇缴。2009年，常德建行代理财政授权支付业务12亿元，直接支付量4亿元，代收代缴非税业务收入8亿元，其中市级收入2亿元，区、县(市)一级收入6亿元。

3.代理财政国库集中支付。

2004年，经常德人行审核批复，常德工行、常德农行、常德中行获得常德市市级财政国库集中支付项目的代理银行资格，分别与市财政签订银行代理服务协议，开始办理财政国库集中支付业务。2006年，常德建行3个支行取得国库集中支付代理权。

(四)代理担保业务

代理担保业务主要是由银行为被担保单位出具资信证明或担保函作出的信用担保。2004年，常德建行开始开办该项业务，是年，实现代理担保收入23万元。至2009年代担保业务量达到1.36亿元，实现担保收入400万元。2010年，实现代理担保收入达738.4万元。

(五)代理彩票发行

1994年5月，常德中行代理湖南省社会福利募捐委首发“六合彩”，全辖共设立10个投注点，由市分行和德山支行、武陵支行、鼎城支行共同代理。6月30日，按照上级通知要求宣布停止发行，10个投注点8期共销售98.6万元。

1995年5月，常德中行与市募委联合举办“传统福利彩票首发式”，举行大型彩车游行宣传，下辖18个网点代理发售福利彩票，全年代发彩票90多万元。1997年3月，常德中行将原投注点增加至21个，投注数额明显上升，全年投注金额增加至148万元。1998年，代理发行福利彩票156万元，居全省中行第一。2000年以后，中国银行常德分行不再代理发行彩票。

1990年8月，常德中行代销第十一届亚运会基金奖券。该奖券面额1元，36000元为一个计奖单位，两次开奖。

第五节　信托业务

常德工行、常德农行和常德建行三家于1987年成立信托投资公司,同时也在1995年6月国务院《关于撤销国家专业银行所属信托投资公司机构》的通知下发之后,在1996年以前全部撤销,实际存续时间为10年。

一、常德工行信托投资业务

1987年5月,经省工行和常德地区人行批准成立常德工行信托投资公司,主要办理城镇信托业务。成立当初,公司自有资金800万元,1988年经市政府批准,将原信托投资公司改为股份制企业,定名为"常德市工银信托投资股份有限公司",公司为市级地方国营预算外中型企业,以经营金融业务为主,逐步走与工贸结合的道路,归口市财贸办领导,业务上接受市人民银行的指导,公司实行独立核算、自主经营、自负盈亏。公司股金为人民币1500万元。除公司本身外,由12家企业组成,实行董事会领导下的经理负责制。

1990年年末,常德市工银信托投资股份有限公司累计组织信(委)托存款8241万元,发放信(委)托贷款1.24亿元,办理委托代理业务5230万元,委托代理收款125万元,实现利润87万元。1990年年初,省工行下达撤销信托投资公司的文件,规定各级信托公司现有存、贷款余额划转当地行。1991年4月,经常德人行批准,常德工行信托投资公司经省工行批准对外营业,将原有的工银信托公司更名为中国工商银行湖南省信托投资公司常德市办事处(以下简称常德工行信托),负责对原有债权债务进行清偿。全年累计收回委托贷款59万元,年末委托贷款余额同比下降28.7%,全年收入利息93万元。

1991年,常德工行信托全年累计发放信(委)托贷款1.34亿元,年末余额6210万元,是年,实现业务收入298万元,税利67万元。开办融资性租赁业务,为企业技术改造、设备更新融通资金105万元,买进卖出国库券、公债券4100笔47.4万元。经市人行批准,代理发行企业债券1255万元。在发展本部信托业务的同时,常德工行加强对各县(市)支行信托工作的管理,全市10个县(市)支行先后全面开展信托业务,全年各县(市)支行共发放信(委)托贷款1.30亿元,年末余额5061万元,分别占全部信(委)托累放贷款和年末余额的97%和90%。

1992年,常德工行信托年末各项信托存款6423万元,累计组织信托存款2.01亿元,累计发放信托贷款2.07亿元,信托贷款年末余额8827万元,代理企业发行债券3500万元,证券交易量147万元,实现各项业务收入659万元,上缴税利32万元。常德工行信托加入常德融资市场,先后向融资市场拆借资金143万元。面向社会、组织和吸引机关团体、企事业单位累计吸收存款2亿元。在开展传统信托贷款业务同时,注重拓展新型信托业务,累计发放委托代理贷款1.80亿元,发放租赁贷款276万元,发放投资贷款500万元,代理9家企业发行企业债券 3500 万元。但是因多种原因的影响，共有风险、呆滞信托贷款 680 万元，占信托基金的 75%，长期失去流动性。

1993 年年末，常德工行信托资产 1.45 亿元，实现利税 78 万元，吸收信托存款余额 9000 万元，累计发放信托贷款 3.60 亿元。是年，在原有信委托贷款、代发企业债券为主体业务基础上增加投资、租赁、国库券买卖、股票交易、代理等 12 个门类业务，全年累计发放各项贷款 3.60 亿元，较上年增长 59%。是年 7 月 23 日，在常德率先开通深圳、上海及北京STAQ 法人股股市，累计办理股票委托买卖业务 4741 笔，成交业务 3713 笔，成交金额 4792 万元，实现收入 21.08 万元。

1994 年，常德工行根据省工行《关于加强信托业务管理的通知》要求，于 12 月 13 日撤销县(市)支行信托代办处，停办信托业务。市分行信托业务则挂靠省工行信托投资公司，简称“省工行信托投资公司常德办事处”，负责处理原有信托业务的善后工作，不再对外开办新的信托业务。

1995 年 8 月，常德工行各县(市)支行信托代办处的资金、业务、人员、行政关系全部归并各支行，并停办各项信托投资业务，9 月月底前完成债权债务清理以及各支行对信托代办处的稽核验收。至撤销之时，全辖信托存款 3213 万元，信托贷款 9218 万元。

二、常德农行信托投资业务

1987 年 3 月，中国人民银行湖南省分行批准同意成立中国农业银行常德地区信托投资公司，4 月 10 日，中国农业银行常德地区信托投资公司开业。资本金 947 万元。是年，累计引进资金 2980 万元，对常德市油脂加工厂、苎麻加工厂、水泥厂、冶炼厂、羽绒厂等 87 个乡镇企业累放贷款 4356 万元。

1988 年 5 月，常德农行按照常德人民银行稽核要求，将从所辖各县(市)支行按信贷基金 4%比例抽用的 629 万元资金全部清退，根据注册资金不得少于 500 万元的最低要求，省农行向常德农行增拨 155 万元信贷基金以补充常德农行信托投资公司的资本金。是年 6 月，常德农行信托投资公司代理发行国家建设债券 38 万元。9 月，常德撤区建市，常德农行信托投资公司更名为中国农业银行常德市中心支行信托投资公司。

1989 年年底，常德农业银行信托投资公司改名为湖南省农行信托投资公司常德市办事处。

1991 年，湖南省农行信托投资公司常德市办事处拓展证券业务，是年证券交易额 1462 万元。

1994 年 7 月，常德农业银行对省农行信托投资公司常德办事处业务活动进行全面清理检查。是年年末，湖南省农行信托投资公司常德市办事处共吸收委托存款 960 万元，贷款和委托放款余额达 1477 万元，实现利润 44.5 万元。

根据国务院关于《关于撤销国家专业银行所属信托投资公司机构的通知》的要求，1996

年1月,农行湖南省分行通知撤销中国农业银行湖南省信托投资公司常德办事处。届时,中国农业银行湖南省信托投资公司常德办事处账面资产8201万元,各项投资占资产总额31%,各项贷款占资产总额55%。总资产中催收贷款率为47%,逾期贷款率为53%。账面负债总额为7338万元,吸收的各项存款占负债总额的50%,同业拆借占负债总额40%,累计亏损508万元。

三、常德建行信托投资业务

经人民银行湖南省分行和省建行批准,1987年3月,中国人民建设银行常德地区信托投资公司成立并对外营业。其业务经营范围主要是吸收财政部门、企业主管部门的委托投资,信托劳保资金以及其他符合政策规定的存款。发放信托贷款、委托贷款、拆借、租赁和担保业务以及房地产投资业务。其管理模式实行综合计划,单独核算,自主经营,自负盈亏。具有独立法人资格,资本金500万元。

1989年,在清理机构中,常德建行信托投资公司停业经营。年末,公司资本金500万元,同业存款723万元,各项贷款1334万元,营业收入108.3万元,利润19.9万元。1990年3月,中国人民建设银行常德地区信托投资公司更名为中国人民建设银行湖南省信托投资公司常德办事处。是年,发放贷款6笔、共106万元,年末贷款余额1374万元,其中信托贷款1259万元,委托贷款115万元。

1991—1992年,常德建行信托为扭转资金不足局面,延揽各种委托、信托存款,加强横向融资。1992年,吸收其他存款450万元,同业融资6860万元。是年,累计发放各种贷款582.5万元,其中,信托贷款5户、共116万元,委托贷款10户、共168.5万元,租赁贷款298万元,房地产开发投资5300万元。1992年大力发展投资业务,向省外投资4个项目,提供5300万元房地产开发投资。

1995年,根据国务院《关于金融体制改革的决定》和人民银行《关于中国工商银行等四家银行与所属信托投资公司脱钩的意见》,制定信托公司办事处撤并方案。1996年上半年,常德建行全面清理信托投资公司办事处各项资产、负债和财务。1996年5月被撤销时,常德建行信托贷款余额6132万元,其中信托贷款63户、金额2142万元,省外投资4户、金额3990万元尚未收回。信托贷款中不良贷款57户共1990.4万元,分别占总户数的90.47%和总金额的88.72%。特别是1992年省外投资5300万元,至1996年5月撤销时尚有4户共3990万元未收回。办事处7484万元债权债务移交常德建行。

常德建行投资公司办事处成立至1996年5月被撤销期间,累计吸收各类存款1108万元,同业融资9417万元。累计发放各类贷款1.61亿元,其中委托贷款415万元,信托贷款8167万元,租赁贷款2170万元,其他投资5300万元。重点支持常德第二棉纺厂、滨湖印刷厂、德海集团、德山新材厂、滟洲水电站、澧县氮肥厂、三江口水电站、湘澧盐矿等90多个单位和企业的建设与生产。累计回收各类贷款 9920 万元,实现营业收入 1538.2 万元,实现利润 170.2 万元。

第六节　理财业务

一、常德工行理财业务

2002 年,常德工行开始注重发展理财类业务,是年实现代客理财收入 41 万元。2003 年,常德工行先后新开办代客外汇买卖、代保管箱业务等代客理财业务。2004 年,发展理财金账户,是年理财金账户新增 1520 户,总量增至 2204 户。2006 年,又积极拓展代理外汇买卖业务。2007 年,理财金账户增至 6015 户。同时开拓代理投行业务,先后与 50 家企业签订常年财务顾问协议书 38 份,签订投融资顾问协议 24 份,实现代理投资银行业务收入 1240.62 万元,代理投行业务成为个人中间业务收入后的第二大中间业务收入项目。2008 年,新开办品牌金销售业务,代理账户黄金买卖年交易量 1458.16 克,交易总额 2.89 亿元,全省排名第一。2009 年和 2010 年,常德工行又先后开办代理贵金属、代理资金交易、代理个人外汇交易、对公代保管、代理对公基金和代理其他银行结算业务等,2010 年销售个人本外币理财产品 24.8 亿元,增加 14.1 亿元,销售各类法人客户理财产品 16.7 亿元,代理理财业务共实现中间业务收入 4499.32 万元。

二、常德农行理财业务

常德农行理财业务是在农业银行股份制改造前后发展起来的创新业务。2008 年,全行共完成代客理财、投资银行业务收入 720.12 万元,其中常年财务顾问收入 597.8 万元。2009 年的储蓄和理财业务都得到较好发展。代理销售投资类业务产品收入 277.92 万元,代客理财业务收入 115.23 万元。2010 年,企业年金托管业务取得突破,签约 1 家公司类客户。全行实现代客理财业务收入 547 万元,比上年增长 377 万元。2010 年,实现代客理财业务收入 547 万元。

三、常德中行理财业务

2004 年, 常德中行从众多产品中将理财性质的产品归集为相对独立的理财产品门类,之后不断创新,至 2010 年年末基本形成理财系列产品。2004 年 7 月,常德中行开办“汇聚宝”、实盘外汇买卖等外汇理财业务。至 2010 年年末,先后推出日积月累计划型、日积月累收益累进、中银汇增、中银基智通、中银平稳智芸、中银稳富、中银债市通等对私理财产品和日积月累日计划型及结构性理财等对公理财产品。按照理财类产品的性质,常德中行理财类业务包括基本理财类、专属理财类、增值服务和咨询服务类、金融便利类、出行礼遇类、品质生活类、海外服务类。

四、常德建行理财业务

2002 年 8 月,常德建行就个人理财业务向人民银行申请备案,并立即获得通过。是年,个人理财业务启动,并明确“以个人理财中心为主,理财室、理财窗口、开放式柜台为补充的服务网络”的发展理念。2003 年 5 月,常德建行开办个人理财业务。按照上级行“高柜业务低柜化,单一服务综合化,统一服务差别化”的要求,在市分行营业部试点,设立理财室、贵宾室、客户经理等,是年,实现财务顾问收入 100 万元。2004 年,常德建行对符合 VIP 条件的客户发放 VIP 金卡和银卡,对 VIP 客户(即高端客户)提供的一系列优质服务和优惠措施。是年 4 月,推出高收益、低风险特点的“汇得盈”等 11 期外汇理财产品,募集美元 196 万元,港币 47 万元,实现财政顾问收入 127 万元。2005 年,成立市分行“个人理财中心”,完善和加强对高端客户服务和个人理财业务管理功能。2007 年,常德建行理财收入增至 1237 万元,增长 2.87 倍。2008 年,常德建行通过“理财驿站”每天向客户通报理财产品信息,在各种媒体上设立理财栏目进行宣传,建立 150 万元以上个人客户的“双客户经理维护制度”。全年销售各种理财产品 4.08 亿元,实现理财收入 2809 万元,占中间业务收入的 36.8%。2009 年,常德建行邀请知名基金公司举办基金定投、投资理财报告会、理财产品推介会 20 多场。2010 年,组织发行“财富 1 号”“金泉友”乾元“天天盈”理财产品。黄金产品交易额 8179 万元,全年理财产品销售累计 14.75 亿元,实现理财产品收入 7710.9 万元。至 2010 年年末,共推出“一户通”“联名账户”“建行金”“利得盈”“汇得盈”“建行财富”“大丰收”“基金定投”“存贷通” 等 10 多个理财产品。2002—2010 年八年中,常德建行实现理财产品手续费收入 1.59 亿元。

第三篇

证券与期货

第三篇　证券与期货

二十世纪八十年代末,证券机构进入常德,证券业开始起步。1989—1991 年,常德有常德证券代理处、常德工行信托公司证券营业部、常德农行信托公司证券营业部、常德建行信托公司证券营业部、常德市信托投资公司证券营业部 5 家机构从事证券业务。1993—1996 年,随着金融体制改革不断深化,各家证券营业部相继改制或撤销。进入二十一世纪后,常德市证券业蓬勃发展,先后增设多家证券机构。2010 年年末,证券机构总数增至 8 家,共有股民户数 12.1 万户,证券交易量 691 亿元。

第一章　证券业务

第一节　证券开户

1993 年 7 月,常德市证券公司受湖南省证券登记公司委托办理证券登记业务,是年,开户股民 284 人。1994 年,常德市证券公司取得上海、深圳证券交易席位和武汉国债交易席位,是年新增股民 391 人。1995 年,全市新增证券开户 1001 户,其中, 常德市证券公司开户股民 601 人,常德市建行投资公司证券营业部开户 400 人。1996 年,常德证券交易营业部自筹资金,租赁常德宏达宾馆 2 楼设立股票交易厅,代理、自营买卖上海、深圳上市证券,代理证券分红派息和过户等业务,是年开户股民 3543 人。1996 年,常德市建行投资公司证券营业部随着业务发展需要投入 145 万元加快网络建设和购置计算机等设备, 逐步由计算机替代手工操作,加快代理交易速度。是年年末,证券客户数达 1466 户,比 1995 年增长 3.6 倍。1997 年,沪、深股市进入大“牛市”行情,开户人数骤增。为保障安全,证券公司加强开户管理,实行最低 5 万元保证金的准入制度,限制散户入市。全市是年开户 8949 户,达到 15234 户,比上年增长 142.39%。其中,常德证券营业部 11434 户,比上年增长 137.27%;常德君安证券开户 3800 户,比上年增长 159.21%。

1998 年,常德君安证券取消最低保证金的开户规定,电话委托系统升级到“7188999”,由 1997 年的 24 对中继线扩大到 60 对,并对网络交易系统进行升级。至是年年末,网络交易量占 15%。为扩大业务,在社会上招聘一批具有本科以上学历的员工,员工数达 28 人。由于股市处于“牛市”行情,是年9月,应广大客户需求,在桃源县城设立君安证券常德营业部桃源县服务部,租赁交易大厅300平方米;12月,在石门县城设立君安证券常德营业部石门县服务部,方便股民开户。是年,常德君安证券开户数达到6954户,比上年增长83%。1998年,全市股民开户数达到20464户,比上年增长34.25%。

1999年,股市行情火爆,常德证券营业部开通“天亿”网上股票交易业务,加快股票买卖速度,全年新增股民3464名。常德国泰君安证券采取加强员工培训、提高服务水平和操作技能,增添和改进网络机具、提高网络交易速度,增添专业理财服务内容等多项措施扩大股民开户数和交易量,股民开户数达8584户,比上年增长23.44%。

2000年,常德国泰君安证券在继续发展营业大厅交易业务的同时,利用国泰君安证券总部网站和营业部网站大力拓展网上交易,是年5月,开通国泰君安证券“富易”交易系统和国泰君安大智能行情系统,方便客户异地交易。常德证券营业部开通泰阳证券网及网上证券委托系统,是年网上交易占总成交量份额的24%;全年新增股民4106名,比上年增加642名。至年末,开户数达13376户,比上年增长55.82%。2001—2005年,证券开户总数稳步上升,2005年年末,全市开户股民达到50558人,为2000年的1.46倍。

2006年,国家加大企业股份制改革步伐的力度,股市行情逐步好转,是年全市股民开户达到52441户,比上年增加1883户,增长3.7%。2007年,开户数达到90262户,比上年增长72.12%。2008年各证券公司采取对网络系统改造升级,加大与客户交流力度,提高广大股民证券投资意识,强化内部管理,提高服务质量等措施稳定客户,在股市大环境处于低迷的状况下,股民开户数继续增加,2009年年末增至126846户。

2010年,由于股市持续低迷,不少股民撤销账户,虽然新开户股民有15556名,但总户数仍比上年减少6117户,减幅4.82%,年末股民开户数120729户。其中,常德方正证券年末股民开户数71125户,比上年减少9486户,减幅11.77%;常德君安证券年末股民开户数30579户,比上年减少5205户,减幅17.02%;常德华融证券年末股民开户数12571户,比上年增加2120户,增长20.29%;于2010年4月在常德新成立的海通证券、8月新成立的财富证券和12月新成立的民族证券3个营业部,年末股民开户数分别是1726户、4579户和149户。

第二节　经纪股票交易

1991年,常德农行信托投资公司在开展信托业务的同时,也代理开办证券市场业务,是年的证券交易额达到1462万元。

1992年,常德工行信托投资公司证券交易营业部率先在本市开通深圳、上海及北京STAQ法人股股票交易,为常德市民增加新的投资渠道,证券交易自是年7月23日开市,至年底累计办理股票委托买卖业务4741笔,成交3713笔,成交金额4792万元,实现收入21万元。

1993年7月,常德市证券公司受湖南省证券登记公司委托办理证券登记业务,是年成交金额7200万元，营业收入168.37万元，利润2.5万元。1994年，常德证券交易营业部取得上海、深圳证券交易席位和武汉国债交易席位。是年成交金额17300万元，营业收入254.88万元，利润3.99万元。1995年常德证券交易营业部继续代理、自营买卖上海、深圳上市证券，代理证券分红派息和过户等业务，营业收入324.98万元，利润4.11万。1996年，常德证券交易营业部自筹资金，租赁常德宏达宾馆2楼、3楼，设立股票交易厅，代理、自营买卖上海、深圳上市证券，代理证券分红派息和过户等业务，是年累计成交7740万元，营业收入649万元，利润301万元。

1997年，沪深股市进入"牛市"行情，开户人数骤增，常德君安证券为加强安全管理，实行大中户下单分流制度，保证客户及时委托。为方便客户，提高交易效率，于是年年底，常德君安证券开通"点对点"业务，即由客户通过自助方式下单，也可由客户填单交由柜员输入交易系统，交易系统直接将委托指令传送到交易所系统成交，缓解了堵单、开户排队、交易排队等问题，提高股票交易的效率。同年9月，为方便客户咨询，常德君安证券开通委托电话系统"7222611"，有24对中继线。是年交易量11.33亿元，营业利润103万元。湖南证券常德营业部开通"点对点"业务，加快代理交易速度，减少交易差错；开通电话委托业务，方便非现场客户交易。是年，湖南证券常德营业部代理成交23.4亿元，营业收入1571万元，盈利572万元。

1998年5月，常德君安证券迁址至常德市人民中路187号，迁址后，增加大户室35个、中户室座位300个，取消最低保证金的开户规定，电话委托系统升级到"7188999"，中继线由1997年的24对扩展到60对。是年，还对网络交易系统进行升级。至是年年末，网络交易量15%。是年，相继与工、农、中、建四家国有商业银行合作，开办"储蓄卡划转君安证券股民保证金"即银证转账业务，加快资金周转。至年末，仅常德建行就为其新增股民1082户，吸收股金390多万元。截至年末，常德君安证券交易量达11.53亿元，营业收入432.98万元，开户数和营业收入分别比1995年增长181倍和5倍。常德证券营业部全年代理成交14.7亿元，比上年减少8.7亿元，营业收入938万元，盈利3.6万元。

1998年4月15日，常德农行代理上海证券交易所发行常德市第一支股票"金健米业"（代码600127），发行量5000万股，发行价每股5.3元，三个工作日共吸收申购资金743亿元，为该企业新增股本金2.66亿元。5月6日，"金健米业"在上交所挂牌上市。

1999年，因沪、深股市行情火爆，常德国泰君安证券采取多项措施扩大股民开户数和交易量。一是加强对员工的培训，提高员工的服务水平和操作技能；二是增添设备，提高网络交易速度，加快资金周转；三是增添专业理财的服务内容，为股民获取较高的投资收益提供优质的服务平台。是年交易量达15.52亿元，营业收入432.98万元，利润20.7万元。湖南证券常德营业部开通"天亿"网上股票交易系统，加快股票买卖速度。全年代理成交18.82亿元，比上年增加4.12亿元，营业收入937万元，盈利168.7万元，比上年增加165.1万元。

2000年，常德国泰君安证券在继续发展营业大厅交易业务的同时，利用国泰君安证券总部网站和营业部网站大力拓展网上交易，是年5月开通国泰君安证券"富易"交易系统和国泰君安大智能行情系统,方便客户异地交易。是年末,常德国泰君安证券股票交易量、营业收入和实现利润总额均取得突破性发展,分别达到253951万元,1123万元、402万元,分别是1999年的1.6倍、4.3倍和19.4倍。湖南证券常德营业部开通泰阳证券网及网上证券委托系统,是年,网上交易占总成交量份额的24%。全年代理成交34.5亿元,比上年增加15.68亿元,营业收入1447万元,盈利682万元。

2001—2003年,沪、深股市进入漫长的"熊市",常德市证券交易量123.56亿元,年均41.19亿元,比2000年减少18.71亿元,减幅达31.24%。常德国泰君安证券2001年营业收入只有735.7万元,比上年同期减少387.4万元,利润总额只有37万元,比上年同期减少了365.4万元,减少近11倍。2003年更是创出新低,营业收入只有493.8万元,利润只有4.2万元,全年交易量不足13亿元,比2000年减少12亿元。针对该状况,常德国泰君安证券在2001年3月成立客户服务中心,并向社会通过考核招收具有一定攻关能力的投资襄理10名,通过培训,协助开拓业务。对营业部内部则进一步健全绩效考核制度,调动员工的营销积极性,营业部所有员工走家进户上门服务说明安装网上交易系统,同时,推行"银证转账+国泰君安证券网+投资襄理"的经纪服务模式、推行服务交易理财"一条龙",在持续低迷的市场中努力提高经营效益。2001—2003年,常德泰阳证券3年合计代理交易沪、深股票60.83亿元,营业收入2898万元,盈利821.85万元。2001年,针对沪深股市行情较差的情况,常德泰阳证券与四大国有商业银行合作,开通"银证通"业务;是年代理交易沪、深股票24.1亿元,营业收入1010万元,盈利235.83万元。常德华融证券3年累计代理交易19.74亿元,其中2003年代理交易量8.84亿元。

2004—2007年,股市回升走暖并于2007年进入大牛市。全市4年累计代理交易1014.49亿元,2007年达到790.19亿元,是2003年的19.59倍。常德泰阳证券4年累计代理交易540.72亿元,营业收入16592万元,盈利12327万元;其中,2007年代理交易425.46亿元,是2003年的23.12倍,营业收入12439.5万元,是2003年的13.3倍,盈利10106万元,是2003年的35.84倍。2004年,常德国泰君安证券股票经纪交易量随着股市行情好转而逐步回升,截至2004年年末,交易量达19.5亿元,营业收入694万元,实现利润183.3万元,分别比2003年增长41%和42.6%。2005年,股市行情进一步走强,常德国泰君安证券抓住机遇,进一步强化内部管理,规范经纪交易,加快网上业务发展,全面推行"个性化"服务,即分别对大户、中户、散户群众和长线、中线、短线客户群,实行有针对性和差别化服务。至2006年,股市行情进一步火爆,客户开户数量急剧攀升,是年,常德国泰君安证券又一次提高网速,以适应大量新增的股民,网上交易量占比由1998年的15%上升至65%,全年完成代理交易额46.2亿元,营业收入和利润总额分别达到126.8万元和771.9万元。2007年,股市继续维持强劲发展势头,常德国泰君安证券为加强服务功能,建立网上服务交易站,通过国泰君安"大智能"网络进行证券基础知识讲座,和股民进行网上交流沟通。是年,常德国泰君安证券营业股票交易量、收入和实现利润总额均刷新历史纪录,创出新高,分别达到285亿元、

8051万元和6762万元。2004—2007年,常德华融证券4年累计代理交易量105.83亿元,其中2007年代理交易量78.56亿元,比2003年增长788.69%。

由于受国际大经济环境急剧衰退的影响,2008年下半年,股市开始回调走软,全市全年证券交易量500.34亿元,比上年减少289.85亿元,减幅36.68%。

2009年,为保证股票经纪业务在不利的大环境下稳定增长,常德国泰君安证券采取3项措施,一是对网络系统再一次改造升级,提高股民资金周转速度,使网络交易占比由上年的65%提高至95%以上;二是加大与客户的交流力度,利用国泰君安证券"大智慧"网广泛宣传,每月举办两次股市"沙龙",使证券金融知识走入千家万户,提高广大股民证券投资意识;三是进一步加强内部管理,建立健全经济责任制。截至年末,交易量284亿元,营业收入6723.7万元,实现利润5431万元,分别比上年增加90亿元、2139万元和1880万元。2010年交易量227.9亿元,营业收入4275万元,实现利润3298.6万元。

2008—2010年,常德方正(泰阳)证券3年累计代理交易1118.58亿元,营业收入23388万元,盈利17487万元。2010年,常德方正证券在股市低迷、同行业大面积亏损的情况下,牢固树立"让客户资产增值"的经营理念,以价值服务为核心,实现客户投资价值个性化、单一化的新型营业部管理模式,为客户营造诚信的投资环境。2010年7月开始开展服务产品化工作,通过一系列的整合、包装、定价和制度设计,将以往非标准化的、弹性的、无形的、没有价格的服务,转化成为标准化的、可量化的、有形的、有价的产品。2010年成交量359.04亿元,其中,非现场业务占比达到96.5%,市场份额为0.31%,取得佣金净收入6408.5万元,实现利润4349.54万元,在全省本系统173家营业部中,排名第二。2008—2010年,常德华融证券3年累计代理交易243.26亿元,其中,2008年44.97亿元,比上年减少33.59亿元,减幅42.76%;2010年代理交易104.18亿元,比2007年增加25.62亿元。

2010年,新成立的海通证券、财富证券、民族证券3个常德营业部成交量分别是8.6亿元、13.32亿元、1370万元。

1995—2010年常德市证券股民数与成交量统计表

表3-1

年度	总成交量（亿元）	年末股民户数（户）	年度	总成交量（亿元）	年末股民户数（户）
1993	0.72	684	2002	37.26	49638
1994	1.73	675	2003	40.3	47218
1995	4.3	1676	2004	58.18	49833
1996	7.74	6285	2005	44.8	50558
1997	34.73	15234	2006	121.32	52441
1998	26.23	20646	2007	790.19	90262
1999	34.34	25740	2008	500.34	111948
2000	59.9	34638	2009	867.74	126846
2001	45.97	44118	2010	691.13	114275

第二章 期货业务

2008年12月5日,常德首家期货公司—德盛期货成立并开始经营期货业务。

2009年,早籼稻期货挂牌上市。常德俗称"鱼米之乡",是早籼稻主要产区之一,早籼稻期货的上市为常德地区的生产者和经营者提供一个规避市场价格风险的工具。常德德盛期货利用该次契机,根据常德地区实际产业特质,开展早籼稻期货宣传,走访多个市级、县级、乡镇与早籼稻相关的粮食企业,发放相关宣传数据100份,组织进行期货相关知识培训交流会议20场次。其间,有4家企业开户并参与期货套期保值交易。

2009年年中,常德德盛期货在常德市钢材大市场进行为期一个月的"期货市场新认识新作用"户外宣传及展业调研活动,为螺纹钢、线材等钢材类期货品种的上线在常德市储备良好的客户和市场基础。根据钢材贸易商的贸易量制定套期保值方案,为他们的经营提供风险防范。

鉴于常德处于内陆城市,金融发展水平相对滞后,常德德盛期货与常德农行进行全面合作,资源共享,优势互补,互利双赢。常德德盛期货和常德农行通过现场、远程会议方式共同主办常德农行各支行网点的期货基础知识培训会。常德德盛期货秉承合作精神,走访农行临澧、石门等四个县级支行,并对农行工作人员、客户经理及相应的乡镇企业做了期货知识普及及认知拓展的培训会,先后发放期货宣传资料200份。截至2009年底,常德德盛期货共有期货客户417户,机构户4户,客户权益881万元,成交量20.27万手,成交金额110.84亿元。

2010年,常德德盛期货加强客户经理营销团队建设,进一步完善客户经理营销管理方案,并制定客户信息收集、基础服务与个性化服务、奖惩标准等一系列相关的管理制度。开展户外营销活动,收集和整理客户信息,进行客户分类以确定目标客户。2010年4月16日,经过8年酝酿、4年筹备的首个金融期货——沪深300股票指数期货合约上市。股指期货上市对于完善中国资本市场体系具有重要而深远的意义,这是期货市场的里程碑。在发展契机面前,按照德盛期货公司总部的相关部署,常德德盛期货组织包括全员培训、投资者适当性制度培训、新开户制度培训、股指期货交易策略培训等在内的一系列内部培训,并积极协助证券公司IB业务工作,做好证券营业部IB的培训及投资者教育工作。此外,为应对股指期货开户等突发情况,公司制定一系列应急预案,继续推行预约开户工作机制。

2010年,常德德盛期货新增期货客户262户,新增机构户5户,共有期货客户679户,机构户9户,股指期货客户12户,客户权益1362余万元,成交量38.39万手,成交金额280.81亿元。

第四篇《

保险业务

第四篇　保险业务

1989—2010 年，常德境内保险公司由 1 家发展至 30 家，其中财产类保险公司 15 家，寿险类保险公司 14 家，保险代理机构 1 家。开办险种由 60 多个发展到 190 个，保费收入由 1989 年的 4734 万元（含保险储金）增加至 39.90 亿元，年均增长 24.82%；赔（给）付支出由 3311 万元增加至 8.39 亿元，年均增长 17.53%，在国民经济发展和稳定社会生活中起到重要作用。2010 年年末，财产类保险年收入 7.99 亿元，寿险类保险年收入 31.91 亿元，分别占保险年收入的 20.03%和 79.97%。财产类保险年赔付 3.7 亿元，寿险类保险年赔付 4.69 亿元，分别占保险年赔付总额的 46.31% 和 14.7 %。

1989—2010 年常德市保险业务统计表

表 4-1　　单位：万元

年度	保费收入	其中		理赔支出	其中	
		财险收入	寿险收入		财险赔付	寿险给付
1989	4734	2043	2691	3311	1637	1674
1990	5610	2482	3128	3343	1335	2008
1991	9562	4382	5180	5885	2787	3098
1992	14216	7219	6997	7659	3464	4195
1993	19546	9682	9864	14901	8396	6505
1994	17509	7774	9735	6895	3073	3822
1995	15337	7842	7495	9437	4927	4510
1996	21742	8629	13113	14434	8431	6003
1997	24022	9981	14041	12986	8493	4493
1998	28506	10552	17954	24389	15407	8982
1999	31043	10165	20878	13777	6803	6974
2000	34662	10447	24215	14159	5282	8877
2001	43138	12070	31068	17013	5805	11208
2002	59661	14056	45605	16802	7049	9753
2003	72708	15791	56917	17896	9554	8342
2004	96443	20548	75895	24086	13983	10103
2005	112412	23707	88705	31691	18241	13450
2006	133859	26299	107560	30537	14728	15809
2007	186945	41476	145469	58525	26811	31714
2008	308981	55762	253219	75210	35147	40063
2009	326635	59888	266747	85703	36049	49654
2010	399005	79935	319070	83923	37018	46905
合计	1966276	440730	1525546	572562	274420	298142

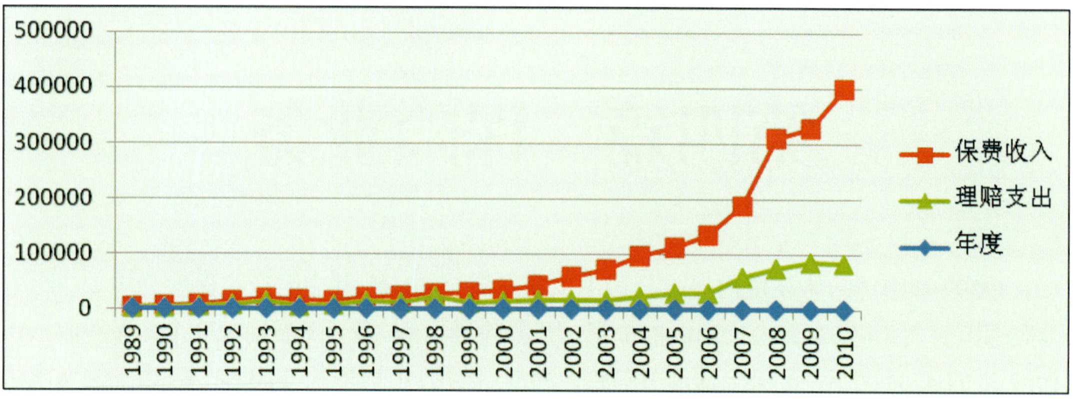

图 4-1　1989—2010 年常德市保险业务趋势图（单位:万元/年度）

第一章 财产保险

1981 年,常德地区恢复国内保险业务时,开办企业财产、家庭财产和运输工具 3 大类险种。1988 年常德人保财产保险保费收入 1294 万元,赔付 1882 万元。2010 年年末,全市 15 家财产保险公司经营的财险业务有企业和家庭财产(农业)险、运输工具险、货物运输险、责任险及人身意外险(短期健康险)4 大类 200 个险种,2010 年,保费收入 79935 万元,为 1988 年的 61.77 倍,年均增长 20.61%;2010 年赔(给)付 3.70 亿元,是 1988 年的 19.67 倍, 年均增长 14.5% 。

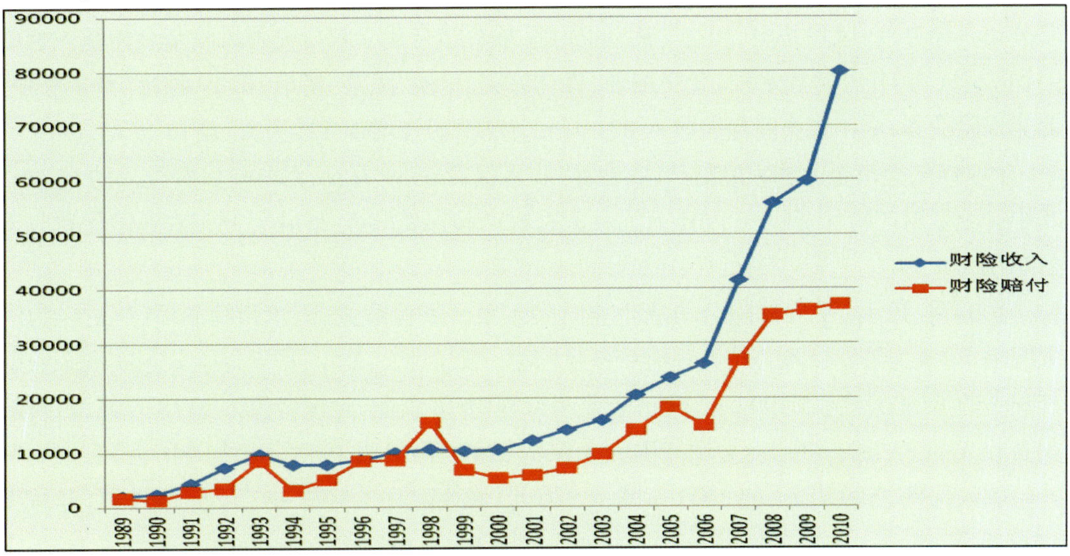

图 4–2 1989—2010 年常德市财产保险业务趋势图(单位:万元/年度)

第一节 企业和家庭财产(农业)保险

1989—1991 年,常德人保积极开发新险种,为社会提供更多的保险保障,其中的机器设备损坏保险、汽车玻璃破碎保险、楠竹保险、烟叶保险为常德首创,被总公司在全国推广。在家庭财产险中,开办家庭财产团体户保险、家庭财产"两全"保险、长效还本家庭财产保险、建房安全保险、城市自行车盗窃保险、城市煤气用户平安保险等险种,通过努力,企业和家庭财产(农业)险年年递增。1989 年,为 1335 个地方骨干企业和 1045 个乡镇企业承保 68 亿元的财产,收入保费 814 万元,占财险保费收入的 40%;为 30 万户家庭承保家庭财产险,收入保费 177 万元;承保种植业险 1 万亩,农业险收入保费 131 万元。全年企业和家庭财产(农业)险收入保费1122万元。由于银根紧缩、市场疲软,部分企业财险保户资金紧张,1989年,城市企业有108户脱保,减少保费80万元。1990年,常德人保狠抓脱保户的续保工作,使37户企业续保,同时采取加成投保、承保账外财产等措施,使企业财险保费收入增收193.5万元。武陵保险支公司派员深入常德烟厂多次做工作,用工作热情感动保户,承保该厂7000万元的行车设备的机器损坏险,收入保费14.7万元。1990年,企业和家庭财产(农业)保险共收入保费1359万元,比1989年增加237万元,增长21.1%,占财险保费收入的54.8%;其中,企业财产险收入保费1005万元,家庭财产险收入保费234万元,农业险收入保费120万元。1991年,企业和家庭财产(农业)保险收入保费1930万元,比1990年增加571万元,增长42%,占财险保费收入的44%;其中,企业财产险收入保费1303万元,家庭财产险保费收入327万元,农业险保费收入300万元。

1992年,常德人保与各县市政府一起开办农村联合共保业务,按照“政府组织推动、保险公司具体办理、风险共担、利益均沾”的原则,条块结合建立农村灾害风险基金体系。全市9个区、县(市)开办常规水稻、杂交稻种、森林火灾、柑橘、蔬菜、烤烟、耕牛、牲猪、养鱼等种、养业保险业务,全年农业险保费收入821万元,比1991年增加521万元,增长173.7%。

1993年,全市企业和家庭财产(农业)险收入保费6559万元,占财险保费收入的67.7%;其中,企业财产险保费收入1901万元,家庭财产险保费收入2514万元,农业险保费收入2144万元。

1994年12月,平安保险公司从企业财险入手开展保险业务,澧州啤酒厂(后更名为国人啤酒厂)成为平安保险公司办理财产保险的第一家企业。是年,平安保险公司实现企业财产保费收入500万元。1994年,全市企业和家庭财产(农业)险保费收入5118万元,占财险保费收入的52.7%;其中,企业财产险收入保费2247万元,比1993年增加346万元;家庭财产险收入保费2509万元,比1993年减少5万元;农业险收入保费362万元,比1993年减少1782万元。

1995年,根据上级有关“实行政企分离、规范保险行为”的精神,常德人保停办农村“联合共保”业务,农户家财险业务亦逐步减少,全年农业险保费收入37万元,比上年减少325万元。

1996—2001年,常德中保财险和常德平安财险不断拓展企业和家庭财险市场,保费收入2.46亿元,其中企业财险2.18亿元,占88.7%,年均3640万元,发展均衡。家庭财险2743万元,占11.1%。1996年后,由于企业改制,工人下岗增多,家庭财险市场逐步萎缩,1996年,家庭财险保费收入703万元,比1995年减少2022万元,减幅达74.2%,以后逐年减少,至2001年,收入保费287万元,比1995年减少2438万元,减少89.47%,年均减少45.5%。1996年,农业险保费收入28万元,占0.11%(从1997年起停办农业保险,2008年恢复政策性农业保险)。2000年,平安财险公司为企业开办机器损坏险、锅炉压力容器险、企业财产基本险等新险种,是年保险金额6459万元、保费收入32.8万元。

2002—2004年,全市企业和家庭财产险收入保费共计1.23亿元,其中,企业财险保费收入徘徊在3000万～4000万元之间，3年合计收入保费1.07亿元，年均3554万元。家庭财险保费收入逐年上升，2004年达到564万元，比2001年增加277万元，年均增长25.25%，3年合计收入保费1667万元。

2003年，常德太平洋财险公司加大对电信系统的展业力度，承保常德市电信分公司本部和临澧、汉寿、澧县、安乡四个县电信公司的财产险；利用阳光代理公司，承保省内七个地市电信系统的财产险，全年电信系统保费收入259万元，占该公司企财险的77.1%。是年，该公司企业财险保费收入335.96万元，占保费总收入的26.83%;家财险保费收入132.48万元，占保费总收入的10.58%。

2004年，常德各家财险公司努力开拓企业和家庭财险市场。常德中保财险企业财险保费收入2882万元，占全市企业财险保费收入的92.8%；家庭财险保费收入504万元，占全市家庭财险保费收入的89.36%。常德天安财险公司企业财险保费收入75.6万元，占是年保费收入的9.96%。常德华安财险公司实现企业财险保费收入16万元，占该公司是年保费收入的1.95%，家庭财险保费收入22万元，占是年保费收入的2.69%。

2005—2007年，常德各家财险公司采取上门服务、电话服务、代办服务、组织企业联谊会等各种方式开拓财险市场。全市3年共收入企业和家庭财险保费1.54亿元，占财险保费收入的16.8%。其中，企业财险1.31亿元，年均4362万元，比2004年增加1258万元，增长40.53%;家庭财险2289.93万元，年均763.31万元，比2004年增加199万元，增长35.28%。常德中保财险在企业和家庭财险领域仍然雄踞前列，3年共计收入保费1.02亿元，占全市的65.99%。

2007年，湖南省被财政部列为全国6个农业保险试点省份之一，常德中保财险积极参与农业保险试点，积极推进农业保险承保理赔“两进村两到户”。建立以市、县、乡、村四级服务网络为支撑，以乡镇农业保险办公室为平台，以乡镇农业保险专(兼)干和村级协保员队伍为依托的农业保险基层服务体系，以此完善规范农业保险承保收费、查勘定损、赔款支付等流程，确保承保、理赔两进村两到户，促进农业保险依法合规经营，全面提高农业保险服务水平，将公司服务触角延伸至涉农一线，有效解决农业保险承保理赔信息不对称、农户收费难、理赔到户难等问题。是年，农业保险实现保费收入3500万元(含能繁母猪保费720万元)。

2008年，常德市15家财险公司是年收入企业和家庭财险保费4531万元，占财险保费收入的8.1%。同时，全市各家保险公司按照各级政府要求积极开办政策性农业保险业务，全市收入农业险保费1.81亿元，比1997年停办农业险前农业险保费收入最高的1993年增加1.60亿元，增长7.5倍。2009年，全市收入农业险保费1.55亿元，比2008年减少2656万元。2010年，全市收入农业险保费1.80亿元，比2008年减少111万元。

2010年，常德中保财险狠抓农业保险工作，全年农业保险签单保户65万户，承保种植业32.4万公顷，其中，水稻25.3万公顷，棉花2.2万公顷，油菜4.8万公顷；养殖业签单承保牲畜190098头，其中，能繁母猪183598头，奶牛6500头。全年农业险保费收入8982万元。

第二节 运输工具保险

1989年,常德人保将运输工具险作为一项主要险种,采取广泛宣传和改进理赔等措施,促进业务发展,全市承保机动车船18400台(艘),收入运输工具险保费709万元,占财险保费收入34.7%。1990年,承保机动车(船)1.39万台(艘),收入保费845.5万元,占财险保费收入34%。其中,承保汽车8293台,承保面46.59%,收保费787.2万元;承保拖拉机558台,承保面31.4%,收保费40.8万元;船舶险收保费7.39万元;摩托车险收保费10.2万元。

1991年,国家实施《道路交通事故处理办法》,对交通事故第三者伤亡的补偿标准较以往提高3~3.5倍,加上汽车零配件价格上涨,许多车主为减少事故风险,主动投保运输工具险。1991—1993年,常德人保运输工具险保费收入4.47万笔、4992万元,占财险保费收入23.5%,年均分别增长42.85%、42.88%。1994年12月平安保险常德支公司成立后,将机动车辆险作为支柱业务,开办车辆损失险、第三者综合责任险、第三者人身伤亡责任险等基本险业务;自此,常德有2家保险公司经营运输工具险。1994—1995年,全市运输工具险保费收入8199万元,年均增长32.89%;承保车辆12.15万辆,承保金额18.95亿元。

1996—2000年,常德中保财险和常德平安财险着力开展运输工具险营销,运输工具险保费收入稳步小幅上升,5年共计收入保费2.48亿元,2000年达到5490万元,年均4960万元,年均增长4.7%。

2001年,常德中保财险、常德平安财险与各国有商业银行配合,促进发展个人汽车业务:由银行发放汽车消费贷款,保险公司承担按期归还的保险责任。是年,常德中保财险运输工具险收入保费5561万元,比2000年增长9.6%;常德平安财险运输工具险收入保费487万元,比2000年增长17.3%;

2002年8月,常德太平洋财险开办运输工具险业务,是年收入保费378万元,与常德中保财险和常德平安财险形成三足鼎立局面。全市运输工具险保费收入7342万元,比2001年增长21.39%,其中常德中保财险保费收入6392万元,占86.9%。

2003年7月,常德中保财险根据上级公司指示,停办汽车消费贷款保证保险业务。常德平安财险严格营运性车辆核保,发展非营运性运输工具险业务。是年,全市运输工具险承保车辆64575辆,保费收入8418万元,比2002年增长14.66%,其中常德中保财险保费收入7121万元,平安财险746万元,太平洋财险551万元。

2004年,常德天安财险公司、常德华安财险公司成立之初就将运输工具险作为支柱业务展开营销,常德天安财险是年运输工具险保费收入646万元,占保费总收入的85.1%,承保车辆2151户;常德华安财险是年运输工具险保费收入708万元,占保费总收入的86.4%,承保车辆1780户。常德太平洋财险控制风险高的营运车险,2004年3月停办风险较高的汽车履约保证保险,全年车险保费收入746万元,其中营运车险占比21.17%,比2003年减少7

个百分点。常德中保财险是年运输工具险保费收入 7875 万元，占全市是年运输工具险保费收入的 68.98%，承保车辆 11.35 万户。是年，全市运输工具险保费收入 1.14 亿元，占财险保费收入的 55.8%。

2005 年，常德 7 家财险公司均将运输工具险作为重要财险业务，采取多项措施营销，全年运输工具险保费收入 1.45 亿元，占财险保费收入的 65.5%，比 2005 年提高 9.7%，其中，中保财险 9534 万元，占全市运输工具险保费收入的 65.8%，占该公司是年保费收入的 57.2%；天安财险 1044 万元，占该公司是年保费收入的 86.4%；华安财险 1012 万元，占该公司是年保费收入的 79.4%；大地财险 462 万元，占该公司是年保费收入的 78.4%；太平财险 97.1 万元，占该公司是年保费收入的 35.9%；平安财险 1457 万元，占该公司保费收入的 80.86%；太平洋财险 882 万元，占该公司保费收入的 45.05%。

2006—2007 年，常德 9 家财险公司在车险市场上各展招数，为客户提供优质服务，车险业务大幅度增加，2 年全市运输工具险保费收入 3.74 亿元，年均增长 18%。其中，中保财险 2.15 亿元，占全市运输工具险保费收入的 57.4%，占该公司保费总收入的 59%；天安财险 1830.3 万元，占该公司保费总收入的 81.4%；华安财险 729 万元，占该公司保费收入的 68.6%；大地财险 3262.8 万元，占该公司保费收入的 76.6%；太平财险 651.6 万元，占该公司保费收入的51.7%；平安财险 2936 万元，占该公司保费收入的 67.91%；中华联合财险 4033.1 万元，占该公司保费收入的 32.6%；安邦财险 368.8 万元，占该公司保费收入的 39%。常德太平洋财险在认真分析车险市场后，采取加强行政用车、生活用车、生产用车的承保力度，先后承保常德烟厂、电业局、电信公司、省长途线路局、农发行、洞庭水殖、纺织机械厂、华南光电厂等单位车险，同时控制风险较高的长途卧铺车、长途货车、的士车的承保，彻底退出控亏无望的摩托车、翻斗车、渣土车承保市场，2006 年，运输工具险保费收入 635.9 万元，占该公司保费收入的 30.2%，比 2005 年减少 246 万元。2007 年运输工具险保费收入 1638 万元，占该公司保费收入的 55.26%，比 2006 年增加 1002.1 万元，增长 157.55%。

2008 年，全市共有 12 家财险公司开办车险业务。各公司加强运输工具险及交强险的营销，全年共收入保费 1.97 亿元，其中交强险 669 万元。

2009 年，全市 15 家财险公司收入运输工具险及交强险保费 3.07 亿元，占财险保费收入的 52.8%，比 2008 年增加 1.10 亿元，增长 55.8%，其中交强险 1.28 亿元，比 2008 年增加 1.21 亿元，增长 19.1 倍。中保财险是年收入运输工具险及交强险保费 1.56 亿元，占全市运输工具险及交强险保费收入的 50.6%，占该公司是年保费总收入的 50%。

2010 年，全市 15 家财险公司是年收入运输工具险及交强险保费 4.89 亿元，占财险保费收入的 60%，比上年增加 1.82 亿元，增长 59.2%，其中交强险 1.72 亿元，比上年增加 4451 万元，增长 34.8%。中保财险是年收入运输工具险及交强险保费 2.60 亿元，占全市运输工具险及交强险保费收入的 53.2%，占该公司是年保费总收入 64.99%。是年，为大力发展大型运输车队保险业务，常德中华联合财险先后与华云物流公司、欣运集团公司、文华交通运输汉寿公司、临澧金泰运输公司、石门三和公司、澧县西郊客运公司和湖南龙运交通运输集团有限公司成功签署协议,为做大公路客运车辆保险业务打下良好基础,全年运输工具险保费收入3089万元,占保费总收入的23.21%。

2008—2010年常德市各财险类公司运输工具险保费收入统计表

表4-2　　　　单位:万元

单位	合计	2008		2009		2010	
	金额	金额	占%	金额	占%	金额	占　%
中保	49868	8260	41.87	15563	50.62	26045	53.21
平安	9382	1869	9.47	2590	8.42	4923	10.06
太平洋	8608	1883	9.54	2198	7.15	4527	9.25
天安	3749	920	4.66	1044	3.4	1785	3.65
华安	2041	126	0.64	922	3	993	2.03
大地	3261	1399	7.09	858	2.79	1003	2.05
中华联合	7341	1890	0.96	2362	7.68	3090	6.31
太平	917	351	1.78	309	1	257	0.53
安邦	2170	189	0.96	590	1.92	1391	2.84
中国人寿	9125	2575	13.05	3114	10.13	3436	7.02
渤海	350	116	0.59	179	0.58	55	0.11
都邦	630	152	0.77	196	0.64	282	0.58
永诚	40	—	—	10	0.03	30	0.06
阳光	290	—	—	113	0.37	177	0.36
长安	1644	—	—	693	2.26	950	1.94
合计	99416	19730	—	30741	—	48944	—

第三节　货物运输保险

1989年,常德人保经办的货物运输险(以下简称货运险)中,主要有公路货运险、铁路货运险、进出口货运险等险种,全年收入保费212.1万元,比上年增长25.57%。1990年,常德人保根据货运险条款多、代办业务量大、查勘理赔难的状况,采取"抓代办站整顿、抓货运险专干培训"的措施促进货运险业务的发展。通过整顿,撤销不合格货运险代办站7个,解聘不合格货运险代办员13名,解决大小问题210个,清理1985—1988年旧单证34本,清收被挪用的保费4.5万元。在1989年货运量减少,承保笔数降低的情况下,1990年,收入保费235.7万元,比1989年增长11.13%。

1991—1995年,常德人保加强进出口货运险工作,为"三资""台资"企业开办财产保险、引进机器设备损坏保险、汽车保险、人身保险、进出口货运险和产品责任保险等7个保险服务项目,以各种财产、人身保险促进外资企业发展,带动货物运输险业务稳中有升。5年收入货运险保费1800.2万元,年均360万元,年均增长11%。

1996年,常德中保财险在货运险中开办铁路货物预约保险、公路承运货物运输保险等业务,全年收入货运险保费463万元。常德平安保险成立后,亦开办货运险业务,在运输工具险的基础上,开办车载货物掉落责任险等附加险,1996年,收入该项保费1.89万元。

1997年后,铁路部门自办货物运输保价保险,保险公司努力营销公路、水路货物运输保险,货运险保费555.37万元,比上年增加90万元;其中,常德中保财险收入保费550万元,常德平安财险收入保费5.37万元。

1998—2002年,保险公司在货运险风险大、标的小的情况下,仍然不放松对货运险的承保,使货运险有较大发展,5年收入保费4142万元,2002年,达到1231万元,比1997年增加676万元,增长121.8%,年均增长17.27%。常德中保财险以预约统保为主导,以运输单位代办为依托,以公路、铁路为支撑,以涉外险为发展方向进行货运险营运,采取开展创星级支公司活动,重视石门、澧县、临澧火车站货运业务的代办工作和鼎城桥南大市场、澧县湘鄂边贸城等货物集散地的货物运输保险工作,重点抓粮食、棉麻两大系统的货物运输保险,争取运管、邮政、商检、海关、民航等部门的支持等多项措施,使公路货物运输保险有较大的突破,并开拓邮政、商检、海关、民航等部门的邮电险、涉外货运险、出口信用保险、航空货物运输保险业务。2001年,常德中保财险货运险保费收入达到971.52万元,较年初计划净增200万元。在武陵、鼎城两家支公司分别保持五星级和一星级的情况下,临澧支公司进入一星级行列。武陵、鼎城支公司货运险保费分别突破600万元和100万元,进入"五星级"和"一星级"公司。2002年,达到1220万元,比1997年增加670万元,增长121.8%。1998—2002年,常德中保财险共收入货运险保费4120万元,占全市的99.47%。常德平安财险1998—2000年货运险保费收入10.19万元,2001年,停办货运险业务。太平洋财险2002年入驻常德并开办货运险业务,保费收入11万元。

2003年,常德中保财险加强货运险业务营销,加强与航运等企业合作,货运险保费收入由上年的1220万元增加至1301万元,增长6.7%。2004年,全市货运险保费收入942万元,减少359万元,减幅27.6%。2005年,天安、华安、大地3家财险公司进驻常德并开办货运险业务,全市保费收入1053万元,比2004年增加111万元,增长11.78%

2006—2010年,常德先后增加中华联合、安邦、中国人寿、渤海、永诚等财险公司开办货运险业务。由于水运业不景气、铁路部门自办货运险的影响,全市货运险业务萎缩,5年收入货运险保费2823万元,年均564.6万元,比2005年减少488.4万元,减幅达46.38%。常德天安保险2006—2008年收入货运险保费84.24万元,于2009年停办货运险;常德华安保险2006—2007年收入货运险保费22万元,于2008年停办货运险;常德大地保险2006—2010年收入货运险保费173.88万元;常德中华联合保险2006—2010年收入货运险保费15.71万元;常德安邦保险2007—2008年收入货运险保费61.17万元,于2009年停办货运险;常德中国人寿财险2008—2010年收入货运险保费111.64万元;常德渤海财险2009—2010年收入货运险保费 1.05 万元;常德永诚财险 2010 年收入货运险保费 0.13 万元。

2010 年,全市 8 家财产保险公司共收入货物运输险保费 700 万元,其中,常德中保财险收入 429 万元,占 61.29%。1989—2010 年,全市共收入货物运输险保费 13662 万元。

第四节　责任保险

1989 年,常德人保开办雇员忠诚险、保证险、电梯责任险、校园责任险、计划生育系列保险等责任险种,收入保费 289.9 万元。1990 年,常德人保拓展借款保证险、液化气瓶责任险、保修汽车火灾保险等新险种,收入保费 31 万元。是年责任保险保费收入 322 万元,比上年增长11.07%。

1991—1995 年常德人保加强责任险的营销,保费收入逐年上升,5 年共收入保费 3667.7 万元,1995 年达到 922 万元,年均增长 23.4%。

1996 年,常德中保财险加强财产险中的责任险营销,责任险保费收入稳中有升,全年责任险保费收入 343 万元。1997—2002 年收入保费 1843.3 万元,2002 年责任险保费收入 471 万元,比 1997 年增加 146 万元,增长 44.9%。常德平安财险开办产品质量保险、公众责任保险等责任险业务,保险金额 11250 万元,收入保费 49.64 万元,其中,公众责任保险 45.85 万元,产品质量保险 3.79 万元。1997 年,常德平安财险开办产品质量保险、公众责任保险、火灾责任险业务,承保金额 1.72 亿元,收入保费 24.32 万元。1998 年,常德平安财险扩大责任险范围,增加雇员忠诚险,全年责任险保险金额 1.28 亿元,收入保费 16.99 万元,其中产品质量保险 9.88 万元、公众责任保险 1.86 万元,雇员忠诚险 5.25 万元。1999 年,常德平安财险停办责任险,2000 年恢复产品质量险,保费收入 11.37 万元;新开办雇主责任险,保费收入 6.8 万元。

2003 年,经国家保监会批准,财险公司可重新开办人身险中的意外伤害等责任险业务。据此,常德 3 家财险公司开办个人意外伤害险、团体意外伤害险、责任险、雇员忠诚险、保证险、电力险、电梯责任险等责任险种,全年收入保费 1066.56 万元。常德中保财险开办煤矿井下工人意外伤害保险和学生意外伤害保险等责任险业务,全年责任险、意外险保费增加至 1272 万元,其中学生意外险保费收入 510 万元。常德太平洋财险开办保证保险、责任保险、特殊风险保险等险种,全年责任险保费收入 201.36 万元,其中特殊风险责任险保费收入 121.04 万元。常德平安财险全年责任险保费收入 29 万元。

2004 年,常德天安财险公司、常德华安财险公司相继开办人身责任保险,年末分别收入保费 2.3 万元、2 万元。是年,常德中保财险收入责任险保费 1053 万元,比 2003 年增长 12.95%,其中,人身意外险保费 94.44 万元,团意险保费 44.3 万元,其他 914.26 万元;常德太平洋财险责任险保费收入 200.4 万元,其中特殊风险责任保费收入 156.2 万元、责任险 23.73 万元、保证保险 20.5 万元。2004 年,全市责任类保险保费收入 1121.55 万元,其中个人意外险 94.44 万元、团体意外险 44.3 万元、责任险 972.8 万元、雇员忠诚险 10.01 万元。

2005—2007 年，常德有 7 家财险公司开办责任类保险，收入保费 5797.11 万元，年均 1932.37 万元。2005 年,常德太平洋财险控制亏损的营运车承保,下大力发展责任保险,连续 3 个季度开展全员意外险竞赛,实现战略重点转移,全年意外险保费收入 136.54 万元,比上年增加 45 万元,增长 49.16%。常德大地财险狠抓责任险、意外险营销,与中保财险公司共同承保华电石门公司公众责任险和雇主责任险,保费收入 37 万元。2005—2007 年,该公司责任险保费收入 172 万元,意外险保费收入 340.1 万元,两项保费收入占该公司 3 年保费总收入的 10.6%。2005 年 12 月，常德中华联合财险入驻常德后即开办短期人身险业务,2006—2007 年责任险保费收入 145.48 万元。2006 年,常德平安财险和常德教育部门联合推出“校方责任险”,是年底,投保人数达 30.63 万人。常德中保财险 2005—2007 年责任险保费收入 3541 万元,占全市责任险保费收入的 61.08%。

2008—2010 年，常德有 12 家财险公司开展责任类保险业务，3 年保费收入 6241.54 万元,其中,2010 年责任类险种保费收入 2993.72 万元。

2008—2010 年常德市财险类公司责任险保费收入统计表

表 4-3　　　　单位:万元

单　位	合计	2008 年	2009 年	2010 年
中保财险	2383.00	904.00	82.00	1397.00
平安财险	749.40	198.80	99.70	310.90
太平洋财险	1971.00	602.00	652.00	717.00
天安财险	84.98	80.10	4.88	—
华安财险	53.00	—	16.00	37.00
大地财险	274.79	90.65	99. 71	84.43
中华联合	491.40	88.30	185.60	217.50
国寿财险	202.00	69.00	29.00	104.00
渤海财险	52.83	0.11	14.90	37.82
都邦财险	80.30	1.03	28.89	50.38
永诚财险	19.37	—	0.78	18.59
长安财险	19.47	—	0.37	19.10
合　计	6241.54	2033.99	1213.83	2993.72

第二章　人身保险

1989—1993年，常德人保在人身保险业务上主推各类养老医疗保险，全市有87万人参加人保公司开办的各类养老医疗保险，收入保费5145万元。同时，为全市集体企业7万多名职工办理退休职工社会统筹，年平均拨付额达3000多万元。1992年，常德人保开办团体人身保险、团体及个人人身意外伤害保险、简易人身险、学生平安险、少儿两全保险、婚嫁保险、住院医疗险、公路旅客意外伤害险、驾驶员意外伤害险、煤矿工人和建筑工人意外伤害险、厂长(经理)人身意外伤害险、计划生育系列保险、村干部养老金保险、企业职工养老金补充保险、个体工商户养老保险和集体职工退休费用社会统筹等40多个险种，全市149多万人参加各种人身保险，其中，75万人参加简易人身保险、63.5万人参加学生平安保险、1.5万人参加计划生育养老保险、2.3万人参加个体工商户和农民养老保险、8256人参加村干部养老保险、5.87万人参加集体职工退休费用社会统筹。全年收入人身险保费和储金6884.80万元，占全公司保费收入的48.4%。

1989—1993年，常德人保为配合全市计划生育政策的落实，推行计划生育系列保险，开办独生子女夫妇养老保险、少儿后备年金保险、母婴平安保险、结扎保险等。为乡镇企业职工开办养老保险，至1993年年底，全市有681个乡镇企业、29890人参加养老保险；同时开办村干部、义务兵、农村“八大员”(农电员、农机员、农技员、驾驶员、电话员、广播员、卫生员、放映员)养老保险，参保人数达4万人。1989—1993年，全市人身保险收入2.79亿元，其中人寿保险收入2.40亿元，占86.2%，人身意外伤害险2592万元，占9.3%。

1995年，根据省政府关于集体企业职工退休费用社会统筹业务移交社会保障机构的有关精神，常德人保公司将社保统筹业务移交当地劳动和社会保障部门。

1996年6月，常德中保寿险采取直销团体业务、代销农村代办业务、营销个人分散业务的措施，将人身保险拓展为人寿保险、健康保险、意外伤害保险等3大类、50多个险种，是年收入保费7355万元(分设后的6—12月收入保费5586万元)，占年计划收入的115.84%，比上年净增3043.5万元，增长率为70.6%。是年6月，平安保险产险、寿险分营，成立平安保险人身保险部，年末实现寿险保费收入1165.81万元。

2002年5月，常德太平洋人寿保险公司开办人身险业务，是年收入保费626万元。2003年，常德新华人寿保险公司、常德泰康人寿保险公司相继开办人身保险业务，共实现人身险保费收入4423万元。2007年，常德中国人民人寿保险公司、常德合众人寿保险公司、常德中英人寿保险公司相继开办人身险保费业务，共实现人身险保费收入1.41亿元。2008年，常德生命人寿保险公司、常德健康人寿保险公司、常德阳光人寿保险公司相继开办人身险保费业务，共实现人身险保费收入3798.42万元。2009年和2010年，常德太平人寿保险公司、常德幸福人寿保险公司、常德民生人寿保险公司相继开办人身险保费业务，共收入人身险保费收入7752.73万元。2010年年末，常德共有14家人寿保险公司开展人身保险业务，全年收入保费32.61亿元，是1989年的122倍。

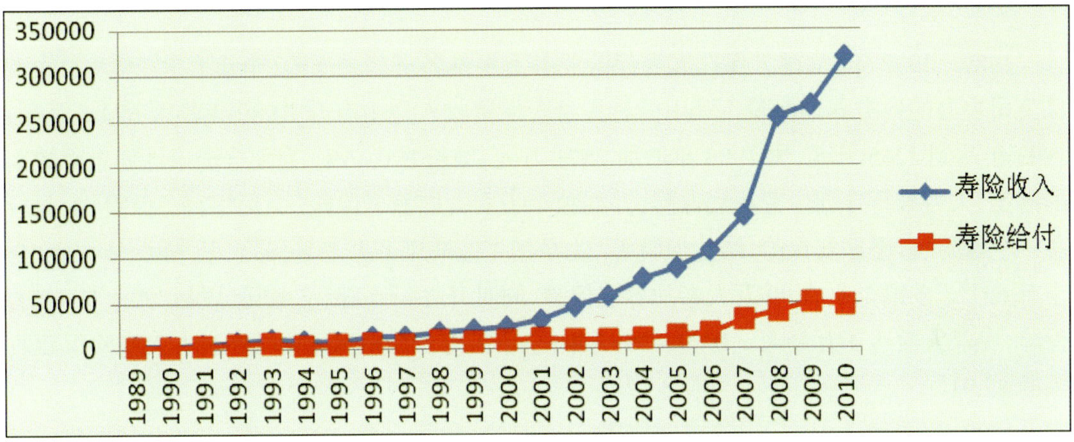

图4-3　1989—2010年常德市人身保险业务趋势图（单位：万元/年度）

第一节　社会养老保险统筹

根据1986年国务院《关于改革劳动制度四个规定的通知》精神，1988年常德人保经办集体企事业单位职工退休费用社会统筹业务，收入养老年金830.23万元。1989年为548家集体企事业单位办理职工退休费用社会统筹，收入养老年金1683.7万元，比上年增加853.47万元，增长率为102.80%。

1991年，针对社会保险机构抢占集体统筹金市场的现象，常德人保加大宣传力度，全面开拓集体统筹养老市场。参统单位增加100个，全市达到597个，年收统筹金2823万元。全年养老年金保险储金收入3697万元，比上年增长83.53%。为459个单位的2.3万名退休职工筹集发放退休金2570万元。

1992年，全市5.87万人参加集体职工退休费用社会统筹。全年养老年金保险储金收入4402万元。1993年，养老年金保险储金收入5624.6万元。

1989—1993年，常德人保为全市600家集体企业、7万多名职工办理退休职工社会统筹，收入集体企业社会统筹金1.74亿元，支付集体企业统筹养老金1.50亿元，年平均拨付额达3000多万元。

1994年，养老金险及储金收入1456.05万元，增长率为-74.11%。1995年全市参加社会养老保险的企事业单位职工6.92万人，全年收入社会统筹养老年金6.92万笔、共1722万元。

1995年底，根据1995年9月省政府《关于集体企业职工退休费用社会统筹业务移交劳动行政部门所属的社会保险机构办理》的有关精神，常德人保将社保统筹业务移交当地劳动行政部门所属的社会保险机构。

第二节 人寿保险

1989—1993年，常德人保在人身保险业务上主推各类养老保险，全市有87万人参加人保公司主办的各类养老保险，其中简易人身险保费收入稳中有升，1989年收入694.1万元，1993年达到3265万元，比1989年增加2571万元，增长370.46%。为配合全市计划生育政策的落实，大力推行计划生育系列保险，开办独生子女夫妇养老保险、少儿“两全”保险、少儿后备年金保险、母婴平安保险、结扎保险等。为乡镇企业职工开办养老保险，至1993年年底，全市有681个乡镇企业、2.99万人参加养老保险，同时开办村干部、义务兵、农村“八大员”养老保险，参保人数达4万余人。1989—1993年，全市人寿保险收入2.30亿元，占人身险保费收入的82.91%。

1989年，常德人保在人寿险上主推简易人身险，收入保费694.1万元。汉寿县支公司组织力量用3个月时间积极营销汉寿县供销社系统26个单位，使已脱保的9057份简易人身险全部复效，补收保费9.8万元。1990年，常德人保把大力开展各类养老金保险作为是年人险业务的重头戏来抓，召开会议专题研究部署，明确将村干部、计划生育对象、义务兵家庭作为是年的养老金保险重点展业目标并纳入劳动竞赛和目标管理考核的内容，在全市掀起养老保险展业高潮。桃源县保险支公司在当地党政大力支持下，养老保险展业工作取得明显成效，至1990年10月，全县有38个乡镇的1960名村干部办理养老金保险，收入保费66万元；同时，带动乡镇企业职工、农机员、农电员、电影放映员等几项养老金保险业务的开展，全年共收入各类养老金保险保费107万元，完成年计划的297%，比1989年增长653%。常德人保及时总结桃源县保险支公司的经验并在该县召开专题经验交流会予以推广。常德人保1990年人寿保险收入1143.6万元，其中简易人身险792.3万元，比上年增长14%，养老金保险收入351.3万元，比上年增长177.9%。该公司开办的各种养老金保险取得成效，其中，村干部养老金保险保费收入139.2万元，义务兵养老金保险保费收入32.54万元，计划生育养老金保险保费收入5.9万元，农电员养老金保险保费收入32.96万元，农机员养老金保险保费收入12.06万元。

1994—1996年，全市人寿保险保费收入1.26亿元，占人身险保费收入的67.97%；其中，简易人身险6454万元，占人寿险的51.1%。

1996年6月，常德人保和平安保险常德中支实行产险、寿险分业经营，以人的身体和生命为标的的人寿保险、养老保险、健康保险、意外伤害保险等各类人寿保险业务划归常德中保寿险和平安人寿保险常德中支，主要经营意外险、甲种简身险、少儿险、三年至五年期简身险、养老险、国寿两全、个人代理行销业务等。常德中保寿险1996年共完成人寿险保费收入

6110万元，其中养老金1890万元，比上年减少355万元；甲种简身险收入1271.4万元，比上年净增557.9万元，增长率为78.19%。1996年，常德平安寿险根据当时常德境内只有团体寿险业务的情况，采取团体购买寿险和个人购买寿险相结合的办法，扩展寿险业务领域，相继开办平安长寿、少儿终身、递增养老、平安永乐、平安幸福等险种，收入保费293万元，占1996年保费收入的25%；全年人寿险保费收入319.74万元，其中集体人寿险保费收入37.33万元、个人人寿险保费收入282.41万元。

1997—2001年，常德有中保人寿、平安人寿2家寿险公司经营寿险业务，共收入保费9.34亿元，占保费总收入的88.53%。

1997年，常德中保寿险保持自销、营销、代办业务同步的经营格局并成功运作，坚持依法经营和规范经营，以优质的服务赢得保户和市场。根据市场需求，以少儿一生幸福保险、99鸿福终身保险、鸿寿养老保险等作为拳头产品打入市场，为群众提供更多保障。5月，在全市系统开展优质文明服务活动。在喜迎香港回归的时刻，开展"庆香港回归，迎幸运婴儿降临"的活动，并与市老龄委一道开展"探索长寿秘诀，共享美好人生"活动，引起社会广泛关注。配合优质文明服务月活动，营销策划"阳光行动"的宣传，发送问卷调查29万份。年末，共完成人寿险保费收入1658笔、1.15亿元，比上年净增5418万元，增长88.67%。常德平安寿险在原险种的基础上推出平安福寿险、福临门等新险种，是年，收入保费737.44万元，比上年增加417.7万元。

1998年，常德中保寿险在全市系统继续深化改革，完善经营机制，强化管理，提升现代化经营水平。停办福寿安康险，确保稳定经营；进一步推出鸿寿养老保险，深受群众欢迎。全市系统实现保费收入1567笔，共计14426万元，比上年增长25.14%。常德平安寿险保费收入1300.59万元，比上年增长76.37%。

1999年，常德中保寿险以99版新条款面市，全面启动人寿新单市场，增强发展后劲。9—12月，全市系统开展"人寿保险有奖知识竞赛"活动。全年保费总收入1.68亿元，比上年增长16.5%。常德平安寿险寿险保费收入2069.5万元，比上年增长59.12%。

2000年8月起，常德中保寿险相继向社会隆重推介国寿99鸿福两全保险、国寿金色夕阳养老年金保险（A）2个新险种。年末，人寿险保费收入1.91亿元，比上年增长13.6%。常德平安寿险寿险保费收入2622万元，比上年增长26.7%。

2002年5月，太平洋人寿成立常德中心支公司，以个险业务为重点，加强营销员队伍建设，发展营销业务员200多人，全年保费收入626万元，其中寿险收入580万元，占全年保费收入的92.65%。2002年，中保人寿、平安人寿、太平洋人寿3家保险公司共收入寿险、分红保险保费4.12亿元，其中人寿保险1.97亿元，分红保险21514万元。

2003年，新华人寿、泰康人寿先后进入常德，2003—2006年，常德共有5家保险公司经营寿险业务，4年共收入保费29.67亿元，其中，人寿保险11.68亿元，分红保险17.99亿元。

2003年，常德新华寿险以寿险业务为重点，加强营销员队伍建设，发展营销业务员300

多人，全年保费收入3612万元，其中寿险保费收入3136万元，占总保费收入的86.82%。2003年6月,常德泰康人寿开业后,按照专业化、规范化、国际化的发展战略和稳健经营、开拓创新的经营理念,与工、农、中、建、邮五大银行合作,开办银行兼业代理业务,以千里马(分红型)五年期和十年期两种产品为主要险种,拓展寿险业务领域,是年收入保费811.99万元,其中人寿保险196笔、金额683.47万元,占全部保费收入的84.17%。

2004年是中国人寿股改上市后的第一个经营年,常德国寿推行"调整优化、过好日子"的工作方针,进一步推进收入、商品、客户、队伍四大结构战略性调整,收入和商品结构显著优化。全年寿险保费收入3.03亿元,其中风险型寿险首年保费6055.48万元,占寿险首年保费的19.99%,比上年增长38.16%,增幅高出投资型保费24.32%。2004年,常德泰康人寿完成澧县、津市、汉寿、临澧、石门、桃源等6家四级机构的组建。全公司按照"以顾客为中心,注重过程管理和风险管理"的经营理念,以银保产品"千里马B"为主要险种开展工作,全年寿险保费收入1459笔、共计6060.88万元,占全部保费收入的97.18%。常德新华寿险2004年寿险保费收入7966万元,占全年保费收入的86.81%,其中,人寿险2752万元、分红险5095万元、年金险119万元。

2005年,全市人寿险保费收入8.29亿元,比上年增长31.73%,其中,人寿保险4.29亿元，分红保险4.00亿元。2006年，全市人寿险保费收入9.90亿元，比上年增长19.4%,比2001年增长140.22%,占全年保费收入的90.89%;其中,人寿保险3.83亿元,分红保险6.07亿元。2006年,常德国寿按照"积极均衡、整合转型、创新超越"的总体工作方针狠抓寿险业务,全年寿险首年保费收入达到2.72亿元,比上年增长6.3%。常德平安寿险通过"收益客户回访制度、10日没结案滚动通报制度"建立时效追踪考核体系,提升公司形象,促进业务发展。全年寿险收入9807万元,比上年增长51.2%。

2007—2010年,常德市经营寿险业务的保险公司逐步增加至14家。常德国寿紧紧围绕"统筹城乡,协调发展;调整结构,有效发展;整合资源,和谐发展;主动作为,科学发展"的总体工作方针开展寿险工作,4年寿险保费37.13亿元。2007年,寿险首年标准保费3.53亿元;首年期缴新单保费1.08亿元,比上年增长19.44%。2008年,常德国寿首年标准保费8.23亿元;首年期缴新单保费1.42亿元。2009年,常德国寿继续推广国寿"1+N"服务品牌,充分利用"国寿客户节"平台,开展客户服务活动,全市发放"国寿鹤卡"10.2万张,发放率达到35%。全年寿险首年标准保费1.57亿元;十年期及以上期缴保费9967万元。2010年,常德国寿拓展企业年金客户10家,实现企业年金新增基金规模4754万元。寿险首年标准保费7.40亿元,首年期缴新单保费2.01亿元。2007—2010年,常德泰康人寿注重转型与发展并重,加强基础管理,强化培训以提高员工素质,以抓业绩平台为重点,使寿险业务连续4年保持增长态势,4年寿险保费收入12.54亿元,年均增长34.5%,占全市寿险保费收入的14.37%,占该公司保费总收入的98.82%。常德太平洋人寿制定"保增长、稳队伍、保质量、促品牌"的经营管理策略,加强人寿保险的营销,4年寿险保费收入6775万元,年均增长21.43%,占全市寿险保费收入的 7.77%，占该公司保费总收入的 81.33%。常德新华寿险 4 年寿险保费收入 9.55 亿元，年均增长 28.46%，占全市寿险保费收入的 10.94%，占该公司保费总收入的 96.21%。2007—2010 年，常德寿险业务快速发展，4 年寿险保费收入 87.24 亿元，年均增长 30.8%，占 4 年保费总收入的 87.55%。2010 年寿险保费收入 28.98 亿元，比 2006 年增长 192.71%。

2007—2010 年常德市寿险类公司寿险保费收入统计表

表 4-4　　单位：万元

单　位	金额	占比%	占本单位保费%
常德国寿	371347	42.57	86.31
平安人寿	73627	8.4	89.1
太平洋人寿	67750	7.77	81.33
新华人寿	95461	10.94	96.21
泰康人寿	125357	14.37	98.82
人民人寿	72147	8.27	77.6
合众人寿	12038	1.38	99.08
中英人寿	13302	1.53	97.34
生命人寿	15607	1.79	97.82
健康人寿	9576	1.1	98.33
阳光人寿	5483	0.63	100
太平人寿	6108	0.7	99.84
幸福人寿	4219	0.48	100
民生人寿	370	0.04	100
合　　计	872392	—	—

第三节　健康医疗保险

1989 年，常德人保开始开办住院医疗保险业务，全市有 87 万多人参加各类医疗保险，收入保费 2691 万元，给付 1674 万元。1993 年，人保临澧支公司在全市率先开办财政拨款单位干部职工住院医疗保险，收入保费 98 万元。

1996 年，常德平安寿险开办重大疾病保险、乳腺癌保险，收入保费 9.61 万元。1997 年，常德中保寿险开办学生平安险的附加住院医疗保险、妇女防癌保险等新业务。5 月，在全市系统开展优质文明服务活动，在喜迎香港回归的时刻，组织全市系统开展“庆香港回归，迎幸运婴儿降临”的活动，全年健康医疗保险保费收入 18 万元。常德平安寿险全年健康医疗保险保费收入 28.57 万元，比上年增加 18.96 万元。

1998年,常德中保寿险推出重大疾病终身保险、"全家福"保险等新险种。1998年7月,开始筹建业务处理中心和体检中心,1998年年底投入运作,对全市业务的核保、出单、理赔、售后服务实行集中管理。年末,全市系统实现健康医疗保险保费收入188万元,比上年净增长170万元,同比增长944%。该公司开展紧急助学活动,及时筹措资金160万元,为全市16000名学生解决入学学费;为重灾区20名特困学生每人提供700元的生活费和御寒衣服。常德平安寿险开办学生健康险、医疗安全险、住院安心险等险种,保险金额2284万元,收入保费110.44万元,比上年增长4.82倍。

由于风险控制和管理难度较大,1999年,常德中保寿险停办健康医疗险业务。常德平安寿险开办平安团体附加意外医疗险、平安学生幼儿团体住院险等险种,全年健康医疗险收入110.1万元。

2000年,因群众生活需要,常德中保寿险恢复健康医疗险,保费收入4万元。常德平安寿险健康医疗险收入86.3万元,比上年减少23.8万元。2001—2002年,人保寿险和平安寿险2家公司加强健康医疗险的营销,2001年,全市健康医疗险收入746万元,比2000年增加655.7万元,增长7.26倍;2002年,达到1796万元,比2000年增加1705.7万元,增长18.89倍。

2003年,在袭击全国的"非典"疫情发生后,常德国寿在全市系统发起以"同心抗非典,国寿献真情"为宗旨的"阳光行动",除全力推介国寿团体传染性非典型肺炎疾病保险和国寿附加传染性非典型肺炎住院津贴保险两个"非典"保险外,还推出放宽49个险种疾病观察期等10项客户服务举措,为医务人员捐赠总保额达1270万元的"非典"保险。全市健康医疗险收入3363.62万元,比上年增加1567.62万元,增长87.28%。

2003—2010年,为适应群众需求,常德各保险公司加大健康医疗险业务营运,使健康医疗险快速发展,全市8年收入保费6.79亿元,其中寿险公司6.59亿元,占97%,年均8236万元,年均增长33.2%;财险公司从2008年起开办健康医疗险业务,三年收入保费2041万元,年均680万元。2003-2010年,常德新华寿险以个险业务为重点,加强健康险营销,健康医疗险保费收入8227万元,占保费总收入的6% 。常德泰康人寿加强营销团队管理,调动营销人员积极性,实行银行代理保险、团体险与个险并重,同时根据市场需要进行多次产品结构调整,开办意外医疗险、学生平安险等险种,收入保费1555万元,占该公司保费总收入的10%。常德中英寿险牢固树立"关爱万家"的企业愿景,对内营造CARE文化的氛围,打造"正直与诚信、团队情、行动力、关怀心"的高素质、高效率的管理员队伍,对外加强寿险、健康险、意外险的营销,2007—2010年,健康医疗险保费收入296.93万元。常德合众寿险按照"共好、共和、共赢"的经营理念,坚持"高起点、高标准、高效率"的原则,积极开展健康保险业务,开办幸福人生重大疾病险。2008—2010年,常德生命人寿按照专业化、规范化和稳健经营、开拓创新的经营理念,开办生命重大疾病、住院医疗健康险、意外医疗险、学生平安险等5个险种,收入健康医疗险保费285.5万元。在市场竞争机制激励下,常德国寿将健康医疗险列入主要险种，加大市场营销，实施踩点经营，3 年收入健康医疗险保费 6177 万元，占全市健康医疗险保费收入的 15%。2010 年，常德各寿险公司建立对保户的回访制度，了解保户的健康状态，加强理赔服务，促进健康医疗险业务稳健发展。全市 10 家寿险公司收入保费 1.77 亿元，占是年人身险保费总收入的 5.44%。

第四节　意外伤害保险

1989 年，常德人保将意外伤害保险作为人身保险的重要险种，开办团体及个人意外伤害保险、学生平安保险、少儿“两全”保险、计划生育系列保险、婚嫁保险、公路旅客意外伤害保险、驾驶员意外伤害保险、煤矿工人和建筑工人意外伤害保险、厂长（经理）人身意外伤害保险等 40 多个险种，收入“意外伤害”险保费 354.8 万元。汉寿支公司为全县 11 万农户办理农户平安险，收入保费 50 万元，受到省公司表扬。1990 年，全市“学生平安险”保费收入 140 万元，完成省保险分公司下达的任务指标。1990 年，常德人保利用运输工具险续保的时机，大力发展驾驶员意外伤害险和旅客意外伤害险，收入保费 82 万元；全市收入意外伤害险保费 322.2 万元。1991—1995 年，常德人保加强意外伤害险业务的营运，保费收入逐年提高，5 年共收入保费 3537.7 万元，年均增长 20.98%。1991 年，石门支公司第一次实现全县学生平安险统保。1995 年，148.6 万人次投保各种人身意外伤害险，保额达到 50.14 亿元，保费收入 835 万元，比 1990 年增加 512.8 万元，增长 159.16%。

1996 年 6 月，常德人保和平安常德中支均进行产寿险分业经营，意外伤害险由常德中保寿险和常德平安寿险经营管理，是年全市意外伤害险保费收入 1979.8 万元，其中，中保寿险1243 万元，平安寿险 1243 万元。

1997—2000 年，常德中保寿险保持自销、营销、代办业务同步的经营格局，开办外出打工人员意外伤害保险、居民用电安全保险、执法人员综合保险等新业务。全系统共收入意外伤害险保费 6650 万元，占全市意外伤害险保费收入的 80.76%；2000 年达到 2407 万元，比 1996 年增加 427.2 万元，增长 21.59%，年均增长 5%。常德平安寿险加大“平安保险”品牌宣传，建立立体、双向式的多媒体网络，加强对营销员的培训，推广“鞠躬礼仪”提高服务质量。在稳步增长寿险业务的同时，加强意外伤害险的营销，4 年共收入意外伤害险保费 1584.3 万元，占公司保费总收入的18.27%。

2001—2006 年，常德国寿通过行业代办和分散销售的方法抓意外伤害险业务，与团市委、公安、教育、交通等部门开展“少年儿童平安回家活动”，推动“学平险”业务的开展。6 年收入意外伤害险保费 1.9 亿元，其中学平险、公旅险、计生险、建工险四大板块业务收入每年均过百万元。常德太平洋寿险公司、常德新华寿险公司、常德泰康寿险公司相继开办意外伤害险业务。全市 5 家寿险公司 6 年收入意外伤害险保费 1.52 亿元，年均 2535 万元，比 2000 年增加 128 万元；2006 年，收入保费 2156.8 万元，稳中有降。2003—2006 年，全市 9 家财险公司开办意外伤害险业务，收入保费3966.94万元，其中团体意外险683.9万元，个人意外险3283.04万元。

2002年，常德太平洋寿险公司在主抓寿险业务的同时狠抓意外伤害险业务，是年收入保费26万元。2003—2006年，该公司逐步强化意外伤害险的营运，保费收入逐年大幅增长，从2002年的26万元增长至2006年的1350万元，增长51.9倍，4年收入保费2351万元，占公司保费总收入的7.7%。

2003—2006年，常德新华寿险开办意外伤害险业务，收入保费74万元，占该公司总保费收入的0.2%。常德泰康人寿收入意外伤害险保费204.74万元，占该公司总保费收入的0.75%。

2007—2010年，常德增加5家寿险公司开办人身意外伤害保险业务，至2010年底，常德共有10家人寿保险公司开办人身意外伤害保险业务，4年收入保费20318万元，年均5079.5万元，是1989年的17.5倍。12家财险公司开办意外伤害险业务，收入保费1.08亿元，年均2700.75万元，其中，团体意外险1296万元，个人意外险9507万元。2010年，全市意外险保费收入共计8177万元，其中寿险公司4600万元，财险公司3577万元。

2007—2010年，常德国寿进一步加大意外伤害保险的营运力度，4年收入保费1.04亿元，占全市意外伤害保险保费收入的33.35%。2009年，调整短险结构，主攻意外险。团险管道实现短期意外险保费收入1769万元，占团险短期险总量的57%，超过省公司规定标准的1个百分点。全年意外险保费收入2846万元。2010年严格执行《人身意外伤害保险业务经营标准》，停售撕票式和老版卡折式业务，全面推广启动卡、移动POS、“信保通”和“学平险”先费后单等新型销售出单方式，全年收入意外伤害险保费3269.5万元，占全市意外伤害险保费收入的40%。常德太平洋寿险加大团体意外险、学生平安险、旅客意外险等险种的营销力度，收入保费6376万元，年均1594万元，是2003年成立初的19.9倍，占该公司总保费收入的7.65%。常德新华寿险2007—2010年收入意外伤害险保费409万元，年均102.25万元，是2003年成立初的14.6倍，占该公司总保费收入的0.41%。常德泰康人寿2007—2010年收入意外伤害险保费462.43万元，年均115.6万元，是2003年成立初的1.27倍，占该公司总保费收入的0.36%。2007—2010年，5家新进常德的寿险公司收入意外伤害险保费共387.08万元，占全市意外伤害险保费收入的2.68%，其中，人民人寿收入保费97.88万元；中英人寿收入保费66.33万元；合众人寿收入保费22.5万元；生命人寿2009—2010年收入保费61.23万元；健康人寿2009—2010年收入保费139.14万元。

第三章 中介业务

1989—1993 年,常德人保依托城乡市场加快代办网络建设,在全市乡镇、城市主要街道和大中型企业设立保险代办站 800 个,从业人员 3500 多人。其中,国家干部 370 人,他们中有党员 250 人、大专以上学历 112 人,中级以上专业技术职称 107 人。1989—1993 年保费收入 2650 万元,占保费总收入的 5.35%

1989 年,为加强对保险代办站的管理,常德人保派人专程到南县学习保险代办站管理经验,并 3 次开会专题研究,决定对保险代办站进行全面整顿。通过整顿,撤销 77 个不具备条件的保险代办站,辞退 18 名不合格的保险代办员,健全代办站的各项管理制度,在鼎城区支公司组建中心保险管理站并召开现场会。省公司肯定并转发该公司组建中心站的做法。1990 年年末,共有保险办事处、保险代办站 100 个,营销代理人 600 名。

1993 年,常德人保武陵区支公司开拓新市场,在上海、天津等地设立代办站,开办货运险到保业务,收保费 35 万元。全市以卖保单作为发展形势,以全体动员、广泛代办为手段,在继续进行人险卖保单的基础上,相继推出城险、农险卖保单,基本形成卖保单的系列化、规范化、社会化,全年卖保单收入 570 万元,其中人险 240 万元。1993 年,常德工行代理常德平安和常德人保的保险业务,全年收取代理保险业务手续费 15.6 万元。

1994—1998 年,常德人保以及产险、寿险分业经营后的常德中保财险和常德中保寿险依托城乡市场加快代办网络建设,在设立 800 个保险代办站、从业人员达 2000 人的基础上,另外招聘 1000 个寿险营销员和产险代理人。寿险营销员和产险代理人经营的保险分散业务占全市分散业务的 70%。1994 年,常德人保武陵区支公司进行保险推销员试点工作,通过与劳动部门协商,面向社会公开招聘保险推销员 15 名,在进行短期培训后上岗,仅半年时间就收保费 70 万元。石门支公司巩固发展代办站,新建代办网点 6 个,大力发展分散业务,使简身险业务达到 17 万份,收入保费 17 万元,创历史新高。1996 年,常德中保财险针对机构分设后出现的新情况,从实际出发,撤并、新设一批财险代办站。10 月,常德中保鼎城支公司发展新的协保网络,聘请 41 名乡镇安全联组长为运工险协保员,至年末,2 个月时间即介绍承保车辆 90 台,收保费 30 万元。1996 年,分业经营后的常德中保寿险全面启动营销机制,开展代办体制改革,通过试点,成功推广桃源县剪市镇代办站的代办方式,营销员人数达到 432 人,以后不断扩大代办队伍规模。截至 1998 年 5 月,全市系统有 211 个代办网点,从业人员达 2300 人。1996—1998 年,常德平安财险相继在西洞庭、桃源、临澧、澧县、安乡、鼎城工行等地(单位)设立代办站、代理处,收入保费 953.48 万元。常德平安寿险组建一支 300 人的营销员队伍,3 年个人营销业务 2558 万元。

1999—2001年,常德辖内保险公司加大与辖内银行、邮政的合作力度,辖内银行也将代理保险业务作为中间业务的主要品种来抓,银行兼业代理保险业务取得初步发展,3年代收保费3821.6万元。常德中保财险与常德农行签订协议,联合开展代理保险业务。代理范围包括全市农行内各类财产保险业务,凡在农行开户的单位及社会团体的新开办的财产保险、货运保险、责任保险等有关保险业务。是年末,代收企业险、车辆险保费102万元,实现保费手续费和业务开办费收入13.2万元。2000年,农总行为规范代理保险业务,降低经营和管理费用,减少运作风险,制定下发《中国农业银行代理保险业务管理办法》。是年,常德农行与常德中保寿险协商,双方都建立了由分管业务行长(经理)为组长的代理业务领导小组,并在农行设立办公地点,实行联合办公。联合开展"兼业代理寿险业务百日劳动竞赛活动"。是年末,全行代收保费403万元,实现保费收入11.8万元。2001年,常德农行作为全省农行推行"储保通"的试点行,成功推出"储保通"业务,并在城区行开展首期中国平安"千禧红"分红保险销售竞赛活动,共完成销售任务3000份。同时,扩大与有关单位的合作,通过寿险的代理,把各区、县(市)寿险公司的账户开至农行,全市利用"储保通"实现代收保费734万元。常德建行将保险代理业务列入综合经营计划进行考核,并在年初下达代收保费业务量和手续费收入的考核指标,加快保险代理业务的步伐。1999年,常德建行14个支行、直属单位和市分行办理代理中保财险、中保寿险、平安财险等三家保险公司的经营保险代理业务许可证、取得合法代理资格。是年,全行共代收保费185万元,获取手续费7.8万元。2000年,常德建行代收保险业务量达1286.6万元,完成省建行计划的350.2%,实现保险代理手续费收入20.1万元,完成省建行计划的187.5%。2001年,常德建行制定下发《关于抓好人寿保险兼业代理业务的几点意见》,使代理保险业务操作向规范化、制度化发展。是年,全行代销代收保险业务量911万元,完成年度计划的123%,实现手续费收入14.5万元。

2002年,常德中保财险大力发展个人代理营销和兼业代理业务,不断巩固和壮大代理人队伍,至年末,全市系统有代理人446人,其中持证人员268人,持证率61%,兼业代理机构130家。全年代理业务4098万元,占年计划的110.46%,其中个人代理业务1661万元,兼业代理业务2333万元,经纪人代理公司104万元。常德中保寿险以双赢为指导思想,用"鸿泰分红"拳头商品打造国寿品牌效应,全年兼业代理收入保费7477万元,并涌现出2个全省百强兼业代理网点。2002年,常德农行代收保费1779万元,实现手续费收入103万元。常德建行代理常德寿险续期保险业务,自同年7月开始至年末,共代理保险业务2151万元。

2003—2007年,常德保险中介代理业务呈快速发展趋势,寿险代理保费收入从2003年的3614.82万元增长至2007年的6.33亿元,增长1752倍。3年共收保费18.76亿元,其中中介代理业务7.38亿元,占39.35%,银行代理保险业务11.37亿元,占60.65%。2007年,银行代理保险业务2.37亿元,是2003年的2.1倍。

2003年,省农行在常德召开保险代理业务试点工作会议。是年,保险代理业务发展加速,保险代理面进一步拓宽,与农行合作的保险公司由3家扩大至8家,代理产品更加丰富,由5个增加到23个。是年,代收保费5577万元,实现手续费收入168万元。2003年,常德建行完成代理保险业务量3560万元,而柜面代销保险就占3400万元,完成省建行计划的161%,代理保险手续费收入70万元。2003年,常德中保财险兼业代理保费收入3060万元;个人代理人408人,取得代理资格证的282人;个人代理业务收入3016万元。常德中保寿险着力建立一支规模适度、素质优良、专做保险的代理人队伍。常德平安寿险明确1名副总经理专抓银行代理保险业务,聘用3名业务能力强的专管员抓银行网点,与银行签约代理网点38个。常德太平洋财险利用阳光代理公司,承保省内七个地市电信系统的财产险,全年电信系统保费收入259万元,占该公司个企财险的77.1%。该公司加强与银行的合作,银行代理业务快速增长,保费收入达115万元,占保费总收入的9.19%。2003年,常德新华人寿开通辖内工、农、中、建4家银行及邮政5大代理管道,延伸至9个区、县(市),开通网点180个。

2004年,全市中介代理保费收入2.94亿元。常德国寿对中介业务狠抓管道维护和网点建设,保费收入突破1.4亿元,比上年增长63%。常德泰康人寿推出银保产品“千里马B”,银行代理业务保费收入6000万元。2004年,常德农发行选择太平洋保险公司作为业务发展合作伙伴,在常德农发行系统内明确10名保险兼业代理人,实现保险代理工作专人专岗,责任到人,是年累计代收保费310万元,获得代理费24万元。2004年,常德农行全年代理保险1.27亿元,其中寿险1.13亿元,财险1350万元,实现保险手续费收入394万元,占全行中间业务收入的19%。2004年,常德建行充分利用科技优势、网络优势,高起点确定目标,是年,完成代理保险业务量4786万元,实现代理保险费收入109万元。

2005年,常德国寿中介业务保费收入1.41亿元。常德太平洋财险银行代理保费收入324万元,占总保费收入的18.62%,其中,农业银行190万元,农业发展银行97万元,中国银行37万元。常德太平洋寿险采取银管员由银行保险部直接管理的办法督办银保业务,注重重点管道的业务发展和维护,实现银邮保险收入4911万元,占总保费的70.57%,比上年增长428%。常德新华寿险全年代理保费收入1.05亿元,其中银行代理业务保费收入8522.74万元。常德泰康人寿银行代理业务保费收入8330万元。

2006年,常德国寿中介代理业务首年保费收入2.04亿元。常德平安财险兼业、专业代理机构增加15家。是年,常德农行代收保费1.78亿元,同比净增563万元。其中代收寿险保费1.72亿元,实现保险代理手续费收入496.2万元。常德建行完成柜面代销保费9800万元,实现保险代理手续费收入217万元。

2006年,常德市宏鑫保险代理有限公司在湖南省行政辖区内代理销售保险产品、代理收取保险费、代理相关保险业务的损失勘查和理赔。2007年1月,代理常德市“承运人责任险”业务。2007年,承运人责任险保费收入400万元,代理费收入15万元。2006—2010年,该公司为保险公司共收取保险保费1.5亿元,保险产品代理费收入269.48万元。

2007年,全市寿险中介代理收入保费6.33亿元,占是年保费总收入的34.8%,其中中介代理 2.29 亿元,银保 4.04 亿元。常德太平洋寿险银邮代理业务 7474 万元,占该公司保费总收入的 46.71%。

2007 年,常德农行分别代理中国人寿 6732 万元、泰康人寿 5710 万元、太平洋寿险 4879 万元、新华人寿 3973 万元、人民人寿 3524 万元、平安寿险 1406 万元,既有分红型产品,又有万能型产品;既有趸缴方式,又有期缴方式。保险代理队伍力量增强,行司联动营销合作密切,全行保险代理持证人员增至 268 人,超过单一网点至少 2 名持证人员的监管要求,新增保险公估持证人员 2 人,保险经纪持证人员 2 人。扩大业务合作领域,与人民人寿、华安产险、合众人寿三家公司新签合作协议,参与合作保险公司达到 13 家。

2008—2010 年,全市中介代理业务进一步发展,收入保费 45.38 亿元,其中中介业务 5.60 亿元,占 12.33%,银保业务 39.78 亿元,占 87.67%;年均 15.13 亿元,比 2007 年增长 2.39 倍。

2008—2010 年,常德太平洋人寿银邮代理保险保费收入 4.16 亿元,占公司保费总收入的61.81%,折标后全省系统综合排名第一。

2008 年,常德泰康人寿银保系列保费收入 2.95 亿元,比上年增长 103%。2008 年,常德平安寿险有营销代理人 800 人,持证率 100%。

2009 年,常德人保财险持证营销员 420 人,由于加强对营销人员实用性和针对性的培训,市场拓展能力得到提高,个人代理保费收入 1.23 亿元,占总保费的 38.43%。常德国寿销售队伍 3839 人(其中,个险 3543 人、团险 158 人,中介 138 人)。2009 年年末,常德平安寿险有营销代理人 850 人,持证率 100%。常德泰康人寿 2009 年营销系列规模保费 4213 万元,银保系列保费 2.34 亿元,2 项合计 27613 万元,占公司保费总收入的 77.35%。2009 年,常德建行代理收入保费 3.18 亿元,获得代理保险手续费收入 876.98 万元。

2010 年,全市各寿险公司以银行代理为重点,加快代销业务发展。各财险公司密切与大中型企业合作,发展个人代理业务,扩大兼业代理范围。年末,全市营销员 1.21 万人,其中,寿险 1.17 万人,财险 392 人。全市 30 家保险公司共实现中介代理业务保费收入 19.88 亿元,占保费总收入的 48.75%,其中中介业务 1.58 亿元,占代理业务的 7.95%;银保业务 18.30 亿元,占代理业务的 92.05%。2010 年,常德人保财险有营销员 275 人,营销保费收入 1.58 亿元,比上年增长 32%;与 9 个 4S 店签订保险合作协议,业务规模达 1920 万元,比上年增长 27%;该公司强化中介管道建设,银保业务规模 1300 万元;建立交叉销售机制,财代寿(财、寿险互相代理业务)保费收入 5309 万元。常德国寿销售人员 4113 人,比上年增加 300 人。常德平安寿险有营销代理人 701 人,持证率 100%。常德泰康人寿积极发挥产品优势和服务优势,维护和巩固与银行、邮政的关系,银保业务收入保费 2.38 亿元。2010 年,常德农行加强与保险公司合作深度,创新寿险代理业务动态考评方式,制定并推行《寿险代理业务动态考评及网点经营资源分配试行方案》。调整保险代理业务结构,大力发展期缴业务,期缴保费 7813 万元,同比增加 5163 万元,期缴占总保费的比重从上年的 5.6%提高至 14.09%。为提高保险代理人的业务素质,组织全行所有网点未取得保险代理从业人员资格证书的 600 名员工参加从业资格培训和考试，按照监管要求建立起自己的营销队伍；为加大激励力度，严格执行产品营销计价标准，按代理保险手续费收入的25%计价进行奖励。全行保险代收新单保费5.55亿元，同比增加4375万元。2010年，常德建行代收保险费4.69亿元，代理保险手续费收入达到1433万元，在全省建行系统代理保险业务量连续两年排名第一位。

第四章　保险赔(给)付

第一节　财产保险赔偿

1989—2010年,人保、平安、天安、太平洋、中华联合等14家财险公司的常德分支机构,共理赔支出27.44亿元,占财产保险保费收入的62.26%,在帮助参保企业和居民恢复生产、重建家园和社会稳定中起到积极作用。

一、自然灾害财产理赔

1989年8—9月,在常德遭受特大秋季洪水袭击时,常德人保派出39个工作组奔赴灾区协助保户抢救财产1000万元。灾后15天内,按照定责、定量、定值、定损的程序,及时支付赔款620万元。1989年,召开理赔兑现大会10次,参会2400人次。临澧支公司利用秋洪兑现赔款的机会,由县人民政府出面主持召开全县理赔兑现大会,县级领导及各部、办、委、局负责人和各乡镇长共200人参加大会, 当场为全县107个保险单位和个人支付赔款130.23万元,县领导号召企业和群众积极参加保险。

1991年7月,常德发生特大洪灾,常德人保紧急动员组织78个救灾理赔小组,连续奋战一个多月,帮助保户抢救出价值9000万元的财产1782吨。在理赔中大胆打破常规,按照“先重点后一般、先简单后复杂、先预付后结案”的总要求,大案现场“三堂会审”,小案送赔款上门,1个多月即兑现全部赔款2112万元,帮助410个企业和2万多个家庭恢复生产,重建家园。

1993年7月、1995年7月和1996年7月,常德连续发生3次特大洪灾,人民生命财产蒙受重大损失。据统计,3次洪灾造成800家企业,1100家个体工商户,75000户城乡家庭,400万公顷农作物的保险财产损失,金额近亿元。灾情发生后,常德人保干部职工奋起抗灾,共协助保户转移财产7.6万吨,价值6亿多元,及时赔款9720万元。1993年7—8月的洪灾,全市投保的就有342家企业、4.37万个家庭、231万公顷棉花、260公顷杂交稻种、200公顷烤烟、86万公顷鱼塘受损。常德人保组织300名干部职工组成100个救灾小分队奔赴灾区,为50家企业抢救出财产1.24万吨,价值4910万元。在历时一个月的保险理赔中,小分队干部职工带着保单抄件和现款,边抢运物资、边核对保户、边查勘定损、边赔款兑现,至8月25日,全市水灾保险责任赔偿全部结案兑现,共赔偿3020万元。1995年7月,特大洪水袭击常德的沅水流域,桃源县城成了“水乡泽国”。省、市人保公司成立“桃源救灾领导小组”,主要领导坐镇桃源亲自指挥。常德人保抽调精兵强将100余人组成20个查勘定损小组进驻桃源,打破常规，简化程序，采取能结案的当场结案，一时不能结案而又急需资金恢复生产的企业进行预付赔款，为灾后补损赢得主动。7 月中旬，常德人保在桃源县召开特大洪灾首批保险赔付大会，当场为部分投保企业和个人预付保险赔款 700 万元。会后 30 余天，常德人保完成桃源县 187 家企业，200 台车辆，15240 个家庭的查勘理赔工作，支付保险赔款 1800 万元，加上其他地方的灾后保险赔付，常德人保全市洪灾保险赔款 4100 万元。1996 年 7 月，常德沅澧两水发生特大洪灾，受灾保户中，有企业 308 家，城乡居民 3.09 万户，保险财产损失 4550 万元。常德中保系统（中保财险和中保寿险）协助保户单位转移财产 6 万吨，价值 5.3 亿元，及时赔款 2600 万元，有效地发挥保险救灾补损的职能作用。1998 年 7 月百年一遇的洪灾中，常德平安财险组织人员奋战在澧县、石门、安乡的抗洪救灾第一线。总经理罗锋亲自坐镇澧县、安乡，实时把灾情向上级汇报，争取上级的强力支持，第一时间把赔款送到受灾企业和个人手中。在省分公司的统一调配下，从外地市抽调50 人火速增援常德，协助查勘、定损、组织施救。平安保险总公司副总宋连坤从深圳飞抵常德，与省分公司总经理王永中会合安乡，指挥查勘，了解灾情，慰问受灾企业。7 月 25 日，即安乡安肇大院溃堤后的第二天，常德平安财险给安乡棉纺厂受灾职工送去 3000 元药品，第三天送去 100 万元人民币预付救灾款给该厂组织自救，安顿职工生活。平安财险总、分、中支、县公司四级密切配合，组成临时抗灾救灾指挥部，设在还在水中的安乡棉纺厂办公大楼，与该厂领导、工人一道抢救受灾商品，尽量把损失降到最低限度。经过三个月奋战，圆满完成包括安肇全乡农村家财查勘定损工作，全部兑现理赔，仅安乡洪灾就赔付 3200 余万元，有力支援当地灾后重建。常德中保财险组织全体员工迎战特大洪灾，帮助保户抢运财产 1.1 万吨，价值 1.5 亿元。灾后，组织 130 个查勘理赔小分队深入受灾保户查勘定损，有 100 多名患血吸虫病的干部职工在一线工作，连续奋战 3 个多月，大灾赔款 8307 万元。在安乡召开最大一笔洪灾理赔兑现大会，向安乡供销社、金鹏纺织公司等 13 家保险企业和 7000 多户城乡居民保户兑现赔款 5060 万元，创造 1998 年全省乃至全国洪灾县级行政区获得赔款额和单个赔案赔款额度最高两个“第一”。

2000 年，桃源电力局陬市变电所遭受雷击全部烧毁，常德平安财险及时赔付 20 多万元供其恢复生产，为农民春耕生产提供保证。

2003 年，常德太平洋财险承保的电站、银行、电力、电信系统的财产在“7·9”洪灾中遭受巨额损失，该公司及时查勘定损，赔付 148 万元。

2005 年 12 月，常德中华联合财险成立，该公司的特色险种是政策性农业保险，农业是受自然灾害影响最大的行业。为抓好政策性农业保险的投保、理赔工作，常德中华联合财险向各县政府、县农保办汇报服务体系建设方案，将工作思路转化为政府部门的工作方向，获得大力支持。由点到面、步步为营、层层深入、全面推进，建成“以县农业保险办公室为平台、以乡镇农保办为依托、以乡镇农保专（兼）干和村级协保员为落脚点，实行保险公司和基层政府双重管理”的基层服务网络。该公司统一队伍选聘，实行培训上岗；统一劳务报酬，充分调动乡镇农险专干的工作积极性。根据上级文件精神，结合《农业保险条例》宣传工作，在全市统一制定宣传横幅和彩色墙体喷绘，全面覆盖全市各县各乡镇，使农业保险政策做到家喻户晓。2006—2010年，农业保险保费收入3452万元，赔付2406万元，赔付率69.7%。

2010年，常德人保财险开展政策性农业保险，全年为4.88万户种、养业农民理赔4812.67万元，其中，种植业理赔4031.39万元，养殖业理赔781.18万元（能繁母猪赔款727.28万元、奶牛54万元）。

1989—2010年，常德保险行业因自然灾害损失的保险赔款达5.75亿元，赔付率46.17%，占各项财产险赔付总额的20.97%。

二、交通事故理赔

1989—2010年，运输工具险赔付金额为13.68亿元，赔付率为61.04%，占各项财产险赔付总额的49.85%。1991年，《道路交通事故处理办法》施行，交通事故第三者伤亡补偿标准较以往提高3～3.5倍，加上汽车零配件价格上涨，许多车主为减少事故风险，主动投保运输工具险。是年，意外交通事故理赔775万元，比上年增长73.3%。1998年，常德中保财险启动“运工名优工程”，推出“五个一”服务承诺：设立一部24小时报案电话，配备查勘定损专车；成立机动车辆招标定损中心；设立保险事故定点医院；为投保车辆的被保险人发放保险事故“生命救助卡”。“运工名优工程”为搞好车险赔付奠定基础。1998年，该公司车险赔付2772万元，赔付率63.3%。2000年，常德平安财险承保的邦德运输公司依维柯中巴车在长常公路上与桥南运输公司大巴车碰撞，造成5死、6重伤，2辆车报废的特大交通事故，该公司经查勘定损后支付赔款67万元。2005年，常德人保财险系统开展“理赔服务质量年”“金牌服务工程——规范服务达标”及“车险经营效益年”活动。推行“理赔无忧”理念，实行车险业务“三日付款”“七日提车”举措。2005年8月8日，常德太平财险承保的一台私家车从广西南宁出发回湖南，途经桂林高速公路段时，因不慎跌入高速公路挖开的大坑中，造成底盘部分严重受损，4人受伤。接到报案后，该公司查勘人员于深夜两点出发赶赴现场，进行查勘。因为事态严重，同时出险又在外地，该公司立即开通理赔绿色通道，在最短的时间内对客户赔付15.70万元，客户非常满意。2010年，全市15家财险公司共赔付车险保险金2.29亿元，赔付率为46.87%，占各项财产险赔付总额的58.55%。常德中保财险处理机动车辆赔付案件3.65万件，死亡274人，赔付金额1.89亿元，其中澧县张公庙客车翻车造成重大伤亡事故，赔付88万元。常德安邦财险统一在总部集中核保核赔，力求核保核赔统一、规范，做到核保核赔程序化，减少核保核赔过程中漏洞的发生，有效地抑制“假赔案、假保单”发生。

三、意外事故理赔

1989年，常德人保企业和家庭财产保险理赔664.2万元，是财险理赔总额的44%。湘北贸易公司发生特大火灾，常德人保鼎城支公司支付赔款32万元。1992年，常德氮肥厂发生爆炸，鼎城支公司支付赔款35万元，使该企业及时恢复了生产。1994年和1995年，常德人保2次承担“东方红”2号卫星和“东方红”3号卫星的高风险卫星发射保险的分保任务，其中，“东方红”2号卫星因未进入预定发射轨道，常德人保按份额赔偿100万元。2004年12月21日上午7时30分左右，常德桥南市场位于桥南工贸一层东侧的新华电子通信器材供应站北侧门面内，一台通电状态下的14英寸彩电内部发生故障引发大火，过火建筑面积6万平方米左右，涉及5500个摊位门面，致使桥南工贸城、桥南宾馆、桥南源大楼整体报废。常德桥南市场系全国十大工商贸易市场之一，其财产主要是由常德中保财险承保。火灾造成数亿元的财产损失，一日之间导致数千个体工商户失业，震惊全国。火灾发生后，常德中保财险领导和相关理赔、业务人员和鼎城支公司的全体员工第一时间赶到现场，开展查勘定损理赔。在总公司、省公司领导坐镇指挥下，常德中保财险在灾后一周内将2896万元赔款发放到受灾保户的手中。2005年，全部兑现桥南市场特大火灾赔款，累计赔款7500万元。2006年，常德太平洋财险赔款支出1039.31万元，简单赔付率45.46%，未决估损227.72万元。全年立案1443件，结案1183件，拒赔、销案件270件，年末未结案260件，结案率88.2%。该公司严格规范理赔服务流程，控制挤干理赔水分，全年拒赔万元以上假案5起，金额20万元。2010年，常德金健药业公司发生火灾，赔款117万元。1989—2010年全市除自然灾害、车险以外的意外事故理赔款8.01亿元，赔付率为64.22%，占各项财产险赔付总额的29.17%。

第二节　人身保险赔(给)付

常德市人身保险赔(给)付在1993年前由常德人保经办；1994—1995年，由常德人保、常德平安保险经办；1996—2002年，由常德中保寿险和常德平安寿险经办；2003—2010年，由常德中保寿险和平安寿险、泰康寿险、新华寿险、太平洋寿险、新华寿险、人民寿险、中英寿险、合众寿险、生命寿险、健康寿险、阳光寿险、太平寿险、民生寿险、幸福寿险等14家寿险公司经办(本节不含2003年后各财产保险公司承办的部分意外险及责任险赔(给)付)。在理赔服务中，各保险公司加强内控管理，完善制度建设，严格执行政策法规，规范理赔服务。1989—2010年，全市人身保险赔(给)付金共计29.81亿元，占人身保险保费收入的19.54%，在维护社会稳定、促进经济发展中起到重要作用。

一、寿险赔(给)付

按照“谁承保，谁理赔”的保赔合一体制，1989—2010年，全市寿险和分红保险赔(给)付共计12.59亿元(含集体企业职工统筹养老金支出)，占寿险保费收入的9.37%。其中，寿险给付5.89亿元，给付率9.53%，分红保险给付6.70亿元，给付率9.23%。

1989年,常德人保办理各类人险给付案件7122起,给付保险金额1654万元。其中,给付简易人生险金额55.5万元。为1.55万名集体企事业单位退休职工发放退休金1415.2万元。1990年,办理简易人身险案件1097起,给付保险金219.7万元,给付率33.2%。给600家集体企事业单位的2万名职工发放退休金1526.3万元。1992年,办理简易人身险案件6072件,赔(给)付金额321.1万元,其中给付135.4万元,给付率18.1%,赔付185.7万元,赔付率24.8%。办理养老年金险给付3.49万件,金额3428.1万元,其中给付3347万元,给付率76%,死亡赔款或伤残给付81.1万元,赔付率1.8%。

1993—1995年,全市2家保险公司办理养老年金险案件19.63万件,金额5447.8万元,赔给付率56.8%;其中,给付4677.6万元,给付率48.77%,死亡赔款或伤残给付630.8万元,赔付率6.58%。办理储金性人身险案件30.57万件,金额3725.8万元,赔给付率49.01%,其中给付2093.1万元,给付率43.07%,死亡赔款或伤残给付1125.4万元,赔付率41.03%。

1996年,常德中保寿险办理养老年金险900万元,其中赔款250万元,赔付率13.21%,给付650万元,给付率34.39%。储金性寿险(简身险、少儿险)1139万元,其中赔款559万元,赔付率13.25%,给付580万元,给付率180.12%。1996—1997年,常德平安寿险无寿险满期给付和死亡赔付 。1997年,常德中保寿险无寿险满期给付和死亡赔付 。

1998—2000年,全市共赔(给)付养老年金险、寿险1421.17万元,赔(给)付率3.04%;其中,常德中保寿险赔(给)付养老年金险、寿险1314万元,赔(给)付率3.22%。常德平安寿险赔(给)付养老年金险、寿险107.17万元,赔(给)付率1.78%。

2001—2006年,由于养老年金寿险和储金性分红寿险到期较多,养老年金险和储金性分红寿险的赔(给)付金额上升较快,全市6年共支付3.03亿元,年均5042.76万元,比2000年增长7.12倍,赔(给)付率8.34%,比1998—2000年上升5.3%,其中,养老年金寿险支付2亿元,赔(给)付率9.9%,储金性分红寿险支付1.03亿元,赔(给)付率6.38%。

2007—2010年,养老年金险和储金性分红寿险的赔(给)付金额呈继续上升趋势,全市共支付7.27亿元,年均1.82亿元,比2001—2006年均增长3.6倍;赔(给)付率8.34%,与1998—2000年持平,其中,养老年金寿险支付1.64亿元,赔(给)付率4.67%,比1998—2000年下降5.23%。储金性分红寿险支付5.64亿元,赔(给)付率10.8%,比1998—2000年上升4.42%。

2010年,面对逐步开放的寿险市场,全市14家寿险公司加强市场观念和客户服务观念,改进理赔服务,养老年金险和储金性分红寿险的赔(给)付金额1.99亿元,比上年减少2685万元,赔(给)付率6.87%,比上年下降3.45%,其中,养老年金寿险支付3606万元,赔(给)付率3.2%,比上年下降0.1%;储金性分红寿险支付16248万元,赔(给)付率9.1%,比上年下降4.7%。

二、健康险赔(给)付

健康险由于管理难度较大,赔(给)付率较高,寿险公司开办业务的积极性不高。1989—2010年健康险赔(给)付金额2.05亿元,赔(给)付率31.14%。

1989—1995年,常德人保和常德平安保险健康险业务较少,因此将其纳入意外险统计而未作单独统计。1996年财险、寿险分营后,常德平安寿险开办重大疾病险、学生健康险等健康险种,1998年赔(给)付支出22.38万元,赔(给)付率20.26%。常德中保寿险1997年开办健康险,收入保费18万元,赔(给)付19万元,赔(给)付率105.56%。1998年,健康险赔(给)付132万元,赔(给)付率70.2%。1999年,常德平安寿险健康险赔(给)付3.2万元,赔(给)付率22.2%。2000年,赔(给)付63.7万元,赔(给)付率73.81%。2000年,常德中保寿险健康险赔(给)付2万元,赔(给)付率50%。

2001—2006年,常德有中保、平安、太平洋、新华、泰康5家寿险公司开办健康险,6年健康险赔(给)付金额7683.35万元,赔(给)付率50.51%。常德泰康寿险2004—2006年办理健康险赔付案件181件,赔(给)付金额390.45万元,赔(给)付率76.54%。常德新华寿险2004—2006年健康险赔(给)付金额600万元,赔(给)付率12.32%。

2007—2010年,全市10家寿险公司健康险赔(给)付金额1.43亿元,年均3571万元,赔(给)付率29.4%。常德泰康寿险于2007—2010年办理健康险赔(给)付案件492件,赔(给)付金额730.57万元,赔(给)付率70.84%。常德新华寿险于2007—2010年办理健康险赔(给)付金额850万元,赔(给)付率25.33%。常德合众寿险于2007—2010年办理健康险赔(给)付案件86件,赔(给)付金额13.23万元,赔(给)付率14.72%。常德生命寿险于2008—2010年办理健康险赔(给)付案件97件,赔(给)付金额138.8万元,赔(给)付率48.62%。常德健康寿险于2009—2010年办理健康险赔(给)付案件46件,赔(给)付金额7.96万元,赔(给)付率34.12%。常德中英寿险于2008—2010年办理健康险赔(给)付案件616件,赔(给)付金额128.84万元,赔(给)付率43.39%。常德人民寿险于2009—2010年办理健康险赔(给)付案件634件,赔(给)付金额109.93万元,赔(给)付率23.53%。

2010年,全市10家寿险公司健康险赔付金额3013万元,赔(给)付率17%,比上年下降36.8个百分点。

三、人身意外伤害险赔(给)付

1989年,常德人保处理人身伤残死亡及满期给付案980起,给付保险金和医疗费94.7万元,赔(给)付率32.66%。1990年,常德人保处理人身伤残死亡及满期给付案1065起,给付保险金和医疗费129.3万元,赔(给)付率40.1%。

1991—1995年,全市各保险公司处理人身伤残死亡及满期给付案6.69万起,给付保险金和医疗费1543.8万元。其中，1992年，处理人身伤残死亡及满期给付案1.5万起，给付保险金和医疗费237.7万元，赔（给）付率34.2%。1993年，处理人身伤残死亡及满期给付案1.96万起，给付保险金和医疗费441.1万元，赔（给）付率56.6%。1994年，处理人身伤残死亡及满期给付案1.91万起，给付保险金和医疗费402万元，赔（给）付率48.14%。1995年，处理人身伤残死亡及满期给付案1.33万起，给付保险金和医疗费463万元，赔（给）付率50.18%。

1996—2000年，全市人身意外伤害险赔（给）付金额3871.05万元，赔（给）付率49.05%。其中，常德中保寿险3820万元，赔（给）付率48.4%；常德平安寿险51.05万元，赔（给）付率2.2%。

2001—2006年，全市人身意外伤害险赔（给）付金额7683.35万元，赔（给）付率50.51%。常德国寿办理意外伤害险赔（给）付案件3662件，赔（给）付金额382.51万元，赔（给）付率23.19%。常德泰康寿险于2003—2006年办理意外伤害险赔（给）付案件78件，赔（给）付金额26.44万元，赔（给）付率12.91%。

2007—2010年，全市人身意外伤害险赔（给）付金额3149万元，赔（给）付率21.99%。常德国寿办理意外伤害险赔（给）付案件8882件，赔（给）付金额2267.79万元，占全市的72%，赔（给）付率29.61%。常德泰康寿险办理意外伤害险赔（给）付案件446件，赔（给）付金额129.63万元，赔（给）付率28.03%。常德合众寿险办理意外伤害险赔（给）付案件69件，赔（给）付金额6.64万元，赔（给）付率29.51%。常德新华寿险办理意外伤害险赔（给）付金额138万元，赔（给）付率33.74%。常德生命寿险办理意外伤害险赔（给）付案件34件，赔（给）付金额11.23万元，赔（给）付率18.34%。2008—2010年，常德健康寿险办理意外伤害险赔（给）付案件141件，赔（给）付金额27.28万元，赔（给）付率19.61%。常德中英寿险办理意外伤害险赔（给）付案件73件，赔（给）付金额10万元，赔（给）付率15.08%。2009—2010年，常德人民寿险于办理意外伤害险赔（给）付案件11件，赔（给）付金额18.24万元，赔（给）付率18.64%。

第五篇《

金融市场与社会信用

第五篇　金融市场与社会信用

随着社会主义市场经济体制确立，常德市金融市场自20世纪80年代中期以后逐渐形成、发展和丰富。1987年，常德人行牵头组建常德资金市场，促进金融机构系统内资金调节，为推动横向融资提供平台，资金拆借规模逐年扩大。随着金融体系不断健全，商业银行职能逐渐明晰，业务范围开始扩大，常德票据市场、外汇市场、债券市场等不断建立和完善，同时社会信用规模不断扩大，各种形式的民间借贷迅猛发展，为常德城乡经济不断发展壮大起到促进和推动作用。

第一章　货币市场

第一节　拆借市场

1985年，常德人行按照相互融通的原则，在县（市）各专业银行间局部范围内组织同业拆借资金。1986年，各地城乡资金市场逐步建立，资金条块分割格局被打破。常德人行在调查研究和借鉴外地资金市场经验的基础上，协助地区农业银行组建城乡信用社资金市场。1987年4月，常德人行牵头组建常德资金市场，并与川、鄂、黔及本省毗邻地区建立资金融通网络，开展同业短期资金拆借，调剂资金余缺。

1991年3月，省人行根据人民银行总行下发的《同业拆借管理办法》，提出由各地、州、市人民银行组建1个资金市场，其他资金市场予以撤销，以加强省内资金市场管理的意见。是年7月1日，省人行批准成立湖南省常德资金市场，其主要任务是通过同业拆借、调剂资金余缺、提供融资信息、引导资金流向、推动横向融资、促进市场壮大，为稳定货币、发展经济服务。是年累计融资达5.2亿元。

1992年7月，常德人行对辖内41家专业银行拆借业务进行调查，发现有资金拆借业务的35家，拆借业务发生面达85.4%。是年1—7月，拆入资金5.75亿元，7月末余额为4.49亿元，比年初增加2.59亿元；拆出资金1.82亿元，7月末余额为1.62亿元，比年初增加1.22亿元。拆入资金中大部分来自市外，从市外拆入2.87亿元，占63.8%；拆出的1.43亿元资金主要流向市内，占拆出资金总额的88.3%。1993年5月月末，全市参与拆借的银行机构有49

家,其中银行36家,中介机构11家,信托机构2家。

1992年元月至1993年5月月末，全市金融系统累计拆入资金43.08亿元，拆出资金46.83亿元,(其中,人民银行分别占2.5%和2.3%),其中,逾期的分别为4130万元和4343万元。拆入资金用于弥补头寸的21.63亿元,用于流动资金贷款的21.24亿元,用于固定资产贷款的2065万元(其中,用于炒房地产1840万元),49%的拆入资金用途不符合人总行“拆入资金只能用于弥补票据清算、联行汇差头寸不足和先收后支等临时性资金需要”的规定,一些企业和个人违反“非金融机构不能参与同业拆借活动”的规定,参与拆借活动,有的金融机构与企业假拆借之名挪用信贷资金用于炒房地产、股票和其他有价证券;有的基层银行以拆借的形式绕规模发放贷款。

1993年7月,常德人行根据人民银行总行6月下发的《关于进一步整顿和规范同业资金拆借秩序的通知》中“立即停止一切新的违规拆借活动,对已经发出的违章拆借资金采取切实措施积极清收,对在8月15日前收不回的违章拆借资金逐年造册登记,说明未收回原因,提出处理意见”和7月国务院召开的全国金融工作会议要求清理整顿资金市场,坚决纠正违章拆借行为,抓紧清收违规拆出资金的精神,把整顿金融秩序作为中心任务,切实加强辖内整顿金融秩序工作的领导。辖内各行(司)成立由行长(经理)挂帅的“整顿金融秩序办公室”,联系实际拟定《整顿金融秩序实施方案》,并由领导带头,先后派出40多个催收小组分赴沿海和省内催收贷款。至1993年年末,收回违章拆出资金1.02亿元,占全部违章拆出资金78.5%。是年末,按照省人行《转发总行关于进一步整顿和规范同业资金拆借秩序的通知》精神,撤销常德资金市场。

1994年3月3日,湖南省融资中心成立,并在部分地区设立办事处,省融资中心常德办事处4月15日挂牌营业,融资办事处按照“为金融机构服务,为宏观经济调控服务,不违规、不为利”的原则开展融资业务。是年累计拆入资金3.7亿元,拆出资金206笔6.5亿元。主要用于解决辖内金融机构清算资金,联行汇差头寸不足等困难。

1995年,辖内各国有商业银行加强拆借资金管理,从严控制区外、系统外的资金拆借。省融资中心常德办事处规范拆借资金用途,全年累计拆入拆出资金13亿元。其中,累计拆入资金5亿元,累计拆出资金8亿元。1996年,省融资中心常德融资办事处注重加强对各金融机构拆借业务的监督管理,全年累计办理拆借业务422笔,拆借资金13.5亿元,其中拆入5.1亿元,拆出8.4亿元。

1997年,辖内各国有商业银行加强商业化经营,资金营运由各行系统内调剂,停办同业拆借业务。农村信用社与农行脱钩后,一面直接与人行融资办事处发生拆借业务,一面发展各区、县(市)联社间的拆借业务。全年拆入资金2.27亿元,拆出2.84亿元,分别比上年增长21.7%、18.6%。常德人行融资办事处拆借资金重点用于各行社保障存款支付,清算联行汇差和农副产品收购资金中先支后收的临时资金需要,全年累计融资16.62亿元,其中拆入资金7.57亿元,拆出资金9.05亿元。分别比上年增长23%、48.4%、7.7%。

随着各金融机构系统内资金调节功能的增强,同业间横向融资业务逐年减少。1998年2

月 25 日，省融资中心常德融资办事处对自营业务全部清盘，停办资金拆借业务，主要办理融资拆借的鉴证业务和对常德市金融机构融资的监管业务。全年为 20 家金融机构办理拆借鉴证业务 43 笔，调剂资金 2.12 亿元。是年 5 月 4 日，常德人行根据省人行《转发总行关于全力清收融资中心逾期拆出资金的通知》的要求，成立逾期拆出资金清收工作领导小组，组织全市清收工作。1999 年，常德中行、常德建行已无拆借资金余额，常德工行只有拆出资金余额 59 万元。辖内农村信用社为提高资金运用率，各区、县(市)联社间继续发展资金拆借业务。2000 年，全市农村信用社累计拆入资金 4.96 亿元，累计拆出资金 6.22 亿元。2002 年 2 月，人行武汉分行办公室以武银办发(2002)26 号文转发《中国人民银行办公厅关于做好融资中心清理工作的通知》，常德人行于 2 月 28 日成立融资中心清理工作小组，组织对融资中心现有债权债务进行清理，同年 12 月 27 日，人行长沙中支以长银复(2002)47 号文批复，同意撤销常德融资中心。融资中心撤销后，常德市各国有商业银行此后未办理拆借业务。

2004 年 2 月，常德人行按照《中国人民银行武汉分行拆借备案管理办法》的有关规定，对辖内各农村信用社联社的拆借资金限额进行核定，核定拆入资金总额 2.59 亿元，拆出资金总额 3.53 亿元。农村信用社的拆借业务大都限于系统内的资金有偿调剂。2005 年，常德人行按照人总行关于城乡信用社拆入资金余额不得超过其存款余额的 4%、拆出资金不得超过其各项存款余额的 8%的拆借资金管理规定，对 8 家农村信用联社 2005 年同业拆借资金限额进行核定，核定拆入资金限额 2.26 亿元，拆出资金限额 4.52 亿元。2010 年，根据人民银行长沙中心支行的统一要求和《同业拆借管理办法》的规定，经自愿申请，对鼎城区等 9 家农村信用合作联社 2010 年度同业拆借资金限额进行核定。拆入、拆出资金均不得超过上年末存款余额的 8%。

第二节　票据市场

1994 年 11 月，常德人行根据人总行下发的《关于在煤炭、电力、冶金、化工和铁道行业推行商业汇票结算的规定》和《商业汇票办法》《再贴现办法》，推动商业汇票承兑、贴现、再贴现业务的开展。为辖内煤炭、电力、冶金、化工、铁道五行业和棉花、牲猪、食糖、烟叶四品种的企业办理再贴现 6750 万元。

1995 年，常德市各国有商业银行根据《中华人民共和国商业银行法》《中华人民共和国票据法》和人总行《关于进一步规范和发展再贴现业务的通知》精神，开办签发银行承兑汇票和办理贴现业务。常德人行按照“规范操作，稳步推进，力求发展”的原则，在全市范围内发展再贴现业务，再贴现对象扩展至所有工商企业。是年，辖内各银行共办理票据贴现 5681 万元，常德人行再贴现 100 笔 1.5 亿元，解决 60 家企业资金的临时困难。

1996 年 1 月，常德人行贯彻适度从紧的货币政策，通过用活管好再贴现资金，发挥中央银行的宏观调控作用。6 月，组织辖内各专业银行业务骨干参加省人行举办的再贴现业务知识培训班学习，采取印发宣传资料、业务培训、业务咨询等方式，向企业推广票据结算业务。

辖内工行、农行、中行、建行全年累计签发银行承兑汇票4.1亿元,受理承兑6.64亿元,贴现2.7亿元。是年,常德人行累计办理再贴现2.11亿元。

1997年,辖内各银行贯彻人总行印发的《商业汇票承兑、贴现与再贴现管理办法》,加强对商品交易活动和增值税发票的审查,坚持票据查询、复查和集体审票制度。是年,常德人行累计办理再贴现8766.5万元。

1998年,人总行调整贴现和再贴现利率生成机制,贴现利率和转贴现利率由交易双方自行在再贴现利率基础上加点生成,再贴现利率与再贷款利率脱钩。是年3月起,人总行3次调低再贴现利率,共调低再贴现利率3.98个百分点。通过调整再贴现利率,间接引导市场贴现利率和转贴现利率,再贴现利率从此成为中央银行的重要货币政策工具。1999年6月,人总行再次调低再贴现利率1.8个百分点,扩大商业银行票据业务利润空间,刺激票据业务快速发展。是年,辖内工、农、中、建4家银行累计签发银行承兑汇票3.38亿元,累计办理贴现3132万元,常德人行累计为商业银行再贴现1335万元。2000年,常德人行运用货币政策工具,发挥央行“窗口指导”作用,运用再贴现工具,带动区域性票据市场发展。辖内各商业银行和政策性银行均发展票据业务,全年共签发银行承兑汇票6.96亿元,贴现15.95亿元。常德人行为其办理再贴现1300.55万元。2001年,人民银行出台《关于切实加强商业汇票承兑贴现和再贴现业务管理的通知》,对银行承兑汇票实行总量控制和制定风险控制指标,对不具有贸易背景的商业汇票不允许承兑和贴现。常德人行加强发展票据市场业务的宣传力度,对具备开展贴现业务条件的石门县、鼎城区农村信用联社,向武汉人行申报后取得再贴现资格。全市再贴现业务迅速扩大,全年累计办理再贴现5380.25万元,年末余额达2627万元,比年初增加1866万元。

2002年,人总行取消对银行承兑汇票总量控制,但由于再贴现利率高,贴现与再贴现利差减少,辖内各国有商业银行减少再贴现,转向发展转贴现、票据回购业务。常德人行累计办理再贴现3529.85万元,比上年减少1850.3万元,减少34.4%。年末再贴现余额1297万元,比年初减少1330万元,减少50.6%,同期全市金融机构贴现及转贴现余额达7825万元,比上年同期增加3388万元,增长76.35%。其中,常德工行贴现及转贴现年末余额4977万元,比上年同期增加2698万元,增长117.45%。2003年9月,人总行调高存款准备金率1个百分点,商业银行资产结构受流动性不足影响,银行业中间业务增长较快,1—12月,全市累计签发银行承兑汇票13.86亿元,办理贴现5.44亿元,开立信用证2169万美元,出具保函9693万元,同比分别增加6.63亿元、2.45亿元、1050万美元和6392万元。常德人行累计办理再贴现1.02亿元。2004年,常德市银行业之间业务增长强劲,全市各金融机构累计签发银行承兑汇票15.66亿元,办理贴现6.71亿元。常德人行为商业银行办理贴现32笔,金额9813万元。2005年2月,根据中国人民银行办公厅《关于进一步加强再贷款业务管理的通知》精神,人行长沙中支决定从2月7日起,收回常德人行头寸再贷款限额及再贴现限额。至此,全市金融机构不再办理再贴现业务。2010年,常德人行为武陵农村信用联社办理再贴现7笔,金额3200万元,主要是支持中小企业融资,是年末已全部收回,再贴现无余额。

第二章　外汇市场

第一节　外汇调剂与银行间外汇交易市场

一、外汇调剂

1988年5月,湖南省外汇调剂中心常德交易所成立,并制定《常德外汇调剂管理办法》。8月,批准设立澧县兰江百货大楼侨汇专柜。是年,全区全年共办理调出外汇业务173笔、金额260万美元,办理调入外汇业务33笔,金额208万美元,主要满足出口企业的用汇需要,做到以进养出,使外汇增值。用汇结构:进口技术设备51.7万美元,进口原材料37.3万美元,其他用汇18.5万美元。重点安排100万美元,支持常德有线电厂、津市电子管厂和常德县元件厂引进先进技术,特别是有线电厂生产的"程控电话交换机",填补国内空白。

1989年,常德外汇管理分局拓宽外汇调剂市场,全年调出外汇119笔221.3万美元,调入外汇28笔212.6万美元。代办个人外汇调剂27笔4.3万美元。主要用于以进养出企业进口生产用原材料的需求。

1990年,全年外汇成交额为1094.06万美元,比上年增长146.8%,占留成外汇收入的62.8%,其中调入外汇21笔,金额546.27万美元,调出用汇61笔,金额547.79万美元。1991年常德外管局参与省外汇调剂中心统一组成的公开市场交易,办理调剂外汇84笔,成交金额达713.76万美元,占整个用汇量的43.23%。1992年,调剂外汇184笔,成交总额786.34万美元。办理个人外汇调剂买入业务879笔,美元金额达3.09万元,港币金额14.79万元,卖出业务83笔,金额3.09万美元。1993年,调剂外汇165笔,成交总额1350.60万美元。

1994年4月1日,国家取消外汇留成制度和外汇上缴制度,取消用汇的指令性计划,实行银行结售汇制以后,外汇调剂业务量明显减少,1996年,外汇调剂业务52笔251万美元,只占1990~1995年年均笔数的19%,金额的23.1%。

二、银行间外汇交易市场

1994年4月1日起,国家外汇体制实行重大改革,取消外汇留成和上缴,实行银行结售汇制度,官方利率与调剂汇率并轨。在原有外汇调剂市场的基础上建立银行间外汇交易市场。4月26日,湖南外汇调剂中心并入中国外汇交易系统,常德人行作为分中心负责当地会员间外汇清算,交易的币种为美元、日元和港币。成立银行间交易市场后,继续保留为外商投资企业办理外汇调剂业务的功能。

1996年7月1日,外商投资企业结售汇业务直接纳入银行结售汇系统。

第二节　结售汇业务

1994年3月26日,中国人民银行发布《结汇、售汇及付汇管理暂行规定》。1996年6月20日,在此基础上修改后以《结汇、售汇及付汇管理规定》重新发布,并于1996年7月1日起施行。国家外汇管理局常德分局辖内中行、工行、农行、建行4家外汇指定银行经批准办理结售汇业务,当时办理结售汇业务的个人及单位极少,辖内的企业仅有洞庭药业、杰新纺织、常德市对外经济贸易公司等几家。从1998年开始,将外商投资企业结售汇业务纳入结售汇系统,是年办理的对公对私项下结售汇业务331笔、金额达1213万美元。

1998年后,常德辖内结售汇业务随着本地区贸易额及外商投资企业增加,结售汇业务开始逐年递增。1999年,办理结售汇业务共438笔2584万美元。2002年,全市对公对私结售汇总额9606万美元,2003—2008年,每年均有不同程度增长,2006年,达到2.06亿美元,2008年,达到3.02亿美元。受国际金融危机影响,2009年和2010年,结售汇回落。2006年1月,根据国家外汇管理局的统一部署,银行结售汇统计系统进行改版,即由原来各分支局运行的单机版系统改为全国局域网联网的新版系统,外汇指定银行通过新系统(银行版)直接报送数据。

2003—2010年常德市结售汇业务统计表

表5-1　　单位:万美元

年度	结汇	售汇	结售汇总额
2003	8579	2929	11508
2004	9141	5718	14859
2005	13929	5699	19628
2006	14306	6282	20588
2007	18795	7682	26477
2008	20542	9623	30165
2009	15102	9367	24469
2010	18499	5777	24276

第三节　直接投资及外债业务

1985年6月,常德注册登记第一家外商投资企业——桃源龙马时装有限公司。1989年年末,常德的外商投资企业增至5家。1990年年末,外商投资企业和“三来一补”(即国家对来料加工、来样加工、来件装配和补偿贸易方式进行的外汇管理)项目达到16个,外债余额

450 万美元，外汇抵押贷款 575 万美元。1991 年年末，外商投资企业增加至 13 家，投资总额 1750 万美元，其中外商投资 428 万美元。利用外资 842.66 万美元，外债余额 320 万美元。

1992 年至 1996 年，常德外资企业发展较快，5 年间，共批准设立外资企业 288 家，1996 年年末达至 301 家，比 1991 年年末增长 22 倍，年均增加 57 家。投资总额达到 106.92 亿美元，年均增加 21.38 亿美元。合同利用外资 55.63 亿美元，外资企业出口创汇 5927.92 万美元。全市外债余额 11052.61 万美元。

2005 年，全市外资企业 139 家，外资实际到位 2665.19 万美元。直接外债余额 2402.59 万美元，外汇转贷款余额 3111.25 万美元，国内外汇贷款余额 3570.10 万美元。

2008 年，全市新办外商投资企业外汇登记 7 家，外商直接投资出资及实缴注册资本 5662.51 万美元，直接投资结汇 5248.5 万美元，境外投资付汇 68.81 万美元，外汇转贷款结汇额 186.45 万美元。

2009 年，全市新办外商投资企业外汇登记 10 家，外商直接投资出资及实缴注册资本 2745.92 万美元，直接投资结汇 2583.39 万美元。

2010 年，全市新办外商投资企业外汇登记 11 家，外商直接投资出资及实缴注册资本 631.44 万美元，直接投资结汇 1760.26 万美元。是年末，辖内共有外商投资企业 136 家，注册资本 86.14 亿美元，其中外方所占注册资本 63.64 亿美元，投资总额 172.44 亿美元。

第三章　债券市场

第一节　国家债券

1981年起,国家开始发行国库券。常德人行在发行国库券的工作中履行辖内国库券的调运、保管、发放和代理发行,款项上划等职能。至1989年,常德辖内各金融机构共代理发行国库券2325万元,发行特种国债484万元,发行保值公债3030.4万元,代理兑付国库券本息2440.5万元。

1990年8月,常德市各城市信用社认购1990年财政债券23万元。是年,国债兑付进入高峰期,到期需兑付的国库券近2000万元。为做好国债还本付息工作,常德人行和市政府国债推销管理部门对全市1100多名国债兑付经办人员分期分批进行培训, 加大宣传力度,全市共设立457个兑付网点。至9月末止,全市共兑付到期国库券2000多万元。与此同时,认真抓好国债反假工作,是年收缴被挖补、涂改的国库券3080元。

1991年,国库券发行采取多渠道办理。在发挥银行主渠道作用的基础上,各级财政、邮政部门参与代理发行,各代理单位的发行款项,均在当地人民银行开设"待缴专户",逐日上划人行入库。是年常德市城市信用社系统认购财政债券10万元。全年辖内各专业银行、城乡信用社、邮储系统共代理发行各种国债3447.5万元。全市共设595个兑付网点,兑付国库券本息2687.3万元。

1992年,国家将发行国库券中钞票式样的实物券定名为"不记名国债",采取承购包销和银行等部门上柜销售相结合方式,发行组织工作由财政和人民银行共同负责。常德市发行国库券2000万元。

1993年,国家发行记账式国库券,国债发行方式开始向市场化过渡,通过证券交易系统向社会公众发行。由于常德市证券交易机构尚在起步阶段,凭证式国债仍由银行、信用社等主体发行。辖内证券、邮储、信托等国债服务机构分别参与承购包销。全市完成国库券发行3926万元,向各城市信用社发行财政债券115万元。兑付国债本金1060万元,支付利息470万元。

1994年,常德市各银行金融机构根据国家国债发行实行总行一级承购包销,发行任务在各自系统内逐级分配到县市分支机构发行的改革要求, 加大凭证式国债发行的宣传和发行力度,全年完成国债发行1.42亿元。

1995年, 常德人行根据国债发行制度改革的要求,深入发行网点检查督促,解答疑问,提供咨询,管好发行市场,按日上报进度。全市各银行金融机构全年发行各种国债1.99亿元，比上年增长40.72%。

1996年，辖内工行、农行、中行、建行发行无记名国债和凭证式国债1.84亿元。1997年，全市发行最后一期无记名国债，由财政系统发行。凭证式国债由辖内各银行、信用社发行，是年，两种国债发行6297万元。

1998年，全市各银行发行凭证式国债8300万元。国债兑付品种多达48个。20世纪80年代发行的单位券时逾10年以上，购券单位、商业银行、人民银行的经手人多次变动。面对清理兑付中的困难，常德人行先后向登记在册的购券单位寄发兑付通知2000余份，向全市各区、县（市）乡镇一级政府寄发《关于协助办理兑付单位认购国库券的函》近200份，全年兑付单位国债本息744.3万元，兑付个人国债本息7.8万元。

1999年，根据财政部、人总行关于清理历年国库券发行、兑付账务的文件精神，常德人行投入大量人力物力进行清理，历时两个月，对1982–1988年国库券的发行、兑付账务进行全面清理，清理历年未兑付国家债券收款单664份、金额59.16元，纠正部分错兑付的问题。

2000年，常德人行协助财政部门开展国债发行、兑付工作，全年完成国债发行1.06亿元，兑付国债本息793万元。是年，财政部门的国债服务机构撤销，常德人行与辖内各商业银行协商，在一些交通便利的网点设置国债常年兑付点，实行定点挂牌兑付。

2001年，全市发行三期凭证式记名国债，分为三年期、五年期两种，三年期年利率2.89%，五年期年利率3.14%。全市共发行8690万元。

2002年，财政部从3月10日起，先后四次面向社会发行凭证式国债1600亿元。为搞好凭证式国债发行，常德人行先后两次召开市直各商业银行、城区国债兑付网点负责人参加的国债发行兑付工作会议，部署国债发行兑付工作，并对发行情况实施监控，随时了解发行工作动态，12月，组织对14家商业银行机构的国债承销情况进行现场检查。是年，全市金融机构发行四期凭证式国债6522万元，兑付到期国债6733万元。

2003年年初，常德人行召开国债发行兑付工作会议，部署国债发行兑付工作。全年组织金融机构面向社会发行凭证式国债1.02亿元，兑付凭证式国债13万元。

2004年，常德人行组织各金融机构面向社会发行六期凭证式国债，金额1.36亿元。兑付无记名国债8.7万元，兑付国库收款单4750元。2005年，组织全市国有商业银行和邮政储蓄机构发行5期凭证式国债，累计发行国债7019万元。2006年，全年共发行国债1.13亿元，比上年增加3388万元。其中，组织全市各国有商业银行发行5期凭证式国债8853万元。7月1日，储蓄国债（电子式）在常德市成功发行，是年，共发行2期储蓄国债2406万元。是年5月，对2005年已兑付无记名国债进行清理后销毁，销毁无记名国债2606.5张、金额7.54万元。

2007年，常德人行组织业务骨干深入区、县（市），散发国债宣传资料近万份，向社会各界介绍储蓄国债。全年组织辖内国有商业银行发行5期凭证式国债和1期储蓄国债（电子式）5659万元。兑付无记名国债本息4.17万元，根据省分库安排，组织销毁2006年度已兑付无记名国债2637张、金额6.10万元。

2008年,常德人行拓展农村国债发行市场,选取桃源县为国债发行重点联系县,有针对性地组织农村国债发行试点,不断向农村拓展发行市场。全年组织发行5期凭证式国债和3期储蓄国债(电子式),发行金额6675万元,比上年同期增加1016万元,增长17.95%。此外,还全面开办人民银行直接办理无记名国债兑付业务,方便人民群众兑付,全年兑付无记名国债3100元。

2009年,常德人行与市财政局共同组织全市金融机构开展“国债宣传月活动”。组织市农行、市邮政储蓄银行,到西洞庭农场开展“送国债下乡”宣传,向广大农民朋友宣传普及国债知识。全辖国库“送国债下乡”宣传活动共散发资料2万余份,接受资讯5000余人次,在“常德农经网”建立专栏,将国债知识发布在市委农村办公室主办的全国农业百强网站上,向农村广泛普及国债知识,为农民提供国债咨讯。人总行、财政部、农总行有关领导两次赴常德现场考察农村国债发行情况,对常德市农村国债的发行工作给予高度评价。《国库情况反映》以《政府牵头,人行主导,农村国债市场建设稳步推进》为题专期推介了经验。2009年,常德人行组织全市5家金融机构先后发行5期凭证式国债、8期储蓄国债(电子式),累计发行金额1.37亿元,同比增长105.75%,其中县域及以下发行3678万元,同比增长3.7倍。

2010年,常德人行开展国债发行宣传,拓展农村国债市场,开展形式多样的宣传活动。一是与常德电视台联合拍摄《国债投资巧增值》宣传片,介绍国债基本常识以及投资国债收益稳定、购买灵活等优势,新闻频道《都市新财经》等栏目多次播放,起到良好的宣传效果;二是开展国债宣传“五进”活动,即国债宣传进居民社区,进大型厂矿,进种养大户、进乡村集市、进车站广场。组织各级国库人员根据本地实际情况,有针对性地进行国债宣传,通过发放国债宣传资料,讲解国债投资技巧等途径,提高群众对国债投资渠道的认知度和认可度。全年组织各承销机构发行5期凭证式国债和11期储蓄国债(电子式),累计发行金额2.06亿元,同比增长49.58%。

第二节 企业债券

1990年,常德人行加强债券市场管理,执行企业债券发行原则,批准常德卷烟厂,常德造船厂两单位内部集资495万元和10万元,期限一年,年利率分别为12%和8%,用于修建职工宿舍和危房翻修。1991年,企业资金需求强盛,经常德人行批准,同意市五交化站等6个单位发行企业内部融资券452万元,同意湘澧盐矿等4家企业发行企业债券1555万元。1992年,地方经济建设步伐进一步加快,一些企业开拓融资渠道、直接融资方兴未艾。常德人行一方面加强对社会融资的管理,一方面有计划地批准发行企业债券、支持企业拓宽融资渠道,全年批准29家企业发行各类债券9943.5万元,其中企业债券5495万元,短期融资券2700万元,内部集资1748.5万元。

1993年,常德人行批准常德市机电设备总公司发行企业债券500万元,该债券由长沙市高新技术开发区证券公司总代理，批准常德市供销龙洋贸易公司等3家企业内部集资840万元。是年下半年，各种企业债券陆续进入兑付高峰期，部分企业无力按期承兑。有的向银行增加贷款用于兑付债券，有的成为遗留问题。汉寿县龙阳制药厂1992年8月经常德人行批准，发行两年期企业债券500万元，由湖南省证券股份有限公司常德证券交易营业部总承销，长沙市建行铁道专业分行五一路支行等五家金融机构分销，由于该项目建设时间拉长，且产品质量尚未达到规定标准，因此债券本息不能按时偿还。1994年8月30日，由省人行副行长屈再泉主持，召开有常德人行、汉寿县政府、汉寿人行、汉寿县龙阳制药厂、常德证券交易营业部及参与债券分销的金融机构参加的协调会议，研究制定筹资方案，确定由汉寿县政府会同有关方面通过发债企业自筹、担保企业出资、县财政注入、证券交易营业部融资等渠道帮助汉寿县龙阳制药厂度过难关。

1990—1997年，常德市共有41家企业（单位）发行49次企业债券，共筹借资金3.01亿元，其中内部集资券3511.8万元，短期融资券2800万元，企业债券2.39亿元。1993年3月，对社会公众发行的短期融资券和企业债券陆续到期开始兑付本息。1994年和1995年进入兑付高峰期。在兑付到期债权过程中，出现少数举债企业不能如期兑付本息的情况。至1996年2月末，到期企业债券本金1.51亿元，已全部偿还本息的31家，本金1.03亿元。尚有7家企业4820万元企业债券不能按期兑付，占到期债券总额的31.9%。1997年6月，经省人行批准，石门电厂在全省范围内发行企业债券14150万元，期限三年，年息11%，用于石门电厂一期工程后期建设，由华中电力集团财务公司承销。同年9月，经省人行批准，湖南供销湘北贸易公司在常德市范围内发行地方企业债券900万元，期限二年，年息11.088%。

1994—1996年3月，常德人行多次向市政府汇报解决到期债权本息兑付资金问题。市政府多次召集举债企业、债券承销商、商业银行、财政有关部门负责人研究筹措兑付到期债权资金的措施。经多方努力，通过举债企业开展银行“债转贷”筹措810万元，债券发行代理商垫付3360万元，滚动发行债券800万元，举债企业自筹等渠道筹措资金，基本解决群众兑付债券本息的资金。但举债企业仍承受着偿还垫资券商和转贷银行资金的压力。

1997年后，常德人行未再审批发行新的企业债券。至2005年年末，全市举债企业仍欠垫资券商债务2550万元，成为遗留问题，由政府协商解决。

第四章 金银市场

第一节 金银收购

按国家有关规定,金银收购由中国人民银行负责。1987年,常德人行于3月、9月,分别在常德人行营业部和汉寿人行开办金银收兑业务,1988年增设石门人行收购点。

1989年,常德人行每月定期三次下乡收购金银,全年收购黄金88.28千克,完成省人行下达任务的98.1%;收兑白银23.03千克,其中收兑银圆529枚,超收兑计划的5.39倍。

1990年,常德人行发放黄金固定资金贷款42万元(年底黄金固定资金专项贷款余额达到710万元),流动资金贷款80万元,支持黄金企业生产。是年,采取增加金银收兑点、培训收兑骨干、下乡下点收购的方法进行金银收购工作,全年收兑黄金112.5千克,超额12.5%完成收兑任务;收兑白银48.5千克,其中收银元550枚。

1991年,常德人行收购黄金131.26千克,完成省人行下达任务的131.6%;收购白银138.24千克,其中银元155枚,占收购任务的558%。

至1991年年末,常德人行先后委托专业银行给四家黄金生产企业发放黄金设备专项贷款747万元,所有发放的黄金专项贷款均无财产担保和抵押。至1991年年末,在黄金生产企业累计收兑黄金344.56千克、白银288.34千克。

1992年,常德人行收兑黄金100.8千克、白银102.6千克,分别完成省人行下达任务的85.4%和256.5%。与工商、物价、公安等部门配合,打击金银走私及无证经营金银饰品的违法活动,全年共收缴走私黄金3722克。1992年10月,与公安部门一道,对全市非法加工金银饰品的单位进行打击,收缴黄金50克,白银200克,金银饰品加工工具一批。

1993年上半年,黄金价格倒挂。9月1日,黄金调价后,黄金生产企业产销旺盛,经济效率有所好转,但由于个体滥采滥挖,偷抢矿石及走私现象严重,黄金收兑量锐减。1993年下半年,人行桃源县支行成立,开办金银收兑业务。常德人行组织全辖收兑人员下乡、下点收购30余次,全年仅收兑黄金48.9千克,完成计划的54.3%。

1994年,常德人行采取下乡定点定时或事先联系的收购方法,方便厂矿、金农交售黄金,全年下乡收购30次,收购黄金39千克。11月,与市黄金主管部门、市公安局联合召开黄金收购及矿山治理整顿座谈会。全年协助公安部门破获黄金走私案3起,罚没黄金11笔、3.81千克,全年入库黄金53.1千克。

1995年,常德人行先后三次牵头召集有冶煤局、公安局等职能部门负责人参加的黄金收购联席会议,共同商讨督促黄金入库的具体办法,抑制金银入库量连年滑坡的问题。金银收购人员下乡收购29次,收购黄金45千克。同时,还加大对黄金走私的打击力度,市、县、乡三级公安部门共破获黄金走私案件8起,收缴入库罚没黄金15笔7.3千克。全市全年入库黄金64.8千克,入库白银7.7千克。

1996年, 常德人行收购人员克服乡村住宿条件差等困难, 下乡收购31次, 入库黄金49.6千克,其中矿产金44.2千克。入库白银4.2千克,超年度收购计划3.2千克。

1997年,常德人行将门市收兑与下乡收兑相结合,提高服务质量。由于国内黄金收购价格高于国际现货价格,大量黄金涌向国内,全年入库黄金415千克,是1996年度的8.36倍。

1998年,常德人行贯彻人总行控制黄金收购的有关精神,从严把握收购计划。全年入库黄金260千克,其中矿金246千克,罚没金14千克。

1999年,国家6次调整黄金收购价格,常德人行规范黄金收购,执行黄金收购计划。全年收购黄金51.9千克,比上年减少79%。10月,国家放开白银市场管理,常德人行不再行使白银收购与配售职能。

2000年,辖内黄金生产企业处于半停产状态,常德人行执行上级行关于矿产黄金收购的政策规定,加强矿山和门市黄金收购工作,全年收购黄金127.8千克,超计划47.8千克。

2002年,国家黄金管理体制改革,上海黄金交易所开业,常德人行不再负责黄金收购工作。

第二节　金银配售

1989年,常德人行加强金银市场管理,核发6个单位的经营金饰品许可证。配合公安部门打击金银走私贩私活动,没收走私黄金7.918千克。

1990年年初,常德人行白银配售计划为130公斤,后由于常德县元件厂和桃源县亚通开关厂用银量增加,年度白银配售计划调增至270千克。为贯彻落实省人行关于加强金银饰品市场管理,常德人行规范金银饰品合法经营,对8个有证企业开展检查,对安乡二轻供销公司违规批发金饰品问题联合工商部门对其罚款30万元。

1991年,常德人行为全市8家企业配售白银148千克。配合有关部门加强金银市场管理,打击黄金走私和非法经营活动,维护市场秩序。全年黄金饰品销售额1000万元。

1992年7月21日,常德人行根据上级行有关文件精神,印发《常德市金饰品市场管理规定》,进一步加强金饰品市场管理,维护国家和消费者利益。1992年,给企业配售白银276千克。

1993年,常德人行按照“支持重点,压缩一般,择优扶植”的原则使用白银指标,全年为企业配售白银230千克。先后为鼎城沧山冶炼厂配售白银4千克,解决其从锑矿矿渣中提炼黄金所需白银的燃眉之急,是年回收黄金1千克。为抓好金银市场管理,常德人行坚持“管而不死,治而不乱”原则,加强对金饰品零售市场检查,与公安、工商、物价等部门联合打击金、银走私和无证加工、经营金银饰品的活动。金饰品销售量大幅增长,全年销售总额3700多万元,增长80%。

1994年9月,常德人行对全市金银饰品零售点进行全面检查并对发现的问题进行处理。对一家持证不经营的零售点吊销营业执照,对一家擅自扩大经营范围的零售点限期整改,对一家因经营转轨,歇业达一个月的零售点限期整顿。11月30日,常德人行下发《关于加强常德市金银饰品市场管理的补充规定》,进一步规范市场管理。

1995年,常德人行先后二次召开金银饰品零售点负责人联席会议,三次对各零售点的经营状况进行常规性检查。根据上级有关文件精绅,对38家个体维修点发放经营许可证。是年为常德市无线电元件厂、津市电工合金厂等配售白银320千克。

1996年,常德人行对全市40家金银饰品零售点进行年检,收回7家效益偏低零售点的许可证。同时对51家黄金饰品维修翻新点进行年检换证。5月中旬,由常德市政府协调,常德人行牵头,工商、公安、税务等部门配合,对武陵、鼎城、德山三个城区和桃源、汉寿两县的个体金银加工点进行全面清理整顿,取缔非法加工网点39家,没收加工工具189件,招牌25块。全年为企业配售白银220千克,节余指标80千克。

1997年7月,常德人行在年初年检的基础上,对黄金饰品市场进行突击性的清理整顿,在常德市城区取缔无证加工网点63家,没收工具、招牌280余件,查处7家无经营黄金饰品典当业务许可证的典当行,由工商部门没收其非法收购的黄金197克,协商有关部门收回17个维修翻新加工黄金饰品许可证。加强市场管理的舆论引导,在《常德日报》办两期以黄金饰品市场为主要内容的专版,向社会宣传法律法规、市场走势,树立人民银行在黄金饰品市场管理上的权威。

1998年3月,根据省人行有关精神,常德人行对全市36家金银饰品零售点进行年检,吊销2家零售点的经营许可证。12月,按照上级行精神,对辖内人行系统所办金店、钱币公司进行清理整顿,整顿后全部与人行脱钩,分别转让给所在地的商业企业。

1999年10月,国家开放白银市场,人行取消对白银制品加工、批发、零售业务的许可证管理。1999年年底,常德市共有金饰品零售网点37家,三废回收店1家。常德人行吊销常德鑫商贸总公司、德嘉购物城、湘北工贸总公司友谊商场、前进加工厂分厂四家单位的"经营金银许可证"。

2000年,常德人行对辖内34家金银饰品零售单位进行年检换证工作。两次配合市物价部门统一市场零售价格,制止恶意竞争行为。查处澧县金行、常德市中心商业广场、常德南门商厦等金店一证多家、异地无证经营的违规行为。

2002年,国家取消黄金制品零售业务许可证管理制度,实行经营黄金制品核准登记证办法。是年8月,常德人行审核并报人行长沙中支核准,常德市万福楼、汉寿县宏盛、津市丰彩三家珠宝金行开业,经营黄金饰品。

上海黄金交易所开业后,企业生产经营所需黄金通过市场调节,对科研、军工等特殊项目的黄金配售,由人总行审批。

1985—2000 年常德人行金银收购、配售统计表

表 5-2　　单位：千克

年度	收购黄金	收购白银	白银配售	黄金配售
1985	104.396	58.73	267.2	1
1986	136.758	30.118	217.993	
1987	94.501	17.095	205.7	0.5
1988	85.839	40.316	151	—
1989	88.28	23.028	200.2	—
1990	112.5	48.5	270	—
1991	131.26	138.24	148	—
1992	100.8	102.6	276	—
1993	48.9	55.3	230	—
1994	41.8	17.4		—
1995	64.8	7.7	320	—
1996	49.6	4.2	220	—
1997	415.3	—	—	—
1998	260	—	—	—
1999	51.9	—	—	—
2000	12.3	—	—	—
合计	1798.93	543.23	2506.09	1.5

第五章　社会信用

第一节　民间借贷

中共十一届三中全会以后,农村实行家庭承包联产责任制,城乡个体工商户迅速发展,1984年,中共中央一号文件鼓励集体和农民向企业投资入股,民间借贷在农村迅速由隐蔽转向半公开,民间借贷活动日趋活跃。

1989年,一些富裕起来的农民在国家实行宏观调控,紧缩银根时期,有意抬高借款利息,有的月利率高达100‰。澧县梦溪镇天付村村民杨某,向附近农民放贷2万多元,月利率80‰,引起部分群众的强烈不满,经济纠纷日益上升。1989年,仅澧县梦溪镇司法办受理的该类经济纠纷达17起,占各类民事纠纷的60%。

1992年年初,常德人行组织联合调查组,对汉寿县、安乡县、澧县3个县各100户农户抽样调查,发现民间借贷的规模迅速扩张。1991年,借入户208户,人平131.29元,比1984年分别增长90.8%和280.4%,年平均递增速度分别为9.6%和21.3%,借出户有109户,人平27.72元,比1984年分别增长153.8%和326.2%。农村民间借贷中用于建房、婚丧嫁娶、购买高档商品等生活消费的占65%,用于开店办厂、种植养殖等生产性投资的占30%,少数贫困户告贷用于治病和维持基本生活需要。在放款者中,城镇个体户、教师、工人、国家干部占三分之一,民间借贷行为已迅速扩大到城乡。无息借贷只限于极少数亲朋好友之间,有息借贷利率一般为30~40‰,最低的20‰,最高达100‰。利息大多以货币支付,也有少数用实物支付。是年,在农村民间借贷中,逐渐出现行政村以债务人的身份大量参与民间借贷活动的新特征。汉寿县31个乡(镇)的608个村中,有23个乡(镇)的141个村向城乡居民借款。年末余额达172万元。安乡县有210个村向个人借款,占全县行政村总数的80.1%,借款余额高达669万元。澧县全县行政村向个人借款余额也有275万元,比1984年增长6倍。

2000年,农村产业结构调整,对农村"两会"(农村合作基金会,农村互助储金会)进行清理关闭,使农村民间借贷行为更加活跃。据常德人行对桃源、汉寿、安乡三个农业大县的30个行政村进行随机抽样调查,并对200户农户进行问卷调查,民间借贷面广,额度大,已发展为农村融资的主渠道,该30个行政村共有8089户农户,有4734户农户进行过民间借贷,占总农户的58.5%,借贷总额达656.39万元,平均每户1386元,而同期在银行借贷的只有2459户,金额7.99万元。问卷调查的200户农户,进行过民间借贷的有132户,占66%。30个行政村中从事个体工商经营的有334户,仅占农户总数的4%,但进行过民间借贷的有256户,借贷总额达115.49万元,户平4511元,而同期在金融部门借款的只有64户,金额

6.67万元。民间借贷的另一个重要特征是行政村向民间借贷发展迅猛。2000年年末,这30个行政村负债总额1540.7万元,村平51.3万元,其中有27个行政村向民间借贷,金额达1290.2万元,占负债总额的83.7%,安乡县262个行政村,有251个行政村向民间借贷。占全县行政村的95.8%。行政村向个人借贷主要用于垫付村教师、村干部等工资性支出,小型农田水利建设和代村民垫交"8.33"(农民全年应交税费按月8.33%上交)春征税费。

据常德人行对安乡县安障乡沙湖口村典型调查,该村只有2600人,从1994年开始向村民个人借贷,1997年借贷额度高达70万元,月利率24‰,1998年月利率降至15‰。2001年,安乡县人民政府下文,全县各行政村停止向个人借款付息,要求采取各种形式的"以实消贷"等措施归还村民借贷,减轻农民负担。至2002年年末,该村用土地延包的形式抵减村民借款本金后,仍有借款余额22万元已无能力偿还。

以上各种形式的民间借贷都有利率高、期限短、单笔金额小、手续简便的特点。从200户农户的问卷调查显示,民间借贷的付息方式以利随本清为主,有92户,占46%;按年结算的有63户,占31.5%,还有预收利息和按月、按季结息等方式。

2005年一季度,常德人行对辖内9个区、县(市)的100家企业和100户城乡居民调查显示,民间借贷仍发展迅猛,不仅存在于个人与个人之间,个人与企业之间,而且还存在企业与企业之间的直接借款,呈现"三大二多一长一增强"(三大:规模大、金额大、利率弹性大;二多:主题多元化、用途多样化;一长:期限长;一增强:规范性增强。)的特征。调查的100户企业中,80%的企业从事过民间借贷,其中民营企业占100%;调查的100户居民中,60%有过民间借贷。据调查测算,至2004年年末,常德市民间借贷规模约为30亿元,占全市同期城乡居民储蓄存款余额的11.3%,占同期金融机构贷款余额的11.1%,津市雪丽造纸有限公司于2002—2004年通过股东入股,工人集资等形式向个人融资9000万元。临澧县5个建筑公司项目经理人,在2004年垫资承建的5000万元基建项目中,除银行贷款3000万元和少部分自有资金外,其资金缺口全部依靠民间借贷弥补。安乡县棉花协会2004年向民间借款8000万元用于棉花收购、销售和加工。

随着农村经济的发展,民间借贷已从生活消费型转向生产经营型投资,期限从以往婚丧嫁娶、生产性临时周转的1个月至6个月,发展到一般为6个月至3年,利率大体在5‰~30‰之间。民间借贷一定程度上缓解社会生产和群众生活在资金供需上的矛盾,弥补银行信贷投入不足,发挥拾遗补阙的作用。由于民间借贷游离于国家金融机构监督和管理之外,对社会经济生活产生一定的负面效应。随着人们法律意识的增强,民间借贷的规范性日趋完善,因民间借贷引发的案件和纠纷逐年下降。

第二节 企业集资

1987年6月,常德人行对全辖企业集资情况进行一次调查,1985—1987年6月底间,全区城乡集资单位850个,集资12037万元,其中乡镇企业集资6142万元,城镇集体企业集资2141万元,国家行政、事业单位集资2161万元,全民企业集资1593万元。集资方式有以资代劳、内部借款、合资联营、以物抵资、补偿贸易、摊派集资、招股集资等多种方式。

20世纪90年代中期,由于社会上兴起的经商热、开发区热、房地产热的影响,投资与消费需求迅速膨胀,导致银行信贷资金趋紧,各种社会直接融资再度升温,一些工商企业、党政机关、社会团体、学校以高于银行储蓄同档次2倍以上利率,要求职工参与集资,以解决资金供求矛盾。常德人行调查显示,至1994年4月月末,全市参与集资的企事业单位2900个,集资总额9.6亿元,集资主要投向4个方面:一是解决流动资金缺口。全市在银行开户的企业1500多家,有40%的企业参与集资,集资额达3亿元。桃源纺织印染厂为解决收购棉花资金,先后两次向职工集资1000万元。临澧县为发展乡镇企业,动员754名国家干部参与集资,集资额达1000万元。二是集资办实体。全市行政事业单位创办的经济实体769家,注册资金4亿元,而经营资金大多数是通过集资解决。石门县有11所中小学为办经济实体,规定在校学生每人集资200元,毕业时退本付息,集资515万元,年息10%。三是集资建房。全市集资建房2亿元。常德市第二纺织机械厂修建职工宿舍,发动职工内部集资200万元,年利率25%。四是建新厂,上新项目。1992年,澧县人民政府成立集资办公室,为建设滟州水电站筹措资金,1992年和1994年,在全县范围内共集资1270万元。汉寿县医药化工厂是经湖南省医药管理局批准新上的项目,两次公开向社会发行两年期企业债券550万元。

随着经济改革的不断深入,发行债券作为筹集资金的有效手段,为众多的企业所接受,常德市企业集资面进一步扩大。2005年一季度,常德人行对辖内100家企业调查显示,民营企业集资面达100%,集资成为民营企业融资的主要渠道。湖南雪丽有限公司2002年8月由国营企业津市造纸厂改制成为民营企业。该公司至2004年年底止,通过股东入股、工人集资等形式集资9000万元,而银行借款却从改制时的720万元减少至600万元。

由于企业集资缺乏规范管理,集资承诺的利率高,而投入的项目风险大或经营管理不善,潜伏的债务风险开始显现,到期集资款兑付困难的情况时有发生。常德人行调查43家集资企业显示,至2001年年底,只有12家企业账面反映略有盈余,其余全面出现亏损。43家企业的1.82亿元集资款本息已达2.72亿元,但只偿还5462万元,偿还率仅为20%。个别集资单位因集资、融资债务引发群体事件,成为不稳定的因素。临澧县湘北庙山陵园是经省民政厅、市民政局和县政府批准,1998年12月开始,由临澧县民政局与苏州物贸中心合资兴建的陵园。在开发中,因苏州方不履行协议,开工后不久由县民政局接管,2001年9月,县民政部门对湘北庙山陵园改制,重组为湘北庙山陵园有限责任公司,并派员出任董事长和总经理，与苏州方重新认定股份(县民政局60%，苏州方40%)。为缓解资金紧张矛盾，该陵园大力宣传，一个墓穴位几年内就可增值若干倍，劝说客户大量购买，并可以"自由转让"。从1998年起，该公司采取与客户签订《墓穴位永久使用购置合同书》，并经公证处公证，将骨灰存放穴位分投资型和使用型开始预售，对投资型购买者许以年利率15%，两年后以更名兑现方式还本付息，价格在2000～6000元不等。至2002年3月，有3700多名群众购买墓穴位，大部分是作为投资购买，公司累计出售骨灰存放穴位14000余个，实现销售收入3980万元，其中投资型客户购买穴位10100余个，销售收入2883万元。按照当初买卖双方签订的合同，墓穴位要在2002年12月31日前交付使用，但在逾期几个月后，交付使用还是遥遥无期，2001年6月，许诺到期更名兑现还本付息的投资型客户进入兑现高峰期，该陵园因资金拮据无力兑现，购买者认为自己受骗，纷纷到县、市、省有关部门上访。是年6月，石门县有人以匿名方式向人行长沙中支举报，反映湘北庙山陵园在营销过程中，有违反金融法律法规变相集资行为。长沙中支批转常德人行调查处理。常德人行立即组织力量与临澧人行一道对庙山陵园集资问题进行调查，认定该陵园采用投资型销售穴位行为属非法集资，并责令该园立即停止非法集资活动，查封庙山陵园非法操作的所有收据、债券、合同等资料，同时向地方党委、政府专题汇报。是年6月28日和6月29日，临澧县人民政府和中共临澧县委分别召开常务会议和常委扩大会研究解决庙山陵园非法集资问题，成立由县委书记吴友云挂帅的专案组，负责调查处理。还从县直单位抽调10人组成工作组进驻庙山陵园，对该园进行清理整顿。临澧县公安局以涉嫌集资诈骗和非法经营立案侦查，并于2003年年中依法逮捕庙山陵园法人代表郭某某。为最大限度地保护投资型客户的利益，临澧县人民政府制定"承诺保本，三年付清"的赔付方案，在2004年1月10日前，对属于兑付范围(即投资性客户)的客户在第一期已兑付10%的基础上再兑付一次，比例为所剩余额的10%；2004年12月15日，兑付30%；2005年12月25日，再兑付30%；2006年12月25日，前全部付清。

第三节　清理"三角债"

中共十一届三中全会后，商业信用逐步放开。1980年10月，省政府批准，省内开放补偿贸易、寄销、代销、赊销等用于处理积压商品和收购紧俏商品的预购定金等部分形式的商业信用。随着改革开放的深入，商业信用的范围、方式、工具逐步增多，企业间不按约定时间、金额结清往来款项的现象时有发生，至二十世纪八十年代末九十年代初，逐步演变成较为严重的"三角债"现象。

1989年6月25日，常德人行牵头成立由各家专业银行副行长参加的常德市清理拖欠领导小组，广泛发动企业开展自查，摸清商业信用现状。1989年3月月末，全市工商企业发生商业信用面已达91%，金额达5.37亿元，其中，应付货款2.26亿元，应收货款3.11亿元。

1992年8月，常德人行对常德市20户工业监测企业统计，应收及预付款达2.05亿元，比上年同期增加0.89亿元,增长91.03%。进入1993年,企业拖欠日趋严重,“债务链”严重制约企业的发展。是年3月月末,全市仅医疗单位拖欠医疗企业的货款高达3000多万元。同年10月末,湘澧盐矿、华南光学仪器厂等6户工业企业商业信用总额达1.26亿元。

1990年4月,根据国务院发出《关于在全国范围内开展清理“三角债”工作的通知》精神,常德市政府成立由常务副市长陈德铨任组长,计委、经委、财委、财税、各银行主要负责人参加的清理“三角债”领导小组,下设办公室,常德人行副行长吴明忠兼任领导小组副组长和办公室主任。4月25日,常德市政府召开全市清理“三角债”动员大会,实施从源头开始,层层“解扣”的方法,对全市县以上的工商企业、基建、商业、供销、粮食、烟草、物资、外贸、医药、农场及下属企业在1990年3月月末超过正常结算期,拖欠县外省内5万元和省外10万元以上的应付货款进行清偿,并要求在一个月内解决市内各企业之间的相互拖欠问题,但收效甚微。8月,全国范围内清理企业拖欠货款工作开始。常德市各家银行紧跟部署,密切配合,对在常德市各专业银行开展的国营、集体企业从1989年1月1日至1990年3月末期间发生的跨省拖欠货款进行清理,取得初步成效。全市9个区、县(市),24家专业银行共收到清欠托收,即应承付货款3297万元,已承付货款2993万元,其中企业自筹清欠资金249万元,专业银行贷款460万元。常德人行发放专项短期贷款2284万元,发出清欠托收,即应收回货款3779万元,已收回货款1689万元,通过清理,解决企业之间跨省之间的部分债务链。

1991年9月20日,常德市拉开以“资金注入,连环清理”为内容的清理固定资产投资项目拖欠的工作序幕。市、县两级人民政府和有关部门,53家县支行以上银行机构,共300余人参与该次清欠工作之中,历时70天,清理固定资产拖欠项目18户,其中,基建项目7户,技术改造项目11户。全市共注入清欠启动资金4453万元,其中常德人行注入清欠资金4122万元,企业自筹331万元,源头清付比例达100%。全市401户企业收到人欠货款6776笔6696万元,连环清付634笔4444万元,收到注入1元资金,清理3.5元债务的效果。超过国务院规定的注入1元资金清理3元债务的目标。是年,全市还组织各种形式的流动资金清欠32次,注入资金5220万元,解开“三角债务链”9478万元,使一部分长期被债务困扰的企业资金得以活化,帮助企业走出困境,提高效益。为巩固清欠成果,防止前清后欠,常德市各级专业银行还认真开展结算检查和整顿,共堵住无理拒付287笔836万元,扣缴滞纳金1.36万元,使多年来社会反映强烈的商业信用和结算纪律有明显好转。

1992年,全市共清理固定资产拖欠项目13户,其中基建项目1户,技改项目12户,共清付拖欠款2052万元,源头清付率为100%。全市399个单位共收到人欠货款593笔4505万元,连环清付653笔3411万元,清付率达75.72%,注入资金周转数达4.86次,比上年加快1.36次。至此,清理“三角债”工作告一段落。

1998年,常德人行对湖南汽车车桥厂、常德棉纺厂、常德卷烟厂、湘澧盐矿、安乡县棉麻总公司等10家企业进行调查,是年4月末,10家企业货款非正常拖欠总额达5.35亿元,特别是3家农产品加工企业基本上靠拖欠农产品收购企业货款维持生存,其应付总额达1.73

亿元,其中,非正常拖欠款为 1.31 亿元。同期,这 10 家企业的产成品资金比上年增长 51.6%,反映企业在吃过货款被拖欠的苦头后,宁可大量压库也不敢轻易发货的无奈,10 户企业因赊销、寄销、代销形成的应收款有 3.40 亿元,应付货款 4.23 亿元,分别比 1996 年 4 月月末增长 31%、40.9%。

2000 年以后,商业信用向着规范化方向发展的趋势。2006 年,常德人行对全市 90 户工商企业 1995 年、2000 年、2005 年三个时期的商业信用情况进行调查,证实商业信用范围不断扩大、商业信用总量迅速增加、商业信用形式多样。90 户工商企业发生过商业信用的,1995 年为 20 户,2000 年为 41 户,比 1995 年增长 1.05 倍,2005 年为 82 户,比 2000 年增长 1 倍,商业信用的总量也随着企业生产和经营的规模扩大而增加,1995 年为 3.87 亿元,2000 年为 6.68 亿元,比 1995 年增长 72.5%,2005 年为 13.02 亿元,比 2000 年增长 95%。1995 年通过新的《票据法》后,其应收、应付票据这一新的商业信用形式应运而生,且增速迅猛。1995 年为 1120 万元,2000 年为 2072.6 万元,比 1995 年增长 85%,2005 年为 1.44 亿元,比 2000 年增长 5.9 倍,商业信用票据化进程加快。湖南雪丽造纸有限公司前身系国营津市造纸厂,于 2000 年 8 月改制为民营企业,改制前,应收货款达 1500 万元,成为制约企业生存发展的"恶性肿瘤"。改制后,企业生产经营改为以销定产,结算方式实行每批产品销售收取 10%的购货定金,90%为现款提货,基本上实现既无外债又无内债。湖南车桥股份有限公司改制前系国营湖南拖拉机制造厂,1995 年该厂销售收入 2.4 亿元,而应收货款竟达 1 亿多元,占销售收入的 41.7%。新的《票据法》实施后,该厂积极推行银行承兑票据结算方式,生产规模不断扩大,但商业信用的额度占销售收入的比重却逐年减少。2000 年,该厂销售收入 4.3 亿元,应收票据 1.2 亿元,占销售收入的 27.9%;2005 年,该厂销售收入达 6.5 亿元,应收票据仅 1.49 亿元,占销售收入的 22.9%,分别比 1995 年、2000 年下降 18.8 百分点个和 5 个百分点。

2005 年以后,常德辖内企业诚信经营的理念日益增强,挂账信用、随意拖欠货款的行为失去市场,商业信用行为逐步规范。

第四节　农村合作基金会

1987 年,常德地区在临澧修梅镇赵家村进行农村合作基金会(以下简称农金会)试点。采取优惠政策吸引农民入股,该农金会章程规定:凡本村农户要按每亩水田 30 元入股,可减免 3 年提留。桃源县青林乡农金会成立时要求每户入股 100 元,减是年提留 10%,开业当天即集资入股 96 万元。至 1991 年底,全市有 48 个乡镇,436 个村建立农金会或代办站,集聚资金 8000 多万元。

1991 年 11 月《中共中央关于进一步加强农业和农村工作的决定》中提出要"继续办好农村合作基金会"。1992 年起,常德市各区、县(市)农金会发展步伐加快。是年 12 月,桃源县人民政府向各乡、镇人民政府发出《关于认真办好农村合作基金会的通知》,要求年底前所有乡、镇均建立农金会。至 1993 年 3 月,桃源县 59 个乡镇中,有 56 个建立农金会;844 个村有 458 个设立农金会代办站;农金会从业人员 141 人;资金余额 3346 万元,放款余额 2513 万元。临澧县 1993 年年底有农金会 108 家,其中,乡镇级 4 家、村级 104 家,累计放款 3600 万元,资金余额 2500 万元。1993 年年底,全市有 143 个乡(镇)建立农金会,1308 个村建立农金会或代办站,分别占乡、村总数的 55.4%和 31.4%,比 1991 年增长 2 倍,共集聚资金 1.5 亿元,比 1991 年年底增长 90%,其中集体股金 2950 万元,占 24.7%;个人股金 8393 万元,占 63.8%,代管集体资金 2104 万元,占 15.2%;累计拆放资金 2.2 亿,比 1991 年年底增长 120%。

1993 年,国家实行紧缩的货币政策,银行、信用社难以满足“三农”的资金需求。中共湖南省委多次发文要求“积极发展农村合作基金会”。1993 年 10 月,常德人行组织调查组对农金会进行专项调查,形成《引导农村合作基金会健康发展势在必行》的调查报告,常德人行副行长吴明忠用此报告在常德市第二届人大常委会第五次会议上发言。指出农金会存在“违规开办存、贷款业务,利率高进高出,跨区放款、拆借,资金体外循环,行政干预严重,资金来源水分多(全市欠款转存、立据收息 1400 万元),内部管理不完善,监督约束机制不健全”等 8 个方面的问题,提出清理整顿、巩固完善的建议。

1994 年 3 月,湖南省政府在桃源县召开全省农村合作基金会现场经验交流会后,常德市农金会的发展又向前推进一步,各区、县(市)党政部门采取发文件、下任务、定指标、树典型的方式全面推广农金会。

农金会在大发展的同时,存在的问题也逐渐暴露。农金会成立初期实行理事会领导下的业务主任负责制,独立核算,自负盈亏,不对外吸收存款和发放贷款,不以盈利为目的,只在会员之间进行资金余缺调剂,以服务本地“三农”为宗旨。在发展过程中,由于体制不顺和内部制度不健全,农金会渐渐背离上述宗旨。《中华人民共和国银行管理暂行条例》规定“禁止非金融机构经营金融业务”,农金会为筹集资金,变相吸收存款,股金成为定期存款,代管资金成为活期存款。1993 年,汉寿县西港镇政府要求各级干部带头入股,副镇长以上干部每人入股任务 2000 元,一般干部每人入股任务 1000 元。农金会除通过政府采取强制手段吸收存款外,还通过高利率、高回扣吸收资金。临澧县合口镇群峰村农金会采取 3 万元存一年奖彩电一部、1 万元存 1 年奖自行车一部、利息照付的方式吸收存款,造成存款搬家,掀起储蓄大战。据常德人行调查,农金会的一年期股金(实为存款)利率最低 16.2%,最高达 24%。高息存款导致高息放款,一年期贷款利率最低 21%,最高 30%。在资金运用上,大部分农金会背离为“三农”服务的宗旨,放款对象不再限于农户,放款目的逐渐偏离支农和扶贫,变为追逐利润。1994 年 1 月,临澧人行和临澧县农委经管科联合调查该县 10 家农金会,发现 1993 年这 10 家农金会放贷 794.39 万元,用于农业生产和生活困难的贷款 48.14 万元,只占 6.06%;城关镇、合口镇白鹤村等 3 家农金会 1993 年发放贷款 168.47 万元,没有一笔“三农”贷款。农金会由于违规经营和缺失管理监督,风险日益显现。1995 年年末,桃源县农金会呆滞资金达

1483 万元，占投放总额的 28%，全县已有 13 家出现信誉危机，有 2 家牌子被砸。

1994 年，人总行和农业部联合下发《关于加强农村合作基金会管理的通知》，文件规定：农村合作基金会不是金融机构，不得办理存贷款业务。要搞存贷款业务的，经整顿验收合格后，可转变为农信社。

1996 年 5 月 15 日，省政府召开全省农村合作基金会工作会议，肯定农金会对发展农村经济的积极作用，提出应按省委、省政府"要进一步规范、完善农村合作基金会"的要求，帮助它完善、支持它发展。确定了"明确方向、控制规模、减少风险、搞好规范"的农金会工作总原则和总要求。会后，常德市农金会出现一个发展高潮，机构膨胀、违规办理存贷款业务的现象未能遏制。1996 年年末，全市共有农金会 465 个，其中乡（镇）农金会 205 个，占全市乡镇的 77%，比 1993 年增加 63 个；村农金会 249 个，占全市建制村的 5.77%，乡（镇）农金会在村设立 2091 个代办站，村级农金会和代办站比 1993 年增加 1032 个。在城区的农金会 11 个，其中区、县（市）农金会联合会 4 个。共有专职从业人员 2035 人。资金余额 8.64 亿元，其中个人资金占 80.9%；放款余额 6.61 亿元，存贷比 76.5%，其中投放到农业 3.65 亿元，占 55.2%，乡镇企业 1.38 亿元，占投放总额的 20.8%。

农金会业务经营、财务开支在很大程度上由乡（镇）、村领导左右。乡、镇农金会一般是与乡、镇经管站一个机构、两块牌子；村农金会业务人员一般由村委会成员担任。桃源县漆河镇农金会业务室主任由该镇一名副镇长担任。农金会的党政领导指令放款较多。桃源县农金会 1996 年年末，放款余额 1.74 亿元，其中有 2342 万元属党政领导指令放款，占 13.5%。1996 年年末，临澧县四新岗镇农金会贷款余额 382 万元，由镇政府强令给镇属 22 个企事业单位发放的贷款 292 万元，占 76.44%，均逾期难以收回。1996 年，澧县甘溪、洞市、澧阳农金会被迫向当地财政所、经管站、镇政府共计放款 56.54 万元，用于上交统筹资金。临澧县杉板乡青山村党支部书记刘某某一人担保、审批村农金会放款 62.6 万元，因逾期无法收回导致村农金会关门停业。有的将农金会资金用于计划生育补贴、垫付上交提留。1998 年，武陵区农金会 510 万元放款中，有 400 万元用于乡镇政府上交税款。

1996 年 10 月，全市农金会从业人员 3868 人，其中专职人员 2507 人。专职人员中，农经干部 450 人，集体职工 1071 人，招聘合同工 2626 人，临时工 360 人；其中，文化程度大专以上 124 人，中专、高中 2217 人，初中及以下 166 人；中级职称 121 人，初级职称 934 人。专职人员中，没有 1 人从事过金融工作，没有经过任何培训的 1204 人。汉寿县蒋家嘴基金会于 1994 年 12 月开业，负责人是蒋家嘴镇政府委派的一名副镇长，至 1996 年 6 月，违规吸收股金（存款）40.78 万元，吸收活期存款 10.95 万元，从其他农金会拆入资金 47.83 万元，向个人借入 17.1 万元，盲目为镇办企业和个体经商户放款输血，违规发放贷款 117.02 万元，大部分为信用贷款，其中 7 家镇办企业 72.47 万元，74 户个体经营户 44.55 万元。由于投向不准，借款方有的亏损严重，有的人走厂散，均无力还款。该会收不回放款也无力支付债务，1995 年 12 月开始出现支付困难，1996 年 6 月整个营运陷入瘫痪，1996 年 12 月自行关门停业。由于

117万元债务无法清偿,导致持股人纷纷上访和多次殴打该会负责人。临澧县修梅镇赵家村农金会,由于村办企业借款和跨区放款本息528万元逾期难以收回,占该会应收放款本息的69%,导致资金周转不灵。从1996年7月开始出现支付危机,至12月到期的股金131万元,均无法兑付,引起群众不满。据常德人行调查,截至1996年10月月末,全市有258家独立核算的基金会出现亏损,占全市基金会的50.2%。

1996年8月22日,国务院发出《关于农村金融体制改革的决定》,在第六条中首次提出"清理整顿合作基金会",并指出相当一部分农金会以招股名义高息吸收存款用于发放贷款,违反金融法规经营金融业务,隐藏着很大风险。10月,常德市农村办向市委市政府上报《关于积极稳妥搞好农村合作基金会清理整顿工作意见的报告》。随后,全市农金会清理整顿工作全面铺开。通过清理整顿,查处有违规行为的乡镇农金会59个,撤销村代办站321个,辞退无证上岗人员131名,对16名违纪人员给予党纪政纪处分。对明显违反政策、偏离办会方向的临澧县修梅镇赵家村农金会和汉寿县蒋家嘴农金会,分别于1996年10月和1997年3月责令其自行清盘、撤销。

1997年4月28日,省长杨正午在《关于金融工作致各地、州、市领导的信》中明确提出对农金会要"一停二禁三管"。5月,省委、省政府提出"停止发展,全面整顿,严格规范,逐步收缩,防范风险,保持稳定"的清理整顿农金会工作要求。是年5月中旬,市农村经营管理处举办清理整顿农金会训练班,参加训练的人员有各区、县(市)农经局和乡、镇农金会的负责人,历时15天,学习金融法规,整顿思想作风和工作纪律。通过清理整顿共收回放款8200多万元,依法查处取缔违法经营的农金会19家。7月29日,常德市政府下发《关于加强农村合作基金会监督管理的通知》。农金会盲目发展的势头有所控制。但是,农金会面临的经营亏损和支付危机没有得到根本解决。

农金会放款投向不准和市场经济的变化,导致放款难以收回。截至1998年10月,全市农金会放款余额7.76亿元,其中逾期5.4亿元,"两呆"1.2亿元,不良率高达85.1%。全市456个独立核算的农金会已有11个撤并,217个停业;有310个基金会出现亏损,累计亏损金额4370万元,其中历年亏损1993万元,是年亏损2377万元。1998年,全市农金会出现日趋严重的挤兑现象。农金会备付金严重不足,备付金占同期筹款总额的比率仅为15%,比省规定标准低10个百分点。由于备付金严重不足,至1998年10月,全市勉强维持开门的228个农金会中有50%面临支付困难。桃源县杨溪乡、石门县新关镇等地农金会发生挤兑风波。1998年7月1日,常德市政府办发出《关于防范和化解农村合作基金会经营风险的通知》,强调建立防范和化解农村合作基金会经营风险目标责任制,继续坚持"谁经营、谁主管、谁负责"的原则,建立各级政府"一把手"负总责的纵向防范经营风险责任制。中共石门县委、县政府决定从1998年9月26日起,全县农金会一律停办新的存贷业务,进行清理整顿,有组织、有步骤地清理债权债务,全力催收账款,清退存款、股金,平稳退出市场。

1999年1月,国务院明令禁止新设农金会,对现有农金会一律停止以任何名义吸收存款和办理贷款，进行清产核资，清收欠款；对资产大于或等于负债的农金会申请并入农信社，对资不抵债的农金会予以清盘关闭，同时进行资金兑付工作。3 月下旬，省委、省政府召开农金会清理整顿工作会议，石门县政府在会上介绍清理整顿工作经验。1999 年 4 月，常德市委、市政府召开区、县(市)党政主要负责人及有关部门负责人会议，安排部署农村两会的清理整顿工作，宣布从 4 月 15 起农村“两会一部”(即农金会、农村互助储金会、供销社增资扩股经营部)一律停办存贷款业务，清整工作按照“统一部署、分别处理、风险自担、稳步推进”的原则进行。成立以市长程海波为组长，市委副书记洪明祥、副市长刘本之、龚建明任副组长的常德市清理整顿农村“两会一部”领导小组，下设办公室。各区、县(市)随之成立相应的清理整顿农村“两会一部”领导小组和办公室。全市抽调 101 人为办公室专职工作人员。4 月 28 日，常德市委办和常德市政府办下发《常德市清理整顿农村合作基金会工作方案》，清理整顿工作全面铺开。

1999 年 3 月月末，常德市共有农金会 498 个，其中，区、县(市)联合会 9 个，乡(镇)199 个，村会 290 个；农业部门批设 453 个，其他部门批设 18 个，未经批准设立的 27 个。共有从业人员 1641 名。资金余额 9.07 亿元，其中股金(存款)8.43 亿元，占 93%，村社集体资金 1164 万元，财政资金 133 万元，其他单位资金 5120 万元。放款余额 7.54 亿元，其中农户放款 3.18 亿元，占 42%；企业放款 9200 万元，占 12%；政府放款 1.54 亿元，占 20%；其他放款 1.90 亿元。按放款方式划分，质押放款 5006 万元，占 6.63%；抵押放款 1.52 亿元，占 20%；保证放款 1.79 亿元，占 24%，信用放款 3.73 亿元，占 49%。按形态划分，逾期放款 4.24 亿元，呆滞放款 2.35 亿元，呆账放款 1887 万元，分别占 56%、31%、3%。

1999 年 4 月 16 日，鼎城区桥南农金会商贸城分会由于备付金严重不足(该会吸收存款 1429 万元，备付金仅有 19 万元)，面临支付危机而贴出公告称：“我会决定从本月 16 日起办理与鼎城农村信用合作联社的归并手续，为确保并入工作顺利实施，在此期间停止一切存贷业务，望广大顾客积极支持配合。”公告贴出后，群众纷纷到商贸城分会质问。4 月 17 日下午，桥南基金会出现排队取款现象，是日存款下降 160 多万元，此后连续两天，上百人排队挤兑取款 600 万元。对此，鼎城区委、区政府于 19 日晚召开紧急会议，制定应急措施。4 月 20 日上午，派出清理整顿工作队进驻桥南基金会，并以区人民政府的名义贴出公告，对活期存款实行限额支取，定期存款暂停支付。股民对区政府的措施不满，于 19 日、21 日先后上访区政府 1 次，上访市政府 2 次(第一次 60 人，第二次 20 人)。常德人行于 4 月 19 日上午派员前往桥南基金会了解情况，4 月 20 日派员参加鼎城清理整顿农村合作基金会领导小组，进驻桥南基金会，参与组织协调，宣传解释，稳定人心。鼎城区政府动用干部集资建房款和全区干部教师 5 月工资款 600 万元用于股金兑付，并动用警力 100 余人维护秩序。4 月 21 日后，挤兑风潮逐渐平息。

1999 年 5 月 7 日，常德市政府召开农金会清产核资工作会。全市共抽调 1305 人组成农金会清产核资工作组，按照武汉人行《湖南省农村合作基金会清产核资办法》的要求，于

1999年6月月初开始,安排三个月时间,逐个对农金会的资产、负债、所有者权益进行全面清产核资,澄清农金会底子。

1999年6月下旬,市政府组织3个督导组,分片对各区、县(市)清理整顿农金会进行督察。各区、县(市)则实施常委分片联乡、县级领导包乡联会,同时派出1152人组成231个督导组,驻乡入会帮助清理整顿并实行监管。同时,常德人行领导带领有关部门人员深入到各区、县(市),采取上门征求政府领导意见,召集人民银行支行和信用社座谈会,以及进行典型剖析等形式开展调查研究,帮助指导基层人行和信用社做好协助政府清理整顿农金会的工作。

从1999年9月起,根据武汉人行和省政府"清理整顿农村合作基金会分类处置"的规定,市政府对农金会进行分类处置。经武汉人行批准,全市21家资产大于负债或等于负债的农金会并入当地农村信用社(不接受人员)。农村信用社实际接收资产总额8513.86万元,负债总额8510.28万元。同时,农村信用社还收购没有归并的农金会的农户小额种养殖业贷款911万元。是年年末,归并和收购双方办理交接手续,完成存款换折、贷款换据、固定资产过户、账务移交、遗留问题处理等多项工作,并向社会发布公告,并入的农金会和收购的小额种养殖业贷款的债权债务由农村信用社承担。其他477家资不抵债的农金会由当地政府负责清盘关闭,其债权债务由同级财政负责处理。当地政府接收农村合作基金会的债务总额8.43亿元,债权总额6.68亿元。原基金会的从业人员,由各级政府妥善安置,原属农经站的回农经站,原村组人员回村组,原毕业或转业分配到农金会工作的人员,由政府统一安置。为确保群众的利益和农村社会稳定,辖内相关责任部门制定兑付股金(存款)的方案,采取兑付现金、存贷挂钩、顶抵提留等多种途径,实行按期兑付、比例兑付、冲抵兑付、分散兑付、上门兑付等方法向群众兑付股金(存款)。1999年10月,全市首次兑付到期股金(存款)2.3亿元。至2000年年底,全市并入、收购和兑付股金(存款)6.61亿元,占应兑付额的78.45%,其中向中央银行借入专项借款兑付3.77亿元。

农金会清盘关闭后,辖内各级政府运用行政、经济、法律手段清收农金会的放款。对党政机关和企事业单位干部职工借款和担保借款,采取限期还款和"双停"(停薪、停职),"单停"(停薪或停职)以及免职等行政手段清收。对拖欠大户、故意逃债的依法清收。全市司法系统抽调干警380余名,组成若干个合议庭,进行巡回审判,至2000年年末,共受理案件3693件,标的6678万元,审结3322件,执行2535件,收回资金3891万元。至2000年年底,全市收回农金会放款5.3亿元,占清收总任务的70.3%,其中直接清收3.56亿元。

第五节　农村互助储金会

常德市扶贫互助储金会(以下简称储金会)是在农村经济体制改革逐步深化,探索农村救灾扶贫,弥补国家社会救济资金不足,增强农村抗灾自救,发展生产能力的形式下产生和发展起来的。

1983 年,常德县双桥坪乡开始组织互助储金会,由党员干部出资作为储金会资金来源,以救灾扶贫为宗旨，得到上级民政部门的支持。湖南省民政厅从国家救济款中拨给常德县 10 万元,作为发展互助储金会的铺底资金。至 1990 年年末,常德全辖扶贫互助储金会已达 2764 个,资金总额 1900 多万元,入会农户 91.3 万户,占全市农户总数的 62%。该类资金用于救灾的款项有 387 万元,占 20.4%;用于扶贫的款项有 495 万元,占 26.1%;用于其解决突发性困难的款项有 385 万元,占 20.3%;用于其他方面的款项有 105 万元,占 5.5%。

1990 年上半年,津市市发生冰冻、水涝、龙卷风等较大的自然灾害七起,由于多数村办起储金会,各类灾民就近找储金会解难,因灾情要求民政部门解决救济款的来信来访案件比上年同期下降 63%。桃源县牯牛山乡冷家溪村民余一清一家四口人,过去年年靠救济,1989 年4 月,他从村储金会借款 4000 元入股采金,一年内不但还清本息,还成了万元户。1990 年,桃源县各村储金会投入 318.7 万元资金,支持贫困户发展生产。该县桃花源镇金桥村 270 户村民为储金会筹集资金 5.4 万元,为本村贫困会员提供 4.66 万元生产贷款,共帮助 107 户村民统一购买化肥 73 吨,为 12 户村民购买耕牛,为 13 户村民购买牲猪,较好地支持贫困户发展生产。1990 年,全市各储金会共发治病贷款 85 万元,应付突发性困难贷款 385 万元,帮助群众渡过难关。1990 年上半年,桃源县各储金会为农户发放治病贷款 3.5 万元,抢救治疗近百人;为贫困户子女上学,解决学费 1419 元;为贫困户购买救济粮 13.2 万公斤。

根据民政部有关清理整顿储金会的精神,从 1991 年开始,常德市对全市储金会进行清理整顿和规范,对背离办会宗旨,违规操作的储金会给予撤销。至 1996 年,全市共建立储金会4778 个,资金 1.3 亿元,随后全市绝大部分储金会陆续并入农村合作基金会。至 1997 年年末,全市仍有 83 个农村互助储金会,但基本上处于瘫痪状态,放款余额约 3000 万元难以收回。截至 1999 年 2 月月底,全市仅剩储金会 53 个,基金 2400 万元。

1999 年 4 月,根据国务院、湖南省人民政府关于清理“两会”、化解金融风险的有关精神和湖南省民政厅的具体工作安排,常德市人民政府进一步对各区、县(市)的储金会进行清理整顿,采取停止储金会办理或变相办理存、贷款业务;撤销乡级设立的储金会和进入城区设立的网点;取缔名为集体实为个体或名为村储金会而实为个人承包的储金会;全面清查每个储金会资金来源、投向、逾期借贷和盈亏;成立相应的负责清收欠款的班子,确保支付等措施,按照“谁批准、谁负责;谁用钱,谁负责;谁担保;谁负责”的原则,运用政策、法律等手段,化解储金会风险,对储金会的遗留问题,分别由乡(镇)政府和各村民委员会负责解决。

第六节　典当业

1988 年 4 月 10 日,澧县中武乡村民王定贵自筹资金 5000 元,经工商部门注册,在澧县大堰垱镇开设垱市典当寄卖行,成为 1949 年后常德地区首家典当行。主要办理物品质押业务,当品多为家用电器、自行车、汽车。当品按 50%付现,取当物按月利率 100%计息,期限最长一个月。开业以后,累计办理业务 8 万元,出现死当一笔。由于该典当行对部分当品把关不严,当地公安部门以涉嫌销赃为由,多次传唤王定贵,王遂生歇业念头,于 1989 年 2 月 4 日关门歇业。同年 4 月,汉寿县城西街肉食水产公司渔需门市部由五人承包,经营典当,按当值收取 5%手续费,期限一个月,按月利率 15%计息,不久便自行歇业。

随着经济、金融体制改革的不断深入,常德市典当业再度悄然兴起。1994 年,常德市典当拍卖行、金桥典当拍卖行先后设立。1995 年上半年,相继又有常德市银通典当拍卖行等 4 家开业,均在当地公安部门领取"特种行业许可证",并在工商部门注册登记,领取营业执照。该 6 家典当拍卖行共有资本金 466 万元,其中组建部门(公司)拨款 288 万元,法人股 80 万元,个人股 88 万元。共有从业人员 38 人,其中中共党员 12 人,大专以上学历 9 人,高级会计师2 人,中级技术职称 4 人,初级职称 10 人。截至 1995 年 6 月月末 ,该 6 家典当拍卖行开业以来分别办理房屋、土地、交通工具、通信器材、家用电器、金银饰品、债券七大类物品的典当业务,累计质押品原值 336 万元,现值 307 万元,发放贷款 215 万元,手续费收入 13 万元,死当现值 16 万元,死当拍卖收入 18 万元。典当行的兴起一定程度上活跃市场,在市场经济中起到拾遗补阙、方便居民生活的作用,但折贷比率过低,费率过高。该 6 家典当拍卖行的折贷比率最低的为 45%,不符合湖南省人民银行湘银通〔1989〕51 号文件"折贷比不得低于 60%"的规定。典当费率最低的为月 40%,最高的为月 60%,大大高于同期银行贷款的利率标准。

1996 年 6 月月末,该 6 家典当拍卖行资产总额达 942.1 万元,其中固定资产 151.6 万元,占 16.1%;投资养殖业 350 万元,占 37.5%;质押放款 106.2 万元,占 11.27%;无实物抵押放款 7 万元,占 0.74%;死当 90.7 万元,占 9.6%;负债总额 143.96 万元,其中向银行借款 108 万元,占 75%;吸收单位存款 28.4 万元、个人存款 5 万元,占 23.2%;所有者权益总额为 798.14 万元,其中实收股本金 727.44 万元。1995 年和 1996 年上半年,累计纯利 64.4 万元。同年 6 月下旬,常德市成立由市人民银行牵头,公安、工商部门组成清理整顿办公室,召开全市典当行负责人会议,组织学习人总行《典当行管理暂行办法》,报请省人行批准撤销不符合条件的 3 家典当机构,收缴特种行业许可证和营业执照。同意保留常德市滨湖、鼎城、金桥 3 家典当行,由常德人行颁发机构营业许可证。在人民银行的监管指导下,该 3 家典当行逐步建立健全《物品典当管理暂行办法》《典当业务操作程序》《悬案物品的操作程序》等一系列规章制度,风险防范意识得到加强。

1998 年上半年,为规范社会典当行管理,常德人行、市公安局、工商局先后联合在《常德日报》、常德电视台刊播《关于加强典当业管理的公告》,并采取联合行动,在全市各区、县(市)开展打击非法典当行为,共取缔 14 家未经批准、非法经营典当业务的典当行,净化典当市场,保证合法典当行健康、稳定发展。1998 年 10 月,常德人行根据省人行有关精神,对典当行经营情况进行检查,截至 1998 年 8 月月末,常德市滨湖典当行、常德市鼎城典当行和常德市金桥典当行,资产总额达 1581 万元,其中固定资产净值 198 万元,投资 1258 万元,死当 76 万元;负债总额为 42 万元,所有者权益 1539 万元,其中实收资本金 1533 万元;1988 年

1—8 月，共实现税后利润 3.48 万元。3 家典当行费率均为日保管费 0.5%，折合成月综合费率为 150%，是规定最高月综合费率 45%的 3.33 倍，其典当物质押月利率为 240%—360%，是人民银行规定利率的 29.2～43.8 倍。发放质押贷款 63 万元，其中绝当贷款 24 万元，占比为 38.1%。3 家典当行都建立比较完善的规章制度，没有发现违规吸收存款和发放抵押、信用贷款，也没有发生违规拆借和担保贷款，支付情况良好。

1999 年 12 月月末，3 家典当行资产总额 1562 万元，比上年下降 0.01%，负债总额 19.4 万元，比上年下降 53.8%，质押贷款 49.7%万元，绝当贷款 3.1 万元，分别比上年下降 21%和 87.08%。

2000 年，根据中国人民银行、国家经贸委（2000）205 号《关于典当行监管职责交接的通知》和武汉人行武银发〔2000〕250 号文件精神，常德人行在 2000 年 8 月月初对该 3 家典当行监管资料进行清理，分类整理，并会同常德市经贸委等有关部门进行现场查证，于 8 月 15 日邀请市公安、工商等有关部门及典当行代表鉴证交接，由常德人行和常德市经贸委代表签订《典当行业监管职责交接备忘录》，至此，常德市典当行业监管职能由常德市政府经贸委履行。

第七节　其他基金会

1987 年 3 月，经中共常德地委宣传部同意，由常德市文联首倡发起成立丁玲文学创作奖励基金会。同年 6 月，经澧县政府批准，由县教委组织成立澧县民办教师福利基金会。1990 年，经临澧县政府批准，先后成立临澧县见义勇为奖励基金会和人民教育基金会。1991 年 4–7 月，经当地县政府批准和同意，先后成立桃源县社会治安见义勇为奖励基金会、澧县人民教育基金会、石门县抢救、整理民族古籍基金会、澧县见义勇为基金会、石门县中小学生福利基金会。1991 年 5 月 27 日，常德人行和常德市民政局根据湖南省人民银行、省民政厅《关于对基金会进行清理整顿的通知》精神，开始对全市各区、县（市）的基金会进行清理整顿。该 9 家基金会自成立以来，按照其宗旨进行活动，对推动全市文化教育事业发展，对弘扬社会正气、惩治邪恶、促进社会治安综合治理和社会稳定发挥积极作用。临澧县人民教育基金会成立后，利用其基金先后资助改善本县 4 所中学的教学条件；桃源县社会治安见义勇为奖励基金会于 1991 年 8 月在该县桃花源区召开千人大会，宣传和表彰黄土坡村青年黄志军见义勇为先进典型事迹；临澧县见义勇为基金会先后对该县 5 名见义勇为人员给予奖励 1600 元。但该 9 家基金会大多问题严重：一是未经人民银行批准和民政部门注册登记。二是基金来源不合理或不足。截至 1991 年 11 月月末，该 9 家基金会共有基金 121.9 万元，其中基金在 10 万元以上的仅 4 个；财政和上级主管部门拨款或筹集基金过程中有行政摊派现象的基金会有五个。石门县中小学生福利基金会在筹集基金中，由县教委下文，要求各区乡中小学在籍学生每人出资 2 元。临澧县人民教育基金会采取由县政府行文，分摊到各单位，在工作人员工资中扣除的行政措施筹集基金。澧县见义勇为基金会的基金则纯粹由财政拨款解决。三是党政机关在职人员参与基金会的领导。9家基金会中都有党政机关领导兼任基金会会长、副会长或秘书长等职务。临澧县人民教育基金会领导班子15名成员中有13人是该县政府的领导,违反国务院《基金会管理办法》中基金会领导成员不得由现职政府工作人员兼任的规定。四是有的基金会带有保险或社会保障性质。石门县中小学生福利基金会的章程明确规定,基金会的职责主要是解决因天灾或意外事故所造成的经济困难。该会基金资助的五条用途全部是保险业务中的意外伤害和自然灾害、财产保险的范畴。经过清理整顿,常德人行和常德市民政局作出处理,保留符合基金会设置条件的常德市丁玲文学创作奖励基金会和桃源县社会治安见义勇为奖励基金会2家,对暂不具备设立条件或存在问题的澧县人民教育基金会、澧县民办教师福利基金会、澧县见义勇为基金会、临澧县人民教育基金会、临澧县见义勇为基金会和石门县抢救、整理民族古籍基金会6家限期整改。解散严重违反国务院《基金会管理办法》规定的石门县中小学生福利基金会。

1992年至1997年,经过清理整顿基金会后,常德市又先后相继成立常德市老年基金会、常德市教师奖励基金会、常德市农机互助基金会、汉寿县乡镇企业发展基金会、桃源县职工退休养老互助基金会、汉寿县岩汪湖建设基金会。

1997年,根据人总行和省人行有关基金会清理整顿的文件精神,常德人行进一步对全市基金会进行清理整顿。报经省人行同意,保留常德市丁玲文学创作奖励基金会、常德市老年基金会、常德市教师奖励基金会3家,其余一律解散或撤销。1999年11月30日,常德人行将常德市丁玲文学创作奖励基金会、常德市老年基金会、常德市教师奖励基金会的审批和监管职责及其基金会的文件、档案等一并移交给湖南省民政厅。

第六篇《

金融业务监管与服务

第六篇　金融业务监管与服务

20 世纪 80 年代末至 90 年代初，常德人行专门行使中央银行职能后，进一步加强完善措施手段，加强金融业务监管和金融服务。1995 年《中华人民共和国中国人民银行法》颁布，明确基层中央银行执行货币政策、实施监督管理两大职能，常德人行开始摒弃以往单一的信贷规模控制目标，由以往主要使用再贷款、利率等手段，转为更多市场化方式，如再贴现、利率、存款准备金等，在全省率先开展公开市场业务操作。1996 年和 1998 年证券业、保险业监管职能先后从人民银行分离后，常德人行工作重点转移到货币政策执行、金融服务、银行业机构监管上来。2003 年，全国人大常委会修订《中华人民共和国中国人民银行法》，人民银行职能调整为制定和执行货币政策、维护金融稳定、提供金融服务。常德银监分局成立，专职负责监管职能，对全辖银行机构实施准入监管、合规监管、风险监管。常德市金融业务监管与服务体系不断建立、完善，为地方经济发展起到重要推动作用。

第一章　货币政策与金融服务

第一节　货币信贷政策执行

一、中央银行存款与存款准备金

1984 年，常德人行贯彻落实人总行存款准备金制度。1988 年 9 月 1 日起，存款准备金比例为 13%。是年末，辖内银行类金融机构向常德人行上缴存款准备金余额为 1.47 亿元。1989 年，实行存款备付金制度，辖内银行类金融机构在常德人行开设存款备付金专户，以保证支付结算。

1990 年，常德人行继续执行 13%的存款准备金率，督促辖内各专业银行、城乡信用社，信托投资机构等按规定比例缴纳存款准备金和存款备付金。是年末，中央银行存款 6.55 亿元，比上年增长 75 %。1991 年年末 871 亿元，比上年增长 33.08%，1992 年年末，中央银行存款 6.49 亿元，比上年减少 2.22 亿元，减少 25.52%。减少的原因一是专业银行采取一些不正当手段，逃避缴存存款准备金，稽查 48 个单位中，有 32 个单位缴存款存在少缴、漏缴或故意转移存款的情况,少缴存款金额1.13亿元。二是财政资金信用化,通过信托、投资等渠道转移。三是邮政储蓄部门将存款转存专业银行。四是公款私存等问题。常德人行采取通报、罚款等措施,加大查处力度,责成各有关单位限期整改。督促各行按规定比例及时、足额缴纳准备金,保障中央银行存款的稳定。

1998年3月21日起,常德人行贯彻中国人民银行《关于改革存款准备金的通知》,对存款准备金制度进行6项改革:(1)调整金融机构一般存款范围,将各金融机构代理财政性存款中的机关团体存款、财政预算外存款划为金融机构的一般存款,按规定比例缴纳存款准备金。(2)合并准备金存款、备付金存款账户,统称为“准备金存款”账户。(3)法定准备金率由13%下调至8%,超额部分由各金融机构自定。(4)按人总行规定,工、农、中、建等国有商业银行和农发行由其各总行统一缴纳存款准备金,常德人行只负责辖内农村信用社和城市信用社法定存款准备金的收缴与管理,城、乡信用社的准备金分别存入所在县(市)人民银行。(5)加强考核。对城乡信用社缴存的存款准备金,9月起按月考核,10月起按日考核,对低于8%比例不足部分,每日处以万分之六的罚息。(6)将存款准备金利率由原来的准备金利率7.56%和备付金利率7.02%,统一下调至5.22%。9月,根据省人行《关于加强对城乡信用社存款准备金管理的通知》精神,组织人行各县市支行全面检查辖内城乡信用社存款准备金缴存情况,督促信用社按8%的比例缴足存款准备金。对低于8%的社,冻结其存款准备金账户,并不得发放新贷款。如支付居民储蓄需要,须逐级申请,经省人行批准方可动用存款准备金。年末,常德人行各项存款19.51亿元比年初减少10.12亿元,减少34.1%。

1999—2005年,常德人行以稳定存款准备金为重点,稳定中央银行存款增长;以加强账户管理和定期检查为主要措施,促进财政性存款按时收缴;以加强目标考核为手段,按月收存邮政储蓄转存款。其间,央行存款准备金率先后进行了3次调整,其中1次调低、2次调高,即:1999年11月21日,将存款准备金率由8%下调至6%;2003年9月21日,由6%上调至7%,为给农村信用社改革和城市信用社规范整顿创造稳定的环境,其存款准备金率仍按6%的比例执行。2004年4月25日,存款准备金率由7%上调至7.5%。

2007年,常德人行加强银行体系流动性管理,合理调控货币信贷总量。是年,央行先后10次提高人民币存款准备金率,至12月25日,央行准备金率提高到14.5%。年末,常德人行存款余额63.85亿元,比上年增加17.69亿元,增长38.31%。

2008年,常德人行贯彻执行差别准备金率的货币政策。是年,央行先后9次调整金融机构存款准备金率,调整幅度之大,次数之多是近十年少有的,从2008年12月25日起下调人民币存款准备金率0.5个百分点,中国农业银行、中国银行、中国建设银行、交通银行和中国邮政储蓄银行将执行15.5%的存款准备金率;中国农业发展银行、股份制商业银行、城市商业银行、农村商业银行和有关外资金融机构将执行13.5%的存款准备金率;财务公司、金融租赁公司将执行11%的存款准备金率,下调3个百分点;农村合作银行将执行11%的存款准备金率,下调2个百分点;根据有区别存款准备金率规定要求执行14%存款准备金率的农村合作银行将执行 11.5%的存款准备金率。年末,常德人行各项存款余额 48.33 亿元,比上年减少 15.52 亿元,减少 24.3%。

2009 年,常德人行做好存款准备金监测工作,对全市 9 家农村信用社存款准备金执行情况的动态监测和定期分析,督促按要求缴存存款准备金。加强对辖内法人金融机构存款准备金账户的管理和头寸监测,防范流动性风险发生。是年 8 月,武陵区农村信用合作联社 28 日、29 日、30 日三天在人行账户的法定存款准备金率不足 11%,依据《中华人民共和国中国人民银行法》《中国人民银行关于加强存款准备金管理的通知》等规定,常德人行对武陵联社缴存存款准备金不足部分按每日万分之六的比例处以人民币 6123 元的罚款。

2010 年,常德人行加强银行体系流动性管理,贯彻执行差别存款准备金率的货币政策。是年,央行先后 6 次上调人民币存款准备金率,每次均上调 0.5 个百分点。至 2010 年 12 月 20 日上调人民币存款准备金率后,中国工商银行、中国农业银行、中国银行、中国建设银行、交通银行和中国邮政储蓄银行中, 原执行 18%存款准备金率的机构执行 18.5%的存款准备金率,原执行 18.5%存款准备金率的机构执行 19%的存款准备金率。中国农业发展银行、股份制商业银行、城市商业银行、农村商业银行和有关外资金融机构中,原执行 16%存款准备金率的机构执行 16.5%的存款准备金率. 原执行 16.5%存款准备金率的机构执行 17%的存款准备金率。原执行 13%存款准备金率的财务公司执行 13.5%的存款准备金率。原执行 12.5%存款准备金率的农村合作银行执行 13%的存款准备金率。根据有区别存款准备金率规定执行 13%存款准备金率的农村合作银行执行 13.5%的存款准备金率。原执行 11.5%存款准备金率的资产规模小、支农贷款比例高的农村合作银行执行 12%的存款准备金率。原执行 12.5%存款准备金率的城市信用社、金融租赁公司执行 13%的存款准备金率。原执行 12%存款准备金率的农村信用社执行 12.5%的存款准备金率。原执行 11%存款准备金率的资产规模小、支农贷款款比例高的农村信用社(A 类社)执行 11.5%的存款准备金率。

1988—2010 年常德人行存款和存款准备金年末余额统计表

表 6-1　　　　单位:万元

项目	合计	财政存款	邮政储蓄存款	金融机构划缴财政存款	金融机构在人行存款	金融机构缴存准备金	机关团体部队存款	金融机构特种存款
1988	28012	2156	2443	3056	5699	14658	—	—
1989	37415	2797	3036	4267	7888	19425	2	—
1990	65423	3956	10631	5933	17811	27082	10	—
1991	87134	2175	15709	4717	29759	34517	257	—
1992	64891	1021	—	3979	21351	38498	42	—
1993	105920	3037	—	3558	49323	49956	46	—
1994	152145	4633	—	4948	74904	67613	47	—
1995	170974	8281	—	4024	79083	79548	38	—

续表

项目	合计	财政存款	邮政储蓄存款	金融机构划缴财政存款	金融机构在人行存款	金融机构缴存准备金	机关团体部队存款	金融机构特种存款
1996	222412	7428	—	2907	91136	120896	45	—
1997	296375	5747	54490	4232	69707	162184	15	—
1998	195148	3272	94038	484	—	97332	22	—
1999	222965	3083	113681	104	—	102314	3783	—
2000	269806	7762	144035	210	—	100411	17388	—
2001	302349	8241	204230	305	—	89530	43	—
2002	362553	9365	241162	1067	—	110959	—	—
2003	482966	12759	301709	400	—	168098	—	—
2004	544150	28360	295301	1904	—	218585	—	—
2005	592189	52643	275062	3343	—	261141	—	—
2006	461617	0	239816	3931	—	217870	—	—
2007	604980	154948	190588	3890	—	255554	—	33501
2008	470165	212208	—	7703	250254	—	—	13100
2009	513798	275460	—	12319	226019	—	—	—
2010	662082	300045	—	24935	337102	—	—	—

二、再贷款

1989年年末，常德人行再贷款余额23.3亿元，其中，年度性贷款13.22亿元，日拆性贷款10.08亿元。

1990年年初，常德人行以常人银〔1990〕50号文下发《关于加强一九九〇年短期贷款管理的通知》。根据“控制总量、调整结构、保证重点、压缩一般、适时调节、提高效益”的货币信贷政策，加强人行再贷款的收回、发放的规范化管理、实行监控制度化，对支行短贷实行限额管理，收支两条线考核。每月给支行下达短贷压缩任务，月初下达，按旬考核、月末结账；对新增的各种短期贷款，指明主要用途，用指标通知单下达给各支行认真执行。同时，对主要农副产品资金使用情况定期跟踪检查。按月考核粮、棉、油、猪等八种农副产品购、销、存进度，掌握农副产品收购、调销过程中的新情况、新特点，加强对短期贷款的监督，充分发挥短期贷款的作用。是年，累计发放短期贷款45.52亿元，比上年增长3.9%，其中累计发放粮油收购贷款10.8亿元，棉花贷款3.11亿元，牲猪贷款1亿元，企业启动贷款1.26亿元、商业支持贷款1.1亿元，清理拖欠贷款3500万元。累计收回短期贷款43.64亿元、比上年增长5.8%。年末再贷款余额27.73亿元，其中，年度性贷款15.78亿元，临时性贷款11.95亿元。

1991年,常德人行对再贷款的管理主要是优化贷款结构,支持重点方面资金需要,是年夏,常德市大部分地区遭受罕见的洪涝灾害,造成直接经济损失4.5亿元。常德人行加强资金调度,发放专项救灾贷款3650万元,用于收购灾民的粮、油、猪等农副产品和灾民购买种子、化肥、农药、农械的资金需要。其次是紧紧围绕农业生产和农副产品收购安排资金。保障重点、支持农副产品收购。是年发放粮食贷款3.11亿元,棉花贷款2.08亿元,茶叶贷款500万元,柑橘贷款1030万元,牲猪贷款1000万元,烟叶贷款140万元。年末再贷款余额33.53亿元,比上年增长20.9%。其中临时性贷款17.67亿元,较上年增长47.8%。

1992年,商业经营"四放开"(经营放开、价格放开、分配放开、用工放开),党政机关事业单位兴办经济实体,地方兴办经济开发区,出现名目繁多的"集资热""证券热",资金分流十分严重。辖内银行类金融机构存款均有不同程度下降,尤其是农业银行存款大幅度下降,资金十分紧张,许多基层行支付难保。常德人行给该行发放短期贷款4000万元,帮助渡过支付难关。1993年年初,省人行下达常德人行上半年压缩收回再贷款2.33亿元,但由于经商办公司和资金外流等因素影响,专业银行存款下降,导致支付难保,占用汇差等情况,部分机构出现支付危机。常德人行加强资金调度,在上半年如数完成再贷款压缩任务基础上,全年共发放再贷款2.74亿元,既帮助银行类金融机构渡过资金难关,又支持地方经济发展。是年1月,组织兑现粮、棉白条资金9600万元,并通过跟踪检查,保证全额发到农民手中,彻底解决困扰着政府、财政、银行、收购企业的"白条"问题。是年年末,常德人行再贷款余额41.04亿元,其中,年度性贷款21.79亿元,临时性贷款18.97亿元。

1994年6月,常德人行向省人行划转再贷款40.8亿元。再贷款上划后,常德人行仅有少量的短期融通资金调剂权,再贷款业务迅速减少,年末再贷款余额2.01亿元,比年初减少39.02亿元。

1997年后,国有商业银行实行商业化经营,扩大存款,规范资金营运,短期融通资金和再贷款继续减少,年末,常德人行对国有商业银行贷款5900万元,比年初减少8147万元。

1997年6月月末,常德人行为解决农村信用社资金的季节性需要,支持农村信用社平稳过渡和顺利发展,开办对农村信用社贷款业务,是年,对农村信用社累放贷款1700万元,1998年增加至2.77亿元。

1999年,全市有21家农村合作基金会批准并入当地农村信用社。为有效防范和控制信用社潜在的支付风险和支持农村信用社季节性资金需要,常德人行组织全市城乡信用社开展清产核资,在此基础上制定《城乡信用社风险防范和化解预案》,加强对城乡信用社贷款的贷前调查和贷后跟踪检查,提高再贷款使用效益。全年累计发放支农再贷款4.6亿元,组织全市联社之间调剂资金3.2亿元。2000年,常德人行制定《常德市2000年货币信贷工作指导意见》,管好用活支农再贷款,全年向农村信用社发放支农再贷款148笔,金额6.85亿元,其中,向9家信用联社发放头寸再贷款129笔5.35亿元,有效地解决信用社临时"头寸不足和清算困难。2001年,常德人行贯彻落实武汉人行关于加强农村信用社再贷款管理的文件精神,成立农村信用合作社再贷款审批小组,对农村信用社再贷款指标分解及再贷款发放实行集体审批。是年年末,对金融机构贷款余额1.61亿元,其中,支农再贷款余额1.2亿元。在支农再贷款支持下,全市农村信用社农户贷款年末余额9.17亿元,比上年增加8860万元。

2002年初,常德人行对全市人行系统1993年以前老贷款进行全面清理,截至2001年年末,全市1993年前老贷款尚有1864万元未收回,其中,澧县农村信用联社386万元,泰阳证券股份有限公司常德证券交易营业部740万元,常德资金市场738万元,均是人行自办经济实体借贷或转借的再贷款,暂做挂账处理。同年,执行人总行《对农村信用社贷款管理办法》,实行"限额控制、周转使用、规定用途、设立台账"的管理原则。加强再贷款用途管理,集中用于农村信用社发放农户贷款,不准挪作他用。制定"不准出现无贷款证发放和贷款投放空白村;不准出现农户因符合贷款条件而未得到贷款发生上访上告事件;不准出现乱浮利率坑农害农现象;不准出现以贷谋私和违规垒大户的现象"的小额农贷纪律。9月,按武汉人行布置,全面检查农信社再贷款使用和管理情况,纠正个别单位扩大再贷款使用范围的问题。为满足支农资金的需要,常德人行向武汉人行争取支农再贷款指标6亿元,比上年多1亿元,是年,全行累放支农再贷款7.4亿元,比上年增长10.8%。2003年,农村信用社推广农户小额贷款和联保贷款,资金需求旺盛。常德人行向武汉人行申请增加支农再贷款限额指标,全市支农再贷款限额增加至6.7亿元,全年累放支农再贷款12.27亿元,比上年增长65.8%。

2004年,常德人行根据人总行关于再贷款浮息制度的规定,对金融机构头寸调节和短期流动的再贷款利率,在基准利率基础上加0.63个百分点,对农村信用社的再贷款利率,在基准利率基础上下浮0.99个百分点。贯彻执行人行长沙中支《短期再贷款操作实施细则》《对农村信用社贷款管理实施细则》等文件精神,从再贷款限额、用途、审批、发放、监督、风险防范等方面规范管理。全年累放支农再贷款11.86亿元,年末再贷款余额4.95亿元,其中支农再贷款4.26亿元,占再贷款总额的86%。

2005年,常德人行贯彻人总行关于进一步加强再贷款业务管理的通知精神,加强对再贷款监管,对农村信用社再贷款的使用管理情况进行检查,重点检查限额控制、审批发放、合规使用、监督管理等问题,并限期整改,严防支农再贷款挤占挪用。是年,全市农村信用社进行扩股增资等改革,常德人行发行10.86亿元专项央行票据,为信用社改革提供资金支持,全市农村信用社股本金余额达到14.97亿元,资本充足率为6.71%。全年累放支农再贷款5.4亿元,年末余额2.49亿元,比上年减少1.77亿元,减少41.56%。常德人行再贷款余额2.63亿元,比上年下降46.8%。

2006年,常德人行实行支农再贷款与农业产业结构、信用社支农任务、信用社效益"三挂钩",支持农业产业化发展和农民致富,增强再贷款支持新农村建设的导向作用,全年累计发放再贷款7.1亿元。

2007年,常德人行按照信贷政策产品化、信贷产品标准化的思路,创新窗口指导方式。

指导辖内金融机构创新金融产品和防范金融风险，创新金融信贷产品，推广农村信用社八大信贷产品，率先在全省办理第一笔200万元应收账款质押贷款登记业务。指导辖内各金融机构加大支农投入力度，改进支农再贷款管理方式，取消周转限额，全部采用期限指标管理，全市金融机构累放农业贷款25亿元。

2008年，常德人行紧跟货币政策调整变化，研究执行货币政策与支持地方发展的对策，制定下发《信贷指导意见》，出台《货币信贷政策导向效果评估办法》和量化考核细则，确保政策执行到位。向人行长沙中支汇报申请追加支农再贷款限额2亿元，累放再贷款4.2亿元，满足信贷支农需要。指导农村信用社加强信贷资金营运规划管理，收回再贷款4.1亿元。考核督促4个农村信用联社成功兑付央行票据资金5.34亿元，是年末，常德人行对金融机构贷款1841万元，比上年减少2亿元。其中，其他金融机构贷款1841万元，比上年增加386万元。

2009年，常德人行通过加强“窗口指导”，改进信贷政策实施方式，完善评估制度，引导金融机构优化信贷结构。制定《2009年常德市信贷工作指导意见》，向辖内金融机构传达适度宽松的货币信贷政策意图，引导其保持货币信贷总量均衡合理增长。根据省促进就业小额担保贷款实施办法，结合常德市工作实际，修订和完善《常德市促进就业小额担保贷款实施办法》，逐步建立和完善小额担保贷款工作的长效机制，发挥小额担保贷款政策对就业的促进作用，以创业带动就业，推进全市小额担保贷款工作进行。是年，全市金融机构共发放小额担保贷款4404万元，比上年增长715.9%。加大金融支持“三农”力度，发放涉农贷款63.62亿元，比年初增长40.62%。协助政府推进林权制度改革，转发《关于做好集体林权制度改革与林业发展金融服务工作的实施意见》，加大林业信贷支持力度，促进林业快速发展，以汉寿速成杨为试点，开办林权抵押贷款，全市发放林权贷款104笔1.44亿元。协助财政局和财鑫担保公司运用省“亿元财政担保基金”缓解中小企业融资难问题，各区、县（市）向财鑫担保公司推荐企业116家，申请贷款总额3.26亿元，78家企业获得辖内金融机构2.02亿元的贷款支持。

2010年，常德人行继续贯彻适度宽松的货币政策，提出金融支持“三农”、新型工业化和文化旅游等行业发展的相关贯彻意见，确保货币信贷政策传导畅通。加大对中小企业和“三农”等重点领域的信贷支持力度。截至10月末，全市中小企业贷款余额159.3亿元，比年初增长13.8%；共发放涉农贷款26.08亿元，同比增长11%。全年共压缩“两高一资”（高污染、高能耗、资源性）贷款200多万元。累放小额担保贷款557笔4714万元，余额8040万元。全市通过农村信贷产品和服务方式创新累计发放创新贷款30.69亿元，其中，2010年发放14.7亿元。在人行长沙中支组织的农村金融产品与服务方式创新业务竞赛中，常德人行荣获二等奖。

三、再贴现

常德人行从1987年开始,配合辖内各专业银行开展票据承兑贴现业务,是年办理再贴现业务17笔,金额990万元。1988年办理再贴现15笔,金额560.4万元。1994年,常德人行发放再贴现贷款38笔,金额7330万元,解决政府十分关注的重点企业资金短缺的困难。

1995年,常德人行贯彻人总行《再贴现试行办法》和规范,发展再贴现业务的文件精神,制定再贴现实施细则,规范操作程序,保障票据资金安全。把再贴现业务作为调整信贷结构,引导资金投向的重要手段运用,规范和大力发展再贴现业务,再贴现用途由上年的"五行业、四品种"扩展到所有工商企业,再贴现银行包括所有国有商业银行。全年累计办理再贴现业务100多笔,累计贴现1.5亿元。

1996年1月,《中华人民共和国票据法》施行,票据业务快速发展,常德人行大力推行商业票据承兑、贴现、再贴现业务,各商业银行在上级行核定规模内,对企业收回承兑汇票予以贴现。辖内4家国有商业银行全年共收到银行承兑汇票6.66亿元。签发银行承兑汇票8.96亿元,办理贴现2.7亿元,常德人行累计再贴现2.3亿元,年末余额7835万元。1997年,常德人行按照稳中求进,规范操作的要求,将再贴现作为有力的货币政策工具,调节资金,引导辖内金融机构贯彻"扶优扶强、抓大保大、帮困救危"的信贷政策,落实国家产业政策和经济结构的调整。是年,累计办理再贴现80笔,金额8600万元,比上年增长9.8%。

1998年,人总行3次下调再贴现利率,由上年按同档次再贷款利率(6个月内再贷款利率为9.09%)下浮5%~10%,分别下调为6.03%、4.32%、3.96%,下调幅度达3.98个百分点,扩大商业银行票据业务的赢利空间。而常德人行再贴现业务是减少的,是年,累计办理再贴现1206万元,较上年减少7394万元,减少85.9%。1999年6月,人总行再次将再贴现利率下调至2.16%,下调1.8个百分点,商业银行票据贴现利率与向人行再贴现利率的利差达到2个百分点以上。在该利好政策下,常德市辖内各国有商业银行办理票据业务的积极性却不高,全年累计办理再贴现仅1335万元。2000年,常德人行制定《常德市2000年货币信贷工作指导意见》,运用再贴现的工具,带动区域性票据市场的发育。全年办理再贴现937.5万元。在再贴现资金和利差带动下,各国有商业银行和政策性银行均发展票据业务,全年共签发银行承兑汇票6.96亿元,贴现3801.55万元。

2001年年初,武汉人行货币信贷管理工作会议后,常德人行加强对发展票据市场业务的宣传力度,对具备开办贴现业务条件的石门县农村信用联社、鼎城区农村信用联社向武汉人行申报后取得再贴现资格。再贴现业务扩大,截至5月20,再贴现余额980万元,5月22日,向武汉人行写出专题报告,申请追加再贴现指标1000万元,是年年末,再贴现余额2627万元,比上年增加1866万元。2002年,人总行取消对银行承兑汇票总量的控制,但由于再贴现利率高,贴现与再贴现利差减少,各国有商业银行减少再贴现,转向发展转贴现、票据回购业务，常德人行年末再贴现余额 1297 万元，比年初减少 1330 万元，下降 50.62%。国有独资商业银行贴现及转贴现年末余额 6423 万元，比年初增加 2327 万元，增长 56.81%，其中常德工行 4977 万元，比年初增加 2698 万元，增长 98.96%。2003 年 9 月 21 日，人总行调高存款准备金率 1 个百分点，国有商业银行短期资金营运出现流动性不足，对人行再贷款及再贴现的需求增强。常德人行向上级行申请增加 1 亿元再贴现限额指标，是年累计办理再贴现 1.02 亿元。2004 年，人行长沙中支印发《再贴现操作实施细则》，确定再贴现对象为在当地人行开立存款账户的商业银行、政策性银行和其他非银行金融机构。再贴现主要用于引导金融机构通过票据业务优化资产结构，实现国家的货币信贷政策。对以炒作票据获取利差的贴现与转贴现票据，不予办理再贴现。3 月，人总行再次将再贴现利率调高至 3.24%，用利率政策抑制再贴现需求。常德人行于 12 月办理再贴现 2473 万元。至 2009 年年末，未再发生再贴现业务。2010 年，常德人行累计办理再贴现 7 笔，金额 3200 万元，比上年增加 3200 万元。办理的金融机构是武陵农村信用联社，主要是支持中小企业融资。至是年 12 月 31 日再贴现已无余额。

四、专项贷款

常德人行专项贷款业务始于 1985 年。截至 1989 年年末，常德人行专项贷款 2262 万元，其中“老、少、边、穷”地区经济开发贷款 98 万元，地方经济开发贷款 1525 万元，金银专项贷款 639 万元。

1990 年 6 月，常德人行下发《专项贷款管理暂行办法实施细则》，规定专项贷款必须符合国家产业政策，用于开发资源、能源、交通、原材料和新产品、新技术及其他促进地方经济发展的固定资产项目。是年，常德人行对 5 个项目发放专项贷款 440 万元，重点支持生产名牌产品的国营工业企业完成技术改造。为了加强对专项贷款的管理，是年末，常德人行按照省人行的部署，历时 1 个月对历年专项贷款逐个进行清理，发现有风险项目 11 个，贷款 385 万元，占全市专项贷款余额的 20.5%。针对以前对专项贷款“重放轻管”的问题，1991 年下半年，常德人行根据省人行部署，对历年专项贷款项目进行再清理。设置《逾期、呆滞和呆账贷款统计表》《专项贷款投向统计表》和《专项贷款内部情况统计表》，并按贷款政策和项目效益情况进行分类，对照省人行关于搞活存量贷款的十条措施逐项落实，促进项目结构调整，减少贷款风险。是年，收回 5 个乡镇企业贷款，2 个风险项目贷款。到期专项贷款回收率达 82.2%，全年共收回到期、逾期贷款 410 万元，利用收回的再贷款指标支持 4 个项目的技术改造，累计发放贷款 290 万元。1992 年，新增专项贷款项目 8 个，其中新增项目 6 个，新增专项贷款 648 万元，收回再用支持老项目技术改造 2 个，贷款 140 万元。新增 6 个项目中 4 个是支持企业走内涵扩大再生产的路子、开发新产品的。石门县罐头厂 1991 年开发的玉米羹罐头系列投放市场后，产品十分走俏，为帮助该厂开发新产品，发放 100 万元专项贷款进行技术改造，收到可观的效果。1992 年该厂创产值 500 万元，利税 40 万元，比上年分别增长

89%、102%。此外,经认真调查,逐级上报,将安乡县电器配件厂和桃源县植物色素厂两个“呆账”项目各 5 万元贷款予以核销。

1993 年,常德人行向省人行申报专项贷款 7 个,省人行批准其中 4 个项目,发放专项贷款 500 万元,其中地方经济开发贷款 400 万元,“老、少、边、穷”贷款 100 万元,解决 4 个企业的技改资金缺口问题。与此同时,针对专项贷款易放难收的情况,组织力量对 26 个专项贷款项目进行一次全面清理,逐企业落实还贷计划,落实年内还贷措施,是年累计收回到期专项贷款 154 万元。

1994 年,人民银行进一步转换职能,工作重点放在金融监管和宏观调控上,不再直接掌握资金、规模的调剂。常德人行把专项贷款的贷后检查摆在突出位置,调整专项贷款结构,加大收贷力度。

1995 年 5 月,根据人总行《关于划转人民银行专项贷款的通知》精神,常德人行划转常德农行地方经济开发贷款 150 万元,“老、少、边、穷”地区发展经济贷款 1530 万元。1996 年,常德人行向辖内支行下达专项贷款清收任务,实行分类考核,并与责任人的责、权、利挂钩,对收回呆滞、呆账贷款本息的有关人员和收贷任务完成突出的支行给予一次性的奖励,对收贷措施不力、任务完成不好的支行给予通报批评,全年收回专项贷款 413 万元。

1997 年 6 月,贯彻人总行和农发行总行关于划转专项贷款的精神,常德人行向常德农发行划转专项贷款 2416 万元。7 月,常德人行专项贷款余额 2023 万元,其中“老少边穷”专项贷款 529 万元,地方经济开发贷款 777 万元,金银专项贷款 717 万元。1998 年 5 月,常德人行将专项贷款余额 1906 万元划转到农发行和其他国有商业银行,其中“老、少、边、穷”地区发展经济贷款 579 万元,地方经济开发贷款 477 万元,其他专项贷款 650 万元。1998 年 5 月至 2004 年 12 月,常德人行只有金银专项贷款 717 万元。2005 年 6 月,按上级行规定将金银专项贷款上划人行长沙中支营业部,2007 年 10 月,向人行长沙中支移交黄金专项贷款资料,由人行长沙中支移交人总行汇达资产管理公司。

第二节　金融调查与统计

一、金融统计

1989 年,常德人行调研统计由计划和办公室等部门负责。1991 年 4 月,成立调研统计科。负责协调辖内各金融机构的调研统计及各经济部门的信息交流,负责全市金融机构统计报表的汇总、上报和数据分析,并运用统计分析方法对辖区内金融形势做出月度、季度、半年及年度分析。遵循“统一、合理、全面”和“科学、实用、可比”的原则编制 1949—1990 年的经济金融信息统计资料。并与各二级分行,辖内各专业银行和金融机构及企业主管部门、统计局、财委以及重点企业等 60 多个单位建立统计资料的交流关系,初步建立起统计信息网络。

1997 年，金融统计指标体系实行重大改革，人民币信贷收支统计项目实行“全科目”上报。1998 年，为贯彻中共中央办公厅、国务院办公厅《关于坚决反对和制止在统计上弄虚作假的通知》精神，常德组织辖内工、农、中、建、农发行和农改办业务骨干，组成 11 个检查小组，对 77 家金融机构进行统计执法检查，纠正估统、错统、漏统等问题。

1999 年，人行管理体制改革后，常德人行调统工作由原湖南省人行垂直领导改为武汉人行和人行长沙中支双重领导。

2000 年，常德人行建立商业银行非现场监管统计制度，规范“全科目”的数据统计，辖内各金融机构的统计信息由计划部门向常德人行报送。2002 年，建立重大事项及时报告制度。2003 年 7—8 月对全市农村信用社进行统计大检查，纠正内控制度不够完善、统计报表串科目、现金统计欠规范、贷款形态调整不及时和统计系统设备落后等问题。

2004 年，常德人行与常德银监分局分设，辖内各级银行按原有渠道和方式同时向常德人行和常德银监分局报送统计分析资料，实行统计数据共享。2005 年，建立常德市金融保险、证券统计报送制度，辖内保险、证券机构开始定期向常德人行报送主要金融统计指标。2006 年，常德人行在按时报送常规统计监测报表基础上，开始编报《常德市金融统计快报》，并编报《2005 年度县域金融历史数据》《固定资产投资来源调查表》《金融生态环境调查表》《企业劳动生产率调查表》等临时报表。2007 年 9 月，在常德金信港上新建“常德中支金融统计数据信息网”，是年编撰《2000-2007 年常德金融统计年鉴》。2008 年，“人行金融统计监测管理信息系统”“物价监测管理系统”以及“工业景气监测系统”上线，实行新旧系统双轨运行。常德人行狠抓加强备份、加强双人复核和加强协调反馈的“三个加强”工作，确保系统正常运转，各类报表准确无误。2009 年年初，金融统计数据集中系统上线。是年，按照人总行金融统计制度改革要求，执行《常德市金融机构大中小型企业人民币贷款统计表》统计月报制度。

2004 年，常德人行的金融统计、调查分析和经济金融动态信息三项工作获得上级行颁发的三个一等奖，银行家问卷调查和企业商品物价监测两项工作获得二等奖，企业景气调查获得三等奖。2009 年上报的调研报告《专项金融统计制度执行中存在的三大问题值得关注》被《武汉金融调研》《湖南金融统计与分析》刊载。

二、金融调研

金融调研是常德人行的一项重要职能。1988 年 4 月，常德人行针对常德农行部分基层营业所和信用社资金严重短缺，存款无法保证支付，影响农业生产和商品流通正常进行的状况开展专项调研，撰写的《控制规模，调整结构刻不容缓》的调查报告先后被人民银行总行、省人行和市政府采用。

1989 年，常德人行针对常德市粮食大丰收，但粮食调不动、销不出的问题展开专题调查,撰写的《粮食丰收带来的苦恼》调研报告被国务委员邹家华批示,省政府《三湘动态》予以刊用,市委、市人民政府及时采取措施,保护农民种田积极性。

1991-1993年,常德人行围绕工业企业景气、农产品收购、信贷资金流失、乡镇企业经营状况和储蓄趋势及发展状况,全方位、深层次、广角度开展调查研究。三年撰写各种调研和信息材料449篇,被省以上单位和媒体采用162篇。其中被中央级刊物采用17篇。1991年,针对信贷资金财政化现象对494户国营工商企业展开调研,确认信贷资金财政化金额达6.98亿元,占所查企业流动资金贷款的31.4%。由此撰写的《制止信贷资金财政化势在必行》调查报告被省人行《金融统计与调研》采用。省人行行长汪文恺批示要在全省范围内进行专题调查。1992年,对石门县粮食贷款"一条鞭"管理经验调研后撰写的《石门县积极实行粮食贷款"一条鞭"管理实现六个加强》调研报告,先后被湖南省委办公厅《湖南金融》和市委《参阅件》采用,代市长吴定宪批示要求在全市推广石门的经验。1993年,针对金融系统存款急剧下滑、专业银行资金一度陷入困境并严重阻碍工农业正常生产的问题展开调研。撰写的《社会融资的问题及矫正思路》《武陵城乡购物潮》两篇调查报告在中办《每日汇报》《光明日报》《金融时报》《金融早报》《金融经济》等刊物先后予以刊载。

1994—1995年,常德人行以激励机制为手段,调研工作全面活跃。两年内撰写调研材料动态信息670篇,其中被省以上刊物采用的240篇。1994年,针对整顿金融秩序出现的新情况、新问题调研后撰写的《警惕,储蓄大战烽烟再起》调研材料被《金融时报》《金融早报》和《新华社金融专供信息》刊载。《直接融资升温带来的负效应不容忽视》一文被省人行《金融经济》和市委、市政府《简报》采用。

1996年和1997年,常德人行主要针对经济金融中的热点问题开展专项调研。1996年,先后围绕县域商行信贷资产质量、县域经济金融困境和出路、国营工业经营低效等问题开展调查。对邮政储蓄大量虚增现象调研后撰写的《邮政储蓄"泡沫"现象应引起重视》调查报告引起省委办和中办的重视,并责成省邮政局调查处理。1997年,组织开展常德市夏粮收购情况、农民增产增收难、金融机构怎么办等8个专项调查形成的8篇调研报告,有5篇分别被省委办、市委办、省人行内部刊物采用,有2篇文章获省人行优秀调研报告、优秀信息稿件奖。

1998年和1999年,常德人行围绕国家宏观经济调控和体制改革中的春季农业生产中存在的问题、农村"两会"稳定退出金融市场、中小企业金融服务状况等20多个课题展开调查研究,部分报告被上级行、市委、市政府采用。1999年,完成课题调查52项,撰写调研报告65篇,其中,部分企业逃废金融债务、金融风险防范、消费信贷现状等调研材料被《武汉金融调研》等刊物采用。

2000—2001年,常德人行主要围绕国家宏观调控和辖区内金融运行中农业生产资金需求状况、金融部门支持非公有制经济发展情况、农村民间借贷情况、金融监管等37项热点、难点、焦点、凝点问题展开课题调研。先后被上级行、市委、市政府及有关报刊采用30篇。《当前银行面临的社会信用环境及对策思考》被省金融学会授予二等奖。常德人行 2001 年度的信息调研工作被人行长沙中支授予一等奖。

2002 年,常德人行建立金融要情专报制度,重大金融活动、重大金融事件案件、重大金融改革动态、政策调整以及支持地方经济发展的重大举措均纳入报送内容。由于金融调研工作成绩突出,常德人行被市政府评为调研信息工作先进单位。

2003 年,常德人行撰写的《安乡县建行发生存款冒领引发储户围堵事件的调查报告》上报武汉人行,由于具有广泛的借鉴性,武汉人行正、副行长相继批示,并以武汉人行〔2003〕58 号文全文转发,《农村信用社八省改革试点政策出台后常德农村引起不同凡响》等 3 篇文章被人总行《参阅件》采用,3 篇调研信息材料被《金融时报》采用。

2004 年,常德人行组织开展银行业支持地方经济发展、支持春耕生产、县域金融机构支持县域经济发展、信贷结构调整等专项调查,将 84 个调研课题分解到支行和机关各科室。全年撰写 80 多篇调研分析报告中 50 多篇被上级行、党政决策部门和公开报刊采用,《常德市县域经济与金融协调发展凸现七大矛盾》被国家统计局采用,《解决县域经济金融支持不足的对策》等 7 篇调研报告被《金融时报》采用,《对湖南省常德市粮食生产经营情况的调查》等 4 篇调研信息材料被《中国金融》刊登。

2005 年,常德人行在全辖聘请 25 名调研信息员,并从社会各界聘请 200 多名信息员建立由金融学会、钱币学会牵头的金融机构调研信息网络,集中优势力量开展重点课题攻关。行级领导牵头组织和执笔撰写调研文章 52 篇。是年有 324 篇调研信息被各类报刊采用,其中,202 篇被上级行采用,21 篇被《金融时报》《中国金融》等省部级以上刊物采用。《民间融资亟待规范》一文所提建议被市政府《加快工业发展意见》所采纳。《乡村撤并后农村信用社贷款风险调查》先后被人总行专报信息、国办采用,国务院副总理黄菊作出批示,并批转到银监会处理。

2008 年,常德人行针对国际金融危机对常德经济金融的影响等问题,开始向地方主要领导编报《金融要情专报》,对辖内经济金融和宏观调控的重点、热点、难点问题开展调查研究,行长曹丕铭撰写的《收结汇新政使出口企业生存能力面临考验》《湘西北地区农民增收速度因物价上涨减缓》,副行长刘新华撰写的《基层央行创新型人才开发问题探讨》,纪委书记李章林撰写的《创新基层央行人力资源管理的对策思考》等调研报告先后编入武汉人行《参阅件》。办公室归口编报的《专报信息》和《调研报告》有 144 篇被上级行采用。其中国办 2 篇,总行 8 篇,武汉人行 28 篇,长沙中支 103 篇。《政策调整后中小企业贷款增速加快》得到中共中央政治局常委、国务院总理温家宝批示,《从紧货币政策公布后银行逾期贷款增加现象值得关注》《中央银行特种存款遭遇冷落亟待关注》2 篇被人总行领导批示,《应高度重视城镇医疗保险参保率不高的问题》得到省政府领导批示,《对县支行会计核算业务审计应采用非现场方式》得到武汉人行行长张静、纪委书记田力批示。《建议完善支票影像业务真实性风险负担机制》在人总行《总行论坛》上刊用,特色研究成果获长沙中支三等奖。

2009—2010年,常德人行强化调研激励机制,明确在一定级别期刊发表论文给予经济奖励,金融调研工作成果更加突出。2009年开展的农村金融特色研究文献综述共研读整理文献资料12篇,上报文献综述4期。《小额农贷与农民增收效应分析》课题报告获得常德市第五届社会科学优秀成果二等奖。《提高信贷政策执行力》《国际经验及启示》等调研成果刊登在《武汉金融》2009年第9期、《金融经济》第9期。2010年,围绕货币政策传导和贯彻中的关键环节开展重点课题调研20项,编发《专报信息》《金融要情专报》116篇,完成上级行约稿55篇,116篇被上级行采用,其中被人总行采用9篇,国办采用2篇,《关于土地流转的调查》得到国务院总理温家宝批示。

三、工业景气监测

1991年,人总行建立5000户国营工业企业生产经营资金状况调查月报制度(即"工业景气调查"制度),常德人行在全市选择常德卷烟厂等20家大型企业作为调查监测对象。监测内容包括企业总体、生产要素供给、市场需求、资金、成本效益和投资状况等内容。确定102项基本财务经济指标。同时还规定62项企业生产、经营状况分析指标,加上同期比和环比数,构成较为科学、严密的指标体系。

1991年5月8日,常德人行召开20家重点工业企业财务负责人和市、县(市)人行统计人员参加的工业景气调查会议,启动工业景气监测机制,常德市副市长陈德铨到会并讲话。1992年,开始实行工业景气季度问卷调查制度,被监测企业负责人填写《调查问卷》。常德人行按季分析和上报本季工业景气指数和下季景气预测。1994年,常德人行建立常德市工业景气调查工作制度,重点监测企业由20家扩充至34家。1995年,人总行推出千户大型企业调查统计制度,与工业景气监测同时进行。常德卷烟厂、桃源纺织印染厂作为全国联网监测网对象直接向人总行报送其《应收账款报表》等报表。1997年,千户企业景气调查先后被人总行、省人行授予一等奖。1999年年底,常德市工业企业景气调查单位只保留常德卷烟厂等25户调查企业。2000年,"工业景气监测"工作获长沙中支三等奖。2001年,人总行将"千户企业调查"和"五千户监测企业"两项调查合并,常德人行注重企业经济效益、企业经济结构调整和信贷投放对企业经济结构影响的监测,是年撰写的《当前银行面临的社会信用环境及对策思考》被省金融学会评为二等奖。

2006年,常德人行新增人总行极端需要的LXS-51-100型水表、拉丝铝锭、烟草加工机中的YF12烟支储存系统等3个品种物价监测条目。2007年,新建和执行《常德市粮棉油价格定点监测制度》,在全市选择18家企业,以粮、棉、油三大农产品中的6个品种进行监测。是年撰写的《常德市3季度粮棉油定点监测报告》被人行长沙中支《金融统计与分析》登载。从2007年开始在金融统计月度分析中引入X12-ABIMA计量经济模型,对存贷款数据进行消除季节因子后的环比折年率分析。所撰写的《从利率调整的差别化看银行机构利润变化》

《谨慎看待加息减税之下的储蓄存款低增现象》《住房公积金贷款来源不足应引起高度重视》《应警惕价格上涨对企业利润造成的“硬伤”》《粮食丰年涨价影响值得关注》等调研报告被湖南金融信息采用。

2008年，常德人行的狠抓优化物价监测体系和加强与调查单位的联系与沟通两项基础工作，物价监测品调整率升至73.1%，监测网络平台建设提高到一个新的高度。

2009年和2010年，常德人行金融调研将企业景气、物价和进出口企业三项调查被列入制度性调查框架，确定企业景气调查企业14家、物价调查企业20家、进出口企业调查4家，日常监测企业总数达34家。物价监测品种从26个调增至41个，配合人行长沙中支建立湖南省特色金融行业监测分析制度，与岳阳、益阳市人行调统部门合作新建环洞庭湖粮食价格监测体系。2010年年底，将与居民生活关系紧密的柴油、汽油价格纳入监测体系。建立商业银行行长和储户问卷网点调查员联席会议制度，并与湖南文理学院团委合作，将调查问卷发放实施过程委托高校相关专业学生完成，其实施成效和经验获得上级行认可。

四、经济形势分析

1988年，常德人行着手开展经济金融形势分析工作，包括月度、季度、半年度和年度分析，也有不定期的经济金融运行热点、难点、疑点专题分析。

1992年，常德人行针对全市信贷资金缺口大，支付能力脆弱，8月，辖内各专业银行备付率较年初下降3.3个百分点，平均备付率仅2.2%的严峻状况，展开专项调查，向市委、市政府提交《关于常德市信贷资金情况的汇报》，指出高利率社会集资、资金外流、资金体外循环、党政机关办经济实体、信贷资金财政化和经济结构不合理等问题，提出的合理引导社会集资、坚决控制资金外流、优化投资环境、整顿金融秩序、解决财政“三欠”和企业挂账、扩大存款、集中资金保重点、保支付的建议，得到市政府的采纳，下半年全市经济金融形势明显好转。

1994年，常德人行针对资金紧张状况尚未有效缓解，企业信用出现脱轨，金融秩序潜在混乱因素未根本消除等问题展开调研分析，先后撰写的《金融体制政策与常德经济发展问题的思考》《当前金融状况的判断、走向及注意的几个问题》等报告，为市委、市政府解决问题提供依据。

1996年，常德人行根据国家“适度从紧”货币信贷政策，客观分析本市经济金融运行中存在的问题，撰写《常德市经济金融形势分析与预测》，针对企业经营效益差等5个方面的问题意见，对1997年经济金融发展趋势进行预测并提出建议，为市委、市政府的工作部署提供参考。

1997年，常德人行根据全市经济金融运行形势存在“宏观见好、微观见难”，特别是破产、改制企业未能走出困境，金融机构存款增幅回落，资金营运趋紧，贷款投放减缓，经营效益大幅下降，银行资产质量难以提高的问题。撰写《常德市经济金融形势分析报告》，提出稳健推进国有、集体企业改革,加大盘活信贷存量,加强城乡信用社风险防范、稳健推动经济发展、企业依法破产改制、维护金融债权的建议,被市委、市政府采纳。

2001—2002年上半年,常德人行针对央行连续8次降低存贷款利率带来全市经济持续发展,金融机构各项存款稳步增长,信贷总量稳步放大,经营效益明显好转的好形势,冷静指出“抓大放小”“扶大扶强”等信贷政策和防范金融风险认识上的偏差,中小企业的贷款需求没有得到满足,消费贷款发展缓慢,农业贷款投放不足等问题,下发《关于加大信贷投入力度,支持地方经济发展的意见》,引导辖内各银行调整信贷投向。

2003年9月,常德人行针对辖内整体经济从恢复性阶段转入正常增速阶段的形势展开调研,提出辖内各金融机构及政府有关部门应注重经济与金融的良性互动,找准调控着力点,改善金融生态环境,实现金融与经济协调发展的建议。制作《全省各市州经济金融主要指标排序表》,以直观的形式将本市与全省各市州进行对照,为政府决策提供参考。2007年,选择“小额信贷”作为今后3—5年的特色研究方向,在“常德金融信息港”开辟“特色研究”专栏,对辖内4家信用社的贷款申请、发放、种类、形态等方面进行全面持续跟踪监测,形成《扶贫与助业:小额信贷持续发展的目标选择》的研究报告,开展农产品价格上涨对城乡居民的影响、发行库撤销后现金流通和管理模式的变化、民间借贷、常德市社会信用状况、农村消费等一系列大型调研和形成调研报告。

2009年,常德人行关注工业生产、房地产形势、金融支持农业产业、惠农新政和农村消费、征信宣传教育、社会信用体系建设等关系国计民生的大事,开展异地贷款、民间借贷、国际金融危机对中小企业的影响、金融支持农业产业化、信贷集中、信贷投放及产能与效益、固定资产投资项目资金需求、企业流动资金状况、应收账款质押融资、居民信用意识等一系列专题调研。11篇分析材料被《金融研究报告》《中国征信》《湖南金融统计与分析》等内刊采用。《应密切关注信贷高增长下的贷款集中问题》《通货膨胀预期下居民经济行为变化分析》被《金融经济》2009年第7期和第10期采用。

2010年,常德人行在狠抓月度、季度货币金融形势分析的同时,加大课题研究力度。《常德建设湘西北金融中心的战略问题研究》获常德市政府组织的调研竞赛论文一等奖,《县域金融支持农业产业化问题研究——基于对常德市7县市的调查》获得中国县域金融论坛“长兴农合杯”征文二等奖,被《武汉金融》刊用,同时编入《湖南县域经济金融状况调查》。

第三节　征信管理

1994年,根据全省金融工作会议和湘银发〔1994〕182号《关于在我省实施〈贷款证〉制度的通知》精神,常德人行请示市政府领导同意,于1994年12月1日起在全市全面实施《贷款证》登记制度,制定常德市《贷款证》实施方案,《贷款证》办理及操作程序。1999年银行信贷登记咨询系统在常德运行,常德市辖区内所有金融机构与人民银行实行数据联网查询与报送。至12月月末，配发贷款卡3200张，虚拟贷款卡400张，信贷登记覆盖常德市各区、县（市）全部信贷网点，登录全部信贷业务数据的70%以上。

2001年年初，全市银行信贷登记系统与省辖联网运行。6月，开通WEB查询系统和传真自动回复查询系统，全年接受查询10595次，对受到省、市联合金融制裁的恶意逃废债企业单位实行网上公告。8月，常德人行在沈阳召开的全国银行信贷登记咨询工作经验交流会上介绍经验，《金融时报》报道常德人行的做法，年末被人行长沙中支评为“湖南省人行系统征信工作先进集体”。2002年，开展数据清理核对，确保金融机构增量数据入库准确率达98%。是年年末，顺利实现银行信贷登记咨询系统全国联网。常德人行在全省征信网上知识竞赛活动中，获得1个一等奖、1个二等奖、2个三等奖。2004年，应用信贷登记系统升级为企业征信系统，采用数据集中方式，由各金融机构总部与人总行联网进行数据报送，实现全国联网查询。常德人行按照人总行要求，迅速征集、核实全市辖内所有相关机构的各类信息资料，进一步规范信贷登记咨询系统的运作和管理。全年组织对全市金融机构的信贷登记业务专项检查3次，对违规机构发出行政处罚告诫书23份，对6个金融机构罚款7.5万元。

2005年，常德市成立社会信用体系建设领导小组，由市委副书记周用金任组长，副市长龚建明、市人行行长余德中任副组长，成员由市委宣传部等29个部门负责人组成。结合全市征信工作管理实际制定《常德市社会信用体系建设规划》。7月，举办全市社会征信系统培训班，特邀湖南省金融学会秘书长王地宁到常德举办社会信用体系建设报告会。8月，常德人行举办全市金融系统“改善金融生态，打造诚信常德”主题演讲赛，市委、市人大、市政府、市政协领导观摩比赛，市电视台进行现场转播。2006年，常德人行开展丰富多彩的征信宣传，提高社会公众对征信工作的认知度。年初，在常德电视台举办“诚信金融、和谐常德”为主题的大型电视歌舞宣传晚会，常德市委、市政府领导，武汉人行和人行长沙中支领导及全市市直机关和各区、县（市）党政负责人、全市各金融机构负责人以及金融系统200多名成员参加。8月，举办有500家中小企业负责人和财务人员参加的中小企业信用档案建设培训班。为建立全辖中小企业信用信息库打下了基础。

2007年，常德人行以征信管理为主体，推动社会信用体系建设，认真做好贷款卡的发放和年审工作，按照行政许可的要求规范发卡程序，严格坚持“一审二查三核对四把关”制度，确保发卡及时、准确、内容真实、完整。全辖共发放贷款卡260张，贷款卡年审率达到90%以上。为客户提供个人信用报告580份，企业信用报告350份；接受并处理个人和企业异议报告2笔。分别举办人民银行、商业银行征信管理人员参加的个人征信系统异议处理培训班和应收账款质押管理办法培训班，指导辖内金融机构认真开展征信管理工作。在认真做好中小企业信息采集、更新，进一步加大个人信用信息的录入范围的基础上，重视信用产品的推广和使用。在市劳动与社会保障局的配合下，利用企业征信系统督促4家建筑企业兑付拖欠的78名民工工资14.67万元。是年5月，常德市住房公积金管理中心与常德人行个人征信系统成功联网运行，常德市成为继长沙市之后，全省第二个将个人征信系统向住房公积金管理中心开放查询的市(州)。根据授权和相关程序,该中心累计查询个人信用报告1516笔,在贷款发放过程中,根据个人信用报告不良纪录,拒绝发放贷款19笔、金额255万元。

2008年,常德人行制定《2008年常德市社会信用体系建设工作要点》和《2008年常德市社会信用体系建设工作任务分解表》,分发《常德信用体系建设简报》,召开全市社会信用体系建设领导小组第4次会议,明确社会信用体系各成员单位职责,通报社会信用体系建设工作开展情况,建立部门考核评价机制,制定《常德市社会信用体系建设工作考核办法》和《常德市各区、县(市)社会信用体系建设工作考核评比暂行办法》,按月考核,按季通报,按年评比。市委市政府将信用体系建设纳入区、县(市)及市直有关单位的目标管理考核内容。武汉人行行长张静批示"常德中支做法有特色,要求辖内中支学习借鉴"。《推动社会信用体系建设 促进经济金融协调发展》经验材料被武汉人行、湖南省社会信用体系建设领导小组办公室、人行长沙中支采用。9月,市社会信用体系建设领导小组与市委组织部、市委宣传部在市委党校联合举办"社会信用体系知识专题讲座",讲座由市社会信用体系建设领导小组办公室主任、常德人行副行长刘新华主讲。常德市工商局在开展"重合同、守信用"企业评选活动中,查询参评的157家企业的信用报告,其中有2家企业因有不良信用纪录被淘汰。2008年10月,市政府在开展"常德市明星企业评选"活动中对参评的80家企业推广使用信用产品。

2009年,常德人行认真做好贷款卡的发放和年审工作,共发放贷款卡257张,年审贷款卡683张。3月,对辖内农信社执行企业征信制度情况进行现场检查,针对检查中存在的问题,逐一督导进行认真整改,5月,召开常德市信用体系建设领导小组第五次会议,制定《2009年常德市社会信用体系建设工作要点》和《2009年常德市社会信用体系建设工作任务分解表》,下发各成员单位执行。组织开展国家公职人员个人信用报告查询活动。10月,向全市社会信用体系建设领导小组各成员单位及各金融机构发出"诚信守信　做文明公民"倡议书,要求全市国家公职人员、辖内金融系统员工、全市住房公积金中心所有员工积极响应倡议,踊跃参加信用报告普查活动。全市共收集信用报告查询申请书16037份,完成查询10198份,以此撰写的《公民信用意识亟待加强——以常德市40家市直单位国家公职人员为例的分析》被人总行《中国征信》2009年第6期刊载。

2010年,常德人行与市电视台联合录制以"打造诚信金融,构建和谐常德"为主题的常德市社会信用体系建设专题纪实片,先后在常德电视台图文频道、《常德日报》、常德政府门户网站、常德市人行政务公开外网以及市信用体系成员单位、全市各金融机构、住房公积金中心、湖南文理学院等单位内网上开设以"珍爱信用纪录提高信用意识,珍爱信用纪录从关注信用报告开始"为主题的征信宣传专栏,进行广泛的征信知识宣传。9月,在全市中小学开学之际,常德人行与常德市教育局进行沟通协调,积极倡导"信用树人,从娃娃抓起"的诚信教育理念,选定石门县第三中学作为常德市首家征信教育基地。10月30日,在地方政府、金融机构和新闻媒体的大力支持和协助下,石门人行与石门县第三中学签定征信知识宣传教育合作协议书,举行授牌仪式。同时,深入校园组织开展以"珍爱信用纪录、提高信用意识"

为主题的信用知识宣传活动。选取湖南文理学院、临澧第四中学、石门龙池实验中学、安乡城北中学、桃源第九中学、澧县城关中学、津市市五中、芷兰实验学校等9所学校作为征信教育基地,签订征信知识宣传教育合作协议书,推动学校开展以诚信为主题的征文、座谈会、演讲会、辩论赛等活动,真正做到让"诚信之花"在校园全面盛开。常德市助学贷款连续四年回收率达到100%,《人民日报》《金融时报》先后报道,教育部、人总行高度肯定。常德人行被湖南省社会信用体系建设领导小组办公室、省教育厅评为大学生信用宣传先进单位。

第四节　支付结算

一、异地资金清算

1990年2月,常德人行根据人总行、省人行的精神改革联行资金清算办法,专业银行省内跨系统汇划款项一律通过人民银行转汇,解决跨系统压汇占用他行资金问题。主要推广委托收款、汇兑、托收承付、银行承兑汇票、商业汇票等结算方式。1993年9月16日起,常德人行规定对辖内专业银行系统内和跨系统50万元以上的汇划款项均通过人行联行转汇,专业银行办理50万元以上的银行汇票须向人行移存资金,通过人行进行资金清算。针对个别单位采取化整为零的做法规避资金移存的问题,设立结算举报中心,防范和减少联行汇差的占用。

1994年,常德人行建成地面卫星通信小站,全面开通电子联行业务,通过卫星通信网办理专业银行资金汇划和清算业务,真正实现"地上三天、空中三秒"的电子联行业务运转。常德人行开办城市信用社特约省辖业务,1994年10月,有忠心、武陵、石门、安乡4家城市信用社参加特约省辖业务。1995年,全国人行系统电子联行运行,9月18日常德人行电子联行并入全国400个通信卫星站大网。1996年2月1日,人总行"中央银行会计核算系统"新程序在人行系统运转,会计核算和联行结算全部纳入系统核算。

1997年,常德人行电子联行"天地对接"试运行,实现异地汇划资金实时到账抵用。辖内金融机构相继建设和开通电子联行天地对接系统,异地资金汇划实时到账。

1998年,常德人行全面实施《支付结算办法》,强调"恪守信用、履约付款;谁的钱进谁的账,由谁支配;银行不垫款"的支付结算三项原则。是年,辖内各商业银行开通电子联行实时汇兑系统。

1999年,辖内金融机构结束手工邮寄对账报表的做法,全面启用手工联行电子对账系统。随着各金融机构天地对接系统的开通,取消汇票资金移存人行的做法,并从6月1日起停止签发旧版银行汇票和商业汇票。

2000年10月,常德市电子联行"天地对接"系统全面开通,以人民银行清算中心为结合点,上联卫星通信网,下联各金融机构,横向与人民银行会计核算系统相连,以同城清算网为基础,将同城清算、联行往来、会计记账和联络信息融为一体,实现同城清算和异地联行清算的自动化联机处理。

2001 年,常德人行完成《中央银行会计核算系统》《中央银行财务报表系统》《国库会计系统》《外商投资企业外汇审核系统》《电子资金清算系统》升级。

2002 年 1 月起,辖内金融机构取消银行汇款"K"类电报业务,辖内银行汇款资金电报改为电子联行,从此结束资金电报历史。常德人行被确定为全省会计核算管理四集中(会计核算、会计账户查询查复、会计业务事后监督、会计档案管理集中办理)试点推广行,县(市)人行不再直接处理联行业务。是年,印发《关于规范跨行汇划业务处理的通知》,跨行汇划业务采用"先直后横"办法完成资金汇划。辖内各商业银行、邮政储汇局、农村信用社等机构利用自身计算机网络系统,以相应方式与银行卡信息交换中心连接,实现信息共享以及银行卡的跨行通用。是年,常德被纳入全国 100 个城市银行卡联网、全省 4 城市银行卡联网城市名单。

2004 年 5 月,辖内金融机构电子联行系统成功切换到大额实时支付系统,至此,电子联行系统很少有人使用,商业银行跨系统银行汇票代理兑付业务随即停办。

二、同城资金清算

(一)同城票据清交机构

1984 年 9 月,常德市成立全省第一家同城票据清交所;1986 年 8 月由常德人行接管。是月,津市同城票据清交所成立。

1990 年年初,常德人行针对部分专业银行相互压票,影响资金及时清算的问题,下发《关于常德市结算中有关问题的若干规定》,严格执行"票据交换先付后收,收妥抵用;集中交换票据,当日当场清算资金;凭证全部提出,资金全额清算"三项原则,较好地解决相互压票问题。

1995 年,常德人行成立同城清算领导小组,制定相应管理制度和办法。

1997 年 12 月,辖内各商业银行和农村信用联社全部开通电子联行,同城票据清交机构完成其历史使命。

(二)同城票据清算制度

1994年,常德人行针对各行资金紧张引起清算受阻的问题,严格执行同城票据清算"全额提出、差额挂账、相互计息、及时清算"的办法,提高票据当日抵用率。同时,进行结算秩序的整顿,抽调专人对全辖 54 家金融机构开展执行结算纪律情况大检查,对违规问题给予处罚,全辖结算秩序有所好转。

1995 年,常德人行制定《常德市城区同城票据清算管理办法和会计处理手续》,推行同一城市各金融机构间同业往来票据的"实时交换、及时入账、差额清算、事后平衡"的管理办法,票据交换清算场次由每日 1 场增加至 2 场,票据抵用率升至 98%。

1996 年,常德人行制定《常德市同城票据电子清算管理办法》和《同城票据电子清算系统岗位责任制》。同城票据清算准备金、会计账务于是年 1 月全部采用计算机系统处理。常德人行统一向辖内各金融机构配备 MODEM 主机、鉴码机和 X.28 专线等设备。辖内各金融机构出资，作为清算准备金专户存储常德人行，按照“立足清算，临时周转”的原则，临时拆借给资金不足的单位。票据交换和资金清算坚持“先付后收、收妥抵用、银行不垫款”等原则，实现“启动一点，盘活一片”的目标。

1997 年 3 月，辖内金融机构取消同城票据电子清算系统“借记业务”，恢复手工清算“借记业务”。1998 年 7 月，常德人行根据省人行《关于取消同城清算准备金制度的通知》精神，全面清理清退各清算单位缴存的同城票据清算准备金。同时，撤销常德市同城票据交换的清算准备金账户，由辖内各商业银行开通电子联行实时汇兑系统清算。

2000 年，辖内金融机构实行电子联行往来联网管理，以同城清算网为基础，将同城票据电子清算系统与中央银行会计核算系统、电子联行系统联成一体，参加同城票据交换并进入全国电子联行网的辖内金融机构和常德人行相互联网，实行同城资金、异地资金实时清算。

2002 年，常德人行重点狠抓同城清算的规范化管理，制定《常德市同城票据清算管理办法》，常德城区各清算网点通过同城电子网络连接人行清算系统主机，实行电子网络实时清算。辖内县(市)暂实行手工清算。

2005 年 1 月，常德人行在全省率先推广中央银行会计集中核算系统，电子联行系统成功切换到大额支付系统。

2007 年 5 月 1 日，常德人行停办同城特约委托收款业务，取消同城特约委托收款纸凭证在银行间的传递，公用事业单位和其他公共服务组织收取的各类费用通过小额支付系统定期借记业务进行处理，原同城票据清算制度自动废止。

三、现代化支付系统

2005 年 5 月，常德人行大额实时支付系统上线，2006 年 4 月，常德人行小额批量支付系统上线，现代化支付平台建设完成。现代化支付系统由大额实时支付、小额批量支付两个业务应用系统以及清算账户管理和支付管理信息两个辅助支持系统组成。

2006 年，常德人行以辖内商业银行行内系统为基础，票据交换系统、银行卡支付系统为重要组成部分，建成支付清算的“高速公路”。是年 4 月小额支付系统成功上线，实现了居民存款的跨行通存通兑，企事业单位、居民个人足不出户缴纳水、电、煤气等各种费用，养老保险金、工资、农民津补贴等直接发放到个人指定账户。实行全国支票影像交换系统，支票在全省和全国范围内通用。

2007 年，常德人行推广运行 ABS 电子对账系统，人民银行与开户单位实现内外账务按时核对。新开发“支付清算运行维护管理系统”，特别是“支付系统自动监控平台”，实现系统运行自动监测。开发“查询查复业务短信发送平台”，查复率由过去的 99.5%提高至 99.98%。11 月，常德市直及 9 个区、县(市)，600 家预算单位成功实行集中支付改革试点，直接办理财政直接支付业务。

2008年,常德人行重点加大银行本票业务、定期借记业务及农民工银行卡业务拓展力度。是年,共办理银行本票业务1252笔5280万元。办理定期借记业务2420笔1130万元。办理农民工银行卡特色服务业务64589笔7998万元。

2009年,常德人行中央银行会计核算电子对账系统推广运行。全辖8个核算网点、66个开户单位、111个账户全部通过电子对账系统实现每日对账。2010年起,停止核算登记簿手工记载,76个开户单位通过系统实现对账、购买凭证、签收回单等业务的电子化纪录,满足各级使用者查询和监督检查的需要。

四、账户管理

1989年,常德人行针对辖区内部分银行、信用社为招揽客户而放松账户管理,少数单位为逃避银行监督或多头贷款,在多家银行、信用社开设账户的混乱现象,按照省政府《关于清理整顿企事业单位在银行多头开户》的文件精神对多头开户情况进行清理整顿,清理出3130个多头开户的账户,占开户账户总数的16.7%,落实划转各行间2.71亿元的存贷款。

1991年,常德人行开展“结算质量年”活动,重点从整顿结算秩序,疏通结算渠道入手,清理整顿账户,成立清理整顿账户领导小组,严格账户审批手续,全市审核发证2721户,办理新开户543户。1992年,全市共清理银行账户9254户,办理新发证户8900户,撤并多头账户354户。

1994年,常德人行执行人总行《银行账户管理办法》,将存款账户分为基本存款账户、一般存款账户、临时存款账户和专用存款账户,存款人可以自主选择银行,银行也可以自愿选择存款人。1995年,开展以账户清理为重点的结算纪律管理。全面清理农业发展银行代理行、市粮食局、市棉麻公司等企业账户。6月月底,完成全市粮、棉、油企业账户清理,共撤并违规账户85户。7月至10月,又开展银行企事业单位账户清理工作,共清理企事业单位基本账户23613个,撤销不合规账户3439个,保留账户20174个,基本扭转账户管理混乱的局面。

1996年,常德人行严格按照省人行《湖南省银行账户清理工作方案》和《银行账户管理办法》,执行一个企业只在一家银行的一个营业机构开立一个基本存款账户的规定,是年年末,全市确定基本存款账户13194个,发证8804个,撤销不合规多头账户1623个,对严重违反账户管理办法的单位处以10万元罚款。

1997年,常德人行对市城区31家金融机构营业网点的账户管理使用情况进行检查,发现19家金融机构给无证企事业单位开立基本存款账户891户,7家金融机构的65个基本存款账户撤销后未及时申报,有1280个非基本存款账户开立或撤销未申报,在提出整改意见后对问题严重的单位给予经济处罚。

1999—2000年,常德人行按照武汉人行《关于开展银行存款账户大检查的通知》要求,组成两个检查组对辖内各金融机构账户开立情况进行专项清理和账户大检查,先后对违规开立账户、一般存款账户作为基本存款账户使用、出借账户以及将销货款转入专用存款账户的32个违规单位共处以18.75万元的罚款。

2001年，常德人行为1238个单位和个人颁发基本存款账户许可证，清理出84个多头开立的基本存款账户并限期撤销。2002年，采用自行开发的“银行账户管理系统”，对3633户进行年检或新开基本存款账户。

2004年，为强化银行结算账户的日常管理，常德人行建立基本存款账户、临时存款账户、专用存款账户数据库，进一步加强开户和销户的核准登记。是年，开展粮、棉、油收购企业账户检查，撤销28家粮、棉、油企业违规开立的账户，协助农发行回笼资金近6000万元。是年，完成全市800家银行编码任务，为全国统一的银行账户管理系统和支付结算系统上线运行做好准备。

2005年，常德人行成立账户管理系统领导小组，形成《常德市财政机关账户开立指导意见》，全年共完成13720家单位结算账户的清理核实，被评为全省人行系统账户清理先进单位。

2006年，常德人行根据人总行《人民币银行结算账户管理系统突发事件应急处置预案》要求，制定《常德市账户管理系统应急处置实施办法》，成立账户管理系统应急处置领导小组和办公室，制定一般事件应急处置、严重事件应急处置、灾难事件应急处置预案，组织162个机构和网点开展应急演练。

2007年，常德人行推广运行人民币银行结算账户管理新系统（二期），增加在全国银行账户管理系统中与支付清算系统账户信息的比对功能，实现常德人行对未核准或未申报账户的监测和对银行账户的非现场监管。是年5月，常德人行通过对常德农行提交的可疑交易报告分析发现重大洗钱嫌疑线索，协助市公安局及时侦破涉案1.67亿元的重大案件。

2008年，常德人行按照人总行统一部署，组织辖内银行业金融机构进行存量单位银行结算账户的相关个人公民身份信息核实工作，并依法对存款人开设的假名、匿名账户进行处理。5月，启动联合整治银行卡违法犯罪专项行动。7月，国务院颁布《个人存款账户实名制规定》的第285号令和《中华人民共和国反洗钱法》，存款账户实名制全面实施。7月21日至10月10日，对辖内25家金融机构网点进行反洗钱和账户管理现场检查。对违规比较严重的金融机构给予总额为9.6万元的罚款。

2009年，常德人行开展单位结算账户公民身份信息核实检查，纠正23起账户违规问题。

2010年，常德人行共核发开户许可证1722个。10月至11月，对6家银行机构、2家保险机构、1家证券机构进行商业银行承兑汇票、账户管理和反洗钱现场检查，与公安部门联合开展打击银行卡恶意透支行动，全市共收回恶意透支欠款40笔共63.86万元。是年，全辖共开立基本存款账户19634户，一般存款账户4822户，专用存款账户5253户，临时存款账户608户。办理个人银行结算账户8149726户，其中支票户11户，借记卡3595353户，信用卡7671户，其他账户4546691户。

第五节　货币发行

一、人民币发行与调拨

(一)发行库

人行、工行机构分设时,常德人行设有6个人民币发行库,其中分行设1个中心支库,常德、津市、安乡、汉寿、石门5个支行各设1个支库,负责辖内10个县(市)27个专业银行的现金出入库业务。分行行长、支行行长分别兼任中心支库和支库主任,分管副行长兼任副主任。1988年1月,慈利支行成立,并设发行支库;1988年12月,澧县人行成立,并设发行支库。1989年1月,因行政区划调整,慈利支行整体划转到人行大庸分行。至1989年年底,全市设1个中心支库(负责武陵、鼎城、桃源、临澧4个区、县的现金出入库业务,占全市业务量的70%),5个发行支库(津市、安乡、石门、澧县、汉寿支库,负责本县的现金出入库业务)。1993年,经省人行批准,在桃源人行增设人民币发行库支库;1994年9月,经省人行批准,在临澧人行增设人民币发行库支库,分别负责本县的现金出入库业务。2005年9月,桃源人行发行库被撤销;2006年8月,汉寿、临澧人行发行库被撤销,其业务均由常德中心支库承担。至2010年年末,常德人行实有常德中心支库和石门、津市两个发行库。

(二)人民币发行

1987年4月27日,常德人行在常德开始发行第四套人民币。第四套人民币主币面额有100元、50元、10元、5元、2元、1元共6种;辅币面额有5角、2角、1角等3种。4月27日首批发行50元和5角面额的新版人民币。1988年,发行第四套新版人民币有100元、10元、5元、2元、1元券和2角、1角券。1990年全国实行第三套人民币向第四套人民币过渡。常德人行召开专业银行联席会议,统一部署第三套、第四套人民币投放与回收,逐步减少流通中第三套人民币的券种和版别,加速第三套人民币向第四套人民币过渡,促进第四套人民币的单一流通。1992年6月1日起,发行第四套新版人民币100元、50元券和1元、5角、1角3种金属币。1995年,发行第四套新版人民币1元券。1996年,发行第四套新版人民币2元券。1997年,发行第四套新版人民币1元券。人总行采取“一次公布,分次发行”的办法,自1999年10月1日起在全国陆续发行第五套人民币。常德人行及早组织调运,保证10月1日起全市发行第五套人民币。第五套人民币有100元、50元、20元、10元、5元、1元等6种;辅币面额有5角、1角等2种。2000年发行第五套人民币20元券。2000年7月1日,第三套人民币停止流通。为做好第五套人民币50元、10元券的发行工作,2001年9月1日下发《关于做好第五套人民币50元、10元券的发行工作的通知》,并于9月1日为各金融机构办理两种券别的出库业务,保证各网点按时发行。2002年,为搞好第五套人民币5元纸币和5角硬币的发行工作,两次召开辖内金融机构负责人会议,向社会发放、张贴宣传资料1万份,顺利完成新券种的发行任务。至 2004 年 7 月 30 日,第五套人民币各种券别的纸币和 1 元、5 角、1 角的三种金属币已全部发行。2005 年 8 月 31 日,人民银行发行印制生产工艺、防伪措施方面进行了改进和提高的 2005 年版的第五套人民币 100 元、50 元、20 元、10 元、5 元纸币等 5 个券别和 1 角硬币,与 1999 年版第五套人民币同时流通;2005 年版第五套人民币,既属于第五套人民币的范畴,是对现行流通的 1999 年版第五套人民币的继承,又是对 1999 年版第五套人民币的创新和提高。2004 年 12 月 1 日 对 1980 年版 2 角、2 元、1990 年版 2 元券实行只收不付。至 2012 年,流通币为第四套、第五套人民币;第四套人民币元以上的券种只收不付。

(三)人民币调拨

常德市是湖南省的粮、棉、油主要产区,在农副产品收购旺季和年头岁尾,是货币集中投放阶段。1985—1988 年和 1990—1999 年,全市货币投放大于货币回笼;2000—2010 年,货币回笼大于货币投放。

1985—1988 年,常德人行共办理金融机构取款业务 10942 笔 23.66 亿元,存款业务 8698 笔 19.3 亿元。调拨发行基金 32.36 亿元,其中,调入发行基金 14.43 亿元。全市现金收入 124.73 亿元,现金支出 134.38 亿元,货币净投放 9.65 亿元,年均净投放 2.41 亿元。其中,1985—1987 年货币净投放 21.79 亿元,主要原因是农副产品收购现金投放增加,年均投放 7.26 亿元,比 1984 年增加 4 亿元,增长 122.8%。1988 年现金收入 42.36 亿元,现金支出 45.19 亿元,货币净投放 2.83 亿元,主要是各项存款比上年减少 5768 万元,下降 3.71%,比上年同期少增 2.91 亿元。由于物价上涨过快,全市零售物价指数平均水平在 22%左右,远远高于 8.64%(1988 年 9 月 1 日调息后利率)的一年期定期储蓄利率,对储户心理冲击很大,使储源流向购物保值,社会集资,出现挤兑存款现象。是年,全市储蓄存款累计收入 12.66 亿元,比上年同期增长 36.7%,低于上年增长 57.5%的幅度;储蓄存款累计支出 13.54 亿元,比上年同期增加 4.97 亿元,增长 58.1%,比收入高 21.4%,收支相抵净投放 8766 万元,比上年同期增加 1.57 亿元。

1989 年,常德人行按照"总量控制、全年亮底、按季考核、适时调节"方针,采取"加强调查预测、增强发行基金的计划性;加强信息反馈、增强货币调拨的及时性;密切部门协作、增强调拨工作的协调性;严密组织实施、确保货币调拨的安全性"措施,从上级行调入发行基金 34 次 3.29 亿元。全年现金收入 46.4 亿元,比上年增加 7.34 亿元,增长 18.8%;现金支出 45.96 亿元,比上年增加 3.8 亿元,增长 9%;货币净回笼 4498 万元,比上年多回笼 3.45 亿元。全年共办理专业银行存取款 2534 笔 8.88 亿元,堵住差错和复点发现差错 208 笔 846.9元。

1990—1995 年,常德人行共办理金融机构存取款业务 24189 笔 181.8 亿元。调拨发行基金 146.3 亿元,其中,调入发行基金 96.9 亿元。1990 年调拨旺季,发行部门每天统计当日业务状况,给行领导提供决策依据,确保收购农副产品的现金供应。如安乡县 9 月 19 日一天就投放 1100 万元,解决棉花收购现金的急需。1992 年,常德人行采取对专业银行出库进行计划管理的措施,解决发行基金供应上吃大锅饭问题,同时核定专业银行库存限额并进行两次检查,对库存超限额督促其及时上缴人行,是年回笼货币800万元。1995年,在省人行发行基金供应吃紧情况下,充分利用调拨地区差从长沙中心支库调入发行基金24.6亿元。把握调拔时间差,在投放淡季,分别向农副产品收购任务大,重点工程需要资金多,路途远的澧县、石门、安乡三个支行下送发行基金各1.2亿元。针对是年辅币供应奇缺现状,坚持辅币供应不搞“一刀切”,不搞关系供应,重点保证商品销售和工资支付的小票供应。

1990—1995年,由于经济过热,货币净投放逐年上升。1990年全市全年现金收入51.32亿元,现金支出53.01亿元,货币净投放1.69亿元。1995年,现金收入327.28亿元,现金支出351.73亿元,货币净投放24.45亿元。从1990年的净投放1.69亿元上升至1995年的24.45亿元,增加22.76亿元,是1990年的13.47倍。6年间货币净投放累计63.41亿元,年均10.57亿元。尤其是1994、1995两年增速加快,1994年达17.51亿元,比上年增加9.76亿元,增幅达125.9%;1995年比上年增加6.94亿元,增幅达39.6%。货币净投放增加主要是农业丰收,农副产品收购现金投放增加和工资性个人支出增加,1995年农副产品收购现金投放达26.76亿元,比1990年多15.77亿元;1995年工资性个人支出33.96亿元,比1989年多25.38亿元。

1996—1999年,常德人行共办理金融机构存取款业务35515笔372.61亿元;调拨发行基金185.05亿元,其中,调入发行基金148.65亿元。1996年,从省人行和兄弟行调运发行基金18次,调入发行基金26.55亿元,其中5元以下辅币4500万元,初步缓解常德市“小票”紧缺的矛盾。1998年,由于特大洪灾的影响,给发行基金的及时合理供应和安全存储带来极大困难。常德人行坚持在不压库、不脱供的前提下灵活调度库存量,全年从省人行和长沙分行调入发行基金17次40.4亿元;给所辖支行调运28次25.3亿元;度汛期间,先后两次将辖内支库的损伤券上收,将分行发行库储存较多的10元券、2元券转移到临澧、石门人行;7月,在临澧人行库房可能被淹的情况下,行长、中心支库主任涂能进迅速调集人员、车辆赶赴临澧帮助转移库款。

1996—1997年,年均货币净投放在20亿元左右,1997年达到26.46亿元,主要是储蓄收支相抵后,支出多达29.5亿元。1998—1999年,货币净投放大幅减少,1998年,货币净投放9.67亿元;1999年货币净投放3.65亿元,分别比1997年减少16.79亿元、22.81亿元,减幅达63.5%、86.2%。货币净投放大幅减少的主要原因是商品销售收入和服务业收入增加。商品销售收入、服务业收入1998年比1997年增加15.31亿元,1999年比1997年增加21.36亿元。

1999年,全市现金收入560.38亿元,现金支出564.03亿元,货币净投放3.65亿元,比上年减少6.02亿元,减少62.2%。

2000—2002年,常德人行共调拨发行基金158.49亿元,其中,调入发行基金38.49亿元。2002年清分回笼完整券5次18.4亿元。2000年,全市全年现金收入662.98亿元,现金支出655.37亿元,货币净回笼7.61亿元,由以前净投放变为净回笼。从上级库调入发行基金10次5.5亿元,为支行运送发行基金32次61.9亿元。根据人总行通知,第三套人民币从是年7月1日起停止流通，其兑付时间延长至是年12月31日，以维护人民币信誉和不使群众财产遭受损失。

2000年，货币开始净回笼；2001年净回笼10.6亿元；2002年全市全年现金收入944.37亿元，现金支出907.21亿元，货币净回笼37.16亿元，比上年增加26.56亿元，增长250.9%。主要原因是各项存款的上涨，各项存款从1999年的168.84亿元到2002年的262.94亿元，增加94.1亿元，年均增加31.36亿元；储蓄存款现金收支相抵后现金收入74.6亿元，年均增加24.87亿元。

2003—2005年，常德人行共调拨发行基金219.35亿元，其中，调入发行基金108.1亿元；为保证货币流通市场人民币"七成新"的要求，加大对流通完整券的清分力度，三年共清分回笼完整券12次67.44亿元。

2003年，常德人行根据市场需求，加大硬币投放力度，一方面将库内原封1元面值硬币投放市场，一方面从人行长沙中支调入1元面值硬币220万元，采取边投放边宣传、合理适当搭配的方法，通过金融机构向市场大量投放，缓解市场"找零难"。2005年，根据市场货币流通状况，合理搭配券别结构，是年投放的发行基金中，百券占比84.2%，伍拾元券占比11.1%，贰拾元券以下占比4.7%。尤其是加大壹元券的投放力度，总计投放2213万元，改善流通中票币结构，缓解小面额票币供应紧张状况。

2003年货币净回笼开始回落，2003年货币净回笼27.13亿元，2004年净回笼18.98亿元，至2005年减至6.95亿元，比2002年少30.21亿元，年均递减10.07亿元。主要是农副产品和工矿产品采购现金支出年均增加7.66亿元，工资性个人支出年均增加1.81亿元。

2005年，常德人行发行部门撰写的《20元纸币、硬币流通遭遇尴尬—对常德市20元纸币、硬币流通情况的调查》，被人行长沙中支专报信息采用

2006—2010年，常德人行按照早预测、早安排、早报告、早调拨的原则，结合全市经济和金融运行的实际情况，共调拨发行基金××亿元。为保证货币流通市场人民币"七成新"的要求，加大对流通完整券的清分力度，五年共清分回笼完整券××亿元。2010年，全市全年现金收入××亿元，现金支出××亿元，货币净回笼××亿元，创历史最高水平，比上年增加××亿元，增长9.7%。2006—2010年累计货币净回笼××亿元，年均达××亿元。5年间货币净回笼年均增长××亿元，上升的原因主要是商品销售现金收入和服务业现金收入的增长，两项相加年均增长××亿元。

1989—2010年常德人行现金收支统计表

表6-2　　　　单位：万元

年份	现金收入	现金支出	净投放（+）回笼（—）	调入发行基金
1989	464119	459621	—4498	32916
1990	513207	530060	16853	56700
1991	597479	641379	43900	63483
1992	1041522	1117593	76071	142000

续表

年份	现金收入	现金支出	净投放(+)回笼(—)	调入发行基金
1993	1635978	1713455	77477	194227
1994	2514390	2689506	175116	248000
1995	3272812	3517251	244439	246000
1996	3111600	3309900	198300	265500
1997	4510062	4774635	264573	366000
1998	5072227	5168889	96662	404000
1999	5603791	5640333	36542	451000
2000	6629753	6553719	—76034	55000
2001	7737064	7631153	—105911	159900
2002	9443712	9072053	—371659	96000
2003	11257307	10985959	—271348	368000
2004	12854454	12664604	—189850	295396
2005	14934133	14864569	—69564	287989
2006	16630727	16479326	—151401	354335
2007	(以下年度数据未解密)			
2008				
2009				
2010				
合计				

二、残损人民币回收与销毁

省人行根据人总行的要求每年向下级行下达残损人民币回收与销毁计划，常德人行按省人行下达的计划执行。

1989—1995年，常德人行根据人总行《关于做好损伤人民币回收和销毁工作的通知》精神，督促各银行、信用社、邮政储蓄部门加强出纳工作，认真细致挑剔损伤币。常德中心支库抽查各金融机构的缴存款，对挑剔不严的予以退回，保障流通中人民币的整洁度。常德人行执行严格的制度、履行严密的手续，用严谨的作风开展残损币的回收与销毁工作。按照省人行下达的计划任务，7年共回收残损币7.24亿元，年均1.03亿元；共销毁22次5.29亿元，年均7561万元。每年均完成或超额完成省人行核定的销毁任务。1990—1995年，抽查复点残损币共发现差错689笔14876元。堵住专业银行缴存款差错10笔31610元，其中长款1笔2万元，短款9笔11610元。

为解决第三套和第四套人民币混合流通问题，1991年，常德人行印发《关于做好损伤人民币回收工作的通知》，布置各金融机构对外营业单位全面开办损伤币兑换业务，指定一个窗口挂牌兑换，并适当放宽挑剔标准，加速市场损伤币的净化与整洁。督促各单位按照“点准、挑净、墩齐、捆紧、盖章清楚”的“五好钱捆”标准把好入库关，将第三套、第四套人民币按旧版、新版和完整券、损伤券分别捆扎，不准混淆。

1992 年，常德人行组织开展“爱护人民币”的宣传活动，帮助各专业银行、城乡信用社和邮电局举办货币展览，开展货币基础知识咨询，挂牌兑换损伤人民币。1994 年，适当收紧大面额现钞挑剔标准，适度放宽小票面的挑剔，既提高现金抵用率，又净化市场，保证流通中货币的整洁度。按照“适度增加总量，控制部分券别，加快辅币损伤券的回收与销毁，确保销毁质量与安全”的销毁原则，全年共销毁损伤券 6317.3 万元，其中 1 元以下辅币残损券 821 万元，占销毁金额的 13%。

1996—1999 年，人总行规定第三套人民币只收不付，按“六成新”（即票面无明显脏污、涂画；纸质较挺括；票幅无穿孔、破裂）标准，从 1997 年开始按“七成新”（票面完整、无缺损、无贴补；票面裂口不多于 2 处、长度不超过 5 毫米；纸张较挺括；票面起皱不明显；票面较清洁，污渍面不超过 1 平方厘米；票面图案、文字、数字完整）标准保证流通中的100 元、50 元、10 元三种券别的整洁度，并按照“五好钱捆”标准，加大残损人民币挑剔力度，残损人民币的回收与销毁任务大幅度增加，常德人行 4 年共回收残损人民币 26.4 亿元，年均 6.6 亿元；复点 22.94 亿元，年均 5.74 亿元；销毁 17.29 亿元，年均 4.32 亿元。回收与销毁均完成省人行下达的计划任务。

2000—2002 年，由于第三套人民币于 2000 年 7 月 1 日停止流通，以及按人总行要求，在大面额人民币实现“七成新”的基础上，加大 10 元以下小面额的回收、销毁工作，残损币回收和销毁工作量大增。3 年共回收残损人民币 54.08 亿元，年均 18.03 亿元；销毁 54.06 亿元，年均 18.02 亿元。回收与销毁均完成省人行下达的计划任务。

2001 年，根据人总行有关精神，常德人行督促各单位加强小面额残损币回收力度，准确掌握“七成新”标准。按照人行长沙中支布置，组织各商业银行、城乡信用社和邮政储汇局开展残损人民币回收工作大检查，通过自查、抽查、交叉检查等方法，全面检查残损币兑换挂牌服务、掌握残损币兑换标准、配备“七成新”标准票样、残损币挑剔与整点等情况，促进各单位残损币兑换和回收工作规范开展。

2002 年，常德人行贯彻人行长沙中支货币发行、出纳工作联席会议精神，重申各行、社营业网点必须无偿为客户办理残损人民币兑换业务，对拒绝办理的单位和个人，依据《中华人民共和国人民币管理条例》予以处罚。统一制作“残损人民币兑换标准”和“残损人民币兑换点”两块标志牌，6 月，分发到辖内各金融机构。转发人总行《关于流通中小面额人民币整洁度问题的通知》，在大面额人民币实现“七成新”的基础上，加大 10 元以下小面额的回收、销毁工作。复点残损券 66736 捆，发现并划转差错 24370 元。

2003—2010 年，常德人行按照人总行颁布的《不宜流通人民币挑剔标准》，加大对回笼券的挑剔力度，回收、销毁残损人民币的任务进一步加大。8 年共回收残损人民币 109.65 亿元，年均13.71亿元；复点116.36亿元，年均14.55亿元；清分回笼券50次362.12亿元，年均45.27亿元;组织销毁59次,年均7次以上,销毁112.3亿元,年均14.04亿元。回收与销毁均完成省人行下达的计划任务。销毁假货币11375张、面额79.8万元。接待来行群众3801人次,鉴定残缺人民币11021张366904元。2008年的残损人民币复点销毁工作名列全省第三。

1989—2010年常德人行残损券回收、销毁面额统计表

表6-3　　单位:万元

年度	回收	销毁
1989	3899	3248
1990	5282	4050
1991	20250	14939
1992	11082	8525
1993	8101	6751
1994	11600	6317
1995	12153	9100
1996	32000	16000
1997	57000	46000
1998	49000	40800
1999	126000	70080
2000	237075	220500
2001	238745	204650
2002	65000	115400
2003	188000	173210
2004	256549	224549
2005	109003	140854
2006	121644	137100
2007	143000	101300
2008	91966	115300
2009	89717	45630
2010	96600	185300
合计	1973666	1889603

三、反假货币

在全国反假货币工作组织体系中,人民银行作为反假货币的主管部门,做好反假货币工作的组织协调,进行反假业务指导和技术培训,开展反假宣传,是其主要职责。

1989—2010年,常德人行根据国家货币管理政策,为维护人民币秩序,保护国家和人民财产安全,按照上级行的要求,采取反假货币宣传、反假货币培训、建立反假货币网络、收缴假钞假货币的措施,开展反假货币工作。

(一)反假货币宣传

按照人总行和省人行的统一部署,常德人行以多种形式开展反假货币宣传,其中,1992

年、1996 年开展反假货币宣传周活动。2000 年以后，反假货币宣传周(月)活动进入常态化，每年举行一次至两次。 2000—2010 年共举行反假货币宣传周(月)活动 16 次，设立反假货币咨询台 1493 个，参加宣传人员 9173 人次，接待咨询人数 126 万人次。活动期间，收缴假人民币 9 万元，假美元 3.03 万元。2005 年，以“反假货币工作年”为契机，组织 2 次反假货币宣传月活动，组织市级金融机构，选择经济活跃、人民群众相对集中的常德市鼎城区灌溪镇和谢家铺镇集中设点宣传。聘请 650 名业务骨干和乡村干部任反假货币工作义务宣传员、辅导员，常年活跃在农村，坚持走村串户、面对面和手把手地进行反假宣传。注重对中小学生反假货币知识的普及教育，在城乡 42 所中学、小学开展每周 1 小时的人民币反假货币知识宣传教育。11 月，常德人行在北正街小学，面对面地对全校 2500 名师生进行一次反假货币基本常识普及教育，通过中小学生向家长、亲友进行反假货币的宣传。是年，共收缴假货币 7708 张、460876 元。常德人行的做法被国务院反假货币工作联席会议办公室充分肯定，并在国反假办〔2005〕8 号文件中被点名表扬。2006 年 11 月，常德人行与常德市移动通信公司合作，利用移动通信公司网络平台，为城区金融机构 2895 个移动用户设置彩铃，用语音配乐的形式宣传人民币的有关政策；向移动用户发送短信信息三个月，宣传爱护人民币的知识，收缴、鉴别假货币的方法，残损人民币兑换标准以及国家对制造、持有、贩卖假货币处罚的有关法律法规，信息总量达到 90 万条。2006 年，中支发行科李雯莉在全省人行反假知识竞赛中获个人三等奖。2007 年 6 月，在常德德山开发区、长常高速公路出入口收费站旁租用专业广告公司的广告牌位，精心制作两块内容新颖、表现形式独特的爱护人民币和反假货币大型广告牌。广告牌所处的位置正是 207 国道和 319 国道唯一的重合路段，是湘西北地区车流量最大的路段，每天经过该路段的车辆达 7 万多台次。2010 年 7 月，常德人行在反假货币宣传月活动中，印制反假货币购物袋、反假货币宣传便笺簿等新型宣传资料，增强反假货币宣传影响力。

(二)反假货币培训

常德人行在配置反假仪器、普及防伪点钞机的基础上，组织反假培训，提高一线出纳人员和群众的反假技能。 1990 年 7 月，常德人行举办为期五天的全市金融系统反假货币培训班，参训人员 48 人。随后，辖内各金融机构层层举办反假货币培训班，普及反假货币知识，防止假货币在银行一线窗口流通。2007 年，常德人行举办金融机构反假货币培训班 1 次，培训人员 35 人。辖内各金融机构对一线工作人员举办反假货币培训班 43 次，培训人员 1800 人。为农村反假货币义务宣传员举办反假培训班 8 次，培训人员 544 人。7 月，先后 2 次对全市金融机构 3200 名临柜人员进行反假货币知识测试，合格率为 100%。2009 年 3 月，辖内各金融机构发现 2 起、26 张百元券拼凑的假货币。该假货币是由真假货币各半拼凑，制作技术较高，防假点钞机和自动取款机均难以识别。常德人行接报后，一方面向公安机关报案，一方面召开金融机构反假货币工作会议通报情况，防堵假货币。是年 8 月，常德人行组织力量对辖内金融机构的点钞机、清分机、自动取款机等现钞处理设备管理进行检测和评估，写出检测评估报告，提出 3 条整改意见，要求存在问题的金融机构对不合要求的机具进行升级改造，提高假货币识别性能,有效防范误收误付假货币现象和减少银储纠纷。

2010年1月,常德人行举办全市人行系统反假货币系统业务培训班,对县支行反假专干进行系统操作培训。加强与全市金融机构的联系协调,督促各金融机构及时推广运行反假货币业务系统,积极指导各金融机构开展反假货币系统的试运行工作。全市反假货币系统按时上线运行,系统覆盖到大部分银行营业网点,提高反假货币信息反馈和假货币收缴的时效性。

(三)建立反假货币网络

1992年9月,由常德人行和市公安局牵头召开有银行、公安、工商、供销、税务、邮电、广播电视等部门负责人50人参加的全市反假货币工作会议,部署全市反假货币工作。是年,常德人行和辖内各金融机构与企事业单位建立反假网络。2000年5月,根据新颁布的《中华人民共和国人民币管理条例》,建立由市政府副市长为召集人,常德人行、辖内各金融机构、公安、工商等14家市级机构组成的常德市反假货币工作联席会议,负责对反假货币工作的组织领导,办公室设常德人行,各县(市)亦设立相应机构,将反假货币工作纳入经常化、制度化、规范化的轨道。2007年,常德人行面向农村,构筑反假货币网络,全辖共建立81个反假货币工作站,其中常德城区3个,辖内各县市乡镇78个。常德人行在金融服务窗口设立货币真伪鉴别、咨询专门柜台,并抽调一名专业人员,向社会常年提供爱护人民币和反假货币知识宣传、办理残损币兑换咨询、货币真伪鉴别、假货币收缴等业务。是年,共办理残损币咨询、鉴定、兑换业务502笔、2525张,金额12.09万元元,假货币鉴定业务159笔,接待人民群众有关人民币知识咨询业务7627人次。2009年,全市建立起了城市反假货币工作站18个,农村乡镇反假货币工作站201个,聘请2688个反假货币义务宣传员,农村乡镇覆盖面达到100%,全面完成反假货币宣传网络建设任务。2010年,常德人行创新农村反假货币网络建设,采取“人民银行+金融机构+自然村”的模式,在桃源县宝洞峪村建立全市首个自然村反假货币工作站。

(四)收缴假货币

1998年,常德人行组织力量开展调查,制定打假方案,配合公安部门,破获假货币大案18起,抓获犯罪嫌疑人25人,收缴各种假货币2365张、金额13.19万元。

2001年6月7日,2名受骗群众持4.74万元拼凑的人民币到安乡人行兑换,常德人行接到报告后,一方面印发紧急通知给商业银行布置防堵,一方面通过兑币人找到拼凑人民币的嫌疑人并移交公安机关处理。全年配合公安机关破获假货币案4起。全年收缴各种假货币9527张、51.46万元。

2004年,人总行实行对货币真伪鉴定授权管理办法,人行长沙中支授权常德4家国有商业银行的28家分支机构为货币真伪鉴定单位。常德人行组织各金融机构检查假货币收缴、鉴定、管理情况,通过自查和交叉检查,规范假货币收缴、鉴定、登记、保管各项操作程序。2月,组织开展对城区各金融机构反假工作的现场检查。全年共收缴假人民币纸币11098

张、85.28 万元，收缴假硬币 46 枚、46 元。

2007 年，常德人行贯彻落实《湖南省金融机构反假货币人员收缴假货币、鉴定货币真伪奖罚暂行规定》，组织相关人员进行学习，提高辖内金融机构反假货币人员收缴假货币和鉴定货币真伪的能力。

2010 年，常德人行分别对常德农行、常德交行、常德邮储银行、农村信用联社和各信用联社等单位开展人民币收付业务和反假货币工作的执法检查，对金融机构点钞机具的防伪性能进行检测。同时，加大对金融机构违规行为的处罚力度，维护金融法规和人民银行执法检查的严肃性，对安乡县农村信用联社未按规定程序收缴假货币，依法处以 1 万元的罚款。全年收缴假货币 13419 张，金额 100.8 万元。

1990—2010 年常德市假货币收缴数量与面额统计表

表 6–4

年　度	假货币收缴张数（张）	假币收缴金额（万元）
1990	50	0.38
1991	241	1.24
1992	305	1.56
1993	1749	9.44
1994	235	0.99
1995	3649	15.75
1996	3600	17.72
1997	5452	14.1
1998	2365	13.19
1999	13792	69.54
2000	18397	107.06
2001	9527	51.46
2002	4752	28.34
2003	2697	21
2004	11098	85.28
2005	7708	46.09
2006	7008	61.21
2007	12815	87.69
	303（美元）	3.03（美元）
2008	7526	62.94
2009	15128	132.5
2010	13419	100.8
人民币合计	141513	928.28
美元合计	303	3.03

第六节　经理国库

一、机构设置

1989年9月,常德人行成立国库科,行使国家金库常德中心支库管理职能。下辖武陵区支库、鼎城区支库、澧县支库、津市支库、石门县支库、临澧县支库、桃源县支库、汉寿县支库、安乡县支库,桃源县支库和临澧县支库。其中桃源县支库、临澧县支库和鼎城区支库由当地工商银行代理。1990年,桃源县支库和临澧县支库改由当地人民银行直接经理。

1993年,常德市成立德山经济开发区,按照一级政府一级财政一级国库的原则,设立国家金库德山工商银行代理支库。

1996年,常德市政府为提高乡镇政府创收和当家理财的积极性,要求设立乡镇国库。9月,国家金库湖南省分库批准,临澧县2家乡镇国库试点运行。1997年,石门县、津市市各有1家乡镇国库试点运行。

1998年1月1日,撤销鼎城工行代理支库和德山工行代理支库,鼎城区支库和德山经济开发区支库由常德人行国库科经理。同年,按照乡镇国库设立的条件,常德市设立乡镇国库30家。2000年年末,全市实际设立乡镇国库达到88家(人民银行经理6家,信用社代理82家),其中,武陵区7家,鼎城区18家,津市市8家,澧县10家,石门县19家,临澧县14家,桃源县12家。

2000年11月,国家金库湖南省分库批准设立国家金库西洞庭农业银行代理支库。2001年4月,国家金库湖南省分库批准设立国家金库柳叶湖旅游度假区支库,由常德人行国库科经理。2001年5月,国家金库湖南省分库批准设立国家金库西湖农业银行代理支库。

2002年,鼎城区18家乡镇国库从1月1日起停办业务。2002年年末,全辖尚有63家乡镇国库。2003年,全市撤销乡镇国库39家。新设临澧新安、合口2家乡镇国库。

2004年5月,常德中心支库联合财政局对全市乡镇国库进行清理规范,全市仅保留临澧4家乡镇国库,其余乡镇国库予以撤销。

2010年7月,撤销临澧4家乡镇国库。至此,全市乡镇国库全部撤销。

二、国库核算

1989年,常德市中心支库负责对辖区各支库进行检查指导和监督管理以及报表汇总。全辖国库会计核算业务包括各级税款的收纳、报解、入库以及库款的支拨、预算收入的更正和退付等由各支库办理,全部业务实行手工核算。1989年,全市人民银行国库部门办理各级财政收入8.45亿元。

1993 年,常德市中心支库和全市各支库及代理支库业务开始进行电子化处理,运用原省人行开发的 DOS 操作系统下运行的国库会计核算程序,国库账务处理手工操作的方式成为历史,国库会计核算工作效率和工作质量得到提高。

2000 年 1 月 1 日起,常德市各级国库与经理(代理)国库的金融机构会计部门(柜组)之间资金划转实行“行库往来”核算,进一步完善国库会计核算方法,健全国库会计核算体系。2000 年 5 月,根据上级行安排,对行政事业单位职工工资实行统发,将各级财政本级收入(含预抵税收返还数和体制上解收入,不含调拨类各项收入)按上级财政确定的比例提取到工资资金专户,专款专用,以确保行政事业单位工资及时足额发放。常德市从 6 月 1 日起执行,各区、县(市)工资预提比例分别为:武陵区 60%、鼎城区 70%、津市市 70%、澧县 75%、石门县 75%、临澧县 80%、桃源县 70%(2002 年 8 月,调整为 85%)、汉寿县 85%、安乡县 85%。同年,常德人行被省财政厅授予工资统发工作一等奖。

2001 年 6 月,常德市中心支库(包括 4 家城区支库)和 7 家县(市)支库试点运行国库会计核算系统(TBS)1.0 版,7 月 1 日起运行。

2002 年,在全市国库系统推广运行国库核算系统(TBS)2.0 版新程序、国库统计分析新程序和国债收款单柜台兑付管理系统三套新程序。从 2002 年 1 月 1 日起,代扣、代收和代征税款手续费纳入财政预算管理,由财政通过预算支出统一安排。各级国税机关、地税机关、扣缴义务人和代征人不得从税款中直接提取手续费。各级国库不得办理代扣、代收和代征税款手续费退库。2002 年 3 月,全省贯彻所得税分享改革。常德卷烟厂缴纳的烟草企业所得税和在常德的跨地区经营、集中缴库的企业所得税共享比例为中央 50%、省级 50%;其他企业所得税共享比例为中央 50%、省级 15%、市(县、乡)级 35%。2003 年起,比例为中央 60%、省级 12%、市(县、乡)级 28%。

2003 年 1 月 21 日,常德市全辖国库试点运行国库会计核算系统(TBS)2.0 版。

2004 年,常德市中心支库支持和配合财政国库集中支付试点,协调财政与代理商业银行关系,指导代理行做好国库集中支付系统运行工作。8 月,常德市财政国库集中支付试点运行成功,成为全省首个实现集中支付全程网上运行的市(州)。同年,为配合财税管理体制改革,中心支库开通国库同城票据交换和国库内部往来,有效地提高国库资金汇划速度,做好国库资金大额支付系统上线运行准备。

2005 年,常德市中心支库在全辖成功推广运行大额支付系统,国库支付渠道进一步拓宽。同年,认真做好服务和协调工作,积极配合国税局、地税局开办电子缴税新业务,确保电子缴税业务在常德市全面推广运行。在成功推行财政国库集中支付试点的基础上,按照市政府的总体部署,增加试点单位 20 家。在业务量增加的情况下,将每日与代理银行资金清算时间推迟 1 小时,有效地解决试点单位下午用款难的问题。2004 年,常德人行国库事后监督工作由国库科移交给会计业务事后监督中心,国库业务经办与事后监督脱钩。

2005 年,支持国税、地税两部门推广税、库、银横向联网,拓宽税、库、银联网缴税系统使用覆盖面,将更多企业纳入系统管理。同年全市国税系统整体推广率达85%,其中一般纳税人达99%,地税系统74%纳税企业通过TIPS缴税。2005年,进一步加快财库行支出联网系统建设,在市级联网成功的基础上,指导县级国库当地财政均实现支出联网系统对接,提高财政国库资金运行效率。

2006年,国库会计核算系统程序升级为3.0版。常德市中心支库进一步支持财政国库集中支付改革,扩大市城区集中支付试点范围,参与财政国库集中支付的市直单位达到200家;指导县(市)支库开展集中支付改革试点,汉寿、津市支库试点办理财政直接支付业务;4月24日,小额支付系统上线运行后取消国库同城票据清算;推广运行财库行支出联网系统(TTS),市本级于8月实现集中支付网上运行,加速预算资金周转速度;推广运行国库信息处理系统(TIPS),国税收入部分实现实时扣税业务。

2007年,常德市中心支库探索对县支行国库业务事后监督模式,实行集中监督与自行监督双轨并行,与事后监督中心联合下发《国库业务事后监督管理办法》,将桃源支库、石门支库纳入常德人行事后监督中心集中监督,其他支库事后监督与国库业务脱钩,单独行使监督职能并逐步纳入常德人行集中监督。同年,常德卷烟厂与长沙卷烟厂合并组建湖南中烟公司,烟厂改制上收,相关税收由湖南中烟在长沙统一汇缴,常德市财政收入大幅滑坡。常德卷烟厂通过常德市中心支库划缴税款同比减少88.81亿元,降幅97.71%。

2008年,常德市中心支库成功推行市县两级国库办理工会经费收缴业务。6月18日,在德山开发区开展业务试点取得成功;7月1日,全市开展国库办理工会经费收缴业务。全年办理工会经费收缴业务1031.34万元。11月,指导石门支库办理社保基金(工伤险)收纳试点,全年共办理业务53笔,金额141万元。11月22日,上收临澧人行国库核算服务器,成为全省第一批开展国库会计核算服务器上收试点单位。11月,自主开发“TBS日志核查系统”,该系统的使用起到提高效率、节约成本、强化监督的作用。11月,中心支库在全国率先启动国库直接发放养老金业务,实现养老金“零退回”,100%直接发放到户。该项国库资金直拨业务,为弱势群体开辟资金直达高速通道,同时减少手续费等额外费用支出,受到政府、职能部门及社会各界的一致好评,被《金融时报》以《制度创新搭建惠民金桥》为题进行报道,省政府办以内刊推介。

2009年,常德市中心支库支持配合完成市城区财政管理体制改革,理顺市城区收入划分,调动各区发展经济、培植财源的积极性。2月,探索地方国库现金管理,指导津市支库办理两笔共1000万元国库现金定期存款业务,实现湖南省国库现金定期存款业务零的突破。5月,指导临澧县支库开展直接发放城市居民低保资金业务,全年国库通过小额支付系统将17181笔,共计343.83万元直接发放到低保户手中,国库局《国库情况反映》、长沙中支《专报信息》予以报道。9月,指导石门县支库开展社保基金(失业险)收缴业务,全年共办理业务25笔,累计金额达61万元,失业保险基金到账速度加快,参保单位成本降低。

2010年,湖南省推行“省直管县”财政体制改革。中心支库支持配合财政开展改革,参与制定方案,做好参数维护、系统设置等准备工作,确保 9 月顺利完成“省直管县”改革。同年,中心支库支持参与刷卡缴税,服务纳税义务人,承担业务培训、参数调整与维护等基础性工作,保证银行卡刷卡缴税工作的顺利推行。全年办理银行卡刷卡缴税 16.29 万笔,金额5.49亿元,成为全省第一批推广银行卡刷卡缴税工作的四个试点市(州)之一。

三、国库监管

常德人行在履行国库监管职能的过程中,坚持对拨款、退库逐笔按分级审批制度的规定审核把关,并进行柜面监督登记。

2002 年, 国库柜面监督共堵住不合规的拨款 97 笔 841 万元, 不合规退库 35 笔 91 万元。对全辖 63 家乡(镇)国库 2001 年代理国库业务情况进行年审。

2003 年,常德市中心支库检查商业银行经理处 15 家次,检查内容包括税款及时入库、专户资金使用情况、国库存款计息等方面,较好地保证国库资金的安全。同年,协助财政部门对商业银行国库经收处的财税过渡账户进行为期 1 个多月的清理, 撰写全市和市本级 2 份预算收入过渡户检查报告,并上报市政府。2004 年,对全市商业银行、农村信用社代理国库业务开展专项行政执法检查,检查对象包括市城区及汉寿、临澧两县的商业银行、信用社。检查内容包括预算收入过渡户管理、税款入库等 4 个方面内容,下发整改通知 2 份,对 3 家机构予以经济处罚 1.1 万元。

2004 年,常德人行牵头组织开展城区国库凭证规范化考核活动。市政府成立国库凭证规范化考核领导小组,由市政府副秘书长周国斌任组长,财政局、各征收机关、人民银行的主要负责人为成员。联合下发《常德市国库凭证规范化、标准化考核办法》,规定缴款书、收入退还书、预算拨款、内部调拨、授权支付或信、电汇凭证等外来凭证的差错种类和扣分标准。国库部门按月对市城区财政、税务、海关等单位的会计凭证填制质量进行考核,按季在财税库季度例会上通报凭证规范化考核情况。通过考核活动,国库外来凭证质量提高,差错率明显下降。6 月,常德人行会同市财政局就代理国库集中支付业务向辖内四家国有商业银行公开招标,常德工行、常德农行、常德中行获得市级财政国库集中支付服务项目的代理资格。

2005 年,常德市中心支库全面开展城区国库经收处的现场执法检查。共检查城区 12 家金融机构 13 个营业网点,历时 1 个月。检查主要内容:国库经收处为征收机关开设预算收入过渡户情况,国库资金收纳、划缴情况及代理国库集中支付业务开展情况。该次检查下达处罚决定书 12 份, 撤销违规设立的预算过渡户 2 个, 对金城农村信用社延压税款行为处罚5万元,及时纠正国库经收处违规滥设过渡户、不按规定科目核算预算收入等问题。检查纠正税款迟缴、违规设立过渡户等问题。 2007 年 4 月,中心支库在全省率先开展国库资金风险联防,将外部风险纳入管理范畴,与财税关行社单位签订责任书,缴纳风险责任金。联防机制的建立使资金防范关口前移。 2007 年 6—7 月,中心支库对全市 20 个银行网点办理国库集中收付及税款经收业务、预算收入过渡账户开立及收入划缴情况进行现场检查,共投入110个检查工作日,查阅各项制度102项,各类账户336户,会计凭证227本,对促进银行机构合规经营起到较好的促进作用。

2009年1月,常德市中心支库联合税务部门清理预算收入过渡户,摸清过渡户基本情况,清理税收过渡户14个,促使6800万元滞留税款及时入库。9月,对全市9家金融机构网点代理国库业务开展行政执法检查,检查内容包括税款经收、过渡户清理以及国库集中支付业务。依照行政执法程序,对存在违规问题的中国银行市分行营业部、桃源县农村信用联社、建设银行武陵支行处以8万元经济处罚。是年,对递交代理市级财政集中支付业务申请的市建行、市邮政储蓄银行进行资格审查,认定市建行的代理资格,对条件不成熟的市邮政储蓄银行予以暂缓认定。

2010年8月,常德市中心支库与常德市财政局共同对集中支付业务代理的银行机构进行评定,认定常德工行等9家单位集中支付业务代理资格。

四、国债管理

(一)国债兑付

1989—2010年,常德市先后发行无记名国债、保值公债、凭证式国债、储蓄国债,发行总量为20.42亿元。由于国债发行量逐年扩大,由指定网点兑付国债已不能满足形势要求。1990年,国债兑付改为由银行、财政、邮电多渠道办理。同时,国债兑付金实行专户管理,由常德人行开立兑付国债周转金专户,辖内财政、信托部门兑付的国债资金,必须经过专户反映。1996年,市区个人国库券兑付由常德工行、常德农行各设2个网点办理。1997年,指定工行常德支行、工行德山支行办理新年度开兑的国库券,其他年度由财政部门的两个国债服务部办理。从1998年2月开始,到期个人国债均由财政部门的国债服务部办理兑付,向单位发行的国家债券还本付息由人民银行办理。辖区各区、县(市)与此相同,个人国库券兑付由区、县(市)财政部门的国债服务部办理,单位国债的兑付全部由当地人民银行办理。为解决历史遗留问题,做好无记名国债和国债收款单兑付工作,常德人行进行多方面努力,向原登记在册的购券单位印发兑付通知。2001年2月,全市设立12家商业银行国债常年兑付点,方便群众兑付1997年以前的无记名国债。2002年起,取消国债兑付备付金。2005年8月,为便于国债收款单管理,人总行推广运行国债收款单管理系统。常德人行组织专人对全市1982—1988年国债收款单进行全面清理,确保国债兑付规范运行。2010年,常德人行在全辖进行直接办理无记名国债兑付创新试点,兑付9笔无记名国债。

(二)国债账户、票样和反假管理

由于20世纪80年代国债管理机构多头、职责不清等多方面原因,1982—1988年发行的国债收款单发行、兑付账户管理较为混乱。1995-2000年,常德人行3次组织清理。先后发现鼎城工行将个人国库券1780元作为单位国库券上划，鼎城农行将西洞庭农场单位国库券80000元作为个人国库券上划，临澧县财政局垫付购买1987年国家重点建设债券1820元未开具收款单收据，导致1987年国库券省人行账务与常德国债实际发行数不符。建设银行武陵区支行将个人购买的国库券74685元、单位购买的国库券2200元记串户，导致1988年省人行账务与常德国债实际发行数不符。全市人民银行共清理出未开收款单1820元，没有购买而开出收款单38000元，清理出错兑、串兑、超兑本息款项60.46万元，收回本息55.36万元，注销移交收款单存根6份，金额17600元，彻底澄清底子。至2000年年初，清理工作全面结束，通过补制抄本等手续，全市到期应兑未兑单位国库券存根联收缴到中心支库，从2000年起由中心支库统一兑付，结存历年未兑付国家债券收款单664份59.2万元。2000年，常德人行获省分库国债收款单清理工作一等奖。

无记名国债票样是国债兑付的依据。2001年，常德人行组织对历年国债票样进行清理，摸清全市历年国债票样领用与下拨的明细情况，经市、县两级国库、发行部门和商业银行的共同努力，共清理回收历年国债票样2669张，占领取数的77%，全部上缴省分库。2005年，按照长沙中支要求，对全市留存的无记名国债票样进行收缴，发现工行德山支行票样遗失，中支派人两次赴该行督促清理，通过找下岗买断人员回忆、查找历史资料、提审原工行职工现已入狱的服刑人员等方法，找回“遗失”的票样。收缴无记名国债票样后，进行销毁，共销毁国家债券票样314套1078张。

国债反假是人民银行经理国库的一项重要工作。常德人行注重对各常年兑付网点人员的培训，防止假券流入国库。2005年4月，指导工商银行常德支行堵截一起伪造凭证式国债1800万元诈骗银行贷款案。2007年1月，常德人行堵截一起假无记名国债骗兑案，收缴1995年版1000元面额假券1张。

第二章 金融监管

1985年1月,常德人行专门行使央行职能,履行金融监管职能。1996年,常德市信托、证券业务与银行脱钩,常德人行将证券监管职能移交湖南省证券监管委员会。1998年11月,保险业由人行监管改为保监会监管,常德人行向省保监局移交监管资料。2003年12月18日,常德银监分局成立,银行业金融机构的监管由常德银监分局履行监管职能,利率管理和反洗钱工作由常德人行履行。

第一节 市场准入与退出

1985年起,国家实行《经营金融业务许可证》制度,常德人行开始履行其金融机构的市场准入与退出管理职能。

1989年,常德人行根据省人行关于在全省开展清理整顿金融秩序的要求,从9月下旬开始,历时3个月对全市金融机构进行一次清理,共查出未经批准设立的各类金融机构87个,其中银行机构51个,农村、城市信用社分支机构36个,对乱设的机构予以通报批评和处罚后,允许40个补办审批手续后予以保留,其余不符合设置条件的全部予以撤销。在日后机构管理上执行"总量控制、调整结构"的方针,在机构增设方面按照"业务发展需要,合理布局,注重效益"的原则确定年度增设计划,报请省人行同意后逐个审批。是年末,批准设立的金融机构1160家,其中银行类机构551家,非银行金融机构609家。

1990—1994年,是金融机构快速增长时期。各专业银行机构分设、延伸,辖内各金融机构竞相增设营业网点。5年间,全市经人行省、市两级批准设立各类机构400家,其中支行7家、分理处营业所31家、储蓄所168家、城市信用社5家、邮政储蓄所91家、保险代办站85家、信托办事处4家、证券及其他机构9家。同时,撤销储蓄所信用分社163家,分理处、营业所7家。1994年,常德人行按照上级行统一部署,开展清理整顿,对1992年批设的中国工商银行常德市信托投资公司和常德市城市信用社中心社分别更名为中国工商银行湖南省信托投资公司常德办事处和常德市中心城市信用社。中心社由原来的管理与经营双重职能转变为单一的经营职能。常德市证券公司更名为湖南省证券公司常德市证券交易营业部。

1995年和1996年,常德人行狠抓金融机构的整顿。1995年,下发《坚决制止社会乱办金融的紧急通知》,明确农村合作基金会、农村互助储金会(以下简称"两会")不是金融机构,不准办理存、贷款业务,不准变相吸收存款和变相贷款。对全市各商业银行的86家房地产信贷部、信用卡部、国际业务部对外营业机构进行清理整顿和规范,将其中的16家改为其主管行的分支机构,另70家实行职能回归。对市信托投资公司及其所属证券交易营业部等7家非银行金融机构进行清理，准予2家重新登记、1家缓登记、3家不予登记、1家撤销并缴销许可证,对违规经营严重的4家非银行金融机构给予10.5万元的经济处罚。1996年,撤销工行、农行、建行三家信托办事处及工、农两行证券交易营业部,将建行证券交易营业部转让深圳君安证券股份有限公司,湖南省证券公司常德证券交易营业部与常德人行脱钩,更名为湖南证券常德营业部。依法取缔“常德市鼎城区联存农村合作基金会”。是年10月撤销人保常德分公司及其区、县(市)支公司,批准设立中保财产保险有限公司常德市分公司、常德市武陵区等10个支公司和中保人寿保险有限公司常德市分公司、常德市武陵区等10个支公司。是年批准成立中国农业发展银行常德市分行,对全市1474个金融机构换发新的许可证。

1997年,常德人行将市场准入与退出工作的重点放在规范性管理上。组成11个清理检查小组对全市城市信用社进行清理整顿,建立月度工作报告制度,对重点风险社个人超过5万元和单位超过10万元的贷款实施逐笔报备制度。查处农村“两会”8家机构,撤销7家,取缔22家非法典当行、基金会等社会金融机构。是年,常德人行积极支持辖内各商业银行按照商行运营规则对网点进行效益性调整,全年撤销11个低效网点,迁址更名35个营业网点。

1998年，常德人行报请武汉人行批准将21家资产质量较好的农村合作基金会并入各区、县(市)农村信用社,并入资产8493万元,并入负债8489万元。撤销全部不符合并入条件的农村合作基金会、农村互助储金会。

2000年,常德人行配合常德辖内各商业银行的机构改革,汉寿工行和安乡中行退出市场,其负债业务分别移交汉寿中行和安乡工行。是年全辖共撤销低效营业网点58个。2000年12月至2001年1月,桃源县、安乡县、石门县、汉寿县、澧县、津市市、常德市金城、武陵、忠心、鼎城共10家城市信用社纳入农村信用合作社管理,分别更名为桃源县城南、安乡县城东、石门县楚江、汉寿县龙阳、澧县澧城、津市市城中、武陵区金城、武陵区武陵、武陵区中心、武陵区城北等10家农村信用合作社。更名后的农村信用合作社隶属于所辖区、县(市)农村信用联社管理。2001年12月桃源县渔父城市信用社停业整顿三个月,后于2003年3月撤销。

2003年12月28日,银监会常德监管分局设立,开始行使对银行业准入与退出职能。是年,常德全辖共有政策性银行、国有独资商业银行、农村信用社、邮政储蓄共四类银行业金融机构892个,其中国有独资商业银行265个,农发行10个,农村信用社463个,邮政储蓄所154个,另有农村信用代办站2380个。

2004—2010年,常德银监分局按照“优化资源分配,合理布局网点”的原则,七年累计批准机构设立25家,升格38家,迁址174家,更名302家,降格6家,撤销254家。

2004年,常德银监分局按照省银监局统一部署加强对金融许可证管理,全年累计换发、颁发新版金融许可证925份。2004年年底和2005年上半年,建行和中行先后上市,分别更名为“中国建设银行股份有限公司”和“中国银行股份有限公司”,为此先后对常德建行31个网点和常德中行42个网点统一换发新的金融许可证。

2005年12月,常德银监分局配合湖南省农村信用联社一次性撤销常德辖内2360个信用代办站。

2008年,常德银监分局根据国家设立邮政储蓄银行的部署,支持邮政储蓄体制改革。2008年5月29日止,完成常德市邮政储蓄银行市分行及下辖的8家县级支行、25家一级支行、37家二级支行的批设工作。

2009年,常德银监分局开始实行金融许可证公告制度;是年按时公告金融许可证42期。

2010年,常德银监分局从8月起,连续4个月对常德辖区6大类银行业金融机构的559个营业网点的金融许可证公示情况进行现场检查,发现和整改"没有公示、公示位置不显著、格式欠规范、内容更换不及时"等问题,并对汉寿县3个信用社遗失金融许可证的重大问题提出监管意见并给予处罚。

至2010年年末,常德辖内共有政策性银行、全国性大型银行、全国性中小银行、省内法人中小金融机构和合作金融机构四类银行业金融机构672个,其中政策性银行9个,全国性大型银行334个,全国性中小银行1个,省内法人中小金融机构1个,合作金融机构293个。

第二节　高级管理人员任职资格审批

根据国务院、中国人民银行和省人行关于对市和市以下各专业银行、保险公司的领导班子成员的任免必须征得当地同级人民银行同意后再报上一级主管行(公司)或人事主管单位批准的精神,常德人行从1990年起开始履行对辖内金融系统高级管理人员任职资格的审批职能。

1990年,常德人行参与对31名辖内各专业银行、保险公司68人次的干部考察,并着手建立专业银行、保险公司领导干部考察档案。常德人行于1991年3月印发《关于加强专业银行、保险公司及其他金融机构领导干部管理的几点意见》,明确人民银行主动参与辖内金融系统高级管理人员的考察、建立考察档案和任职资格审批程序。

1994年,常德人行直接参与辖内各专业银行、保险公司领导班子的调整,主动参与考察、收集一手资料、行党组审慎研究。常德建行和常德农行班子调整中按照"既当参谋又把关口"原则,积极做好专业银行班子建设工作,启用3名年轻干部。全年共参与金融系统高级管理人员任职资格考察25人次,签署处级干部意见7人,科级干部意见11人,并及时纠正2名未经人行参与考察而擅自任免的问题。

1996—2000年,常德人行根据人总行《金融机构管理规定》和一系列制度,加强对各金融机构高管人员的任职资格审查。明确任职资格初审工作由常德人行金融管理部门负责,符合任职资格的再由人事部门考察报经常德人行党组审定和签署任免意见的工作程序。其间,全市金融机构送审高管人员1170次、1244人,经考试考核,符合任职资格的并由常德人行签署意见的719人,不同意任职的38人,取消任职资格的有125人。1996年,主动参与常德农发行与常德农行分设、农村信用社与农业银行脱钩、中保人寿常德分公司与中保财险常德分公司分设过程中的干部配置和人员分配。1999 年后，常德人行只负责对辖内各银行、保险公司、信托投资公司、城乡信用社高管人员的任职资格审查，不再参与领导班子成员的任免考察。2000 年，常德人行建立金融机构高管人员《金融监管诫勉谈话制度》，其对象是辖内支行级以上金融机构及中小法人金融机构的主要负责人和其他高管人员。诫勉谈话内容主要包括营运中违法违规行为、风险状况及风险苗头、内控管理情况等。是年 11 月首次组织全市金融机构高级管理人员金融业务、法律法规知识考试，330 人应考，参考率 97.9%。

2001—2003 年，常德人行重点狠抓金融机构高管人员任职资格管理中的信息档案、审查公示、绩效考核、诫勉谈话、资格证书和责任追究共 6 个方面的工作。开发高管人员信息管理软件，按照“一人一档”的模式建立信息档案。2001 年，开始对高管人员实行核准制和报备制两类管理，对银行机构送审的 43 名核准制拟任高管人员予以公示，并核准和确认。对 129 名备案制高管人员任职情况进行考核和评价，其中否决 1 人。按照武汉人行《农村信用社经营业绩考核指导意见》的要求对 433 名农村信用社高管人员，采取群众座谈，民主测评，经济指标核查等方法进行任期考核，对 75 名优秀、318 名称职、33 人基本称职的予以确认，对 7 名不称职的人员提出组织处理和免职的意见。同时对 147 人进行任前谈话，452 人考核谈话，86 人提醒谈话，38 人诫勉谈话，22 人质询谈话。取消 6 名有违法、违规行为的高管人员任职资格。

2003 年 12 月 18 日常德银监分局成立后，银行业金融机构高管人员的监管职能由常德人行移交常德银监分局。2003 年年末，常德市共有银行业高管人员 493 名，其中农业政策性银行 9 名，国有商业银行 53 名，农村信用社 431 名。

2004 年 6 月，常德银监分局制定《常德银监分局金融机构高级管理人员任职资格内部操作程序》。

2004—2010 年，常德银监分局累计办理银行业金融机构的高管人员管理事项 505 人次。常德银监分局把好银行业高级管理人员任职资格准入关，对高级管理拟任人员除应具备基本条件外，还对其职业操守、廉洁自律、诚实守信、管理决策、依法经营等方面进行重点审查，对于不合条件的，坚决予以否决，7 年共否决 16 人。对于严重违法违纪的高管人员，则坚决依法予以取消其任职资格，7 年共取消 25 人的任职资格。

2004 年，常德银监分局建立高管人员年度履职情况年度考核制度，每年年初对被考核行上一年履职情况进行考核。2004—2010 年，共考核 1999 人次，现场检查 1058 人次。2004 年，督促农村信用社解除 2003 年度考核为基本称职的 12 名基层信用社正、副主任的职务。2010 年，对辖内银行业金融机构上年考核评价为优秀的高管人员予以表彰。

2004—2010 年，常德银监分局在履行高管人员监管工作中建立任前谈话、年度谈话、警示谈话、诫勉谈话和监管会谈 5 大制度，其间共进行任前谈话 458 人次，警示谈话 19 人次，诫勉谈话 15 人次，监管会谈 30 人次，年度谈话 2125 人次。2006 年，常德银监分局针对农村信用社的具体情况,创新高管人员任前谈话机制,改监管者对拟任人的单独谈话为监管者和拟任人单位员工代表的双重审查。2007 年,对农信社高管人员利用职务便利贷款经商办企业的问题的监管谈话下发监管意见书后,12 名高管人员与经营的企业退股脱钩,56 名高管人员偿还到期贷款或订立还款计划,并督促对 27 名信贷管理严重违规的农信社高管人员给予免职处理。对存在重大违规问题的高管人员,督促其上级行进行问责,对问题严重者取消任职资格。2004-2010 年,共有 25 人被取消任职资格,其中 14 人被取消终身任职资格。

至 2010 年年末,常德市银行业高管人员共有 415 人。

第三节　业务营运管理

1990-1993 年,常德人行认真履行业务营运管理职责。对辖内各金融机构先后 37 次进行稽核,覆盖面达 30%。1990 年,对 44 个储蓄机构、16 个贷款机构利率政策执行情况进行专项稽查;1991 年,针对性开展结算纪律违规大检查;1992 年,对 68 个金融机构进行专项稽核;1993 年,对 87 个县级以上金融单位进行检查稽核。4 年间,共查处各种违规业务发生额 20.77 亿元,追回少缴、漏缴财政性存款2233 万元,对违规单位没收违规所得及罚款 699.53 万元。

1994 年,常德人行监管方式从政策法规监管为主,逐步转到政策法规与风险监管并重、以防范金融风险为主。先后对 81 个县级以上金融机构执行金融宏观调控政策、结算纪律、利率政策情况等 18 个项目进行检查,稽查金额 120.56 亿元,查出和纠正违规金额 5.5 亿元,罚款罚息 35.19 万元。在检查稽核手段上实施非现场稽核与现场稽核相结合,非现场稽核的单位增加至 71 个,营运监管的经常性和时效性得到提高。

1995 年,常德人行在推进“3351”(用 3—5 年时间,恢复金融业铁账、铁款、铁算盘的“三铁”;提高资产流动性、效益性、安全性的“三性”;实现经营行为规范化、经营管理集约化、业务处理电子化、金融监管法制化、干部队伍“四有”化,有理想、有道德、有纪律、有文化的“五化”;建设一支有较强政治素质、敬业精神、职业道德、专业知识的干部职工队伍)金融质量工程活动中,先后对 101 个县以上营业机构违规经营、农副产品收购贷款、邮政储蓄、城市信用社、信托投资、保险业务等 8 个项目组织现场稽核,查出和纠正违规金额 14.99 亿元。是年 3 月,对市、县邮储汇机构 1993 年 6 月月末至 1994 年年末执行利率政策及邮政汇兑资金清算进行稽核,及时查处和纠正未按规定将吸收的储蓄存款全部存入人民银行的违规问题。

1996 年,常德人行对辖内工、农、中、建四家商业银行的房地产信贷部、信用卡部和国际业务部账外经营情况进行检查,发现账外存款 6.39 亿元,账外贷款 8.02 亿元,督促相关机构将账外经营的存贷款并入大账。是年 5 月,对常德市 11 家城市信用社开展存、贷款管理检查,发现 22 个问题,并督促整改。

1997年，常德人行把防范金融风险作为营运监管的重点。对全市238个独立核算的农村信用社进行全面稽核调查后，将其划分为高风险社、风险社和低风险社三个等级，派出短期工作组对10家高风险社进行规范性整顿，调度2100万元资金缓解支付困难。对常德工行、市信托投资公司进行常规稽核，对辖内各家银行、信用社重要空白凭证及有价证券管理使用情况进行专项稽核。1998年，根据洪涝灾害引发的农业减产减收，信用社存款下降，部分农村信用社支付困难的状况，批准48家城乡信用社动用3790万元存款准备金，有效避免区域性支付危机。成立信贷资金稽查大队，跟踪稽查新放贷款质量及三违贷款的处理，11家城市信用社不良贷款率年末压缩3个百分点。

1999—2003年，央行监管、机构内控、行业自律、社会监督"四位一体"的监管体系逐步形成。常德人行通过对金融机构年检和业务真实性、信贷资产质量、存款实名制、票据承兑业务、内控和邮政储蓄业务检查，乱抬利率、账外经营、无理压票退票等无序竞争得到了有效制止。1999年，把防范和化解中小金融机构支付风险作为金融监管的重点，按"AB"制落实监管责任制，设立跟踪监管台账，及时帮助鼎城区政府有效化解了桥南基金会存款挤兑风波。2001年，针对辖内工、农、中、建四家银行71%不良贷款的严峻形势，确定"澄清底子、加强力量、确定指标、重点监控"的工作思路，建立金融监管工作例会、降比工作巡查、高管人员约谈和降比考核等制度，各行纷纷制定措施，降比压非工作初显成效，年末不良贷款比年初减少2.63亿元，不良贷款率下降5.73个百分点。

2002年，常德全面启动创建金融安全区活动，下发《大力治理金融环境，促进经济和金融共同发展的意见》和《创建金融安全区工作方案》等文件，成立由市长陈君文为组长的常德市治理金融环境领导小组，辖内金融运行环境大为改善，经济金融出现良性互动、共同发展的良好态势。常德人行在继续抓好国有商业银行经营情况监测的同时，将着力点放在高管人员的管理、农村信用社高风险社和邮政储蓄业务监管上。对高风险社实施驻社监管和风险大户动态监测制度，派驻39名驻社监管员。市、县两级人行分别建立农村信用社最大十户贷款监测台账，年末高风险社较年初减少10个，农信社系统不良贷款减少4.5亿元，不良率下降21.4个百分点。

2003年，常德人行重点开展人行再贷款管理情况等专项审计，对邮政储蓄转存款和邮政汇兑资金往来核算管理展开内审基础及内审工作检查。全年审计违规金额1841.63万元，查出违规问题428个，并及时得到整改。

常德银监分局成立后，常德人行转向建立健全内部控制机制，加强和改进内部管理。同时正确处理"监"与"管"的关系，加强"窗口指导"和征信系统建设，开展金融创安工作，建立金融风险监测指标和风险预警指标体系，营造良好的金融生态环境。常德银监分局按照"不断提高金融监管水平，创新监管方法和手段"的要求开展银行业营运监管工作。坚持现场检查与非现场监管相结合、风险监管与防范重大突发事件两手抓，为银行业的健康发展做出积极努力。

2004年,按照银监委的统一部署,常德银监分局着手建设"银行业金融机构监管信息系统",非现场监管逐步进入电子自动化、系统化轨道。开始建立健全非现场监管档案,及时收集、掌握重点机构、重点客户的变化情况。是年,通过非现场监管评价系统发现澧南信用社、九垸信用社的存贷款比例远远超过"警戒线",立即控制两社新贷款的发放和加大对老贷款的压缩力度,有效防范可能出现的支付风险。为提高监管针对性,常德银监分局开始建立重点机构、重点客户非现场监管档案,确定常德农行、农村信用社中135家C、C⁻级基层信用社为重点监管机构,金健米业、湖大远程、洞庭水殖、升鑫高新四家信贷单位为重点监测客户。为加快银行业金融机构监管信息系统建设步伐,2006年成立"1104工程"建设领导小组,制定《"1104工程"推广运行方案》,整理上报客户大额授信、零售贷款违约法人客户和零售贷款违约个人客户统计资料,完成"机构""高管"基础数据的录入和核对,非现场监管信息系统投入试运行工作。是年确立18家机构和49家客户为非现场监管重点对象,并建立不良贷款情况实行按月监测考核制度。通过监测系统及时发现武陵和鼎城联社存款备付率低、桃源联社资本充足率持续下降、汉寿联社虚列盈利等问题,及时化解了风险。

2007年,银行业金融机构监管信息系统全面运行,在接下来的几年中,常德银监分局借助这一平台优势展开强有力的非现场监督工作。常德银监分局突出非现场监管针对性,对贷款过于向电力燃气业、自来水行业、机械制造业、公共管理和社会组织等行业集中,个人贷款发展过快等滋生的潜在风险,学校贷款、公路贷款和医院贷款风险凸显等问题向银行业机构进行风险提示,建议采取有效的调控措施化解风险。2008年,将小企业贷款及信息科技风险内容充实到监管分析中,并结合本地农村信用社的状况,形成"状况—监管目标(规划)—跟踪(监管意见)—整改"的持续性非现场监管模式。通过对国有商业银行非现场监管,对不良贷款异常变化、房地产贷款集中度过高、贷款虚假抵押、银行业之间存款纠纷及时进行风险提示,督促其妥善化解风险。2008年,针对武陵区信用联社"资本充足率低下、不良贷款反弹、各类拨备计提不足、资不抵债问题严重、信贷管理严重违规、制度执行不力"和汉寿联社"信用风险突出、信贷管理违规"的问题分别下发监管意见书。2009年,对常德建行、农发行和农村信用社等银行机构为湖南泰尔顺建筑有限公司等四家关联企业以互相担保等方式向其总共投放9790万元贷款的问题及时下发风险提示。对农发行向汉寿春天木业500万元贷款存在贷前调查不实、贷后检查不到位、资金管理不严格、风险处置不及时等问题,及时约见常德农发行高管进行警示谈话,及时化解贷款风险,并督促常德农发行对5名违规责任人进行责任追究。对农村信用社在计算机信贷登记管理系统中以空库放贷收本、收息的违规行为对农村信用社联社进行风险提示。还先后针对辖内6家信用联社存在的"不良贷款清收不力、单户大额贷款超比例、贷款管理违规"等问题下发8份监管意见书。对省联社常德办事处和辖内9家联社下发18份监管意见书和先后4次现场调查督促落实。2010年,针对房地产项目贷款自有资金"水分"增加、项目贷款抵押物变现能力减弱等问题,常德银监分局及时进行监管提示,要求银行业各机构采取严格房地产贷款项目评审、强化项目资金封闭管理、合理确定项目贷款分期偿还计划等一系列措施，构筑防范房地产贷款风险的多道防线。是年，常德银监分局针对非现场监测中发现的问题、风险先后 11 次下发书面风险提示和 27 份监管意见书，组织 21 次监管座谈会、5 次约谈高管，提出 318 条监管意见。

2004—2006 年期间，常德银监分局认真履行现场检查职责，先后派出 152 个现场检查组，对 663 个次机构进行检查，查出违规机构 396 个次，违规金额 67.9 亿元，提出 748 条整改意见和 459 条跟踪整改意见，处理 45 个违规机构，罚款 52.5 万元。并对 18 名违规责任人给予通报批评、行政警告、行政记大过、留用察看的处分和经济处罚。

2007—2010 年，常德银监分局继续狠抓现场检查，主要包括 2007 年的新发贷款及监管评级主要指标真实性；2008 年的四大国有商业银行高管人员履职、中间业务；2010 年的固定资产贷款办法执行、贷记卡、农村信用社的序时性等专题检查。先后组织了银行业大额对公存款业务和票据风险、银行业金融服务、中行常规业务和操作风险、信用联社序时性检查、邮政储蓄机构操作风险和案件治理等现场检查 180 次，检查机构 987 个次，查出有问题机构 670 个次，查出问题金额 65.38 亿元，提出监管意见 998 条，处理违规机构 38 个，对 5 个机构共处以 51 万元的罚款。政府融资平台贷款风险的清理整顿也是常德银监分局在此期间的一项重要工作。截至 2010 年年末，全市银行业金融机构政府融资平台不良贷款比年初减少 6830 万元，涉及平台数比年初减少 5 个。其中，收回 14 家政府融资平台贷款 27 笔 5.77 亿元；完善担保手续 2 笔 2.86 亿元；更换借款主体 2 家 5.05 亿元；完善借款合同 3 家 8.98 亿元；取消授信 1.5 亿元。

2004—2010 年，常德银监分局加强防范金融市场重大突发事件工作。2004 年 1 月 7 日，针对鼎城区许家桥邮政储蓄营业室大门张贴的《中小金融机构破产在即》的某报文章复印件引发储户疑虑、恐慌的事件，常德银监分局马上组织召开鼎城邮政、信合单位负责人会议，积极组织正面宣传，及时消除储户疑虑，防止存款挤兑事件的发生。2005 年 8 月制定《常德市银行业突发事件应急预案》，成立应急处置组织领导机构，严格落实《重大突发事件报告制度》，健全风险预防、预警和处置机制，提高应对和处置银行业突发事件的能力。并在 2006 年先后妥善处理石门县瓜子峪信用社存款挤兑、澧县邮政储汇局部分储户围堵等 10 多项风险苗头事件。2010 年，及时查办澧县大堰垱信用社违规发放冒名贷款的问题，责成澧县联社收回贷款，在追究相关责任人责任的同时，调整了联社的主要领导。

2004—2010 年，常德银监分局配合各行狠抓案防和责任人处置，7 年共开展内控制度和案防大型专项检查 11 次。2005 年，重点关注和成功处置澧县建行和中行及信用联社违规账外经营案、安乡建行挪用客户资金案、桃源和临澧信用站代办员收存不入账案、安乡和石门邮政储蓄人员挪用资金及携款潜逃案、桃源天品超市骗取农村信用社贷款案、汉寿联社出纳挪用资金案。督促市中行对 5 名责任人给予开除公职的处分，督促市建行对 115 名责任人进行责任界定和处罚，开除 7 名，留用察看 4 名，同时取消 4 名高管人员任职资格，其中中行 1 名、建行 3 名。督导农村信用社对 132 名违规人员给予 7.3 万元的经济处罚，收回各类违规贷款本息709万元。

2006年,常德银监分局督促辖内银行业金融机构处理作案人员16人,其中开除党籍5人、行政开除11人、开除留用2人、撤职13人、刑事处罚5人、移交司法机关5人。同时,对71名相关责任人进行责任追究,其中对16人追究领导责任,取消15人的高管任职资格,4人受到刑事处罚。在桃源农村信用联社开展案件专项治理工作中,查处涉案金额326万元的案件5起,处理涉案人员5人,挽回经济损失188万元。

2007年,常德银监分局加强外部防控工作,常德工行堵截一起4076万元的银行承兑汇票诈骗案,常德中行堵截一起350万元的盗窃案,破获石门农村信用社发生一起持枪入室伤人抢劫案和3起ATM机案件,抓捕4名犯罪嫌疑人,至2010年,常德银行业金融机构取得内部"零发案"的控案成果。

第四节　利率管理

中国人民银行为利率主管机关,代表国家依法行使利率管理权。1990年,中国人民银行制定《利率管理暂行规定》,明确人民银行制定的各种利率是法定利率,其他任何单位和个人均无权变动。常德人行由此肩负对利率政策的传导和执行管理职责。

一、利率政策传导

常德人行在履行利率管理职能的过程中,严肃认真的履行利率政策传导和执行监管职责。

(一)法定利率

1989—2010年,存贷款法定利率进行了多次系统性调整。

1989—2010年人民币法定存款利率调整情况一览表

表6–5　　单位:年利率%

调整日期(年·月·日)	存款利率						
	活期	3个月	6个月	一年	二年	三年	五年
1990.4.15	2.88	6.3	7.74	10.08	10.98	11.88	13.68
1990.8.21	2.16	4.32	6.48	8.64	9.36	10.08	11.52
1991.4.21	1.08	3.24	5.40	7.56	7.92	8.28	9.00
1993.5.15	2.16	4.86	7.2	9.18	9.90	10.80	12.06
1993.7.11	3.15	6.66	9.00	10.98	11.70	12.24	13.86
1996.5.1	2.97	4.86	7.20	9.18	9.90	10.80	12.06
1996.8.23	1.98	3.33	5.40	7.47	7.92	8.28	9.00
1997.10.23	1.71	2.88	4.14	5.67	5.94	6.21	6.66
1998.3.25	1.71	2.88	4.14	5.22	5.58	6.21	6.66
1998.7.1	1.44	2.79	3.96	4.77	4.86	4.95	5.22

续表

调整日期（年·月·日）	存款利率						
	活期	3个月	6个月	一年	二年	三年	五年
1998.12.7	1.44	2.79	3.33	3.78	3.96	4.14	4.50
1999.6.10	0.99	1.98	2.16	2.25	2.43	2.70	2.88
2002.2.21	0.72	1.71	1.89	1.98	2.25	2.52	2.79
2004.10.29	0.72	1.71	2.07	2.25	2.70	3.24	3.60
2006.8.19	0.72	1.8	2.25	2.52	3.06	3.69	4.14
2007.3.18	0.72	1.98	2.43	2.79	3.33	3.96	4.41
2007.5.19	0.72	2.07	2.61	3.06	3.69	4.41	4.95
2007.12.21	0.72	3.33	3.78	4.14	4.68	5.40	5.85
2008.10.9	0.72	3.15	3.51	3.87	4.41	5.13	5.58
2008.10.30	0.72	2.88	3.25	3.6	4.14	4.77	5.13
2008.11.27	0.36	1.98	2.25	2.52	3.06	3.60	3.87
2008.12.23	0.36	1.71	1.98	2.25	2.79	3.33	3.60
2010.10.20	0.36	1.91	2.20	2.50	3.25	3.85	4.2
2010.12.26	0.36	2.25	2.50	2.75	3.55	4.15	4.55

1989年—2010年人民币法定贷款利率调整情况一览表

表6-6　　单位：年利率%

调整日期（年·月·日）	短期贷款		中长期贷款		
	6个月（含）	6个月至1年（含）	1年至3年（含）	3年至5年（含）	5年以上
1991.4.21	8.1	8.64	9.00	9.54	9.72
1993.5.15	8.82	9.36	10.08	12.06	12.24
1993.7.17	9.00	10.98	12.24	13.86	14.04
1995.1.1	9.00	10.98	12.96	14.58	14.76
1995.7.1	10.08	12.06	13.5	15.12	15.30
1996.5.1	9.72	10.98	13.14	14.94	15.12
1996.8.23	9.68	10.08	10.98	11.7	12.42
1997.10.23	7.65	8.64	9.36	9.90	10.53
1998.3.25	7.02	7.92	9.00	9.72	10.35
1998.7.1	6.57	6.93	7.11	7.75	8.01
1998.12.7	6.12	6.39	6.66	7.20	7.56
1999.6.10	5.58	5.85	5.94	6.03	6.21
2002.2.21	5.04	5.31	5.49	5.58	5.76
2004.4.29	5.22	5.58	5.76	5.85	6.12
2006.4.28	5.40	5.85	6.03	6.12	6.39
2006.8.19	5.58	6.12	6.30	6.48	6.84
2007.3.18	5.67	6.39	6.57	6.75	7.11
2007.5.19	5.85	6.57	6.75	6.93	7.20
2007.7.20	6.03	6.84	7.02	7.20	7.38
2007.8.22	6.21	7.02	7.20	7.38	7.56

续表

调整日期（年·月·日）	短期贷款		中长期贷款		
	6个月（含）	6个月至1年（含）	1年至3年（含）	3年至5年（含）	5年以上
2007.9.15	6.48	7.29	7.47	7.65	7.38
2007.12.22	6.57	7.47	7.56	7.74	7.83
2008.9.16	6.21	7.20	7.29	7.56	7.74
2008.10.9	6.12	6.93	7.02	7.29	7.47
2008.10.30	6.03	6.66	6.75	7.02	7.20
2008.11.27	5.04	5.58	5.67	5.94	6.12
2008.12.23	4.86	5.31	5.40	5.76	5.94
2010.10.20	5.10	5.56	5.60	5.96	6.14
2010.12.26	5.35	5.81	5.85	6.22	6.40

(二)优惠利率

存款优惠利率。为鼓励华侨存款,人总行在1990年4月的利率调整中,规定华侨人民币一年、三年、五年的储蓄存款分别比同档次的城乡居民储蓄存款年利率高1.8个百分点。随着经济体制改革的深入和形势的变化,于1996年5月起取消华侨人民币储蓄存款利率种类,执行相应期限档次的人民币储蓄存款利率,华侨人民币存款优惠利率政策自行终止。

1993年5月，定活两便储蓄存款利率由1989年执行的按一年期以内定期整存整取同档次九折的标准调整为按一年期以内定期整存整取同档次利率的六折执行。对个人发行的大额可转让定期存单其利率上浮幅度最高不超过同期存款利率的5%。

贷款优惠利率。根据经济发展的需要,国家在特定时期对粮棉油贷款、开发性贷款、扶贫贷款等项目执行优惠贷款利率,支持基础产业和弱势产业的发展。

1990年4月的利率调整中,对粮棉油贷款、外贸出口产品收购贷款、商业和供销社一级和二级批发站的部分储备商品贷款、少数民族贸易和民族用品生产企业贷款、民政部门福利工厂贷款、老、少、边、穷地区发展经济贷款、黄金生产设备专项贷款、技术开发贷款、农业贷款、扶贫贷款、预算内“拨改贷”贷款等实行贷款优惠利率,其利差大部分由人民银行补贴。

1993年9月,国家取消黄金专项设备贷款优惠利率政策。

1995年1月起,外贸出口产品收购贷款不再执行优惠利率。固定资产贷款中原执行优惠利率的贷款,除扶贫贴息贷款外,其他贷款利率分别上调0.72个百分点,7月起,对该项贷款再分别上调0.54个百分点。

1996年5月起,对粮棉油贷款、民政部门福利工厂贷款、老、少、边、穷地区发展经济贷款、贫困县办工业贷款等原执行优惠贷款利率的项目,按法定贷款利率下调比例相应下调,其利差补贴标准和方法不变。

1997—2004年进行的7次利率调整中,各项优惠贷款亦进行相应调整,其中,粮棉油贷款从1998年6月21日起不再执行优惠贷款利率，执行同档次法定利率。农行新放的扶贫贷款利率，1999年9月起上调0.12个百分点，2002年2月起下调0.12个百分点，2004年10月起上调0.12个百分点。

2006年4月28日金融机构人民币贷款利率调整时，各项优惠贷款利率中民政部门福利工厂贷款、银行系统印制企业基建储备贷款、扶贫贴息贷款（含牧区）保持不变。其他优惠贷款利率相应上调0.27个百分点。是年8月，再次调整金融机构人民币贷款基准利率，优惠贷款利率中银行系统印制企业基建储备贷款、扶贫贴息贷款（含牧区）保持不变。其他优惠贷款利率相应上调0.27个百分点。

2007年3月18日，上调金融机构存贷款基准利率0.27个百分点，相应上调各项优惠贷款利率0.27个百分点，优惠贷款利差补贴标准和补贴办法不变。

2008年10月9日起下调金融机构人民币存贷款基准利率，各项优惠贷款利率相应下调0.27个百分点。10月29日，再次下调人民币存贷款基准利率0.27个百分点，各项优惠贷款利率相应下调0.27个百分点。11月26日，再次下调金融机构人民币存贷款基准利率和人民银行对金融机构存贷款利率，各项优惠贷款利率下调1.08个百分点，银行系统印制企业基建储备贷款、扶贫贴息贷款（含牧区）优惠贷款利率不变。12月23日起，下调金融机构人民币存贷款基准利率，各项优惠贷款利率相应下调0.27个百分点，银行系统印制企业基建储备贷款、扶贫贴息贷款（牧区）贷款利率不变。

（三）浮动利率和加息罚息

1990年2月，人总行《关于强化利率管理的通知》取消1989年6月关于农村信用社存款利率最高上浮70%的规定。强调各银行、各金融机构、城乡信用社必须严格执行法定存款利率，一律不准上浮。对贷款利率，按流动资金贷款和固定资产贷款两大类，区分各专业银行和非银行金融机构、城乡信用社实行不同的规定。各专业银行和非银行金融机构流动资金贷款利率可上浮20%，城、乡信用社可上浮50%。各银行和城市信用社不准上浮固定资产贷款利率，但农村信用社可上浮50%。票据贴现利率在同档次贷款利率基础上上下浮动5%～10%。同时规定逾期贷款加息幅度由上年的30%下调为20%，超储积压和有问题的商品贷款加息幅度从50%下调为30%，挤占挪用贷款加息幅度由100%下调为50%。

1991年4月，人总行规定个体工商户贷款在一年期流动资金贷款利率基础上上浮20%。个人住房公积金贷款实行“低来低去”原则，存贷款利率保持1.8%的利差。抵押贷款利率，按同期同档次存款利率提高1.5—2.1个百分点。

1993年5月，抵押贷款利率调整为在同期同档次流动资金贷款利率1个百分点内下浮。同年7月，对城乡信用社贷款利率上浮超过总行规定幅度的，将以往由县级人行批准改为报省级人行批准。

1995年7月，人总行《关于调整贷款利率后有关计息办法的通知》改变逾期贷款、挤占挪用贷款加罚息办法，各银行和其他金融机构对逾期贷款按日利率万分之四至六计收利息，挤占挪用贷款按日利率万分之六至万分之八计收利息。农村信用社对逾期贷款按最高不超过日利率万分之七计收利息，挤占挪用贷款按最高不超过日利率万分之九计收利息。1996年5月,将上列罚息幅度分别调整为万分之四、万分之六、万分之五、万分之七。规定商业银行流动资金贷款利率最高上浮幅度为10%,城市信用社上浮幅度为10%,农村信用社上浮幅度为40%。

1998年10月,将商业银行、城市信用社对小型企业贷款利率上浮幅度调整为20%,农村信用社贷款利率上浮幅度调整为50%。12月,商业银行等金融机构按日利率万分之三计收逾期贷款利息,农村信用社分别按日利率的万分之四、万分之六计收逾期贷款和挤占挪用贷款的利息。

1999年9月，商业银行、城市信用社对中小型企业贷款利率最高上浮幅度扩大为30%,对大中型企业(不包括国务院确定的512家大型企业)贷款利率最高上浮幅度10%、最低下浮幅度10%。6月,商业银行等金融机构对逾期贷款和挤占挪用贷款罚息率调整为按日利率的万分之二点一和万分之五计收利息,农村信用社分别按日利率的万分之三、万分之五计收。

2004—2006年,国家针对固定资产投资增长过快、银行信贷增长过猛的形势,先后5次上调银行基准利率。2004年10月,规定允许存款利率下浮,但不能上浮。商业银行等金融机构贷款利率浮动不再设上限,下浮幅度不变。城市信用社和农村信用社贷款利率仍实行上限管理,最大上浮系数为贷款基准利率的2.3倍。2006年8月,商业性个人住房贷款利率的下限扩大为贷款基准利率的0.85倍,其他商业性质贷款利率下限仍保持0.9倍。

二、利率执行监管

1990年3月,常德人行针对辖内金融机构擅自提高或变相提高存款利率的问题,要求辖内各金融机构对利率执行情况进行全面自查。常德人行对桃源、安乡两个县开展专项稽核,被稽查的单位都存在违反利率政策问题,邮政储蓄超范围、超幅度上浮利率及滥用罚息问题突出。常德人行一方面对违反利率政策的行为进行纪律处理,一方面利用会议、电视、报刊广泛宣传利率政策。1991年,制定《常德市金融系统利率巡回检查制度》和《常德市金融系统利率管理两公开一监督制度》,设置举报信箱和监督电话,利率违规行为得到有效遏制,是年一季度，常德人行组织专项稽查，发现的违规存、贷款金额由1990年的6.74%下降至2.38%。

1993年,银行储蓄面临严重分流与滑坡的严峻形势,储蓄手续费、鼓励费、奖金、回扣、纪念品等变相提高储蓄存款利率现象一度泛滥。是年6月,常德人行组织召开各专业银行行长和市邮电局负责人参加联席会议,联合签发《关于认真维护储蓄秩序的紧急通知》,加大对利率违规处罚力度,对擅自和变相提高或降低存款和债券利率的处以同额罚款,并将非法吸收的存款，以专户、无息存入人行的模式进行处罚。对违反贷款规定利率的，按其少收或多收利息处以同额罚款，多收的利息责令如数退还借款方，同时责成主管部门对相关责任人给予党纪、政纪处分。1994 年，组织 4 次全市性的利率管理大检查，查处违规单位 13 个，共处罚款 80350 元，对 39 个农村信用社多收的贷款利息 693027.07 元责令限期退还借款单位及个人，对所查 8 个信用社违规收取的手续费、保证金、工本费 236138.07 元全部没收。

1995 年年初，常德人行召开辖内各专业银行分行行长、邮电局长利率管理工作联席会议，形成的《会议纪要》下发各金融机构执行，重申从 1 月 13 日起在检查过程中再发现擅自提高存款利率的单位不仅给予重的经济处罚，还要将违规单位的负责人和违规情况提交金融系统纪检组、监察室立案查处，对直接责任人给予严肃的纪律处分。对桃源农行违规吸储的问题处以 30 万元罚款，违规吸收的 53 万元储蓄存款无息存入人民银行，全年共处罚违规单位 22 个，罚款 65.8 万元。

1996 年年初，为防止“两节”期间出现储蓄大战，常德人行下发《关于加强利率管理，防止储蓄大战的紧急通知》，抽调专人在全市范围内巡回检查，在常德日报和常德电视台先后刊播《加强利率管理，严肃利率政策的公告》，组织 85 次利率检查，检查 557 个单位，处罚 26 个利率违规单位，冻结存款 349.56 万元，罚款 138 万元。1997 年，受理利率违规举报 40 多起，组织利率检查，查出利率违规业务 3667 笔，涉及金额 1581 万元，处以罚款 65.8 万元，冻结存款 937.8 万元。

1998 年年初，根据国务院副总理朱镕基关于“银行高利吸储，已成痼疾，必须下重药、动杀手”和副总理温家宝关于“明知故犯、违反纪律的，要追究责任，严肃处理”的批示精神，常德人行推行金融机构自律、人民银行监管、社会监督的“三位一体”利率监管方式，组织利率检查 208 次，涉及 920 家机构网点，查处违规机构 22 家，处以罚款 155 万元。对违规机构负责人和责任人分别给予免职、行政记过处分。1999 年又组织 44 次利率政策执行情况检查，635 家金融机构受检，查出违规机构 20 家，对其中 3 家金融机构处以罚款 15 万元，并责成其上级行对 2 家金融机构负责人给予行政处分。

2000 年，常德人行开展利率、现金检查 75 次，检查金融机构 477 家，查处违规金融机构 15 家，处以罚款 15 万元。取消 51 名在三年来违规经营、违法乱纪的高级管理人员任职资格。

2001 年年末和 2002 年年初，常德人行在“两节”期间开展利率、现金政策宣传，组织辖内各金融机构开展利率现金政策执行情况自查自纠，对有令不行、有禁不止、违规高息揽存金融机构严肃处理。2002 年 5 月，常德人行抽调 54 人组成 8 个检查组，对邮政储蓄所有网点进行检查，对其邮政资金转储、公款私存、代理业务资金转储的违规行为作出没收非法所得，并处 9.7 万元罚款。

2003 年，辖内个别金融机构提高或变相提高储蓄存款利率的情况时有发生，常德人行根据群众举报，分别对邮政德山分局、武陵分局下属机构分别按 7%、5%支付手续费的问题查实后处以 10 万元和 15 万元的罚款，并责令其主管机构对相关责任人给予行政处分。

2004年1月1日起,中国人民银行决定扩大金融机构贷款利率浮动区间,以推进利率市场化改革。常德人行深入进行贷款浮动利率定价专项调查，按季对浮动利率情况进行监测、分析,及时向上级反映利率改革中出现的新情况、新问题,确保利率改革政策的实施效果。

2005年,常德人行为适应中央银行职能调整和货币政策决策的需要,建立金融环境状况监测制度。2006年,建立起5个金融机构利率月监测点,9个地方性金融机构季度监测点。2007年,针对利率市场化改革中出现的热点和难点认真开展研究分析,向人行长沙中支上报监测报表和分析报告。

2008年,常德人行针对国家8次上调存款准备金率,6次下调金融机构人民币存贷款基准利率的形势,关注市场动向,实行每月利率报备制度,指导农村信用社改进贷款利率定价制度,并按照上级部署稳步推进农村信用社贷款利率上限放开改革,防止流动性风险发生。

2009年,常德人行扩大利率监测面,把利率监测从过去由点监测改变为存贷业务的全面监测,指导辖内金融机构认真执行利率政策,对利率调整后出现的新情况、新问题及时反馈,撰写的《湖南银行机构谨慎执行个人房贷0.7倍利率政策》一文被国办采用。

2010年,常德人行针对市场发展状况,加强对房地产市场监测,强化对金融机构利率政策的监测指导,并将小额贷款公司纳入利率的监测范围,继续完善民间借贷监测机制,以确保民间融资的平稳发展。

第五节　反洗钱

2003年,常德人行贯彻人总行颁发的《金融机构反洗钱规定》《人民币大额和可疑支付交易报告管理办法》和《关于加强银行反洗钱工作的通知》等文件精神,组织辖内金融机构建立反洗钱岗位责任制和工作制度,明确专人负责收集、整理、分析、上报辖内金融机构报送的可疑支付交易信息。组织各金融机构开展反洗钱的学习和宣传活动,加强对全市金融机构反洗钱工作的检查与辅导,并组织开展贯彻落实反洗钱"一个规定、两个办法"的专题调研,常德人行的调研报告先后被长沙和武汉人行采用。

2004年,常德人行着手建设反洗钱工作机制:一是建立协调机制,成立反洗钱工作协调领导小组,完善反洗钱工作领导小组和联席会议制度,每年召开一次有金融机构、公安部门、海关参加的反洗钱工作联席会议，为反洗钱工作提供强有力的组织保障。二是建立宣传机制,定期组织反洗钱宣传活动。三是建立培训机制,对各金融机构开展分层次培训,提高反洗钱工作水平。四是建立快速反应机制,及时反馈工作信息和开展可疑支付交易资金调查。五是构建检查考评机制,督促指导辖内反洗钱工作。

2005年,常德人行组织辖内金融机构开展以"反洗钱人人有责"为主题的反洗钱宣传月活动。常德电视台在《常德新闻》进行专题报道,《常德日报》刊登常德人行行长余德中《反洗钱利剑出鞘》的署名文章。全市各金融机构和公安部门派出近千名业务骨干,面向企业、社区、农村、学校、厂矿开展宣传和咨询服务，对辖内48家金融机构进行反洗钱工作大检查。

2006年，常德人行以新出台的《中华人民共和国反洗钱法》（以下简称反洗钱法）为宣传重点，组织金融机构100多人在城区繁华街道、社区以及湖南文理学院进行大规模的宣传活动，将《反洗钱法》纳入全市"五五"普法考试的内容。加强反洗钱联席会议成员的协作，召开由全市金融机构和公安、海关、证券、保险等单位及其相关部门负责人参加的反洗钱工作联席会议，进一步完善协调机制。由主管行长挂帅，抽调业务骨干组成两个检查组，对全市24个金融机构的反洗钱工作进行重点检查，督促整改违规问题。

2007年，常德人行先后举办3期反洗钱知识培训班，500多人参训。对辖内400名金融从业人员进行反洗钱知识测试。开展反洗钱执法检查，对存在的问题督促整改。是年，通过甄别移送可疑交易线索，协助市公安机关侦破一起涉嫌跨省洗钱案，挽回经济损失700万元。

2008年，常德人行对辖内25家银行、证券、保险业机构开展反洗钱现场检查，严肃查处违规问题，促进全市金融机构反洗钱工作进一步规范。召开年度反洗钱联席会议，制定和完善《常德市反洗钱联席会议制度》《常德市反洗钱联席会议情报会商议事规程》。

2009年，常德人行开展非现场监管，要求各市级金融机构完善本级机构反洗钱内部控制制度、报表，规范金融机构非现场监管信息的填报工作。督导金融机构加强大额交易和可疑交易报送管理。面向基层开展反洗钱宣传，在临澧县合口镇联合举办反洗钱知识大型户外宣传活动，提供现场咨询服务。派出3名业务骨干参加全省反洗钱知识竞赛，取得团体三等奖。

2010年，常德人行创新反洗钱监管方式，督促保险业机构开展反洗钱自查，依据非现场监管报告和各机构历史内部控制报告风险状况进行初步分析，形成评估结果，与公安经侦部门合作成功侦破一起偷逃税款案。

第三章　外汇管理

第一节　经常项目管理

1989 年,常德外管分局在治理整顿中强化外汇、外债管理和外汇的调剂使用,合理调整用汇结构,提高外汇资金使用效益,全市外贸收购总值 1.72 亿元,比上年净增 2348 万元,增长 15.8%。调剂用汇 212.6 万美元,占全年用汇总额的 44.4%。

1990 年,常德外管分局开拓出口核销、境内外汇调剂、外汇总账核算办法三项新业务,克服外部市场疲软、内部外汇调剂中心体制尚未明确的两大困难,全年调剂外汇总额 1094.06 万美元,完成目标任务的 136.75%,达到历史最好水平。全市创汇企业使用调剂外汇额达 421.9 万美元,增加创汇 300 万美元,仅常德卷烟厂一家,全年投入调剂外汇 330 万美元,新增创汇 250 万美元。

1991 年,国家开始实行出口收汇核销制度。是年,常德外管分局全年共发出核销单 430 张,收回 260 张,办理核销业务 260 笔,金额 463.5 万美元。

1992 年,常德市外汇调剂总体形势求大于供,常德外管分局想方设法寻找汇源,全年共办理调剂业务 184 笔、786 万美元,占全市用汇总量的 55%。1993 年,常德外管分局研究制定《常德外汇调剂交易所经营责任目标管理办法》,对外汇调剂交易所实行经营责任目标管理。全年调剂外汇成交总额 1350.6 万美元,其中调入业务 40 笔 675.3 万美元,调出业务125 笔 675.3 万美元。办理个人外汇调剂买入业务 285 笔 12.5 万美元,4.6 万元港币,卖出业务 45 笔 1.35 万美元。

1994 年 4 月 1 日,国家取消外汇留成制度和外汇上缴制度,取消用汇的指令性计划,实行银行结售汇制。常德外管分局按规定放宽对经常项目外汇管理的限制,允许外商投资企业和有条件的中资企业保留外汇收入,开立经常项目外汇账户。全年共完成出口创汇总额 2545 万美元,比上年同期增长 51.29%,其中自营出口企业创汇 1641 万美元,“三资”企业创汇 904 万美元。调剂外汇成交总额 1266.68 万美元,结汇 1069.8 万美元,售汇 427.7 万美元。

1995 年,常德外管分局派员深入辖内各出口企业、外汇指定银行和出口口岸调查把关,全年为全市 21 家企业累计发单 455 份,收单 420 份,核销 410 笔,收单率、核销率均比上年提高,达到省外汇局规定的标准。督促外汇指定银行做好进口核销,全年共办理对外付汇业务 39 笔 1180.8 万美元,进口付汇核销 41 笔 1216.2 万美元,核销率为 92.3%。

1996 年,常德外管分局稳妥推进国家放宽对经常项目限制的要求,从 7 月 1 日起,在辖内推行外商投资企业银行结售汇制,开展申报和区分外汇账户的工作。截至年末,为 36 家外商投资企业办理申报和区分外汇账户手续，保留和新开立外汇账户 57 户，其中结算户 42 户，资本户 11 户，其他账户 4 户。另外还撤销 20 家外商投资企业原开立的 16 个外汇账户。

1997 年，国家外汇实行向人民币经常项目可兑换的方向发展，常德外管分局通过规范时间和核销程序等制度，公布“常德市首批对外付汇进口单位名录”共 15 家，其中进出口公司 4 家，生产企业 2 家，外商投资企业 9 家。在确保出口核销质量前提下，全年办理出口收汇核销 1754.39 万美元，进口付汇核销 246.40 万美元。

1998 年，常德外管分局重点强化经常项目的事后监督，抓好进口企业付汇资格审核工作，根据进口付汇业务开展情况，在检查和核实的基础上，先后二次调整、充实进口付汇企业名录，并及时向外汇指定银行公布新的“常德市进口付汇企业名录”，强化贸易付汇真实性审核。

1999 年，国家外汇管理局常德分局更名为国家外汇管理局常德中心支局。全年银行结售汇 4776 万美元，为 25 家出口企业发放出口收汇核销单 732 份，收单 617 份，核单 639 份，办理进口付汇业务 50 笔、1288 万美元。2000 年，组织开展经常项目外汇检查，全年结售汇 3850 万美元，出口核销 85 笔、1730 万美元。2001 年银行结售汇总额 6195 万美元，进口付汇 2481.89 万美元，到货核销 1512.18 万美元；收汇核销 2172.86 万美元。

2002 年，全市进出口贸易收付汇总额 6768 万美元，比上年增长 63.91%，其中出口收汇 3640 万美元，同比增长 68%，出口收汇核销率 96.51%，同比提高 5 个百分点；进口付汇 3128 万美元，同比增长 67%。9—10 月，为配合外汇账户管理改革和外汇账户管理信息系统的推广应用，常德外管支局对辖区 4 家外汇指定银行的非金融机构外汇账户与中心支局的账户审批资料进行全面清理核对，全市境内非金融机构外汇账户 53 个，其中经常项目外汇账户 29 个，注销不合规外汇账户 103 个。

2003 年，常德外管支局针对出口收汇核销率较底、遗留问题多、逾期情况复杂等情况，加大催收催核工作力度，对 62.55 万美元的逾期数据进行核销备查。全年出口收汇核销率达 99.55%，比省分局考核标准高出 9.55 个百分点、比武汉人行考核标准高出 14.55 个百分点。

2004 年，常德外管支局根据总局关于取消“出口收汇核销员备案”的规定，及时将 43 本核销员证收回并销毁，并建立电子档案，认真核实身份。重点启动防止逾期的提示、预警和重点监控三级“防逾”措施，力争降低逾期未核销概率和企业逾期资金风险。该措施实行后，未发生一起因企业进出口逾期未核销而受到行政处罚的案件，出口核销率比上年同期增长 3.1 个百分点、达到 99.42%。常德外管支局还组织 35 个出口企业和外汇指定银行的 39 名核销人员进行核销业务培训。

2005 年，常德市进出口核销总额达 1.53 亿美元，其中出口收汇核销 1.05 万美元，同比增长 4.5%；进口付汇核销 4818 万美元，同比增长 14.63%。强化贸易监管力度，对企业逾期行为及时进行催核。全年共发放催收催核通知书 5 份，出口核销率达到 99.74%，比上年同期提高 0.32 个百分点。是年，岩下荣祺食品有限公司和伟明湘旺五金制品有限公司因贸易项下收汇与同期贸易项下应收汇总额相差 10%,常德外管支局将其列入关注类企业,纳入收结汇严管对象。

2006 年,常德外管支局为提高全市贸易便利化水平,在辖内开展进出口远程核销试点和扩大自动核销企业的前期调查,局领导带队深入县域进出口企业实地考察,与当地政府和出口企业负责人座谈,认真收集意见和建议,为顺利推行贸易便利化打下扎实基础。

2007 年,全市进口付汇 132 笔 3865 万美元,同比增长 55.5%;常德外管支局为企业签发进口付汇备案表 21 份 4055 万美元,其中异地付汇 14 笔 3981 万美元。核销出口 3086 万美元,同比减少 19.7%。为提高进出口核销率,深入企业宣传核销政策,定期和不定期催收催核。

2007 年,常德外管支局确定人民银行桃源、临澧、津市支行为出口收汇远程核销试点,并着手开展对支行外汇管理员的业务指导和政策培训,同时配套搞好当地商业银行结售汇业务市场准入前期准备工作,上述三个支行远程核销办公室全年累计发放核销单 128 份、核销 95 份,核销金额达 559 万美元。是年 6 月,伟明湘旺五金制品有限公司的考核指标已不足 10%,岩下荣祺食品有限公司因流动资金不足而使生产经营陷入困境,常德外管支局及时将伟明湘旺五金制品有限公司从关注企业名单中清除,核准岩下荣祺食品有限公司办理 70 万美元预收货款的结汇手续,解决企业的燃眉之急。

2008 年,常德外管支局新核定 2 家有条件的企业实行出口收汇自动核销,全市实行出口收汇自动核销的企业增至 6 家,全年共办理自动核销 745 份 3460 万美元。对三个试点支行的出口收汇远程核销业务办理情况进行检查,查堵内控漏洞,三个试点支行办理远程核销 238 份 1473 万美元。

2009 年,全市进出口核销总额 1.64 亿美元,实际到位外资 5133 万美元,出口收汇核销率为 99.9%,高出上级考核标准 4.9 个百分点。常德外管支局对出口收汇逾期未核销单证按月清理,按照“逾期未核销催核制度”规定,对逾期未核销单位发放“催核通知书”,并对符合处罚备查条件的企业出口逾期未核销数据进行备查处理。全年共发放逾期催核通知书 21 份,电话催核 40 次,督促企业办理逾期未核销手续。

2010 年,为配合总局外汇制度的改革,先后开展进口付汇历史数据、出口收结汇联网核查数据及出口逾期未核销数据清理工作。通过数据提取、科学测算等方法,对 2008 年 7 月 1 日至 2010 年 3 月 31 日期间出口的企业出口可收汇余额历史数据及辖内进出口单位的逾期未核销业务,进行全面清理,共发放逾期未核销催核通知书 29 份,向检查部门移交安乡安凯机械有限公司、寰球电子、昊译贸易等 9 家企业共计 311 万美元的进出口逾期未核销数据。是年,常德外管支局将经常项目外汇账户开户信息登记与进出口企业备案登记合并办理,加快企业外汇业务的审批。全年为 5 家企业办理 236 万美元的预收货款付汇登记确认,为 3 家企业办理 780 万美元的延期付款登记确认,为 3 家企业办理 953 万美元的预付货款登记确认,缓解企业资金困难。

第二节 资本项目管理

1989 年，常德共有 5 家外商投资企业。1990 年，全市外商投资企业和“三来一补”（即国家对来料加工、来样加工、来件装配和补偿贸易方式进行的外汇管理）项目 16 个，外债余额 450 万美元，外汇抵押贷款 575 万美元。1991 年，外商投资企业增加至 13 家，投资总额 1750 万美元，其中外商投资 428 万美元。利用外资 842.66 万美元，外债余额 320 万美元。

1992—1996 年，常德的外资企业快速发展，5 年间，批准设立外资企业 288 家，1996 年年底达到 301 家，投资总额达到 106.92 亿美元，合同利用外资 55.63 亿美元，外资企业出口创汇 5927.92 万美元。

1992 年，常德放宽外资企业投资门槛，全市成立外资企业 72 家，投资总额 6.8 亿美元，合同利用外资 5754.2 万美元。投产外资企业的 25 家，出口创汇 349.5 万美元。

1996 年，全市新批外商投资企业 51 家，总投资 8.15 亿美元，合同利用外资 6136.17 万美元。截至年末，全市外商投资企业增加至 301 家，是年，总投资 35.84 亿美元，合同利用外资 18.4 亿美元。开业投产的 154 家外资企业外资到位 1.59 亿美元，出口创汇 2524.42 万美元。年末全市外债余额 1.11 亿美元，其中，直接外债 2 笔 272 万美元，间接外债 8 笔 2286.77 万美元，外汇（转）贷款 60 笔 4526.69 万美元。全年为外商投资企业调剂外汇 41 笔 251 万美元，为常德达门船舶有限公司将 100 万荷兰盾兑换成人民币。

1997—2001 年，全市新批外商投资企业 92 家，合同利用外资 3.76 亿美元，外商投资实际到位 3.97 亿美元。会同市招商局、工商局等八个部门每年对全市 78 家外商投资企业进行年检。1999 年，及时撤销 12 家外商投资企业保留的 12 个应销外汇账户。

2002 年，常德市合同利用外资 5693.08 万美元，同比增长 45.1%，实际到位外资 4154.1 万美元，同比增长 36.6%；登记外商投资企业 108 家；进出口企业备案 48 家；外债余额 5761.86 万美元，其中直接外债 2402.59 万美元，外债转贷款 3359.27 万美元。

2003 年，新办外资企业外汇登记 34 家、直接投资结汇金额 2105.2 万美元；直接外债余额 2402.59 万美元、外汇转贷款余额 3110.07 万美元、自营外汇贷款余额 2930 万美元。同时，灵活运用有关政策，成功办理全省首例境外投资者并购中方股权业务—香港华明有限公司收购常德纺织机械公司 25%的股权，为常德市引进外资 167.9 万美元。

2004 年，常德外管支局新办理外资企业外汇登记 35 家。为常德德惠纸品有限公司、湖南恒安纸业有限公司、常德市汇美食品有限公司、湖南洞庭牧业有限责任公司、常德纺织机械有限公司等 5 家企业办理外资并购中方股权业务，帮助中资企业成功引进外资 1724.86 万美元；核准湖南东港建设开发有限公司、广州市水电建设工程有限公司、中国水电十三局湖南城防工程项目部等项目单位引进日元贷款，开立外债专用账户 4 户。在资本项目外汇政策指导方面的做法和经验被省分局推介。

2005年,常德外管支局新办理外商投资企业外汇登记17家,外资实际到位额2665.19万美元。直接外债余额2402.59万美元、外汇转贷款余额3111.25万美元、国内外汇贷款余额3570.10万美元;核准湖南省建筑工程集团总公司、常德市华纬水电有限公司、湖南省长沙湘华建筑工程有限公司等项目单位引进日元贷款开立外债专用账户3户,办理外债结汇1780.99万美元。电话授权办理资本金结汇业务,确保常德兆恒水电有限公司工程建设顺利进行。常德电视台对常德支局贴心企业、服务地方经济发展的事迹进行报道。2006年,常德外管支局办理外汇登记外资企业139家、注销登记39家。参加联合年检的外资企业100家、参加外汇年检外资企业98家,参检率为98%、同比增加5.98%,外汇年检合格企业76家,合格率77.55%。对6家外资企业进行年检抽查,抽查率7.89%。

2007年,全市进出口核销总额1.39亿美元,外商实际到位外资4686.22万美元,出口核销率99.07%。常德外管支局积极支持境内企业"走出去",引导境外投资企业更有效地利用境外资源,实现较快发展。为境内企业"走出去"进行调研,由常德外管支局局长余德中主持撰写的《限制企业走出去的瓶颈》一文被《中国外汇》刊用。2月,组织力量开展对常德境外投资市场调查,指导澧县金龙玉凤餐饮公司成功在境外实施投资。完成金健米业和逐鹿麻业两个企业境外投资外汇资金来源审查。对常德中行、常德市财政局、西洞庭农场等9个项目单位进行外债清理,共完成数据核对12项,确认直接外债余额为零、外汇转贷款余额为946.57万美元。

2008年,全市新办外商投资企业外汇登记7家,外商直接投资出资及实缴注册资本5662.51万美元;直接投资结汇5248.5万美元;境外投资付汇68.81万美元;外汇转贷款结汇额186.45万美元。办理各类登记及核准业务117笔,其中,新办外商投资企业外汇登记7家,开立资本外汇账户8个,开立经常外汇账户29个,资本项目结汇业务15笔。同时,创新外汇服务方式,对境外投资的企业开通跟踪服务的"三条绿色通道",即对年出口收汇500万美元以上且无违规纪录的企业实行预约服务,共办理进出口核销预约服务18次;对注册资本在500万美元以上的外商投资企业实行当日核准,有6家企业的16笔业务实行当日核准;对实施境外投资的金龙玉凤、金建米业、逐鹿麻业等企业实行跟踪服务。组织专门力量开展外资企业外汇年检和抽查工作。全市参加联合年检、外汇年检的外资企业96家,参检率为100%。外汇年检合格企业78家,合格率81%。同时对湖南达门船舶有限公司等7家公司进行年检抽查,对金龙玉凤、金健粮油、逐鹿苎麻三家境外投资企业,进行年检和综合绩效评价。

2009年,全市新办外商投资企业外汇登记10家,外商直接投资出资及实缴注册资本2745.92万美元;直接投资结汇2583.39万美元,比上年同期减少2303.21万美元。办理各类登记及核准业务80笔。同时,建立重点涉外企业联系制度,在全市选定10家重要企业,采取发放问卷调查表、召开座谈会、实地调研等方式,开展"一对一"的外汇服务;出台《关于支持常德市涉外经济发展的指导意见》,助推常德市涉外经济健康发展;通过口头授权及时为湖南猎鹰教育投资公司办理验资询证业务。

2010年，全市新办外商投资企业外汇登记11家，外商直接投资出资及实缴注册资本631.44万美元；直接投资结汇1760.26万美元。办理各类登记及核准业务80笔，其中，新办外商投资企业外汇登记11家。同时，组织召开10家重点纺织服装企业、6家外汇指定银行参加的“纺织服装企业走向国际市场的危与机”专题研讨会。为达门船舶有限公司出口拖轮无法顺利核销及退税提出可行的解决方案，在规定时间内加班加点完成出口退税，在两个工作日内圆满解决湖南桃源杰新纺织集团因自身误操作导致245万元港币、97万美元预收货款无法及时结汇的难题，帮助企业规避汇率损失。

第三节　外汇监督管理

1988年12月13日至1989年1月20日，常德外管分局根据国务院财务、物价大检查办公室，国家外汇管理局的文件精神，对全市创汇、用汇单位进行检查。在全市350个单位（其中，国营单位138个，集体单位210个，金融单位2个）自查的基础上，常德外管分局重点抽查19个国营单位，2个金融单位，发现2个单位存在违规问题，金额14787美元，其中逃汇10885美元，截留外汇3902美元；对上述问题进行批评教育和罚款10150元的处理。

1990年，常德外管分局进行3次外汇大检查和重点抽查，查处文某等4人逃汇、套汇、私自买卖外汇等5起违反外汇管理规定的案件，查处金额10939美元，处以罚款（人民币）23812元。1991年，批准常德工行国际业务代理处、桃源中行等5个单位开办外汇业务，3家单位开办收外汇券业务；12月，开办境内居民外汇调剂业务；全年外汇券收入2160万元，创汇400万美元，比上年增长17.5%。1992年，结合外汇管理工作的新特点，在全市范围内积极开展对贸易外汇和非贸易外汇的日常检查工作，并把金融机构经营外汇列为重点检查对象。在普遍自查的基础上，重点检查常德中行、德山中行、澧县中行、津市中行、常德工行国际业务部、常德工行国际业务部津市代办处、省农行国际业务部常德代办处等7个金融机构。检查25个出国团组，没有发现套汇、逃汇、私自买卖外汇等违法行为。

1993年，常德外管分局全面清理外汇账户。4月下旬至5月下旬，对常德中行、常德工行国际业务部、省建行国际业务部常德代办处、省农行国际业务部常德代办处等外汇指定银行的81个外汇账户进行清理。逐笔检查辖内外汇指定银行对外付汇业务，发现未经批准对外付汇共4笔65.02万美元。1994年，对129个企事业单位外汇账户进行一次全面清理，根据新的规定，重新核批符合条件的单位开立外汇账户109个，撤销外汇账户20个。6月上旬、中旬，在公安部门大力配合下，在武陵区组织三次打击外汇黑市交易活动，共抓获不法分子21人，摧毁和瓦解倒汇团伙2个，收审2人，收缴美金及其他外币、债券2万元；《金融时报》《经济日报》《中国外汇管理》等报刊登载常德打击外汇黑市交易的经验。

1995年，常德外管分局对辖内外汇指定银行在外汇体制改革以来开展的部分外汇业务进行一次大规模的调查与检查。全面掌握实行新汇制后常德市外汇业务发展现状，对出现的问题提出整改意见。

1996年,根据全省外汇管理分局长会议精神和外汇体制改革新形势的要求,常德外管分局把工作重点放在外汇金融监管上,全年开展综合及专项检查10次,发现问题16个,撰写检查材料20份。严肃查处湖南富豪汽车服务有限公司等5家违反外汇管理规定的单位,共收缴罚没款8519.70元人民币。

1997年,常德外管分局处理1996年外汇大检查中发现的问题,阻止2起外汇金融诈骗案件的发生。5至6月,对全市32家经批准代理代办外汇业务的金融机构进行清理;9月,对全市4家外汇指定银行结售汇及汇价执行情况进行全面检查。

1998年,常德外管分局紧紧围绕"强化监管,维护外汇金融秩序稳定"这个重点,开展以打击逃汇套汇为主要内容的专项检查。组织专门力量对辖内31家县级及其以下金融机构经营外汇业务情况进行检查。针对检查中发现的超范围经营问题立案7起,给予行政处罚。组织专人到外汇指定银行对因公、因私出国批汇业务检查。对外汇指定银行汇价报送及执行情况进行不定期检查。会同市公安局、工商局在城区范围内开展打击外汇黑市交易活动,查处非法买卖外汇人员18人,取缔外汇黑市2个。

1999年,查处骗汇、逃汇和非法买卖外汇犯罪活动8起,查出违规金额1536.9美元,对骗汇企业处以127万元人民币罚款,没收非法所得20万人民币。与公安、工商一道捣毁外汇黑市2个,抓获非法买卖外汇人员4名;立案查处中港合作常德昌辉路桥有限公司违规使用889万美元外汇的问题,收缴罚没款10万元人民币。2000年开展出境旅游购汇情况专项检查及外币兑换点业务发展情况检查,对存在问题进行严肃处理。

2002年,常德外管支局开展案件防范专项治理活动,共查处出口收汇逾期未核销案件6起,涉及逾期未交单18单、逾期未核销35单,涉及金额达136.29万美元。

2003年4月,常德外管支局对常德酒类销售市场出现的"开瓶港币送给您"违规促销行为采取有力措施,责令该酒类销售公司立即撤销该广告并强制收兑港币1400元,及时制止该广告带来的不良社会影响。

2004年,常德外管支局狠抓反跨境洗钱工作,集中精力对外汇指定银行、涉汇企事业单位和居民个人等四类主体实施管理,并首次对境外投资者违规用人民币投资、居民个人涉嫌外汇黑市交易的行为进行处理,对违规为外资企业出具验资报告的5家会计师事务所进行制裁,联合武陵区公安局对2个外汇黑市交易窝点进行集中整治。

2006年,常德外管支局对辖内办理外商投资项下资本金结汇业务的两家指定银行进行专项检查,在全省率先设立支行外汇业务管理员岗位,省外管局副局长张绪群批示:"常德的做法和经验值得推荐"。

2007年4月,常德外管支局按照"周密部署、任务到人、整合资源、全面核对、仔细分析、明确重点、有的放矢、深入检查"的工作方案,对辖内4家外汇指定银行办理的资本金结汇业务进行检查。全市共办理资本金结汇业务46笔3434.88万美元,对检查发现的问题要求现场整改。10月，对办理个人结售汇业务的46家机构、网点进行为期一个月现场检查，共检查外汇业务9497笔2727万美元，分别占全市业务总量的81.3%和85.1%。

2007—2010年，常德外管支局加大外汇政策宣传力度，在《常德晚报》开辟《外汇管理与服务》专栏，主办《常德金融外汇专刊》，3次组织支局和外汇指定银行的外汇管理人员743人参加外管总局主办的《外汇管理条例》知识竞赛网上答题活动、网上外汇有奖问答及全市外汇知识竞赛活动，在常德电视台《行风热线》栏目中宣传外汇政策，现场解答听众政策咨询20人次，设立公开接待日宣传外汇政策，利用互联网QQ群、手机短信宣传外汇政策。

2008年，常德外管支局对辖内外汇指定银行和6家"关注企业"进行外汇管理政策情况专项检查。2009年，常德外管支局制定《关于银行执行外汇管理规定的考核办法》，从业务合规、数据质量、内控制度等方面对外汇指定银行进行考核，并实行"风险保证金"制度，全辖外汇业务差错率比上年下降28.75%。

2010年，常德外管支局重点加强跨境异常资金流动的监测，结合常德实际开展个人结售汇大检查，抽调业务骨干组成2个小组，分赴7县(市)对5家外汇指定银行2009年1月1日至2010年3月31日所办理的个人结售汇业务进行现场交叉检查，发现部分银行网点存在违规办理个人外汇业务、未登录系统办理个人结售汇业务等问题，及时下达整改意见书，要求银行加强培训、健全内控、整改到位。

第四节 国际收支统计管理

1990年，根据省外管局制定的《湖南省非贸易实行计划管理、试行超过计划留成的办法》要求，常德外管分局及时向省局编报《1990年常德市非贸易创汇企业收支计划》。全年调剂外汇成交总额1094.06万美元，达历史最好水平。1991年开始推广应用计算机软件，将"三资企业"额度账户等三个涉汇软件投入运行。1993年，制定《外汇额度、现汇使用计划》和《非贸易外汇收支计划》，年末全市外汇收支控制在计划内。

1994年，常德外管分局清理历年额度账户，向有额度余额的单位发出对账单，并将待处理情况上报省局。是年，除1988年挂账遗留的23.3万美元听候上级处理外，其他所有额度及其账户全部处理完毕。1997年，对国际收支明确专人负责，落实统计岗位责任制，制定和实施《直接投资企业直接投资统计申报竞赛办法》，上半年按要求帮助各外汇指定银行配齐国际收支专用计算机。1999年，制定《常德市国际收支间接申报竞赛办法》，组织对各外汇指定银行全面核查1—4月的上报数据。2000年，常德外管支局组织4人核查小组，对全市外汇指定银行上半年国际收支统计申报情况进行现场核查，发现漏报2笔，迟报32笔。全年国际收支统计申报2396笔6565万美元，申报率100%。2002年6月，试点推行"涉外收入款项5个工作日内申报"制度。8月，省外管分局在常举办湖南省涉外收入5日申报工作提速现场推进会。2003年对全市年度国际收支统计数据及对公情况进行8次非现场核查，及时向省外管分局上报《常德市 2001 年国际收支间接申报非现场核查情况汇报》。2005 年,全市国际收支总额首次突破 2 亿美元。对 3 家外汇指定银行共计 1618 笔 2815.9 万美元的国际收支间接申报数据进行现场核查,对常德建行漏报问题进行立案查处。2006 年 11 月 23 日,常德农行由于电子设备老化导致 2006 年 10 月 8 日至 11 月 23 日间的国际收支统计申报数据全部丢失,常德外管支局立即组织业务人员和科技人员帮助常德农行将丢失的数据进行补录、核实、勾对,妥善处置了操作风险。

2008 年,国家外汇管理局在原有 20 个业务系统的基础上,又推行服务贸易非现场监管、出口收结汇业务联网核查、贸易信贷登记管理、直接投资外汇业务信息管理等 6 大业务系统。常德外管支局加强培训和部门协调,确保 6 大外汇业务信息系统顺利上线运行。全年新办理外汇登记 5 家,外汇信息登记表收集、录入 83 家,办理外资外汇信息审核 79 家,导入生产系统企业 79 家,其中发放 IC 卡 74 张。是年,常德外管支局将国际收支现场核查范围延伸到辖内银行分支机构。先后对辖内工行、农行、中行及所属分支机构进行现场核查,共核查申报数据 4540 笔 1.46 亿美元,查处违规金额 40 万美元,及时纠正违规问题。是年,全市国际收支总额与银行结售汇总额双双破 3 亿美元大关。2009 年,常德外管支局加大国际收支统计管理核查力度,通过现场和非现场核查,纠正错误申报信息 239 条。

2008 年和 2010 年,常德外管支局先后两次参加全省外汇业务知识竞赛,分获团体第一名、团体第三名,个人第一名、第三名及第五名。

第七篇

金融系统内部管理

第七篇　金融系统内部管理

常德市金融业内部管理主要有金融业务管理和保障管理。金融业务管理主要涵盖信贷资金管理、资产风险管理、财务会计管理及内控监督与稽核审计；保障类管理包括人力资源管理、安全保卫和金融科技建设等。1989 年至 2010 年，常德市金融业务管理实现了由粗放式管理向精细化管理转化，特别是全国性大型银行经过股份制改革之后，业务性管理模式基本实现了与国际银行业接轨，保障类管理也由低层次管理向高层次管理的升华，同时，随着电子技术发展，银行业务和内部管理全部实现电子化处理。

第一章　信贷资金管理

1989—1993 年，常德市银行业金融机构信贷资金管理模式由规模管理向资产负债比例管理过渡，信贷资金按照全口径计划模式实施管理。常德人行对金融机构贷款规模和再贷款实行严格控制。各专业银行和地方合作金融机构的贷款规模要严格执行人行下达的年度信贷计划，同时还要按照上级行下达的存贷款计划实施规模管理。1988 年年末，全市银行业金融系统人民币贷存比 278.42%，其中常德工行 328.91%，常德农行 408.89%，常德中行 367.69%，常德建行 172.82%，常德农信社系统 107.74%。全市外币贷存比 997.27%。

常德工行先后按照“控制总量、调整结构、保证重点、压缩一般、适时调节”和“抓存款、控贷款、压汇差、创效益、保安全”的原则实施信贷资金管理，把贷款增长总量是否控制在人民银行限定的规模内作为评价信贷资金管理优劣的标准。常德农行对信贷资金实行“按季监控、按月考核、适时调节”的管理办法，年末贷款最高限额为指令性计划不得突破。以责任制的管理方式强化贷款的规模控制和限额管理。1991 年和 1992 年，先后实行《中国农业银行贷款规模通知书》制度和《收回再贷计划管理暂行办法》，并将盘活、收回“两呆”贷款列入计划管理范围，以《信贷资产监测表》的方式对贷款占用形态实行月度和季度考核。常德中行从组建至 1993 年，一直按照省中行下达的存款增长和贷款发放计划开展工作，在年末以“人民币信贷调整计划”的模式锁定年报信贷总量。省中行按照指令性计划模式逐年下达对公对私存款增长计划和贷款增长计划，贷款计划还细分为出口收购计划、出口创汇额“三挂钩”计划等，采取“限额管理、全年亮底、按季控制、按月考核、适时调节”的办法实施管理。同时，常德中行还要按照“外汇外贸专业银行”信贷结构标准检验贷款投放的合规性，把外汇外贸性质贷款的总量占比作为评价标。常德建行根据其具有银行和财政双重职能的特点，所经营的贷款除少量流动资金外，其余都是基本建设贷款、技术改造贷款等中长期贷款。该类贷款项目具有政府计划批文、建行有信贷规模、资金条件允许的情况下才能发放。也就是在计委签证的项目中，建行只能在其中选择项目，或者由地方政府指定项目由建行放贷。由此而实现存、贷款全额计划管理到信贷差额计划控制的转变，建立重点建设贷款专项资金制度，信贷资金承包制度等信贷计划管理体系。常德人行对农村信用社按照 1987 年 8 月人、农两总行联合下发的《关于农村信用合作社信贷资金管理的暂行规定》，对其信贷资金实行“以存定贷、多存多贷、自求平衡和比例管理”的原则实施管理，主要采取计划、政策、信贷、利率等手段，通过县联社加强指导和管理。信用社的资金在按规定缴存存款准备金、留足业务周转金和呆账准备金，同时保证各项贷款余额占各项存款余额加自有资金之和的比例控制在 75%以内的前提下，富余资金可自主经营其他贷款。1993 年年末，全市银行业金融系统人民币贷存比降至 170.52%，较 1988 年年末下降 107.9 个百分点。其中，常德工行降至 221.53%，常德农行降至 284.68%，常德中行降至 97.61%，常德建行降至 97.19%，常德农信社系统降至 63.59%。由于信贷资金的超负荷运行，辖内 4 大银行不得不采用借入资金和超占汇差的方式保障运营，其中，常德工行向人行借款和其他借入资金 21.97 亿元，超占汇差 2.53 亿元；常德农行向人行借款和其他借入资金 28.56 亿元，超占汇差 4000 万元；常德中行向人行借款和其他借入资金 1.29 亿元，超占汇差 2197 万元；常德建行向人行借款和其他借入资金 1.47 亿元，超占汇差 1.7 亿元。

1994—2003 年，常德市银行业金融机构信贷资金全面按照商业银行资产负债比例管理模式实施管理。1993 年 12 月，国务院作出《关于金融体制改革的决定》，确定了建立在国务院领导下，独立执行货币政策的中央银行宏观调控体系；建立政策性金融与商业性金融分离，以国有商业银行为主体、多种金融机构并存的金融组织体系；建立统一开放、有序竞争、严格管理的金融市场体系的金融体制改革大目标。1994 年，常德市工、农、中、建四家国有专业银行均按照其总行的统一部署着手向商业银行模式转轨。

常德工行于 1994 年推出“资金内部计价、信贷资金风险管理、限额下的资产负债比例管理”三个改革办法及实施细则，并在辖内组织实施。1995 年，针对资金营运严重超负荷、信贷资产质量低劣和经营效益不佳的状况，制定 1996-1999 年三年打翻身仗的奋斗目标和发展规划。1996 年，以资金来源制约资金运用、盘活存量，调度资金、清交联行汇差资金，做到资金营运集约化。1998 年，在资金运用上全面推行资产负债比例管理办法，以贷款增量盘活存量，调整信贷结构。1999 年，全面实行资金汇划清算体制改革，制定《工商银行常德分行资金汇划清算办法》，执行贷款限额管理规定。2000 年，信贷资金管理坚持以提高质量和效益为中心，确立积极抢占非公有制经济、非生产流通领域和消费领域的信贷管理机制。采取向华融资产管理公司剥离 116 户共不良贷款 9.41 亿元的措施优化资产质量。2001 年，以“增量严控风险，存量努力盘活，加大信贷营销”的原则抢占优质信贷市场，取得显著成效。2002 年，调整信贷资金结构，实行审贷分离制度，实现资金营运业务创新。在系统内借款上，坚持“灵活调度资金、减少无效低效占用、降低资金成本”，实现资金的安全性、效益性、流动性的有机统一和提高。2003 年，常德工行被确定为全省工行系统首批资金体制改革地（市）级行，在全省系统内率先实现资金“日集中处理”，实行“资金有偿计价、优化配量”。围绕“增存创效压不良”的工作思路，制定《工商银行常德分行资金体制改革内部资金转移价值》和具体的资金改革操作规程。在资金配置项目下的“票据贴现借款”执行下浮 20%的特别优惠利率。通过十年努力，常德工行信贷资金大幅好转，人民币各项存款增至 71.82 亿元，较 1993 年年末净增 55.81 亿元，增长 3.49 倍，人民币各项贷款增至 64.18 亿元，较 1993 年年末净增 29.48 亿元，增长 84.96%。十年中，核销和剥离不良贷款 23.65 亿元，贷款不良率由 1993 年年末的 50%降至 39.72%。

常德农行从 1994 年开始全面强化信贷总量限额管理，除农副产品收购贷款实行边贷边报外，其他贷款均实行总量控制。是年 6 月 30 日，常德农行向农发行划转政策性业务，并继续履行农发行业务代理职能。1995 年，信贷资金管理突出以效益为中心，加大调控力度。制定《市分行资金调度管理办法》，对资金调度进行规范化管理，不搞超负营经营，按旬筹集资金足额清算汇差。信贷计划“不准超限额、不准超规模、不准超规定幅度‘鼓肚子’，不准随意拆借，不准弄虚作假”的“五不准”原则，将贷款总规模、乡镇企业贷款、固定资产贷款列为指令性计划进行控制。1996 年，全面实行以资产负债比例管理为基础的贷款规模管理，比例管理与限额管理同时并存。指令性计划管理指标调整为季度贷款限额、全年贷款总规模和固定资产贷款三项。1997 年制定《资金计划管理办法》，全面推行以规模管理为基础的存、贷比例管理。市分行对各支行设置贷款限额和存贷增量比例两大指标，资金实行统一管理、集中调度、分户核算、差别利率、经济制约的办法。是年完成上级行下达的 2760 万元贷款压缩任务。1998 年实行“重点盘活存量，适度增加增量，收缩审批权限，坚持效益优先”的经营管理策略，各支行实行限额控制下的项目管理，强化系统内资金统一调控。1999 年的信贷资金计划坚持“资金为本、效益优先、限额管理、稳健经营”原则，资金安排按照“18%的两级准备金，5%的存款备付金；清算汇差和同业往来；亏损占用；归还系统内借款；认购国家债券；发放贷款；归还拆借资金”的顺序使用。专项业务资金纳入全行业务统一管理和统一调度，设立专用账户，实行专项核算。贷款发放既要有资金保证又要有计划规模。2000 年，常德农行开展信贷资金“存量管理年”活动，信贷资金管理的重心由配置增量为主转变为优化存量为主，计划和规模均以资金为轴心，同时实行区别化管理的引导性管理方式，小额质押贷款由各行自主掌握，消费贷款和贴现贷款限额管理，项目贷款和专项贷款按计划发放，强化收回再贷的计划性管理。2001 年，加大在信贷资金在区域结构和客户结构调控上，调控贷款计划配置，在客户结构调控上，全年新增信贷规模 90%以上投向市区和县城等经济发达区域，新增贷款 80%以上投向优良客户，是年，优良客户贷款占比提高 6 个百分点。2003 年继续推行以客户为中心的信贷计划管理机制。取消专项业务“四专”管理,实行常专业务合并,统一核算,不再单独下达专项贷款经营计划。贷款计划分为引导类、重点类、自主(调控)类和专项类。贷款计划实行增量存贷比例和贷款限额双向控制。以增量存贷比为指导性监测,以贷款限额为指令性限额。2013年年末,人民币各项存款增至61.54亿元,较1993年年末净增47.07亿元,增长3.25倍。人民币各项贷款增至46.45亿元,较1993年年末净增5.31亿元(未考虑向农发行划转),增长12.91%。十年中,核销和剥离不良贷款22.59亿元,贷款不良率由1999年年末最高位的79.56%降至67.34%。

常德中行实行资产负债比例管理,经营活动以效益为中心,业务发展以增加存款为基础和重点。1994年,提出“以经济效益为中心”,按照“强化管理,稳健经营,提高效益”的原则,以强化内部管理、优化资产结构,增强资金实力,拓展新业务,加强经济核算为重点。制定和执行《中国银行常德分行人民币资产负债比例管理试行办法》,确定“使资产负债达到总量平衡、结构均衡”的管理目标和“以资金来源制约资金运用,保持资产与负债的期量对应关系和提高流动性、保证正常支付、优化贷款结构和分散贷款风险、讲求经营效益和追求最大利润”的管理原则。强化资金来源制约资金运用、量入为出,严禁超负荷运行。上收各支行资金拆借权,并对未收回拆借资金实行目标任务收回制度,坚决杜绝新的违规拆借行为。改过去单一的指标管理逐步向存贷比例管理,由静态控制向动态管理转变。确定“贷款增量与是年存款增长、盘活资金总量、收回南流资金以及归还再贷款“三挂钩”信贷规模分配原则。对超规模发放贷款的,除给予通报批评外,还将按照超多少则在下月扣减同等额度规模的原则执行纪律。1995年,成立以正副行长为正副主任、职能部门负责人为成员的信贷管理委员会,明确利用3~5年打造以质量、安全、效益为具体内容的“三三一”工程。实行外延型向内涵型转化的发展模式,由规模管理转向全面资产负债比例管理,确定风险管理是信贷资金管理的主要任务,重点解决超负荷运行的问题。1996年按照集约化经营的方向,以存款立行、优化资产、激发内部活力积极增收节支强化监督制约和加强电子化建设的基本思想组织经营和实施管理。坚持信贷投放的增加严格与存款的增长相联系,全辖资金实行统一调度,以“谁的项目有优势就支持谁”的原则展开资金的运用,建立起“统一授信、审贷分离、控制风险、内部协调、规范操作”的信贷管理体系。1996年,严格执行“负债制约资产、统一资金管理、积极发展票据业务、强化合规经营”的信贷资金管理原则,实施信贷规模与资金承受能力挂钩、流动资金贷款规模实行期限管理和加强对信贷资金投向监控的信贷管理模式。采取对超绕规模发放贷款违规占用的资金加收2%的规模占用费和加收50%的罚息的手段进行控制。1997年,把催收盘活作为信贷资金管理的重头戏来抓。是年,常德中行将以往年度账外违规经营资金的来源与运用资金全部并入大账。1998年,严格按照商业银行资产负债比例管理原则和总行“四重”发展战略,加强信贷资金管理和拓展存贷业务。把大幅度增加存款、盘活存量资产、化解金融风险和有效地控制压缩非生息资产的增长作为业务发展的三项重点。受以往年度不规范经营的影响,是年末向上级行借入资金仍然高达2.5亿元,占负债总量的20.1%。1999

年,常德中行为解决好超负荷运行的问题,把增存作为"保牌子、保饭碗、创效益"的核心工程来抓,同时坚持盘活存量,增加效益性投放,走贷款增量与存量同步调整的资产兴行信贷工作之路,取得存款增长"超计划、超同期、超历史"的三超形势,不良贷款也获得"比重下降、绝对额下降和风险值下降的"三降"局面,贷存比降至51.64%的安全区间。2000年,常德中行开始按照公司治理机制实行内部管理,按照"统一授信、分级审批、分级授权、审贷分离"的原则制定《授信业务再转授权管理规定》,限定不同层级的贷款审批权限。2001年,大胆进行公司化治理机制的建设,突出增存和扩大投放,净收回2298万元的不良贷款。2002年,围绕"深化改革、扩大规模、调整结构"的主线开展工作,资产负债规模与日俱增。2003年,按照中国银行2005年以前整体上市的要求,深化改革,调整结构,加强信贷资金的管理,创下常德中行有史以来连续三年快速增长的历史。2013年年末,人民币各项存款增至24.86亿元,较1993年年末净增21.41亿元,增长6.21倍。人民币各项贷款增至10.33亿元,较1993年年末净增6.97亿元,增长2.07倍。十年中核销和剥离不良贷款5.07亿元,人民币贷款不良率由1997年年末最高位的80.06%降至7.14%。

常德建行于1994年全面实行限额管理下的资产负债增量比例管理,并开始逐步实行"总量控制、比例管理、分类指导、市场融通"制度。成立资产负债管理委员会,制定《常德建行资产负债比例管理暂行办法》,按照综合平衡的原则,依照限额比例的原则对所属支行下达贷款投放计划,指标分配体现自主经营,自求平衡,自担风险,自我约束的经营机制。确定资本充足率、负债成本比例、资本回收率等八大管理指标和贷存比例、备付金比例等五大监测自律指标。按照"限额控制、分别核定、按季考核、适时调节"的原则实施日常性管理。1995年,按照国家产业政策的要求,贷款投向突出"三保",即保重点、保收尾、保生产。坚持按月控制、按月考核的贷款规模监测方式,确保贷款规模不突破。全面推行贷款风险度管理第一责任人制度,严格拆借资金管理。制定《常德建行调拨资金管理暂行办法》,严肃资金管理纪律,优化资金结构。受资金体制改革的影响,全行资金缺口加大,资金供求矛盾突出,因此一方面大力组织存款,一方面想方设法筹措融通资金,是年,累计融通资金22.9亿元。1997年,常德建行为解决信贷资金来源不足的问题,提出"存款立行""资金兴行"的口号,在加大存款工作力度的同时,灵活调度资金,对所属支行现金及备付金下达指令性计划,制定《常德建行信贷体制改革实施方案》,成立信贷管理委员会,设立统一归口管理全行本外币信贷业务的信贷管理部门。建立以市分行行长为中心,信贷管理委员会领导下,各级相关部门组成的信贷运行新体系,强化了贷款、担保、票据承兑、外汇信贷的集中统一管理。1998年,人民银行取消对各商业银行的贷款限额控制,全面推行资产负债比例管理和风险度管理。常德建行在信贷资金管理上围绕"效益"做文章,以灵活的资金调度减少资金的无效占用,资金备付率控制在3.23%以内,较上年下降0.59个百分点。压缩不良贷款7856万元,多措并举的手段在一定程度上缓解信贷资金紧张局面。1999年,为减少无效益和低效益资金,全行资金备付率降至2.81%,再下降0.42个百分点。为加强信贷风险管理和信贷资产保全工作,是年,成立信贷风险管理处。2000年,常德建行按照商业化经营的要求,突出效益和风险管理,在考虑信贷规模、信贷投放政策、风险防范等因素的基础上,开始重点营造培植具有本地特色的优质客户群体,信贷资金重点投向电力、交通、城建、财政、文教、卫生等行业,2001年,又进一步加大对交通、电力、电信等行业的投放,信贷结构得以优化。同时对不良资产实行集中管理,加大资产保全力度,市分行保全工作人员由3人增加至7人,各支行均有2~3人,加强对抵债资产的经营管理,既加快不良资产处置步伐,又防止了不良资产处置的随意性。2002年,常德建行以优化负债结构为目标,全力开发存款市场。通过网点布局和业务功能整合,初步形成集约经营格局,使个人银行业务成为"亮点"。贷款义务坚持信贷结构的调整与优化巩固传统业务和大力开发信贷新业务,加大对AA级以上客户以及文教卫生、通信、交通能源等行业的信贷渗透力度,个人住房抵押、银行承兑汇票贴现等低风险品种也得到发展。同时压缩、限制、淘汰高风险客户,主动从62家高风险企业退出,收回贷款本金4680万元。全面推行贷款质量的五级分类管理,加强信贷授权授信管理,规范信用等级认定。全面实施以提高资金营运效益为核心内容的压缩超额比例库存现金、压缩超额人行存款、压缩系统内收差存放资金、压缩不合理资金占用,变无息资金为有息资金、变低收益为高收益、变停滞资金为流动资金的"四压三变"工程。2013年年末,常德建行人民币各项存款增至41.2亿元,较1993年年末净增35.79亿元,增长6.62倍。人民币各项贷款增至15.31亿元,较1993年年末净增9.58亿元,增长1.67倍。十年中,核销和剥离不良贷款11.4亿元,人民币贷款不良率由1999年年末最高位的49.15%降至14.3%。

常德市农村信用社按照1991年中国人民银行下发《农村信用合作社资产负债管理暂行办法》的要求,实行资产负债比例管理,规定各项贷款不得超过各项存款加自有流动资金及视同自有资金总额的75%,信用社股金加各项基金之和与其贷款总额的比例一般要求为10%;固定资产贷款占贷款总量的比例不得超过25%;最大一家客户贷款最大额度不得超过自有资金的50%;信用社的固定资产总额占其自有资金的比例控制在30%以内。1996年12月农行与信用社脱钩后,人民银行总行于1997年下发《农村信用合作社资产负债比例管理暂行办法》,常德农信社按照资本净额与加权风险资产总额的比例不得低于8%。逾期贷款比例不得超过8%,呆滞贷款比例不得超过5%,呆账贷款不得超过2%,最大的一家客户贷款余额不得超过本社资本总额的30%,最大的十家客户贷款余额不得超过本社资本总额的1.5倍,各项贷款与各项存款的年末比例不得高于80%,利润总额与全部资产的比例不低于0.5%的规定执行。2003年年末,常德农信社人民币各项存款增至66.43亿元,较1993年年末净增56.24亿元,增长5.12倍。人民币各项贷款增至36.16亿元,较1993年年末净增29.68亿元,增长4.58倍。十年中核销不良贷款2631万元,人民币贷款不良率由1999年年末最高位的73.45%降至45.73%。

常德农发行成立和独立运营后,按照农发行湖南省分行《工商信贷管理暂行规定》要求,强化对贷款对象、信贷计划、贷款审批、风险防范等各项管理。1997年11月,根据农发行总行《关于规范县(市)级以下粮棉油政策性信贷管理方式等问题的意见》,改变政策性贷款由县(市)粮食局“统借统还”为县(市)粮油集团总公司或购销公司、棉麻公司统一向农发行县(市)支行借款还款和统一办理结算业务,对基层粮食企业,分别在农发行县(市)支行开立基本账户,直接承贷承还和办理结算。1998 年,信贷资金管理按照“收多少粮给多少钱,卖出去必须经过农发行,销多少粮,农发行要收回多少钱”执行。对粮食收购贷款实行“库贷挂钩、钱随粮走、购贷销还、封闭运行”的管理。是年 4 月至 12 月间先后向常德农行划转农业综合开发、扶贫贷款和粮棉油企业附营业务等专项贷款。2001 年,常德农发行按照总行《粮食调销贷款管理办法》的规定,对粮棉油调销贷款按照“钱随物走,购贷销还、全程监管、封闭运行”的管理模式运行。对受地方政府委托的粮食调入、并由政府给予价差与利费补贴的,保证资金供应;对由企业自主经营的粮食调入,实行以销定贷、以效定贷;对贷款风险较大的,采取保证、抵押、质押等担保方式。2002 年,全省放开粮食购销市场,常德农发行按市场定价原则管理粮食收购资金,要求收购企业自筹一定比例资金参与收购,对发放收购贷款实行有效资产抵押担保,从此结束粮食购销企业信用贷款的历史。

资产负债比例管理模式的全面实施促进了常德银行业金融机构信贷资金的管理。2003 年年末，全辖人民币贷存比减至 84.84%，下降了 85.68 个百分点。其中常德工行降至 89.36%,常德农行降至 75.52%,常德中行降至 41.55%,常德建行降至 37.15%,常德农信社降至 54.7%,各行向人民银行借款、同业拆借和占用汇差资金的现象消除。

2004—2010 年,常德市银行业金融机构信贷资金管理全面规范和完善。2004 年开始,国有商业银行逐步开始股份制改造,交通银行、兴业银行、长沙银行先后入驻常德。银行业金融机构信贷资金开始实现“三性”原则指导下的资产负债比例管理。

常德工行信贷资金管理,重点探索清收、转化、处置不良贷款新的管理模式,将全辖不良贷款集中划转临江支行进行统一管理,实现由分散处置向集中处置的转化。2005 年把调整信贷结构,提高信贷资产质量和效益作为全行信贷资金管理工作的中心。2006 年,常德工行压缩潜在不良客户,完善信贷监测体系;加强对不良贷款的精细化管理,提高资产质量。制定出台《贷款大户风险监控负责制度》,构建上下整体联动的信贷风险防控体系,有效地防范和化解信贷风险。2007 年,坚持营销管理并重,突出优质基础设施项目。对城市基础设施、电力、水电重点企业等发放 6.5 亿元贷款;还对医药、食品工业等大型企业和优质民营企业和精品楼盘等项目给予重点支持。建立“分级监督、集中监控、明确职责、强化协作、定期考核、严格责任”的信贷风险管理制度,主动压缩“两高企业”贷款,对重点关注贷款、关注三级贷款实行一户一策,及时化解风险。2008 年,加快与国际先进信贷风险管理要求接轨,决定对全辖新增和存量贷款实行并轨统一管理。贷款统计监测和考核中,不再区分新增贷款和存量贷款。所有贷款到期后按照现行的收回、展期、再融资和重组等方式处理。2009 年,信贷管理由“实贷实存”转向“实贷实付”管理模式。规范信贷资金支付管理,严格审核交易、控制贷款挪用，预防和化解信贷风险。至 2010 年年末，常德工行人民币各项存款增至 172.8 亿元,较

2003年年末净增100.97亿元,增长40.57%。人民币各项贷款增至78.13亿元,较2003年年末净增13.59亿元,增长21.74%。7年中核销和剥离不良贷款10.88亿元,人民币贷款不良率由2003年年末的39.72%降至1.94%。

常德农行继续实行贷款限额和增量存贷比例双向控制,贷款计划结构按照引导类、重点类、自主类及外汇贷款分类管理。落实客户退出计划是收回再贷计划管理的重要内容,还与资源配置、经营效益建立联动机制,引导各经营行提高贷款规模使用效益。2005—2007年,实行信贷计划与经济资本计划并行的管理模式,实行结构分类管理,贷款计划结构调整为贴现类、引导类、专项类、重点类和自主类5个部分,将贴现从原引导类贷款中分离,单独确定计划,贴现类包括贴现及转贴现,引导贷款的投向和结构调整。实行有弹性的计划管理模式,除重点类贷款计划需逐笔申请,外汇贷款计划按需申请外,对其他类贷款计划则采取年初下达计划,年中依据市场需求、资金状况和资本回报率适时调整,使资源配置向经济资本回报率高、市场需求旺盛、信贷投放空间大的行倾斜。2008年,常德农行为股份制改造营造条件,剥离不良资产29.41亿元和核销不良资产1943万元,有效资产减少。2009年,是农行股份制改造后的第一年,按照统筹平衡业务、风险控制与财务关系的原则,编制第一份规范化综合经营计划书,加大信贷总量控制下的结构调整力度,促进信贷资源向经济增加值贡献大、经济资本回报率高的业务和地区倾斜,提升农行在优质信贷市场上的竞争力;完善定价管理,逐步建立区分城市和"三农"业务、区分大中小型企业及个人客户、区分存贷款业务,实现本外币一体化、内外部价格联动的多层级风险定价体系。2010年,全面落实风险管理体系建设,制定规范的差别存款准备金率计算方法,综合评价信贷投放及政策执行情况,对存在信贷投放过快等行为,采取较高的差别准备金率,回收流动性,降低该行资金营运效益,进一步引导信贷合理、适度、平稳投放。2010年年末,常德农行人民币各项存款增至180.42亿元,较2003年年末净增118.88亿元,增长193.18%。人民币各项贷款受大额剥离的影响降至41.08亿元,较2003年年末减少5.37亿元,下降11.56%。7年中,核销和剥离不良贷款29.8亿元,人民币贷款不良率由2003年年末的67.34%降至1.76%。

常德中行全面按照股份制商业银行模式运作。信贷资金的主要来源是吸收存款,同时严格按照"自我约束"的贷存比管理原则组织运营。2004年,深入开展股改资产尽职调查工作,对资产"家底"进行全面清理,保证资产安全以及会计信息的真实和完整,利用总行的最后一次政策优惠及时核销和剥离8057.62万元的本外币不良资产。2005年,在"资本充足,内控严密,运营安全,服务和效益良好"的原则指导下实施营运管理,《常德分行城区单店支行资金清算操作方案(暂行)》,合理有效的调度备付金和联行资金。2006年,按照"不断扩大经营规模,不断优化资产质量,不断提高经营效益和不断提升排名位次"的思想组织经营,坚持"资本配置优先、资产质量优先、效益考核优先和战略重点优先"的经营策略,是年,将承兑汇票业务的管理纳入资金管理的范畴, 组织清收不良贷款成为信贷资金管理的工作内容之一。2007年,转变增长方式,注重精细经营,全面强化风险约束,有效增加低成本负债和高收益资产业务。票据资金业务活跃，全年票据贴现量实现 6.28 亿元。2008 年，坚持全面提升价值贡献度与市场竞争力的经营理念，提出“高目标、严管理、利长远、讲实效”的经营理念，人民币存款成倍增长，授信业务平稳增长，先后收回原昇鑫公司已核销的 570 万元贷款和常德金帛化纤 193 万元次级类贷款。制定《中国银行常德分行流动性管理实施细则》，将超额备付率控制在上级行核定的范围内。积极运用票据和贸易融资手段发展资金业务，全年采用贴现为客户累计融资 9.29 亿元，运用开立承兑汇票的方式为客户累计融资 7.81 亿元，运用贸易融资的方式为企业提供 2034 万美元的融资，三种融资手段共为企业融通资金 18.5 亿元。2009 年，以有利长远产出为前提，加大网点建设和网点转型的综合投入，全力提升网点综合效益。存款业务增量再创新高、贷款业务大幅增长，资金总量有效放大，不良清收成效明显，不良核销继续推进，中小企业贷款总量明显增加，风险行业贷款及时退出。2010 年，常德中行开展“管理年”活动，信贷资金管理行为趋于程序化和规范化。2010 年年末，人民币各项存款增至 77.74 亿元，较 2003 年年末净增 52.88 亿元，增长 2.13 倍。人民币各项贷款增至 28.27 亿元，较 2003 年年末增加 17.94 亿元，增长 1.74 倍。7 年核销和剥离不良贷款 1.83 亿元，人民币贷款不良率由 2003 年年末的 7.14%降至 0.09%。

常德建行建立信贷业务审批项目准入关和“一把手”一票否决机制。按照国家产业政策和结构调整要求，拓展重点，依托支柱性行业，发展成长性行业，优化一般性行业，退出劣质行业和低端客户，消灭“芝麻户”（散户、小户）。实现区域经济、行业客户与公司产品及资源的最佳配置与组合，从而实现公司客户贷款规模、质量、效益的同步提升。2005 年，建立以经济资本为核心的风险和效益约束机制，优化信贷资源配置合理控制投放节奏，通过资源杠杆促进信贷增量和存量的进一步优化。为提高资金营运效益，降低筹资成本，进一步加强资金调度的灵活性，通过勤调拨、细算账、准预测、严考核等手段力争资金效益最大化。2006 年，新增贷款主要投向电力、交通、原材料、文教卫生等重点项目和具有成长性行业及中小优质客户群体，严防死守资产质量，有效压缩不良贷款。2007 年，以全市重点协调服务的五大产业和 12 大项目、15 个工业企业重点技改项目、市政府“中博会”16 个签约项目、市第三届银企融资洽谈会 37 个对接项目为重点拓展信贷营销。2008 年，完成 A+P 新系统与信贷评分卡系统上线工作，实行建行个贷中心建设及业务流程在原有基础上进一步标准化、规范化、程序化。全面推进个贷业务流水线式管理，实现个贷业务管理精细化、风险管理流程化，以提高流程风险控制水平。贷款投放上突出“四个重点”（即工业项目为重点、城市基础建设为重点、拟上市后备企业为重点、中小企业发展为重点），执行《关于追究造成信贷资产重大损失机构领导人员责任的实施细则》，对信贷管理工作因严重失职而导致辖内非正常贷款损失比上年增加 20%以上的基层领导人员，根据应承担的责任实行引咎辞职、责令辞职和免职的责任追究。2010 年，常德建行开展“贷后管理年”活动，制定《常德建行贷后管理实施办法》《常德市分行贷后管理年考核办法》等实施细则。在贷后管理年活动中，落实贷后管理规定动作，实行资产保全两端延伸，问题客户常态管理。经过连续 7 年努力，常德建行信贷资金管理完整的步入正常轨道。2010年年末,常德建行人民币各项存款增至158.55亿元,较2003年年末净增117.35亿元,增长2.85倍。人民币各项贷款增至68.59亿元,较2003年年末增加53.28亿元,增长3.48倍。7年核销和剥离不良贷款1.79亿元,人民币贷款不良率由2003年年末的14.4%降至0.82%。

常德交行成立之初就将信贷资金管理列为重要工作,重视风险防控,实现信贷资产不良率为零的良好开局。建立起包括涉及授信管理,贷款管理,反洗钱等各个方面的风险防控的制度体系。设置负责全面风险管理工作的风险管理部。推行授信业务管理"三制",即授信业务实行限时办理制、低风险业务实行及时处理制和上报项目跟踪管理制。是年,正值交总行"管理提升年",常德交行制定和印发《常德分行授信业务流程》及《常德分行业务风险指引》等文件,加强信贷客户准入管理,从源头上防范信贷风险,出台"七个严格"的风险控制要求,即严格执行客户准入标准,不得随意调高客户等级及业务等级;严格控制客户新增授信额度,预防总量风险;严格对客户实际信用需求进行分析,不得单纯依据理论值核定授信额度;严格审查用途,不得任由客户为获取高额授信而提供虚假财务数据、虚设授信用途;对续授信实行严格管理,不得对不符合续授信条件的客户在同一年度内多次授信;严格核查客户财务指标,对凡是核心资产和关键指标等发生重大不利变化时,及时调减或终止授信额度;严格集团客户授信统一管理,控制集团客户总体系统风险。2010年年末,常德交行人民币各项存款12.67亿元,人民币各项贷款3.95亿元,人民币贷款不良率为零。

常德邮储银行组建时全面承接常德市邮政局的资产和负债,开始按照商业银行运作模式运行。依托和发挥邮政的网络优势,完善城乡金融服务功能,以零售业务和中间业务为主,开办零售类信贷业务和公司业务。2010年5月成立常德邮储银行资产保全中心。由于资产业务起步较晚和存款总量较大的原因,2010年年末,上存资金高达106.32亿元。是年末,常德邮储银行人民币各项存款110.17亿元,人民币各项贷款3.77亿元,人民币贷款不良率0.91%。

长沙银行常德分行成立后专设风险管理部和计划财务部,组建信用审查委员会,制定和执行《常德分行信用审查委员会管理办法》《贷款"三查"暨授信业务问责办法》等内部风险管理制度,从自身城市商业银行的性质出发,重点支持常德市的"三农"发展、食品加工、工程机械、文化教育、第三产业等支柱性行业,服务中小微企业。2010年年末,长沙银行常德分行人民币各项存款9.68亿元,人民币各项贷款3.91亿元,人民币贷款不良率为零。

常德兴业银行成立之初就将信贷资金管理工作作为重点,综合部和风险管理部分别履行资产负债比例管理、综合计划管理和信用风险、市场风险、操作风险、合规风险等各类风险的管控职责。2010年年末,人民币各项存款2.81亿元,人民币各项贷款2.78亿元,无不良资产。

常德市农信社强化信贷资金的规范化、科学化管理。2004年和2005年,落实贷款"三查"制度,执行大额贷款报备审查制度,严控大额贷款风险,加强跟踪检查监督,严惩违规行为。抓不良贷款的盘活与清收,化解存量风险,2004年和2005年,分别净压不良贷款3.64

亿元和9.08亿元，占比分别下降22.5个百分点和58.2个百分点。2006—2010年，严格防范新增贷款风险和加快不良贷款清收处置进度。在防范新增贷款风险方面，对超过30%信用社未达到收回标准的联社班子成员进行诫勉谈话，督促县级联社免去到期贷款收回未达标的基层信用社主任职务，同时还对贷款责任人采取限期收回逾期贷款、扣发绩效工资，实行停岗停薪收贷的措施。推行99%以上的新放到期贷款收回率考核，对不达标者落实责任追究。2009年，员工自借及担保不良贷款由年初的545人、6443万元下降至年末的191人、4032万元。对没有偿还贷款的109人做出停职停薪停岗处理，其中对一名联社班子成员给予停职处理，依法起诉58人，涉及贷款1625万元。2006—2010年，常德市农村信用社累计收回不良贷款11.69亿元。2010年年末，常德农信社人民币各项存款增至192.31亿元，较2003年年末净增125.88亿元，增长1.89倍。人民币各项贷款增至131.77亿元，较2003年年末增加95.61亿元，增长2.64倍。7年共核销不良贷款7139万元，贷款不良率由2003年年末的45.73%降至16.26%。

常德农发行按照“严格对象，总量控制，把握价格，动态监控”的原则，2003—2004年核定企业贷款额度3.39亿元，支持企业收购皮棉41.53万担。2005年，为防止信贷资金发生沉淀，常德农发行实行“两个挂钩”、严格奖惩等措施，督促粮棉企业均衡销售，按期还贷。2006年，对2005年发放的粮食流转贷款清收，督促企业在规定时间内清场。2007年，执行增储轮换政策，确保粮油增储、轮换任务按期完成。支持涉粮、涉棉企业入市收购，确保农民增产增收。2008年，常德农发行支持企业搞好国储棉竞拍入库工作，支持安乡恒生等13家企业竞拍国储棉。在粮油信贷方面，支持企业入库稻谷、玉米、油脂等农产品。2009年，进一步规范流动资金续贷管理，提前调查，提前上报，使企业资金供应“无缝连接”。对全市222家企业进行信用等级评审。2010年，常德农发行落实“抓大放小”信贷策略，控制新客户准入，对12家风险承受能力较低的中小企业实施信贷退出，客户质量提升。在流动资金贷款按期清场方面采取措施，加快粮棉油促销进度。2010年年末，常德农发行人民币各项存款14.26亿元，人民币各项贷款118.29亿元。

2010年年末，辖内各金融机构人民币贷存比全面回归正常，全市各金融机构人民币贷存比49.25%，较2003年年末下降35.59个百分点。其中常德工行45.32%，常德农行22.91%，常德中行36.38%，常德建行43.21%。常德交行31.26%。常德邮储银行3.42%，长沙银行常德分行40.39%，常德兴业银行98.95%，常德农信社68.52%。

第二章　资产风险管理

1989—1993年,常德市银行机构经营管理比较粗放,信贷资金风险初步显现。各银行机构对资产风险管理开始引起重视,资产风险管理措施逐渐加强。

1989年,常德工行采取依法收贷、转移债务、扣收担保单位资金和派出小分队帮助工行贷款企业挖潜、上门收款、清理拖欠等措施,强化资产风险管理。常德农行成立清资建制领导小组,以风险控制为目标,建立健全风险管理制度,将贷款置于风险监督之下。常德中行建立系统的信贷资产管理监测、考核、定期检查制度,明确对风险大的逾期和催收贷款的追收责任,建立贷款收回目标责任制度,是年盘活不合理资金1259万元。

1990年,常德农行市县两级行成立集约化经营领导小组和集约办公室,在清理信贷资产的基础上,通过清收非正常贷款盘活资金,对农村信贷风险资产进行综合治理。常德中行将挖潜清欠和压缩半边户(同一客户在多行开立贷款账户)作为风险资产管理工作重点,是年挖潜918万元,盘活存量贷款386万元。常德建行组织清理信贷资产,建立和完善贷款管理制度,落实整改不规范合同文本191份。在建总行组织的全国信贷资产大检查中评为优胜单位。

1991年,常德中行开展“品种、质量、效益”年活动,成立两个服务队,选择8个困难企业为重点开展支帮促,帮助企业在困难中崛起。常德建行重点从制度建设上加强贷款管理,制定贷款事前稽审等制度,加强评估评审、项目决策、合同管理、用款监督和追踪检查等五个环节工作。采取措施清理“三角债”,全年收回施工企业拖欠款1196万元。全市农村信用社开始注重风险资产的管理,将清收非正常贷款作为治理整顿农村信用社工作的重点。

1992年,常德工行采取以增量促存量、实施“两挂钩”措施,即新增贷款与部门或行业信贷结构调整挂钩,新增贷款与支行和企业贷款挂钩。督促行业部门调整资金存量,活化沉淀资金,使60家停产半停产企业恢复生产,收回逾期贷款6800万元。采取重新配置资金、盘活存量的办法,推动32家企业兼并整合,实现产(购)销两旺。常德农行解决债务不落实、偿还无保障以及资金不归行、多头开户等问题,参与企业转制全过程,抓好企业转制过程中银行贷款债务落实,保障信贷资产安全。常德中行树立“大外贸”战略思想,坚持“谁出口创汇效益好就支持谁”原则,围绕“优化、盘活、管理”做文章,确定市制革厂、桃源服装厂和机绣厂等10家企业作为支帮促重点,推动企业发展。

1993年,辖内各银行机构根据中央精神,整顿金融秩序,严格金融纪律,按照国务院“约法三章”要求追收违规拆借和南流资金。常德工行对拆出资金进行全面清理,是年收回拆出资金10002万元。对680户企业共20.4亿元贷款办理或补办抵押手续,对166户企业进行贷款风险管理。常德中行成立以行长为组长的整顿领导小组，组成专门队伍对违规拆借和南流资金进行催收。先后实施整顿劳动服务公司、收缩沿海房地产业务、严格执行结算纪律和利率政策工作措施。至8月15日中央规定的时间止，共压回超规模贷款4350万元，纠正违规拆借资金3975万元，收回南流和注入实体公司的资金3056万元。常德建行对11个系统内自办公司进行清理，回收贷款12942万元，年末不良贷款率13.5%，比上年下降1.8个百分点。

1994—2003年，常德市银行业金融机构逐步建立具有商业银行特色的“三位一体”风险管理体制，制定和完善资产风险管理制度，培养和打造风险监控队伍，为向股份制商业银行转型打下较好基础。

1994年，常德市银行业金融机构对风险资产按照“一逾两呆”的风险分类办法对风险资产实施管理。常德人行要求辖内各银行业金融机构对信贷资金经营按照信贷安全性、流动性、赢利性原则自主经营。常德工行组织全系统信贷、稽核、条法工作人员对418户企业进行贷款风险管理评定，对老贷款进行补办抵押手续，新增贷款全部抵押。采取“以优带劣促租赁，抓住机遇促兼并，牵线搭桥促拍卖，依法收贷促清收”四种措施，使221户转制企业5.2亿元信贷资产债务得到落实或清偿。《逐步建立风险管理机制，努力提高信贷资产质量》等经验被工总行在全国系统推介。常德中行借助司法程序依法催收，是年向贷款企业发出催收通知420余份。组成20多个催收小组，分赴内蒙古、海南、惠州、长沙等地催收，收回人民币和外汇逾期贷款7226万元和94万美元。是年末，催收贷款余额所占比重由年初的33.28%下降至16.97%，收回信用卡透支便利400万元，收回南流资金689万元。常德建行采取下达指令性计划的方式加大各基层行盘活存量的责任感，将任务落实到各基层行，实行定期考核。

1995年，常德工行对所有企业贷款实行风险管理，对风险度大于0.6的企业予以停贷。常德中行实施以“质量、安全、效益”为具体内容的“三三一”工程，下达不良贷款催收计划，以考核为手段强化资产风险管理。常德建行全面推行风险度管理，所有新增贷款都按照风险度管理办法进行评估、认定和表明风险度并制定防范措施。全行系统普遍建立贷款第一责任人制度，坚持谁介绍谁负责回收，谁发放谁负责收回。农村信用社全面推行贷款风险承包责任制，对新放贷款实行抵押担保，对原有贷款补办担保抵押手续，尽量减少贷款风险，降低信用贷款比重。层层分解“两呆”(呆滞、呆账贷款)贷款催收任务，以行政、法律手段加以清收，并把催收贷款净压任务和到逾期贷款收回率分解到社、到站、到人，实行工效挂钩。

1996年，常德工行成立由行长任组长的资产保全领导小组，设立资产保全部。对常德市邮电局、常德卷烟厂等12家贷款规模较大或经营状况不够稳定的贷款户实行重点监控，专人管理，并实行驻厂员制度。常德农行开展“质量效益年”活动，清理出历年账外经营资金62921万元，绕规模放款4865万元，放贷收息1214万元，虚增和虚下存款2151万元，虚增利润2294万元，个人责任贷款1700万元。实行清收个人责任贷款和透支款与个人工资津贴挂钩，开始对新放贷款实行包收责任制。常德建行建立收贷收息定期汇报制度，信贷部门每月向分管行长汇报一次收贷收息情况，每季向行党组进行一次书面汇报。实行收贷收息奖励措施,调动信贷人员积极性。是年,回收贷款3.5亿元,实收利息1.9亿元,同时,加强沿海贷款和拆借资金的清收,对逾期时间长、回收难度大的“老大难”贷款,落实专人负责清收,全行压缩不良资产10537万元。

1997年,常德农行推行贷款行长负责制,完善审贷分离制度。推行驻厂信贷员制度,全市派出驻厂信贷员30多名,对化解和预防贷款风险发挥重要作用。常德中行将盘活存量作为首要任务,将“支帮促、销小户、收本金和催利息”作为盘活存量的四项重要工作。全年销小户24户,收回贷款480万元,收回信用卡透支款项948万元。辖内各行自办公司全部撤销,并于12月31日对违规经营资金进行全面并账,实并违规经营资金来源2447万元,实并违规经营资金运用12847万元。全市农村信用社推行贷款包收责任制,坚持谁发放谁包收的原则,全年共落实责任贷款包收责任人841人,包收金额3.63亿元。

1998年,辖内各银行机构逐步按照《贷款分类指导原则(试行)》,对全部贷款实行五级分类,即按风险程度将贷款划分为正常、关注、次级、可疑、损失五类,后三类为不良贷款。常德工行在市政府和相关责任部门的支持下组成工商银行资产保全工作小组。是年,为196户企业20亿元贷款办理合法有效的抵押及担保,核销两呆贷款34户1.25亿元,核呆额度居工行全省第二。常德农行在试行“贷款五级分类管理制度”同时,继续按“四级分类管理制度”对风险资产进行过渡性管理。增设资产保全部,专门负责风险资产管理和资产风险监管工作。控制县支行贷款授权,新增贷款审批权上收到市分行,增量贷款必须由行长或分管行长审查并包收。同时加强基础管理,加大业务主管部门自控自律,整顿清理账外账和违规经营,加强内部监控。常德中行确定“盘活存量资产、化解金融风险、控制压缩非生息资产”的资产风险经营策略,对全辖信贷资产进行全面自查和分类。常德建行成立资产保全处,对借款合同进行全面清理。加大盘存压逾工作力度,狠抓贷款回收,采取奖励收贷、责任收贷、“三跟”收贷、重点收贷、变现物资收贷、依法收贷等多种形式,是年,回收存量贷款5790万元,压缩不良贷款7856万元,不良贷款率比年初下降2.30个百分点。全市农村信用社从内部入手抓信用社、站干部职工自借及介绍担保贷款的收回,整顿内部信用。

1999年,常德工行加大清收、转化、剥离贷款力度,三类不良贷款总额22.47亿元,较年初压缩8.45亿元。经工总行同意剥离呆账类贷款134户8.2亿元。常德农业银行坚持审贷分离制度,强化审贷委员会职能,新放贷款审批权和承兑汇票签发权一律上收到市分行,并实行授权管理,信贷计划得到有效控制。常德中行取消长城卡取现业务和消费业务的授权限额,规定所有取现和消费业务必须通过授权网络系统索取授权号。全面对信贷资产进行五级分类。常德建行成立信贷风险管理处,专门负责全行信贷资产风险监控工作。是年,剥离不良资产项目327个,剥离金额73469.11万元,其中,本金58629.06万元,应收利息14840.05万元,委托催收利息12633.56万元。全市农村信用社借助党政力量整顿社会信用观念,提出“象抓基金会欠款收回一样抓信用社贷款收回”的口号。各级政府下发协助信用社抓好“三收”工作文件45个,成立信用社抓好“三收”工作组120个,协助信用社收回贷款1375万元,同时收回信用社站干部自借贷款 786 万元，担保贷款 540 万元。

2000 年，常德农发行将贷款全面按照五级分类进行管理。常德农行将资产保全部改为资产风险经营管理部，负责监测资产风险，处置风险资产，维护金融债权，是年，完成对所有法人客户的统一内部授信工作。常德中行把不良资产剥离和核呆作为当期风险管理工作重点，成立资产剥离工作领导小组，向东方资产公司剥离不良贷款 26180 万元和 127.26 万美元，核销不良贷款 1205 万元，同时清收不良贷款 205 万元。不良贷款率由上年年末的 67.97%降至 50.00%。常德建行开展“信贷资产管理年”活动，是年，全面完成贷款风险五级分类任务。制定《担保物、偿债物管理操作细则》，通过处置促进不良资产盘活与回收，全年共处置偿债物 14 笔，收回贷款本息 208.85 万元。全市农村信用社借助法律力量抓“赖债户”“钉子户”贷款收回，市、县（市）两级信合管理部门与同级人民法院联合下文，对农村信用社起诉案件开展专项审判、集中执行活动，收回贷款 314 户，本息 1804 万元。

2001 年，常德农发行建立信贷管理违规个案报告制度，各行（部）建立违规个案资料档案，实行个案违规停贷制裁处理。开展清资核贷工作，主要采取粮棉企业固定资产全额抵押贷款、粮棉油库存仓单质押管理、督促企业办理财产保险、实行贷款信用等级评估、签订企业财政费用补贴担保偿付协议和健全信贷资产风险预警机制等措施，提高资产质量，防范化解风险。清理收回粮棉企业账账差贷款 4949 万元，账实差贷款 4193 万元。常德工行将不良贷款“双向锁定”目标纳入行长总体责任目标，将压降任务以指定性计划，按月层层分解，逐旬控制，按月监测，半年考核，年终总评。常德中行推行“公司化治理机制”，以改革的办法促发展、上效益和解决前进中的矛盾。对省分行划为“四类行”的津市、澧县、临澧和桃源四个支行实施重点监控。常德建行建立不良贷款预警制度，对新形成的逾期贷款逐笔签发不良贷款预警通知单，督促基层行限期收回。对借改制悬空债务的企业，及时申请行业公会列入“黑名单”予以联合制裁，依法打击逃废债行为。市信用合作管理办公室进一步澄清非正常贷款底子，按形成时间、形成原因逐笔登记造册，各区、县（市）联社均成立资产保全部或不良资产管理部，集中管理与清收处置不良贷款。

2002 年，常德农发行强化风险防控，加大“三制”（查库标高封签制、收购报账实地核查制、回笼销货款逐笔跟踪制）推行力度，实行“渗透式”管理。对粮棉企业进行信用等级评估，强制实行资产有效担保及投保，确定农发行为第一受益人，同时规定粮棉企业销售收入的 0.5%要计提削价准备金，专户存储。常德中行按照“三位一体”的授信和决策原则建立全新的授信管理体制，组建 5 人尽职调查组和 15 人组成的风险评审委员库。常德建行抓重点行业和重点项目，对城区“二行一部”以及全行排位前 10 位的不良贷款客户进行信贷风险诊断，促进不良贷款的盘活与回收。年末按“五级分类”口径不良贷款余额为 54810 万元，不良贷款率为 31.7%，比年初下降 11.5 个百分点。

2003 年，常德农发行开展棉花清仓查库活动和粮油“三查一落实”活动，分别与粮棉企业、县支行签订“库贷差额资金清收协议书”和“库贷挂钩差额资金清收责任书”100 多份。清收粮油账实差异数量921万公斤，金额919万元，清收棉花账实差异数量20685万担，金额1796万元。常德工行成立资产风险管理中心，制定《风险资产专业经营管理办法》《风险资产经营中心管理考核办法》，把城区、非城区两大块不良资产分别由临江支行和风险管理中心经营和管理。创新压降不良资产奖罚兑现考核机制，资产风险管理按不同档次交纳风险保证金。在风险监测上，明确资产风险管理部门总负责，公司业务、国际业务、住房信贷、个人金融、机构业务、银行卡等部门协同，整体联动。常德农行设立市城区风险资产经营中心，专门负责城区机构的风险资产经营管理工作。成立信贷自律监管大队，对每笔信贷业务开展周期性的贷后检查，信贷监督延伸至信贷业务的操作过程，确保信贷业务按规合法运行。常德中行健全“三位一体”的授信评审和决策机制，组建“风险评审委员会”。常德建行在全省建行系统率先实施对业务风险点全面监管，是年，对所属基层行进行3次全面或专题风险检查，开展信贷资产风险分类工作。全市农村信用社不断完善资产保全，收回不良贷款本息2132万元。借力政府“打造‘诚信常德’、创建金融安全区”契机，组织对行政事业单位及国家工作人员拖欠信用社贷款进行行政清收，是年，收回行政事业单位及国家工作人员拖欠贷款本息1531万元。

2004—2010年，常德市银行机构逐步完善股份制商业银行资产风险管理机制，拓展全面风险管理职能，实现由单一的不良贷款清收处置向全面风险管理的转变、由风险事后处置向事前控制转变。

2004年，全市银行业金融机构风险资产管理力度进一步加大。常德工行成立由“一把手”挂帅的压降领导小组，建立不良贷款压降机制。对全辖不良贷款实行集中管理，划转临江支行处置。常德农行全面推行五级分类制度。常德中行落实总行股改上市工作统一部署，做好业务流程转变、股改资产尽职调查等工作，集中力量做好不良资产处置、责任人追究、呆账核销和可疑类划转，展开非信贷资产损失的责任人认定、上报和核销工作。是年，核销不良信贷资产7600多万元，清收现金不良资产974万元，对不良资产形成的责任人给予行政处分和经济处罚。是年7月，开始对表内资产按照五级分类原则计提风险资产准备金。常德建行开展风险管理平台建设，成立风险管理平台工程领导小组。实行领导、部门与重点行联系制度，逐户解决不良资产消化问题。是年，全行剥离不良贷款551笔12853万元，年末不良贷款率比年初下降11个百分点。

2005年，常德农发行按照“一企一策”原则，进一步细化不良贷款分类，分别制定管理目标、处置策略和清收盘活措施，全年压缩不良贷款65483万元，不良贷款率较年初下降10.1个百分点。常德工行强化全员“99.3%和0.7%”数据教育，树立“丢贷款就是丢利润、丢费用、丢工资收入”的经营理念，建立信贷资金风险的预警和个案分析制度。常德中行开展“严管理、防风险、落实规章制度年”活动，强化银行合规经营，控制和防范风险。同时对票据业务的授信管理由准入制度转变为专业授信额度管理制度。常德建行加强资产质量全程监控，运用系统信息、分类信息，完善重点贷款客户监控和预警。常德农村信用社健全完善信贷工作目标管理责任制，将贷款“三查”、新增贷款质量、收息率等信贷业务的所有工作任务进行细化量化，分解落实到相关领导、部门、信用社（分社）及个人。2005 年年末，全市农村信用社不良贷款绝对额和占比实现双降，分别比年初下降 90765 万元和 58.2 个百分点。

2006 年，常德农发行制定不良贷款控制和清收工作意见，制定不良贷款“双降”任务考核奖励办法，规范不良贷款的审批及报备程序。狠抓重点行清收方案落实，压缩不良贷款 9565 万元。常德工行制定岗位分离与权限卡风险管理、资金营运风险管理、经营效益风险管理、中间业务风险管理、实物接触风险管理等一整套风险防范制度，建立营业网点操作人员操作质量档案和营业负责人的管理质量档案，以确保资金运行的安全性、执行制度的有效性，增强风险防范能力。常德农行成立风险资产管理部，不良贷款清收、盘活、保全、处置、核销，以及自办经济实体管理纳入该部门统一管理，对全部信贷资产、非信贷资产和表外资产进行统一监管。建立 1000 万元以上信用余额客户监测台账、百龙工程监测台账、信用业务备案台账、正常公司类客户实收利息台账。是年，全市农村信用社收回国家公职人员拖欠贷款 385 万元，257 人还清贷款，712 人签订贷款偿还协议，落实债权 1975 万元。

2007 年，常德农发行对信贷风险凸现的两家棉纺企业及 5 家老棉花企业实施信贷退出，采取强力措施追回尾欠贷款，全年压缩不良贷款 10.7 亿元，不良贷款率由年初的 27.4% 下降至 13.6%。常德工行清收转化不良贷款 9320 万元。常德建行进行风险管理体制改革，建立平衡风险与回报运行机制，对 99 家大中型信贷客户开展信用评级，评级覆盖率达 97.46%。

2008 年，常德农发行重点解决历史遗留问题，针对大部分老棉麻企业和基层供销社进入破产程序的现实，着手老棉花企业破产核呆工作。常德工行加强风险管理基础工程建设，制定风险管理委员会章程，采取多措并举，实现全行不良贷款“双下降”。常德中行制定和下发风险条线管理考核评价办法，根据考核得分，对主管风险管理的行领导以及授信业务负责人分别给予奖罚。对全辖经营性分支机构实施业务经理派驻管理制度，聘任 22 名业务骨干为各支行、市分行营业部业务经理。

2009 年，常德农发行促成临澧县、鼎城区政府从财政预算中拿出专项资金，收回临澧申华、鼎城牛鼻滩等企业不良贷款 652 万元。采取资产处置、企业并购、股权转让等方式加大现金清收力度，维护自身债权，全年累计现金清收不良贷款 1077 万元。加强对支行破产核呆工作监测并严格问责。是年年末，全市 19 家老棉麻企业全部完成破产终结，涉及贷款 8.4 亿元。常德农行加强全面风险管理，出台《新形成不良贷款责任人停薪收贷实施细则》，加大了逾期贷款收回力度，全年共有 41 人次，因 47 笔 1405 万元贷款受到停薪收贷处罚。实施全面风险拨备制度，由模拟拨备改为真实拨备，建立健全以信贷资产损失准备为主，以应收款项、抵债资产等为辅的全面风险拨备制度体系。常德中行按照“有保有压、区别对待”原则，对授信客户中与国家产业政策、与中行授信政策不相符的客户主动实施调整计划，坚决限制“两高”行业和产能过剩行业投放，对学校、县级交通、纺织、化纤等行业以及 BB 级以下客户进行压缩和退出。

2010年,常德农发行开展“不良贷款清收攻坚战”。通过督促企业增资扩股、资产处置及效益经营,现金清收存量不良贷款5200万元。通过债券转让、接收被扣押抵押资产等方式收回“天地人”等6家企业风险贷款5990万元。常德工行推行不良贷款客户会诊制度和风险限额管理制度,遏制、化解不良贷款和不良贷款反弹的双重压力。是年,清收处置不良贷款1.36亿元。常德农行全面落实风险管理体系建设,在全省率先对所有11个支行派驻全面风险经理。按季召开风险管理委员会例会,开展信贷业务尽职监督检查、贷款分类偏离度检查、重点行惠农卡及农户贷款风险专项治理等一系列检查活动。常德中行以“管理年”“制度执行年”活动为契机,提升主动风险管理能力,传导风险管理政策。常德建行下发风险预警提示书20份,指导化解资产风险。对189家大中型公司信贷客户开展信用评级并完成信用评级报告,全行系统评级覆盖率达98.19%。是年年末,不良贷款率降至0.82%。常德交行成立风险管理部,负责全面风险管理工作,制定各类风险防控管理文件、细则及操作方法。建立健全压力传导、整改评价和责任追究三个机制,突出对管理人员、经办人员问责,严格执行案件防控一票否决。按季召开全行性的风险管理例会,增强信贷从业人员的风险防范意识和管户能力。认定责任,对相关责任人及其主管负责人进行适当处罚,全年处罚17人次,处罚金额1.81万元。全市农村信用社全面落实风险控制有关要求,开展国家公职人员、行政事业单位逾期贷款的清理清收工作,区别不同对象采取有针对性的清收手段。对国家公职人员不良贷款的清收实行先通知,后谈话,再“三停五不”(停职、停薪、停岗、不提拔、不调动、不评先、不加薪、不晋级);对行政事业单位不良贷款的清收实行先认账、后承诺、再还贷;对乡镇、站所、行政村不良贷款的清收实行先摸底,后落实抵押、再清偿。是年年末,全市农村信用社不良贷款余额降至21.42亿元,不良贷款占比降至16.26%。

第三章　会计财务管理

第一节　会计核算

常德市金融机构根据《中华人民共和国会计法》和《金融企业会计制度》的规定，按照"统一领导，分级管理"的原则，实施会计财务管理。

1989—1992年，常德市金融机构主要抓好会计基础工作，建立和健全会计制度，开展会计达标升级活动。1989年，财政部出台《关于会计达标升级活动的通知》。常德市金融机构纷纷成立会计工作达标升级领导小组，开始开展会计达标升级活动。常德农行印发《财务会计工作综合考核评比办法》，开展会计工作达标升级检查验收，健全和完善经营管理目标责任制，推动全市农行系统会计达标升级。1990年，人民银行下发《关于改革联行清算制度的通知》，为解决占用应付汇差发放贷款，系统内汇差资金调度不灵和不能及时足额解付汇款等问题，执行"汇划款项与资金清算同步，汇差资金由人行控制"的新办法。常德农行对办理全国联行系统10万元以上和系统内10万以上的汇划款项，改为通过人行转汇并清算资金。1991年，常德中行按照"质量、品种、效益年"要求，借助"综合达标"活动推动全行财务会计管理工作，实行"会计核算操作程序规范化、结算纪律制度化、工作质量标准化、劳动管理科学化、文明服务规范化、达标升级正常化"的"六化"管理。常德建行成立会计达标升级验收小组，召开会计达标升级工作会议，部署全行会计达标升级工作。年末经检查验收，8个支行会计工作实现达标。1992年，常德工行全面推行以地（市）行为基本经营核算单位，实行"统一计划，统负盈亏，内部实行分级核算（或指标考核），分配挂钩"的管理体制。常德中行开展"教育、清理、整顿"，以会计达标为龙头、以账务规范化为主线开展达标活动。常德建行系统9个支行全部实现会计达标。全市农村信用社开展会计达标升级活动，制定《农村信用社会计达标升级实施细则及验收标准》等制度，举办会计、出纳人员培训班30期，参训人员756人。是年，全市有79个信用社会计工作达标，其中有11个社升三级。

1993—1994年，根据财政部颁发的《企业财务通则》《企业会计准则》和财政部、人民银行颁发的《金融保险企业财务制度》《金融企业会计制度》，新财务会计制度改资金收付记账法为国际通用的借贷记账法，改收付实现制为权责发生制核算，会计科目调整为资产类、负债类、资产负债共同类、所有者权益类、损益类和表外科目六大类。常德市金融机构按照新财会制度要求，有条不紊地开展各项改革措施。1993年，常德农行开展"全国联行对账、记账方法、会计、财务制度"四项制度改革，7月1日，开通联行新对账办法。是年，为制止资金外流、大量占用联行汇差的顽疾，制定汇差管理暂行办法，强化汇差罚息措施，执行各支行联行汇差压缩计划。从 1994 年 1 月 1 日开始，全市各金融机构均实行财会新旧体制转换，由收付实现制改为权责发生制，由收付记账法改为国际通用的借贷记账法。1994 年 10 月，常德中行与全国联行和省辖联行电子化对账系统调试成功，标志着电子化业务系统跨入一个新阶段。是年，实现业务收入 11172 万元，较上年增长 104.16%，年末资产总额为 81941 万元，增长 86.04%。

1995—1997 年，常德市金融机构规范会计基础工作，整顿会计秩序。1995 年，朱镕基副总理在全国会计工作会议上提出"整顿会计工作秩序的约法三章"。人行省分行联合省内 5 家银行和 2 家保险公司联合发文，开始实施"3351"金融质量工程，即通过三至五年或更长一些时间的努力，基本达到恢复"三铁"，提高"三性"(信贷资产的效益性、安全性、流动性)，实现"五化"(经营行为规范化、业务处理电子化、金融监管法制化、干部队伍四有化(有政治素养、有敬业精神、有职业道德、有专业知识)，全面提高金融机构素质和队伍素质，为经济持续、快速、健康发展创造一个稳定有序、安全高效的金融环境。是年，全市金融系统对照"约法三章"要求，按照进行自查自纠，加强会计基础工作建设。1996 年，常德工行对违规和账外经营进行清理和并账，并入存款 9011 万元，贷款 22838 万元，增加固定资产 8941 万元。常德农行全面开通全国联行、省辖联行、电子汇兑业务，结束手工操作联行业务的历史。常德中行实施统一核算的财务体制改革，全面实施资产负债管理。将信用卡部、房地产信贷部和国际结算部的会计核算的所有业务全部并入大账核算。经营活动实行承包制，财务费用由市分行财会部统一进行管理。是年，2447 万元违规经营资金来源，12847 万元违规经营资金运用全部并入大账，统一管理、统一考核、分头核算的会计管理格局得到强化。常德建行计算机网络(小型机综合业务网络)开通运行，年末小型机综合网已有 110 个前台网点，至 1997 年年末，网点全部入网，标志着常德建行会计电算化向前推进一大步。1997 年，常德建行对原有财会核算体制进行改革，组建财务中心和稽核中心。财务中心负责全行各项收入、支出、资产、物资的核算管理。稽核中心负责全行各营业机构会计业务的事后稽审，从而提高财会核算的准确性。1997 年，常德市农村信用社首次对会计档案实行分类管理，分会计传票、会计账簿、会计报表、其他会计资料管理。为巩固会计达标升级成果，常德市农信社实施"六抓"，即抓制度完善、抓队伍培训、抓达标升级巩固、抓增收节支、抓疏通结算渠道、抓与农行脱钩的资产清理。34 个信用社经常德人行验收被确认为会计达标升三级，7 个信用社升二级，其中 1 个社申报一级。

1998 年，辖内各银行金融机构强化管理，确保会计工作真实、准确、合规、合法运作。常德农发行对所有承贷单位账户进行清理，撤销多头开户 32 个，划回资金 823 万元。常德农行规范经营，开展创建会计工作"三铁"活动，组织三期会计短训班，培养会计出纳 52 人次。常德建行成立计划财务处，单设会计处。

1999 年，常德农行会计基础工作以"五项攻关"、加强会计内控建设为重点，在分清岗位责任的基础上层层签订责任状，形成责任网络；对重要岗位开始实行强制休假制和换岗制。

常德建行设立出纳中心,加强现金管理,城区支行现金库存量得到压缩,提高了资金的使用效益。

2000 年,常德农发行加强会计基础建设,采取会计等级制度,对会计基础工作、会计核算质量、出纳安全与管理、联行与结算业务、会计档案、财务管理六个项目实行 1000 分考核制。全市 6 个支行考核达标,其中农发行澧县支行达到三级行标准。2000 年 8 月,常德中行撤销安乡支行,常德工行撤销汉寿支行。经过双方反复协商,常德中行与常德工行采用业务整体互换的模式,常德中行向安乡工行一次性移交人民币存款 6622 万元,同时常德工行一次性向汉寿中行一次性移交 1.7 亿元存款和 830 个对公结算户。

2001—2003 年,常德市金融机构深入推进会计核算改革,服务管理提质增效。2001 年,常德农行完善县辖电子汇兑系统,推广使用支付密码,防范和减少结算风险,实现对公业务的通存通兑。全面推行省辖实时汇兑,利用农行的结算优势,开办代收法院诉讼费、代收保险费、代收税费、代收电话费等代理业务。常德中行推行“公司化治理机制”改革,对津市、澧县、临澧和桃源四个支行实施重点监控,监控期为两年。常德建行会计核算进行重大改革,完成新旧会计科目结转和城综网新旧会计系统切换工作。是年,制定实施《建设银行常德市分行会计出纳工作考核实施细则》,为会计基础工作迈上新台阶打下基础。2002 年,常德农发行开通全国电子联行。常德工行成为工行全省第三家储蓄存款余额突破 40 亿元的地市行。常德农行全面实施新一代综合应用系统(ABIS)、银行卡联网通用综合应用前置系统(AIPS)和集中式信贷管理系统(CMS)“三大工程”建设。2003 年,常德建行进行会计管理方式重大改革:加快综合柜员制度改革步伐,实现 19 个综合柜员制网点上线;实行扁平化管理,城区支行实行扁平化网点 17 个,金库实行集中管理,整合业务流程,减少管理层次;推行基层机构会计主管委派制。

2004 年,常德农行推广“柜员身份认证、跨中心汇兑、漫游汇款、新银行汇票”联行四大系统,是该行联行业务系统规模最大的一次模式升级行动。常德建行对城区同城票据交换模式进行改革,应用城综网“联行同城”“人行电联”功能,解决汇划资金划转环节多、资金结算速度慢问题,实行同城人行电联资金自动实时清算。

2005 年,常德人行大额支付系统和人民币银行结算账户管理系统上线。常德农发行围绕存贷业务管理、财务收支管理、结算资金管理、出纳安全管理和内部会计控制等方面进行强化检查辅导,保证会计系统稳定运行。常德工行成立股份改革领导小组,完成 47 宗土地 48904.31 平方米和 68 项房屋的确权,确权率及确权进度居工行全省系统第一。根据农总行统一会计科目要求,常德农行是年实现新旧会计科目顺利结转。常德建行实施会计主管委派制。

2006—2008 年, 常德市银行业金融机构进一步规范会计核算管理, 推动规范化创建。2006 年,常德农行开展“创三铁、达四无、争五星”(创“三铁”,即铁账、铁规、铁纪律;达“四无”网点:即无临柜案件、无重大事故、无违规违纪、无重大差错;争“五星”,即争创五星柜员)

会计竞赛活动。常德建行强化会计问责,出台《会计工作约见谈话制度》。实施会计主管责任目标考核,实施集中对账回收率和时效性考核,是年对账单回收率达 99%,名列全省建行系统第一。2007 年,常德建行会计部门更名为营运管理部,从业务系统运行、集中对账、会计稽核差错、金库安全管理四个方面加强对全行营运工作的管理与考核。是年,全行稽核差错率由上年的万分之 2.56 下降至万分之 0.94。出纳中心完善集中配送体系,实现全辖范围重要单证和出纳耗材集中配送。2008 年,常德农行推进股改基础工作,主要抓好不良资产剥离、审计调整落账、资产评估建账、资本金及权益上划等经济事项建账工作。提高会计内控能力和水平,推出会计内控规范管理工程。常德建行组织开展"零违规、防差错、从我做起"活动,使会计核算质量由"零违规"向"无差错"转变。是年,在省建行"零违规、防差错、从我做起"活动考核评比中,取得第二名。

2009—2010 年,常德市银行业金融机构完善制度,严格操作,促进会计核算工作高效、有序运行。2009 年,常德农行从账务层面实施全面风险拨备制度,由贷款呆账准备转变为全面风险拨备,逐步建立健全以信贷资产损失准备为主,以应收款项、短期投资、固定资产、无形资产、在建工程、抵债资产、金融工具减值准备为辅的全面风险拨备制度体系。常德建行推进批量代收代付业务集中处理系统上线。常德交行制定规范管理规章制度,建立考核机制。加强对各级会计人员学习培训,建立晨会、夕会和周例会学习制度。实行"痕迹"管理,确保每笔会计业务操作准确、及时、不出差错。

第二节　财务管理

1989 年,常德工行改革分配方式,对辖内各支行、办事处的奖金分配与承包责任挂钩。实行经营利润留成与经营目标完成情况挂钩,按百分制考核。常德中行制定《财务费用包干试行办法》等一系列制度,明确行长领导下的按级按分工职责的财务管理责任制和财务检查监督制度。对财产进行全面清理,弄清家底。常德建行实行结算专管员制度,各行处实行"统一领导、计划管理、三级核算、权责利三结合"的经营体制。属于个人费用按实计,公用费用按批准的财务计划列支,三项费用和离退休人员费用直接进入成本。

1990 年,根据农总行《专用基金管理暂行办法》,常德农行对利润留成资金、固定资产折旧基金和其他收入实行分级管理、单独核算的专用基金管理办法。将原来实行的经营承包责任制改为经营目标责任制。是年,由于城乡市场疲软,企业效益下降,应收未收利息增加,常德农行首次亏损 3116 万元。常德中行核定支行"四项费用",降低邮电费和其他管理性费用的支出,加大应收利息的追收力度。常德建行实行"统一计划、分级管理、单独核算、损益集中、利润留成"的财务管理体制。

1991—1992 年,常德中行以经济责任制形式对财务收支实行计划管理和强化经济核算。对全行费用实行总额控制,执行"一支笔"费用审批制度。对固定资产的购置按照专项资金集中管理模式。常德建行以“指标包干、超支自补、节余分成”为原则，实行综合费用率承包制。常德建行制定《预拨费用办法》，实施修理费先提后用、大额开支报中支财会科集体审批等财务管理规定。1992 年，常德农行优化指标体系和考核办法，落实市、县、基层所经营责任制，明确目标任务，将完成目标任务与经济利益挂钩。

1993—1994 年，常德市银行业金融机构先后实施财务制度改革。1993 年，常德工行开始实施“统一管理、分级核算、独立经营、自负盈亏”的财务管理制度。是年实现各项业务收入 6.8 亿元，创利润 905 万元。常德建行实行财务制度改革，由收付实现制改为权责发生制。把资本金提到财务管理的重要位置，取消专用基金，固定资产的购建不再由折旧基金和更新改造基金购建，可由营运资金购买。1994 年，常德工行着力“抓存款、抓收贷、抓收息、压汇差”，在全辖试行“资金内部计价改革”。把内部资金计价买卖与职工的福利直接挂钩，纳入行长经营责任目标按季考核兑现。常德农行实行职工住房制度改革，设立职工住房公积金账户，在职职工从个人工资和单位工资总额中，分别缴纳和提取 5%存入职工个人公积金账户。常德农行、常德建行执行新财务管理制度，按权责发生制核算财务收支，将应收未收利息列为收入并纳税，呆账准备金、投资风险金等由营业外支出改列计入成本，固定资产折旧缩短年限。这些变化对是年收支产生较大影响，特别是 1992-1994 年全国房地产热，沿海投资热形成的不良贷款、绕规模贷款，高负债成本给银行背上沉重的财务包袱。常德建行不良资产率最高时达 50%，无效益资产达 3 亿多元，财务亏损逐年显现。

1995—1998 年，由于宏观经济不景气，常德市银行业金融机构效益持续滑坡。1995 年，常德工行账面利润亏损 6727.8 万元，实际利润亏损达 4706.8 万元。导致效益严重滑坡的主要原因：一是贸易差带来资金差，国有企业经济效益亏损面和亏损额继续扩大，银行超负荷运行；二是信贷资金质量差，“三项贷款”占比高，银行历史包袱重；三是企业改制破产，逃废债现象严重，信贷资金本息无法收回，银行亏损加剧。1995 年，常德农行突出利润在经营考核指标中的中心地位，加大工效挂钩力度，开展全行性的“效益攻坚”计划。常德中行面对财务虚收现象突出、三违行为严重、财务核算存在“乱列账、乱调账、乱报报表”行为和经济案件时有发生等问题，开始实施分部门核算和资金统一调度，强化财务收支计划管理。建立制度，规范电话费、会议费、差旅费、接待费等开支。常德建行加大对不良贷款清收力度，清收绕规模贷款 7657 万元，违章拆借资金 1497 万元，提高贷款利息实收率。全市农村信用社严格控制固定资产建设规模，对工资、业务招待费、会议费、差旅费等费用实行绝对额控制。1996 年，常德农行制定财务管理实施细则、机关费用包干办法。停发责任目标津贴，与经营成果挂钩。常德中行按照“统一部署、统一管理、统一考核、分头核算、工作成果直接与部门和个人利益挂钩”原则开展财务管理。常德建行建立大财务体系，对市分行“三部二司”（房地产信贷部、国际业务部、信用卡部、租赁公司、劳服公司）统一下达利润计划，统一核定费用指标，实行统一财务管理。同时严把开支关口，压缩费用支出，对基建、固定资产购置等大项开支集中到市分行审批。1997 年，常德工行推行存款与收息计价专项考核办法，制定《切实加强经营管理,全面提高经营效益的五项举措》。常德农行完善以利润为中心、以成本管理为手段、经营目标责任制为动力的财务管理机制,推行营业所相对独立核算制度。对市分行直属机构采取"四统一"费用报账制,即统—政策、统一标准、统一核算、统一报账,由市分行报销费用。实行"成本否决制",把成本管理渗透到资金营运的每个环节,做到没有效益的存款不组织,没有效益的贷款不发放,没有效益的资金不拆借,没有效益的支出不列支,没有效益的机构不设置。常德建行深化财会体制改革,实行财务统一核算,集中管理。将四级核算改为三级核算,对各基层行实行预算报账制,取消独立核算权。常德农村信用社坚持"民主办社、勤俭办社、计划管理、成本控制"财务原则,实行统一领导、分级管理、集中审批、集体审批、突出重点、保证急需、盈亏社区别对待办法,严格成本开支。1998年,常德农发行实行"计划管理、分级核算、统负盈亏、利差补贴、保本经营"的财务管理体制,各项费用采用"计划管理、指标控制"办法。常德工行建立以资产利润率为核心的财务计划核定和考核体系,推行费用与吸存、收息、减亏、清收转化"两呆"贷款和行长责任目标"五挂钩"的综合增效奖励措施。常德农行实施经营目标挂钩考核,费用分配实行与资产利润率、实收利息额、负债付息率、上存资金、非生息资产下降等指标挂钩,按人头和效益四六开分配。成立报账中心,全面实施费用报账制。全市农村信用社把严格财务制度、开展增收节支、提高经营效益作为工作重点来抓,对招待费、邮电费、差旅费、公杂费、会议费、修理费6项绝对费用额下达限额,只许节余,不准超支。

1999—2003年,常德市银行业金融机构增强核算观念和成本意识,为实施财务精细化管理奠定基础。1999年,常德工行以效益为中心,全年费用总额分为基本营业费用,挂钩营业费用和专项费用的财务管理机制。常德农行进一步完善经营目标责任制,设置实际利润、存款、收入、信贷管理、费用管理、综合治理等考核指标,与干部职工部分工资挂钩。全市农村信用社一手抓控支节流,一手抓开源增收,联社与基层信用社签订增收节支责任状,控制非生息资金占用。是年,全市农村信用社财务总支出比上年减少8550万元。2000—2001年,常德农发行推行"统一计划、集中管理、分级核算、统负盈亏、财政补贴、保本经营"的财务管理体制,费用报账制改为拨款制。各项财务收支由财务部门统一归口管理,实行按权限审批制度。2000年,受核呆、剥离和安乡支行撤销等多方原因影响,常德中行年末资产总额比上年下降41.32%,是年本外币合计亏损23944万元,较上年增亏3.89倍,创下年度最大亏损的历史纪录。2001年,常德工行账面利润亏损12577万元,比上年减亏17370万元,减亏额列全省工行系统第二位,减幅为58%。辖内常德支行增盈减亏3141万元,在工行全省开展的"县级支行扭亏增盈劳动竞赛"活动中荣获第一名。常德建行开始建立以效益为中心的考核激励机制,推行收入分配制度改革。加强成本核算,优化负债结构,大力吸收低成本资金,是年全行存款利息支付率仅为1.71%,甩掉连续6年亏损行的帽子,实现账面和实际双盈利。成立费用审批委员会和集中采购办公室,对大宗物品的采购实行投标制度。2002年,常德工行运行财务管理应用系统,加大费用分配与经营效益挂钩力度,拿出1200万元专项费用与存款、收息、中间业务收入、压缩不良贷款的挂钩和分配。常德农行将市分行相关职能部门划分为若干责任中心进行管理，对营业网点实行经营目标责任制管理或量本利管理。由于编制计划、执行考核难度较大等因素，翌年停止执行。2002—2003 年，常德中行实施约束性财务预算制度，推行以效益和业务发展作为绩效工资和业务发展费分配的财务管理模式。将分行本部按照经营与管理相对分离、实施城区网点扁平化、推行本部“一行两制”管理模式，取消支行上存资金利率上浮的保护性措施，取得明显效果。深化费用资源分配方式改革，将原来以业务增量为主体的费用分配方式，改变为按收入贡献率占比分配业务发展费、按效益占比分配绩效工资的改革。2003 年，常德农发行对购置固定资产、低值易耗品、电脑耗材、办公用品，按照“使用部门申报、主管财务副行长审定、大额集体审批、主办科室实施、纪检监察部门监督”程序办理。常德工行改革费用分配办法，改变以往按网点、按人头分配、与各项业务拓展挂钩力度弱的做法，实行分配与经营绩效全额挂钩。常德中行结束连续九年当期经营亏损的历史，实现业务收入 12537 万元，当期经营实现盈利 485 万元。常德建行将基层行费用划分为四块，即保底薪酬、绩效薪酬、保障费用、营业费用，推行成本定额管理。

2004—2007 年，国有商业银行逐步实现股份制运作，实施公司化治理，财务核算更趋严格，各项经营活动均以提高效益为中心。2004 年，常德工行组织全辖完成财务归集还原系统和业绩价值管理系统投产，构建工行管理会计体系雏形，为创新财务管理制度和管理手段打下基础。财务核算实行“集中管理、集中核算、还原考核”模式，客观、准确反映实际经营成果。全辖 10 个支行账面利润均实现赢利，结束账面利润 11 年亏损历史。常德农行利用城区机构实行扁平化管理的时机，逐步构建财务会计集约化管理模式。是年，实现盈利 316 万元，丢掉长期亏损的落后帽子。常德中行从 2004 年开始全面执行资产减值准备的财务核算制度。2004 年，常德建行利用建总行统一安排的消化历史包袱可还原为考核利润这一有利条件，加大呆账核销、存量应收利息冲减、房改损失、案件损失等历史包袱的消化。从 2001 年来共消化各类历史包袱 74941 万元（不含剥离损失类贷款 110038 万元），从而为股份制改革、轻装上阵创造极好条件。2004 年，首次实现账面利润和经营利润同时盈利，标志着财务状况开始实现根本性好转和改善。2005 年，常德农发行费用报销实行“双签、双审”制度。常德工行实行以绩效价值为核心的新考评办法，设置效益管理、持续发展、风险控制与内控管理等三类指标，取消分类差别考评。是年，实现经营利润 9195 万元，经营利润总额跃居为工行全省系统的第三位。常德中行上收支行固定资产和递延资产核算权，强化对固定资产和递延资产的控制。经营效益突破 2000 万元，结束连续 11 年账面亏损的历史。常德建行将费用分为固定费用、营运费用、营销费用三部分，对必须开支的不可控费用足额配置，对可控营运费用按相关定额标准和动因数量配置，对营业费用以基层行主要业务产生的效益为基础，采用一定的参数进行配置。2006 年，常德农发行在“保开门、保人头”的基础上将各项费用与业务发展挂钩、与“五小建设”挂钩，打破平均主义。实行有保有压方针，压缩消耗性支出，确保业务发展需要。常德中行费用分配实行收入成本比控制法，即将固定资产折旧纳入费用控制管理范畴，以此核定各行收入成本比和补贴率，费用和收入全面挂钩，进一步体现“收入越多和贡献越大、所得费用就越多"的费用分配机制。2007 年,常德农发行大额开支一律采取集中采购、公开招投标等方式,交由财审委集体审议决定方可执行。常德工行实施新型目标管理,对管理人员、客户经理、支行网点分类考核,计价兑现费用由市分行下达工资总额到支行。实现中间业务收入 7261 万元,全省地市行第一名。常德农行成立财务核算中心。常德人保财险实行绩效挂钩和量化考核双重机制,公司实行净现金流和年终利润双重考核办法,手续费和各项经营费用按实收保费的 18%整体捆绑下拨。将机关人员工资、办公及行政费用、公关展业费用等实行全面预算管理,合理的压缩机关费用开支,将有限的资金全部用到基层展业一线。

2008—2010 年,常德市银行业金融机构以市场为导向、以效益为目标,在加强资金管理和配置上,着力推进经营和增长方式的转变,实行预算管理精细化,推进成本管理,提高资金营运效益,全面提升综合创利能力。2008 年,常德工行推行部门(网点)业绩核算系统(PASM)和业绩价值管理系统(PVMS),客观评价营业网点综合效益,提升财务精细化管理水平。常德中行开始编制年度经济资本预算,包括各机构和各条线经济资本占用限额、风险调整经济资本回报率和经济价值增加值 3 项指标。开始实施新一轮财务管理模式改革,改过去财务资源完全成本收入比分配办法为基本费用实行成本收入比分配、业务费用实行专项绩效挂钩、年终实行综合成本收入比评价的分配机制。2009 年,常德农发行按月召开业务分析会,逐项对比费用开支情况,制定针对性措施。常德工行构建以经济资本为基础,以人均 EVA 指标为价值贡献标准,统筹效益与风险,绝对价值贡献与相对绩效水平相结合的核心考评体系,加快了业务创新步伐和转型发展。常德农行推行新利润管理,取消经营利润考核,以风险和资本扣除后的经济增加值(EVA)作为衡量、评判经营业绩的核心指标,建立资本约束型财务运行机制,引导盈利模式和增长方式的转变。常德中行设立财务中心,按照"费用核算集中、对外支付集中"的原则进行财务管理。2010 年,常德工行推行以支行网点机构费用、员工收入分配两个维度来制定费用配置管理办法,分别以经营业绩和产品计价考核为主线,在控制费用总量的基础上实现全面的产品挂钩计费考核。常德农行加快财务系统推广和应用,完成县域财务核算重建。推广应用固定资产管理信息系统,加强固定资产实物管理、动态分析、项目预算管理,优化资源配置。常德中行在全辖推广应用固定资产实物条形码管理。常德交行加强整章建制,以提高"经营效益"为中心,狠抓增收节支,严格财务管理,取得良好成效。市信管办制定明确县联社本身费用开支范围,业务招待费、会议费等弹性费用的开支标准以及费用审批制度。全市 9 家农村信用联社按照经营等级分类挂钩管理办法,制定、落实综合费用计划,综合费用均控制在省联社限额之内。

第四章　人力资源管理

第一节　人事劳动管理

1989—1993年，常德市金融系统开始废除干部终身制，干部任命制向聘任制转化。员工分为干部和职工两大序列统计。干部序列统计按照行政级别进行归集，职工序列中分为正式固定员工和临时工（包括储蓄员、业务代办员等，各机构用工称谓各不相同）。随着市场经济体制逐步建立和金融机构“自主经营，自负盈亏，自担风险”体制推行，在人力资源的管理体制上开始从程序与制度的人事管理向发挥员工主动性和注重人才培养方面转变。

1989年，常德人行新增人员主要来自接收大中专毕业生、军队转业干部以及从社会选调干部，新增干部职工30人。常德农行开始对新进人员实行合同制管理，凡农行系统新招人员一律与农行签订劳动合同，一般为五年，期满后合格人员可以续签、不合格人员则终止劳动合同。1989年，全市农村信用社清理整顿信用社劳动用工，经过考试考核，对系统临时合同工148人录用转为合同制职工，计划外用工14人予以清退。

1990年，常德工行对全辖会计、出纳、储蓄、计划、信贷5个专业、1293名员工进行岗位能力考试。清理计划外临时用工17人。经市计委、劳动局同意，常德农行成立区县农业银行存款储蓄劳动服务部，管理储蓄代办员，全市10个储蓄服务部代办员共641人。服务部属县以上集体所有制企业，独立核算，自负盈亏，隶属于同级农业银行领导。

1991年，常德工行改革干部聘任、聘用制为任命制，推行岗位轮换，优化劳动组合。全行换岗348人，换岗面为21%。

1992年，常德人行引入竞争机制，对劳动人事、劳动分配制度进行改革，并在汉寿人行进行“优化劳动组合”试点。

1993年，常德人行党组进一步改革人事管理制度，优化劳动组合，采取群众推荐、自我举荐、行长办公会议提名的办法，全行讨论投票后党组决定。对副科长以上干部实行聘任制，对一般干部实行聘用制。聘任正副科长14人，副科长以上干部低聘的3名，27名干部实行科室间交流或岗位轮换。常德工行对6个支行领导班子进行优化组合调整。提拔任支行正副行长（机关部室主任）的13人，从优秀工人中聘用干部121名。全市信用社对新招录用人员实行“改招工为招生”，新增人员只从通过正规专业教育的信用合作职业中专生和职业高中毕业生中择优录用，并按属地招生、属地分配的原则分配到基层信用社工作。是年，全市农村信用社录用大中专毕业生51人。常德建行对副科级以上干部均采取聘任制加试用期，即被聘用干部任期满一年后，进行考核、考试和民意调查，胜任者继续任职，任期4年；不胜任者解聘,不再享受聘期内各项待遇。常德人保公司一方面对中支公司副经理以下干部实行聘任制;另一方面,对工作人员实行双向组合制,即部门负责人可挑选部属,职工也可以选择部门和负责人。1993 年,常德人保公司进一步深化和完善人事制度改革,在干部的聘用上,采取民主推荐、任务招标、综合平衡、经理聘任的办法,从普通工人、青年职工中推荐、聘任二层骨干 14 人。

1994—2003 年,常德市金融系统逐步从行政事业单位管理模式向公司化管理模式转变,实现全员劳动合同制。在实现干部管理方面建立一套能上能下、能进能出的管理机制,实施年终考核述职、民主评议、任前公示、干部退出等一整套制度。常德市金融机构员工身份由干部、工人逐步转变为劳动合同制员工。

1994 年,常德建行对新增的特殊工种,如驾驶员、水电工、炊事员、锅炉工等技术工人一律实行聘用制,并在全行推行精简机构、减员增效。常德人保公司加大改革力度,根据业务需要,运用换岗、自由组合、招标承包、责任到人、分片包干等多种形式调动员工积极性。

1995 年,常德工行根据商业银行集约化经营需要,实施机构精简裁员,建立劳动管理新体制。辖内各支行机构设置为“三部一室”,一次性压缩内部管理科(股)室 59 个,精减二线人员 99 人,一次性清退临时工 77 人、代办员 207 人。一线业务人员比例由原来的 71%升至 79%。常德农行对全市 9 个县(市)支行领导班子以及直属单位、机关部室的骨干进行考察和调整,提拔副科级以上干部 35 人,交流干部 128 人。常德农行首次开展持证上岗考试制度,率先实行信贷岗位考试合格上岗制度。根据省农行《关于加强全省农信社劳动人事管理工作意见》,全市农村信用社实行联社主任任命制、信用社主任聘任制、新进员工合同制的用人制度。

1996 年,常德农发行成立,224 名员工由常德农行划转。常德农发行干部、员工、人事任免、调配工作实行垂直分级负责管理。常德工行对支行领导班子成员和机关部室科级干部进行跨支行、跨部门交流 19 人,提拔 17 名 35 周岁以下年轻干部到科级以上领导岗位。常德农行加快人事改革步伐,定编、定员、定岗、精简机构,充实业务一线。启用年青干部,对全市 9 个支行领导班子进行调整、补充,提拔支行行级干部 43 人,解决部分支行班子老化问题。撤并机构 52 个,清退临时储蓄代办员 299 人,临时工 15 人。常德建行推行聘用干部试用制,对支行领导班子成员进行 2 次全面考核,在此基础上充实支行班子成员 24 人,换岗 7 人,新聘用 10 人,解聘 7 人。根据建总行提出的“三千人工程”要求,在全市建行系统推荐 25 名支行级后备干部,做好人才梯队培养。农村信用社与农业银行脱离行政隶属关系,信用社干部员工实行垂直管理,信用社自主权增大。常德中保财险、中保寿险通过机构改革,全市保险系统调整、选拔一批年富力强的干部充实到基层,同时完善干部聘任制、劳动组合制和营销员制等多种形式的用人、用工制度,调动保险员工积极性。

1997 年,中国人民银行分支机构干部职工实行行员过渡管理,分别转为管理实务类行员和工勤服务类行员。通过考试考核,常德人行 45 人由工人身份转为管理实务类行员,按行员等级档次工资标准调整工资。常德工行对全辖 121 名中层骨干全部改为聘任制,打破干部使用上的终身制。对全辖重要岗位人员换岗 551 人，换岗面达 33%。常德中行推行全员劳动合同制改革，全体正式在编的干部、工人（含原合同制工人）均为改制对象。同时，取消代办员序列，所有代办员均采用劳务派遣的用工模式。常德建行进行人员管理体制上重大改革，打破干部终身制，在辖内推行全员劳动合同制，正式职工按工作年限、工龄在 10 年（含）以上签长期合同（或无期限合同），工龄在 10 年以下的具有大学以上学历的每 5 年签一次合同，其余职工每 3 年签一次合同。全行 859 人签订《全员劳动合同书》。同时，干部按照上述标准签订劳动合同书。

1998 年，常德工行改革劳动用工制度，实施劳动合同制，全辖员工签订劳动合同，转换为劳动合同工身份。常德农行利用江北支行组建，首次进行人事招聘、分配制度改革试点，经笔试和面试，在全市农行系统择优新聘专业技术和管理人员 16 人。改革人事用工制度，全面推行“竞聘上岗、双向选择”，全市竞聘上岗人数 528 人，参与双向选择 1914 人（含储蓄员），落聘 81 人，打破传统的“能上不能下，能进不能出”用人机制。1998 年，常德建行实行年终考核与民主测评相结合，实行干部“诫勉制”。同时，着手建立对全行员工考核制度，从“德、勤、能、绩”四个方面考核并与责任目标津贴挂钩。市农金体改办加大对农村信用社临时工清理力度，清退临时工 206 人。对违反规章制度的进行严肃查处，共对违法违纪人员立案查处 90 人，处分 585 人，开除、除名、辞退、解除合同 48 人。全年共减员 105 人，是年，公开选拔招聘大中专毕业生 40 名。

1999 年，人民银行实行新的管理体制，人事管理工作隶属于武汉人行管理。常德人行根据精干效能、安全统一原则，科学设置内设机构，合理调整岗位职能，严格控制进人指标。常德工行首次在全行推行信贷员竞聘上岗，第一批聘用 83 名信贷员。首次推出按男满 50 周岁或 25 年工龄、女满 45 周岁或 20 年工龄相关条件的员工实行内部退养。是年办理内退手续 35 人。常德农行进行全员劳动合同制改革，分级组织全员签订劳动合同。常德建行引入干部竞争机制，对全行系统 97 名副科级以上干部（包括支行班子成员）一律就地免职，以公开竞聘的模式选拔中层骨干。新聘提拔聘任 2 人，降职 3 人，由实职改虚职的 14 人。机关各部门主要负责人 90%都进行轮岗、交流。

2000 年，常德人行改进用人制度，先后对机关拟提拔的 9 人在全行公示，广泛征求群众意见，将其中 8 人提拔为副科级干部。首次在全市人行系统 37 岁以下干部中公开选拔汉寿人行副行长和纪检组长各一名。常德农发行推行“三定”工作，实行县级支行中层骨干竞聘上岗。常德工行实施机构和劳动人事制度改革，机构撤并、富余人员下岗分流和实行内部退养及自谋职业。推行男满 52 周岁、女满 47 周岁必须内退，男满 50 周岁或工龄 25 年、女满 45 周岁或工龄 20 年可以内退办法。常德农行对支行内部机构设置方式进行改革，设置五部一室，减少管理人员 108 人。常德建行推行干部竞聘上岗、民主评议和员工优化劳动组合，完成市分行机关“三定”（定编、定岗、定责）工作，轮岗、交流干部 18 人。农村信用社全面推行劳动用工和工资分配制度改革，打破员工身份界限，实行全员劳动合同制。对全市农村信用社员工进行持证上岗考试，内容涵盖信贷、会计、储蓄、出纳、结算五个岗位，2952 人参考，全市有 12 人不及格。凡考试考核不及格和末位淘汰的职工，一律解除劳动合同。精减人员 113 人，其中退休 79 人，辞职 4 人，解除劳动合同 7 人，开除 17 人。

2001 年，常德工行开始实施竞争性减员和政策性减员机制。对是年合同制到期的员工，首次通过考试的方式终止和解除劳动合同 1 人，对自愿申请内退的 29 名员工办理内部退养手续。常德建行首次推出中层干部聘任前的公示制度，全面实行中层干部年终向市行职代会进行年度述职等多方面的新举措。市农金体改办在全市范围内推行以“劳动人事制度、报酬分配制度”为重点的“双工”改革。组织全辖农村信用社系统员工参加持证上岗专业知识考试和年度考核，2922 名“双考”员工获得上岗资格证，32 名“双考”不合格员工落选。是年，全市农村信用社推行全员劳动合同用工制度。

2002 年，常德人行在机关全面推行正、副科长(主任、部长)竞聘上岗，50 名正副科长(主任)竞聘上岗，2 名原任正副科长落聘，在一定程度上解决“干部能上不能下”、职务“终身制”的问题。15 名优秀年轻干部提升职级，25 名正副科长调整职位。常德农发行公开选拔 4 名支行副行长，安排 8 名支行副行长进行异地交流。常德农行按照《中华人民共和国劳动法》相关规定，清退全部短期合同用工。市信管办组织考试考核、竞争上岗，在全市 10 家原城市信用社更名后的员工中归并 341 人，清退 5 人，辞退 8 人。常德人保财险在机关实行全员竞聘上岗，选拔 15 个部门正(副)经理，全员均找到合适岗位。

2003 年，常德人行与常德银监分局分设，常德人行向银监系统划转 65 人。常德建行做好股份制改革前各项准备工作，实行扁平化管理和减员增效，精简富余人员 530 人，减员幅度达 52.5%。对 62 名员工办理内部退养手续，对不符合内退条件的一律买断。同时，对部门负责人重新进行竞聘，改任经理制。常德人保财险创新激励机制，建立严格科学的考核评价体系，实行支公司经理任期目标责任制，突出经营业绩指标。建立市场化用工机制，实行按需设岗、按岗聘用、定岗定员的全员竞争上岗制度和岗位管理制度。

2004—2010 年，常德市金融机构用工形式逐步采取全员合同制模式和劳务派遣的形式。过去直接聘用临时工从事水电、卫生、职工食堂工作的做法改变为劳务承包(简称外包)方式处理。

常德人行优化人力资源配置，创新选人用人机制，连续两年实行竞聘上岗。常德人行首次推行“票决制”，通过资格审查、闭卷考试、民主测评、竞聘演讲等程序，最后由党委成员投票表决。两次竞聘上岗，6 名在职副科长和 12 名一般干部通过竞聘走上科长、副科长岗位。常德银监分局对 7 个办事处主任拟任人选进行考察并任命。同时，对机关空缺的 3 个科室正职、3 个科室副职和 1 个副科级职位实行竞聘上岗。常德农发行首次在支行副行长中公开竞聘“一把手”，2 名支行副职通过公开竞聘走上安乡县和临澧县支行“一把手”领导岗位。常德工行根据全辖机构内部等级、有效资产规模、从业人员总量及机构撤并计划等因素，全行减员 83 人。常德中行开始在辖内进行正副行长、市分行本部正副实职公开竞聘。明确在册正式合同制员工未达到国家规定的退休年龄，经本人申请、单位批准后，可退出工作岗位（或终止劳动合同）。自愿辞职解除劳动合同的员工，视实际工作年限给予一次性经济补偿金，同时支付一次性生活补助费，一次性给付三年的单位为个人缴纳的养老保险和医疗保险金，三项合计最高不超过15万元。市信管办、各信用联社对城区社实行定岗定编、人员分流。全市先后有8名员工内退，4名员工买断，3名员工辞职，同时2人调出本系统，13人专职收贷，8人停职收贷，14人内部待岗。

2005年，常德中行与外包公司签订劳务承包合同，由外包公司安排服务人员从事卫生、水电和职工食堂等劳务性服务，该类人员均与用工单位没有直接的劳动合同关系。常德建行在干部序列里增加技术干部序列，除部门经理、副经理外，增加6级经理（相当副科级）、5级经理（正科级）、4级经理（副处级）。

2006年，常德银监分局出台《干部选拔工作操作程序》，并按程序开展干部选拔工作。常德农发行开始面向社会招聘市场化用工，主要招聘对象为专业对口的应届毕业生及具有丰富工作经验的社会在职人员，提高员工队伍整体素质，改善员工年龄结构。常德工行实施干部竞争上岗制度，对市分行机关27名部室（中心）经理、主任实行公开述职和民主测评，对63名核心网点经理、支行总会计、委派制营业经理实行公开竞聘。常德中行规范派遣制用工，编外业务临时用工全部实行劳务派遣制，编外非业务临时用工全部实行外包，暂不具备外包条件的通过劳务公司实行劳务派遣。

2007年，常德银监分局引入竞争机制，实行“考试+民主测评”，选拔3名正副科长。常德农发行规定所有员工必须通过银行业从业资格考试才可上岗，对于成绩合格取得证书者给予一定奖励和补贴。常德农行先后开展城区营业机构负责人公开竞聘上岗、科级后备干部及科技人才公开选拔活动，18人竞聘上岗。常德农行对表外用工清理清退，将原来的18名劳派遣用工规范为业务外包。规范表外用工72人，其中26人转为劳务派遣用工、37人转为非全日制用工，1人转换成业务外包，依法清退8人，为农行股改顺利推进打好基础。全市农信联社对联社机关部门和城区社的网点进行整合，同时对联社机关和城区社员工进行优化组合。通过竞争上岗，以买断、内退、待岗、分流到基层社等方式分流员工36人，解决机关和城区社机构臃肿、人浮于事的问题，也缓解边远社人员不足的问题。

2008年，常德农发行实行领导干部年度民主测评和中层干部竞聘上岗。常德工行对全行988名在岗人员，按新的劳动合同文本完成换鉴工作，其中鉴定无固定期限合同用工963人，五年期合同22人，三年期合同3人。常德中行创新人力资源管理，对部分中层岗位进行竞聘交流，提拔和调整近20名德才兼备的骨干，选拔一批优秀派驻经理下基层。常德中行全辖83名劳务派遣员工、市分行机关21名外包人员分别与劳务派遣公司和外包公司续签合同，进一步理顺劳务用工关系。

2009年，常德人行推行机关中层骨干竞争上岗，坚持纪检监察部门、职工代表全程监督，实行阳光操作。7名副科长提升为科长，10名一般干部提升为副科长。常德银监分局对空缺的2名科长、3名副科长职位进行竞争上岗。2010年,常德农行启动市分行机关岗位体系改革落地实施工作,从部门正副总经理、支行领导班子成员到一般员工,前后经过五轮双向选择,实现人岗合理匹配。是年,全辖各支行相继启动岗位改革,通过自上而下的定岗定编,压缩冗员,充实业务一线,优化层级结构。

第二节　薪酬绩效管理

1989—1993年,常德市金融系统劳动工资执行全民所有制单位的劳动工资标准,干部和职工分别按照干部工资序列和工人工资序列执行。个人工资由基础工资、职务工资、奖金、各种津贴以及加班工资五大块组成。

1989年,常德中行开始尝试业务发展的承包经营管理模式。下发《储蓄承包责任制暂行办法》,常德城区储蓄所向市支行存汇科承包,存汇科向市支行总承包。承包的内容包括储蓄存款增长、人员管理、优质服务、业务质量、安全防范和经费开支。同年,对各项贷款利息收入实行责任承包,按照实际收入大于计划收入的一定比例计发奖励。承包制在是年显现出极大优势,全辖储蓄存款净增3130万元,增长额是1988年年末余额的2.58倍,贷款业务年增长48.1%,经营效益较上年增长62.5%。全市农村信用社开始实行权、责、利相结合的经营承包责任制,实行人人定岗、以岗定责、以责定分、以分计奖的岗位责任制,贯彻按劳取酬原则。

1990年,常德中行对机关各部门和营业部进行目标管理,实行按月考核,考核评分按月与奖金挂钩。

1992年,常德工行采取“三步并进,分级负责”方式,落实“双定”考核办法。将10个支行分为3个等级,拉开考核档次,推进“按劳分配”的落实。常德中行从1992年5月1日起开始执行财政部调整职工福利基金和职工教育经费计提基数。改变以往平均发放的办法,按照职工实际工作业绩和责任大小,以其所担任的职务、职称、技能适当拉开差距。常德建行改革奖金分配办法,打破吃“大锅饭”传统,实行资金与工作目标挂钩,采取“双百分制”考核办法,对思想政治工作和经济指标年中初评,年末全面考核,根据单位绩效和个人工作态度,贡献大小进行奖金分配。

1993年,常德中行在全辖推行目标责任制管理,对储蓄、公存和信用卡业务层层建立“任务、管理、费用”三项指标大承包的经营模式,制定目标考核记奖办法,在上年度考核目标的基础上增加共同目标的考核与奖惩条款。常德建行推行分配制度改革,主要是推行工资、奖金全员承包制。

1994—2003年,常德市金融机构逐步从行政事业单位管理模式向公司化管理模式转变,员工身份由干部、工人转变为劳动合同制员工。工资制度由行政工资制转变为行员等级工资制,员工工资由等级工资和责任目标津贴两部分组成。各金融机构逐步进行分配制度改革,调动员工积极性,单位工资总额与经营效益挂钩,个人收入分配与工作绩效挂钩,加大挂钩考核力度,逐步打破工资奖金分配上的平均主义和僵化模式。

1994 年,根据国办《关于机关和事业单位人员工资制度改革问题的通知》《事业单位工作人员工资制度改革实施办法》以及《中国人民银行行员工资管理暂行办法》,常德人行开始实行行员等级工资制。行员等级工资在工资构成上分为等级(职务)工资和责任目标津贴。制定《责任目标津贴考核分配办法》,实行总量控制、分级管理、逐级考核、合理分配的原则,拉开分配档次。常德工行行员等级工资按员工职务序列分为 7 级。1994 年,常德中行对在册固定职工、合同制职工和符合国发(1978)104 号文件规定的离休、退休职工实施养老统筹。为适应商业银行改革发展的需要,对国际结算、信用卡业务实行承包制,承包体内员工的薪酬总体上与经营成果直接挂钩。全市农村信用社参照农业银行工资改革方案,套用行员等级工资制,并建立全市农村信用社系统统筹养老保险基金制度。首次对信用社职工工资实行“统一管理、自主发放”,即区、县(市)联社统一工资标准,信用社自主掌握,实行奖励性工资、误餐补贴、岗位津贴与劳动纪律相结合,医药费按职工基础工资、职务工资、奖励工资、工龄工资之和的 6%包干使用。

1995 年,常德市金融系统进一步打破收入分配上的“大锅饭”,克服收入分配上的平均主义,做到奖勤罚懒,奖优罚劣。1995 年,常德农行设立养老保险统筹办公室,建立和管理全市职工保险档案等工作。常德中行本部实行百分制考核,除信用卡和国际业务部外,其他部门均实行目标责任管理, 责任目标津贴与得分比例直接挂钩。常德建行实行行员等级工资制,在工资构成上主要分为行员等级工资和责任目标津贴两部分。行员等级工资作为工资构成的固定部分,按照行员职务序列确定,每个行员等级分别设立若干工资档次。责任目标津贴作为工资构成中活的部分,按照行员所负责任大小和完成目标任务情况确定。市农行对各区、县(市)联社、联社对各信用社主任实行任期目标责任制,层层签订年度经营目标责任书,对职工实行考核上岗的办法,个人工资收入与单位效益挂钩。

1996 年,常德农行市分行将责任目标津贴与经营绩效挂钩,考核兑现到各支行、各科室、直属公司。对劳动工资实行系统化、规范化管理,为 1850 名符合条件的职工晋升一级工资,为 499 名离退休人员提高待遇,对 56 名考核优秀的职工提前奖励晋升一级工资。常德建行推行全员和行领导目标责任抵押金制度,年终考核按比例返回和奖励。各支行正、副行长分别上缴 2000 元、1000 元保证金与全年各项指标挂钩,年终按考核结果实行奖罚。成立养老保险统筹办公室,建立养老保险基金台账,对养老基金实行“专款储存”和“专款专用”。

1997 年,常德农发行提高晋升工资档次,对特岗津贴问题统一明确,管理、技术人员工资待遇得到提高。常德中行开展企业职工养老保险制度改革,全部职工养老保险费用由企业和个人共同分担,实行社会统筹和个人账户相结合的运作方式。

1998 年,常德农行将单位工资总额与经营效益挂钩,个人收入分配与工作绩效挂钩,加大挂钩考核力度,进一步打破工资分配上的平均主义。常德中行将员工基本养老保险统筹纳入省级管理,不再下放到地市县,同时将全部代办员纳入养老保险的范畴。常德建行将养老保险个人缴费标准从1997年的3%提高至4%。对与建行订立劳动合同、建立劳动关系、在储蓄等岗位上的非正式职工实行基本养老保险统筹，共对202名符合条件的临时工办理养老统筹。是年,完成养老保险金向地方移交的准备工作和对全行养老保险金的清算、决策和上解工作。市农金体改办根据信用社业务量设置岗位,试行优化劳动组合实行竞聘上岗,按岗位职责和劳动量核定工资额度,按工作质量发放相应的工资,实行效益工资制。常德中保财险按照“多收多提,效益优先”原则,拉开经营费用档次,建立与成本管理相配套的利益驱动机制,将工资、奖金、费用与完成任务情况挂钩,与业务质量和经济效益挂钩。

1999年,金融系统进一步推行工效挂钩办法,狠抓考核兑现,打破分配上的平均主义取得突破性进展。人民银行武汉分行成立后,常德人行人事劳动工资管理隶属于武汉人行领导,仍按照行员等级工资制,实行“统一计划,分级调控、分项管理”的劳动工资计划垂直管理体制。常德农发行推行行员岗位等级管理制度,以专业为基础,将岗位设置成三个等级,每年进行一次岗位等级评审,与员工年度考核评比同步进行,按岗位评级分别享受岗位等级津贴。

2000年,常德农发行制定挂钩考核指标和监测考核指标,实行挂钩考核指标与全行职工的目标津贴挂钩,监测考核指标则与各行的公益金分配、评先评优挂钩。常德农行在全国金融服务领域首创星级服务等级管理,拉开薪酬档次,实行岗位工资制,对不同柜员执行不同标准的岗位工资。该管理制度被列入总行管理系统培训教材。常德中行以综合考核替代以往年度的绩效考核,以扭亏增盈为主要目标,拉开行际之间收入差异。考核指标分为年度考核指标和季度考核指标两类,考核结果直接与费用、员工工资的分配以及综合评先三项挂钩。

2001年,常德人行推行“责、权、利挂钩,工作业绩与收入分配相连”的考核分配办法,将责任目标津贴总额和其他工资项目捆绑在一起作为考核总量。责任目标津贴分为岗位目标津贴、工龄津贴、年终奖励基金三个部分。岗位目标津贴,根据岗位职责不同,确定各个岗位、各个等级的岗位目标津贴发放系数,最高系数标准为2.2,最低系数标准为0.8。常德农发行采取“总量控制,分级管理,分类考核,分别兑现”的原则将奖励津贴按岗位系数进行分配,奖励津贴总额的三分之一与收购资金封闭管理责任制考核挂钩。常德工行劳动工资改革根据人员岗位性质确定岗位工资系数,实行新的基本生活保障工资、考核工资、奖励工资制。常德中行按照“德能勤绩”综合考核,考核结果分为A+、A、B、C、D共5个等级。对市分行本部工资分配制度进行改革,员工工资分解为保底工资、基本工资和绩效工资,完成基本任务60%以下的拿保底工资,完成基本任务的拿基本工资,完成奋斗任务的拿绩效工资。各农村信用联社出台绩效挂钩办法,联社考核到社,信用社考核到人。工资上不封顶,下不保底。市农金体改办对信用社原工资制度进行改革,实行结构工资制度。结构工资分四部分,即基本保障工资、岗位工资、责任目标工资和津贴。

2002年,常德建行探索绩效挂钩的激励机制,把责任目标津贴与全行业务发展紧密挂钩,按市场化方式“明码标价”,实施年度目标综合考评和绩效奖励,在市行营业部推行储蓄存款买卖试点,将员工责任目标津贴全部与新增存款余额挂钩。

2003 年，常德农发行制定《改革县级支行员工岗位目标责任津贴(工资）制度指导方案》,全面实行岗位目标责任津贴(工资)改革。常德农行对临柜人员单独制定工资分配考核办法,将临柜人员工资收入分为基本工资、星级工资、业务量工资和绩效工资四块,不同星级的在岗临柜人员享受不同的星级等级工资,督促临柜人员不断提高业务素质和服务水平。常德中行进一步深化费用资源分配方式,将原来以业务增量为主体的费用分配方式,改变为按收入贡献率占比分配业务发展费和按效益占比分配绩效工资的新型费用资源分配制度的改革。常德建行实行员工工资分配机制改革,建立以员工岗位职务等级为核心的员工内部等级工资制度。员工工资包括基本工资和绩效工资两部分。全市农村信用社推行绩效工资改革,对基层信用社正、副主任奖惩考核,实行末位就地淘汰。常德人保财险创新分配机制,按保费规模大小档次核定支公司收入总额,拉开公司之间、支公司经理之间、一线员工之间、外勤与内勤之间、机关员工之间的分配档次。全员取消档案工资,凭业绩论报酬。改革收入分配制度,建立绩效挂钩、以岗位工资为主要形式的分配制度,加大工效挂钩力度,彻底打破“大锅饭”,做到保费任务到人,展业费用到人。

2004—2010 年,常德市银行机构按照股份制商业银行模式运作,薪酬和绩效管理进一步加强和改进,部分金融机构员工逐步实行年薪制,绩效薪酬分配严格执行分档制的分配模式。

2004 年,常德银监分局制定绩效考核办法,执行职员职务岗位绩效工资分配制度,实行向重实绩、重贡献、向优秀人才和关键(重点)岗位倾斜的工资激励机制。结构上分为职务工资、岗位工资、津(补)贴和绩效工资四部分。2004 年,常德农发行建立考核评价新机制,最大限度调动员工积极性。在县级支行等级管理上,扩大行与行之间因业务量、经营状况不同而形成的综合考核差别。在机关管理上,将科室干部职工的年终目标责任奖、第十三个月工资与所在科室考核测评得分挂钩。常德中行对各支行采用将全部费用分为基础费用和绩效考核挂钩费用两部分考核与分配。对市分行本部按照“完全营销机制”“部分营销机制”和“责任目标管理”三种方式,对不同部门实施差异化薪酬及业务费用分配。

2005 年,常德工行对全行员工工资实行由市分行统一集中发放模式,对各支行、各中心人力费用总额进行控制。常德农行完善支行行长任期责任目标管理考核，建立健全支行行长、市分行营业部总经理及城区分理处总经理考评体系,将经营业绩与负责人收入和任用有效挂钩,引入激励竞争机制,实行末位淘汰。常德中行规范社会保险及住房公积金工作,单位缴费和个人缴费的列支渠道按照国家和各地方有关规定执行，按月或定期逐级收集各管辖行应缴纳社会保险和住房公积金缴费资金，按时足额缴纳。常德建行开始推行企业年金制度。单位企业年金缴费比例为 4%,个人年金从 2003 年 1 月 1 日起缴费,缴费基数为员工个人上年度月平均工资总额的 1%。

2006 年,常德人行实行以岗定薪、奖优罚劣、责权对等的绩效工资考核分配方式。改革机关编制外用工管理，变直接建立劳动关系为劳务派遣，完成机关劳务派遣人员养老保险和医疗保险核定、购买工作。常德工行按管理类、营销类、操作类、专业类等不同类别、不同级别、不同岗位，设计不同取酬模式，推行人事管理、劳动用工和薪酬体制改革。常德中行从2006年1月1日起建立企业年金制度。启动薪酬制度改革，建立和健全激励约束机制，将市分行本部9个部门划分为经营管理部门和团队、业务管理、服务保障三大类型。核心绩效指标主要从贡献度、进度率（较上年增长率）两个角度进行考核。考核指标主要为财务指标和客户类指标（市场份额指标）。

2007年，常德银监分局做好参照公务员管理的个人信息登记工作，完成对2008年公务员工资套改的测算。常德工行推行以岗位管理体系为核心，整合职务体系、绩效考核体系和薪酬体系的人力资源管理体系改革——“人力资源管理提升”项目，实现按需设岗、以岗定薪、按绩取酬、人岗匹配的市场化人力资源管理机制。常德中行推行薪酬体制改革，薪酬等级共分为8级、9个级档（不含市分行行级管理人员），按照经营管理、专业技术、操作技能三大序列，按照各职位的薪酬等级职位评估结果确定，并执行年薪制，员工的收入由目标年薪、津贴福利（加班费）、特别奖励（或有）构成。常德建行在员工享受基本医疗保险和大额医疗费用补助待遇的基础上，对个人负担的医疗费用给予适当补贴，保障员工医疗水平。市信合办将经营利润、存款净增额、不良贷款净压额、中间业务收入占比、福祥卡发行量、综合费用共6个业务经营指标列为考核内容，实行百分制考核打分。

2008年，常德农发行统一薪酬制度，推行岗位绩效考核。常德工行完成1378名（2006年1月1日的在岗员工和内养员工）员工企业年金建账缴费工作，从1月起按月对员工个人缴费扣款。规范劳务派遣用工管理，在绩效考核上实行同工同酬、五项保险足额缴纳。常德中行改过去的赛马制目标考核为标杆超越考核，实施同业先进、行内先进和同期先进“三大标杆”超越的考核体制，按照标杆、进步和计划指标降序实施全面绩效管理。常德建行对中层干部政绩考核由定性向定量转变，由考核“苦劳”向奖励“功劳”转变，以发展、内控、形象三大指标加权记分，把考核结果作为评先、评优、薪酬分配、职务评聘的重要依据。市信管办兑现县级联社的年度综合奖、存款、利润、福祥卡单项奖，对联社班子成员进行奖优罚劣。

2009年，常德工行制定与岗位职级体系和薪酬管理体系相配套的绩效考核分配体系，建立业绩与行为并重的员工绩效考核机制，调动和保护员工积极性。常德农行建立条线结合、职责明晰的“绩效考核、产品营销奖励、部门考核”三位一体的绩效考核体系，全面推行分层考核。重构全行综合绩效考核体系，单位实行分组考核，考核得分与单位费用和员工收入挂钩。强化个人百分制考核，考核得分与员工收入直接挂钩。

2010年，常德农行制定全行工资总额分配方案，绩效工资主体与综合绩效考核挂钩，兼顾产品计价考核和各项业务竞赛活动激励。常德中行将县支行、市分行营业部和城区一类、二类、三类行分组，下达不同考核指标，对同一层级实行同一尺度考核。常德中华联合财险建立农险岗位人员绩效考核管理办法，把支公司经理的绩效工资、农险工资与农险工作挂钩，实施规范承保、理赔质量、应收保费率、结案率、执行力以及地方政府部门考评结果等方面的综合考核。

第三节　教育与培训

一、学历教育

常德市金融系统采取金融普通高等、中等专科学校定向培养和自办中专(函授)班等形式开展员工学历教育。1984 年 7 月,经农业银行总行批准,农业银行常德职工中专学校成立。该校为县团级单位,学制两年半,每届课堂授课 2400 课时。除按计划招生和完成中专教学工作外,还担任所在地农行范围内的干部短期培训。1986 年,湖南省建设银行中专学校在常德建行开办"干部中专函授站"(职工教育培训中心),将常德建行鼎城支行(原常德县建设银行)办公楼腾出一、二层楼作为教学之用,开设"哲学""政治经济学""投资信用与管理""银行货币学""工程预(决)算概论""项目评估""金融学""会计学""储蓄"等 10 多门课程,学制两年。1986—1990 年年末,"七五"教育期间,常德建行共培养中专专业函授学员 92 名,先后定向选送到江西财经学院、中南财经大学、湖南省电大、函大等脱产学习的员工 25 名。常德建行在 1989-1990 年两次被省建行评为"普及干部教育优胜单位",连续两次被省建行学校评为"先进函授站"。1989 年,常德工行设立宣传教育部。通过与相关学院(校)联系,建立函授教育辅导站,承办金融中专班、金融电大班及组织职工自学成才,提高职工队伍素质。农村信用社开展定向学历培养教育, 主要采取函授中专和组织员工到中专学校脱产学习两种。1990 年,全市农村信用社录取 18 名青年干部脱产学习。大专及以上学历教育主要采取派员到大专班脱产学习和进行函授大专、函授本科学习的形式。1993 年,常德工行鼓励和支持职工自学成才,制定《学历教育奖励办法》,对通过业余学历教育获教委承认学历的职工按不同标准发放奖学金。是年,常德工行举办 4 个函大教学班和 1 个业余电大班,吸收 206 名职工学员。常德中行利用临澧支行环境和设施在全省率先创办培训中心,举办储蓄、信贷、会计和电脑等专业的四期学习班,144 名新入行人员普遍得到基础性培训,并获得总行统一颁发的结业证书。1994 年,工总行在湖南办的金融职工大学对银行内部招生。常德工行推荐、选送并经考试合格的 24 名在职职工带薪脱产进入金融专业学历教育。1995 年,常德工行选送 7 名干部进入大专院校脱产学习。是年,有 275 名职工就读金融职工大学开办的函授业大班学习。1998 年,常德工行开辟联合办学的路子,改善职工队伍文化结构。与湖南农业大学联合开办专升本函授班,招收本行职工学员 68 人。常德中行开展正规化、标准化和规模较大的教育培训活动,专门制定《中国银行员工岗位资格培训方案》《中国银行员工岗位资格培训考试细则》和《中国银行员工岗位资格培训公共课教学计划、教学大纲》,同时根据业务拓展需要专门组织英语等级证书考试。

常德金融机构鼓励员工积极自学,通过函大、电大、自学考试取得文凭。1989年,常德建行鼓励干部职工参加业余自学,对业余自学获得大学本科毕业或大专毕业文凭的给予300元或200元的奖励,鼓励在职职工多渠道、多方向发展,人才培养由被动变为主动,在人才结构、文化知识水平、业务素质、建行内部管理水平都明显提高。常德人行选送3名中层骨干到高等院校进修金融专业,鼓励、支持职工参加大、中专函数和自学考试共56人次。1991年,常德建行制定教育规划,选送员工参加省建行组织的电大成人高考与省建行函大班的学习。全行参加各类自学高考和自费业余学习电大、函大的共68人。常德建行制定"8.5"教育规划,对定向培养方面的公费学历教育作出一定限制,主要是鼓励自学成才。1993年,常德工行鼓励和支持职工自学成才,制定《学历教育奖励办法》,对通过业余学历教育获教委承认学历的职工,按中专300元,大专500元,本科800元的标准发给奖学金。是年,举办4个函大教学班和1个业余电大班,吸收206名职工学员。1996年,根据建设银行总行下发的《关于立即停止自行举办学历教育班的通知》,常德建行停止向总行所属的哈尔滨投资专科学校和江苏常州财经学校选派定向培养学员的工作,高等学历教育主要是靠地方院校培养和业余自学考试。1999年,常德农信社制定学历奖励办法,对参加自学考试、取得国家认可的学历证书者,单位支付一次性助学奖金。2001年,常德农信社规定,凡经批准参加上级主管部门组织和计划安排的脱产学习的职工,毕业后根据学习成绩优劣对学杂费总额按比例报销。2006—2010年,常德工行把开展"创造学习型银行、争做知识型员工"活动与开展员工自学成才、提高综合素质相结合。先后有22人获得大学本科学历,有28人获得大学专科学历。常德建行按照"专业对口、费用自理、业余学习、适当奖励"的原则,对员工利用业余时间参加国民教育系列学历学位教育,完成学业并取得教育部承认的学历、学位证书的均给予一次性奖励。1990—2010年,常德建行通过各种形式的业余自学获得大专以上文凭的有287名。员工队伍状况发生深刻变化,不仅适应金融改革不断深化的要求,而且也促进常德建行各项业务的不断开拓发展。

二、技能培训

常德市金融机构为适应深化人力资源改革,不断增强竞争能力和实现持续发展的要求,紧密配合金融业发展计划,强化新机制运行下培训工作对员工能力素质的提升,着力调整培训发展思路,创新以业务产品为主线,以职能部门主导和人力资源部门主导的培训管理模式,增强培训的针对性和实效性,充分发挥培训对业务的支持保障功能,促进业务发展。

常德工行注重一线员工能力培养。1990年,常德工行在市中心支行和各县(市)支行、办事处都设立培训专用教室,添置必要的教学设备,在行内聘任具有丰富金融知识和实际操作经验的29名中层骨干为兼职教师。1991年,对原武陵镇分理处5层办公楼投资20多万元进行改造,建立金融干部培训中心。1992年,常德工行专设职工教育机构——教育部。配备

4名干部专司职工教育工作。是年，组织编写24万多字的会计、出纳、储蓄、信贷（工商、技改、房地产）、计划五大专业的《银行现行制度讲义》，发至全行职工人手一册。是年，组织各类培训26期700多人次参加学习，选送18名员工到杭州金融学院，湖南金融职大、衡阳中专进行短期培训。1995年，受省工行委派，常德工行组织第一期湘西北四地（市）（常德、怀化、张家界、湘西自治州）分行的50名新入行人员培训班，为期2个月，开设9门课程。学员考试及格率100%。是年，选送30名支行正副行长参加省工行举办的函授班培训。1997–1998年，常德工行先后组织力量编辑《商业银行基本知识及基本制度》等学习读本，发至全辖1700多名职工学习。2000年初开始，常德工行在辖内组织长达10个月的依法合规经营培训。45名县支行正副行长参加任职资格培训考试和15名业务骨干参加7个专业的岗位技能鉴定考试。2005年，6人参加工总行初级信贷业务审批人资格考试，合格率为100%。是年，辖内528名员工参加省工行组织的一线临柜人员统一在线考试，合格率为96.2%。2006年，举办营业经理管理培训，金融专业英语证书考核培训，国际结算专家（CDCS）培训等105期4606人次。是年，73人获个人信贷客户经理从业资格证书，1人获CDCS资格，1人获理财规划师。人才培养为业务快速发展提供了有力的智力支持和人才保障。

常德农行加强培训管理，因时制宜开展各种培训。1991年，常德农行结合本行工作实际，编写《农业银行规范化管理实用手册》，作为业务操作指南。1992年，常德农行举办2期电脑储蓄员岗前培训，70名员工获得岗位培训合格证，确保电脑储蓄操作人员尽快适应工作要求。1996年，常德农行实行职工教育重点转移，压缩学历教育．加大岗位培训、短期培训力度。在全市推行全员轮训持证上岗，共举办信贷、稽核、法律、电脑、人事统计和养老统筹等十个专业岗位培训班98期，全市培训人数达965人。培训期数、培训人数、培训专业都超历史。2000年，员工素质教育以提高全员的经营管理水平为重点，组织各类培训8次，参训人数达500余人次，开展岗位练兵活动。2004年，组织开展7次大型保险业务知识培训，109人培训生全部取得审计保险代理资格证。2005年，为适应员工培训体制的改革，组建培训师资库，聘请兼职教师10人。2008年，举办各类培训班25期，培训员工3000多人次。2009年，强化培训管理，下发《员工培训管理实施细则》，督促落实各专业培训计划，严格执行周一、周四学习培训日制度，先后举办会计主管培训、金库管理制度培训、劳动合同管理培训、安全保卫反洗钱培训、银行卡业务培训等30期，培训人员3139人次。

常德中行结合岗位需要开展培训，从制度上确保学习效果。1993年8月，常德中行对临澧支行办公用房进行改造，在全省中行系统率先创办培训中心。1994年，常德中行结合省中行举办的业务技能比武大赛，坚持每周三、五晚业余学习制度，把“点、写、算”等业务技能的培训和规章制度的学习当作一项必不可少的常规性工作来抓。组织对全辖会计、信贷、计划、出纳、信用卡、国际结算、保卫、电脑、储蓄共9个业务岗位制度学习情况进行考核验收，参考人数474人，合格率达100%。1998年，进一步适应金融体制改革需要，增强整体竞争实力，在全行系统推行“在岗人员再培训制度”。1997年，在市分行新建立一个能容纳50人的专用教室和一个30平方米的电脑室的培训中心。添置电视机、录像机、音响等电教设备,并建立为教学配套服务的阅览室和文体活动场所,在业务培训中坚持培训理论和训练技能相结合,注重基础和培养骨干相结合的育人理念。从此,常德中行业务培训进入常态化。1998年起,在全辖有计划、有步骤的开展员工岗位资格培训,全面系统地提高员工队伍业务素质,促使员工规范业务操作,强化风险防范意识,真正达到任职资格所必备的思想素质、专业素质和技能水平。开展"六大员"(即储蓄员、出纳员、会计员、信贷员、计划员、国际贸易结算员)岗位资格培训、考试。2000年,常德中行实行信贷、会计等岗位实行持证上岗,培训不合格者不能上岗,员工岗位资格证书的取得将与其聘用、转岗、晋级、职称评聘相结合。2002年,常德中行组织员工参加中总行举办的业务技能测评,其中368人达到能手水平,能手率达到87%,提前两年达到总行文明优质服务三个发展的目标,创造常德中行组建以来技能测评的最好成绩。2004年,常德中行技能测评能手率再攀新高。在全省组织的技术能手测评中,301人达到三级以上能手,能手率提高至91.5%。2008年,能手率提高到98.7%。是年,常德中行鼓励员工考取会计专业从业资格证,明确凡通过国家正规考试取得会计证、电算会计证和会计师资格的人员,可凭资格证和发票由所在分(支)行报销其相关报名费及教材费;凡取得注册会计师单科合格证的人员,由所在行报销其考级教材费用,全科合格取得注册会计师证书并承诺在中国银行继续工作五年以上的人员,各行可视其具体情况给予1000元的一次性奖励。

常德建行把加快提高业务管理水平和业务素质作为战略性任务来抓,先后投入教育经费700多万元用于员工的技能培训。1991年,常德建行坚持"按需培训、学以致用、讲求实效"的原则,组织计划、统计、计算机、会计业务、信贷、储蓄等部门各类短期业务培训17期,参训员工273人次。1997年,开始推行岗位培训,每年均组织1—3次全行性的员工持证上岗的岗位考试。1998年,全面推行持证上岗和员工岗位资格认证制度。是年,全行共组织967名(含非正式职工)员工参加信贷、储蓄、会计、稽审和国际业务5个岗位的培训考试与补考和转岗考试。1999年,组织全行325名员工参加信贷、审计、会计、储蓄、纪检监察、信用卡等岗位的考试,全行83.6%的员工持证上岗。2002年,组织613人参加建总行举办的15个岗位的上岗证考试,有370人分别考取了二级、三级柜员等级。2004年,明确规定对每期的培训必须经过考勤、考核和考试,并将"三考"情况进行全行通报。2005年,组织全行198名临柜员工参加岗位培训考试,合格率达98%。员工业务技能和履岗能力明显增强,全行没有一名员工因业务素质差不能履行岗位职责而待岗再培训。2007年,建总行开始注册金融理财师培训考试工作。是年,有50名员工报名参加考试,10名员工取得"金融理财师"资格证。2010年,出台《员工学历(学位)教育和执业资格证书奖励实施细则》,明确本岗与非本岗资格证书范围,界定各业务岗位要求通过的本岗考试范围,鼓励非业务部门员工参加业务部门的岗位考试。对取得非本岗岗位证的员工按每取得一个给予一次性奖励800元。

常德交行开展技能练兵,提高会计工作效率。大力开展会计人员岗位技能练兵活动,采取每日练兵定期测评等方法,强化会计人员技能练兵的主动性。通过实施"会计柜员等级评定方法”和开展“优秀会计人员、零差错人员、业务技能标兵评选”等技能练兵活动，会计人员业务技能和防风险能力显著提高。

全市农村信用社于1990—1992年对信用社正副主任、信贷、会计、记账、储蓄、稽核员及信用站会计分期分批进行培训，共举办各种专业培训班43期，培训员工1261人次。1997年，举办全市农村信用社系统首期电脑培训班。2010年，市信管办统一组织贷款新规培训，分片授课，对全市1900名一线员工进行培训，并通过考试检验培训成果。

常德人保公司对职工实施全方位培训教育。先后组织《保险法》、省公司的业务管理50条、中支制定的50条实施细则以及业务新条款学习。1996年，为适应机构分设后的新形势，提高全员的从业水平，人保财险公司自编教材，分五批对全市系统基层公司干部职工进行理念到实践的岗位培训，主要学习保险实务和新条款知识、职业道德、公关学和廉政建设等知识。五期共培训干部职工209人，参训率达到93%，考试优良率达到95%以上，取得了预期效果，为公司全面发展打下了坚实的基础。2002年，常德人保财险搞好业务培训，共举办核保员、理赔员、查勘定损培训班等各项业务培训12期，开展了车辆电脑定损系统操作现场比武和各种岗位练兵活动，提高了全员电脑操作技能。

常德华安财险致力于加强对员工的教育培训，建立具有丰富经验、热爱培训工作的讲师队伍，并构建分层次、分类别的培训体系，坚持多样化、实用性培训原则，制定并组织实施合理、有效的培训计划，促进队伍素质全面提升。

常德方正证券着力培养一支具备有竞争力的员工队伍，通过潜移默化地学习有效实现员工一岗多能的技能培养。结合市场环境、重大事件集中学习讨论，相互促进、相互提高。把每周二定为营业部的全员学习日，以满足业务需求为目的，针对员工不同的工作岗位采用多种形式对员工实行内部培训。

第四节　专业技术职称管理

1989—1993年，常德市金融系统开始建立和完善专业技术职称管理机制，开展评定工作，提高干部职工积极性，打破僵化的人才管理体制。

常德人行1987年5月开始开展专业技术职称评定工作。经人总行、省人行和常德人行专业技术职称评审委员会评定出各类专业技术职称人员125人，其中高级经济师2人。1989年年末，常德人行评聘经济、会计、工程系列高级、中级、初级、员级专业技术职称153人，占职工总人数259人的59.1%。1990年，人民银行实行职称评审制度改革。常德人行成立以行长为组长的职称改革领导小组和专业技术职称评审委员会，首次评审聘任经济、会计、工程系列初级专业技术职称47人。是年，对153名专业技术干部进行考评，经过绩效评估，按优秀、称职、基本称职和不称职四个档次的要求，评出优秀39人，占参评人数的26.4%。

常德工行从1987年开始评选业务技术职称，设立专业技术职称评选委员会，负责评选中级(含)以下职称。高级职称报省工行评选,政工系列职称参加地方评选。1987年,常德工行有9人获得第一批高级职称任职资格。1990年,常德工行成立专业技术职务评聘工作复查领导小组,并配备职改专干。1992年,常德工行在全辖开展专业技术职务设岗定责工作,按需设岗,突出专业性。坚持一岗一职、岗责一致的原则统一岗位设置。全行设经济、会计、工程、工艺美术、档案、政工共6个系列的技术职务。

常德农业银行在职称改革前,只有会计系列和经济系列两个方面职称。1986年9月,常德农业银行成立职称改革领导小组,逐步设立经济管理、会计、政工、教育、工程技术、档案管理等方面专业职称。1988年4月,完成首次专业技术职务评审工作,并按省农行核定的定编、定岗和分配等设岗指标和聘任指标内进行聘任。之后,常德农行的职称改革工作停顿一段时间。1991年9月,常德农行恢复职称改革工作。

常德中行于1988年首次以专业技术职务形式聘任岗位,聘任助理经济师、助理会计师和会计员,并于1990年聘任中级专业技术职务,聘期一年。1991年,1人获得高级专业技术职称,51人获得初级专业技术职称任职资格,11人被评为中级职称。1993年,聘任1人为高级会计师,10人获得经济师专业技术职务任职资格。1994年,聘任1人为高级经济师,聘任19人为经济师和会计师。1995年,聘任56人为经济师, 14人为会计师,7人为政工师,3人为工程师。

常德建行于1987年成立技术职称评审委员会,实行专业技术职务聘任制。常德建行系统评出专业技术职称156人,其中中级职称32人,助师职称70人,员级职称54人。1990年,常德建行新评出高级经济师1人、经济师6人,共具有专业技术职称人数达171人。1991年,常德建行成立专业技术人员考核领导小组,全面开展对专业技术人员考核。自1992年起,常德建行专业技术职称评审(聘)工作进一步完善设岗定责、加强考核,每年进行一次初级职称评审,对申报高级、中级职称的人员进行资格审查,推荐上报省建行评定。被评定为高、中级专业技术职称人员须经省建行发文聘任, 被评定为初级职称人员须经市行发文聘任,才能享受相应工资待遇。

全市农村信用社于1988年开展第一次专业技术职务评聘工作。全市农村信用社通过评审首次获得专业技术职务任职资格的1397人,其中经济师75人,会计师25人,助理经济师306人,助理会计师146人和会计员、经济员845人。从1992年起,农村信用社会计专业技术资格须参加全国统一考试。专业技术职务评聘工作转入经常化管理,注重从专业技术资格人员中择优选拔。

1994—2003年,常德金融系统大部分专业技术职务与地方并轨。本系统不再组织评审中、初级职称,一律参加国家组织的统一考试,考试合格者获得相应资格,再由本人所在单位评聘。

常德人行于1994年对政工干部进行评聘,重点考虑长期在政治工作岗位上、具有突出业绩人员。报经上级批准,11人取得中级政工师资格。1995年,根据国家规定,专业技术职称实行以考代评，考试成为获得任职资格的主要途径。常德人行全年组织参加考试的有 155 人。经过考试，有 8 人获中级职称任职资格，14 人获助级职称任职资格。自 1996 年起，常德人行职称评聘工作经常化、制度化、正规化、科学化，职称改革领导小组依据人总行《关于专业技术人员若干问题暂行规定》，按专业技术职务区分，重新组建经济、会计、政工、工程 4 个系列评审委员会，人事教育科配备职称管理专职干部。每年开展对专业技术人员年度考核工作。自 1999 年起，常德人行先后制定《专业技术人员三定方案》《专业技术人员考核使用培养管理评价方法》等制度，采取确认与聘任分离办法，为专业技术人员竞聘上岗打下基础。2003 年年末，移交常德银监分局专业技术人员档案 62 人。

常德农发行行成立后，从常德农行接受划转 174 名专业技术职称人员，占员工总人数 77%。1997 年，常德农发行首次评审聘任经济、会计、讲师等初级、中级专业技术职称 52 人。2000 年，根据常德市人事局《关于加强专业技术人员继续教育工作的实施意见》文件精神，常德农发行每年组织具有初级以上专业技术职务的人员分批接受专业技术继续教育，并对参训人员进行考试。

常德工行于 1994 年聘任首批通过社会经济类和会计类职称资格考试的专业人员。1995 年，制定《专业技术职务初任、聘任的有关规定》，对参加国家统考已取得相应技术职称资格人员，其聘任方法和条件进行严格规定。2001 年，工商银行对本系统专业技术人员职称的评选和聘任进行了明确规定：高级专业技术职称由省工行下达初选名额，初选人员参加外语考试合格，经省工行审核评选后，报工总行评审和确认；中级职称（不含政工、工程系列）一律参加全国技术职称资格统一考试，由省工行按岗位设置规定统一聘任。

常德中行从 1998 年起对新聘和续聘专业技术职务人员，要求参加当地人事部门组织的统一考试。同时从 1999 年起，中国银行范围内各单位的专业技术人员需报考外语等级的，一律参加全国统一考试。

自 1996 年职称管理与地方并轨后，常德建行坚持做到严把资格审查关，凡是参加地方职称考试人员由市分行人教处统一审批、报考、发证、评聘。截至到 2000 年底，常德建行共有专业技术职称人员 658 人，其中，已聘高级职称 1 人，中级职称 117 人，初级职称 416 人，占全行职工总数的 67.2%。自 2003 年起，常德建行对具有专业技术职称资格人员不再进行聘任，只承认其职称资格。在职的不再享受专业技术资格待遇。

从 1995 年开始，全市农村信用社规范专业技术人员动态管理，实行年度考核。考核“不合格”的缓聘或解聘，连续三年考核“优秀”的，择优晋升一级工资。1996 年，全市农村信用社与农业银行脱钩时已取得专业技术职称 2502 人，占职工总人数 81.7%。高级职称 2 人，中级职称 176 人、初级职称 957 人，员级职称 1367 人。

2004—2010 年，随着国有金融机构股份制改革和整体上市，部分金融机构专业技术职称的评定工作全面转向社会化，自 2004 年后不再进行内部专业技术职称评聘。

常德人行制定《专业技术人员聘期考核实施办法》，成立行长任组长的专业技术人员年度考核领导小组,实施对专业技术人员的基础和业绩两部分考核。是年,经对常德人行机关104名专业技术人员考核,被评为优秀16人,称职88人。2007年,组织经济、会计、政工系列中、高级专业技术职称人员申报,开展申报人员约见谈话,严把申报初审关。2010年,常德人行有4人被武汉人行确认取得经济师资格。年末,全辖在职专业技术人员271人,其中高级2人,中级143人,助级126人,占干部职工总人数的81%。由于银监系统未设专业技术职称,常德银监分局自分设后即没有开展专业技术评聘工作。2010年年末,全市农发行系统有高级职称1人、中级职称57人、初级职称91人。常德工行在职高级职称41人,中级职称228人,初级职称274人,员级63人。常德建行自2004年开始推行专业技术职务岗位竞聘,并逐步形成制度化、规范化、常态化,完成专业技术岗位职务改革。通过考试、考核和公开竞聘,是年聘任六级专业技术岗位职务34人,七级专业技术岗位职务54人,八级专业技术岗位职务7人。2004—2010年,常德建行聘任4级专业技术职务的有1人、5级专业技术职务的8人、6级专业技术职务的54人,2007年推出执业资格证书和相关专业等级证书考试。2010年年末,常德建行参加注册金融理财师考试的员工有70人,其中有10名获得金融理财师资格,70名员工参加了银行从业人员资格认证考试。常德建行具有专业技术职称的有291人,占在岗职工总数的67%,其中具有高级资格的有1人,中级职称资格144人,助师以下146人。全市农村信用社于2004年开展政工、工程系列专业技术职务任职资格评审申报。经省信管办和人行武汉分行评审认定,聘任政工师16人、工程师3人,助理政工师21人,助理工程师8人,技术员1人。2010年年末,全市农村信用社系统专业技术人员2031人。其中,中级职称131人,助级职称856人,员级职称1044人。

常德市金融系统高级专业技术职称人员一览表

表7—1

单　位	评定时间(年·月)	姓　名	专业技术职称
常德人行	1987.12	张宝荣	高级经济师
	1991.1	熊大炎	高级经济师
	1991.1	吴明忠	高级经济师
	1993.5	陈贵显	高级政工师
	1993.7	熊汉之	高级经济师
	1993.8	涂能进	高级会计师
	1994.8	盛　铭	高级经济师
	1994.8	梁赵清	高级经济师
	1996.3	王恩莲	高级会计师

续表

单　　位	评定时间（年·月）	姓　名	专业技术职称
	1997.9	余德中	高级经济师
	1997.9	龚飞林	高级经济师
	1997.9	曹丕铭	高级经济师
	2003.12	刘新华	高级经济师
	2005.1	徐　娟	高级工程师
	2006.1	曾　涛	高级经济师
常德农发行	2002.09	梁　刚	高级经济师
	2006.11	周芳华	高级会计师
常德工行	1987.11	胡运鸿	高级经济师
	1987.11	杨文淑	高级经济师
	1987.11	谢　礼	高级经济师
	1987.11	刘约三	高级经济师
	1987.11	姚席安	高级经济师
	1992.5	何家福	高级会计师
	1993.1	刘元洪	高级政工师
	1993.1	梁佩如	高级政工师
	1993.1	熊巩固	高级政工师
	1993.1	吴世忠	高级政工师
	1993.7	许延生	高级经济师
	1993.7	燕兴德	高级经济师
	1993.7	吴云章	高级经济师
	1993.7	黄国庆	高级经济师
	1993.7	孙昌书	高级经济师
	1995.2	杜方时	高级会计师
	1995.2	熊庭建	高级会计师
	1995.2	杨承业	高级政工师
	1995.2	林世英	高级经济师
	1995.2	周盛章	高级经济师
	1995.2	陈剑双	高级经济师

续表

单　位	评定时间（年·月）	姓　名	专业技术职称
	1995.2	田承鑫	高级经济师
	1995.2	余　辉	高级经济师
	1995.2	商艳琴	高级经济师
	1997.10	王焕瑛	高级经济师
	2001.11	陈湘云	高级经济师
	2003.10	匡一先	高级会计师
	2008.3	吴晓欧	高级经济师
常德农行	1987.4	熊楚山	高级讲师
	1987.10	管代福	高级经济师
	1987. 12	李立堂	高级经济师
	1988.1	周文仁	高级讲师
	1988.3	陈占均	高级经济师
	1988.3	凤永芳	高级经济师
	1989.7	杨炳坤	高级经济师
	1989.7	胡旦寅	高级经济师
	1989.7	李长斌	高级经济师
	1989.7	刘　勇	高级会计师
	1991.10	张松山	高级政工师
	1991.12	李希墨	高级经济师
	1993.12	谭永清	高级经济师
	1993.12	陈天亨	高级经济师
	1994.10	王洲斌	高级政工师
	1994.10	周功奎	高级政工师
	1994.10	李超仕	高级政工师
	1994.11	罗冬云	高级政工师
	1994.12	晏佳兰	高级经济师
	1995.4	杨加金	高级政工师
	1995.10	陈章任	高级经济师
	1996.12	史开卷	高级会计师

续表

单　　位	评定时间（年·月）	姓　名	专业技术职称
	2005.11	孙　权	高级经济师
	2008.12	蒋　祁	高级经济师
常德中行	1991.11	吴学法	高级经济师
	1993.4	杨松枝	高级会计师
	1994.2	樊尊训	高级经济师
	1995.10	黄定龙	高级经济师
	1997.11	肖超勇	高级经济师
常德建行	1992.9	谢秉勋	高级经济师
	1993.9	唐生湘	高级经济师
	1993.10	朱献军	高级经济师
	1994.10	孙阴柏	高级经济师
	1994.10	肖兴邦	高级政工师
	1996.10	林依群	高级会计师
	2007.8	聂志敏	高级工程师
常德农村信用社	1995.10	蒋文章	高级经济师
	1995.10	张田香	高级经济师
	1996.12	李采军	高级会计师
常德人保财险	1995.1	邓定渝	高级经济师
	1998.3	辜业林	高级经济师
	2006.5	龙建国	高级经济师
	2009.8	杨　军	高级经济师
	2009.8	许山海	高级经济师

第五章 内控监督与稽核审计

第一节 内控监督管理

常德市银行业金融机构内控管理由部分内控向全面内控转变,由只与资产管理有关,逐步渗透到经营和管理全过程,涵盖经营管理的所有方面和内容。

1989—1993年,常德市银行业金融机构建立健全内控监督机制。常德农行全面实行财会监管员和总会计管理体制,加强内勤主任坐班制度建设,对柜面监督、事后监督、柜面服务等各项工作进行全面检查。1989年,全市农村信用社开展强化信贷管理与财务管理专项治理整顿,市农行抽调554人组成治理整顿信用社工作队,对117个信用社(部)、207个分社、135个储蓄所、958个信用站进行全面清理整顿,纠正虚假盈亏357405元,退赔贪污挪用款339334元,对有经济问题的41名有关人员进行严肃处理。又于1991年对全市农村信用社开展以"查贪污挪用;清资金财产,查跑、冒、漏、滴;清财务收支,查私分冒领;清实物收贷,防贪、占、坏、损"为主要内容的农村信用社财务"四清"行动,挽回经济损失180多万元。1991年,常德中行加强对业务经办过程中的监督制约,初步形成以业务经办与复核为一线、以业务部门内部的制度检查和部门领导监督为二线、以稽核再监督为三线的业务经营监督制约体系。1992年,在业务部门和业务岗位配备专职和兼职事后监督员、业务辅导员、制度检查员,自上而下的建立起了稽核、监察、目标考核、制度检查和事后监督组成的监督制约体系。1993年,成立整顿领导小组,对不规范经营按照"有令必行、有禁必止"的原则实施全面整顿。对账外账进行严密摸底,所有账外资金逐笔登记上报。进一步完善内部监督制约机制,重点狠抓"三员"(即:稽核员、制度检查员、事后监督员)制度落实,基本形成条块结合、纵横相联的内部监督网络。

1994—2003年,常德市银行业金融机构强化业务检查监督,纠正违规违法行为。1995年,常德中行对超标使用的车辆、超面积购买公房和小钱柜等问题进行查处,对2台超标车辆予以处置,将市分行机关6个部室合计金额为9.6万元的小钱柜并入大账。1996年,常德建行组织对基层行的会计核算、内部管理及出纳制度执行情况等进行交叉检查。1997年,常德农发行组织对支行自建行以来的财务工作进行全面检查,查出1996年漏收利息1500余万元。常德农行对辖内各行开展财务大检查,检查的内容包括漏交各种税费、乱挤乱摊成本、乱列营业外支出、截留各项收入以及上年度已检查尚未处理的财务问题等情况。1998年,开展以整顿清理账外账和违规经营为主要内容的清整活动,查处违反财经纪律、信贷纪律、结算纪律以及"三防一保"和经济刑事案件,立案47件,其中经济案件11件,涉及金额174.4

万元，挽回金额 133.9 万元。1999 年，常德农行实行内勤主任不定期岗位轮换和强制休假制度。开展会计财务检查，检查 211 个储蓄所(柜)的各项业务内控制度执行情况，对账务处理不平、重要空白凭证管理不规范等问题进行整改。是年，常德建行在全面检查中，针对 19 个违规问题，对主管人员和相关责任人进行处罚 45 人次，下达《会计检查整改通知书》，以促进会计核算工作的规范化。2000 年，常德农行成立内部监督委员会，全面推行财务监管员分片承包制，内勤主任上收县支行管理实行委派制和讲评制。推行营业单位坐班主任委派制，坐班主任专司对临柜会计出纳业务的事前、事中风险防范和规范的管理。是年，常德建行加强基础工作，开展四次执规检查，对所辖 80 多个机构网点进行全方位“扫描”，查处和整改问题 110 个。2002 年，常德建行对基建账户、账外固定资产、资产损失、费用挂账、案件损失等历史遗留问题进行全面清理，消化历史包袱 30239 万元，其中包括“万琦案件”损失 22698 万元，抵债资产处置损失 224 万元，固定资产处置净损失 24 万元，消化房改损失 1665 万元，冲减存量未核应收利息 2531 万元，随呆账剥离应收利息冲减 466 万元，核销呆账 2631 万元。

2004—2010 年，常德市银行业金融机构内控监督管理更趋严格和规范。2004 年，为适应整体上市需要，常德中行按照“干净健康”的资产负债表要求，展开股改资产尽职调查和财务账户清理工作，对自办经济实体的投资项目进行全面清理，确认尚存、待处置或项目不存在但公司已注销的 7 个项目共 5170 万元。常德建行狠抓安全行建设，形成主要负责人总揽、分管领导负责、市行部门配合、基层单位落实的安全行建设体系。2005 年，常德农行先后接受全国、全省操作风险大检查和长达数月的国家审计署审计。成立整改领导小组，抽调专人，对操作风险大检查中查出的 1500 多个问题建立台账，编印成册，举办全市所有网点内勤主任学习班，对照制度逐个讲解，逐笔整改。2006 年，常德农行制定财会监管工作规划，确定创建“会计三铁”和“三无”工作目标，树立内部管理“三全”概念，即对业务处理实施全过程的管理、对所有员工实施全员管理、对全行经营活动实施全科目管理。在全行推行基层会计主管强制性休假制度及坐班主任和柜员岗位轮换制度。是年，常德建行开展以反商业贿赂为主线的清理、排查活动，建立起排查层级负责制和问题责任追究制，落实“四项清理”“员工排查”及专项治理“回头看”行动。2007 年，常德农行加大检查监管力度，组建“查库飞行队”和“会计突击检查队”，全年由行领导带队采取突击性检查 12 次。成立对账中心，严控操作风险。对全行会计主管和支行业务部经理全部实行委派制，单独下达考核指标，对绩效工资切块进行考核兑现。2008 年，常德工行坚持“风险可控、案件可防”理念，加强内控管理，组织开展“学规定、促合规”争创案防平安年主题活动，实施时点评价与时期评价相结合的评价方法，推行内控“双向问责制”。常德中行以全省“财务合规整顿年”为契机，在全辖开展财务合规性整顿和会计基础工作专项治理工作的“双基”活动。2008-2010 年，常德农行强化会计内控管理，推出会计内控规范管理工程，组织全行会计管理人员分层签订会计内控管理责任状。常德建行狠抓单位集中对账工作，三年对账单回收率均达 99.9%。加大对所辖会计基础工作的检查与落实，两年共组织 19 次会计检查，发出检查整改通知书 132 份，认定违规责任人 342 人次,164人次通报批评、罚款及扣减绩效9200元。2010年,常德建行在全省“零违规、防差错,从我做起”活动评比中取得第一名。常德交行加大内部业务检查辅导力度,通过日常现场检查、每周监控录像调阅、专项检查等手段,覆盖业务操作各个环节。

第二节 金融稽核与审计

一、金融稽核与审计组织

1989年,常德工行建立稽核体制,撤销原稽核监察部,设立稽核部和监察室,单独行使稽核职能,各县(市)支行设立稽核股。主要对同级及辖属营业机构、主要业务管理机构的经营管理状况及经营管理行为进行稽核检查。

1990年,常德中行在县支行机构中设立兼职稽核员。常德农行在营业所建立主任稽核制度,凡业务量大、人员较多(10人以上)的县辖区一级的营业所均配备一名由省农行颁发稽核证的主任稽核。

1991年,常德工行根据内控管理工作需要,配备总稽核,开始实行总稽核负责制。

1992年,实行对县(市)支行稽核干部委派制管理。委派人员由中心支行人事和稽核部门共同考察、报批、中心支行颁发稽核证。被委派的稽核干部实行行政上由县(市)支行行长管理、业务上由中心支行稽核部领导的双重领导、双向负责的管理体制。各县(市)工行撤销稽核科。全辖按相关规定委派18名稽核专干。常德中行开始在业务部门和业务岗位明确专职或兼职事后监督员、业务辅导员、制度检查员,自上而下建立稽核监督制约网络。

1994年,常德中行总稽核实行“双重领导”,形成总稽核由上级行和同级行领导,并以上级行领导为主的管理体制。

1995年,常德农行组建稽核大队,隶属市分行,受行长和总稽核直接领导,大队部设在市分行稽核部,日常工作及内部管理由稽核部根据岗位责任负责统一安排。

1996年,常德农发行成立后,设立稽核保卫科,负责内控监督、稽核管理等工作职能。

1997年,常德农行在9个县级支行设立稽核机构,在岗稽核人员36人,市、县两级配有总稽核9人。是年,常德农行将全市县级支行稽核监督职能上收到市分行,城区支行的常规现场稽核和专项稽核任务全部由市分行直接承担,对其他支行采取派驻形式。是年,常德农行将稽核审计部改为总稽核室。

1998年,省中行明确稽核工作在总行统一领导下,实行辖内稽核工作垂直管理,逐步建立总行领导下垂直、独立、科学、有效的稽核监督体系。自此,常德中行稽核部更名为“中国银行湖南省分行驻常德总稽核办公室”。

1999年,常德工行稽核部更名为稽核科,稽核工作由市分行行长直接领导。常德农行进一步完善稽核体制,按照“编制单列,双重管理,业务以条条为主,其他以块块为主,组建稽核大队,工作统筹安排"原则,建立由 15 人组成的稽核大队。

2000 年,常德工行将辖内支行稽核人员行政编制上收市分行集中管理,稽核人员按上年末全行在编人数 2%配备比例落实。其中稽核科领导和非领导职务干部职数之和占在职稽核人员的 50%。是年,常德中行实行稽核体制改革,撤销原湖南省分行驻常德总稽核办公室,成立湖南省分行常德稽核中心。稽核工作及人事管理与常德中行脱钩。

2001 年,常德农发行成立内控制度委员会。常德工行成立内控评价工作领导小组,稽核科更名为稽核部。

2002 年,常德人行加大对县级支行的内审监控力度,克服内审专干不专,监督同级难度大等问题,分别在澧县、临澧人行设立内审组,作为中心支行内审科派出机构,分片负责所辖支行的内审工作,同时取消各支行内审专干。常德农发行设立由行长、稽核、财务、信贷、监察等部门负责人组成的稽核监督委员会,开始着手内控预警机制的建设,并建立一套对经营活动实施同步监控的预警机制。

2005 年,常德农发行稽核保卫科改为内部审计科。常德工行取消总稽核,稽核部更名为内控合规部,主要职能增加内控管理、合规管理、操作风险管理等合规制度建设。省工行增设北片(常德)、南片(衡阳)两个内控合规中心。常德工行内控合规工作在业务上接受省分行内控合规部和常德内控合规中心的双重指导。常德中行成立内部控制委员会和反洗钱管理委员会,并制定内部控制委员会章程。

2006 年,常德工行内控合规部更名为内控合规中心。常德农行系统内部审计工作上收省农行,由省农行向常德农行派驻审计办事处。

2007 年,常德中行在全辖各县支行和主要业务部门增设专职内控合规员,着力推进"三道防线"建设。

2009 年,省联社驻常办在全辖通过考试公开选拔 9 名同志,组建稽核大队,同时,督促各农信联社按员工总数 3%的比例配备稽核工作人员。

2010 年,省农行审计办事处撤销,常德农行成立内控合规部。

二、金融稽核与审计活动

1989—1993 年, 常德市银行业金融机构稽核与审计工作随着职能完善和人员充实,经历从被动到主动、从规范性管理到以风险、效益为主体内容的综合业务发展过程。

1989 年,常德工行组织开展对辖内各支行行长责任指标、储蓄内部管理、风险呆滞贷款、住房储蓄贷款、人行往账等专项稽核 267 次,发现问题 1083 笔,金额 273 万元。查处各类案件 29 起,年结案率 90.6%。常德农行加强审计稽核再监督,组织稽核人员围绕全行的中心,先后进行信贷计划执行、利率政策、两呆贷款、经营承包指标完成情况的稽核审计,组织会计、稽核人员进行 2 次规模较大的财务大检查,处理滥支费用、乱摊成本等问题。1991 年,常德工行围绕“管理年”活动开展稽核活动214次,发现问题1074笔,涉及金额186万元,提出稽核整改建议329条,被采纳196条。1992年,根据工总行《贷款呆账准备金制度实施细则》的有关规定,对逾期呆账贷款进行稽核清理,组织办理呆账贷款核销1011万元,免交税金630万元,增加利润226万元。常德中行开始实施经常性稽核和全面稽核工作制度,增强稽核工作的主动性、计划性和系统性。1993年,常德农行重点稽核信贷总规模执行情况、农副产品收购贷款规模和使用情况、固定资产贷款合规性等,对金库管理制度、全年财务收支情况、呆账核销进行同步稽核和专项稽核审计。常德人保实施资金运用效益审计、资金安全审计、行政财务管理审计、业务质量审计、有价证券和定期存单管理审计、现金管理审计等5项专项审计,查清放贷中账务建立不规范、逾期比例大等问题,收回逾期贷款150多万元,纠正违纪金额93万元,处理违纪金额6万元,收回无计划拆借资金70万元。

1994—2003年,常德市银行业金融机构稽核与审计的范围逐步扩大,内容逐步拓展,力度逐步加大,对业务发展和管理的监督作用越来越明显。

1994年,常德工行在全省工行系统率先开展三项稽核,先后组织对支行“资金内部计价”稽核、对新财务制度贯彻执行情况稽查、对资产负债比例管理和信贷资产风险管理重点稽核。常德农行按照新会计制度对行社各网点进行全面稽核,查处各种违规100多件。对外拆资金清理、信用社资金监管、信贷计划执行以及固定资产审计等热点和重点,组织稽核285次,挽回经济损失和节约资金1852万元。常德人保加强审计监督,以效益审计为重点,完成9个审计项目,查出违规违纪金额378万元,纠正371.7万元。1994年,常德中行制定干部离任、离岗稽核制度,开始对辖内机构的领导干部实施离任稽核。常德农行审计农村信用社大小基建项目64个,审定投资总额3883万元,审减决算造价786万元。查出绕规模贷款和不合理成本费用开支13864万元,收缴资金和罚款94.79万元。1996年,常德工行重点对资产质量、抗御风险等进行监督稽核,组织信贷资金保全、贷款呆滞核销工作。常德农行清理账外经营和查处财务、信贷计划上弄虚作假的问题,清理出历年账外经营资金62921万元,绕规模放款4865万元,放贷收息1214万元,虚增和虚下存款2151万元,利润水分2294万元,个人责任贷款1700万元。常德中行建立业务经办中的自我约束、监督与业务部门主管领导的监督控制、稽核部门再监督相结合的多层次、多方位监控体系。落实制度检查组织,在市分行本部各业务部门明确5个专职、6个兼职检查监督员。1997年,常德农发行深入324个企业展开粮棉油收购专项稽核397次,累计稽核资金259亿元,稽核出问题资金18.9亿元,确保农业政策资金不被挤占,维护政策性信贷资金的严肃性。常德农行对上年度经营情况、干部离任、常规现场、贷款质量等进行了稽核审计,先后审计基建项目60个,审减资金558万元,占被审资金额的27%。对250人实施离任审计,审计出有社会经济责任的55人,涉及金额640万元。常德建行全方位实施信贷资产稽核审计,开展对上年末信贷资金贷款占用和形态的稽审评价,对全行新发贷款的真实性、合规性全面稽审,查出不合规合同138份,金额6061万元。1999年,常德农发行先后开展收购资金管理现场稽核、收购资金封闭管理稽核等，查处挤占挪用资金1345万元，企业违规资金2115万元，整改收回不合理资金占用892万元，延伸稽核购销企业达30%以上，有效发挥稽核再监督作用。常德建行开展以制度建设为重点、以风险控制为内容、以经营效益为目标的内控稽核审计。常德建行制定下发《会计稽核工作考核办法》，加大会计稽核工作考核力度，进一步规范会计稽核中心业务。2000年开始，建设银行的稽核审计体制进行了改革，地市二级分行不再保留稽审机构和人员，全部由省建行派出的分片审计组承担稽审任务，是年年初，常德建行稽审处撤销。

2004年—2010年，国有商业银行稽核和审计按照股份制改革要求，开展风险认定和责任认定，进一步强化依法合规经营观念，提升金融管理水平。

2005年，常德工行对18名基层行行级领导、16名县支行股级干部实施离任(责任)或强制休假责任审计，对市分行人力资源等部门的内控制度建设和执行情况大检查，完成现场内审项目24个，非现场内审项目4个。常德农行加强干部离职审计，按照“先审后离、先审后用”的审计原则，委托审计部门对全市26名高管人员进行任期经济责任审计，其中离任的县支行正、副行长20名，拟提任行长助理的6名。通过审计，全市共提拔干部6人。2006年，常德农行对32人实施任职审计，其中，责任审计1人，离任审计31人。组织开展审计项目48个，发现问题346个(笔)，金额72588万元，对严重违规的11个责任人移送监察部门处理，对28人次实施经济处罚。省中行常德稽核中心加大稽核力度，先后对德山支行等20个机构的授信业务、财会清算业务、个人柜台业务进行专项检查。2007年，常德农行对任期满两年的3位支行行长、47名高管和重要岗位人员进行审计，审计发现问题377个，涉及金额87316万元。2008年，常德工行对3名支行行长和网点负责人进行诫勉谈话，对2名履职不力的营业经理予以撤职。对审计发现问题涉及的25个行处、40名责任人给予通报批评和经济处罚。常德农行加强金库安全管理，派出审计人员87人次，分别对清算中心(中心金库)、鼎城区支行等机构的金库管理及电视监控回放实施巡行式的专项审计普查，发现各类问题55个，现场消灭内控风险点11个，堵塞金库安全管理方面的漏洞21处。是年7月，省中行常德稽核中心对常德中行零售贷款业务开展专项稽核。常德中行针对检查发现问题，召开专门会议部署整改工作，38个问题得到整改，对相关人员进行问责处理，处分3人，其中2人记过、1人警告。2010年，常德农行先后开展尽职监督重点抽查、案件风险排查、内控评价、高管人员和重要岗位人员责任审计等11个检查，对高管、重要岗位人员经济责任审计12人次，处罚责任人66人次，罚款总金额1.3万元，移送处理违纪违规问题责任人3人次，督促收回不良贷款、违规贷款(含银行卡透支)21笔，125万元，发挥以合规检查促进服务，在服务中加强内部监督的作用。常德建行保持会计稽核低差错率、高整改率的良好水平，全年会计稽核差错率为0.12‰，为历史最低。

第六章　安全保卫

第一节　安保组织

1988年年末,常德人行设有保卫科,组建经济民警分队。常德武警支队派驻一个班共10人常驻行内,担负金库守卫任务。常德金融系统各单位均设有保卫部门,主要工作职责是确保金库、营业场所、办公楼等重要部位安全运行,以及金库守护、押运头寸等安全保卫工作。安全保卫工作主要以“依靠群众,预防为主,确保重点,保障安全”为内容,抓好制度建设,实施友邻联防、警民共防,达到安全无事故目的。

1989年,常德工行设保卫部,10个县(市)支行设保卫科,辖内有保卫专干108人。保卫部门承担安全保卫管理、金库值班、头寸押运、残破币销毁等工作职责。1990年,常德工行组建经济民警大队(与保卫部一个机构、两块牌子),编制为134人。各县(市)支行成立经济民警中队,行政上属上级行领导和管理,业务上接受当地公安部门的指导。常德农行市、县两级行均成立经济民警组织,加强对银行和信用社保卫工作领导。完善治安保卫责任制,明确行、所、社的“一把手”是安全保卫工作的第一责任人,常德建行成立经济民警中队,各县级支行则设立分队,配备枪支、弹药、武装保卫金库、押运“头寸”。1989年,全市各农村信用合作联社设立监保股,履行信用社安全保卫职能。

1991—1993年,常德市各金融机构相继成立社会治安综合治理领导小组。常德人行社会治安综合治理领导小组由行长担任组长,下设治保、义务消防、法纪教育、调解等4个小组,全方位保障金融机构、人员、资金安全。常德工行市、县两级行分别成立以行长任组长、监察、行政、保卫部门负责人和公安民警参加的社会治安综合治理领导小组。常德中行成立经济民警中队,常德市各农村信用合作联社均设立保卫股,全面负责信用社安全保卫工作。

1994年5月,国务院召开“防诈骗、防盗窃、防抢劫,保护银行资金安全”(简称“三防一保”)全国电话会议。随后,常德市各金融机构成立“三防一保”领导小组,单位“一把手”任组长,相关部门负责人为成员,加强安全管理。

1997年,常德农发行配备专职武装守卫和押运人员,由稽查保卫科负责安全保卫事宜。市分行营业部、县(市)支行组建经警队,在市分行建立经警大队。共组建经警队9支,经警队员50人。1998年,常德农发行成立保卫科。常德市农村信用社组建和完善9个县、区(市)联社经警分队和1个经警中队。

2001—2003年,为适应银行守押社会化服务体制改革,常德工行将重要物品的押运、调拨、守护和上门收款等安全护卫服务工作逐步外包给社会机构,保卫(经警)人员逐年减少。

2003 年，常德工行将市分行现金管理中心和澧县（澧水片）支行金库的守卫、押运、调款等工作移交给省保安服务公司，经警大队和各中队编制取消。守押工作移交后，保卫部门工作中心移到以防范金融诈骗为主要内容的案件防范和安防、技防设施管理上。

2005 年 9 月，按照武警部队“撤编归建”精神，驻常德人行武警班撤离归队。

2006—2010 年，常德市 9 家农村信用联社相继将头寸押运和守护移交给常德市金盾保安公司，降低头寸押运风险。2008 年，常德工行成立保卫中心，负责管理全辖各支行各营业网点安全保卫工作的指导和督导，技防、案防工作监督管理和规章制度的检查和落实。常德农行取消农村支行、分理处（营业所）设立的金库，所有头寸的调拨与保管均由押运公司承担运送与接收。常德农行建立护卫小组和义务消防队 120 个，社会治安联防队 30 个。2009 年，常德农行加强金库管理，减少风险点，在全市 21 个金库中撤并 7 个。2010 年，常德农发行对全市系统专职驾驶队伍进行清理，建立驾驶员个人档案，实施驾驶队伍规范化管理。

第二节　安保设施

1989—1993 年，常德市金融机构营业场所防范设施相对比较简陋，营业网点柜台采用砖混结构，而农村网点多为木质柜台和普通玻璃护栏，自卫器材也只限于木棒、石灰包、墨水等原始防范和自卫工具。

1992 年，常德人行采取人防和技防相结合的防范措施，先后在所辖支行安装美国 CK 公司红外线报警器 7 台，基地台和车载电台各一台，架设专线电话，沟通与省人行联络的单边电台，进一步加强防范措施。1989—1992 年，常德工行实行营业网点柜台栏杆封顶，金库和网点安装多功能报警器。耗资 68 万元建立 50 米高发射塔一座，购置无线对讲机 48 部，保证全辖 10 个支行头寸押运通信联络畅通和财产及人身安全。常德农行加强网点基础建设，改善营业条件，拨专款对库房、门窗加固，购置报警器材、自卫工具、枪支等；添置、更新、加固金库门、保险柜、应急灯、报警器及围墙、营业间等设施设备；为所、社金库安装专用金库门，防护铁栏杆实行全封顶，更新多功能电子报警器；购进国外最先进的无线转接器、通信设备、手机、中转台等。1991—1993 年，常德中行建立无线电通信基地台，与各县支行开通无线电组网通信，为守库和头寸押运的安全提供通信联络的基本保障。对全辖所有营业网点柜台均采用砖混结构改造，对所有护栏全部改用金属防护栏，通勤门使用专用防盗门。1990 年，常德建行筹资添置报警器、电警棍、对讲机等设备，新建金库 2 座，给保卫科专门配备一台安全检查车，将各支行的头寸车直接配备到保卫股，以减少用车中间环节，保证现钞运送及时。

1994—2003 年，金融机构对安全保卫硬件设施改造换代，狠抓营业场所风险等级评定及防护级别达标，提升了风险防范能力。

1994—1996 年，3 年间常德人行投入资金 446 万元，对库房、值班室进行升级改造，加高库区围墙，安装库房电子监控设备、购置通信设备、实行封闭式管理。常德工行对支行金库和营业网点安防设施、通信报警设施予以更新,配备有线电话报警、无线报警、红外线报警等设备,配置无线对讲机。1994-1995年,常德农行建设卫星跟踪、定位系统GPS一期工程,配置头寸车车载电台、基地电台,添置红外线声光多功能报警器。1996年,常德农行添置头寸车、为头寸车安装防弹铁甲膜,改造金库23座,安装全天候电视监控系统。常德中行在市分行营业部安装首个营业网点"防弹玻璃"护栏。常德建行加大安保硬件投入,为安全保卫工作投入资金80多万元,整改安全设施134处,更换报警器25台,防身设备、器材等280套(件),新装电视监控系统一套,实现市区支行"头寸"车卫星监控。1997—1999年,常德人行先后投入150万元购置防弹运钞车、高性能专用护卫车,为头寸车、护卫车办理公安牌照。在技防上,装备GPS卫星自动定位跟踪系统及发行库两道门指纹锁门禁系统;建立同城和远程管理系统,实行"110"报警联网。常德工行更新、改造53个营业网点,按安全标准装修,做到安全与美观两者兼顾。耗资500多万元,购置防弹头寸车、配备手提电话机,为保卫(经警)押运人员配备军用枪支、防弹背心和钢盔。1997年,常德中行一次性购置5台防弹功能的头寸车,。常德市农村信用联社加强硬件设施建设,在人力、物力、财力不同程度的加大安保资金投入,共有专用头寸车18辆, 并按照保卫工作需要配备军用枪支和相应装备。 新改造金库16个,整改营业柜台及防护栏167个。2000年"9·1"大案发生后,常德市金融机构加强与"110"联结的报警系统,加强保卫力量,配备专用车辆,拨出专项费用用于网点安全设施建设。常德农发行着重完善各支行的安防设施,鼎城、桃源农发行安装电视监控系统,为押运车随车出纳配备防弹钢盔和防弹服。全市农村信用社先后投资近2000万元,改造加固防卫设施,4个联社本部营业场所安装防弹玻璃和电子监控系统,配置高标准头寸车辆,改造中心金库,安装防盗门及加固门窗。2001—2003年,常德人行以库房安全为重点,加大物防、技防投入,全辖1个中心支库、6个支库完成库房密码锁改装, 电视监控进库, 配置两台防弹运钞车, 装备"GPS"移动目标卫星定位系统。常德农发行将原有技防设施进行完善和升级,安装数字化电视监控系统和红外防盗报警系统。常德工行耗资880多万元为营业网点安装防弹玻璃,安装率达到100%,为市分行现金管理中心等要害部位安装高科技数码电视监控。常德农行加大基础设施改造,全市营业网点新安装防弹玻璃400余平方米,加固改造防盗门、窗,配置防弹运钞车。常德中行全辖运钞车、网点防弹玻璃安装、报警联网均达到100%,对部分网点安装电视监控。

2004—2010年,常德市金融机构电视监控等现代化设施得到普及,物防、技防设施建设加强,安防设施科技含量不断提高,保障了金融运营的安全。

常德工行提出"用科技武装保卫、用网络管理安全"口号,全行安防设施实现营业网点昼间报警安装率、110报警联网率、电视监控安装率均达100%,ATM检查仪、摄像机、安全检查车、内部信息网络电脑配置及营业网点、金库防尾随防盗互锁联动门安装等方面也达到100%。 根据有关规定,常德市银行业金融机构所使用的军用枪支与弹药全部更换为统一配备的专用枪支,原有军用枪支弹药一律上缴。常德中行在金库安装金库掌(指)纹仪,以保证金库安全。安装ATM机配套电视监控系统、营业网点电视监控系统，辖内营业机构的电视监控安装普及率达到87.5%。2006—2007年，常德农发行对县支行金库门、电视监控系统、营业场所外围墙等物防设施进行升级、改造和维护。常德工行对县（市）支行金库安防设施、分行计算机房自动灭火装置“1211”、营业网点现金柜台等进行更新改造，营业场所达到防弹、防砸、防撬、防盗的要求。常德农行中心金库整点室移至常德人行。常德中行营业电视监控系统配置普及率达到100%。2006年，全市农村信用社营业网点风险等级达标建设改造累计投入资金1000多万元，143个网点达到防护标准，占营业网点总数的38.8%。164个网点安装电视监控、联动门，42个网点安装防弹玻璃。2008—2010年，常德中行对分行本部金库实施“一级”安防达标改造，对26台ATM机等自助终端安装与110联网的红外线防侵入、防盗窃、防震动报警监控系统，推广实施“提箱人员指纹身份认证识别系统”，建立电视监控查看中心，全辖金库和所有营业网点电视监控安装率达100%，并实现联网，2个营业网点安装室外智能高速球并入常德市公共治安电子眼系统。全市农村信用联社加大营业网点安全防护设施达标建设，营业网点安全防护条件进一步改善。2008年，全市农村信用社89%的网点数防护达标，2009年，提升至96%；2010年实现全部达标。2010年，全市9家联社全部网点安装远程视频监控系统，各联社远程监控中心相继建成并投入运行。

第三节　三防一保

1989—1993年，常德工行建立金库守卫、头寸押运、枪支弹药管理、残破币销毁、消防管理、综合治理、营业网点改扩建安全防护设施建设和运钞车、通信设备管理等安全保卫工作条例、办法和规定。1990年，常德建行部署储蓄网点与四邻单位建立联防，订立治安联防协议，建立治安信息联络员，初步形成治安联防网络。从1991年开始，常德建行推行安全保卫承包责任制，实行安全保卫层层责任包干，市行与各县支行签订责任书，县支行与各网点负责人签订责任书，与奖金挂钩，每月进行一次检查评分。1993年，常德农行加强“人防”管理，组织各基层网点开展联防活动，包括与网点驻地四邻单位、居民签订《联防协议书》，与驻地公安部门签订《银行公安联防协议书》，进行联防演习，建立联防队等。全市农行系统建有联防队943个，其中，信用社282个、信用社储蓄所357个。1991—1993年，农村信用合作联社制定“无政治事故、无刑事事故、无治安灾害事故、无重大差错事故、无内部人员在社会上犯罪作案”，“五无”工作目标，开展全员“四防”及安全保卫规章制度常识教育，联社与信用社，信用社与分社、信用站签订“安全承包合同书”。建立和完善安全保卫押运、值班守库、四邻联防等10项制度，对安全隐患进行全面整改。

1994—1995年，常德人行建立行长与科（股）长，科（股）长与行员的连环责任制，与经济利益挂钩，常年查改，清除漏洞隐患。常德工行市县两级行从上至下层层签订安全责任状，全员实行安全责任承包风险抵押保证金和“一票否决”制度，建立四邻联防组织。各营业网点、保卫(经警)头寸押运与沿线乡镇派出所、企业单位分别签订《银警、银企联防协议》。常德农行及辖内机构成立以行长为护院队长的义务守护队,推行全员案防连环目标管理办法,实行联人、联岗、联责"三连环"责任制。干部职工每人缴纳案防风险保证金,市分行与县支行、县支行与营业所逐级签订《案件防范与查处责任书》。常德各区、县(市)农村信用联社加强治安保卫工作,将责任分解到所、社,层层签订承包合同,实行治安押金制度。组织会计与稽核、人事与监察、信用合作、储蓄与保卫等5个专业对897个网点全面进行以查思想、查制度、查漏洞隐患为主要内容的"三查"工作。

1996年,常德农行组织全市安全保卫工作大检查,着重"查思想、查隐患、查制度、查设施"。农村信用合作联社针对安全保卫工作出现的问题进行自查自纠。常德建行聘请公安机关专业人员对保卫人员进行培训,举办"三防一保"知识学习和技能的培训班6期,把"三防一保"工作好坏同各支行、各部门政绩与目标津贴直接挂钩,在全行实行保证金制度。全年堵截冒领27笔、28万元,识破诈骗2起。

1998年,常德工行"三防一保"工作实施"一把手"工程,实行党政一把手为第一责任人、主管领导为第二责任人、部门负责人为直接责任人的综治工作网络体系。常德农行实行特别检查证制度,市分行机关科级以上干部平均每月检查5个网点以上。全市农村信用社开展安全保卫常规检查、突击检查、节假日重点检查、平日和晚上不定期抽查、电话查、自查与交叉查的检查制度。

1999年11月,全国农行安全保卫工作责任制现场会在常德农行召开,推广常德农行创新开展、五年不断深化完善的安全保卫"三连环"责任制。

2000年"9·1"案件发生后,常德市金融机构进一步加强安全保卫管理,狠抓制度落实,强化安全措施。常德农行转移安全防范工作重点,稳定人员思想,以各种督导形式落实安全保卫工作各项措施。加强特护期的安全防范,对所有网点的安全防范设施进行全面整改。建设与110联结报警系统,配合公安部门在城区没有院落的营业网点划出警戒线,树立警示牌,加强对营业网点接送头寸资金安全保障。全市农村信用社立足预防,把牢人防,完善物防,加强技防,保证各项工作的正常运转和人、财、物的绝对安全。

2001年,常德人行、常德市公安局联合印发《常德市金融机构头寸押运安全管理规定》,制定24条具体细则,以确保押运头寸万无一失。常德农行行长作为综合治理第一责任人,与武陵区政府和城西办事处签订《社会治安综合治理责任状》,加强经警队伍建设,选配充实人员,加强警员军事技能训练和规范化押运操作规程训练,保卫人员综合素质得到提高。

2002年,常德人行将该年定为安全保卫工作"制度落实年",全年对支行检查28次,对中支机关检查12次,堵塞各种漏洞隐患8处。邀请市公安局配合,对动、静态应急方案进行现场演练。全市农村信用社以加强库款动、静态安全为重点,开展安全保卫工作规范化管理活动。落实安全保卫工作责任制,常德信管办与联社主任、联社主任与信用社主任及联社中层骨干、信用社主任与信用社员工层层签订安全保卫责任书。全市农村信用社对辖内不稳定因素排查，重点排查存在的安全隐患、支付风险以及其他紧急重大突发事件隐患。

2003年，常德信管办加强制度建设，结合实际制定《常德市农村信用社安全保卫工作量化考核办法》《安全保卫责任制实施细则》及治安联防、消防、防暴预案等制度办法，逐步形成较为完善的安全保卫制度体系。

2004年，常德人行与常德市公安局联合规范银行社会化押运，明确各商业银行将守押工作交付保安公司承担前，必须向地方公安机关和市人民银行报告相关保安公司情况，在人民银行发行库办理出入库业务人员，必须是商业银行已办理专用出入证的出纳人员。为有效防范和处置各类突发事件，常德人行成立突发事件应急预案管理领导小组，制定《突发事件总体应急预案》《处置危害人民银行金库安全事件方案》《处置危害调运头寸车队安全事件方案》《火灾应急处置预案》《支付清算系统应急处置预案》等10个预案，开展预案演练。

2006年，常德农行强化群防群治体系建设，全市93个营业网点与友邻单位、派出所签订联防协议。

2007年，常德工行将保安公司守押人员全部纳入内部重要岗位、重要部位人员进行管理。加强基层支行、营业网点的安全、案件防范管理工作，举办案防知识讲座、剖析案件、分析金融犯罪手段、特点和防范措施，组织刑事治安案件应急处置演练、不法分子以爆炸暴力刑事抢劫、冒充省保安公司员工诈骗冒领钱箱以及抢劫运钞车等演练。常德农行组织会计、出纳等人员学习掌握辨别假钞、假票据、假证件、假印鉴等辨伪掺假知识，组织基层员工学习来火器、报警器、电警棍、枪支等防范自卫武器的使用方法，增强防范能力。

2008年，常德人行以“保平安、迎奥运”为目标，狠抓发行库、枪弹管理为核心内容的安全生产百日督查专项行动，组织两个督查组巡回检查，行领导和保卫科长查岗47次，及时堵塞漏洞和隐患。常德农行头寸调拨改由押运公司负责后，统一农村网点的营业时间。

2009年，常德农行召开刑事案件防范及ATM防诈骗工作专题会议，制定防范ATM机具诈骗作案行动方案，开展专项打击行动。加大自助银行设备安全防范工作，实行“一日三巡查”制度。对自助设备全部加装防撬防砸报警探测装置，并与110报警系统联网运行。

2010年，常德农行提高一线员工应对突发事件的处置能力，组织“防抢夺客户资金、防头寸车爆炸抢劫”为主要内容的预演和实战演练。常德建行围绕创“平安建行”开展工作，加强和完善安全保卫工作制度建设，推行“纵向到底，横向到边”的安全保卫责任制，实行安全保卫“一票否决”和《积分管理制度》等。

第七章　金融科技建设

第一节　金融业务计算机应用

1989-1992 年,常德市金融机构逐步使用电脑处理业务。1988 年 9 月,常德人行成立科技科。常德工行 8 月成立科技部, 并于 10 月组建常德地区金融系统第一家计算机储蓄所——常德市支行青年路储蓄所,取款记账、结账、计息、挂失等业务均由计算机操作处理。

1989 年,常德人行开通县支行微机电传网,研制开发“国家债券管理系统”等软件。常德工行辖内城区第一支行(现武陵支行)、第三支行(现鼎城支行)、桃源县支行等 8 个储蓄所实现计算机操作对外营业。第一支行实现计算机操作会计对公临柜。常德工行开发企业信用度评估软件系统程序投产运行,改原用手工评分为计算机直接计分,提高工效 30 倍。常德农行开始在网点运用计算机处理业务,采用的方式主要以单点式独立运行为主。是年 6 月,常德中行计算机记账试机成功, 年内相继撤除手工同步记账, 计算机记账科目占发生科目的 80%。

1990 年,常德人行狠抓科技班子建设,配齐正副科长,加强科技队伍培训,全年送训 19 人;购置必备的现代化设备,年末,全市人民银行系统共拥有计算机 22 台,其他设备(电传、传真、复印)各一台;修建机房、发电机房及无线基础设施,研制开发“总务管理系统”软件。常德工行投资 120 多万元购置计算机设备,辖属 10 个支行的中心储蓄(柜)实行计算机临柜营业; 10 个支行的会计报表采用计算机微机处理; 在全省工行系统率先实行人事档案计算机微机管理;培训计算机管理员 13 名,计息操作员 44 名。至 1990 年年末,常德工行全辖配备计算机主机 38 台、终端机 56 台、点钞机 163 台、计息机 365 台、密押机 82 台。1990 年,全市农行系统的计算机应用网点发展到 15 处,其中有计算机储蓄网点 3 处。常德建行为推进计算机的应用,加快电算化进程,所辖县市支行都建立计算机室,配备计算机并培训专业人员。

1991 年,常德人行进一步开发和运用软件技术,至年末,信贷计划、货币发行、人事管理、会计国库、劳动工资、文书档案均已实现计算机化。常德工行科技电子化建设做到稳中求发展,安全中求速度。是年,辖内 33 个营业网点的同城计算机储蓄联网,实现储蓄业务通存通兑;对辖内 348 台计算机更换芯片,更换计算机储蓄程序。常德中行市分行中心所开始使用计算机受理业务,配置 3 台(套)计算机,5 月 5 日对储蓄账务进行转换,开始电子业务处理的新历程。常德建行成立计算机应用管理科,所辖各区、县(市)支行相应成立计算机推广应用领导小组,狠抓业务培训和计算机的推广使用,建行系统建立 9 个储蓄事后监督计算机网点。常德农行加快推广储蓄计算机业务,优先在经济较发达、业务量大、同业竞争激烈的城区网点增设计算机储蓄，在全省农行系统率先实现单点计算机的联机运行。同时，从金融计算机网络技术发展水平和本行的实际情况出发，大胆从外省引进“FK”网络系统，其中武陵区支行采用佛山模式储蓄联网，于年底投资138万元，在常德市市区内完成FK—64网络中心的组建，实现10个计算机储蓄所联网。开通所有15个具有全国联行行号网点的电子汇兑业务。数据显示，联机网点的业务量同比增长61%。1991年7月，中国农业银行下发《关于农村信用社应用电子计算机有关问题的通知》，要求加快农村信用社计算机步伐，省农行为促进农村信用社业务电子化应用，提高工作效率，对信用社的计算机设备实行统一购买，并将农村信用社计算机系统并入农业银行统一计算机网络。是年8月，农行湖南省分行信用合作处同意常德市汉寿县围堤信用社购置计算机设备，在围堤储蓄所开办常德市农村信用社首家计算机储蓄所。

1992年，常德人行完成临澧、桃源、安乡3个支行的机房安装、设备改造与更新，新增微机设备30台(件)。常德工行加快电子化建设的进程，是年，实现微机上机网点65个，会计对公脱机11个，单用户改为多用户，网点覆盖率为68%。常德工行储蓄业务实现通存通兑，会计和储蓄事后监督实现微机处理，会计记账与工商信贷、技改信贷、人事劳资报表均实现四级联网开通。会计双人临柜改为单人临柜。10个县(市)支行全面开展计算机代发工资业务。常德农行设立信息计算机科，常德市区(武陵、鼎城)计算机储蓄所实现计算机联网，设立4台自动取款机，总投资297.6万元。同年9月，常德农行成立电子化领导小组和工程技术小组。从是年起，常德农行每年从各行、社筹集一定资金用于银行和信用社计算机网络系统建设，是年，筹集资金200万元，其中银行100万元、信用社100万元。1992年，武陵区各农村信用社开始购置电子计算机，开办计算机储蓄业务。

第二节　金融网络建设

1993年，常德人行建成连通人总行的卫星通信小站，建成具有电传、传真、微机远程数据通信功能的用户电报网、微机数据通信网和传真网通信网络系统。全辖调统、会计、国库等部门主要报表采用计算机通信报送，逐步推行会计记账、会计报表、国库、联行来账、联行往账、发行库房管理、发行会计、统计分析、稽核等上网运行。常德人行及所辖7个支行会计记账、国库核算、国债、调研统计、劳动工资、微机设备管理全部采用微机处理。开通分行与支行的传真、数据两个网络，并与省人行联网。与市级专业银行间的调查统计数据基本实现区域共享，专业银行资金汇划和清算、电子联行、证券交易及计划、外汇、调统、国库、快通工程等重要业务均通过卫星通信网处理。是年投入电子化建设专项资金220万元，建设大小计算机机房14个，总面积526平方米，装备微机126台，其他外围设备105台(套)。全辖7个支行均设专用机房并装备286、386、486型微机。常德工行于是年投入140万元，先后完成会计对公业务系统微机升级，确保由收付记账向借贷记账法的平稳过渡，满足了证券部交易业务发展的需求。常德农行为规范电子化建设,重新制定《常德市农业银行系统电子设备管理暂行规定》并以集资的办法筹集298万元资金新开通86个计算机储蓄所。常德中行在是年2月设立计算机科,投资100万元发展储蓄计算机,网点装机率达到25%,全辖用计算机处理业务的网点增至14个。常德建行新上计算机储蓄网点25个,年末计算机储蓄网点增至43个,并成功开发人事信息、房地产金融、信用卡业务3套系统软件,条形码查询系统先后在部分基层行应用。

1994年,常德人行继续完善和推广应用会计记账、国库核算、国债管理、调研统计、报送稽核的电子化网络建设,开发应用的"国债管理系统"获人总行二等奖和省人行优秀项目奖。常德工行成功开发代收电费业务,并实现了全辖网点计算机联网,全辖储蓄、会计、出纳、事后监督以及办公全部实现微机处理。常德农行在自筹资金280万元的基础上得到上级行支持,新设42个计算机储蓄网点,1994年底,共建成182家计算机储蓄所。常德中行城区网点实现储蓄业务电脑化,会计、计划、信贷、房地产、信用卡业务实现计算机处理。10月,与全国联行和省辖联行电子对账系统投入运行。

1995年,常德人行重点狠抓对澧县、津市、安乡、临澧四个支行的同城网络建设。常德工行开通全国联行电子汇兑业务,对公异地结算实现一日(24小时)到账。是年,一次性新上15套小型机、开通并运行8台ATM机和110台POS机。常德农行成立计算机科技部,着手解决武陵区、鼎城区储蓄计算机的跨区联网、建立计算机储蓄业务的事后监督体系。

1996年,常德人行以租用邮电专线的方式建立同城清算网络,企业往来资金由原3日—5日加快到当日到位,联行往来实现随到随发、及时核对、账账相符。常德工行以U6000小型机筹建市分行计算中心,全辖网点联网,自行研发的多台计算机互连通信软件在全省工行系统内推广使用。"出纳与会计共享主机的出纳计算机临柜软件"年末投产运行。常德农行利用邮电公用分组交换网组建农行系统电子汇兑、计算机处理资金同城清算、金穗卡自动授权等网络系统。同时,还争取到全省第一个IBM小型机城市综合网建设项目。常德中行开通全国电子联行汇总系统和人民银行同城清算系统,同时完成报表文本传输、报表文本数据间的转换、资产负债报表运行、新营业办公大楼智能系统、电子邮件系统、职工等级工资系统和城区信用卡等11个系统的开发建设任务。9月开通外汇清交、划拨与国际清算系统。全国电子联行于年底开通。自行开发的"城区支行信用卡系统"项目在全省推广使用。

1997年,人总行电子联行转汇业务对接至常德人行营业部,清算网络扩大到辖内各金融机构,建成并开通"天上三秒,地上三天"的电子联行网络。是年,建成并完善常德人行机关和各支行全面覆盖的局域网。常德工行开通至省工行计算中心的网络物理链路。常德农行开通全市14个营业所(部)的计算机签发银行汇票系统和6个城区网点的同城票据清算系统。桃源县与武陵区两家信用联社于7月参加全国农村信用社电子特约汇兑业务。

1998年,常德人行开通169网并连通互联网,实现省市县三级广域网、IES快通系统和全国卫星网全面正常运转。常德工行于是年6月完成对公网点的大机切换,又于7月开通全国实时电子汇兑网络，10 月末，全辖储蓄营业网点全部完成大机延伸。是年，研发并投入使用“君安证券与牡丹(灵通)卡自动转账系统”，并搭建办公自动化骨干网络。常德农行以 1505 万元的投资建成占地 600 多平方米的小型机网络中心，3 月中旬，组装完成 RS—6 型小型机并投入运行。常德中行完成全辖 GBIS 会计新系统的应用开发和信用卡 GWCMS 网络系统建设任务。

1999 年，常德人行电子化网络建设以解决计算机“2000 年(千年虫)问题”为重点，以会计同城清算、电子联行、货币发行、调查统计、国库管理、外汇管理等业务系统为重点，淘汰 386 等落后机型和升级改造相对落后的机型，先后三次组织金融系统停业测试，确保年终决算的顺利和电子化业务的平稳过渡。是年，圆满完成金融卫星通信网的转星工作和银行信贷登记咨询系统建设任务。常德农行全面建成县级支行二级网络体系，以此为依托，自主开发代收税费、代发工资、预算外资金账户信息传输、银证转账等中间业务软件及中心值班综合处理系统等。常德中行完成 RISC 小型机计算机中心站建设任务。常德邮储于 8 月 31 日在北分局邮政储蓄所开通全省首个绿卡工程联网中心网站，该站作为湖南省四个绿卡工程主机站之一，担负益阳、自治州、张家界、常德四个地州市的邮政金融数据交换传输任务。是年 4 月，常德邮储在市城西支行布放第一台 ATM 机。

第三节 金融信息管理

2000 年，常德人行加快对“中央银行会计核算系统”等 77 个主要业务系统的升级，并将信贷登记咨询系统推广应用到区、县(市)级金融机构，9 个农村信用联社被纳入系统管理范围，同步实现该系统的全国联网。2001 年，制定并全面执行《计算机信息系统安全管理暂行办法》，狠抓“防火墙”建设，圆满完成中央银行会计核算、财务报表、国库会计、外商投资企业外汇审核和电子资金清算五大系统的升级任务。2002 年，推广应用境内居民个人因私购汇和外汇账户管理及账户管理信息两大系统，开通与无锡调试中心支付系统 DDN 的专用线路，并着手银行卡联网通用工程建设。对国库会计核算、信贷登记咨询、金融统计、中央银行会计核算、出口贴息和出口收汇核销 6 大系统进行升级。2003 年，创新支付结算手段，通过电子联行网络运行方式的改造，加速异地资金汇划速度，成为湖南省人行系统运用支付网络的三家单位之一。完成并实施银行卡联网通用工程，成功实现 KU 波段卫星小站入网，实现全市银行卡联网通用。2004 年，“国库综合业务报表系统”和“国债业务管理系统”开始应用，“冰之眼入侵检测系统”的应用为防范计算机安全风险提供有力保证。常德银监分局成立后，及时开通与省银监局的网络直通。是年，推行新的公文处理流转系统。2005 年，常德人行在全省率先完成会计核算集中系统推广应用工作，顺利完成大额支付系统切换上线运行。是年，分别完成人民币银行结算账户管理系统、货币金银管理信息系统全国联网，会计事后监督系统，外汇业务系统、工会综合管理系统、人事信息管理系统的安装、升级、上线工作，并创造性地制定与农村信用社的安全保密协议格式文本。常德银监分局建立独立于人民银行的统计电子设备机房,完成省局迈捷邮件系统的试点运行工作。2006年,根据人行长沙中支科技工作会议“安全、运维、管理、创新”的工作要求,常德人行成立计算机安全领导小组和联网通用检测协调及实施工作领导小组。从机房环境、网络、安全专用产品、客户端、应用系统5个方面进行信息安全检查,制定应急预案,开展应急演练。对内部网络实施立体化监控,确保内外网的物理隔离,对重要业务系统进行灾难备份。推广应用小额支付、企业信用信息、个人信用信息、国库信息处理和财库行横向联网等10套业务应用系统。顺利完成中央银行会计核算、国家金库会计核算、货币金银管理、金融统计和信贷咨询等12个系统升级。2007年,完成支票影像交换、会计凭证影像事后监督、支付信息管理、公民身份证联网核查4个系统的上线。顺利完成中央银行会计集中核算、中央银行会计集中事后监督、账户管理、公文流转4个系统的版本升级。常德银监分局的非现场监管系统“1104工程”建成并运行。是年,完成大额客户风险预警和小企业违约客户2个系统的升级。2008年,常德人行加强网络风险预警监测,强化巡检和日志分析,关闭不必要的埠和链接,限制易被攻击、利用的网站栏目和功能,制定《奥运会期间重要信息系统安全保障工作方案》,确保北京奥运会期间银行网络的信息安全。是年,推广应用信息资产监控管理、内网和金融信息交换“三个平台”项目。2009年,常德人行制定《内网电子认证证书管理实施细则》,确立中支参与证书管理的部门、人员及其职责,建立“数字证书责任人、部门、单位”三级共管模式,扣紧控制面板安装配置、客户端软件安装、交换机的确定、移动存储介质的注册和安全策略下发五个环节,开展桌面安全管理系统的推广试点工作。2010年,以澧县作为湖南省金融服务创新试点单位,制定农户征信管理系统建议方案。是年,建成石门三中全省首家“征信教育基地”。

常德辖内工、农、中、建四大行紧跟人民银行和银监信息管理平台建设步伐,结合自身业务发展的需要狠抓信息管理工作。

2000年3月,常德工行与市电信分公司达成合作开发“电子商务·网上银行”项目协议,并于6月投产运行。率先在工行全省地州市行中推行记账文件缩微处理,辖内会计业务集中监督,增强了防范和化解会计结算风险的能力。受农总行委托,常德农行开发全国农行零售业务比武软件,并自主开发多个中间业务软件,是年8月,常德农行办公自动化建设启动。常德中行在上半年圆满完成RIS6000小型机的建设任务,下半年,辖内各行开通与人行的同城清算、电子联行“天地对接”系统,结束传统的同城清算方式。是年,一条连接全省城乡资金清算“高速公路”的电子汇兑系统在常德市信用联社贯通。各区、县(市)联社机关实现业务数据处理电子化。是年3月,邮储全市“67个绿卡工程网点”一期联网工程顺利完成,市城区14个网点实现通存通兑。

2001年,常德工行推出个人汇款业务统一品牌“汇款直通车”,代理财政统发工资业务,推广运行个人住房贷款子系统,建立“95588”电话银行系统。常德农行于年初开通内网中心站,8月,应用“新一代”综合业务处理系统,实现了银行卡的“联网联合”目标。常德市农村信用社会计报表和基层信用社会计报表均采用微机操作。常德邮储年内完成绿卡网二期联网工程,全市 135 个邮储网点联入国家网并实现全国通存通兑。

2002 年,常德工行储蓄、会计等业务在年底前并入工总行大机系统,同时完成内部网络系统工程建设任务。常德农行以推广应用新一代综合应用系统、银行卡联网通用综合应用前置系统、集中式信贷管理系统的"三大工程"为重点,市、县两级建成综合业务和办公自动化两网合一工作平台。常德中行于 8 月将核心应用系统迁移到华南信息中心,业务处理效率得到提高。全辖 9 个区、县(市)信用联社营业部电子汇兑全国特约系统开通。市邮储着手中间业务平台数据安装、启动绿卡和电子汇兑三期建设工程,并完成银联卡改造工程。

2003 年,常德工行"全功能银行系统 NOVA1.0 版本"投产,并新开发和应用"柜台缴税和电话报税系统"以及"两桥一路 ETC"电子自动收费系统。2004 年,常德工行实施全行 IP 地址重新规划设置和网络改造。完成 NOVA、参数管理、会计要素管理和外汇汇款等 10 个子系统的升级。年底,市邮储顺利完成全国邮政储蓄计算机系统统一版本工程建设任务。

2005 年,常德 9 个区、县(市)信用联社进入全国和省辖电子汇兑系统和大额支付系统,并开通县辖电子汇兑系统。6 月月底,邮政储蓄与电子汇兑系统两网互通工程在全国邮储业务平台推广上线。

2006 年,常德工行为防范票据业务风险,实行票据业务由票据综合管理系统录入和电子审批,以大机系统记账和纸质审核的双向管理模式控制操作风险。是年 3 月,常德市农村信用社计算机网络中心成立,将全市农村信用社储蓄、对公、结算、信贷等基本业务资料逐项汇集到省中心,财务、信贷和办公自动化管理均实行网络化运作。7 月,常德市农村信用社综合业务网络系统建设工作顺利完成。

2007 年,常德工行与国泰君安证券联合推出快速办理沪深股票交易账户开户并同时完成资金账户的三方存管的"银证快车"业务。11 月,财务管理综合系统投产。常德中行改 64KDDN 线路为 2M 光纤的改造工作,县支行计算机网络全面实现光纤通信,提高数据传送的速度和安全性。

2008 年,常德工行抓住人行网络建设的契机,建设人行信息交换平台和完成 NOVA 新终端平台,加强非授权软件、非法外联、ATM 及其他自助设备等方面的监控与管理。常德中行完整建立起包括临柜业务、后台业务管理和行政管理三大部分的信息系统。完成了营业系统和办公系统进行逻辑隔断、互联网和内网进行物理隔离的任务。是年 6 月,常德邮储银行开通电话银行,邮储企业网银 12 月上线。

2009 年,常德工行开展理财中心、自助服务区和自助硬件建设。在基层建成 8 个贵宾理财中心,32 个理财网点,87 台自动柜员机, 28 台网银服务终端,还新增 1 个"金融 @ 家"电子银行示范区。常德农行加大网络整改力度,对农村网点增加 20 条通信备份线路,建立各部室宽带无盘工作站。

2010 年,常德工行全辖 37 个网点、190 个柜台远程授权系统的投产运行,业务运营管理系统监督业务 11 月成功上挂省行业务运营风险监控中心，全辖网点和市分行业务处理中心开通计算机验印系统，内部户封装项目、跨行支付业务上主机项目和内部账户电子制单系统开通运行。常德中行在生产系统和办公系统进行逻辑隔断、互联网和内网进行物理隔离的基础上，各个生产、办公系统安装全国统一的防病毒软件。常德市农村信用联社至 2010 年年末拥有 8 个中心机房，联网营业网点 309 个，年底前还成功完成办公自动化的试运行。

以人保为代表的保险行业电子化建设也随着科技的进步和业务的发展而发展。1989—1993 年，人保常德分公司推行以普及电脑为标志的现代化管理。全系统始终把强化经营管理作为大事来抓。1989 年，成立专门班子，编写《规章制度汇编》和《基层公司管理规范》，在全国人保系统首开规范化管理先河，使各项工作走上有章可循、照章办事的健康轨道，得到总公司和省公司的肯定。自 1991 年起，着手推进电脑化管理，至 1993 年，共购置电脑终端 107 台套，10 个支公司和中支机关各科室均装备和使用。1994 年，人保常德分公司认真抓好电脑化管理。为使管理工作上档次、上质量、上台阶，中支把电脑化管理作为重点，组建电脑室，配备专人，制定发展计划。从而推进全市电脑化管理进程，全市 70%的支公司配备电脑，中支 100%的部门设有终端。1995 年，人保常德分公司加强电脑管理，在全市系统范围内成功地进行会计记账系统软件推广使用，为全市会计业务的规范化、标准化提供了有力保证。2002 年，人保常德分公司强化“三个中心”建设力度，为客服和业处中心改造线路，增加布点，添置设备。根据业务和理赔流程需要，完善和推广业务应用软件，建立“95518”电脑处理系统、财务收付费系统、报价系统和业务核保系统，90%以上的保险业务使用电脑出单、制作赔案，业务数据 100%进入电脑。公司电子化建设顺利推进，业务分析系统、办公自动化系统、邮件和信息网络良好运行，客户档案、经营情况动态监控、客户回访制度、服务跟踪调查制度、风险评估制度得到有效落实。人保常德分公司不断加强网络建设和信息管理，至 2010 年年末，人保常德分公司电子化管理覆盖各个业务领域和管理的各个层面。

第八篇《

金融系统党群组织

第八篇　金融系统党群组织

1989 年至 2010 年，常德市金融业各单位均建立中国共产党组织体系，并设立相对完整的共产主义青年团、工会和妇女组织。1998 年之前，金融系统各单位党组织均属地方和上级行党委领导。1998 年 5 月，中共中央下发《关于完善金融系统党的领导体制，加强和改进金融系统党的工作有关问题的通知》，金融系统各单位中国共产党组织调整为系统垂直管理。各单位共产主义青年团、工会和妇女组织也相应由地方管理改为系统垂直管理。

第一章　中共组织与领导班子建设

第一节　中共组织

1989—2010 年，常德市金融系统中共组织经历支部、党组和党委发展的过程。其隶属关系也经历地方和上级行党委双重领导到直接隶属于上级行党委领导两个阶段。同时，党的纪检监察组织经历纪检监察组和纪律检查委员会的两个阶段。

一、双重领导阶段

根据中共中央组织部《关于国务院各部门下属单位党的组织设置问题的通知》等规定，常德地区金融系统的党组织实行上级行党组与所在地方党委双重管理。党的组织设置，班子调整配备，均由上级行党组征求地方党委意见，按干部管理权限审批，上级行党组发文任免。

1980 年 6 月，中共常德农行党组成立，李立堂为首任党组书记。1992 年 7 月，常德农行成立党委，李立堂为首任党委书记。1995 年 1 月，陈章任任市分行党委书记。

1984 年 10 月，中共常德工行党组成立，组织关系隶属常德市直机关党委管理。向建国为首任党组书记。1992 年 3 月，周光武任党组书记。

1984 年 11 月，中共常德人行党组成立，受省人行党组和中共常德地委双重领导。省人行党组任命胡炳春为常德人行党组书记，组成机构分设后的第一届党组领导班子。1989 年 1 月止，全辖石门、安乡、津市、汉寿、澧县 5 个支行设支部，1989 年年末改设为党组，受当地县

(市)党委和常德人行党组双重领导。1989年8月,省人行党组免去胡炳春常德人行党组成员、党组书记职务,涂能进任党组副书记(排第一),主持全面工作。1990年,常德人行组建第二届党组班子,省人行党组任命涂能进为常德人行党组书记。1990年12月,成立人行桃源、临澧支行,分别成立支行党组。

1985年12月,中共常德中行支部经中共常德地区直属机关工委批准成立,归属于中共常德地区直属机关工委管理。吴学法任支部书记。1989年4月,中共常德市直属机关工委批准成立常德中行机关总支部,下设机关、营业部、德山支行3个支部。1992年5月,成立中共常德中行党组,吴学法任党组书记。1993年11月,省中行党委任命杨松枝任党组书记。

1989年至1998年10月,常德建行在中共党的领导方式上一直实行党组领导制,主要由地方党委领导,干部由地方党委协助管理。1989年,谢秉勋任党组书记。市分行机关设置一个党支部,所辖各区、县(市)支行、办事处有3名以上党员的设党支部,全辖共设党支部11个。1990年,各区、县(市)支行的党支部均改为党组。

1990年1月,中财保险常德分公司党成立,宋炳文任党组书记。1992年,中财保险常德分公司组建新的党组班子,邓定渝任党组书记。

1996年前,常德农信社基层组织的党组织关系挂靠在县农行,信用社党支部或联合支部由当地乡镇党委管理。1996年12月,行、社脱钩后,联社党组织关系由农行转为挂靠所属区、县(市)直机关工委。市农金体改办党支部归属于人民银行常德市中心支行党委领导。1996年12月,鼎城区信用联社党组经中共鼎城区委组织部批准成立,建立10个基层党支部,澧县、武陵区和临澧县信用合作联社党组也相继成立。1997年4月,经中共鼎城区委组织部批准,成立中共鼎城区信用合作联社总支部委员会,是常德市第一个成立党总支的县级信用联社,下辖12个党支部。1997—1998年,桃源、石门、津市、安乡信用合作联社党组相继成立。

1996年6月,常德中保寿险组建党组,蒯同文任党组书记。1997年7月,公司改设党组为党委,蒯同文任党委书记。2001年1月,公司组建新一届党委班子,高敏星任党委书记。2006年12月,常德中保寿险党委书记由杨运国担任。

1997年2月,中共常德农发行党组成立,由上级行党组和地方党委双重管理。谭永清任党组书记。下辖8个支行先后设立党的基层组织,隶属于县(市)直工委管理。

二、系统垂直领导阶段

1998年5月,党中央下发《中共中央关于完善金融系统党的领导体制,加强和改进金融系统党的工作有关问题的通知》,中组部、中央金融工委下发《关于金融系统党组改党委有关问题的通知》。根据上述文件精神,常德市金融系统党的隶属关系改为系统垂直管理。

1998年10月,常德建行党组改设为党委,朱献军任首任党委书记。常德建行党委下设党委办公室、组织部和宣传与群工部三个办事机构，所属11个区、县（市）支行（含市行营业部）党组均改设为党支部。1998年11月，李应龙任党委书记。2001年8月，金翌任党委书记。2004年初，朱献军任党委书记。党委办事机构只设党委办公室和组织部。市分行本部成立3个生活支部，城区17个支行组建三个联合党支部。7个县（市）支行保持基层党支部。2005年7月，孟小平任党委书记。2009年2月，罗鹿鸣任党委书记。2010年年末，常德建行全辖共设基层党支部16个，其中市分行本部党支部3个，城区支行党支部6个，县（市）支行党支部7个。

1998年12月，中国人民银行打破行政区域格局，设立大区分行，常德人行党的组织由系统和地方双重领导改为武汉人行党委垂直领导。根据湘银党干（1998）21号文件精神，常德人行党组改设中共常德人行党委，涂能进任党委书记。常德人行党委下设党委办公室、组织部和党委宣传群工部。1998年12月9日，撤销临澧、津市、澧县、石门、安乡、桃源、汉寿共7个支行党组，改设为党支部。2000年4月，常德人行党委撤销党委宣传群工部，分设宣传部和群工部。2001年4月，武汉人行党委任命盛铭为常德人行党委书记。2004年3月，武汉人行党委任命余德中为常德人行党委书记，2008年5月，武汉人行党委任命曹丕铭为常德人行党委书记。

1998年12月，中共常德农发行党组改设为党委，组织关系与地方党委脱钩，实行上级行党委垂直领导，谭永清任党委书记。下辖支行党组织于1999年与地方党组织脱钩，实行垂直管理。2003年6月，梁刚任党委书记。2008年10月，汪明炎任党委书记。2010年年末，常德农发行党委下辖1个市分行机关党委和10个基层党支部。

1998年12月，常德农行杨加金任市分行党委书记。辖内安乡、汉寿、澧县、鼎城、临澧、桃源、石门、武陵支行设党委，津市、西洞庭、江北支行和干休所、培训中心设党总支。2001年4月，金平任市分行党委书记。2003年，史开卷任市分行党委书记。是年，为适应经营机构扁平化管理的需要，市分行机关及城区营业机构的党组织由机关党委统一管辖，下设20个支部，该组织结构一直持续至2010年。2007年，孙权副书记主持党委工作。2008年，胡云水任市分行党委书记。2010年，戴云华任市分行党委书记。

1998年12月，中共中国银行常德分行党委成立，杨松枝任党委书记。1999年年末，常德中行党委下设市分行机关和德山、临澧、澧县、安乡、石门、汉寿、武陵、鼎城、桃源共9个支行党支部。全辖有党员214人，其中，正式党员200人、预备党员14人。2000年6月，刘泽湘任党委书记。2003年7月，常德中行党委下设党委办、组织部和宣传部。2003年12月，宋定辉任党委书记。2004年，常德分行机关党总支部下辖支部调整为5个。2007年11月，杨颢任党委书记。2010年10月，徐万军任党委书记。

1999年，常德工行组建党委，同步成立纪委，撤销党组，党的组织实行垂直领导，首任党委书记周光武。全辖建立2个党总支、19个党支部、85个党小组。2000年2月，党委副书记高峰主持党委全面工作。2000年7月，刘时华任常德工行党委书记。党委下设办公室、组织部和宣传部。是年,下辖各县(市)支行党支部全部改设为党总支部。2001年8月,党委副书记李勤主持全面工作。是年末,全辖共有49个基层党组织。2003年,李勤任常德工行党委书记。2006年11月至2010年年末,匡一先任常德工行党委书记。全辖有2个基层党委(市分行党委、市分行机关党委)、13个党总支部、31个党支部,36个党小组。

1999年后,常德市农村信用社党组织工作走入规范发展阶段。1999年9月,鼎城区信用合作联社成立党委,下辖10个党支部。是年,临澧县、汉寿县信用合作联社党组成立。2000—2006年,武陵、澧县、桃源、石门、汉寿、安乡、津市信用联社党委相继成立。常德市农村信用社党组织全部由隶属地方党委变更为系统垂直管理,省联社常德办事处设机关党支部。2010年年末,常德市农村信用社9个区、县(市)联社有131个基层党支部或联合支部。

1999年4月,常德人保财险组建党委,下设组织部和宣传群工部。邓定渝任党委书记。2001年7月,刘长君任党委书记。2003年8月,刘云平任党委书记。2007年1月至2010年年末,党委委员杨军主持工作。

2002年5月,常德太平洋寿险公司成立党组,成辉旗任党组书记。2003年6月,李凯任党组书记。2004年6月,潘峰任党组书记。

2003年12月,中国银行业监督管理委员会常德监管分局成立。2004年3月,常德银监分局党委班子组成,陈斌任党委书记。2008年7月,唐圣奇任常德银监分局党委书记。

2005年12月,中华财险常德中支党委成立,黄道春任党委书记。

2008年2月,人保寿险常德中支组建党总支,单国珍任党总支书记。

2008年3月,常德邮储银行组建党委,赵燕翎任党委书记。

2009年8月,平安财险常德支公司成立党委,陈秋林任党委书记。

2010年1月,常德交行成立党委,向辉任党委书记。组织关系直接归省交行党委领导。是年9月成立常德交行纪委。

2010年6月,长沙银行常德分行成立党委,胡军任党委书记。

第二节　领导班子建设

一、素质培养和作风建设

常德市金融系统注重加强领导班子素质培养和作风建设,深入学习中国特色社会主义理论体系,把握科学发展观、构建社会主义和谐社会等重大战略思想的理论内涵和精神实质。学习中国共产党的路线方针政策,提高理论素养和业务水平,用马克思主义立场、观点和方法来分析、解决问题。先后开展以邓小平理论、“三个代表”重要思想、科学发展观、“三讲”教育(讲政治、讲学习、讲正气)、共产党员先进性教育等为内容的教育学习活动,增强领导班子成员大局意识、责任意识和创新意识。结合经济金融形势,开展金融新业务、新知识学习,拓宽视野,提高领导班子业务素质,增强领导班子认识问题、分析问题和解决问题的能力,推动常德市经济金融加速发展。

常德人行党委把建设一支政治可靠、业务精通的“五型”(学习型、知识型、专业型、廉洁型、服务型)领导干部队伍摆在领导班子建设的重要位置。1989—2010年,常德人行市县两级领导班子成员94人次参加人总行、省人行各类理论、业务培训班学习,101人次参加人总行、省人行支行行长培训班学习,65人次参加地方党政干部轮训,32人次参加领导干部研讨会。常德银监分局坚持理论学习与问题研究相结合,着眼于指导银行业改革发展与银行业监管的具体实践,着眼于推动全局的中心工作,着眼于解决实际工作中的具体矛盾和突出问题。2004—2010年,常德银监分局党委落实党委中心小组学习制度,每月制定学习计划和学习内容,采取集中学习、分散自学、讨论交流、调查研究等形式开展政治理论和业务知识学习。党委中心小组集中学习52次,重点围绕转变银行监管方式,提高监管能力、深入金融体制改革等方面进行学习。常德农发行逐步建立与完善中心组理论学习制度,坚持每季学习三天。在两级领导班子“三讲”教育活动中,坚持学与议、学与导结合,采取观看“三讲”教育专题录像、分组集中学习讨论、个人自学、写读书笔记、交流学习体会等多种学习方式,提高“三讲”学习效果。常德工行领导班子以民主生活会的形式,开展反腐倡廉及党规党纪、法制和廉政建设的自我教育。党委(组)成员深入基层开展专题教育活动,帮助企业优化资金结构、盘活存量、解决经营活动中的问题,以此克服官僚主义作风,密切银企关系。2004年,常德工行党委开展“立党为公、执政为民”专题教育活动,推动领导班子成员以人为本、贴近员工、贴近一线、贴近实际,推动思想作风、学风、工作作风明显改善。常德农行党委把“四好”领导班子创建活动作为领导班子建设和干部队伍建设的重要任务和有效载体来抓,开展县级支行领导班子年度考核暨“四好”领导班子考评工作。在市、县两级行领导班子中开展三讲教育,学习实践“三个代表”和保持共产党员先进性教育活动,提高领导干部理论、政策法规水平和驾驭工作、总揽全局的能力。常德中行党委明确领导班子思想作风建设重点,围绕向国有商业银行转轨这一改革目标,坚持从严治党,从严治行的方针,加强各级领导班子的政策纪律观念与全局观念,提高班子思想政策水平,增强执行党和国家的方针政策以及上级指示的自觉性。加强各级领导干部党性锻炼和廉洁自律,保持班子纯洁,增强领导班子的凝聚力、战斗力和向心力。常德建行成立以党委书记为组长的理论学习中心组,采取分散与集中、走出去与请进来、写心得体会与调研文章、理论研讨与实践活动等方法,学习三个代表重要思想、科学发展观等中国特色社会主义理论。2002年,在省建行中心组对地市行中心组理论学习情况检查考评中,常德建行均为全优。常德市各证券公司、保险公司先后建立健全领导干部培训制度,制定培训计划,采取脱产培训、以会代训、选送上级轮训、参加地方党政干部培训、举办领导干部研讨会等多渠道、多举措,加强新时期经济金融理论、党建理论学习,丰富理论,指导实践,不断提高领导班子和班子成员政治敏锐性、决策科学性和执行上级党委决策的自觉性。常德市保险机构组织开展“坚持科学发展观,加快富民强市”、解放思想大讨论,引导党员领导干部“转变五个观念、增强五种意识”,深化党员干部、特别是市县两级公司领导班子成员理论认识,提高理论素养,增强实践能力。常德中保财险从政治素质、业务水平、敬业精神入手,大力开展“形象工程”活动,树立全新的财产保险形象,塑造一流队伍和工作标准,建设一支具有凝聚力、战斗力、号召力的领导集体。在公司内部开展单位争先进,领导干部当表率,共产党员当模范的“先锋工程”建设活动,凝聚职工队伍。

二、民主集中制建设

常德市金融系统领导班子长期以来十分注重民主集中制的建设，强化集体领导和决策民主化,增强班子团结,做到行政首长负责制与民主集中制相结合,发扬民主,集思广益,发挥班子成员的积极性和创造性。

常德人行党组(委)通过建立“集体领导、民主集中、个别酝酿、会议决定”的议事和决策制度,使议事和决策公开化、透明化。坚持“三会一课”、民主生活会、中心组学习和联系群众等制度。把党的民主生活会制度作为加强领导班子建设的重要举措,坚持每季召开一次民主生活会,开展批评和自我批评。在“三讲”教育中,针对群众提出的124条批评意见,4次召开专题民主生活会,班子成员推心置腹,挖根源、提措施、讲真话、讲党性,增强班子团结,受到人行武汉分行“三讲”教育巡视组的好评。增强领导班子民主作风意识,制定《党员领导干部民主生活会实施办法》,把群众最希望办、又能办好的事情作为民主生活会整改工作的重点。如根据干部职工反映,完成对综合楼停车坪的改造,新建大型停车房。常德银监分局党委坚持重大事项决策倾听民声,干部选拔任用尊重民意,规章制度建设集中民智。领导班子增强务实意识,不断改进工作作风,经常深入基层和被监管单位调查了解情况,听取意见,解决问题。常德工行领导班子坚持集体领导,做到“四要四提倡”,改变领导班子工作作风,增强其战斗力和凝聚力。印发《关于加强领导班子建设的几项制度》《行长、副行长的管理程序及职责、权限》,让全行员工监督实施。常德农行凡涉及事关全局的工作部署,涉及干部、人事、财务等方面的重大问题,均经过集体充分酝酿研究、讨论决定。常德中行党组(委)坚持民主集中制,定期召开民主生活会,党组(委)成员围绕“廉洁自律、遵纪守法、工作作风、开拓业务、模范带头”等主题内容,开展批评和自我批评,扎扎实实查思想、查工作、查作风,提高党委(组)执行民主集中制的自觉性。常德建行党委(党组)围绕改革开放新形势下班子团结、行业作风、廉洁自律、履职能力等方面的问题,坚持每年召开高质量民主生活会。通过事前听取行内外意见、自查自纠、开展批评与自我批评等方法,增进班子团结。

三、领导干部考核与选拔

常德市金融系统建立健全领导干部考核制度,按照干部管理权限,做好领导班子的民主测评考核，采取全面与重点、目标管理与突击工作任务相结合的考核方法，加强领导班子考核考评，为选拔、任用、调整、淘汰领导干部提供依据。

常德人行在抓好全行性干部职工年度考核基础上，加强对科级以上干部及后备干部考核测评，特别是对支行领导班子成员的考核测评工作，在考核考评中发现、提拔优秀干部进入领导班子。2004—2010年，常德人行党委建立竞争激励机制，实行领导评价与群众评价相结合，定期考核与动态考察相结合，以公开、平等、竞争、择优原则选拔领导干部。7年中，常德人行辖内提拔中支行级领导5人，行级非领导职务3人，支行行长3人，支行副行长8人，支行纪检组长兼总稽核7人。常德农发行将各支行（部）工作任务指标量化，分业务经营、综合管理、政治思想三大块，实行百分考核，对前三名的支行领导班子给予表彰奖励，对后两名的领导班子实行限期改进。常德农发行健全、改进和完善领导干部考核制度，按照干部管理权限，做好上级行对本级领导班子的民主测评考核，采取全面与重点、年度与季度、明查与暗查、目标管理与突击工作任务相结合的考核办法，加强对县级支行领导班子的考评考核，为选拔、任用、调整和淘汰领导干部提供依据。常德工行结合实际，制定《领导干部重大事项请示报告制度》《领导干部考核考评制度》等，加强市、县两级行在职行级领导及相应行级、副行级领导的组织监督和管理，在工作效率、效果和效益方面对领导干部进行综合考核和评价，提高领导能力和管理水平。对拟任县支行正副行长和机关部室正副主任人选进行公示，实行公开述职和民主测评。同时，实施管理人员竞争上岗、领导干部任职前公示，增强干部任用透明度，加快干部制度改革步伐。2008年，常德工行党委深化“四好班子”创建，推动领导班子自身建设，是年，常德工行党委班子是全省二级分行中唯一被工总行党委授予创建“四好班子”的优秀集体。常德中行长期坚持支行正副行长提拔任用的绩效考核、竞聘上岗、任前公示和年度述职评价制度，对于在任用期内出现重大问题的就地免职，对于不能胜任职务的通过约谈仍然没有改变的及时解除职务。特别是在2001年的改革中，对市分行中层骨干全面实行竞聘上岗制度，全辖共提拔副科级以上干部25人，16名原中层不再担任现职，还建立起了有24名优秀人才组成的后备干部库，对员工双向选择过程中9名落聘的员工实行营销员管理模式。常德建行由人事、纪检监察部门联合组织对所辖县（市）支行（含市行营业部）领导班子成员，按照德、能、勤、绩、廉五个方面进行全面考核与民主测评，对考核一般、群众反映意见较大的班子成员提出诫勉，发出“诫勉通知书”。2001—2010年，常德建行建立以经营业绩为主要指标的领导班子和领导干部考核评价体系，全面推进中层干部向职代会进行年度述职和公开竞聘工作。在全行范围内大力推行领导人员聘任制度改革，全面实行择优聘任、竞争上岗。为适应行社脱钩后农村金融体制改革要求，全市农村信用社区、县（市）级联社1995—1997年相继配备联社副主任、总稽核。全市农村信用社加大人力资源优化配置力度，加强联社领导班子建设，全市9个区、县（市）联社新提拔联社副主任级以上干部12人，降职4人。从2001年开始，常德信管办通过公开选拔、缺额竞聘等方式在全市选拔农村信用联社负责人，改革联社领导班子成员选拔任用，建立和完善联社领导班子成员竞聘上岗、异地交流、岗位轮换和淘汰机制。2001年,公开选拔桃源、澧县、津市农村信用联社副主任;2002年,开展联社领导班子易地交流,2006年,组织县级联社领导班子缺额竞聘。

常德市金融系统广泛实施领导干部交流制度,加强干部培养。交流形式包括改善结构性交流、亲属回避性交流、适才性交流、培训性交流、保护性交流等。2006—2010年,常德人行推进辖内人民银行系统干部人事制度改革,采取领导干部上下交流,横向交流和挂职锻炼的方式,增强领导班子的生机和活力。五年间,下派县支行任行长职务的4人,从县支行领导班子中上调中支任二层骨干2人,任中支副行长1人,支行间交流2人,挂职武陵区政府副区长职务锻炼1人。1997—2010年,常德农发行按照德才兼备的原则选拔领导干部,组织近百余名干部交流异地工作,学习先进经验。通过干部交流,促进领导班子成员改善年龄、知识和能力结构。常德工行党组加强基层行领导班子建设,实行领导干部交流制度。交流对象为县(市)支行正副行长、办事处正副主任、专职正副书记等。常德中行在商业银行体制改革之后严格执行支行行级领导和市分行中层以上骨干定期轮岗换岗交流制度,特别是敏感岗位实行强制性的换岗,并严格执行离任稽核制度。常德建行把干部轮岗交流作为后备干部选拔的必要途径,采取就地培养选拔、机关干部下基层、基层干部到市分行机关(本部)、支行之间纵横交流等方法,优化领导班子结构,促进干部成长。1996年,调整充实基层行班子成员24人,其中换岗7人,解聘7人,新提拔10人,基层行领导班子成员的年龄结构、知识结构、能力结构进一步改善。

第三节　党风廉政建设

常德市金融系统构建党风廉政建设教育、监督并重的预防惩治腐败体系,结合中国共产党的先进性教育、科学发展观教育,引导各级党员领导干部和管理人员领会科学发展观的科学内涵、精神实质和根本要求,牢固树立正确的权力观、地位观、利益观和社会主义荣辱观。

一、机制与制度建设

1989—1998年,常德市金融系统纪检组、监察室负责协调、督查全辖金融系统反腐败工作和党风廉政建设。

1986年9月,中共常德地区纪委在常德人行设立驻金融系统纪律检查组。10月,中共常德地委常干(1986)56号文任命蒋希柏任中共常德地区纪委驻金融系统纪律检查组纪检组长。1988年12月,金融系统监察室成立,与金融纪检组合署办公,负责对常德人行和金融系统的纪律检查与行政监察工作。

常德金融系统各行(司)成立行长(经理)任组长,纪检组长任副组长的廉政建设领导小组,实行党委(组)总揽,纪检监察主抓,各部门齐抓共管的党风廉政责任制体系。金融系统各行(司)党组落实端正党风责任制，班子成员主动抓党风、行风建设。常德市金融纪检组先后制定或转发《严禁用公款游山玩水、请客送礼的规定》《金融系统工作人员赌博、嫖娼、卖淫行政处分暂行规定》《重要岗位轮换和亲属回避制度》《党组民主生活会制度》《群众评议领导干部制度》《领导干部个人工作生活重大问题报告制度》《上交礼品管理制度》《禁止干部职工买卖股票的暂行规定》等一系列廉政建设行为准则。金融系统各单位为进一步加强内部管理，防止案件和事故的发生，针对薄弱环节，制定各项措施、办法、纪律等制度。常德工行党委(组)先后制定《加强全行廉政建设的规定》《关于进一步加强廉政工作的意见》《廉政纪律十条》《银行干部职工廉洁规定》《领导班子廉政措施》《关于贯彻厉行节约、制止奢侈浪费行为若干规定的实施意见》等，明确市、县两级行领导对廉政建设做到一级抓一级，一级带一级，把廉政建设工作落到实处。常德农行强化内部自我制约，促进廉政建设，控制大要案发生。加强中国共产党的建设，提高共产党员的思想政治素质，切实纠正行业不正之风。1993 年，成立反腐败领导小组，由行长李立堂任组长。先后印发《纠正行业不正之风，加强廉政建设的规定》《农行系统开展反腐败斗争的实施意见》《常德市农行系统预防、查办案件责任制暂行规定》《分行机关干部廉洁自律十条规定》等制度，提出“常德市农行系统干部职工廉政建设十五项规定”等措施。常德中行于 1989 年设立监察室，在市支行机关科室和县支行分别设立廉政监督员、兼职监察员。1993 年 9 月，常德中行成立以党组书记抓总的反腐败斗争领导小组，设立廉政建设举报箱和举报电话。1998 年，成立党风廉政建设责任制量化管理工作领导小组，开始在全辖范围内实施党风廉政建设责任制量化管理和考核。先后下发《信贷人员在信贷业务活动中的廉洁行为规范》《关于加强廉政建设的几项规定》《干部、职工廉政行为规范“十不准”》《领导班子廉政建设若干准则》《干部职工廉洁自律补充规定》等制度。常德中行分行机关和各支行都建立定期学习制度、职工思想定期分析制度、分管行领导和中层骨干思想工作责任制等项制度，形成普遍教育与个别教育相结合、专题教育与经常性思想工作相结合，上下联动，各负其责，共同抓思想教育的格局。常德建行成立以行长为组长的反腐工作领导小组，加强全行上下廉政建设，纠正行业不正之风，开展“两公开、一监督”活动，制定行领导廉政建设十条守则，印发《加强廉政建设规定》等制度，建立领导干部廉政建设一岗“双责制”“廉政与勤政建设、行政监督工作目标管理百分考核制”。常德人保针对保险行业特点，制定《监察信访工作制度》《保险人员必须保险廉洁的规定》《保险职工职业道德准则》《双廉活动检查制度》等 10 个加强廉政建设的制度，从展业、理赔、接待、交往等各个方面和教育、检查、奖罚等各个环节，规定行为准则，形成一套廉政建设规范化的制度体系。常德人保健全组织体系，实行党、政、工集体负责制及二层骨干“双包”责任制、党员目标责任制。市县两级公司均成立由主要领导挂帅的廉政和纠风领导小组。中支党组制定下发具体规划，恢复纪检组，配备 2 名专干。修订和完善清廉从政的各项规章制度。1996 年，常德中保财险着重抓好各级领导班子的廉政建设，制定《关于加强党风廉政建设的规定》，对领导干部请客送礼、出差公务、用车用餐、子女安排等具体事项作硬性规定。特别是保险理赔方面，凡涉及领导亲属朋友的赔案,领导干部必须主动回避。

1999—2003 年,常德市金融系统纪检监察工作由横向管理逐步过渡到垂直领导。

1999 年 5 月,市金融系统纪检组改为中共中国人民银行常德市中心支行纪律检查委员会,县人行成立纪检组,常德人行纪委、县人行纪检组接受同级党委(组)和上级行纪委双重领导,受上级金融系统纪检监察机构的委托,负责指导、组织、协调辖区内金融系统的纪检监察工作。

常德人行加大从源头上预防和治理腐败的力度,在实践中完善“党委统一领导,党政齐抓共管,一把手负总责,班子成员分工抓,纪委组织协调,部门各负其责,群众支持和参与”的领导体制和工作机制。先后制定《关于党风廉政建设责任制考核实施细则》《党风廉政建设责任追究制度》《关于案件防范责任制的决定》等文件,具体明确领导干部和部门负责人党风廉政建设责任,层层签订案件防范责任状,与“三防一保”全面挂钩,全员缴纳案件防范责任风险金(按责任大小、岗位职责、职位等级,分别为 1000 元、900 元、800 元、700 元四个档次),增强干部职工廉政案防意识。常德工行党委实行“一把手”负总责,分管领导各负其责,一级抓一级,一级带动一级的工作机制。制定和执行《党风廉政建设责任制和案件防范责任制》,市分行与机关各科室负责人、各县(市)支行行长签订《依法合规经营、防范经济案件责任状》,把党风廉政建设、案件防范与行长综合责任目标管理紧密结合,做到同部署、同落实、同检查、同考核。2003 年,全面开展“扫雷工程”,围绕“防”字做文章,建立 12 项制度,严格落实“四个追究”,即对有制度、有要求不执行,追究执行者的责任;对有制度、有要求不坚持的,追究管理者的责任;对该查未查的,追究检查者的责任;对查出的问题未及时处理的,追究处理者的责任。常德农行保持抓内控防案件的高压态势,加强制度落实,市分行与县支行、县支行与营业所逐级签订《党风廉政建设责任书》和《案件防范与查处责任书》。常德中行于 1999 年 3 月成立中共中国银行常德分行纪律检查委员会。制定《党风廉政建设责任制实施办法》,就党风廉政建设责任制责任的区分、责任考核、责任追究等进行较详细、可操作的具体办法和尺度。建立党风廉政建设检查考核制度和领导干部交流、离任稽核、案件查处、责任追究等制度,有效地推动了党风廉政建设责任制的落实。常德中行于 2002 年成立采购评审委员会,加强采购工作管理,防止采购中的违规、违纪、违法行为。狠抓“小钱柜”清理,签订《严禁设立“小钱柜”责任保证书》。常德建行构建党风廉政建设教育、监督并重的预防惩治腐败体系,完善领导干部党风廉政建设述职述评、任前谈话、个人重大事项报告、个人收入申报机制,实施党风廉政建设量化目标管理考核,增强领导干部廉政意识,形成党委统一领导、党政齐抓共管、纪委组织协调、部门各负其责,依靠群众参与和支持的党风廉政建设工作机制。常德证券机构建立反腐败工作责任制,成立党风廉政建设责任制领导小组,修订《党风廉政建设责任制量化管理考核标准》,并把量化考核纳入经理经营目标责任制的考核,直接与单位的目标津贴挂钩。

2004—2010 年,常德银监局负责管理和协调金融系统纪检监察工作。

2003 年 12 月，常德人行向常德银监分局成建制划转常德市金融系统监察室、常德市金融系统纪律检查办公室、其他金融机构纪检监察科。常德人行纪委只负责系统内的反腐败工作和党风廉政建设，常德银监分局负责银行业反腐败工作和党风廉政建设。

2004 年起，常德人行纪委负责系统内的反腐败工作和党风廉政建设。是年调整党风廉政建设领导小组成员，明确党委（党组）书记为本行党风廉政建设第一责任人，纪委书记（组长）协助党委（党组）书记抓好党风廉政建设，其他班子成员为分管部门党风廉政建设直接负责人，实行齐抓共管。2006 年，常德人行党委完善党风廉政建设领导体制和工作机制，成立以党委书记为组长的党风廉政建设及反腐败工作领导小组。2009 年，常德人行党委建立事前报告、事后评议、离任审计、违规失责追究的干部选拔任用监督体系。2010 年，成立以党委书记任组长，纪委书记任副组长的"大监督"工作领导小组，重点加强对权力运行、资金安全管理、干部选拔任用及管理的监督。常德银监分局党委针对银监系统容易诱发不廉洁行为和腐败现象的部位与环节，强化内部监督制约机制，完善各项规章制度，开展制度反腐。印发《内部监督制度》，确定监督重点、监督机制、监督方法。完善《常德银监分局工作岗位设置及职责》，使各项工作规范化、制度化，形成用制度规范从政行为，按制度办事、靠制度管人的反腐败机制。建立监督渠道，加大对监管人员工作、生活、社会交往圈的监督力度。针对"权、钱、人"等核心部位，制定监督制约机制，明确规定大宗物资采购由纪检监察部门实行全程监督，干部任免实行群众推荐竞争上岗，费用管理定期公布。制定《党风廉政建设和案件防范责任制量化管理考核细则》和《内部监督制度》，将考核监督任务逐一分解，分局局长与各科室、监管办事处负责人及全体员工，层层签订责任状，同时实行风险保证金抵押制度，建立健全分局科级以上干部廉政档案，健全领导干部述职述廉和重大事项报告制度。

常德农发行修订反腐倡廉方案，建立党风廉政建设责任追究制度，每季定期召开党风廉政建设形势分析会，把廉政窗口前移，进一步增强反腐倡廉自觉性。成立 15 年间，常德市农发行系统内各级领导干部均无重大经济案件和违法违纪腐败行为。常德工行制定《市分行机关部室、中心经理（主任）工作情况报告制度》，落实对基层党员领导干部集体谈话、任职谈话、新提拔的干部任前廉政谈话等三项谈话制度。2005 年，组织全辖 130 名副科级以上干部签订党风廉政建设责任状，按正科级 1000 元、副科级 800 元标准交纳廉政建设保证金。加强党风廉政建设的制度约束机制、考核机制、奖罚机制、监督机制和责任追究机制，制定"廉政建设、扫雷工程、案件防范"三个方面的具体责任追究细则，按"下管一级、监控两级"的原则，对出现的问题，不仅追究当事人的直接责任，还要追究上级领导者和相关责任人的连带责任，建立行之有效的预防职务犯罪的预防体系。2004—2010 年，常德中行制定《党风廉政建设和案件防范两个责任制考核实施细则》《关于规范领导干部和党员婚丧喜庆事宜的有关规定》。制定建立健全惩治和预防腐败体系任务分工方案，开展反腐倡廉教育和合规文化建设，加强党员领导干部和管理人员党风党纪和廉洁从业教育，加强广大党员和员工的反腐倡廉教育。常德建行制定下发《中层干部重大事项申请制度管理实施细则》，建立中层干部廉政建设档案和廉政谈话制度。2010年,常德交行成立纪律检查委员会,各职能部门明确兼职纪检监察员,成立由行长挂帅,各职能部门负责人为成员的党风廉政建设领导小组,健全组织体系。制定《常德分行领导和中层干部"十不要求"》《员工行为守则》等制度。常德中保财险加大从源头上预防和治理腐败的力度,抓好廉政建设责任状的落实,层层签订《党风廉政建设责任状》,推进全市系统党风廉政建设和反腐败斗争深入开展。做好"五抓",即抓领导率先垂范,做好廉洁自律工作;抓从严执纪,进一步加大对"五假一私存""小金库"为主要内容的案件查处力度;抓源头治理腐败,切实纠正行业不正之风;抓公司中心工作和群众反映的热点问题,开展执法监察;抓"三铁"教育,开展党纪、政纪和法纪教育,没有发生违法违纪案件。

二、教育与宣传

1989—1998年,常德金融系统各级党组织根据上级布置和工作中的实际情况,有计划、有步骤,有针对性地开展"两个基本点"、理想前途、党的宗旨、遵纪守法、职业道德、党的基础知识等方面的教育,促进党风的好转。1991年,常德金融纪检组组织金融系统制作党纪党规教育正反典型宣传牌25块,到各县市巡展42场次,观展人数3360人次。各金融机构党组织根据上级布置和形势任务以及工作中的实际情况,有计划、有步骤地开展"两个基本点"、理想前途、党的宗旨、遵纪守法、职业道德、党的基础知识等方面的教育,反腐倡廉的警示教育。1993年,常德金融纪检组从各行、司推荐的反腐倡廉先进典型中挑选出石门人行、常德保险公司、汉寿人行行长高永年等8个单位和个人组成金融系统党风廉政建设暨服务经济工作先进事迹宣讲团在市金融系统进行宣讲,并将他们的事迹编印成册,下发各单位学习。1996年6月,常德中行召开全辖从严治行、防范案件、综合治理工作会议,就如何做好"一反三防一保"工作组织讨论。是年,在全辖组织"为什么一方面我们做了大量工作,而另一方面又接连暴露出一些问题"的大讨论,召开民主生活会,开展廉洁自律自查自纠等活动,取消市分行原计划迁入新营业办公大楼时的庆典活动。常德建行开展"做人民公仆,办几件实事,争创廉政单位"竞赛活动,开展党风廉政建设。根据上级部署,常德人保开展以"纠正行业不正之风,加强党风党纪教育"为主要内容的学习教育活动。在进行正面教育的同时,组织观看大案纪实录像,参观金融系统"经济犯罪案例图片展"。提出干部队伍从业清廉"十不准",突出在理赔工作中不准接受保户的馈赠,不准搞人情赔案,不准购买残损物资等。

1999—2003年,在新的组织体系领导下,常德金融系统纪检监察工作重点抓党风廉政建设教育、党风廉政建设"一把手"负责制、领导干部廉洁自律共3项工作。采取利用胡长清等重大典型案件对党员领导干部进行警示教育,举办廉政教育培训班,召开警示教育心得交流会,请领导和理论专家上廉政教育课。金融系统各机构运用上级文件、典型案例、有关法纪和行纪条规对全辖员工进行法律法规、党纪政纪、行纪行规、职业道德、行为规范等教育。从源头入手,遏制案件发生,在党风廉政建设和防范案件工作中,注重思想教育先行。在思想教育方式上，坚持集中专题教育和平时教育相结合、定期普遍灌输学习和个别谈心启发相结合、融情于理和寓教于乐相结合。在教育内容上，结合形势任务教育、职业道德教育和典型案例，深入开展反腐倡廉教育、遵纪守法教育和荣耻价值及人生观的教育。1999 年 12 月，常德人行纪委与常德市检察院联合举办全市金融系统经济案件防范专题报告会。常德农行加强干部队伍廉洁自律教育和监管，强化各级干部纪检监察工作责任制，对各支行、各业务条线的党风廉政建设和防案责任进行全面考核验收，进一步规范干部队伍廉洁自律行为。常德中行编印《党风廉政建设有关规定》小册子，下发到全辖人手一册，对全辖干部职工进行《党风廉政建设有关规定》《中国银行员工行为守则百题问答》等考试。常德中行成立员工思想行为分析排查领导小组，实施每季度或半年进行思想行为分析排查制度。组织召开市分行机关和城区支行全体员工参加的"反腐防案警示教育宣讲大会"。常德建行组织人员编写本行近十年的违纪违规案件《镜鉴录》，作为反面教材，组织大家学习并开展大讨论，从中吸取教训。常德中保财险加强纪律约束，下发车辆送修有关问题紧急通知，对在保险车辆送修中徇私舞弊、得好处、捞回扣、损害人保公司利益和形象的单位和个人敲警钟。

2004—2010 年，全市各金融机构进一步加大反腐倡廉教育力度，相继组织党员干部、职工群众到德山监狱、武陵监狱等接受教育，听来自金融系统的服刑人员现身说法，组织收看《赌向深渊》《扭曲的人生》等警示片，教育员工明辨是非、美丑、得失，帮助员工坚定正确的人生观和价值观，增强抗腐蚀能力和敬业精神。常德人行邀请常德市委讲师团教授举办专题讲座，开展陶渊明"不为五斗米折腰"与廉政文化建设专题研讨活动，举办"弘扬央行廉政文化、促进和谐央行建设"为主题的演讲比赛活动。常德银监分局党委坚持教育先行原则，抓好教育源头，突出抓好四项教育，即党员干部的示范教育、廉洁自律教育、警示教育和遵纪守法教育，做到警钟长鸣。在全市银监系统开展"治理红色名片，狠刹人情歪风"活动，对婚丧喜庆一律实行申报制度，纳入党风廉政建设考核，实行关口前移，抓好源头。常德农发行倡导市、县两级班子成员做好"两情"干部，弘扬"六个带头"良好作风，积极组织各行(部)学习"李宋元案件"，以此展开"大反思、大排查、求实效"活动。利用板报、内部网络、现代传媒等手段大力宣传反腐倡廉教育和安全保卫教育，落实总行廉洁办贷"十不准"和省农发行"六个严禁"规定，并将以上规定逐一送到全体开户企业，完善银企廉政共建机制。常德工行在全辖组织员工重温规章制度和"学规定、促合规"的教育活动，开展"学制度、想后果"的依法合规大讨论。组织编写《廉政建设与案防职责教育读本》，开展"讲党性、树正气，正行风"思想作风建设专题教育活动。把党风廉政建设、案件防范与业务发展实行有机结合，重点解决各级管理人员在思想作风、学风、工作作风、领导作风和生活作风等方面存在的突出问题。常德中行连续不断的开展党风廉政建设教育活动。为贯彻落实党风廉政建设和案件防范两个责任制，于 2004 年 3 月下发《学习贯彻两个条例的活动安排》，开展"三珍惜一争做"(即珍惜生命、珍惜岗位、珍惜今天，争做情操高尚的优秀员工)防范案件谈纪说法警示教育系列活动，2005 年又狠抓"案件专项治理"工作，2007 年和 2008 年连续开展"双十禁"、领导干部自查自纠和专项业务自查,2009 年,在全行全面实施党风廉政建设和防案工作责任制,先后开展反腐倡廉图片巡回展,组织观看反腐防案教育宣传片,深入开展廉政文化进中行活动,2010 年以部门及各支行主要负责人、新提任的中层骨干、后备干部为重点对象,开展反腐倡廉教育活动,全面落实《中国银行股份有限公司员工违规行为处理办法》和《中国银行股份有限公司管理问责办法》。常德信合办举办全市农村信用社党支部书记培训班、领导干部廉政教育培训班,各联社负责人与办事处、各信用社负责人与县级联社层层签订党风廉政建设和反腐败承诺书,强化党风廉政建设责任。全市证券机构健全方法体系,坚持正面灌输与典型激励、集中教育与个别谈心、系统教育与重点教育、言教与身教、司教与家教"五结合"。落实党风廉政建设和防案责任制,强化廉洁自律教育和监督,在重大传统节日、干部交流、重要工作开展时,及时进行廉政提示教育,早打预防针。把廉政文化纳入企业文化建设的重要内容,加强多种形式反腐倡廉教育,切实筑牢廉洁从业的思想道德基础。全市保险机构把从业清廉作为关系到保险事业兴衰的大事来抓,大张旗鼓地开展"创廉洁公司,做清正干部"的活动。常德人保将廉洁教育经常化,做到布置学习、安排工作、汇报情况、督促检查都有廉政的内容。制定每周二、周五两个晚上政治学习的制度,保证学习时间和效果。坚持每季、支公司每月一次的思想形势分析会,每周半天政治学习,政治教育考勤和补课,检查评比学习心得等制度。把思想政治纳入工作目标管理,各项指标具体量化,与评奖评先和物质利益挂钩。针对东欧剧变、苏联解体后的形势,及时开展时事政治、国情和四项基本原则的教育,结合庆祝中国共产党建党七十周年,开展颂党演唱会、党的知识竞赛、重温入党誓词等系列活动。

三、监督与惩处

常德金融系统各行、司加强监督管理,实行有案必查,违纪必究。1989—1991 年,查处各类案件 180 件,其中 1989 年 68 件,1990 年 63 件,1991 年 49 件。1990 年 7 月,金融纪检组参与查处津市保险公司经理黄某受贿案,与市纪委共同办案,仅 2 个月就查清案情,给予黄某开除党籍,撤销职务处分。1991 年,参与查处澧县中行副行长甘某利用公款多次打牌赌博的案件和员工陈某挪用长城信用卡 8 万元的案件,破除阻力,查清案情,相关人员受到相应的政纪处分。

1992—1998 年,全市金融系统共查处经济案件 242 件,涉案人数 271 人,涉案金额 3645 万元,挽回经济损失 1143 万元,占发案金额的 34.2%。268 人受到党纪、政纪、刑事处分。如 1994 年,常德金融纪检组先后配合市公安局和检察院,查处鼎城农行二营业部清交员刘某利用职务之便贪污挪用 180 万元案、津市工行有关人员骗取外地企业 15.8 万元货款等案件。1995 年,按照市委开展反腐纠风工作部署,市金融系统成立以常德人行行长为组长,金融纪检组长、常德人行总稽核为副组长,各专业行、司主要领导为成员的纠风工作领导小组,先后对 35 家金融机构开展加强利率管理检查,对业务经营情况进行稽查,查出违规金额

18813 万元，均按规定给予罚款处理。常德农发行聘请廉政监督员，建立举报制度，制定党风行风量化考核指标。常德工行聘请党风廉政建设、行风监督员 238 人。召开全市反腐败斗争动员大会，党组织开展自我剖析和清理，封存由公款购置的私用移动电话 24 部，BP 机 26 个。清理整顿自办公司 22 个，撤销 15 个不符合上级规定的公司。常德中行于 1995 年清理全辖副科级以上干部住房、装修、购买公房和营建私房的情况，处理全辖副科级以上干部已购公房超面积 8 人，对超面积 98 平方米按规定补交差价。清理"小钱柜"6 个，金额 9.6 万元，全部并入大账处理。1996 年，对四名利用市分行新办公大楼基建项目职权收受贿赂的员工给予开除公职的处分。常德人保推动党风廉政监督工作常态化，加强和充实监察审计队伍，配备专（兼）职监察审计干部，设立举报中心，开设举报电话和举报箱，加强对廉政工作领导和监督，形成多层次、全方位的监督网络。常德人保先后对汽修厂等问题组织专人查处，将处理情况通报全市，提高处理违纪行为的透明度。内部聘请 12 名廉政监督信息员，面向社会聘请监督员，设立举报箱和举报电话，主动接受群众的监督。

1999—2003 年，常德人行成立集体采购领导小组，纪委对大宗物资集体采购，对基建项目公开招、投标进行全程监督，防止大宗物资采购过程中的腐败现象，累计节约资金 40 多万元。组织全市金融机构对挪用资金、银行汇票诈骗、携款潜逃等案件专项治理，协助抓获携款潜逃人员 7 名，抓获挪用资金案犯 5 人，并依法依纪进行处理。常德农发行采取"横向到边、纵向到底"的党风廉政建设策略，将党风廉政责任制考核纳入党委的重要议事日程。常德农发行推行办事公开制度，对财务开支、人事工作、基建项目、贷款政策等事项进行公开，接受监督。常德工行对辖内副科级以上干部建立廉政档案 138 个，在奖励、廉政谈话等 7 个方面进行考核记载。常德农行落实规章制度，启用"特别检查证"管理。仅 1999 年，常德农行纪委主持和参与诫勉谈话 13 人次，纪委书记找领导干部谈话 34 人次，任前廉政谈话 7 人次，发出廉政提示函 12 份。制定《反腐败抓源头工作方案》，对选人用人全过程进行监督，参与市分行 10 名大客户经理、6 名县支行行长助理、1 名市分行财务部副总经理的对内公开招聘。常德中行落实建立党风廉政建设责任人问责制，市分行党委书记、行长与各科室负责人、各支行行长签订《党风廉政建设和案件防范工作责任状》，把该项工作纳入各支行行长和机关科室负责人绩效考核。常德建行制定下发《党风廉政建设、纪检监察工作责任量化管理考评办法》，明确"党风廉政、思想品德、民主作风、勤政务实、工作业绩"五个方面的考核考评内容。

2004—2010 年，常德市金融系统完善监督机制，把党内监督与党外监督、纪检监察部门监督与社会监督以及群众监督相结合。常德人行实行执法活动"廉政卡"监督制度，由人行系统市、县两级纪委向被检查单位发出《行政执法外部评议表》并回收。加强党风廉政提示，对新提拔人员进行任前廉政谈话，建立《廉政档案》。常德银监分局向社会公布廉政监督举报电话，制作廉政监督卡，在现场检查中，实行"事前警示、事中监督、事后总结、全程监督"的现场检查工作程序。2005 年，开展"三项清理"（即对工作人员个人贷款、经商办企业、入股农村信用社进行清理）工作"回头看"，共清退干部职工在农村信用社股金 121 万元。常德农发行从规范银行外部环境入手，与信贷企业签订《银企廉政协议书》，有效预防职务犯罪，经验被农发行总行以《签一份廉政协议，保一方廉洁净土》为题向系统内推介。常德农行对全辖11个支行开展党风廉政建设责任制落实情况检查，考核内容包括党风廉政建设责任制度、责任内容、责任考核、责任追究共4大项目，采取听取各行党委(总支)班子及成员述廉、个别谈话、查阅有关资料、对领导干部廉洁自律情况民主测评等方法进行，考核结果在全行通报。常德中行2004年对前一个时期在造成坏账、呆账中负有相关责任的人员进行责任追究，65人次受到通报批评，8人次受到各类行政或经济处罚。2005年，对澧县中行违规拆借1800万元资金放贷和违规账外经营的行长周某某、副行长赵某某、侯某某、魏某某和员工龚某某等五人给予开除党籍和开除公职处分。常德建行建立领导干部问责制度。对新增不良资产基层行经营主负责人及问题较多的基层行“一把手”和会计主管进行问责谈话。对基层行班子和班子成员进行廉政、绩能综合考核考评。对排名在后三名的进行谈话提醒，并对干部在聘免聘前进行廉政谈话。常德交行开展党性党风党纪教育和员工行为规范教育，推进反腐倡廉工作，组织全行干部员工开展以“廉洁从业促和谐”为主题的教育活动，观看警示教育片，开展案例剖析讨论。常德证券机构开展党风廉政建设责任制落实情况检查，重点围绕管好“权”、管好“钱”、管好“事”和管好“人”等核心环节开展监督检查，对要害部门和要害岗位人员建立监督制约机制，实行定期或不定期考察了解。

第二章　群团组织

第一节　工会组织

常德市金融系统工会组织围绕履行“参与、维护、教育、建设”四项职能，建立健全职工代表大会和工会各项工作制度，贯彻落实《中华人民共和国工会法》，全面履行工会工作职责。完善职工代表大会制度，推进民主管理，创建职工之家，维护职工权益，以金融业务为中心，以工会活动为载体，组织职工提合理化建议，协调职工事务，开展劳动竞赛和文体活动等，促进金融事业发展。

常德市金融系统各单位工会组织健全。1985 年 2 月，常德人行经过职工代表大会选举并经省人行工会批准，成立工会委员会，分行机关和支行设工会小组。工会成立后，建立工会委员日常工作制度、学习制度、经费管理制度、工会小组活动制度、劳动竞赛制度等。1984 年 10 月，常德工行工会工作委员会成立，至 1990 年年末，常德工行全辖共有 11 个工会组织。1988 年 3 月，常德农行设立“中国农业银行湖南省常德地区中心支行工会工作委员会”。市县两级行先后建立职代会制度，基本上坚持做到了每年召开两次职代会，职代会的“五权”逐步落实。至 1992 年年末，基层所社建“小家”活动迅速发展，“先进职工小家”和“先进工会小组”达到 162 个，“合格职工小家”和“合格工会小组”达到 91 个。1988 年，常德中行成立工会，1988 年 1 月 29 日，常德支行召开首届工会会员大会，同年设立工会办公室，组织职工积极参政议政，搞好民主管理。1992 年，常德建行设立系统工会工作委员会，配备工会主任，享受同级行政领导副职待遇。

1992—1999 年，常德市金融工会发挥牵头和引导作用，指导各金融机构工会依法履职。1992 年，《中华人民共和国工会法》颁布实施。11 月，根据人民银行和全国金融工会关于加快工会组织建设步伐的有关文件精神，常德人行与各专业银行、保险公司、县(市)总工会、体委充分协商，成立常德市金融工会，办公地点设在人民银行，恢复常德市金融系统银鹰体育协会。徐永清任常德市金融工会主任，兼任常德市人民银行系统工会工作委员会主任。从 1994 年 6 月开始，各县以人民银行牵头，组建县级金融工会，恢复县级银鹰体育协会。1997 年 8 月，冉祖国任中国金融工会常德市工作委员会主任，兼常德人行系统工会工作委员会主任。1997 年，常德农发行成立工会工作委员会。1995 年，常德工行 11 个基层工会组织均配备专职工会主席，完成基层工会法人登记工作。常德中行全辖 10 个支行均建立工会组织。1999 年，按照《工会章程》，市、县二级行以职工代表大会或会员代表大会形式选举产生工会工作委员会，设专(兼)职工会主任(主席)。常德中保人寿成立系统工会和机关工会，并相继成立

8个支公司工会。

2000—2010年,常德市金融系统各单位实行本系统工会垂直领导。根据中央金融工委和中华全国总工会〔1999〕26号文“省级以下不再设立金融工会”精神,常德市辖内市、县金融工会均被撤销。2000年3月,武汉人行系统建立垂直领导的工会组织体系。常德人行设工会工作委员会。人民银行各级工会受同级党委和上一级工会组织的双重领导,以同级党委领导为主。在接受上一级工会领导的同时接受所在地方总工会领导,以上一级工会领导为主。2003年,按照银行经营体制改革和劳动用工机制改革要求,市县两级工会均新建立以工会主要负责人为主任的劳动争议调解委员会。2009年11月,常德平安财险首次成立工会委员会,郭定甲任首届工会主席。

第二节 共青团组织

常德市金融系统共青团组织围绕本单位中心工作,发挥团员青年自身优势,营造团结向上、积极进取的氛围,带领团员青年锐意进取,开拓创新,充分发挥团员青年在常德市金融业健康发展的积极作用。

1989—1998年,常德市金融系统共青团实行属地领导,由共青团常德市委指导工作。常德人行分行机关团支部受本行党组和地方团委双重管理。在重大活动上,常德人行分行机关团支部与其他金融机构联合开展活动。人民银行各支行均成立共青团支部,负责对本行团员青年教育、引导工作。1996年5月,常德人行成立第一届共青团中国人民银行常德分行委员会,对机关团支部和全辖各支行团支部履行管理职责。1989年,常德工行中支机关和各县(市)支行、办事处均设有团支部。共青团有团员513人,其中中支机关团员19名。1997年,常德农行共青团召开第一次代表大会,选举产生第一届委员会。1989年,共青团中国银行常德支行支部委员会进行换届选举,并成立机关、营业部团支部。至1998年,常德建行机关和各基层支行均设立团支部,共青团活动由常德市团委及各区、县(市)团委安排部署。

1999—2010年,金融系统青年和共青团工作实现由属地管理向系统垂直管理转变。1998年12月,经中央金融工委、共青团中央批准,共青团中央金融工作委员会成立,各金融机构系统团委开始组建。常德市金融机构团组织开始实行垂直领导,成立团的基层委员会,接受同级党组织和上级团组织的领导,以同级党组织领导为主。1999年12月,常德人行成立共青团中国人民银行常德市中心支行委员会(以下简称常德人行团委)。由武汉人行团委垂直领导管理。全行设常德人行机关和津市、澧县、临澧、石门、桃源、汉寿、安乡7个支行共8个团支部。2007年,常德人行成立青年工作委员会,负责对常德辖区内人行系统35岁以下青年员工的管理,协调组织青年员工围绕中支中心工作开展活动。是年,全辖青年员工126人,占员工总数的36%。常德银监分局于2004年8月成立共青团常德银监分局委员会。常德农发行于1999年9月成立共青团农发行常德市分行委员会,团组织受本级行党委领导和上级行团委垂直管理。1999 年，常德工行共青团组织实行系统垂直领导，设立常德工行团委，市分行机关、营业部，各县（市）支行进行团支部换届选举。常德农行于 1999 年 12 月成立共青团常德农行团委，选举产生第一届团委委员。2000 年 4 月，常德中行召开共青团首届代表大会，选举产生共青团中国银行常德分行委员会。2003 年，加强共青团队伍建设，全辖 9 个支行配备专（兼）职团支部书记或宣传委员，团干队伍平均年龄 26 周岁，大专以上学历人员占 100%，形成共青团和青年工作上下联动。常德建行于 1999 年 5 月成立第一届共青团中国建设银行常德市分行委员会。2000 年，常德中保人寿成立共青团常德中保寿险委员会，青年团员 2800 人。常德市金融机构共青团组织加强团组织自身建设，坚持"三会一课"制度，健全组织生活。建立健全并落实《团委组织生活制度》《团员大会制度》等，不断增强团组织的凝聚力和战斗力。把选拔、推荐团员青年中的优秀人才作为重大任务来抓，对政治坚定、表现突出、工作出色的优秀团员及时建议党支部发展、培养。各级团组织发挥团组织桥梁纽带作用和团员生力军作用，为促进金融业务开展提供有力保障。

第三节　女工组织

常德市金融系统各机构女工委员会委员通过职工代表大会中选举产生。

1992 年，常德人行通过职工代表大会选举产生常德人行机关女工委员会和支行女工小组。2001 年召开职工代表大会，选举产生 7 人组成的新一届女工委员会。

常德银监分局与常德人行分设后，女工工作由工会委员会的女工委员负责。

1999 年 9 月，常德农发行成立女工委。1991 年，常德农行中支和各县支行相继成立妇女委员会。1988 年，常德中行通过职代会选举产生女工委员会。1989 年，常德建行设立机关女工委。并制定《常德建行工会女职工工作职责》，女工工作逐步走向规范化。

常德市金融系统各单位女工组织依法履职，带领女职工参政议政，参与重要制度的制定与落实，按照德、能、勤、绩要求民主评议干部，配合业务部门开展业务知识竞赛等活动。同时针对女工特点，引导女职工树立"四自"（自尊、自信、自立、自强）观念，做"四有"（有政治素养、有敬业精神、有职业道德、有专业知识）女职工。建立女工劳动保护制度，特别是开展女职工"五期"(青春期、怀孕期、分娩期、哺乳期、更年期)劳动保护工作。

常德人行女工委组织女职工妇科普查，为女职工购买"平安团体女性防癌保险"，聘请专家给女职工上保健知识课。2003—2010 年，常德人行女工委组织女职工五项素质（政治素质、业务素质、文化素质、美德素质、身心素质）达标、女职工"岗位建业绩、服务创优质、争当巾帼建功标兵"、争做"女职工文明示范岗"等活动，开展"创优质服务、当巾帼标兵"为主题的劳动竞赛。6 名女职工获人总行、武汉人行表彰，7 名女职工被提拔使用。常德农发行女工委建立健全女工劳动保护制度，维护女工特殊权益。常德工行为女工购买"两癌"保险，对女职工"五期"（青春期、怀孕期、分娩期、哺乳期、更年期）实行劳动保护，合理安排工作。常德农行妇女委员会履行职责,强化女职工“四自”教育,为女职工排忧解难,维护女职工的合法权益。组织女职工开展优质文明服竞赛活动,组织参加省农行第一届女职工技术比武并取得好成绩。常德中行女工委举办女职工讲座,编写《女工卫生知识》,举办女子篮球友谊赛,开展以“巾帼建功”为主要内容的系列活动。常德建行女工委制定《常德建行工会女职工工作职责》,开展“四自”思想教育和爱行、爱岗、忠于职守、团结进取的职业道德教育,提高女职工政治、业务素质。

第九篇《

金融系统精神文明建设

第九篇　金融系统精神文明建设

1989年至2010年，常德市金融业从行业特点出发，坚持思想道德建设和科学文化建设，在思想政治教育、企业理念与企业文化、文明优质服务、创先争优活动、民主管理与民主监督、职工之家建设与文体活动以及履行社会责任等方面做了大量工作，推动金融行业和经济社会协调发展。

第一章　思想道德建设

常德市金融系统加强政治思想教育，提高干部职工思想政治素质和职业道德水平，推动精神文明建设，以适应改革开放不断深入、各项业务快速发展、员工思想极为活跃、内控管理日益强化的需要。

第一节　思想政治教育

1989—1993年，金融系统思想政治教育主要围绕社会主义初级阶段、建设有中国特色社会主义理论来进行。1989年，常德人行党组组织辖内人民银行系统干部职工认真学习人民日报社论，学习邓小平重要讲话和党的十三届四中全会精神，提出五不准的要求（即：不准成立非法组织，不准上街游行和串联，不准张贴大小字报，不准信谣传谣，不准擅离职守），教育干部职工稳定思想、顾全大局、坚守岗位，自觉维护社会和金融业的安全稳定。常德工行召开成立以来首次思想政治工作经验交流会，确立思想政治工作要点及考核办法，纳入全行工作总体目标，把思想政治工作服务于全行业务工作。对员工进行形势教育、反腐倡廉教育和艰苦奋斗教育，组织报告会、对话会、演讲会、专题座谈会等485场次。组织开展“行兴我荣”为主题的教育活动，掀起“争当四有新人，为振兴工行建功立业”的竞赛热潮，召开工行建行史上首次青年思想政治工作经验交流会。常德农行把思想政治工作放在一切工作的首位，成立“思想政治工作研究会”，组织和推动全市农行系统职工思想政治工作及其理论研究，加强思想政治工作，使广大干部保持坚定的政治立场。常德中行加强思想教育，实行思想政治工作承包责任制，以“包任务、包效果”为目标并实行量化考核，奖优罚劣。全行干部职工在政治形势敏感时期做到立场坚定,旗帜鲜明,坚守工作岗位。常德建行开展坚持四项基本原则,反对资产阶级自由化的教育,同时狠抓法制、法纪教育使全行员工经受住了政治上的考验。人保公司健全学习制度,建立和落实民主生活会、中心组学习、党课、政治学习、思想汇报、业务培训等项教育制度,并将其列入经济责任目标体系进行检查和考核,建立季度职工教育分析制度。1992 年,金融系统集中抓好邓小平同志南巡重要谈话精神的学习和教育,举办系列培训班,切实提高干部群众认识。1993 年,金融系统各单位纷纷组织活动,纪念毛泽东同志诞辰 100 周年,缅怀伟人的丰功伟绩,激发干部职工积极向上的热情。

1994—2003 年,金融系统主要抓好以“三个代表”和“三讲”为主要内容的教育活动,围绕金融体制改革开展讨论,服务金融业发展。全市金融系统以迎香港澳门回归、纪念“五四”运动 80 周年、庆祝建国 50 周年及中国共产党第十五次、十六次全国代表大会召开为契机,举行一系列宣传教育活动。通过听报告、听专题讲授、观看录像电影等,举行以“爱党、爱国、爱行、爱岗”的“四爱”主题演讲比赛,激发干部职工爱岗敬业的热情。1999 年,全市金融机构开展以“讲学习、讲政治、讲正气”为主要内容的“三讲”教育,成立“三讲”教育工作办公室,制定实施方案,召开全辖“三讲”教育动员大会,采用以会代训的形式举办辖内支行“三讲”教育联络员培训班。金融机构采取报告会、演讲会、辩论会、观看录像电影等多种形式,加强“爱党、爱国、爱行、爱岗”的“四爱”主题教育,帮助员工加深对“三个代表”重要思想的理解和认识,激发干部职工爱岗敬业的热情。各单位抓好艰苦创业教育,教育员工正确认识经营形势,树立信心,振奋精神,激发热情,克服困难,创造性地做好本职工作。通过教育活动,有效激发广大金融系统员工的政治思想、大局意识、责任意识,为全市金融改革顺利进行提供强有力政治保证和动力支持。

2004—2010 年,金融系统政治思想教育以保持共产党员先进性教育和科学发展观教育为主。2005 年,全市金融系统按照中央统一部署,广泛组织开展“保持共产党员先进性教育”活动,各单位均成立“保持共产党员先进性教育活动领导小组”,组织党员开展先进性标准大讨论,购买学习资料,邀请常德市委讲师团教授上辅导课,组织观看牛玉儒先进事迹报道。通过“学习动员、分析评议、整改提高”三个阶段学习,有效解决党员和干部职工在理想信念、宗旨观念、组织纪律、工作态度、生活作风方面存在的问题和不足,达到提高素质、服务人民和促进各项工作的目的。2005—2008 年,金融系统开展学习科学发展观主题教育活动,紧密结合金融业务发展实际,全面把握学习实践活动指导思想,在深刻理解贯彻落实学习实践科学发展观重大意义的基础上,促进各项业务工作发展。

第二节　职业道德教育

1989—1993 年,常德市金融系统针对金融案件较多、制度执行不力、守纪意识不强的问题,加强着重职业操守教育,培育行风行貌。全市金融系统深入开展“教育、清理、整顿”活动。

常德农行层层组建教、清、整领导小组和整建办公室，抽调126名骨干，组成9个工作队，对9个区、县(市)支行协助开展教、清、整工作，着重抓“纠风”、案件查处、执法监察。常德中行加强员工思想教育工作，以教育、清理、整顿为契机，全面加强职工队伍建设，先后请3位市级劳模作先进事迹报告，请市委讲师团专家作形势报告，提高全行员工认识。常德建行开展遵纪守法、革命传统、艰苦奋斗等教育，有效提高干部职工制度意识、规范意识。

1994—2003年，围绕金融体制改革进行，常德市金融系统着力培育服务意识，提高服务质量，推进金融业发展。1996年，常德人行根据人总行《关于在金融系统开展“讲改革、讲政治、讲法纪、讲效益、提高服务水平”活动的决定》，在全辖掀起了“四讲一服务”教育活动热潮。各金融机构成立活动领导小组，在全辖范围内开展“四讲一服务”教育，倡导讲政治、讲纪律、讲学习、讲廉洁的良好风气，培养职工奉献、敬业、爱行的优良品质。常德工行组织员工开展如何提高服务水平的大讨论，通过开展文明服务、讲文明用语和职业道德教育，推行“微笑服务”和“文明服务规范用语”，向服务要信誉、要效益。常德农行抓好艰苦创业教育，教育员工认识经营形势，树立信心，振奋精神，激发热情，克服困难，创造性地做好本职工作。常德中行抓好爱岗敬业教育，把爱岗敬业教育作为新行员入行、老行员轮岗的必修课。常德建行组织开展了“执规守规、反腐防案”教育月活动，组织全体员工进行正反两个方面的教育。组织本行先进个人、优秀员工到辖内巡回演讲，组织员工到监狱现场感受服刑人员“现身说法”，提高全行员工的自警、自醒、自律能力。各保险机构纷纷采取措施，抓好遵纪守法教育，增强员工遵纪守法的自觉性。

2004—2010年，金融机构股份制改造不断深入，机构人员裁减、变动较大，职业道德教育主要重视干部职工规矩意识和遵章守纪意识。结合股份制改造，根据金融改革和金融发展形势要求，各金融机构采取定期和不定期的集中学习，听辅导报告和讲座，举办各类联谊活动和演讲赛等形式，开展理想教育、职业道德教育、世界观、人生观教育和法规法纪教育。常德工行制订印发《员工思想行为动态管理实施细则》，大范围开展对职工的职业道德、民主法制、行纪行规和金融形势教育以及“读一本好书”活动。常德农行加强员工日常行为管理，重视合规文化建设，经常性地开展员工思想政治、职业操守教育。常德中行为确保员工队伍的思想稳定，建立党委成员和各级领导干部安全稳定工作责任制，做好股改期间员工思想政治工作。开展学习、宣传“员工守则”“岗位合规手册”“员工违规处理办法”活动，增强规矩意识。常德建行利用《建行之窗》和建行内部网站平台开展思想状况调查，有针对性地做好解释、宣传、教育和疏导工作。组织全行员工学习《员工从业禁止规定》，印发“禁止性规定”过塑卡片，组织“禁止规定”排查等。2010年，常德人行开展“厚德博学、勤奋严谨、求实创新、廉洁高效”系列教育活动，围绕“建一流领导班子，育一流员工队伍，建一流管理机制，造一流工作环境，创一流金融业绩”，有的放矢开展职业道德教育，进一步增强了干部职工行兴我荣、行衰我耻的主人翁意识。

第二章　金融文化建设

常德市金融系统一直紧跟时代步伐,紧贴时代脉搏,围绕金融业务发展推进金融文化建设,结合金融行业特点,组织开展生动活泼、行之有效的文化建设活动,不断丰富金融文化内涵,弘扬金融文化传统。

第一节　管理文化与经营理念

随着金融业发展和金融体制改革不断深入,常德市金融系统金融文化和经营理念不断深化,在不同历史阶段中表现出鲜明的时代特色。

一、"三铁"精神

常德市金融文化建设最突出的就是"三铁"精神。20世纪80、90年代,"三铁"精神的内涵体现为铁账、铁款、铁算盘。进入新世纪,"三铁"精神不断被注入新的内涵,逐步发展成为新"三铁",即:铁账、铁规、铁纪律。

1989—1994年,银行机构按照"三铁"原则在业务经营上围绕整顿经济秩序,强化内部管理,狠抓规章制度落实,按规范化、程序化、法律化要求开展工作。辖内工行、农行、中行、建行和城市信用社和农村信用社均成立"三铁"教育领导小组,结合各自特点开展"三铁"教育活动,聘请退休老领导为青年员工现身说法,宣讲"三铁"传统。

1995年,各金融机构贯彻执行省人行联合省内5家银行和2家保险公司联合发出湘银发(1995)143号文件,开始实施"3351"金融质量工程,即:通过三至五年或更长一些时间的努力,在全省金融系统基本达到恢复"三铁",提高"三性"(信贷资产的效益性、安全性、流动性),实现"五化"(经营行为规范化、业务处理电子化、金融监管法制化、干部队伍四有化,),全面提高金融机构素质和队伍素质,为经济持续、快速、健康发展创造一个稳定有序、安全高效的金融环境。

1996—2001年,全市金融系统按照朱镕基副总理在全国会计工作会议上提出的"约法三章"要求,开展会计工作秩序整顿,加强会计基础建设,确保会计工作真实、准确、合规、合法运作。常德农行开展创建会计工作"三铁"活动,组织会计短训班等形式,增强会计出纳人员"三铁"意识。常德建行在"下重药,动杀手"等多项整顿中,坚持"三性"(即盈利性、安全性和流动性),恢复"三铁",强化审计,完善内控,发案数量、涉案金额和资金损失率大幅下降,实现由大乱到大治的根本性变化。2001 年 11 月，常德人行组织召开全辖金融系统弘扬“三铁”精神教育总结表彰大会，表彰了一批涌现出的先进集体和先进个人。

2006—2010 年，常德人行大力倡导“新三铁”精神教育，进一步规范会计核算管理，推动规范化创建。常德工行坚持“风险可控、案件可防”理念，按照“三铁”要求加强内控管理，组织开展“学规定、促合规”争创案防平安年主题活动，推行内控“双向问责制”。常德农行强化内控管理，业务人员层层签订内控管理责任状，启动以会计内控规范管理为中心的“三铁”管理工程。开展“创三铁、达四无、争五星”会计竞赛活动，确定创建“三铁”和“三无”工作目标，树立内部管理“三全”概念，即对业务处理实施全过程的管理、对所有员工实施全员管理、对全行经营活动实施全科目管理。常德中行以全省“财务合规整顿年”为契机，在全辖开展以“三铁”文化为核心内容的财务合规性整顿和会计基础工作专项治理“双基”活动。常德建行强化内控问责，实施会计主管责任目标考核，从业务系统运行、集中对账、会计稽核差错、金库安全管理四个方面按照“三铁”要求加强全行营运工作管理与考核。开展以反商业贿赂为主线的清理、排查活动，建立排查层级负责制和问题责任追究制，实施“四项清理”“员工排查”及专项治理“回头看”行动，推动“三铁”精神落实。

二、价值观

常德市金融系统在长期管理经营过程中，结合各自特点，形成了具有行业特色的、丰富多彩的价值观。

常德人行长期以“创文明单位，建和谐机关，做五型行员（学习型、研究型、专家型、务实型、开拓型）”为理念，塑造团结、进取、求实、创新的央行文化。结合贯彻落实货币政策、维护金融稳定、开展金融服务职责，发挥基层人民银行作用，在履职中体现央行文化。开展革命理想和信念教育，弘扬优秀传统文化，教育和引导干部职工勤勉务实、爱岗敬业，在平凡工作中实现个人价值。利用道德讲堂和其他道德实践活动平台，以诚信建设为重点，加强道德教育。以人民银行志愿服务为载体，以金融知识宣传普及活动为依托，树立用知识回报社会的理念，让地方社会各阶层都能安全享有现代金融业务发展带来的便利。开展“学雷锋”实践活动，形成“我为人人、人人为我”的良好风尚。以“关爱社会、关爱自然、关爱他人”为主题，参与环境卫生清洁、文明交通劝导等活动，用爱心奉献激发干部职工文明创建、敬老抚优、和谐建家的自觉行为。

常德农发行自 1996 年成立后，长期用“励志、修身、敬业、爱行”作为行训，逐渐形成行风和具有特色的企业文化。围绕“中国农业发展银行，建设新农村的银行”主题，坚持“至诚服务、有效发展、以人为本、构建和谐”核心理念，坚持“与农业共发展、与企业共兴衰、与员工共成长”“文明、真诚、规范、高效”等价值观，通过抓住服务“三农”定位，统一规范标识，开展广泛宣传，增强员工为“三农”服务的自觉性，提高农发行区域支农力度，逐步成长为新农村建设的主力军。

常德工行着力打造“中国工商银行—您身边的银行,可信赖的银行”企业形象。先后开展以“诚实守信,严守制度,恪尽职守,爱岗敬业”为主题的道德建设活动、以“严格、规范、谨慎、诚信、创新”为主题的“十字”行风教育和实践活动。2001 年,开展“经营业绩好、领导班子强、队伍素质好、优质服务好、管理严格好”的精神文明建设竞赛活动,在会议室和办公楼道墙上提示:“今天工作不努力,明天努力找工作”,以此警示全员努力做好本职工作。2003 年,开展以“严格、规范、谨慎、诚信、创新”为主要内容的行风教育和实践。2005 年,在内部网设置《常德市工行文化建设》网站。2009 年,组织全行员工系统学习《中国工商银行企业文化手册》,通过宣传、讲解、灌输核心价值观念,使全员更好地理解、认同企业文化,形成合拍一致的文化共振力度。

常德农行创新营造建设独具特色的农行企业文化。1990 年,提出“行兴我荣、行衰我耻”口号,激发员工发挥主人公责任感,培育员工敬业精神。1996 年成立“企业文化建设协会”,先后提出了“信誉至上,竭诚服务,高效廉洁”“以人为本,导入 CI,外强竞争,内增凝聚力”“我靠农行生存,农行靠我发展”“为国家创财富,为农行创效益,为员工创造幸福”“育一流员工,树一流形象,倡一流服务,创一流管理,求一流效益,办一流农行”的企业文化理念。1997 年,组织企业文化宣讲报告团下支行巡回报告,向广大员工分专题讲授企业文化知识。发放《关于加强全市农行企业文化建设的意见》《常德市农行员工行为规范歌》《常德市农行企业文化理念征集单》。1998 年,在省分行干部培训班上,介绍桃源农行企业文化建设经验。2002 年,常德农行确立“同样的业务,不一样的服务,我们能做得更好”的企业文化理念,通过 95599 客户服务中心、“绿色风暴”宣传活动、“天使之春”和“迎新春”银企联谊会向社会展示全新的常德农行文化。2010 年,常德农行举办“讲合规、讲奉献、弘扬企业文化”巡回报告会等一系列活动,举办以宣传总行企业使命、企业愿景、企业核心价值观和“五大核心”理念为内容的“舞动春天”文艺晚会,增强全体员工爱行敬业、服务农业意识,向社会传导常德农行企业文化。

常德中行根据专业银行、商业银行和股份制银行三个不同的历史阶段的不同特点,不断塑造常德中行的企业文化。1993 年,常德中行加强文化创新,打造“爱行敬业、勤勉俭朴、客户至上、诚实守信、依法合规”为核心的企业文化。2003 年,全面践行总行提出的追求卓越,构建“诚信、绩效、责任、创新、和谐”的企业文化和“严格、规范、谨慎、诚信、创新”十字行风,全面实施公司治理机制改革,建设起业务发展与员工个人价值观体现相统一为基本特征的企业文化。组织“庆香港回归、强中行实力”文艺晚会,增强员工的使命感和荣誉感。2002 年,对员工开展“入世”教育、超常规发展形势教育、公司治理机制教育等活动,增强员工的责任感。2007 年,举办通过举办“员工职业生涯规划培训班”,强化员工职业生涯观念。常德中行还通过长期开展的“文明优质服务”和“争创青年文明号”“巾帼建功”“四讲一提高”“服务年”“制度年”等一系列活动来丰富和完善自身的企业文化。

常德建行二十多年中不断探索企业文化建设之路。1996年5月,常德建行根据建总行《中国建设银行企业理念管理手册》的精神,开始着手打造令人信赖的服务质量,令人赞许的服务效率,令人满意的服务态度的服务理念;卓越的银行源于卓越的服务、卓越的服务源于卓越的员工的管理理念的常德建行特色企业文化。2002年,常德建行以"汉寿支行现象"大讨论、"阳光作业"的干部任用机制和开辟领导与员工交流"绿色通道"的建设来丰富常德建行企业文化。2003年将"建行文化"改为"家园文化",制定《常德建行家园文化建设实施方案》,逐步实施"五项"工程(靠创造提升实力、靠优质服务培育客户群体、靠创新品种抢占市场先机、靠科技强行提升竞争实力、靠改革推进发展)。2003年,将"规范管理""不赚钱的银行不是好银行""敢争第一""价值最大化""想千方百计、走千家万户、道千言万语、历千辛万苦"的拼搏精神融入企业文化之中。2004年,在建行股改上市的历史时期,集中打造"实现价值最大化,与客户同发展,与祖国共繁荣"的核心价值观;"团队精神、敬业精神、创新精神、奉献精神"的建行精神;"中国建设银行,与您共建美好家园""中国建设银行,建设现代生活"的企业文化理念。2005年又将其丰富为"为客户提供更好服务,为股东创造更大价值,为员工搭建广阔的发展平台,为社会承担全面的企业公民责任"的使命感;"诚实、公正、稳健、创造"的核心价值观;"以市场为导向,以客户为中心"的经营理念;"与客户同发展、与社会共繁荣""客户至上、注重细节""不断创新、追求卓越"的服务理念。常德建行特色的企业文化不断走向成熟。

常德农信社在2007年提出"地方银行服务地方经济""老百姓身边的银行、农民自己的银行"的办社理念,确立服务"三农"、服务新农村建设、服务新型工业化和服务小区、服务中小企业的市场定位,地方金融企业文化特征逐渐显现。

三、经营管理理念

常德市金融系统的金融管理和经营理念随着经济发展和金融体制改革的深入而不断调整,各个金融主体在不同的历史阶段不断调整经营管理理念。

常德人行坚持以服务为宗旨,以管理为手段,金融管理理念不断深化和创新。1989—1993年,常德人行针对金融秩序失稳,压票、压税、超占汇差等有损金融安全的严峻局面,按照"控制总量、调整结构、保证重点、压缩一般、适时调节、提高效益"理念实施管理。1994—1998年,常德人行针对银行业金融机构信贷资金管理水平低下、不良资产占比上升的倾向性问题,以严肃金融监管、加强经济监测、强化金融服务的管理理念履行央行职责。1999—2003年,常德人行针对辖内金融机构不良资产占比超高的严峻形势,确定明确为宏观调控、金融监管和金融服务的管理理念。制定"澄清底子、加强力量、确定指标、重点监控"的工作路线图,下发《关于在全市金融系统深入开展创建金融安全区活动的指导意见》。2004—2010年,常德人行适应中央银行职能调整新形势,围绕"学习、提高、规范、创新"的工作思路,贯彻执行国家金融宏观调控政策,搞好金融服务,促进金融稳定。狠抓金融安全区的建设,制定《常德市银行业支持地方经济发展信贷指导意见》,组织辖内金融机构联合实施金融生态建设系统工程。制定《常德市信贷工作指导意见》,重点支持新型工业、新农村建设、中小企业和弱势群体,限制对“两高一剩”企业的信贷投放。按照信贷政策产品化、信贷产品标准化的思路,指导金融机构创新金融产品和防范金融风险。

常德农发行以全面落实国家各项强农惠农政策,实现良好的社会效益作为价值追求,以建设新农村为主题,坚持“至诚服务、有效发展”及“文明、真诚、规范、高效”的经营理念,通过服务“三农”、整合资源,提高和发挥常德农发行在区域经济建设中的主力军作用。

常德工行坚持服务地方经济的发展方向。1989 年和 1990 年,把组织存款确定为渡难关,保稳定、保发展的经营理念。1991—1992 年,以“上等级行”为目标,以“教育、清理、整顿”活动为抓手,全面树立“存款第一、言及必存”,贷款业务坚持“调整结构、提高效益”和“五优先、四限制、四不贷”,重点支持大中型骨干企业,并按照“综合性、多功能、企业化”的发展方向和“三个并举”方针,拓展新型金融业务,坚持“钱随效益走”。信贷资金拆借以市场为取向,采取区别对待、扶优限劣的经营理念。1993 年,根据资金形势严峻的实际出发,将经营理念调整为“抓存款、控贷款、压汇差、创效益、保安全”,开展“存款年”活动。1994—1995 年,常德工行努力向商业化模式转型,全面推行资产负债比例管理、信贷资产风险管理、资金内部计价管理“三项改革”。1996—1997 年,坚持“以存款增长求稳定、求发展”的经营理念,严格实施存款业务“一把手”工程,坚持“增总量与调结构”两手抓的方针,把工作着力点向拓宽存款领域倾斜,制定“突出重点、主动出击、超常服务”以“吸存战略和立足城镇、渗透乡村、辐射沿海”的吸存战术。1998 年,以“一个中心,两个重点”(围绕效益中心和改善超负荷经营与提高信贷资产质量两个重点)的经营理念指导营运,出现存款增长超历史,信贷资产质量提高,超负荷经营状况改善,利息收入稳定,中间业务长足发展的局面。2000—2004 年,坚持以效益为中心,存款业务第一,大力拓展“三新”业务的经营理念,强化内控、资产质量和财务管理,消化超负荷经营“包袱”,深化机构、用工、分配的改革,甩掉连续十年亏损的帽子。2006-2010 年,以股份制改革为契机,坚持“突出管理与质量,发展与转型,结构与效率三个重点”的经营理念,工作重点由过去的业务管理向市场营销转变,业务处理从传统的以柜台为主向离柜业务转变。在存款发展上实施“抓大促重,龙头带动”战略,在信贷发展上实施“立足信贷营销,优化信贷结构”战略,整合增存资源,加大信贷营销力度,提升服务质量,逐步实现做大做强的目标。

常德农行一直坚持服务农业、服务农村、服务农民的发展方向。1990—1991 年,常德农行着手实施和开始推进集约化经营和规范化管理。1993 年,按照“全面整顿、区别情况、分类处理”的原则,规范经营行为。1994 年,实行新的资金供应体制和推行资产负债比例管理,把“资金、质量、效益、安全”作为转轨的突破口,树立“坚持存款立行,控制信贷总量,稳步推进改革,强化内部管理,提高自身效益,服务农村经济”的经营思想,实现农、发两行业务平稳划转。1996年，以“管理年”和“质量效益年”活动规范自身经营行为，按照“增加资金总量，调整负债结构；狠抓市场开发，加强信贷、财务基础管理，防范理解经营风险，最大限度的减少亏损”的经营理念，探索发展之路。1997—2000年，坚持“资金、效益、安全”主题，以“在商言商，在商言利，治乱活贷，效益兴行”和“存款立行”为经营理念组织开展经营活动。2002年，以“革新观念、打造品牌、拓展客户、科学管理、减亏增效”二十字经营方针，改革创新内部机制和业务发展方式。2003年，对城区机构实施扁平化管理。2005年，坚持农业产业化企业为龙头，以企业改制重组为契机，以城市发展为导向，坚持重点客户和重点项目。2006—2010年，常德农行立足于“服务三农”的市场定位，加大惠农卡发放，增加农户小额贷款比重。2009年股份制改革之后，加快推进县域“蓝海”战略和自身业务经营转型，以实现社会、经济和文化效益。

常德中行在1993年之前，秉持外汇外贸专业银行理念开展经营活动。在外汇外贸专业银行向商业银行转轨时期，按照“谁出口创汇效益好就支持谁”原则开展经营活动。逐渐强化“存款立行、存款兴行”理念，将存款工作视为业务发展和提高效益的首要工作。2004年股份制改革之后，坚持公司治理机制改革，全面推行以利润指标为中心，以资产和负债质量指标为主体的绩效考核。建立起“统一授信、审贷分离、控制风险、内部协调、规范操作”的信贷管理体系，按照“以客户为中心、以市场为导向、为客户提供方便、快捷、全面实用的一条龙金融服务”理念拓展市场，加快现代金融的电子化建设步伐。2005年，按照《中国银行常德分行流程整合与机构改革总体方案》要求，全面推进流程整合和机构改革，全面推行经营集约化、一体化、扁平化和专业化管理。2006—2010年，本着控制风险、扩大经营规模、不断提高资本回报率、经济价值增加值的经营理念，拓展市场和发展空间。通过“合规年”“管理年”和“内控与案防执行年”等活动的开展，逐渐发展为相对成熟的股份制商业银行。

常德建行在1994年明确“安全性、流动性、效益性”原则，实行“自主经营、自担风险、自负盈亏、自我约束”经营机制。遵循“以市场为导向”“以客户为中心”和“客户至上、注重细节”的经营服务理念，按照“发展第一、稳健经营和以效益为中心”思想拓展业务。1994—2004年10年间，常德建行实现了资产业务“从单一的财政职能逐步转变为多功能的商业银行，从单一的人民币经营模式到全功能的综合性营销服务，从单一投资渠道到全方位为客户服务”的三个转变。1995年，常德建行按照集约化战略实施经营，向面向市场、面向客户、面向“双大”（大行业、大企业）的方向转变。2001—2003年，从人事改革入手，砸“三铁”、凝人心、聚人气，搬掉“铁交椅”，实行科级干部“民主评议、末位淘汰”制度；打破“铁饭碗”，实行竞聘上岗，优化劳动组合；废除“铁工资”，建立绩效工资分配机制。2005年，坚持“以市场为导向，以客户为中心，以效益为目标，以发展为主题”，在做大做强资产业务上做文章，全面推进行业拓展。提出“以人为本，以法治行、构造和谐团队”“发展攀新高，内控上水平，形象创品牌”“加快科学发展步伐，提升内控管理水平，培养先进企业文化”“构建和谐团队，办出优质银行”的经营管理理念。2007年，提出“以人为本、以德治行、构建和谐团队”办行思路。2008年，提出“发展攀新高,内控上水平,形象创品牌”的办行思路。

常德交行组建之初就树立“提高营运效率,防范操作风险,降低营运成本,提升服务质量”的总体目标,以建立“强大前台,高效中台,集约后台”经营理念开展经营活动。

常德邮储银行组建后,确立服务城乡大众、支持“三农”建设、强化风险管控的经营理念,借助原有平台优势,依托和发挥邮政网络优势,完善城乡金融服务功能,以零售业务和中间业务为主,为国民经济和社会发展,为广大居民群众提供金融服务。

长沙银行常德分行成立之后,提出“积极拓展推品牌、贴心细致抓服务、稳健内控强管理”的经营理念,重点支持“三农”经济、食品加工、工程机械、文化教育、第三产业等支柱性行业。

常德农信社长期坚持“资本充足、内控严密、运营安全、服务优质、效益良好、创新能力和竞争力强”的办社理念。1992 年,提出“存款立社”的思想,开展化肥贴水储蓄、月月乐储蓄和夜市储蓄等活动。2004 年,常德农信社定位于“老百姓身边的银行”“农民自己的银行”,扎根于农村,贴近“三农”的平民取向。资金取之于农民,用之于农村,以服务农村、支持农民为己任,是最贴近农民的金融机构,被誉为“支农主力军”和“最好的联系农民的金融纽带与桥梁”。

人保财险弘扬诚信文化,着力创建客户最信赖的公司。将诚信作为立业之本,将诚信理念融合渗透到员工的思想和行动之中。常德天安财险成立后,一直秉承“化险为夷、补天爱人”的企业精神和“以客户为中心”的经营理念以及“以奋斗者为本”的核心价值观。常德合众人寿以中国传统思想的精髓“和合”文化为企业理念的基石,以“和合各方利益,实现多赢共好”为核心价值理念,倡导一种简单和谐、共同分享的企业文化。常德华安财险秉承“责任、专业、奋进”的企业经营理念,倡导 “华安保险与您共成长”的企业文化。常德华安财险尊重并注重开发人才的价值,坚信“人才是企业的灵魂”,以“尊重人才、培育人才、德才兼备、人尽其才”作为企业的人才理念,用理想吸引人、用文化留住人、用待遇回报人。

第二节　文明优质服务

常德工行于 1995 年在系统内掀起推广文明服务用语高潮。将服务“忌”语及文明服务用语印发至全行员工,张贴每个网点营业大厅。一线员工实行挂牌服务,临柜人员起立迎送客户,推行限时服务。1997 年,着力加强系列形象工程建设,建立“大服务”格局。培养树立样板示范窗口,基层支行开展 CI 形象工程建设,营业场所设施配置齐全,营业环境整洁、明亮、美观,并对服务用语、态度、仪表、质量、纪律等方面进行具体规范。1998 年,在强化教育、强化服务、强化管理上下功夫,狠抓精神文明建设。常德支行青年路储蓄所被工总行授予“全国优质文明服务示范窗口”。2001 年,制定《优质文明服务窗口示范单位管理办法》,全面开展“经营业绩好,领导班子强,队伍素质好,优质服务好,管理严格好”的精神文明建设竞赛活动。

2006 年，常德工行制定《二线为一线服务实施细则》，推动使用文明用语，员工做到仪表端庄，按要求着装，举止文明，持工号牌上岗。2010 年，围绕“服务创造价值”主题，组织辖内员工贯彻落实《中国工商银行营业网点服务规范指引》，为认真实施服务价值提升十大工程，在辖内开展了岗位练兵、技术比武、风采展示、知识竞赛等技能提升活动。

常德农行于 1995 年制定《企业文化建设协会章程》，成立企业文化建设协会。2002 年，常德农行提升农行品牌形象，推出自助缴费机、“95599”客户服务中心、银证通、储保通和实时汇兑五大金融新产品。1998 年，开展历时四个月的“满意在农行”百日优质文明服务竞赛活动。2005 年，在全辖范围内开展比服务环境、比服务形象、比服务态度、比物品摆放、比业务技能为内容的“五比五看”优质文明竞赛活动，调动全行员工特别是一线临柜人员的工作积极性。2000 年，常德农行在全国金融服务领域首创星级服务等级管理，把员工业务技能和客户满意度结合进行评定。2005 年，开展以整肃星级服务为核心，“塑农行品牌，树农行形象”争创高产网点建设活动。2008 年，召开优质服务动员大会，出台《营业网点优质文明服务考核办法》，以百分制为单位，对环境卫生、仪容仪表、当班纪律、服务要求、便民服务等方面进行分值细化。

常德中行于 1990 年印发《关于开展优质文明服务建设活动的方案》，在全辖开展“学雷锋、树新风、优质文明服务月”活动，针对性地开展“八比八看”为主要内容的文明竞赛活动，提出“满意在中行”口号。1996 年，向社会公开承诺“五项保证”，即保证公正廉洁、保证礼貌待客、保证结算准确、保证支付及时、保证方便客户，对提高服务水平起到积极作用。1997 年，在全辖开展“创建文明优质服务先进集体，争当文明优质服务先进个人竞赛活动”，提升柜台服务、信贷服务、结算服务、电脑服务、后勤服务水平。2002 年，常德中行在全辖开展“严格、规范、谨慎、诚信、创新”的“十字行风”创建活动。2006 年，抓好文明优质服务制度建设，先后制定和完善《常德分行文明优质服务工作规划》《文明优质服务奖惩办法》等文件。2008 年，开展“奥运服务年”活动，对营业环境、服务礼仪、着装仪容、工号牌、星级柜员牌、举止礼貌用语、柜台服务、大堂服务、服务管理和服务监督实施标准化管理。2010 年，常德中行提出“服务好不好，同业敢比较；服务优不优，客户来品头”的竞赛口号，积极开展服务创建活动。

常德建行于 1996 年向社会隆重推出“三承诺、四公开、五规范”优质服务，规范文明用语，规范行为标准。配套和完善各网点服务设施，全行 POS 机、ATM 机的应用推广、联网覆盖面 90%以上。1999 年，开展“微笑服务”“限时服务”和“便民服务”。2004 年，推行全新服务理念，各网点做到“三早、五统一”，即“早到、早训、早迎、统一发式、统一着装、统一化淡妆、统一说普通话、统一文明用语”。制定《柜面服务实施细则》，聘请专家对全行员工进行礼仪服务培训。2005 年，开展“以市场为导向，以客户为中心”经营理念的学习讨论活动，组织青年团员开展“五四青年风采大赛”和“女职工双文明示范岗”等多项活动，查摆服务质量问题，推动整改提高。

常德中保财险于 1994 年开展“请把担心留给我，请把满意带回家”为主题宣传活动。

1996年,开展"形象工程",制定优质服务言行准则,并推行与之相配套的首接负责制、期限承诺制、差错罚款制等,向社会进行公开承诺。2007年,向社会郑重承诺,凡常德市范围内、县市政府所在地出险,查勘人员30分钟内赶到现场;城区外出险2个小时内赶到现场。在服务大厅为客户提供承保出单和保险理赔的一站式服务:凡资料齐备,客户对理赔金额无异议的5000元以下赔案,实行"立等可取"。

常德方正证券抓好亲情服务,提高客户忠诚度,激发投资热情。制定从客户开发到客户服务再到客户流失的全方位服务流程,实现服务标准化,提高营业部服务品牌形象。每年举行客户联谊、VIP客户座谈活动,增强与客户的双向沟通与互动,建立多条服务热线,实时解答投资者所提问题。

第三节 创先争优活动

常德市金融系统围绕文明单位、青年文明号、职工之家等创建活动,加强金融文化建设,促进干部职工诚实劳动、敬业爱岗、优质服务、苦练技能,把为人民服务宗旨落实到职业行为中。

一、文明单位创建

常德人行以创文明单位、建和谐机关、做"五型"行员为目标开展各项创建活动。常德人行"文明单位"创建工作始于1992年,成立由行长任组长的文明单位创建领导小组,政工部门负责协调管理,把加强基层建设和创建双文明单位紧密融合,增强干部职工创建意识。1995年,按照"两手抓,两手都要硬"的方针,组织开展基层支行争创"双文明"单位活动。是年,临澧人行、石门人行、常德人行金管科被评为全省人行系统双文明建设先进单位。1997年,常德人行全面推行目标化管理,修订和完善《中国人民银行常德分行两个文明建设考核管理办法》。是年,常德人行被省人行评为目标管理先进单位。临澧人行、石门人行再次被省人行评为全省人民银行系统双文明建设先进单位。2000年,双文明单位创建工作实行人行系统垂直管理。常德人行调整创建领导小组,开展具有中央银行特点的双文明单位创建活动。2002年,常德人行制定下发《双文明单位建设规划》,全辖人行系统出现创特色、树品牌、争先进的创建热潮。2003年,临澧人行被武汉分行授予"双文明建设先进单位"称号,津市人行会计国库股被武汉人行授予"女职工双文明示范岗"称号。2005年,常德人行在汉寿召开文明单位创建工作现场观摩会,促进创建工作深入开展。2006年,常德人行进一步推动辖内人行系统三个文明建设(物质文明、政治文明、精神文明)创建活动,制定《文明单位建设管理办法》,成立党委书记、行长任组长的文明单位建设管理领导小组。2007年,采取集中学习、座谈讨论等形式,利用宣传橱窗、《政工简报》和金信港等渠道,打造声势、广泛宣传、全员发动、强化文明创建知识普及教育，构建“大创建”工作格局。常德人行机关被人行武汉分行评为“学习型组织标兵单位”称号。2008年，被人行武汉分行授予“2006—2008年度文明单位”称号，被人总行授予“2005—2008年度先进集体”称号。2010年，被人总行授予“‘创新金融服务，支持经济发展’业务竞赛活动先进单位”称号。2005—2010年，常德人行连续6个年度被长沙中支评为湖南省人民银行系统业务工作先进单位，被人行武汉分行评为工作业绩考评先进单位。在此基础上，常德人行于2011年成功创建人总行“2009—2011年度文明单位”。

常德银监分局树立“抓监管带创建、抓创建促监管”工作思路，全局形成“一把手挂帅亲自抓，分管领导重点抓，党建部门具体抓，各部门参与齐心抓”的创建组织体系。开展“文明单位大家创”“文明创建活动从我做起”等一系列思想教育活动，将创建工作融入监管工作每个环节，印制包括员工行为礼仪规范、员工职业道德基本要求、员工十项廉政温馨提示、文明之家创建规范等多项内容的《文明手册》。2010年，开展以“支部班子好、党员队伍好、工作机制好、工作业绩好”和“政治素质优、工作业绩优、思想作风优”为主要内容的创先争优活动，着力提升班子领导力、团队执行力、集体公信力、干部能动力。采取宣传启动、方案推动、倡议发动、机制促动、结对联动五项措施推动创先争优活动开展。建设“文化墙”，营造具有常德分局特色的楼道文化、走廊文化。常德银监分局先后被湖南银监局授予“2004年度湖南银监局文明单位”称号，被常德市委、市政府授予“常德市文明标兵单位”称号，被湖南省委、省政府授予“湖南省2008年文明单位”称号，被中国银监会授予“2008—2009年度银监会系统文明单位”称号。

常德工行于1994年被列入湖南省和常德市“创建国家文明单位”和“职业道德建设”的试点单位。制定“创建”和“职建”工作规划，落实“一岗两责”，并将其纳入全行目标管理责任制。先后开展职业道德等4个专题教育，举办演讲会，制定银行职工行为规范等8项规章制度，形成了上下联动、部门协调、全行干部职工齐创共建的局面。

常德中行在系统内组织开展文明创建活动。1990年，常德中行中心所存款余额突破千万元，被总行评为“全国先进存款所”。2000年，常德中行党委下发《关于深入开展创先争优活动的通知》，在员工中形成创先进、争一流的竞赛热潮，形成奋发向上、开拓创新的工作氛围，促进业务发展。2006年，常德中行开展“创建优秀团队，争当优秀员工”和谐中行文化活动，成立“双优”创争活动领导小组。常德中行桥南支行获得“总行级精神文明先进单位”和“职业道德建设先进单位”称号，2008年又被评为“中国银行职工职业道德建设先进班组”。

常德建行在系统内开展“学先进、赶先进、争先进”活动，营造良好的创先争优氛围。1992年，成立双文明建设领导小组，加强对创建工作领导，制定双文明建设管理目标，对双文明建设实行承包责任制，创建工作更具体化、制度化。常德建行抓“双文明”建设突出“两为”（为经济建设服务、为基层行服务）和“两手抓”，纠正只抓票子不抓“脑子”的问题。1994年，常德建行围绕创建工作开展“巾帼建功”和争创“十佳储蓄所”活动。1997年，开展“五好文明家庭”“五好家庭标兵户”创建活动，将之纳入全行社会主义精神文明建设的一项基础工作来抓。

2006—2007年,开展“学先进、比先进、赶先进”活动,结合实际开展学先进大讨论。完善远程培训学习系统,制定下发《创建文明单位实施方案》,进一步形成了对客户服务精细化、对员工管理教育规范化,不断提升文化“软实力”。2010年,组织评选表彰10名“巾帼建功标兵”。

二、青年文明号创建

1995年,共青团常德市委、常德人行联合组织在全市金融系统开展创建“青年文明号”竞赛活动,成立以共青团常德市委副书记为组长、人行分管政工副行长为副组长的常德市金融系统创建“青年文明号”活动领导小组。制定《常德市金融系统创建“青年文明号”规划和实施意见》,引导青年职工爱岗敬业、开拓进取、争创一流业绩,创建高度职业文明的青年集体和青年岗位。是年,通过申报、考核、验收、评审,临澧人行等12个单位被授予市级“青年文明号”称号,李小平等21人被授予市级“青年岗位能手”称号。

1996年,共青团常德市委、常德人行将“四讲一服务”(即讲改革、讲政治、讲法纪、讲效益、提高服务水平)活动与青年文明号结合,使“四讲一服务”活动成为“青年文明号”创建载体。金融系统各单位推行“青年文明号”智能服务卡,签定文明优质服务公约,使用文明用语,开展窗口文明优质服务竞赛活动,把“青年文明号”活动打造成形象工程、金融质量工程、跨世纪人才工程。是年6月,共青团中央、人总行授予临澧人行全国“青年文明号”称号。

1997年,常德人行组织召开全市金融系统创建总结表彰大会,对创建工作中涌现出的“青年文明号”“青年岗位能手”予以表彰。开展创建活动检查和智能服务卡督导工作,组织对全市106个“青年文明号”单位进行全面考核。

从1999年开始,常德市金融系统创建工作由各金融单位垂直管理。常德人行调整创建工作领导小组,常德人行团委负责“青年文明号”“青年岗位能手”创建工作。津市人行会计国库股于2004年、2005年、2007年获得和保持人总行级“青年文明号”称号。至2010年,先后有5个集体被授予武汉分行“青年文明号”称号,6人被授予武汉分行“青年岗位能手”荣誉。

常德农发行成立后,在系统内开展“青年文明号”创建活动。2001年,农发行澧县支行被农发行总行授予“青年文明号”称号,3名青年员工分别被农发行湖南省分行团委评为优秀共青团员、优秀团干部和青年岗位能手。

常德工行武陵支行营业部于2006年荣获全国“青年文明号”称号,省工行纪委书记张业万到常德为其授牌。

常德农行于1995年成立全市农村金融系统创建“青年文明号”活动领导小组,印发青年文明号活动实施方案,开展树先进典型、兴劳动竞赛等多项活动。2000年,常德农行开展两个“十佳”(即十佳客户经理、十佳星级服务员)竞赛评选活动。赵青梅被总行授予“青年岗位能手”荣誉。

常德中行抓好“青年文明号”“青年岗位能手”创建工作,着手建立机制,强化考核,加强管理。

2004 年，桥南分理处被总行授予“青年文明号”称号。2007 年，共青团中央授予常德桥南支行“全国青年文明号”称号。常德分行营业部被总行授予“青年文明号”称号。

常德建行大力开展争创“号”“手”活动。1995 年，开展“学先进、长才干、当能人、建新功”活动，争创“号”“手”。1999 年之后，每年制定创建工作计划，按照计划组织创建活动。年末总结创建工作，对“青年文明号”和“青年岗位能手”进行检查验收，及时向上级行申请检查验收，实现了争创“号”“手”工作制度化、常态化，涌现全国金融系统“青年岗位能手”邹佳、总行级“青年岗位能手”孙辉等一大批先进典型。

三、劳动竞赛

金融体制改革之后，常德市金融系统各单位经常性结合业务发展和市场状况，开展多种主题、多种形式的劳动竞赛活动。尤为典型的是各家银行都在年初开展以增加存款为主要内容的“开门红”劳动竞赛，此外，还根据不同时期、不同群体、不同产品开展丰富多样的劳动竞赛。常德人行把劳动竞赛作为工作的一项重要内容，成立劳动竞赛领导小组，制定竞赛方案，纳入评先评优、绩效考核，促进比、学、赶、帮、超活动开展。先后开展争创劳动模范、先进工作者、“十佳行员”“十佳青年”“业务尖子”“业务能手”等创优争先活动，涌现一批为经济建设和金融服务的先进典型。1991 年，常德人行杨合葵获全国金融系统劳动模范荣誉称号，常德人行保卫科被评为人总行安全保卫工作先进集体。刘彩玲 2005 年被人总行评为 2000—2004 年度先进工作者，参加了 2007 年中共中国人民银行党代会。1991 年，常德工行组织开展“双先”“双优”“上等级行”及全行各专业“双增双节”“安全无事故”等劳动竞赛和争创“十佳”竞赛活动。评出 10 名“最佳管理员”、10 个“文明优质服务储蓄所”、10 名“文明优质服务标兵”、6 个“文明服务分理处”。2003 年，石门工行陈红荣获工商银行总行“最佳员工”光荣称号，2004 年荣获全国金融“五一劳动奖章”，并作为湖南省工行唯一代表出席全国金融工作表彰大会。常德中行组织、推动开展高效、优质、文明服务和社会主义劳动竞赛，开展业务技术比武以及学赶先进活动。1996 年，左清被中国银行总行评为“三八巾帼建功标兵”。常德建行在全行职工中广泛开展“讲理想、比贡献、爱国家、爱岗位”的“讲、比、爱”活动。开展财务会计、贷款管理、建筑经济管理评比竞赛活动。在 1993 年中就先后在全辖开展“爱行爱岗增存活动”、“百日增存竞赛”、“揽学费增存活动”等 4 次大的增存劳动竞赛活动。1996 年，中保财险公司组织“双过半”劳动竞赛和“长效家财还本保险”“运工业务保险”两个单项展业劳动竞赛。2002 年，中国人民保险公司常德分公司组织开展“开门红”“超过半”“金秋杯”“满堂红”和业务单项劳动竞赛活动，对促进业务发展，实现全年目标起到积极作用。

第四节 职工民主管理

常德市金融系统民主管理主要是通过职工代表大会形式发挥作用。

常德人行工会发挥参政议政作用,促进职工民主管理。1990年,实施行长报告工作制度,每季向全行干部职工报告一次工作,征求职工群众的意见,开展民主评议领导、评议党员活动。直接参与决策,加强民主监督,在经费开支、职工住房分配、基建等重大问题上主动作为。工会如实向领导反映群众呼声,向单位提合理化建议。2001年7月,常德人行工会召开首届职工代表大会,采取直接选举的方式选举产生86名代表。完善《职工代表大会制度》《职工代表选举制度》等制度,规范召开职代会,着力抓好职代会提案收集、整理和落实,确保职工当家作主成效。强化行务、政务公开,让员工享有充分的知情权、参与权、话语权,使员工主体地位得到尊重。

常德银监分局通过职工大会、局务会、工会委员会、公告栏、局域网等多种形式,积极引导和培养职工的民主意识、参与意识和"主人翁"责任感。2004年6月,召开第一次工会会员大会,选举产生第一届工会委员会。积极参政议政。2005年,建立员工建言献策平台,开辟"局长信箱"专栏。

常德工行于2001年11月召开第一届职工会员代表大会,成立新一届工会委员会。开展"我为工行创效益"为主题的群众性合理化建议活动,收集整理合理化建议42条,评选出15条优秀建议给予重奖。2003年,根据经营体制和劳动用工机制的改革,市、县两级行工会建立以工会主要负责人为主任的劳动争议调解委员会。2006年4月,常德工行开展"我为建设创新型银行献计献策"合理化建议活动。"营业网点实行优质文明服务日查制度""对系统优质客户开展个性化优质营销的建议"分获省工行2006年度"建设创新型银行优秀合理化建议"奖。

常德农行于1991年4月召开首届职工代表大会, 以无记名投票的方式选举产生中心支行首届工会委员会。各支行先后建立职工代表大会制度。至1999年年末,先后召开职代会23次。评议干部25次,被评265人。职代会提案437条,落实整改350条,提合理化建议422条,采纳实行305条。随着民主管理意识增强,各基层工会纷纷建立。2000年,各基层工会累计组织召开24次职代会,收到和处理代表提案525条,讨论通过45个规章制度,较好地发挥职工民主管理的作用。2001年,选举产生工会经费审查委员会、劳动争议调解委员会、女职工委员会等群众工作组织。2010年,1人荣获总行"三农"先进个人称号,2个单位荣获省农行"模范职工之家"称号和省农行"员工文明示范岗"称号。

常德中行于1998年6月召开首届职工代表大会,选举产生首届工会工作委员会和首届女工工作委员会。凡是涉及业务发展、企业文化、职工切身利益等重大事项,均提交职代会审议。通过收集整理提案,责成相关部门加强整改,以适当形式向职工代表作出答复,做到件件有回音。

常德建行于1997年11月召开首届职工代表大会，审议通过行长工作报告、工会工作报告和财务工作报告，建立《中国建设银行常德市分行职工代表大会章程细则》和民主管理八项制度。2002年召开全行第二届第三次职代会，收集整理67条建议，及时采纳41条，实现机关人事机构改革平稳过渡。常德建行加强行务公开，对职工关心的业务发展、廉政建设等焦点及时发布，让职工充分行使知情权、监督权。

人保财险发挥参政议政和民主管理的职能作用，出谋划策。1989年4月，工会主席王成明出席全国保险系统和全国金融系统在北京召开的工会工作座谈会，介绍工会建设和参政议政的经验。

第五节　职工之家建设与职工活动

一、职工之家建设

长期以来，常德市金融系统十分注重职工之家建设。2001—2005年，常德人行工会把“建家”与兴行作为工会工作的有效载体，加强创建工作组织领导，制定鼓励创先争优奖励政策，开展“建家”活动。2005年，常德人行投入85万元资金兴建职工之家，建立图书室、健身房，在小区内设立健身器材，被人总行和人总行工会授予2007—2010年度“模范职工之家”。2010年又投资50万元建起设备齐全的职工活动室和标准篮球场，添置各种健身器材和文体用品。制定《“爱心救助”实行办法》，建立干部职工因灾、因病致困救助“献爱心”机制。常德人行、津市人行分别获人总行“模范职工之家”称号。常德人行被中华全国总工会命名为“全国模范职工之家”。

常德银监分局不断加大建“家”力度，先后投入11万多元购买健身器材和体育锻炼器械，腾出5间房间设立荣誉室、健身房、棋牌室、活动室和图书室，建立高标准的“职工之家”。

常德农发行工会推进职工之家创建活动，创新建“家”途径，丰富建“家”内涵，扩展建“家”领域。2003年，所辖机构均获得市级以上模范职工之家的荣誉称号。澧县支行、桃源支行被中华全国总工会授予“全国模范职工小家”荣誉称号，《湖南日报》《湖南工人报》等多家媒体进行专题报道。

常德工行工会发挥“桥梁纽带、帮助服务、参与促进”作用，抓好职工之家建设。1993年，常德工行对全辖工会职工活动室添置健身器材20多种300多件。1994年，汉寿工行被全国总工会评为“开展职工读书活动先进单位”。1996年，常德工行加大“职工之家”建设力度，活跃职工业余文化生活，全辖11个基层工会建有多功能舞厅8个，卡拉OK投影设备6套，职工俱乐部10个，健身房9个，图书室10个，牌类、棋类活动阵地11个，篮球场11个，门球场地2个。各基层行工会建立员工假日业余学校，做到有教室、有教学设备、有教员。工会坚持以维护职工合法权益为宗旨,创办职工之家,建立图书室、体育场所,组织职工技术培训、技术达标竞赛以及开展各种有益的群众性娱乐活动。常德工行被全国金融工会授予“全国金融系统模范职工之家”光荣称号。

常德农行把职工之家建设成为民主之家、文明之家。2004年,投入资金8万元用于添置健身器材、图书、体育活动用品等,腾出场地用作健身室、阅览室和活动室。组织开展“给职工送温暖”“岗位学雷锋,行业树新风”“国际家庭年”“五小建设”等活动。制定创建省级“先进职工之家”工作规则和实施方案。2010年,2个单位荣获省农行“模范职工之家”称号。

常德中行按照“促管理、促服务、促素质、促发展”工作思路,狠抓“职工之家”建设。2004年市分行及全辖支行均建起较具规模的职工活动室,室内球台、卡拉OK室、书报房和影视厅,市分行机关活动中心在原有的基础上投资10万元建起健身房。2004年,德山中行工会、汉寿中行工会被省中行评为先进“职工之家”。

常德建行按照建总行《关于家园文化建设的实施意见》等有关要求,研究制定《文化建设实施方案》,开展丰富多彩的家园文化建设实践活动,2004年年末,建成市级“模范之家”2个,县级“模范之家”4个。其中,市分行本部建成500多平方米,装修改造投入资金20多万元的高标准“职工之家”,添置健身器材10套,球类、棋牌设备11套、报刊图书1000册,定期向在职员工开放,全天候向离退休员工开放,丰富员工的业余文化生活。

二、文体活动

常德市金融系统开展丰富多彩的文娱活动,如举办迎春文艺会演、迎新春歌咏会、元宵节歌舞晚会、七一建党节颂党演讲会、国庆诗歌朗诵会等。1997年,金融机构纷纷举办喜迎香港回归为主题的大型文艺晚会。常德中行组织全辖11个单位的105名员工登台演出,用欢乐的舞蹈、配乐诗朗诵和极具地方特色的常德丝弦等高品位、高质量的文艺节目,抒发常德中行人颂祖国、迎回归的爱国热情。2001年,常德人行举办全市金融系统《清风赞》文艺会演,编排节目20个,以不同形式讴歌全市金融系统党风廉政建设和反腐败中涌现出的新人新事新风尚。组队参加常德市建党80周年歌咏比赛获一等奖。在2004年全省人民银行系统“颂党爱国、情系央行”文艺调演中,常德人行参选节目《常德丝弦:失踪的病号》荣获一等奖。2004年,常德中行编排的丝弦《姐妹劝嫁》节目,先后获得省中行一等奖和总行文艺会演二等奖。2007年,常德人行代表湖南省选送文艺节目《加班小夜曲》参加全国国库“双优”表彰会文艺会演。常德银监局举办纪念改革开放30周年演讲朗诵比赛、分局成立五周年庆典晚会等活动。2005—2009年,常德工行先后举行“百家企业”联谊会和“希望之光”文艺晚会、在湖南文理学院举办“畅想春天”新春文艺晚会、“拥抱明天”新春文艺晚会。2010年,常德农行举办4次文艺会演,即以宣传总行企业使命、企业愿景、企业核心价值观和“五大核心”理念为内容的“舞动春天”文艺晚会,“三八”节举办女员工才艺会演等。

常德金融系统的文化建设与交流活动实现常态化。常德人行组织开展职工书法、美术和摄影作品展评，开展“宣传世博、服务世博”答题活动，建党 80 周年党的知识抢答赛、“党的领导与中央银行改革发展”征文评选。2006 年，熊雅彬书法作品《李白诗一首》获武汉人行书法类作品一等奖。龚飞林创作的小说《爰金》获得常德市第十一届精神文明建设“五个一工程”奖。常德银监分局成立摄影、篮球、乒乓球等协会，举办书法绘画作品竞赛、青年论坛等文化活动，举办国庆“格言、书法、绘画才艺成果展”。派员参加中国金融工会“第一届金融工运杯摄影比赛”、银监会第一届摄影比赛等赛事活动，并多次获奖。常德农发行开展征文、书法、摄影等系列活动，举办“全员阅读进发行”读书月，掀起全行学习热潮。1990 年，常德工行组织参加省工行美术书法展赛，石俊获得一等奖。2002 年，推选职工书法、美术、摄影 60 幅作品到省工行参赛，其中有 9 幅作品获奖，是全省工行系统获奖最多的单位。1997 年，为庆祝国庆和中共十五大召开，常德农行组织团员青年进行“双庆杯”乒乓球赛和硬笔书法作品展。2004 年，常德中行李方杰创作的招贴画获第 10 届全国美术作品展览铜奖。

常德金融系统注重发展群众体育，开展职工喜闻乐见的体育活动，营造团结气氛，增强凝聚力。组织广播体操比赛、女职工健美操、“迎奥运”登山比赛、跳绳比赛、飞镖比赛、“我与奥运同行”三人篮球赛，组队参加常德市直机关“迎奥运健步行”活动、全民健身与奥运同行万人长跑活动。1996 年，举办常德市财贸战线男子篮球比赛，常德工行获得“财贸青年杯”冠军。2008 年，常德人行承办湖南省人行系统“我与奥运同行”全民健身活动启动仪式。常德人行荣获国家级、省级、市级“群众体育工作先进单位”、“全民健身周先进单位”称号。2008 年，常德首届“金融杯”运动会召开，来自金融系统的 22 支代表队 568 名运动员，参加拔河、篮球、乒乓球、羽毛球、登山 5 个大项、14 个小项的角逐。常德市银行业协会组织银企联谊会、羽毛球比赛、钓鱼比赛、篮球比赛等活动，推进银行业的文化建设。

三、履行社会责任

积极履行社会责任是金融文化的重要组织部分。常德市金融系统在各项业务快速发展的同时，不忘践行承诺、服务社会、回报社会，把助人为乐、扶贫救危、奉献社会作为金融文化的重要内容。辖内各金融机构积极开展救灾、捐款、献血等活动，用实际行动向社会诠释金融文化和理念。

组织抗灾救灾。1996—1998 年，常德市连年遭受洪涝灾害袭击，特别是 1998 年遭受历史上最严重的洪涝灾害。常德市金融系统组织干部职工积极抗灾救灾，战斗在一线。常德人行为灾区捐款 15 万元，衣物 4449 件。常德农发行干部职工为灾区捐款 7 万余元。常德农行市分行大楼搬迁不搞庆典，从搬迁节约的钱中拿出 6 万元捐献灾区，同时为在围困中的澧县官垸灾民送去 4 吨饼干，组织个人捐款 37 万元，衣物 8990 件，单位捐款 93 万元。全市保险机构积极参与抗洪救灾，第一时间把赔款送到受灾企业和个人手中。2008 年，四川汶川地震发生后,金融系统纷纷伸出援助之手,为灾区人民踊跃捐款。常德农信社党员干部捐款 58 万元,支持灾区人民抗灾自救,交纳特殊党费在 1000 元以上的党员有 33 人。2010 年,常德中行支援玉树地震灾区重建,共捐款 5 万元。

开展扶贫济困。常德金融系统献爱心救助公益活动逐步走向规范化、制度化、常态化。各单位建立本行特困职工档案,每年对生活困难和生病的干部职工进行捐助帮扶。1997—1999 年,常德人行对口石门县所街乡关上村实施点对点扶贫攻坚战略,先后投入 32.6 万元,修通村级公路 7.5 公里,发展农户庭院经济,建成人畜饮水和农田灌溉工程。常德人行被常德市委、市政府授予扶贫先进后盾单位称号,徐永清被授予扶贫功臣称号,熊成才荣立三等功。常德人行每年组织向常德市中心血站无偿献血,向扶贫点村捐款捐物。1998 年,常德中保寿险开展紧急助学活动,及时筹措资金 160 万元,为全市 16000 名学生解决入学学费,为 20 名特困学生每人提供了 700 元的生活费和御寒衣服。2000 年,常德农发行响应常德市委、市人民政府号召,开展与常德市林业局木材公司下岗职工"一帮一"活动,促进"双联"活动开展。2005 年,常德中行组织"我为人民献爱心"的无偿献血活动,市分行机关、城区支行和德山支行党员、干部近百人次踊跃参加献血活动。常德建行组织全行人员相继到各自扶贫点接受教育,并捐赠现金、衣物、书籍等,感受农民生活的艰辛。成立帮困领导小组,对市织袜厂等特困户逐户慰问,捐助资金 1.7 万元。2005—2010 年,常德建行对内部职工家庭捐助帮扶基金达 30 多万元,使常德建行职工深切感受到"家"的温暖。2010 年,常德兴业银行从俭办开业庆典,将节省的 20 万元全部捐赠。其中,10 万元通过常德市民政局、常德市慈善总会捐赠给社会福利院,10 万元通过市教育局捐赠给贫困学生。常德平安人寿聚焦"慈善"文化,弘扬"大爱与责任",开展灾难救助、组织员工支教等公益事业。常德合众人寿成立合众助学俱乐部,组织上百名社会爱心人士参与到爱心助学敬老活动,将爱心带到 4所学校、51 个小区。常德平安财险在石门县太平镇捐建平安希望小学,14 年不间断与学校联动,送去关怀。金融系统组织参加常德市委、市政府组织的"救助困难学子""博爱一日捐""慈善一日捐"等活动,履行社会责任,促进和谐发展。

附　　录

附 录

一、省、部级以上单位授予的先进单位、先进集体荣誉

表 10-1

单位	颁奖年度	单位或集体	授奖单位	荣誉称号
常德人行	1991	常德分行	湖南省政府	支持购销工作先进单位
	1991	常德人行保卫科	中国人民银行	安全保卫工作先进集体
	1993	石门支行	中共湖南省委	全省经济管理执行监督部门为经济服务先进单位
	1996	澧县支行	中国人民银行	五法一决定专题知识竞赛先进单位
	1996	临澧支行	共青团中央 中国人民银行	青年文明号
	2001	石门支行	全国总工会	模范职工之家
	2003	国家金库 常德市中心支库	中国人民银行	1999—2002 年度全国国库系统先进集体
	2004	常德市中支	国家体育总局	全民健身周先进单位
	2005	津市支行会计国库股	中国人民银行	2004 年度青年文明号
	2005	常德市中支 会计财务科	中国人民银行 中国人民银行工会	2000—2004 年度先进会计工作集体
	2007	津市支行	中国人民银行	2006 年度模范职工之家
	2007	国家金库常德市 中心支库	中国人民银行 中国人民银行工会	2003—2006 年度国库系统先进集体
	2007	常德市中支	中国人民银行工会	模范职工这家
	2007	津市支行国库会计股	中国人民银行	青年文明号（继续认定）
	2008	常德市中支	中国人民银行工会	“我与奥运同行”优秀组织单位
	2009	临澧支行	中国人民银行	2006—2008 文明单位
	2009	常德市中支	中国人民银行 中国人民银行工会	2005—2008 年度先进集体
	2009	常德市中支内审科	中国人民银行 中国人民银行工会	2005—2008 年度内审工作先进单位
	2010	常德市中支 纪委监察室	中国人民银行	2006—2009 年度纪检监察工作先进集体
	2010	常德市中支	中国人民银行	“创新金融服务，支持经济发展”业务竞赛活动先进单位

续表

单位	颁奖年度	单位或集体	授奖单位	荣誉称号
	2010	常德市中支	中华全国总工会	模范职工之家
	2011	常德市中支	中国人民银行 中国人民银行工会	2007—2010年度模范职工之家
	2011	常德市中支	中国人民银行党委 中国人民银行	2009—2011年度文明单位
常德银监分局	2009	常德银监分局	中国银行业监督管理委员会	2008—2009年度银监会系统文明单位
常德农发行	1999	桃源支行	中国农业发展银行	信贷管理先进单位
	2000	常德市分行	中国农业发展银行	信贷管理先进单位
	2001	桃源支行	中国金融工会	全国金融五一劳动奖状
	2003	澧县支行	中华全国总工会	模范职工小家
	2003	澧县支行	中国农业发展银行	先进基层党组织
	2004	澧县支行	中国农业发展银行	文明建设先进单位
	2005	桃源支行	中华全国总工会	全国模范职工小家
	2005	桃源支行	中国农业发展银行	青年文明号
	2006	常德农发行	中国农业发展银行	信息化建设先进单位
常德工行	1989	汉寿支行蒋家嘴分理处	中国工商银行	先进集体
	1998 1999 2000	常德支行青年路所	中国工商银行	青年文明号
	2000	津市支行	湖南省人民政府	省级双文明建设先进单位
	2003	常德支行三岔路分理处	湖南省人民政府	省级芙蓉标兵岗
	2004	德山支行	湖南省人民政府	省级芙蓉标兵岗
	2004 2005 2006	常德支行营业部	中国工商银行	青年文明号
	2005	常德支行营业部	湖南省人民政府	省级十大杰出标兵岗
	2005	常德市人民路支行青年路分理处	中国工商银行	青年文明号
	2006	武陵支行营业部	共青团中央 中央金融工委	青年文明号
	2006 2007	武陵支行营业部	中国工商银行	青年文明号
	2006 2007	临江支行营业部	中国工商银行	青年文明号
	2007	三岔路支行营业部	中国工商银行	青年文明号

续表

单位	颁奖年度	单位或集体	授奖单位	荣誉称号
	2008	武陵支行营业部	共青团中央 中央金融工委	青年文明号
常德农行	1989	桃源县支行监察室	中国农业银行	先进集体
	1990	桃源县支行	中国农业银行	农金系统学“二兰”先进单位
	1993	桃源支行保卫股	中国农业银行	保卫工作先进集体
	1994	汉寿县支行	湖南省政府	支持科技兴农“金桥奖”先进单位
	1995	汉寿县支行	中国农业银行	职工生活后勤先进单位
	1997	桃源县支行	中国金融工会	模范职工之家
	1998	桃源桃花源营业所	全国总工会	全国模范职工小家
	1999	澧县澧阳营业所	中国农业银行	青年文明号
	2000	澧县支行	中国农业银行	安全保卫工作先进县级支行
		澧县澧阳营业所	中国农业银行	青年文明号
	2001	澧县澧阳营业所	中国农业银行	青年文明号
	2002	澧县支行	中国农业银行	个人存款工作先进单位
	2004	常德人民中路分理处	中国农业银行	青年文明号
	2008	常德市分行	中国农业银行	保险代理业务突出贡献单位
	2010	常德市分行	中国农业银行	诉讼管理工作先进单位 风险管理先进单位
		澧县支行	中国农业银行	文明标准服务百佳示范网点
		澧县支行营业部	中国银行业协会	银行业文明规范服务千家示范单位
常德中行	1990	常德分行中心所	中国银行	全国先进存款所
	1996	汉寿支行	中国银行	青年文明号
	2002	鼎城支行营业部中心专柜	中国银行	青年文明号
	2004	朗州支行桥南分理处	中国银行	青年文明号
	2005	常德分行桥南支行	中国银行	青年文明号
	2006	常德分行	中国银行	2003年—2005年安全保卫工作先进单位
	2008	常德分行桥南支行	中国银行	职工职业道德建设先进班组
常德建行	1990	德山支行中心储蓄所	湖南省人民政府	先进储蓄所
	1997	常德市分行女工委	中央金融工委	先进女职工委员会
	1999	临澧县迎宾路储蓄所	中国建设银行	青年文明号
	2005	常德市分行	中国建设银行	中间业务先进单位
	2008	常德市分行	中国建设银行	模范职工之家

续表

单位	颁奖年度	单位或集体	授奖单位	荣誉称号
常德交行	2010	常德分行	中国交通银行	电子银行“十佳辖属分行”
常德农村信用社	1990	武陵区护城信用社临江路储蓄所	湖南省人民政府	先进储蓄所
	1992	石门县官渡桥信用社	中国农业银行	抗洪救灾先进单位
	1994	桃源县架桥信用社	湖南省人民政府	先进储蓄专柜
	1995	桃源县联社稽核股	中国农业银行	全国农村信用社稽核工作先进集体
	1996	汉寿县围堤信用社	中国人民银行	全国金融系统先进单位
	1998	石门县九伙坪信用社	中国人民银行	全国农村信用社支农先进集体
	2000	汉寿县农村信用联社	中国人民银行	全国农村信用社百日安全竞赛先进单位
常德人保财险	2009	市分公司理赔中心	人保财险总公司	十佳理赔团队

二、省、部级以上单位授予的先进个人荣誉

表 10-2

单位	颁奖年度	姓　名	授奖单位	荣誉称号
常德人行	1991	杨合葵	中国人民银行	全国金融系统劳动模范
	1992	李雅玲	全国总工会	先进女职工
	1993	吴明忠	中国人民银行 中国人民银行工会	货币发行先进工作者
	2004	曹丕铭	湖南省人民政府	全省金融安全区创建工作先进个人
	2005	刘彩玲	中国人民银行 中国人民银行工会	2000—2004 年度先进工作者
	2005	罗振华	中国人民银行 中国人民银行工会	先进内审工作者
	2008	彭友宝	中国人民银行 中国人民银行工会	2004—2007 年度调查统计系统先进个人
	2009	齐葵香	中国人民银行 中国人民银行工会	会计财务工作先进个人
	2009	曹丕铭	中国人民银行党委	优秀党务工作者

续表

单位	颁奖年度	姓　名	授奖单位	荣誉称号
	2010	张文成	中国人民银行 中国人民银行工会	2005—2010 年度保密（密码）专业先进个人
	2010	胡四华	中国人民银行	电子商务汇票系统建设先进个人
	2011	胡雪梅	中国人民银行 中国人民银行工会	2010 年度“创新金融服务，支持经济发展”业务竞赛活动先进个人。
	2011	胡四华	中国人民银行 中国人民银行工会	2010 年度“创新金融服务，支持经济发展”业务竞赛活动先进个人
	2012	陈义友	中国人民银行 中国人民银行工会	2007—2010 年度工会工作先进个人
	2013	吴晓敏	中国人民银行 中国人民银行工会	2008—2012 年度宣传思想工作先进个人
	2014	李章林	中国人民银行 中国人民银行工会	2010—2013 年度纪检监察先进工作者
常德银监分局	2009	阎劲松	中国银监会	监管标兵
	2009	冯宗敏	中国银监会	2009 年信息直报点先进个人
	2010	廖道远	中国银监会	信息工作先进个人
常德农发行	1999	黄　杰	中国农业发展银行	优秀信贷员
	2000	黎沐青	中国农业发展银行	先进工作者
	2000	唐绍荣	中国农业发展银行	先进个人
	2000	陈　瑜	中国农业发展银行	先进工作者
	2004	黎沐青	中国农业发展银行	优秀共产党员
	2008	江　涛	中国农业发展银行	先进工作者
常德工行	1990	严逢春	中国金融工委	全国金融劳动模范
	1990	张德文	中国工商银行	最佳储蓄员
	1992	张德文	中国工商银行	学雷锋先进个人
	1993	张德文	全国总工会 中国金融工会	全国金融劳动模范
	1995	陈风菊	中国工商银行	会计先进工作者
	1999	刘彩霞	中国工商银行	金融先进个人
	2000	余　萍	湖南省人民政府	学雷锋先进个人
	2000	刘彩霞	中国工商银行	优秀共产党员
	2001	刘彩霞	中国工商银行党委	金融先进个人
	2002	陈　红	中国工商银行	最佳员工（第五届双佳）
	2004	陈　红	中国金融工会	五一劳动奖章
	2005	赵訢钧	中国工商银行	消费信贷先进个人

续表

单位	颁奖年度	姓　名	授奖单位	荣誉称号
常德农行	1989	龚克非	中国农业银行	农村金融系统金融卫士
		王立军	中国金融工会	全国金融系统劳动模范
		熊楚山	国家教委 人事部	全国优秀教师
		戴承坤	中国农业银行	农村金融系统优秀出纳员
		胡金坤	中国农业银行	农村金融系统职工教育先进工作者
		徐耀忠	中国农业银行	农村金融系统优秀信贷员
		丁玉恒	中国农业银行	农村金融系统优秀信贷员
	1991	易法文	中国农业银行	农村金融系统财务大检查先进工作者
		周宏梅	中国农业银行	农村金融系统文明优质服务标兵
	1992	晏佳兰	中国农业银行	农村金融系统抗洪救灾先进个人
		杜方初	中国农业银行	农村金融系统抗洪救灾先进个人
		江明英	中国农业银行	农村金融系统抗洪救灾先进个人
		陈龙靠	中国农业银行	农村金融系统抗洪救灾先进个人
		朱江华	中国农业银行	农村金融系统抗洪救灾先进个人
		赵大新	中国农业银行	农村金融系统抗洪救灾先进个人
		池大茵	中国农业银行	农村金融系统抗洪救灾先进个人
		龚爱民	中国农业银行	农村金融系统抗洪救灾先进个人
	1993	李超仕	中国农业银行	农村金融系统保卫工作先进个人
	1996	叶臻杰	共青团中央 中国人民银行	青年岗位能手
	1998	熊建国	中国金融工会	全国金融系统青年岗位能手
		万传明	中国农业银行	农行系统抗洪抢险先进个人
	1999	赵青梅	中国农业银行	青年岗位能手
	2000	罗冬云	中国农业银行	农行系统优秀稽核工作者
		赵青梅	中国农业银行	优秀共产党员
	2001	王　平	中国农业银行	金融卫士
		王建国	中国农业银行	金融卫士
		李　敬	中国农业银行	金融卫士
		肖卫东	中国农业银行	金融卫士
		周　军	中国农业银行	金融卫士
		熊志伟	中央金融工委	全国金融系统纪检、监察先进工作者
		罗冬云	中国农业银行	农村金融稽核工作先进工作者
		曾　霞	中国农业银行	农村金融青年岗位能手
		叶臻杰	中国农业银行	农村金融优秀科技工作者

续表

单位	颁奖年度	姓　名	授奖单位	荣誉称号
	2002	陈宗荣	中国农业银行	劳动模范
	2010	周绍恒	中国农业银行	“三农”先进个人
常德中行	1991	唐国祥	中国金融工会	全国金融系统优秀工会工作者
	1991	崔　明	中国金融工会	全国金融系统工会积极分子
	2003	张天成	中国银行党委	优秀共产党员
	2005	刘　虹	中国银行	文明优质服务标兵
	2005	陈　霞	中国银行	文明优质服务标兵
常德建行	1990	吴湘铭	湖南省人民政府	全省优秀储蓄员
	1990	杨　萌	湖南省人民政府	全省优秀储蓄员
	1992	林依群	中国建设银行	优秀稽核审计工作者
	1994	肖兴邦	中国建设银行	优秀教育工作者
	1996	邹　佳	全国金融系统“创建青年文明号”工作领导小组	青年岗位能手
	2006	孙　辉	中国建设银行	青年岗位能手
	2006	李靖华	中国建设银行	中间业务工作先进个人
	2008	周子杰	中国建设银行	网上银行转账交易业务营销能手
	2008	廖惠清	中国建设银行	个人存款突破 3 万亿增储能手
	2008	肖　英	中国建设银行	个人存款突破 3 万亿增储能手
常德农村信用社	1989	蒋文章	中国农业银行	全国农村信用社优秀信贷员
	1989	戴碧莲	中国农业银行	农村金融系统优秀会计员
	1990	李　霞	中国农业银行	农村金融系统优秀出纳员
	1990	文冬香	湖南省人民政府	优秀储蓄员
	1990	叶德寿	湖南省人民政府	1989 年度湖南省优秀储蓄员
	1991	周宏梅	中国金融工会	全国金融系统文明优质服务标兵
	1992	胡昌明	中国农业银行	农村金融系统抗洪救灾先进个人
	1992	张业银	中国农业银行	农村金融系统抗洪救灾先进个人
	1992	陈德新	中国农业银行	农村金融系统抗洪救灾先进个人
	1992	贾述金	中国农业银行	农村金融系统抗洪救灾先进个人
	1992	田祖锋	中国农业银行	农村金融系统抗洪救灾先进个人
	1992	朱法林	中国农业银行	农村金融系统劳动模范
	1993	朱法林	中共中央宣传部 公安部	全国群众见义勇为与犯罪分子作斗争先进分子
	1993	朱法林	中国农业银行	全国农村金融卫士
	1993	张田香	中国人民银行	全国金融劳动模范

续表

单位	颁奖年度	姓　名	授奖单位	荣誉称号
	1994	彭德华	湖南省人民政府	优秀储蓄员
	1994	王鹤林	湖南省人民政府	1993 年度湖南省优秀储蓄员
	1995	朱法林	国务院	全国劳动模范
	1995	朱法林	湖南省人民政府	湖南省劳动模范
	1995	吴泽凯	中国农业银行	农村信用社优秀信贷员
	1996	徐道进	中国农业银行	1995 年度农村信用社最佳集体存款员
	1997	张时姣	湖南省人民政府	见义勇为先进个人
	2003	胡小娥	中国人民银行	银行信贷登记咨询系统建设先进个人
	2008	刘玉民	湖南省人民政府	湖南省劳动模范
	2010	周新明	湖南省人民政府	湖南省劳动模范

三、警示录

万琦公司非法吸收存款和金融凭证诈骗案

1995—1997 年，常德发生一起非法吸收公众存款和金融凭证诈骗案，常德万琦物业集团公司张某、周某以及建行德山支行原行长程某互相勾结，利用国有商业银行的良好信誉，非法出具银行存单和资金拆借协议，虚构资金用途，采取以资养资、借新还旧、拆东补西的方法，先后向国内 35 家单位和 7 名个人非法集资 44 次，计人民币 4.13 亿元。

1993 年 8 月和 1994 年 12 月，张某、周某等人先后虚报 388 万元、4828 万元注册资金，骗取工商登记，成立湖南桃花源建材物资公司和湖南常德万琦物业集团有限公司，张某任董事长兼总经理，周某任副总经理兼财务部长。1994 年 9 月至 1997 年 5 月期间，张某为购置房地产、投资高速公路、归还到期债务，经李某、杨某、朱某等 50 余人中介，亲自出面或授意指使周某与中介人或出资方约定高额利息且当即返还巨额中介费和利差，并串通程某，以建设银行常德德山支行名义，采取手工填写方式给出资方出具银行存单等证明文件，先后高息吸收武汉市扶轮城市信用社等 35 家单位和湖北省云梦县个体户盛某、彭某、吴某、吴某、谢某 5 人定期存款共计 4.13 亿元。程某应张某、周某要求，亲自或安排肖某领取空白中国人民建设银行整存整取定期储蓄存单或单位定期存单，授意肖某或他人，以本行名义采取手工填写方式、按当时存款的银行利率给出资方出具银行存款存单，肖某为出资方出具整存整取定期储蓄存单 42 份、单位定期存单 1 份；肖某按程某授意，安排本行职员张某给出资方出具双整定期储蓄存单 5 份；程某安排本行职员熊某给出资方出具双整定期储蓄存单 1 份；程某还亲自与7个出资单位非法签订了资金拆借协议或借款协议。4.13亿元资金经出资方或肖某转入张某、周某以湖南桃花源建材物资公司、湖南常德万琦物业集团有限公司名义在建设银行常德武陵支行、德山支行开设的账户后,周某经手当即返还出资方利差5820.59万元,支付中介人中介费1878.02万元。

1995年7月至1997年5月,武汉扶轮城市信用社、三峡证券公司江城营业部、中南证券有限公司深圳业务部、中国农业银行湖南省分行驻天津办事处、深圳阳光基金管理有限公司、中国职工保险互助会、中国工商银行宁夏分行信托投资公司等14家单位所持存单到期后,除中国建设银行德山支行代为兑付500万元外,由周某经手支付上述单位本金1.61亿元及利息2215.88万元,尚有2.27亿元本金未能归还(已付利差和利息已抵本金)。上述非法吸收的存款,张某、周某除支付部分到期本息和挥霍外,还用于支付桃花源秦人村、湖北枝城基地、万琦大酒店等资产购置、装修、改造、经营等费用,以及投资物业,购置轿车,支付到期债务、社会捐赠等。案发后,司法机关扣押、查封、冻结"万琦公司"财产总价值1.16亿元。

张某、周某以非法占有为目的,使用欺诈方法非法集资,数额特别巨大,致使巨额资金无法返还,情节特别严重。根据《中华人民共和国刑法》、全国人大常委会《关于惩治破坏金融秩序的犯罪的决定》,构成集资诈骗罪。程某在职务活动中,收受他人财物,为他人谋取利益,其行为触犯《中华人民共和国刑法》,构成受贿。在共同集资诈骗过程中,张某、周某、程某均起主要作用,系主犯,肖某起次要作用,系从犯。经常德市中级人民法院审理,张某犯金融凭证诈骗罪、非法吸收公众存款罪,判处无期徒刑,剥夺政治权利终身,并处罚金40万元。周某犯金融凭证诈骗罪、非法吸收公众存款罪,判处无期徒刑,剥夺政治权利终身,并处罚金40万元。程某犯受贿罪、犯玩忽职守罪,判处有期徒刑十六年,并处没收财产人民币2万元。肖某犯玩忽职守罪,判处有期徒刑三年。同时,因"万琦公司案件"的影响,常德建行内部受到党纪、政纪处分的人员达到32人。

该案具有很大欺骗性和隐蔽性。张某、周某对外打着发展地方经济造福家乡人民的幌子,偶尔搞些社会捐赠、救灾捐献、修建一些公益设施,蒙骗群众。程某将熟悉会计业务的人员调离会计记账复核岗位,安排刚参加工作不久的年轻人和不熟悉会计业务的储蓄员,在未经过岗前培训的情况下从事会计记账、复核工作。瞒着本行班子成员与员工,授意会计科长肖某实施其犯罪行为,形成单位法人代表与会计科长联手配合张某、周某作案,逃避监督。该案对常德市银行机构具有重大警示意义,对不断加强内控管理,完善内部监督起到推动作用。

"9·1"抢劫银行运钞车血案

2000年9月1日,常德市城区发生震惊全国的持枪抢劫银行运钞车案件。是日17点30分,常德农行江北支行运钞车从支行出发,到各网点收取头寸箱。在收取10个网点共计224.8万余元营业储蓄款后,于18时左右到达北站分理处。运钞车按规定停在该分理处大门口,全副武装的押运经警下车各就各位实行警戒,出纳员李某、见习出纳王某走进分理处,准备接收分理处头寸箱。这时一伙持枪蒙面歹徒突然从隐蔽处窜出,向押运人员发出猛烈袭击,近距离内朝保护运钞车的经警射击,子弹射穿经警钢盔后击穿头部,肖某、王某中弹倒在运钞车边,周某则倒在驾驶室里。同时,一个戴帽子的蒙面歹徒闯进分理处,直冲到李某和王某面前,他举枪就朝王某头部连开数枪,王某当即身亡。北站分理处两名当班柜员肖某和唐某听到枪声,迅速潜伏柜台下,一个打电话报警,一个连续按响急促的警铃。歹徒劫持李某,把他推出分理处,用枪顶着出纳员李某的头部,威逼其打开头寸车后库门。李某开始誓死不从,后急中生智将钥匙插进库门钥匙孔顺势扭断,使库门无法打开,当即断了歹徒的劫钞梦。歹徒见分理处外面头寸车库门打开无望,营业间里面又警铃大作,气急败坏地对着出纳员李某头部、胸部、腿部恶狠狠地开了 4 枪,抢走 2 支微型冲锋枪和 20 发子弹后仓皇潜逃。潜逃时,穷凶极恶的歹徒又击倒 1 名的士司机并撞死 1 名无辜者,在逃往东江乡方向的途中,他们再次击伤、撞伤 4 名路中行人。

由于经警和随车出纳恪尽职守、宁死不屈,临柜人员坚持按规章制度办事和按防暴预案快速报警,气急败坏的歹徒虽然心狠手辣、精心密谋,但农行员工用制度和鲜血铸成铁壁铜墙,粉碎了歹徒的劫钞梦,用年轻的生命和鲜血誓死捍卫了头寸车内 11 个钱箱,共计现金 2248209.07 元和北站分理处 311311.56 元营业款分文未损。

常德“9.1”大案被迅速侦破,并成为破获湘、渝、鄂、川、桂系列案件的突破口,犯罪分子在 1 个多月时间内先后落网。以张君为首犯罪团伙从 1993-2000 年 9 月 1 日,先后在重庆、湖南、湖北、云南、广西等地共作案 17 起,杀死 26 人,杀伤 20 人,抢劫现金、财物等共计 600 余万元。

“9.1”大案发生后,引起社会的广泛关注。各新闻媒体对农行员工与歹徒英勇斗争的事迹进行了详尽报道。农总行韩仲琦书记赴常德调查,对这一英雄群体爱岗敬业、忠诚于农金事业,危急时刻临危不惧、英勇顽强的精神给予了充分肯定。2000 年 10 月 11 日,农行市分行党委在全市农行系统深入开展向“9.1”大案英雄群体学习活动,号召广大员工向“9.1”大案英雄群体学习,大力弘扬其忠于职守、模范遵守规章制度的严谨作风,用生命和鲜血保卫国家财产的献身精神。2001 年 1 月 19 日,农总行党委追授肖卫东、王建国、李敬、周军、王平 5 位牺牲的同志为“中国农业银行金融卫士”,湖南农行党委组织了 9·1 英雄群体事迹报告会。

后 记

2010年9月，常德市人民政府地方志办公室启动全市第二轮部门志书编修，2011年12月，《常德市金融志》编修工作正式启动。中国人民银行常德市中心支行牵头成立常德市金融志编纂委员会，设立常德市金融志编修办公室，人民银行副行长向际忠负责编修工作。根据编委会安排，2012年6月，人民银行调研员吕北回接替负责编修工作。2012年初制定《常德市金融志》编修工作计划，全市金融系统57个单位从2012年6月开始，分别按照统一文本格式编修本单位志。2014年下半年，各单位志书文本先后完稿。2015年1月，常德市金融志编纂委员会指派中国人民银行常德市中心支行办公室副主任燕奇志负责，同时先后聘请五位在金融系统工作多年的退休人员专修《常德市金融志》。其中，燕奇志负责总纂，并编纂概述、第一篇（第五章、第六章、第七章）、第七篇（除第七章）、第八篇、第九篇、附录；陈正松负责编纂大事记、第一篇（第一章第一节）、第五篇、第六篇（第一章、第二章央行业务部分、第三章）；崔吉庆负责编纂第一篇（第一章第二节、第二章第四节、第三章、第四章）、第三篇、第四篇、第六篇（银监分局监管业务）、第七篇（第七章）；张天成负责编纂第一篇（第二章第一、二、三节）、第二篇、图片以及后记。廖华明在编纂前期负责资料的收集整理，蒋华斌主要负责后期校稿复核等工作。

2016年8月，《常德市金融志》初稿编写工作完成后，随即下发金融系统各单位征求意见，是年底，将各单位意见与建议归纳整理，并对志稿修改后形成送审稿，常德市金融志编纂委员会对送审稿审阅修订后，于2017年1月呈送常德市方志办。2017年3月8日，常德市方志办在中国人民银行常德市中心支行召开《常德市金融志》专家评审会。常德市地方志办公室副主任周波主持会议，常德市地方志办公室主任刘李波、常德人行行长曾涛、常德市银监分局局长聂先明、常德人行调研员吕北回等以及方志办6位专家、常德市金融志编纂委员会全体成员参加会议。与会领导和专家对志稿进行评审并提出修改意见，与此同时，方志出版社对文稿进行审查。编修人员按照评审意见和修改意见对《常德市金融志》送审稿再次进行修改完善。刘新华任常德人行行长后，多次召开会议研究，审阅志稿，提出修改意见。《常德市金融志》在市方志办和方志出版社的指导下定稿并开始印刷。

《常德市金融志》编写过程中，我们得到市方志办、市档案局、中国人民银行常德市中心支行、中国银行业监督管理委员会常德分局、常德市银行业协会、常德市保险行业协会和辖内各金融机构的大力支持，在此一并致谢。

由于编者水平有限，加之所涉历年资料的局限性，书中难免有错讹和遗漏之处，敬请不吝赐教，并致谢意。

编　者

2017年8月

高等医药院校网络教育护理学“十三五”规划教材
供护理学类专业使用

丛书总主编　唐四元

《护理学导论》
《基础护理学》
《内科护理学》
《外科护理学》
《健康评估》
《社区护理学》
《护理管理学》
《护理研究》
《护理心理学》
《护理教育学》

高等医药院校网络教育护理学『十三五』规划教材

基础护理学

杨敏　黄伟　主编

责任编辑／李　娴　　封面设计／易红卫

中南大学出版社　天猫旗舰店
中南大学出版社　微信平台

ISBN 978-7-5487-3085-9
9 787548 730859 >
定价：86.00元

中南大学出版社